생성형 AI와 함께하는 게임 개발

유니티 6 독학노트

김한호, 최태온, 김홍일 지음

BM (주)도서출판 성안당

김한호

/

대표 저자

우리는 지금 생성형 AI의 시대를 살아가고 있습니다. 텍스트뿐 아니라 이미지, 사운드, 코드에 이르기까지 AI는 이제 단순한 도구가 아니라 창작의 파트너가 되었습니다. 이러한 거대한 기술의 흐름은 게임 제작 분야에도 본격적으로 영향을 미치고 있습니다.

게임을 개발하고 싶다는 열망은 있지만, 실제로 완성까지 이어지는 경우는 많지 않습니다. 복잡한 툴, 시간 부족, 디자인과 코딩에 대한 부담은 많은 사람을 중도에 포기하게 만들었습니다. 하지만 이제는 다릅니다. 이 책의 목적은 생성형 AI와 유니티 6 게임 엔진을 결합하여 누구나 더 쉽고 빠르게 그리고 더 창의적으로 게임을 개발하는 데 도움을 주기 위한 것입니다. 특히 코드에 대한 부담을 덜어 주는 바이브 코딩(Vibe Coding) 기법과 AI를 활용한 이미지 생성 도구의 실전 활용법은 게임 개발을 한층 더 친근하고 효율적으로 바꿔 줄 것입니다.

이 책에는 '게임을 개발해 보고 싶다.'라는 꿈이 마음속에만 머물러 있지 않고 현실로 옮길 수 있는 실질적인 방법이 담겨 있습니다. 또한 게임을 개발해 보고 싶었지만 기술적인 장벽에 부딪혀 포기했던 분, 유니티 엔진을 활용해 보고 싶지만 어디서부터 시작해야 할지 몰랐던 분, 생성형 AI를 게임 개발에 적용해 보고 싶은 분들에게 도움이 되도록 만들었습니다.

유니티와 생성형 AI만 있다면 여러분의 아이디어는 더 이상 머릿속에만 머물러 있지 않을 것입니다. 지금, 이 책과 함께 여러분만의 게임 세계를 창조해 보세요.

약력

현) HSOFT 대표
현) 삼육대 SW교육원 겸임교수
현) 뉴콘텐츠아카데미 AI 강사
전) 메타버스아카데미 AI 강사
전) 광운대학교 정보과학교육원 게임학과 겸임교수
네오위즈 모바일등 게임 개발사 20년 이상 실무 개발
서울대학교, 연세대학교 등 다수 강의

최태온

/

저자

처음 이 책을 쓰기 시작했을 때 '유니티와 생성형 AI라는 두 기술을 어떻게 자연스럽게 엮어 낼 수 있을까?'에 대한 고민이 많았습니다. 하지만 작업을 진행하면서 느낀 것은 이 둘은 생각보다 훨씬 잘 어울린다는 점이었습니다. 생성형 AI라는 도구는 게임 개발이라는 창의적인 분야에 날개를 달아 주었습니다.

이 책은 단순히 기술적인 내용을 나열한 것이 아니라 실제로 제가 시행착오를 겪으면서 얻은 인사이트와 팁들을 담으려고 많이 노력했습니다. 따라서 '어떻게 하면 유니티와 생성형 AI를 현장에 실용적으로 잘 적용할 수 있을까?'에 초점을 맞췄습니다. 또한 개발자뿐 아니라 창작에 관심 있는 분들도 쉽게 따라 할 수 있도록 구성했습니다.

기술은 계속 발전하고 있고, 인공지능은 더 빠르게 변화하고 있습니다. 이 책이 출간된 시점에서는 지금의 방식보다 더 발전된 기술이 준비되어 있을 것입니다. 다만 이러한 방식으로나마 여러분의 창작과 개발에 조금이라도 도움이 되었으면 좋겠습니다. 앞으로도 이 분야에 대한 고민과 실험은 계속될 것입니다. 여러분도 이 여정에 함께해 주시길 바랍니다.

약력

현) SKKU Com2us 1기 유니티 강사
현) 프리랜서 개발자
전) SKKU AWS SAY 1기 AI 강사
전) 메타버스아카데미 AI 강사
모바일 앱, VR/AR, 전시 체험물, AI 응용 게임 등 9년 이상 개발

김홍일

―――

저자

이 책은 '누구나 게임을 만들 수 있다.'라는 믿음에서 출발했습니다.

하지만 실제로 개발에 뛰어들면 처음부터 기획을 세우고, 이미지를 만들고, 사운드를 붙이고, 코드를 작성하는 일이 결코 만만치 않다는 걸 금세 깨닫게 됩니다. 그 모든 과정을 혼자 감당해야 하는 1인 개발자나 초보자의 입장에서는 더더욱 그렇습니다.

그래서 저는 생성형 AI의 힘을 빌리기로 했습니다. 기획 아이디어를 빠르게 구체화하고, 직접 그림을 그리지 않아도 게임에 어울리는 이미지를 만들며, 복잡한 툴 없이 효과음과 배경음을 만들어 넣는 방법까지 생성형 AI는 이제 더 이상 '옵션'이 아니라 누구나 게임 개발을 쉽게 시작할 수 있는 강력한 도구가 되었습니다.

이 책은 AI를 곁에 두고 게임을 구성하는 핵심 요소들을 함께 만들어가며 프로그래밍을 중심으로 게임 개발 전체를 체험할 수 있도록 구성했습니다.

유니티와 C#을 기반으로 처음 게임을 만드는 분도, 개발 경험은 있지만 기획과 콘텐츠 제작이 어려웠던 분도 재미있게 따라올 수 있도록 신경 썼습니다.

게임을 만든다는 것이 여전히 어렵게 느껴진다면, 이제는 AI와 함께 그 길을 걸어보시길 권합니다.

이 책이 그 첫걸음을 조금이나마 덜 두렵고, 조금 더 즐겁게 만들어 줄 수 있기를 바랍니다.

약력

MBC아카데미, 컴투스, 성균관대학교 K-DIT 유니티 강사
현) 루메나소프트 대표
전) 뉴콘텐츠아카데미 AI 강사
경북게임개발사관학교, 영남대학교 등 유니티, 생성형 AI 특강
넥슨레드, 쿡앱스 등의 게임 개발 사에서 10년 실무 개발

Part 3

플랫포머 3D 게임 제작

Part 4

생성형 인공지능 고급 기법

UNIT_947

Part 1

유니티 6 엔진 소개

게임을 만든다고 하면 무엇부터 시작해야 할까요? 캐릭터 디자인일까요, 아니면 스토리 기획일까요? 실제로는 '게임을 어떻게 구현할 것인가'를 결정하는 것이 가장 먼저입니다. 그리고 그 중심에는 바로 '게임 엔진'이 있습니다.

유니티(Unity)는 많은 개발자들이 사용하는 대표적인 게임 엔진 중 하나이며, 2025년 현재 유니티 6는 더욱 강력해진 기능과 효율적인 워크플로를 제공합니다. Part 1에서는 유니티 6가 어떤 엔진인지, 이전 버전과 무엇이 달라졌는지 그리고 왜 유니티가 여전히 많은 게임 개발자들에게 선택받는 도구인지를 알아보겠습니다.

유니티 6 출시와 변화

유니티 6는 기존 Unity 2023 LTS(Long Term Support, 장기 지원 버전)의 새로운 공식 명칭으로, 차세대 유니티 엔진의 시작을 알리는 중요한 전환점이 되고 있습니다. 유니티는 안정성, 성능, 지원 등을 강화하기 위해 다양한 노력을 기울였으며 이를 통해 개발자들은 더욱 강력하고 효율적인 게임과 애플리케이션을 제작할 수 있습니다.

유니티 6는 기존 버전과 비교하여 렌더링 속도를 높이고 멀티플레이어 게임 개발을 간소화하며 멀티플랫폼 지원을 강화했습니다. 또한 AI 및 생산성 도구의 개선을 통해 개발 과정에서의 편의성을 극대화했습니다. Chapter 1에서는 유니티 6의 특징에 대해 살펴보겠습니다.

1.1 렌더링 성능 향상

유니티 6에서는 렌더링의 성능이 대폭 향상되었습니다. 특히, Universal Render Pipeline(URP)과 High Definition Render Pipeline(HDRP)에서의 최적화가 이루어졌습니다. 주요 개선 사항은 다음과 같습니다.

- **GPU 상주 드로어**: 모든 플랫폼에서 더욱 효율적인 렌더링 가능
- **정적 오브젝트 GPU 전송**: CPU 부담을 줄이고 성능을 최적화
- **GPU 오클루전 컬링**: 보이지 않는 객체의 렌더링 방지로 불필요한 리소스 사용 감소
- **STP(Spatial-Temporal Post-processing)**: 크로스 플랫폼 환경에서 고품질 이미지를 제공
- **DirectX 12 그래픽 잡 분할**: 멀티스레드 처리를 통해 CPU 지연 시간 최대 40% 감소

일부 환경에서는 이러한 개선 사항을 통해 렌더링 성능이 최대 2배 이상 증가하고 메모리 대역폭 사용량이 50% 감소하여 배터리 소모와 발열이 줄어드는 효과를 볼 수 있습니다.

[그림 1.1-1] Fantasy Kingdom 유니티 6 데모(출처: 유니티 공식 사이트)

1.2 멀티플레이어 게임 제작 간소화

유니티 6에서는 멀티플레이어 게임 개발이 더욱 간편해졌습니다. 새로운 멀티플레이어 센터 (Multiplayer Center)를 도입하여 개발자에게 필요한 모든 멀티플레이어 툴과 서비스를 한 곳에서 관리할 수 있습니다. 멀티플레이의 주요 기능은 다음과 같습니다.

- **멀티플레이어 위젯**: 로비, 세션 연결, 음성 채팅 기능 추가 가능
- **경량 에디터 프로세스**: 게임 플레이를 검증하기 위한 가벼운 실행 환경 제공
- **분산 권한 시스템**: 클라이언트 호스팅 게임의 네트워크 문제 해결

이러한 기능을 활용하면 개발자들이 더욱 빠르고 안정적인 멀티플레이어 게임을 제작할 수 있습니다.

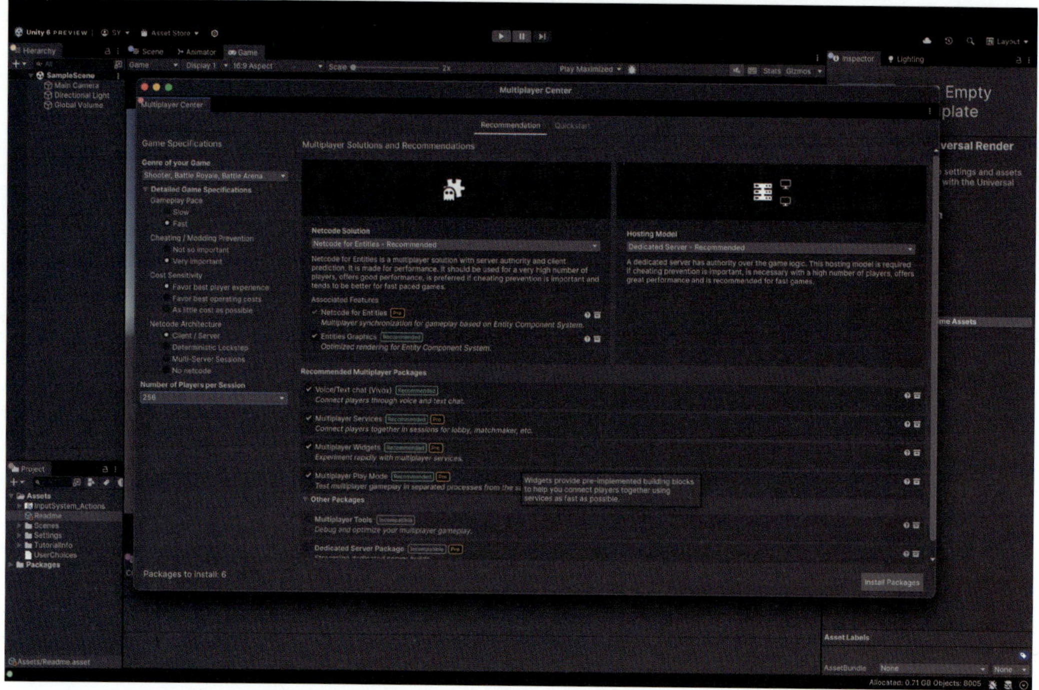

[**그림 1.1-2**] 유니티 6의 멀티플레이어 센터(출처: 유니티 공식 사이트)

1.3 멀티플랫폼 도달 범위 확장

유니티 6는 다양한 플랫폼에서의 실행을 더욱 최적화했습니다. 특히 웹 환경 지원 강화와 모바일 및 네이티브 앱과의 호환성을 높였습니다.

개선 사항

- **웹 어셈블리 SIMD 지원**: 웹 프로젝트의 CPU 성능 개선
- **메모리 제한 증가**: 2GB에서 4GB로 확장, 더 많은 데이터 처리 가능
- **모바일 디바이스 지원 강화**: 웹 프로젝트를 네이티브 앱으로 임베드 가능
- **Crazy Web Game Jam 2024 후원**: 웹 개발자를 위한 다양한 팁 제공

이러한 개선 사항 덕분에 웹 기반 게임 및 애플리케이션 개발이 더욱 원활해졌습니다.

[그림 1.1-3] 모바일 게임(출처: 유니티 공식 사이트)

1.4 더욱 매력적인 비주얼 구현

유니티 6는 그래픽 품질이 대폭 개선되어 더욱 사실적인 환경을 구현할 수 있습니다. 새로운 그래픽 기능은 다음과 같습니다.

- APV(Adaptive Probe Volume): 조명 효과를 향상시켜 보다 자연스러운 빛 반사를 구현
- VFX Graph 및 Shader Graph 업그레이드: 더욱 사실적인 환경과 효과를 적용 가능
- Ray Tracing API 지원: 고품질 3D 환경 구축 가능

이를 통해 개발자들은 더욱 아름답고 사실적인 게임 및 애플리케이션을 만들 수 있습니다.

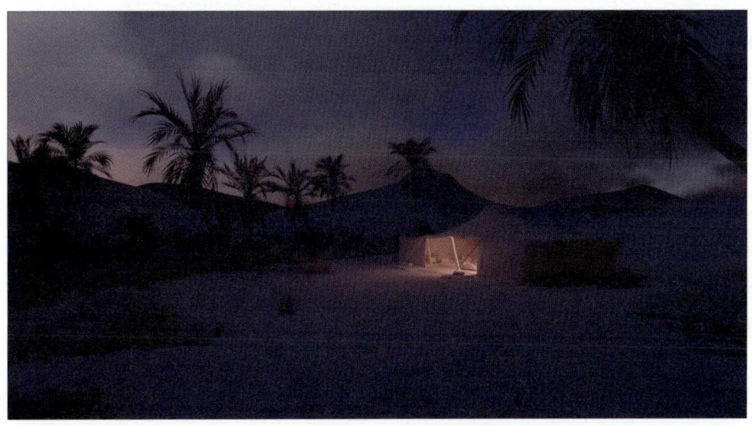

[그림 1.1-4] 유니티 6 APV 시연 동영상(출처: 유니티 공식 사이트)

유니티 6는 인공지능(AI) 기능이 대폭 강화되어 보다 혁신적인 게임 플레이를 제공할 수 있습니다. 새로 추가된 인공지능 기능은 다음과 같습니다.

- **런타임 AI 모델 지원**: 플레이어와의 상호작용 혁신 가능
- **VR 모션 센서 활용 애니메이션**: VR 기기의 데이터를 활용한 캐릭터 애니메이션 생성
- **자동화된 게임 상대 및 결과 예측 기능 제공**
- **커스텀 훈련 AI 모델 적용 가능**

이 기능을 통해 개발자는 AI를 활용한 다양한 인터랙티브 콘텐츠를 제작할 수 있습니다.

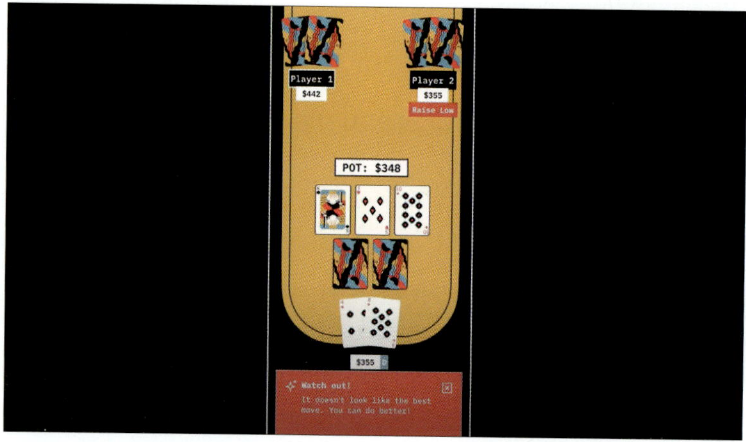

[그림 1.1-5] 유니티 6 센티스(Sentis) 적용 게임(출처: 유니티 공식 사이트)

1.6 생산성 및 기능성 향상

유니티 6는 개발자의 생산성을 높이기 위해 UI 툴킷 및 최적화 도구를 개선했습니다.

개선된 개발 환경
- **새로운 프로파일러 하이라이트 모듈**: 최적화 중점 영역을 즉시 확인 가능
- **UI 툴킷 개선**: 커스텀 UI 컨트롤 제작이 더욱 간편해짐
- **Unity Learn 지원 확대**: 다양한 학습 자료 제공

이러한 기능을 통해 개발자들은 프로젝트를 더욱 빠르고 효율적으로 진행할 수 있습니다.

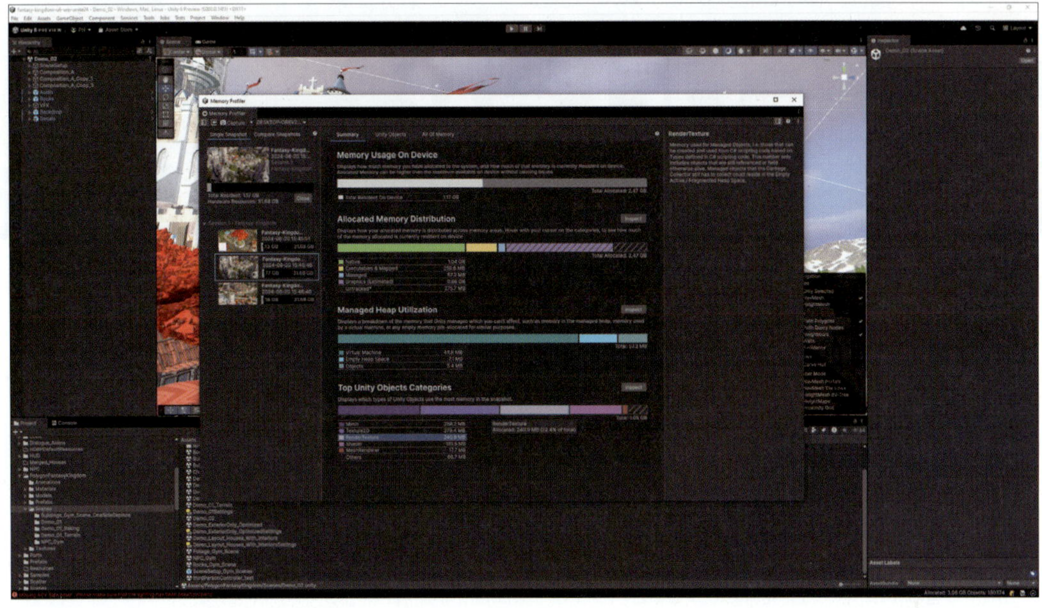

[그림 1.1-6] 유니티 6 메모리 프로파일러(출처: 유니티 공식 사이트)

유니티 설치

유니티 6를 설치해 보겠습니다. 유니티 6를 설치하는 데는 유니티 허브를 통해 설치하는 방법과 직접 설치하는 방법이 있습니다. 일반적으로는 유니티 허브를 사용하여 설치하며 프로젝트 관리도 유니티 허브에서 진행합니다. 유니티 허브를 설치하기 위해 https://unity.com에 접속합니다.

유니티를 사용하기 위해서는 가장 먼저 회원 가입을 해야 합니다. 오른쪽 상단의 프로필 아이콘을 클릭한 후 [Unity ID 만들기]를 선택합니다.

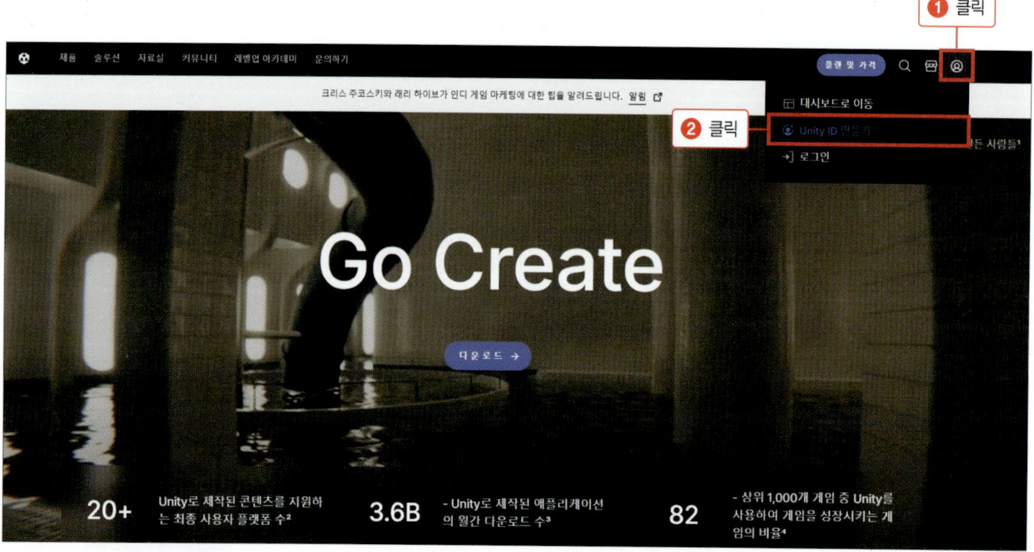

[그림 1.2-1] 유니티 홈페이지

Create a Unity ID

If you already have a Unity ID, please sign in.

Email

Password

Username

Full Name

☐ I have read and agree to the Unity Terms of Service (required).

☐ I acknowledge the Unity Privacy Policy [Republic of Korea Residents agree to the Unity Collection and Use of Personal Information] (required).

☐ I agree to have Marketing Activities directed to me by and receive marketing and promotional information from Unity, including via email and social media (optional).

☐ 로봇이 아닙니다.   reCAPTCHA
개인정보 보호 - 약관

[Create a Unity ID]   [Already have a Unity ID?]

OR

[그림 1.2-2] 유니티 회원 가입 화면

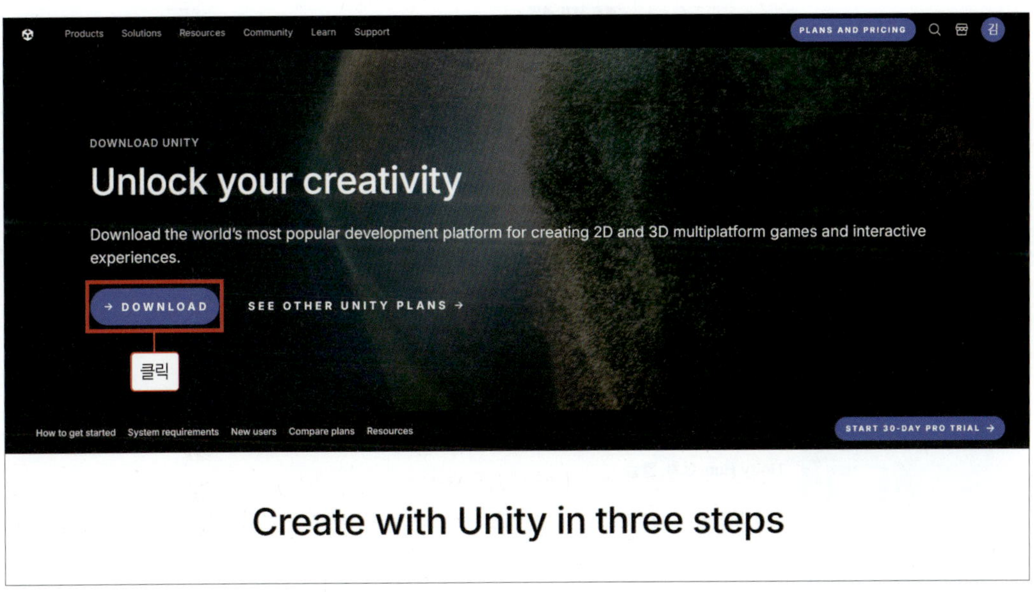

[그림 1.2-3] 유니티 다운로드

화면 중앙의 [DOWNLOAD] 버튼을 클릭하면 PC의 다운로드 폴더에 설치 파일이 저장된 것을 확인할 수 있습니다. 이 파일을 실행하여 유니티 허브를 설치합니다.

이름	수정한 날짜	유형	크기
UnityHubSetup.exe	2025-02-06 오후 5:26	응용 프로그램	196,641KB

[그림 1.2-4] 유니티 설치 파일

UnityHubSetup.exe 파일을 실행하여 다음 순서대로 유니티 허브를 설치합니다.

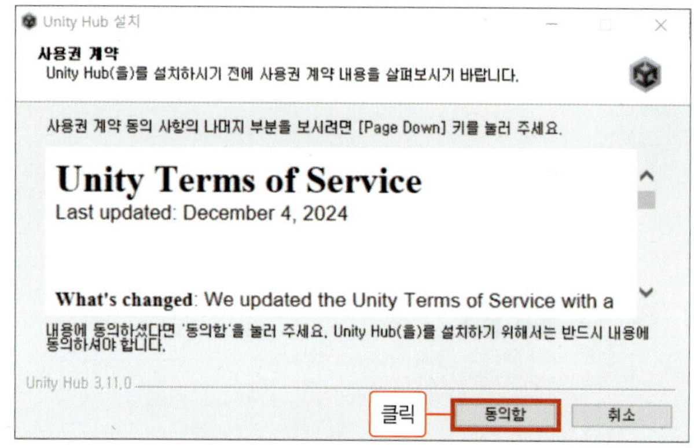

[그림 1.2-5] 유니티 허브 설치 화면 1

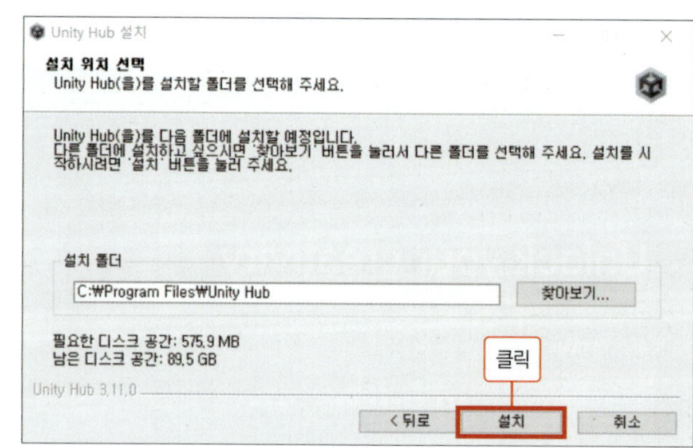

[그림 1.2-6] 유니티 허브 설치 화면 2

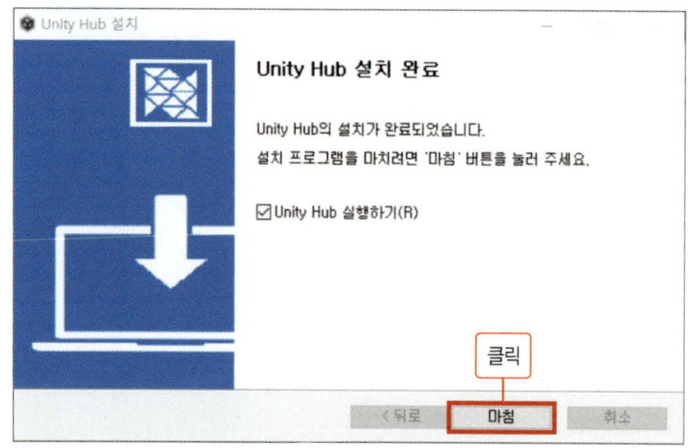

[그림 1.2-7] 유니티 설치 화면 3

설치가 완료된 유니티 허브는 [그림 1.2-8]과 같이 윈도우 시작 메뉴에서 검색하여 실행할 수 있습니다.

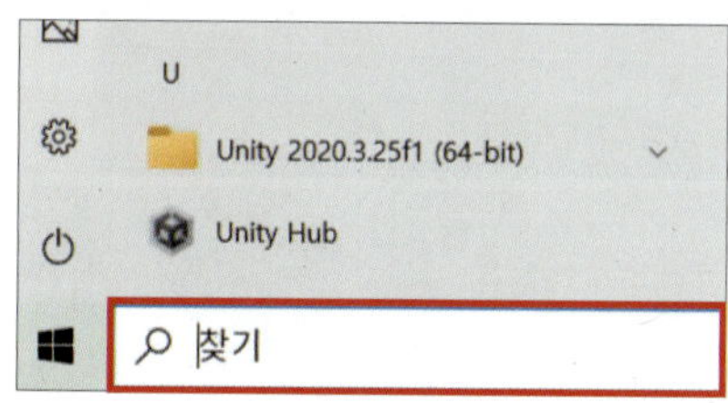

[그림 1.2-8] 유니티 허브 찾기

유니티 허브를 실행하면 [그림 1.2-9]와 같은 창이 열립니다. [Sign in] 버튼을 클릭하여 이미 만들어 놓은 아이디로 로그인합니다.

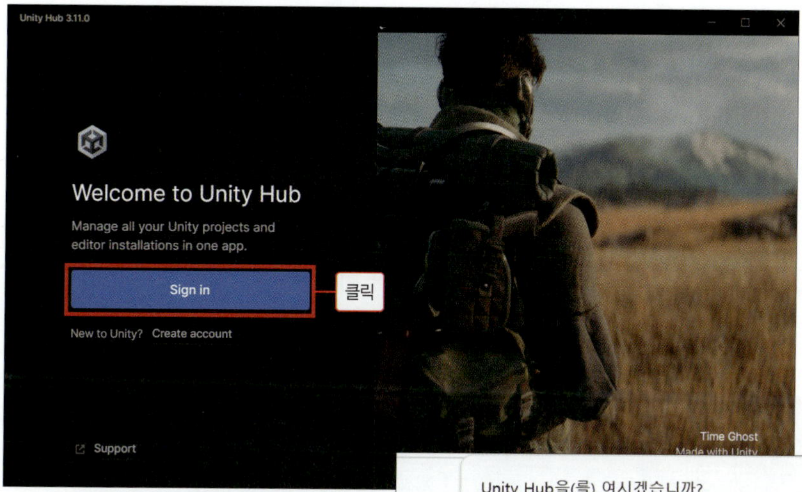

[그림 1.2-9] 유니티 허브 로그인 창

[그림 1.2-10] 유니티 허브 실행 화면

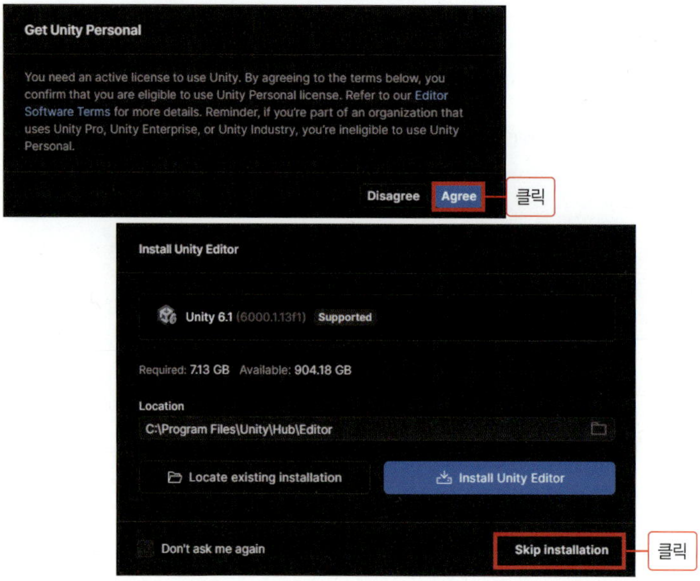

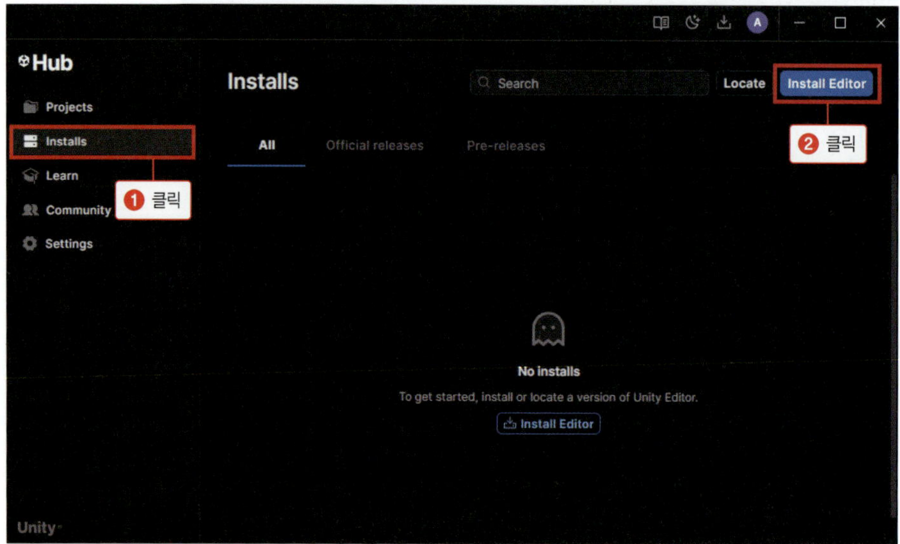

[**그림 1.2-11**] 라이선스 체크와 인스톨 스킵

이제 본격적으로 유니티 6 에디터를 설치해 보겠습니다. [그림 1.2-12]에서 왼쪽의 [Installs] 메뉴를 클릭한 후 오른쪽 상단의 [Install Editor] 버튼을 클릭합니다. 유니티는 프로젝트에 따라 다양한 유니티 버전을 사용할 수 있습니다. 즉, 하나의 PC에 여러 버전의 유니티를 설치하여 사용할 수도 있습니다. 만약 팀 단위로 프로젝트를 진행하게 될 경우, 유니티 버전이 똑같아야 문제가 발생하지 않습니다.

[**그림 1.2-12**] 유니티 Installs 설정 화면

이 책에서는 유니티 6(6000.0.xx f1) LTS 버전을 사용합니다. 유니티 6를 선택한 후 [Install] 버튼을 클릭합니다. 여기서 LTS(Long-Term Support) 버전은 장기적으로 지원되는 안정적인 버전을 의미합니다. 따라서 유니티 버전을 선택할 때는 여러 버그를 지원해 주는 LTS 버전을 선택하는 것이 좋습니다.

[그림 1.2-13] 유니티 버전 선택 화면

유니티 6는 설치 시 기본 코드 에디터로 Microsoft Visual Studio Community 2022가 함께 설치됩니다.

또한 개발하려는 플랫폼에 맞춰 필요한 모듈을 선택하여 설치할 수 있습니다. 예를 들어 안드로이드 개발을 원한다면 [Android Build Support]를 선택한 후 필요한 모듈을 설치합니다. 모듈은 나중에 추가로 설치할 수 있습니다. [Continue] 버튼을 클릭합니다.

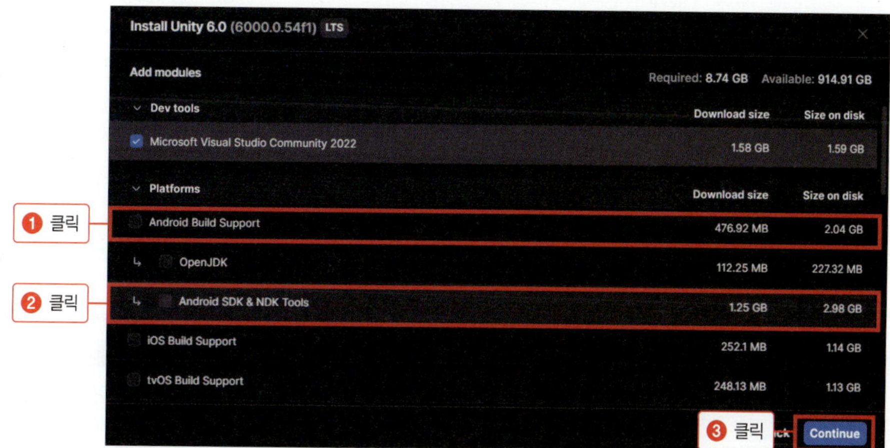

[그림 1.2-14] 유니티 모듈 설치 화면

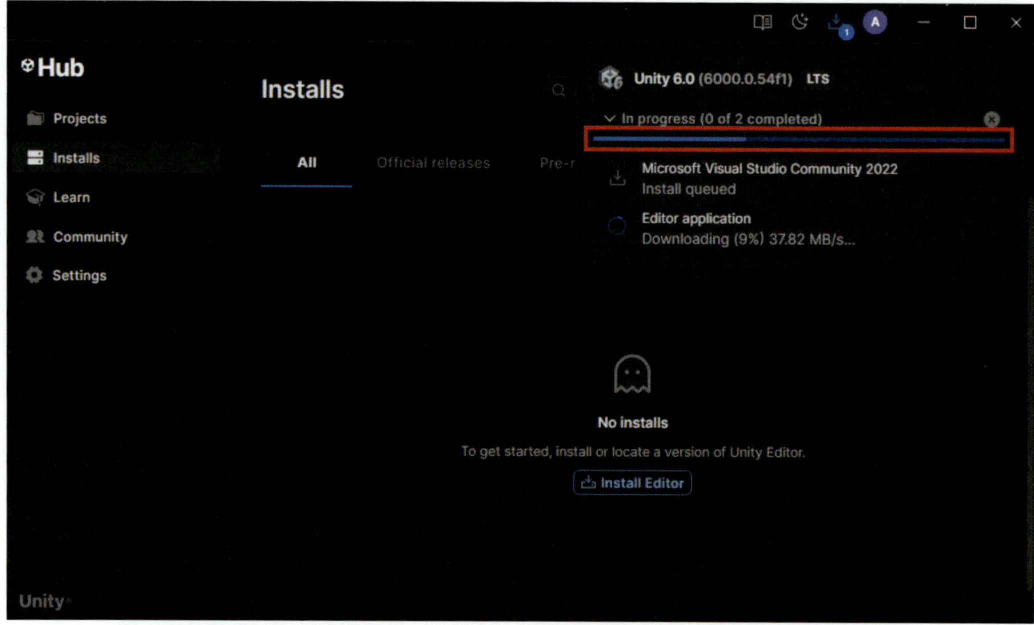

[그림 1.2-15] 유니티 설치 중 화면

유니티 에디터의 설치가 자동으로 진행됩니다. [그림 1.2-16]의 비주얼 스튜디오 화면에서 [Unity를 사용한 게임 개발]에 체크 표시를 한 후 [설치] 버튼을 누릅니다.

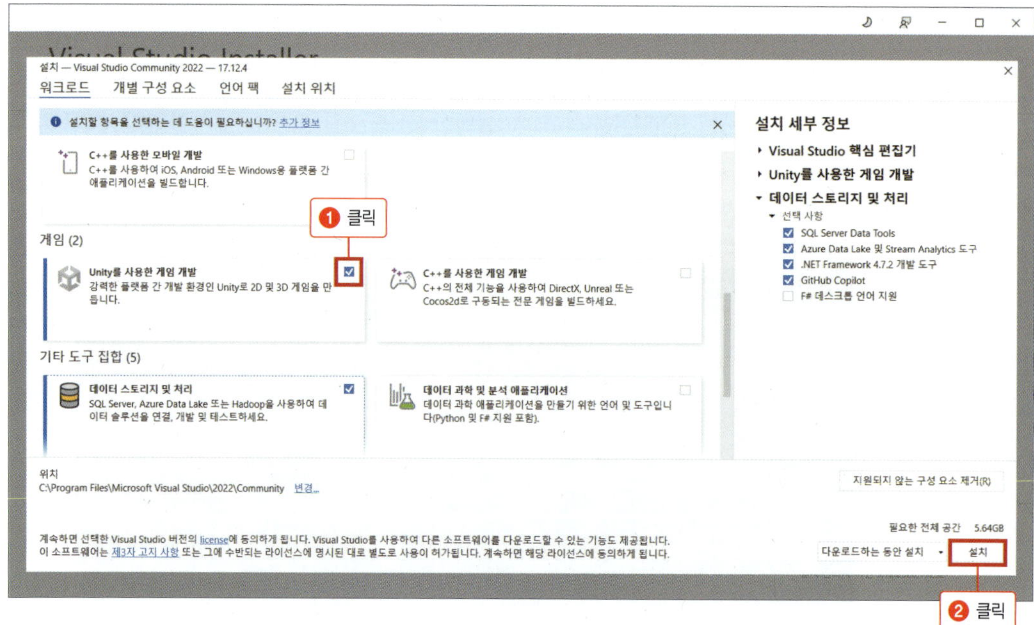

[그림 1.2-16] 비주얼 스튜디오 설치 화면

설치 후 비주얼 스튜디오 계정을 생성하고 로그인합니다.

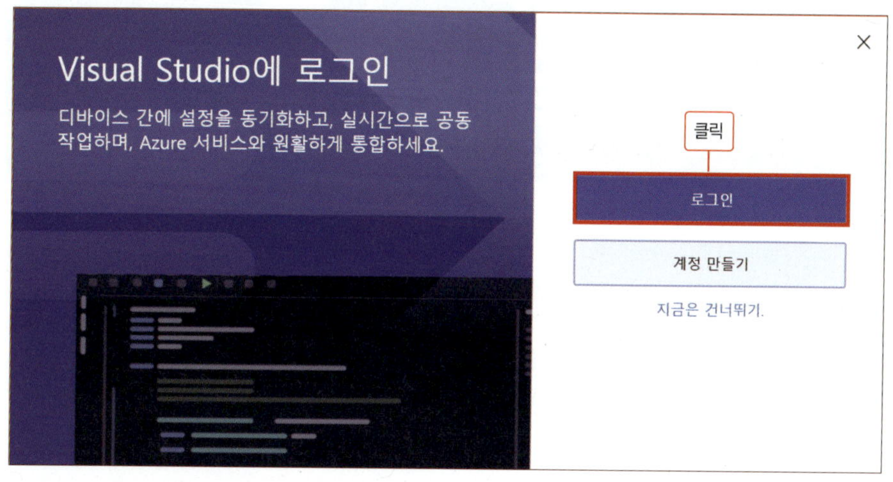

[그림 1.2-17] 비주얼 스튜디오 로그인 화면

설치가 완료되면 [그림 1.2-18]과 같이 설치된 유니티 버전을 확인할 수 있습니다.

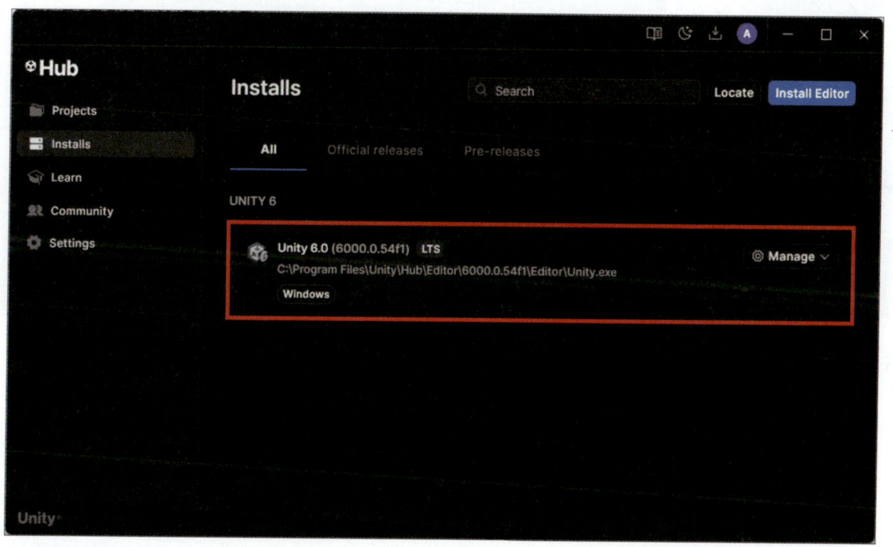

[그림 1.2-18] 설치된 유니티 버전 확인

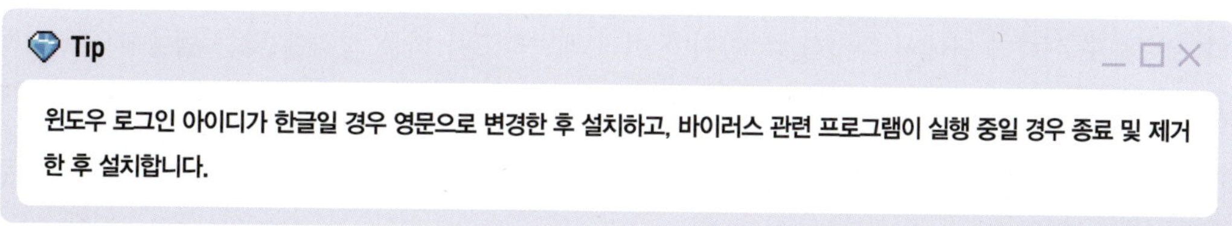

> 💎 **Tip**
>
> 윈도우 로그인 아이디가 한글일 경우 영문으로 변경한 후 설치하고, 바이러스 관련 프로그램이 실행 중일 경우 종료 및 제거한 후 설치합니다.

Chapter 3

유니티 프로젝트 생성 및 화면 구성

3.1 유니티 프로젝트 생성

유니티 허브의 왼쪽 레이아웃에 있는 [Projects]를 선택한 후 오른쪽 상단의 [New Project] 버튼을 클릭합니다.

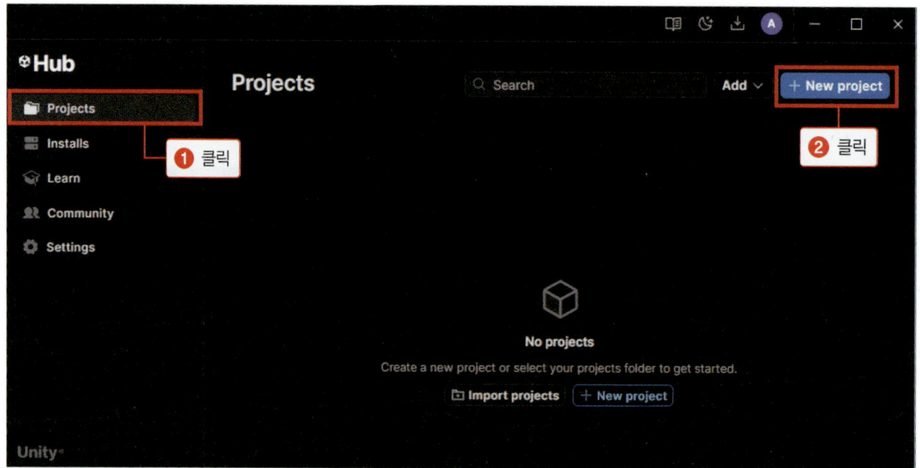

[그림 1.3-1] 프로젝트 생성 화면

프로젝트 설정 화면이 [그림 1.3-2]와 같이 나타나면 본인이 개발하고자 하는 성격에 맞는 유니티 템플릿을 선택할 수 있습니다. 2D 프로젝트를 개발하려면 [Universal 2D 템플릿]을 선택하고, 3D 프로젝트를 개발하려면 [Universal 3D 템플릿]을 선택합니다. 템플릿을 선택하면 개발하고자 하는 콘텐츠의 성격(2D, 3D, VR 등)에 맞도록 유니티 엔진이 자동 설정됩니다. 템플릿을 아무거나 선택해도 에디터 안에서 수정할 수 있지만 미리 개발하고자 하는 성격에 맞는 템플릿으로 시작하는 것이 편리합니다.

우리는 Universal 3D 템플릿을 선택합니다. 오른쪽의 설정 칸에서 프로젝트 이름을 'UnityFirst'

로, 설치 경로는 'C:\UnityProjects'로 설정한 후 [Create Project] 버튼을 눌러 프로젝트를 생성합니다. 앞으로 프로젝트 이름이나 설치 경로 등을 만들 때는 한글보다 영문으로 작성하도록 합니다. 한글 경로로 인해 문제가 발생하는 경우가 자주 있으므로 사전에 이러한 부분에 주의하는 것이 좋습니다.

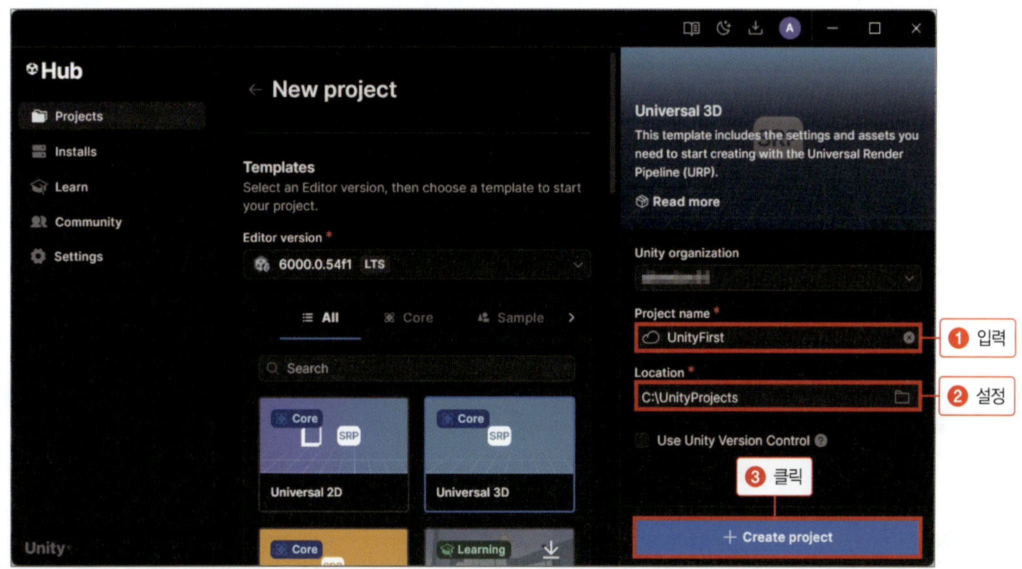

[그림 1.3-2] 유니티 프로젝트 템플릿 설정

SRP는 크게 두 가지 종류가 있습니다. 우리가 방금 선택한 Universal 3D 템플릿은 URP(Universal Render Pipeline)라 하고, 다른 하나는 High Definition 3D는 HDRP(High Definition Render Pipeline)라고 합니다.

> ### 🟡 유니버설 렌더 파이프라인(URP)
>
> - **목적**: 모바일, VR, 콘솔, PC 등 다양한 플랫폼에서 최적화된 그래픽을 제공하도록 설계된 범용 렌더링 솔루션입니다.
> - **특징**:
>   - **광범위한 플랫폼 지원**: 17개 이상의 플랫폼에 프로젝트를 배포할 수 있습니다.
>   - **성능 최적화**: 경량화된 구조로 높은 프레임 속도를 유지하며 특히 성능이 중요한 모바일 및 VR 환경에 적합합니다.
>   - **커스터마이징 가능**: 프로젝트의 예술적 비전과 성능 요구 사항에 맞게 수정할 수 있습니다.
> - **추천 사용 사례**: 모바일 게임, 인디 게임, 플랫폼 간 호환성이 중요한 프로젝트 등입니다.

- **목적**: 고사양 하드웨어를 대상으로 사실적이고 높은 품질의 그래픽 표현을 목표로 하는 렌더링 파이프라인입니다.
- **특징**:
  - **고품질 그래픽**: 물리 기반 렌더링(PBR), 향상된 조명 및 섀도, 사실적인 반사 등 최첨단 그래픽 기능을 제공합니다.
  - **고사양 하드웨어 요구**: 높은 그래픽 품질을 구현하기 위해서는 강력한 GPU 성능이 필요하며 모바일 플랫폼은 지원하지 않습니다.
  - **시네마틱 표현**: 영화 수준의 비주얼과 시네마틱한 연출이 가능한 기능을 포함하고 있습니다.
- **추천 사용 사례**: AAA 게임, 건축 시각화, 영화 및 시네마틱 콘텐츠 등입니다.
- **모바일 및 다중 플랫폼 지원이 필요한 경우**: URP 선택
- **최고 수준의 그래픽 품질이 요구되는 경우**: HDRP 선택

3.2 유니티 레이아웃

유니티 프로젝트를 실행하면 [그림 1.3-3]과 같은 실행 화면을 볼 수 있습니다.

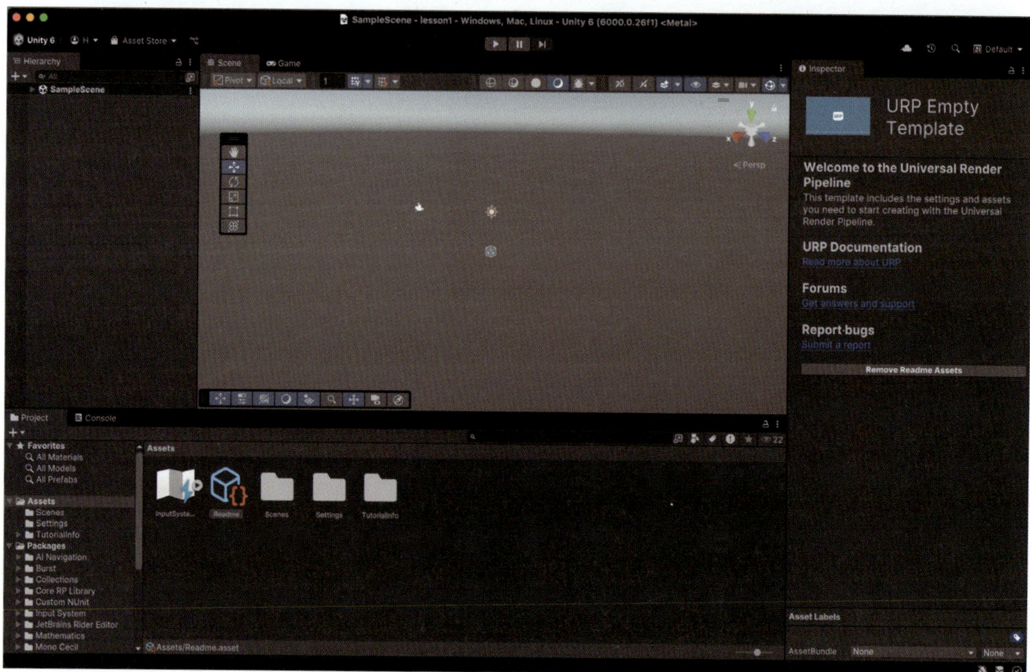

[**그림 1.3-3**] 유니티 Default 레이아웃 화면

유니티에서는 각각의 레이아웃을 '뷰'라고 부릅니다. 각 뷰의 이름과 역할을 간단히 살펴보겠습니다.

❶ **씬(Scene) 뷰**

게임 오브젝트를 배치하고 편집하는 작업 공간입니다. 여기서 오브젝트의 위치, 회전, 크기 등을 조절하며 게임 월드를 구성합니다.

❷ **게임(Game) 뷰**

현재 개발 중인 게임을 실행했을 때의 모습을 미리 보기로 보여 줍니다. 카메라를 통해 보이는 화면을 확인하며 실제 플레이 시의 화면을 시뮬레이션합니다.

❸ **하이어라키(Hierarchy) 뷰**

현재 씬에 포함된 모든 게임 오브젝트를 계층 구조로 표시합니다. 오브젝트 간의 부모–자식 관계를 관리하며 씬의 구성 요소를 한눈에 파악할 수 있습니다.

❹ **프로젝트(Project) 뷰**

프로젝트 내의 모든 에셋(Assets)을 관리하는 창입니다. 스크립트, 텍스처, 오디오 파일 등 다양한 리소스를 폴더 구조로 정리하고 접근할 수 있습니다.

❺ **인스펙터(Inspector) 뷰**

선택한 게임 오브젝트의 세부 속성과 컴포넌트를 확인하고 수정하는 창입니다. 오브젝트의 위치, 회전, 크기 등 기본 속성부터 추가된 컴포넌트의 설정까지 조정할 수 있습니다.

❻ **콘솔(Console) 뷰**

개발 과정에서 발생하는 로그(Log), 경고 에러 메시지를 출력하는 창입니다. 디버깅 시 유용하게 사용되며 스크립트에서 Debug.Log를 통해 메시지를 출력할 수 있습니다.

❼ **툴 바(Toolbar)**

에디터 상단에 위치한 도구 모음으로, 씬 뷰 조작 도구, 실행 및 일시 정지 버튼, 계정 관리, 레이어 선택, 레이아웃 변경 등과 같은 다양한 기능을 제공합니다.

각 뷰는 사용자의 작업 스타일에 맞게 위치와 크기를 조정할 수 있으며 설정한 레이아웃은 저장한 후 필요할 때마다 불러올 수 있습니다.

> 💎 **Tip** _ □ ×
>
> - 로그(Log)는 스크립트 실행 과정에서 발생하는 정보, 경고 오류 메시지를 기록하는 기능입니다.
> - 개발 중에는 Debug.Log를 활용해 변숫값이나 코드의 흐름을 확인할 수 있습니다.
> - 로그를 적극적으로 활용하면 문제를 빠르게 진단하고 디버깅 효율을 높일 수 있습니다.

지금까지 유니티 에디터의 주요 뷰와 각 뷰의 역할에 대해 살펴보았습니다. 유니티를 처음 실행하면 기본(Default) 레이아웃이 적용되어 있습니다. 하지만 이 기본 레이아웃은 작업 효율 측면에서 다소 불편할 수 있습니다. 그래서 많은 개발자가 더 편리한 레이아웃으로 변경하여 사용합니다. 유니티 오른쪽 상단의 메뉴 중 [그림 1.3-4]와 같은 레이아웃 설정 메뉴를 클릭하면 레이아웃을 변경할 수 있습니다.

[그림 1.3-4] 레이아웃 설정 메뉴

드롭다운 버튼을 클릭해서 [2 by 3]으로 설정합니다. 설정이 완료되면 [그림 1.3-5]와 같이 레이아웃이 변환됩니다. 2 by 3 레이아웃은 유니티 에디터에서 제공하는 미리 구성된 창 배치(Preset Layout) 중 하나입니다. 개발자들이 유니티의 주요 뷰(Scene, Game, Inspector 등)를 한눈에 파악하고 작업하기 편리하도록 구성되어 있습니다.

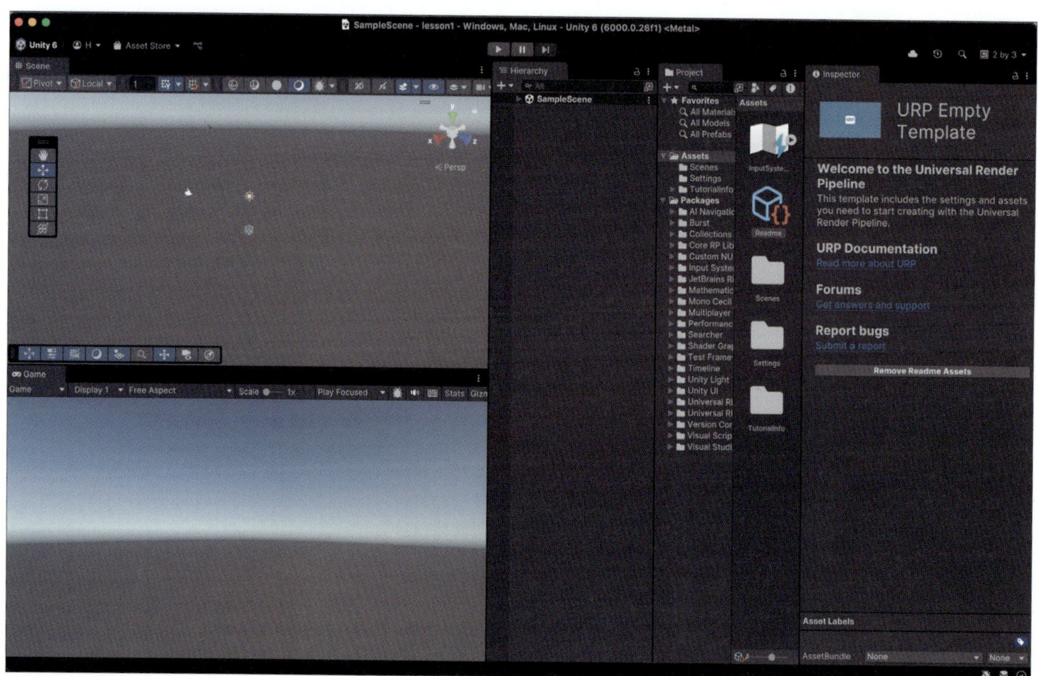

[그림 1.3-5] 2 by 3 레이아웃

프로젝트 뷰의 레이아웃이 기본값인 [Two Column Layout]으로 설정되어 있으면 화면이 세로로 분할되어 에셋을 찾거나 관리할 때 다소 불편할 수 있습니다. 에셋을 보다 효율적으로 관리하기 위해 [그림 1.3-6]을 참고하여 프로젝트 탭 오른쪽의 점 3개 아이콘을 클릭한 후 [One Column Layout]으로 변경합니다.

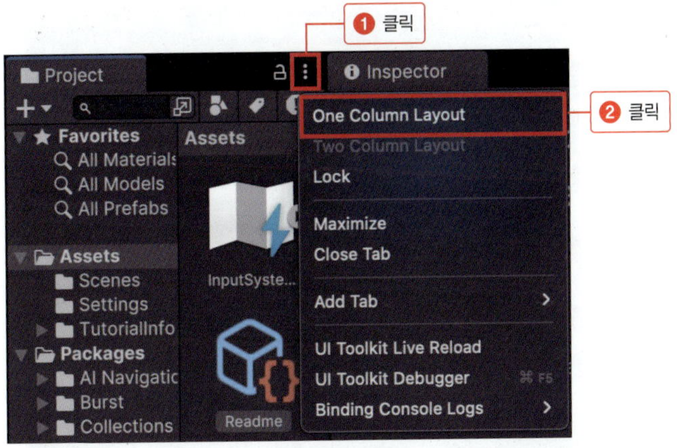

[그림 1.3-6] [One Column Layout] 설정

스크립트 작성 시 오류를 확인할 수 있도록 콘솔 뷰를 추가하겠습니다. 상단 메뉴에서 Window > General > Console을 클릭하면 콘솔 뷰가 화면에 나타납니다. [Console] 탭을 클릭한 상태에서 드래그하여 [그림 1.3-7]처럼 [Game] 탭 옆에 붙여놓습니다. 콘솔 뷰는 로그를 확인하거나 오류 메시지를 확인할 때 자주 활용됩니다.

[그림 1.3-7] 콘솔 뷰 화면

지금까지 유니티 에디터의 레이아웃을 설정하는 방법을 알아보았습니다. 이제 주요 뷰의 기능과 사용법을 자세히 살펴보겠습니다.

3.3 씬(Scene) 뷰

씬 뷰는 게임을 제작할 때 게임 오브젝트를 배치하고 편집하는 작업 공간입니다. 여기에서는 오브젝트를 자유롭게 이동시키거나 다양한 각도에서 확인할 수 있습니다.

씬 뷰는 Window > General > Scene 메뉴를 통해서도 열 수 있습니다.

먼저 씬 뷰에 큐브 오브젝트를 하나 생성해 보겠습니다. 하이어라키 뷰에서 [+] 버튼을 클릭한 후 3D Object > Cube를 선택합니다.

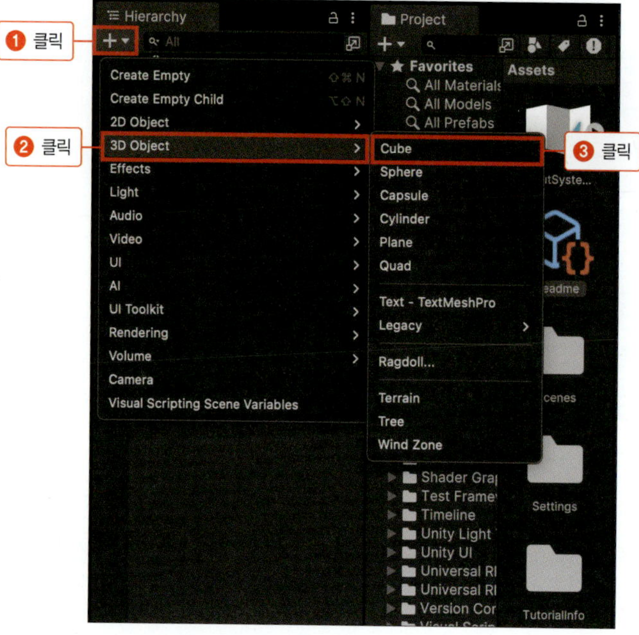

[**그림 1.3-8**] 큐브 생성 화면

[그림 1.3-9]처럼 씬 뷰에 큐브가 생성되었습니다. 게임에서 사용할 오브젝트는 반드시 씬 뷰에 올려서 사용해야 합니다.

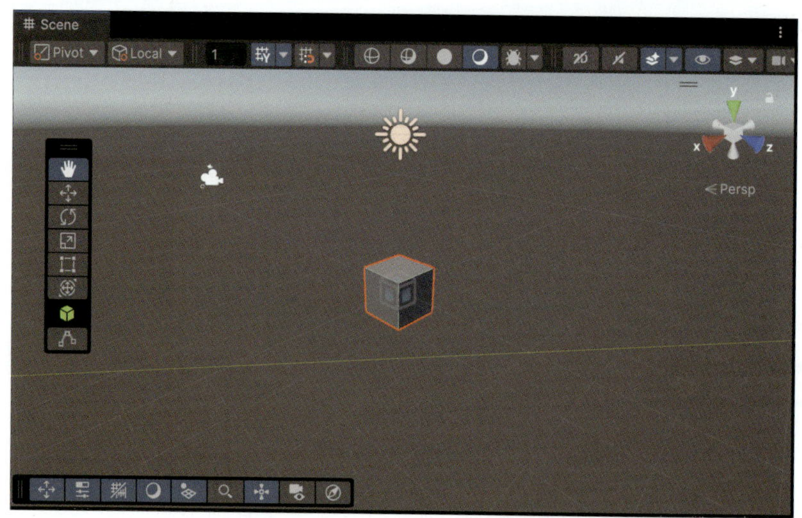

[**그림 1.3-9**] 큐브 생성 후 씬 뷰 화면

> **오브젝트란?**
>
> 유니티에서 오브젝트(Object)란, 게임 세계 안에 존재하는 모든 것을 의미합니다. 게임 속 캐릭터, 배경, 아이템, UI 요소 등 보이는 것뿐만 아니라 보이지 않는 것(예 카메라 라이트, 빈 오브젝트)도 모두 오브젝트에 포함됩니다. 유니티에서는 '오브젝트' 또는 '게임 오브젝트'라고 불립니다.

1 카메라 제어

씬 뷰에서는 카메라를 자유롭게 이동하거나 회전할 수 있습니다. 다양한 각도에서 게임 오브젝트를 관찰하고 편집할 수 있으므로 마치 실제 공간을 돌아다니며 오브젝트를 배치하는 듯한 경험을 제공합니다.

- **카메라 이동(Panning)**: 마우스 휠 버튼을 누른 상태에서 마우스를 움직이면 화면을 상하좌우로 이동할 수 있습니다.
- **시점 회전(Orbiting)**: 마우스 오른쪽 버튼을 누른 상태에서 마우스를 움직이면 시점을 자유롭게 회전시킬 수 있습니다.
- **줌(Zooming)**: 마우스 휠 스크롤을 위아래로 움직여 씬 뷰를 확대하거나 축소할 수 있습니다.
- **자유 비행 모드**: 마우스 오른쪽 버튼을 누른 상태에서 키보드의 W, A, S, D를 사용하여 전후좌우로 이동할 수 있습니다. 추가로 Q는 하향 이동, E는 상향 이동을 제공합니다. 이때 Shift를 함께 누르면 이동 속도가 증가합니다.

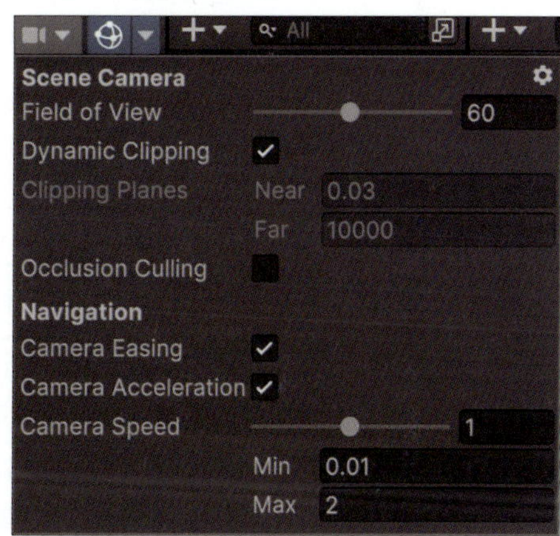

[그림 1.3-10] 씬 뷰 카메라 설정 화면

- **포커스(Focus)**: 하이어라키 뷰에서 특정 오브젝트를 선택한 후 마우스 커서를 씬 뷰의 아무 데나 올려 둡니다. 그 상태에서 키보드의 F를 누르면 선택한 오브젝트에 초점이 맞춰지며 씬 뷰가 자동으로 그 오브젝트를 중심으로 조정됩니다.
- **카메라 설정 메뉴**: 씬 뷰 상단의 카메라 아이콘을 클릭하면 카메라의 시야각(Field of View), 클리핑 평면(Clipping Planes) 등의 설정을 조정할 수 있습니다. 이를 통해 씬 뷰의 렌더링 방식을 세부적으로 설정할 수 있습니다. Camera Speed를 조절하여 씬 뷰 카메라의 이동 속도 등을 수정할 수도 있습니다.

2 Tools

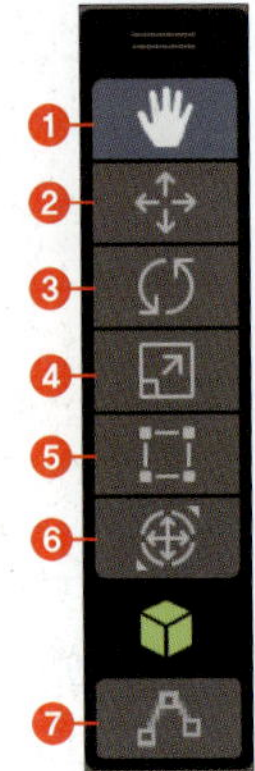

[그림 1.3-11] Tools

❶ 핸드 툴(Hand Tool, Q)

- **기능**: 씬 뷰를 이동시켜 원하는 영역을 확인할 수 있습니다.
- **사용법**: 도구를 선택한 후 마우스 왼쪽 버튼을 클릭, 드래그하여 뷰를 이동합니다. 마우스 휠 버튼을 누른 상태에서 드래그해도 이와 동일한 효과를 얻을 수 있습니다.

❷ 이동 툴(Move Tool, W)

- **기능**: 선택한 오브젝트를 X, Y, Z축 방향으로 이동시킵니다.
- **사용법**: 오브젝트를 선택한 후 이동 툴을 활성화하면 오브젝트 주변에 화살표 기즈모가 나타납니다. 각 축의 화살표를 드래그하여 원하는 방향으로 이동시킬 수 있습니다.

❸ 회전 툴(Rotate Tool, E)

- **기능**: 선택한 오브젝트를 회전시킵니다.
- **사용법**: 오브젝트를 선택한 후 회전 툴을 활성화하면 원형의 기즈모가 나타납니다. 각 축에 해당하는 원을 드래그하여 오브젝트를 회전시킬 수 있습니다.

❹ 스케일 툴(Scale Tool, R)

- **기능**: 오브젝트의 크기를 조절합니다.
- **사용법**: 선택한 오브젝트 주위에 나타나는 큐브 형태의 기즈모를 드래그하여 크기를 조절합니다. 개별 축의 큐브를 드래그하면 크기가 해당 축 방향으로만 변경됩니다.

❺ 렉트 툴(Rect Tool, T)

- **기능**: 2D 오브젝트나 UI 요소의 위치, 회전, 크기를 동시에 조절할 수 있습니다.
- **사용법**: 선택한 오브젝트에 나타나는 사각형의 핸들을 드래그하여 위치 이동, 회전, 크기 조절을 한 번에 수행할 수 있습니다.

❻ 트랜스폼 툴(Transform Tool, Y)

- **기능**: 이동, 회전, 스케일 기능을 하나의 기즈모로 통합하여 제공합니다.
- **사용법**: 선택한 오브젝트에 나타나는 통합 기즈모를 사용하여 이동, 회전, 크기 조절을 모두 수행할 수 있습니다.

❼ Edit Bounding Volume

- 콜라이더(Collider)와 같은 컴포넌트의 경계 볼륨을 편집할 수 있는 기능을 의미합니다. 이 기능을 사용하면 게임 오브젝트의 충돌 영역을 시각적으로 조정하여 물리 연산이나 충돌 감지를 보다 정확하게 설정할 수 있습니다.

유니티 좌표계

유니티는 3차원 공간에서 오브젝트의 위치와 방향을 표현하기 위해 왼손 좌표계(Left-Handed Coordinate System)와 Y-Up 방식을 사용합니다.

왼손 좌표계: X축이 오른쪽, Y축이 위쪽, Z축이 앞쪽(화면을 보는 방향)으로 정의됩니다. 이는 왼손의 엄지, 검지, 중지를 각각 X, Y, Z축에 대응시켜 보면 이해하기 쉽습니다.

Y-UP 방식: Y축이 위쪽을 가리키는 Y-Up 방식을 채택하고 있습니다. 이는 3차원 공간에서 높이 정보를 Y축으로 표현하는 방식입니다.

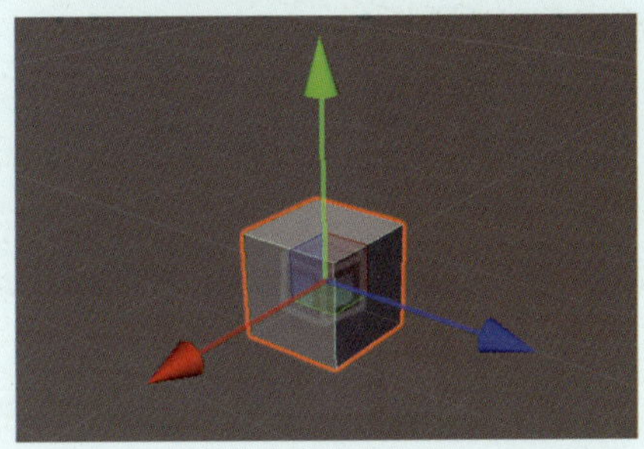

[그림 1.3-12] 좌표계

3 유니티 6의 새로운 기능

오버레이 메뉴

[그림 1.3-13] 오버레이 메뉴

오버레이(Overlay) 메뉴는 씬 뷰 위에 겹쳐서 표시되는 툴 바 또는 패널을 의미합니다. 유니티 6부터 사용자가 직접 툴 바의 위치와 조합을 자유롭게 조정할 수 있게 되었습니다. 다양한 도구와 패널을 사용자 지정하여 작업 효율을 높일 수 있는 기능입니다. 이를 통해 개발자는 작업 환경을 개인화하고 필요한 도구에 빠르게 접근할 수 있습니다.

유니티 6에서 새롭게 추가된 Cameras 기능은 오버레이 메뉴의 카메라 아이콘을 클릭하여 사용할 수 있습니다. Cameras 팝업이 나타난 후 맨 오른쪽의 [Return to scene camera]를 누르면 씬 뷰가 하이어라키 뷰에 있는 Main Camera가 바라보는 시점으로 전환됩니다.

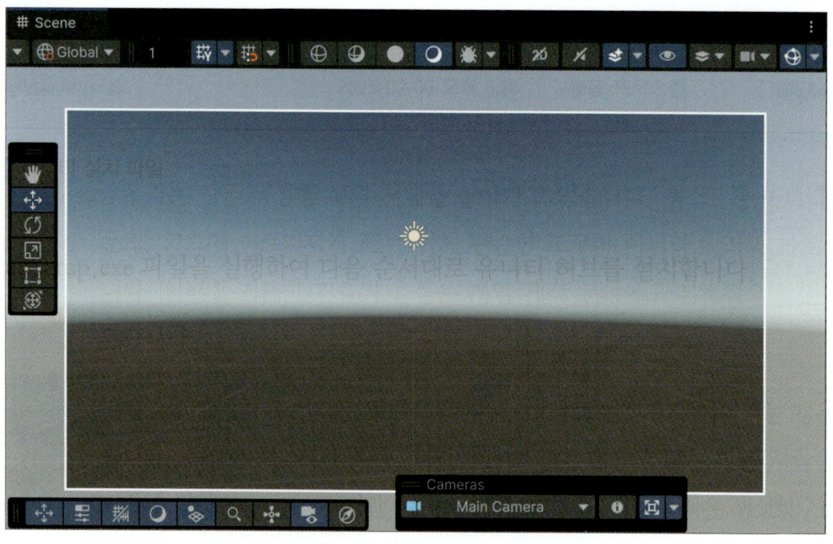

[그림 1.3-14] 씬 뷰 Cameras 실행 화면

피어싱 메뉴

씬 뷰에서 오브젝트 위에 마우스 커서를 올린 상태에서 Ctrl과 마우스 오른쪽 버튼을 함께 클릭하면 마우스 커서 아래에 겹쳐 있는 모든 게임 오브젝트를 나열하는 피어싱(Piercing) 메뉴가 나타납니다. 이 기능을 활용하면 복잡하게 겹쳐 있는 오브젝트 중에서 원하는 대상을 쉽게 선택할 수 있습니다.

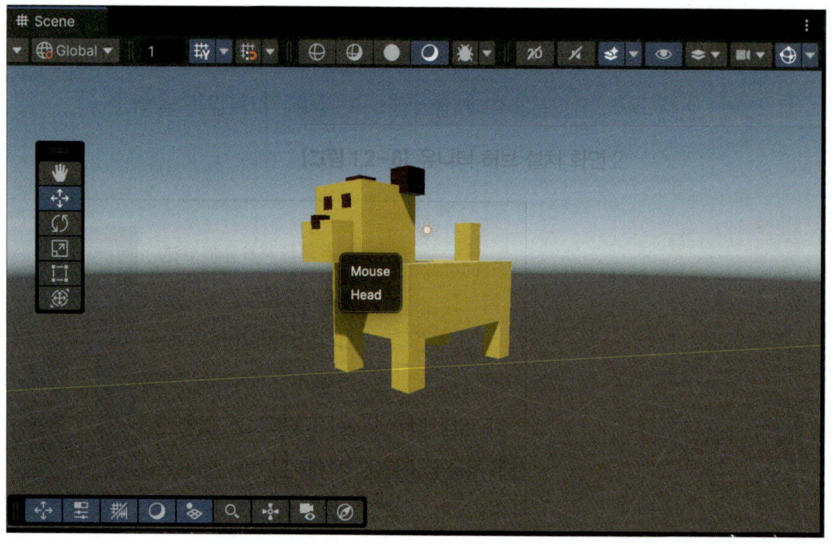

[그림 1.3-15] 피어싱 화면

3.4 게임(Game) 뷰

게임 뷰(Game View)는 개발 중인 게임이 실제로 어떻게 실행될지를 미리 보기하는 창으로, 최종 빌드된 게임의 플레이 모습을 확인할 수 있습니다. 이 창은 씬 뷰에 있는 카메라를 통해 렌더링된 결과를 화면에 출력합니다. 뷰를 Window > General > Game를 통해 열 수도 있습니다.

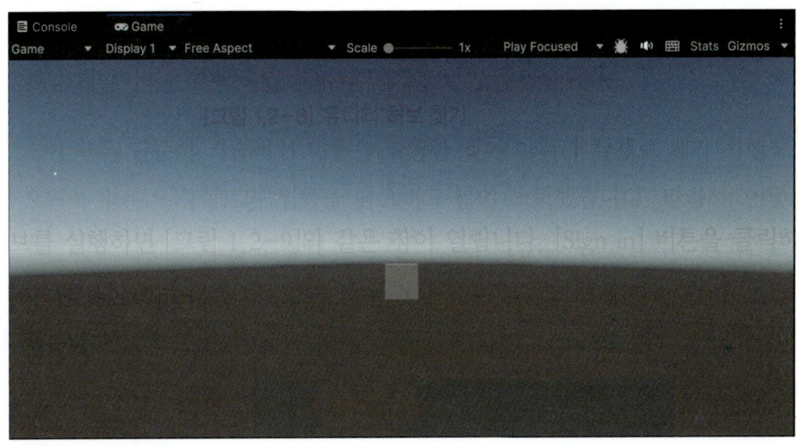

[그림 1.3-16] 게임 뷰 화면

1 플레이 모드 툴바

[그림 1.3-17] 플레이 모드 툴 바

유니티 상단에 위치하는 툴 바로, 플레이 모드(Play Mode)를 제어하는 기능을 가지고 있습니다.

- 재생(Play) 버튼: 게임을 시작하거나 중지합니다.
- 일시 정지(Pause) 버튼: 게임을 일시 정지합니다.
- 프레임 단위 스텝(Step) 버튼: 일시 정지 상태에서 한 프레임씩 진행합니다.

2 게임 뷰 컨트롤 바

게임 뷰의 상단에는 다양한 설정을 조정할 수 있는 컨트롤 바가 있습니다.

[그림 1.3-18] 게임 뷰 컨트롤 바

- **Game/Simulator**: 게임 뷰 상단의 Game/Simulator 드롭다운 메뉴를 사용하여 원하는 뷰를 선택합니다. 게임 뷰와 시뮬레이터 뷰 간 전환을 통해 모바일 디바이스에서의 게임 실행 모습을 미리 볼 수 있습니다
- **Display**: 씬에 여러 개의 카메라가 있는 경우, 이 옵션을 통해 활성화할 카메라를 선택할 수 있습니다. 기본값은 Display 1입니다.
- **Aspect Ratio**: 다양한 화면 비율에서 게임이 어떻게 보이는지 테스트할 수 있습니다. 기본값은 Free Aspect이며 특정 비율을 선택하여 해당 환경을 시뮬레이션할 수 있습니다.
- **Scale**: 슬라이더를 사용하여 게임 화면을 확대 또는 축소하여 세부 사항을 확인할 수 있습니다.
- **Maximize on Play**: 플레이 모드 진입 시 게임 뷰를 에디터 창의 전체 화면으로 확대합니다.
- **Mute Audio**: 플레이 모드에서 모든 오디오를 음소거합니다.
- **Stats**: 렌더링 통계 정보를 오버레이로 표시하여 성능을 모니터링할 수 있습니다.
- **Gizmos**: 게임 뷰에서 기즈모의 표시 여부를 제어합니다.

기즈모란?

기즈모(Gizmo)는 씬 뷰에서만 보이는 시각적 요소(아이콘) 입니다. 게임 실행 시에는 보이지 않지만, 에디터에서 개발자가 편하게 작업할 수 있도록 도와줍니다.

[그림 1.3-19] 기즈모

3.5 하이어라키(Hierarchy) 뷰

하이어라키 뷰는 씬(Scene)에 존재하는 모든 게임 오브젝트를 관리해 주는 창입니다. 게임 오브젝트를 확인하고 관리할 수 있으며 유니티에서 씬을 구성할 때 가장 자주 사용하는 뷰입니다.

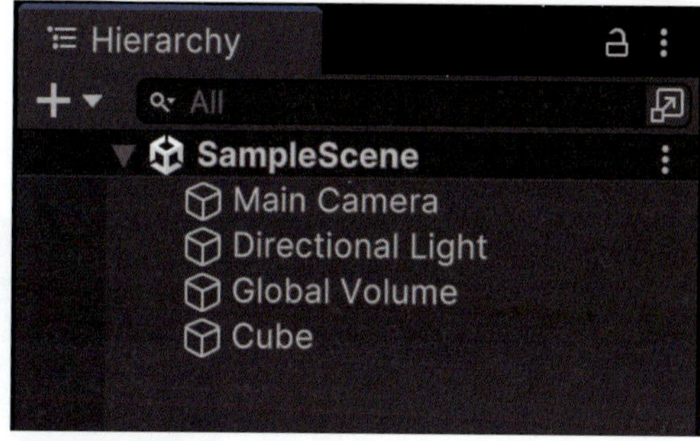

[그림 1.3-20] 하이어라키 뷰

1 게임 오브젝트의 생성과 삭제

- **오브젝트 생성**: 상단 메뉴에서 + > 3D Object > Cube 등의 항목을 선택하거나 마우스 오른쪽 버튼을 누르면 나타나는 단축 메뉴를 통해 새 오브젝트를 추가할 수 있습니다.

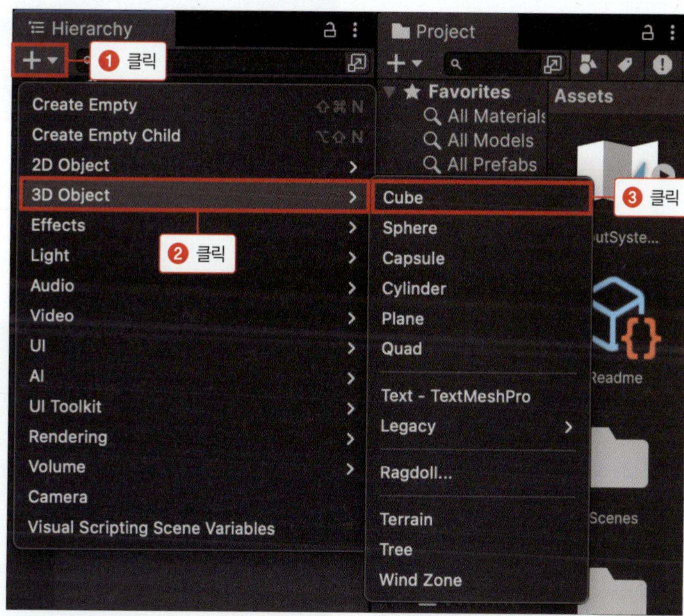

[그림 1.3-21] 하이어라키 뷰 오브젝트 추가 화면

- **오브젝트 삭제**: 오브젝트를 선택한 후 키보드의 Delete 를 누르거나 마우스 오른쪽 버튼을 클릭한 후 Delete 를 선택하여 제거할 수 있습니다.

2 부모-자식 관계 만들기

부모 오브젝트 만들기

01 + > 3D Object > Cube를 선택하여 Cube를 생성합
니다.

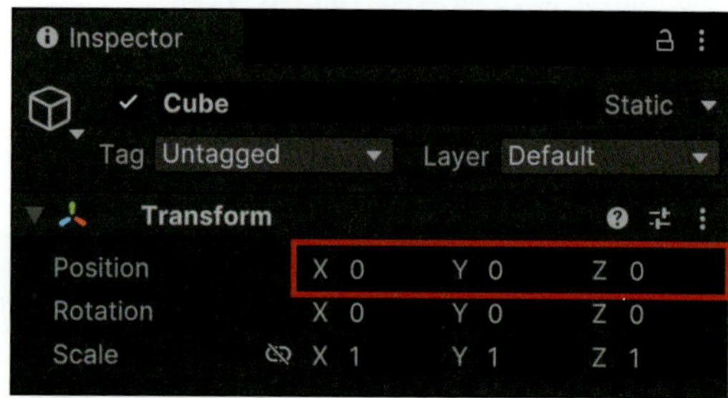

[그림 1.3-22] 큐브 생성

02 인스펙터 뷰에서 Transform 컴포넌트의
Position을 (0, 0, 0)으로 설정합니다.

[그림 1.3-23] Position 설정 화면

자식 오브젝트 만들기

01 하이어라키 뷰의 Cube를 선택한 후 마우스
오른쪽 버튼을 클릭하여 3D Object > Cube
를 생성하고 이름을 'Child'로 변경합니다.

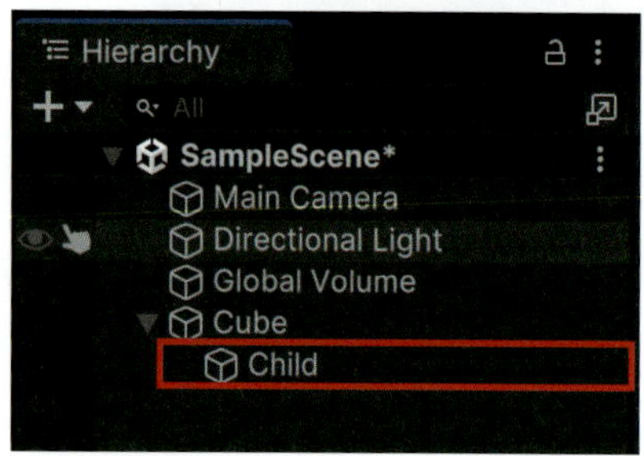

[그림 1.3-25] 하이어라키 뷰 자식 설정 후 화면

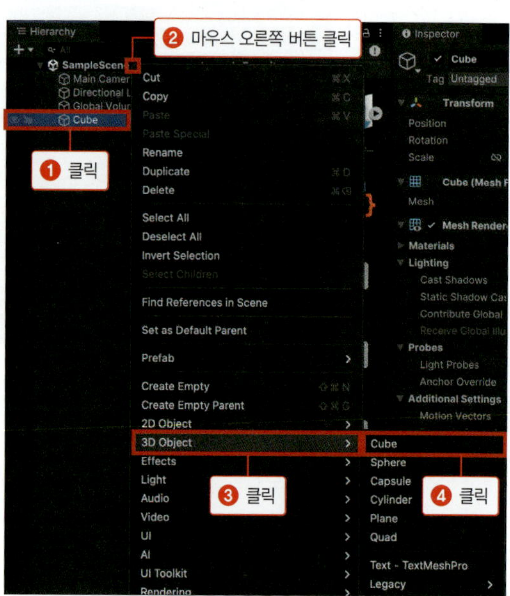

[그림 1.3-24] 자식 오브젝트 생성

02 2개의 큐브가 겹쳐 있기 때문에 하나로 보입니다. 자식 오브젝트의 position을 (X: 5, Y: 5, Z: 5)로 설정
합니다.

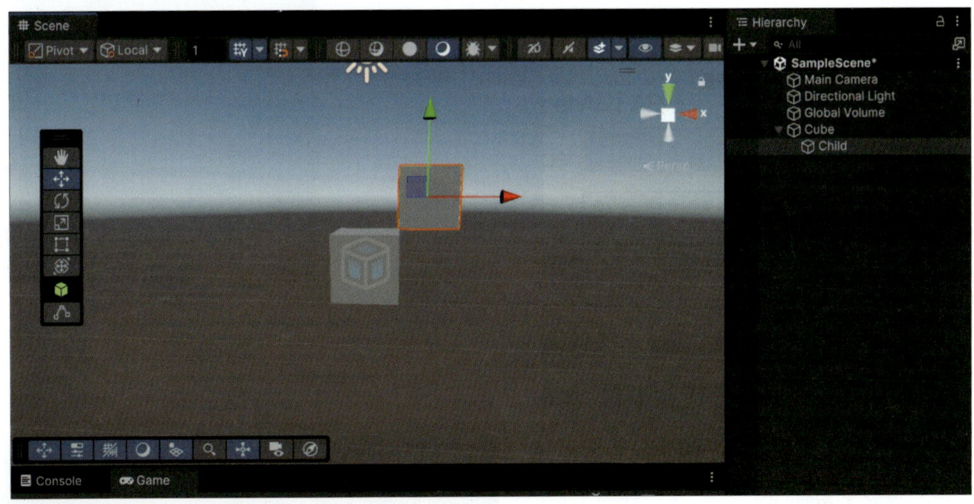

[그림 1.3-26] 부모 오브젝트 이동

03 부모 오브젝트 큐브를 선택한 후 좌우로 이동하면 자식도 함께 이동하는 것을 확인할 수 있습니다. 자식
오브젝트는 부모의 위치, 회전, 스케일의 영향을 받습니다. 부모-자식 구조는 하이어라키 뷰에서 게임
개발 시 자주 사용합니다.

그룹 설정

게임을 개발할 때 관련성이 있는 여러 개의 게임 오브젝트를 하나의 그룹으로 설정할 수 있는 기
능입니다. 게임을 제작할 때 함께 그룹으로 설정하여 씬 뷰에 있는 오브젝트를 관리할 때 편리하게
사용할 수 있습니다.

01 [그림 1.3-27]과 같이 Cube 오브젝트 4개와 Sphere 오브
젝트 4개를 생성합니다.

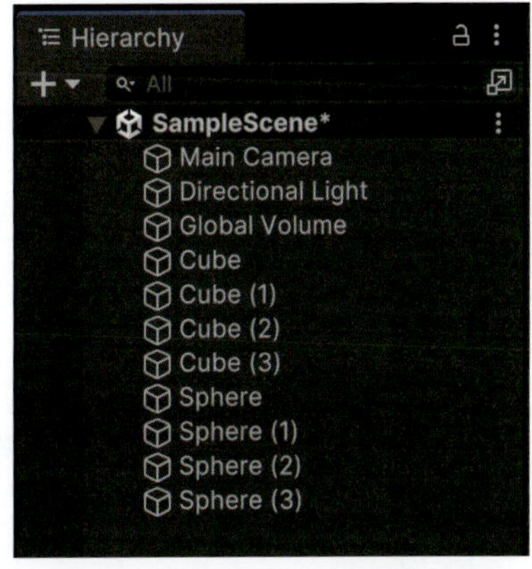

[그림 1.3-27] Sphere 오브젝트 생성

02 Cube 오브젝트 4개를 선택합니다.

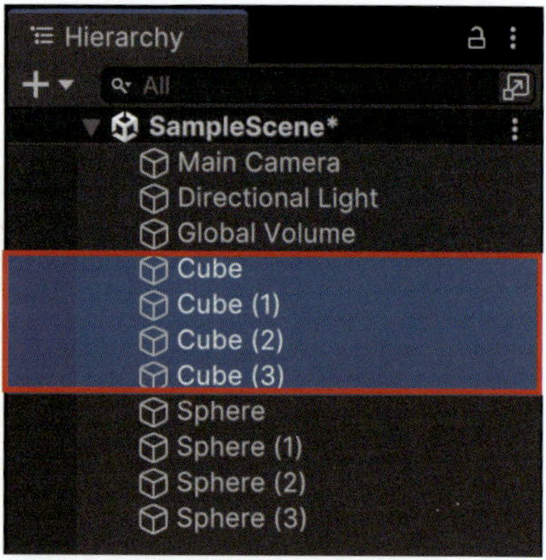

[그림 1.3-28] Cube 오브젝트 선택

03 Edit > Selection Groups를 선택하거나 Ctrl + Alt + 숫자 키를 사용하여 그룹을 지정합니다.

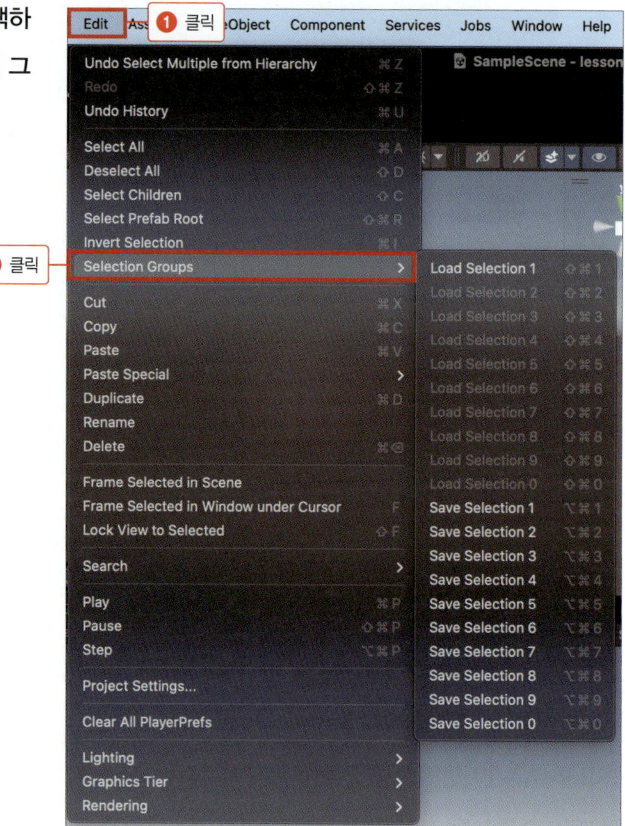

[그림 1.3-29] 그룹 지정

04 [Load Selection]을 클릭하여 저장된 그룹을 불러오거나 Ctrl + Shift + 숫자 키로 저장된 그룹을 불러올 수 있습니다.

🔶 게임 오브젝트 검색

- 하이어라키 뷰 상단의 검색 창을 통해 게임 오브젝트를 이름, 타입, 라벨 등 다양한 기준으로 검색할 수 있습니다.

- 하이어라키 검색 창의 오른쪽 Search 아이콘을 클릭하면 고급 검색 기능인 Unity Search 기능을 활용하여 오브젝트를 좀 더 자세히 검색할 수 있습니다.

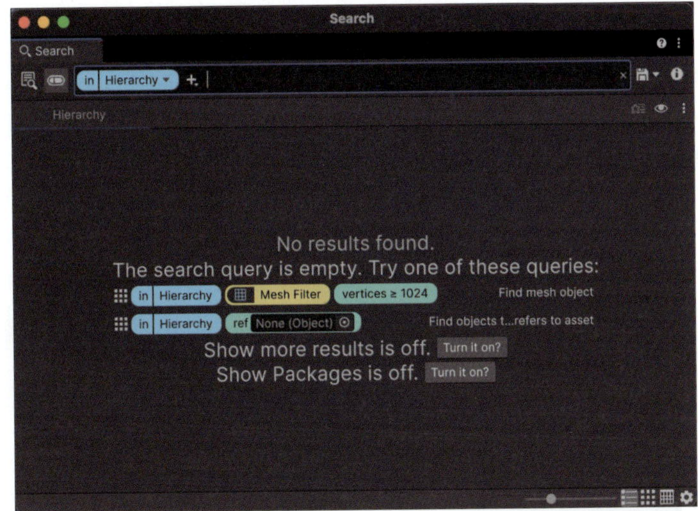

[그림 1.3-30] 하이어라키 뷰 고급 검색 창

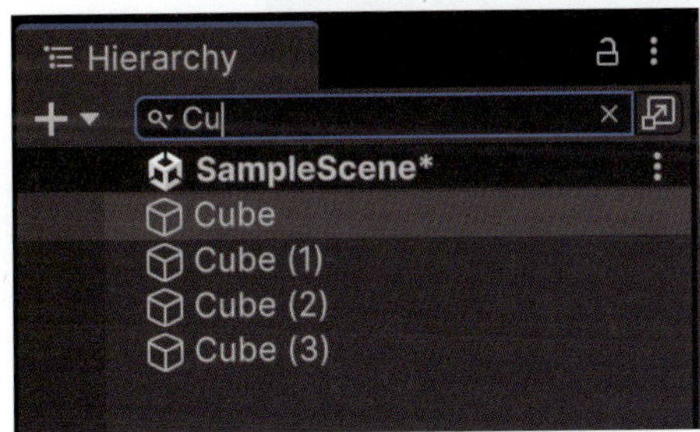

[그림 1.3-31] 하이어라키 뷰 검색 창

[그림 1.3-32] 하이어라키 뷰 검색 버튼

3.6 프로젝트(Project) 뷰

프로젝트 뷰는 프로젝트 내의 모든 에셋(Assets)과 파일을 관리하고 탐색하는 핵심 창입니다. 유니티에서 에셋은 게임 개발에 필요한 모든 리소스(3D 모델, 사운드 파일, Script 등)를 의미합니다. 프로젝트 뷰를 통해 다양한 리소스를 효율적으로 정리하고 활용할 수 있습니다. 윈도우의 탐색기와 비슷한 모습으로 리소스를 폴더로 구분하여 관리하는 것이 효율적입니다.

1 프로젝트 뷰 구성

프로젝트 뷰는 2가지 레이아웃을 제공합니다. 탭의 오른쪽 점 3개 메뉴를 클릭하면 레이아웃을 변경할 수 있습니다. 이 책에서는 [One Column Layout]으로 설정하여 사용합니다.

- One Column Layout: 단일 열로, 폴더와 파일이 리스트 형태로 표시됩니다.
- Two Column Layout: 왼쪽에는 폴더 구조가, 오른쪽에는 선택한 폴더의 콘텐츠가 섬네일로 표시되어 시각적인 탐색이 용이합니다.

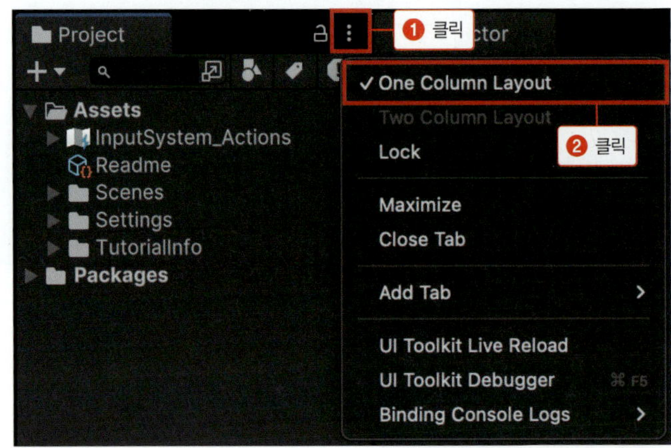

[그림 1.3-33] 프로젝트 뷰

2 검색 기능

프로젝트 뷰 상단의 검색 창을 통해 에셋을 이름, 타입, 라벨 등 다양한 기준으로 검색할 수 있습니다. 예를 들어 't:Prefab'을 입력하면 프리팹 타입의 에셋만 필터링됩니다.

[그림 1.3-34] 프로젝트 뷰 검색

③ 프로젝트 뷰 활용 팁

- **폴더 구조 정리**: 에셋을 기능별, 타입별로 폴더에 정리하여 관리하면 프로젝트의 가독성과 유지 보수성이 향상됩니다(**예** Images, Prefabs, Scripts, Sound).

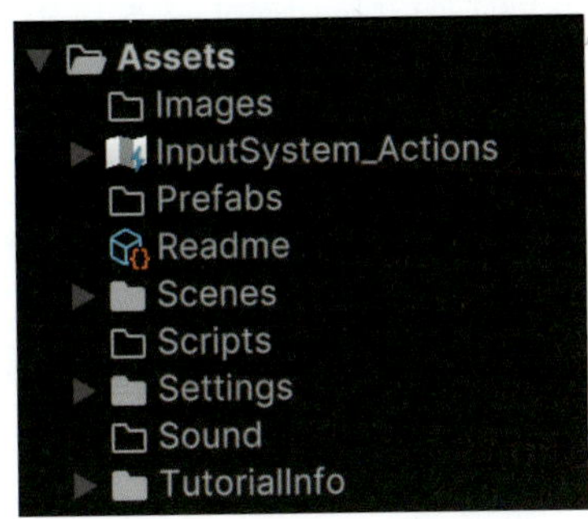

[그림 1.3-35] 프로젝트 뷰 폴더 생성

- **에셋 이름 규칙**: 일관된 네이밍 규칙을 적용하여 에셋을 명확하게 구분할 수 있습니다.

3.7 인스펙터(Inspector) 뷰

인스펙터 뷰는 유니티에서 선택한 오브 젝트의 속성(프로퍼티)과 컴포넌트를 확인 하고 수정할 수 있는 중요한 창입니다. 게 임 오브젝트, 에셋, UI 요소, 오디오, 스크 립트 등 거의 모든 유니티 객체는 인스펙터 뷰를 통해 세부 설정이 가능합니다.

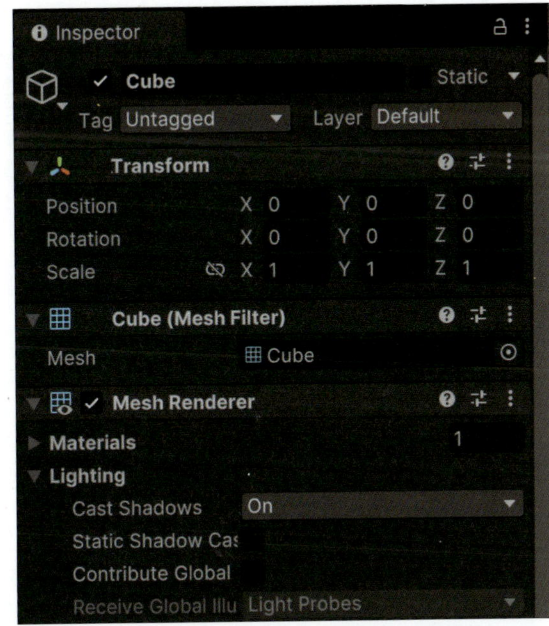

[그림 1.3-36] 인스펙터 뷰

1 컴포넌트

유니티에서 컴포넌트(Component)는 게임 오브젝트에 기능을 부여하는 구성 요소입니다. 유니티는 기본적으로 모든 기능을 하나의 거대한 클래스에 몰아넣지 않고 작고 단순한 컴포넌트를 조립해서 복잡한 시스템을 만드는 방식을 채택합니다. 이러한 구조 덕분에 다음과 같은 장점이 있습니다.

- 기능별 분리 → 유지 보수 용이
- 여러 오브젝트에 쉽게 재사용 가능
- 필요한 기능만 추가하므로 성능 최적화에 유리

즉, 컴포넌트란 게임 오브젝트에 기능을 부여하는 최소한의 구성 요소이며 유니티 엔진은 게임 제작 시 사용할 수 있는 수많은 컴포넌트를 제공합니다. 오브젝트가 움직이거나, 보이거나, 물리적인 반응을 하거나, 사운드를 플레이할지를 결정짓는 모든 것은 컴포넌트를 통해 이루어집니다. 유니티 엔진을 잘 사용한다는 것은 다양한 컴포넌트에 대해 익히고 이것을 사용하는 것이라고 해도 과언이 아닙니다.

2 컴포넌트 추가하기

1. 씬 뷰나 하이어라키 뷰에서 원하는 오브젝트를 클릭합니다.
2. 인스펙터 뷰 하단에 있는 [Add Component] 버튼을 클릭해 컴포넌트 검색 창을 엽니다.

[그림 1.3-37] [Add Component] 버튼

3. 원하는 컴포넌트 이름을 입력하거나 카테고리를 선택한 후 원하는 컴포넌트를 찾아 추가합니다.

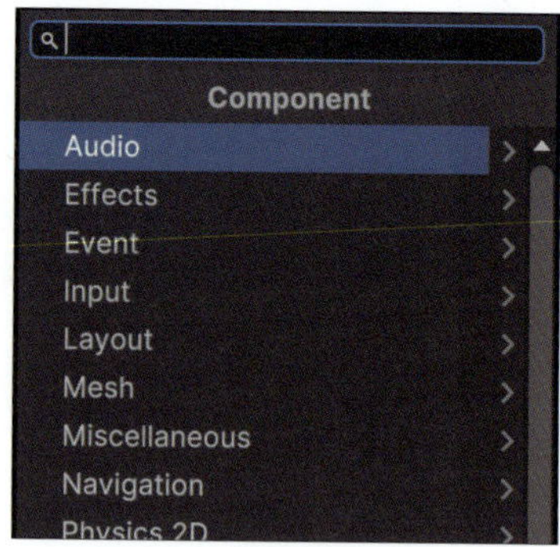

[그림 1.3-38] 컴포넌트 검색

③ 컴포넌트 삭제하기

❶ 오브젝트 선택한 후 삭제할 컴포넌트를 찾습니다.

❷ 컴포넌트 우측 상단의 더 보기(⋮) 아이콘을 클릭합니다.

❸ [Remove Component]를 클릭합니다.

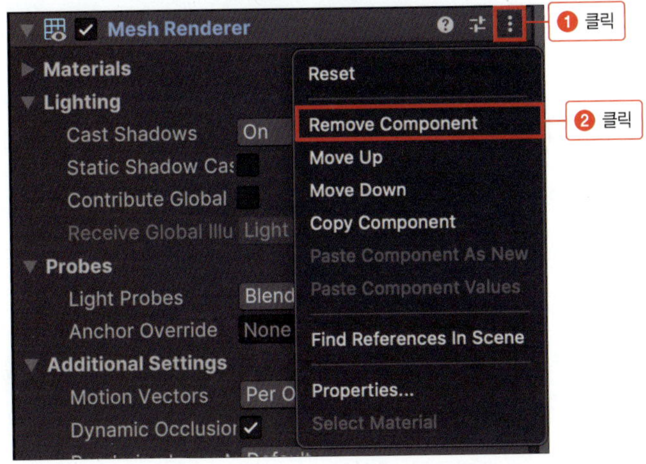

[그림 1.3-39] 컴포넌트 삭제

Chapter 4

게임 오브젝트 만들기 - 로우폴리 강아지 제작

게임을 만들기 위해서는 유니티 6의 UI와 친숙해져야 합니다. 유니티는 매우 강력한 게임 엔진이지만, 처음 접하면 창과 도구들이 다소 복잡하게 느껴질 수 있습니다. 따라서 먼저 UI의 구성과 기능들을 자연스럽게 익히는 것이 중요합니다. 유니티 6는 이전 버전보다 직관적인 인터페이스를 제공하지만, 익숙해지는 데는 시간이 필요합니다.

이번 단계에서는 유니티 6와 친해질 수 있도록 간단한 게임 오브젝트를 직접 만들어 보는 실습을 진행하겠습니다. 이러한 실습을 통해 에디터의 기본적인 조작법을 익히고 게임 개발의 첫걸음을 자연스럽게 내딛을 수 있을 것입니다. 실제로 오브젝트를 배치하고 속성을 조정하는 과정을 거치면서 엔진과의 거리도 점점 가까워질 것입니다. 차근차근 따라 하다 보면 어느새 유니티가 익숙한 도구처럼 느껴질 것입니다.

1 생성형 인공지능을 활용한 시안 생성

게임 오브젝트를 생성하기 위해 생성형 인공지능인 챗GPT(ChatGPT)를 활용하여 로우폴리 형태의 강아지 이미지를 먼저 요청해 보겠습니다.

https://chatgpt.com/에 접속한 후 로그인합니다.

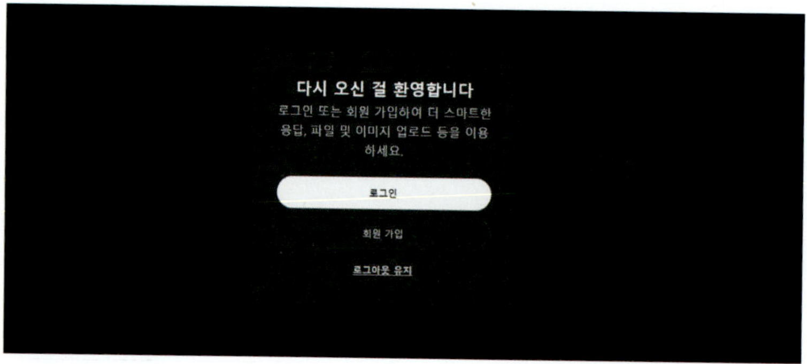

[그림 1.4-1] 챗GPT 로그인 화면

로그인 후 프롬프트 입력 창에 다음과 같이 입력합니다.

[그림 1.4-2] 챗GPT 프롬프트 실행 결과 화면

여러분이 보게 될 강아지의 모습은 위와 완전히 같지 않을 수 있습니다. 그 이유는 챗GPT가 항
상 동일한 결과를 생성하지 않기 때문입니다. 원하는 결과가 나올 때까지 여러 번 실행해 보면서
자신이 만들고 싶은 오브젝트가 나올 때까지 조정해 보면 됩니다. 그럼 이제 순서대로 함께 만들어
보겠습니다.

2 유니티 프로젝트 생성

❶ Unity Hub를 실행한 후 [New Project]를 클릭하여 새로운 프로젝트를 생성합니다.

- **프로젝트 이름**: LowpolyDog
- **Template**: Universal 3D

❷ [Create Project] 버튼을 클릭해 프로젝트를 생성합니다.

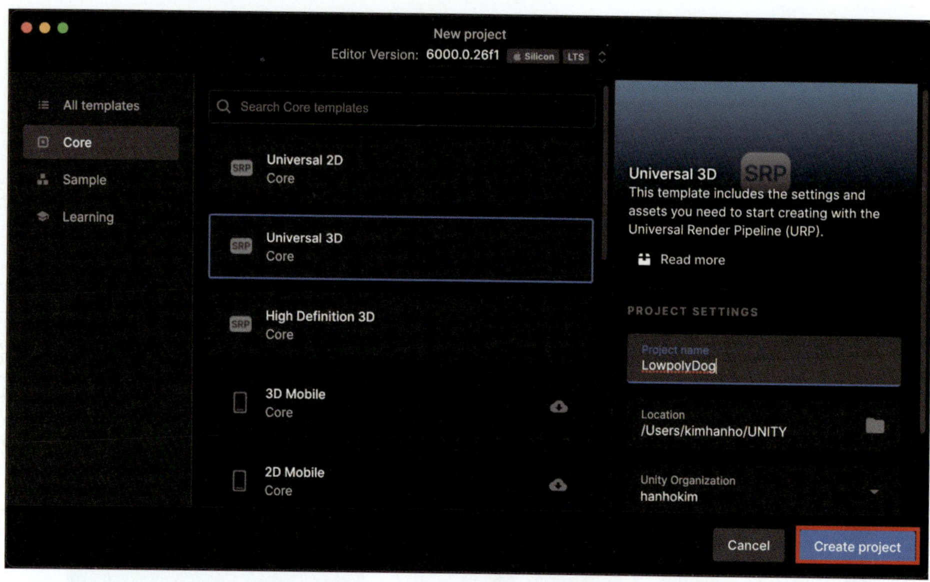

[그림 1.4-3] 프로젝트 생성

3 몸통 제작하기

❶ 하이어라키 뷰에서 + > 3D Object > Cube를 선택합니다.

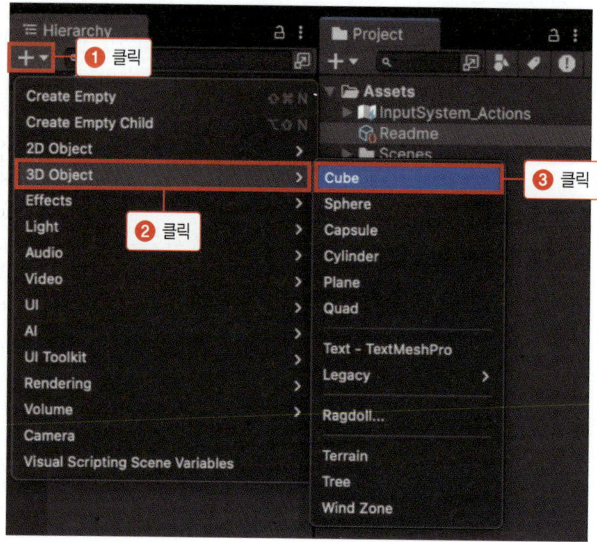

[그림 1.4-4] 큐브 생성

❷ Cube의 이름을 'Body'로 변경합니다.

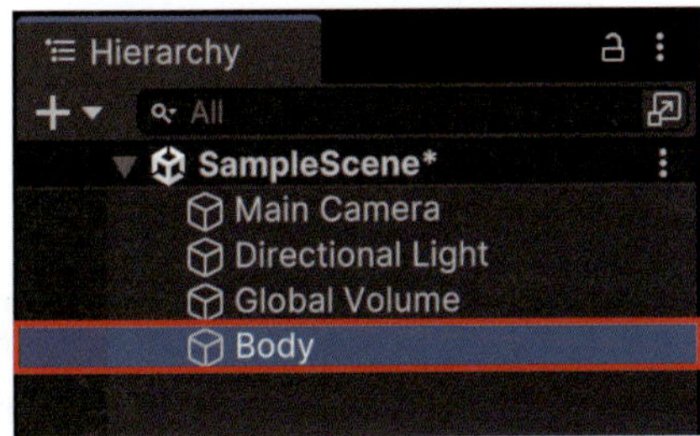

[그림 1.4-5] 오브젝트 이름 변경

❸ Body 오브젝트의 좌표를 X: 0, Y: 0, Z: 0, 스케일을 X: 5, Y: 3, Z: 8로 설정합니다.

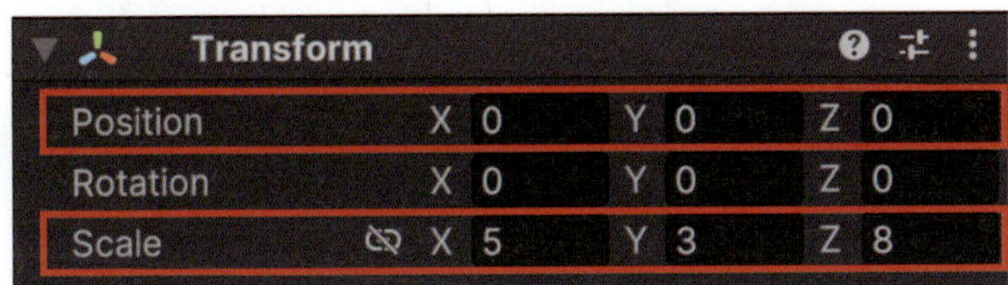

[그림 1.4-6] Transform 컴포넌트 설정

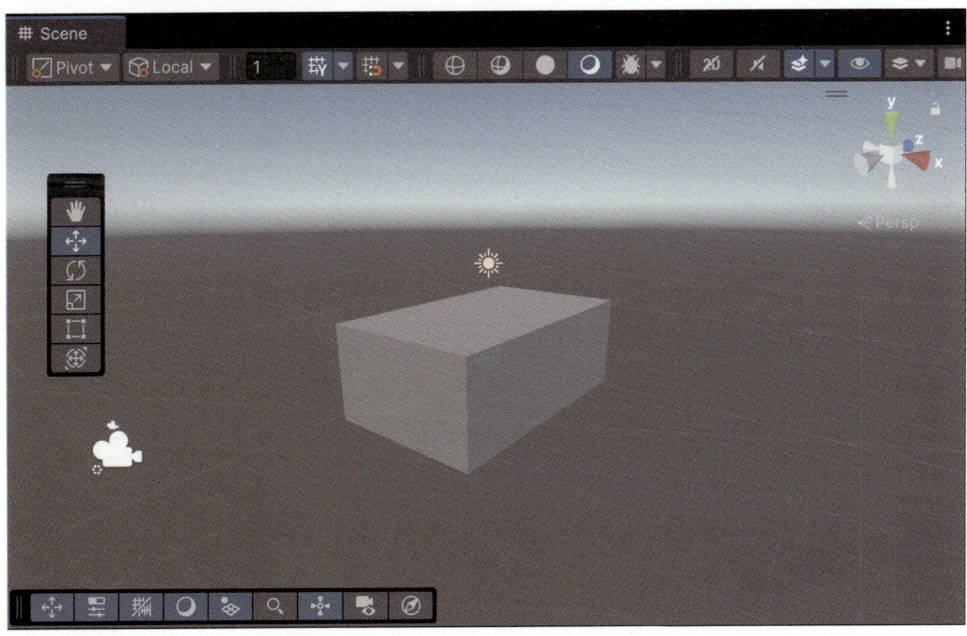

[그림 1.4-7] 강아지 보디 오브젝트

4 머리 제작하기

❶ 하이어라키 뷰에서 + > 3D Object > Cube를 선택하여 Cube를 생성합니다.

❷ Cube의 이름을 'Head'로 변경합니다.

❸ Body 오브젝트의 Position 좌표를 X: 0, Y: 3, Z: −4, 스케일을 X: 3, Y: 3, Z: 3으로 설정합니다.

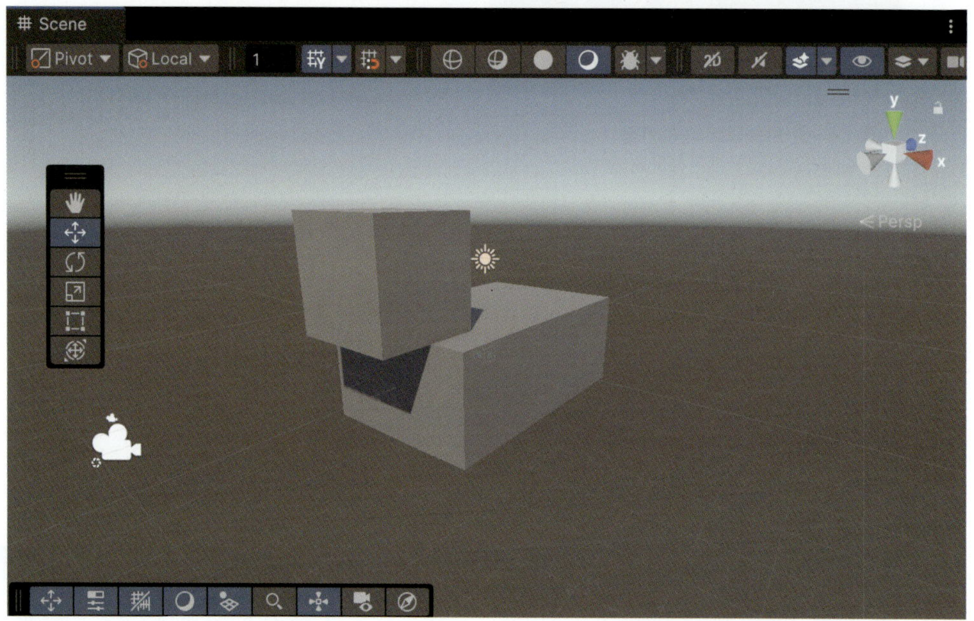

[그림 1.4−8] 강아지 머리 오브젝트

5 귀 제작하기

❶ 하이어라키 뷰에서 + > 3D Object > Cube를 선택하여 Cube를 생성합니다.

❷ Cube의 이름을 'Ear_r'로 변경합니다.

❸ Ear_r 오브젝트의 Position 좌표를 X: 1.5, Y: 4.7, Z: −3, 스케일을 X: 1, Y: 1, Z: 1로 설정합니다.

❹ 하이어라키 뷰에서 + > 3D Object > Cube를 선택하여 Cube를 생성합니다.

❺ Cube의 이름을 'Ear_l'로 변경합니다.

❻ Ear_l 오브젝트의 Position 좌표를 X: −1.5, Y: 4.7, Z: −3, 스케일을 X: 1, Y: 1, Z: 1로 설정합니다.

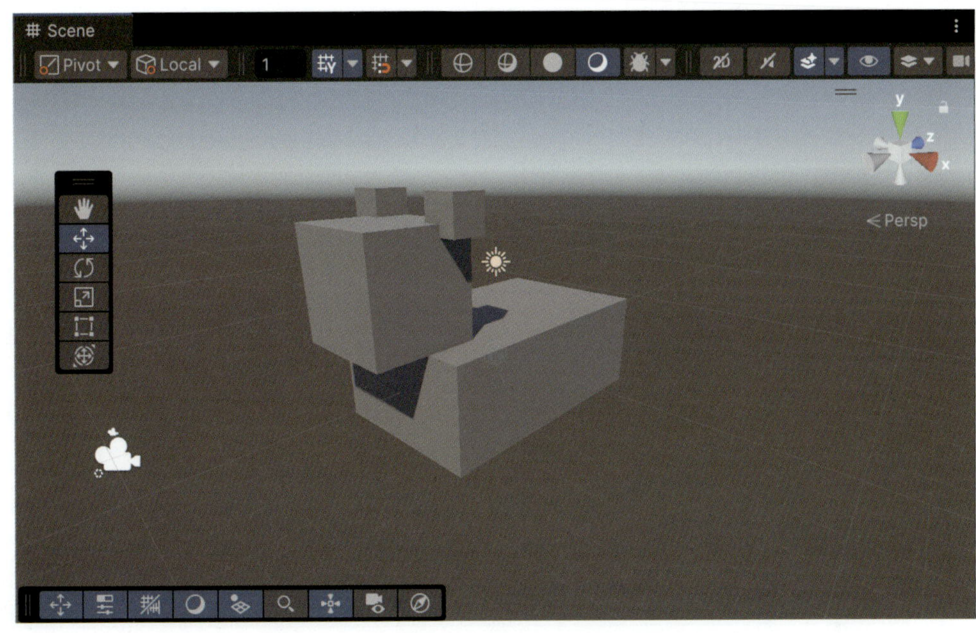

[그림 1.4-9] 강아지 귀 오브젝트

6 눈, 입, 코 제작하기

❶ 하이어라키 뷰에서 + > 3D Object > Cube를 선택하여 Cube를 생성합니다.

❷ Cube의 이름을 'Eye_r'로 변경합니다.

❸ Eye_r 오브젝트의 Position 좌표를 X: 0.6, Y: 3.8, Z: −5.3, 스케일을 X: 0.5, Y: 0.5, Z: 0.5로 설정합니다.

❹ 하이어라키 뷰의 Eye_r을 클릭한 후 Ctrl+D를 눌러 오브젝트를 복사합니다.

❺ Eye_r(1)의 이름을 'Eye_l'로 변경합니다.

❻ Eye_l 오브젝트의 Position 좌표를 X: −0.6, Y: 3.8, Z: −5.3, 스케일을 X: 0.5, Y: 0.5, Z: 0.5로 설정합니다.

❼ 하이어라키 뷰에서 + > 3D Object > Cube를 선택하여 Cube를 생성합니다.

❽ Cube의 이름을 'Mouse'로 변경합니다.

❾ Mouse 오브젝트의 Position 좌표를 X: 0, Y: 2.3, Z: −6, 스케일을 X: 2, Y: 1.5, Z: 1로 설정합니다.

❿ 하이어라키 뷰에서 + > 3D Object > Cube를 선택하여 Cube를 생성합니다.

⓫ Cube의 이름을 'Nose'로 변경합니다.

⓬ Nose 오브젝트의 Position 좌표를 X: 0, Y: 3, Z: −6.3, 스케일을 X: 0.5, Y: 0.5, Z: 0.5로 설정합니다.

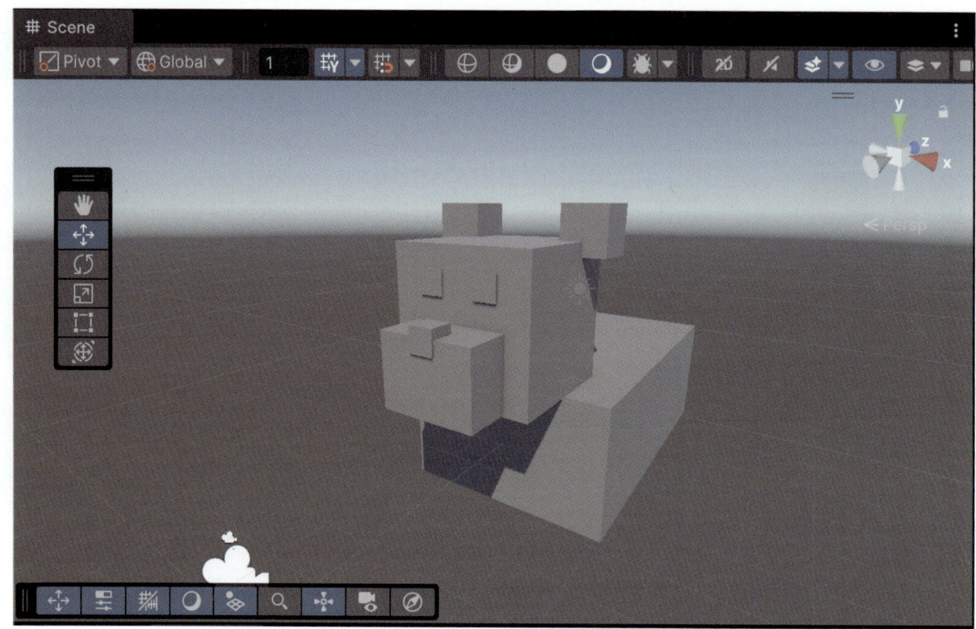

[그림 1.4-10] 강아지 눈, 코, 입 오브젝트

7 다리, 꼬리 제작하기

이번에는 다리 오브젝트를 몸통 모서리 쪽에 정확하게 붙이기 위해 버텍스(Vertex) 스냅이라는 기능을 사용해 보겠습니다.

1. 하이어라키 뷰에서 + > 3D Object > Cube를 선택하여 Cube를 생성합니다.
2. 오브젝트의 이름을 'Leg_f_r'로 변경합니다.
3. Leg_f_r 오브젝트를 몸통 앞부분 오른쪽 하단의 모서리 근처로 가져갑니다.

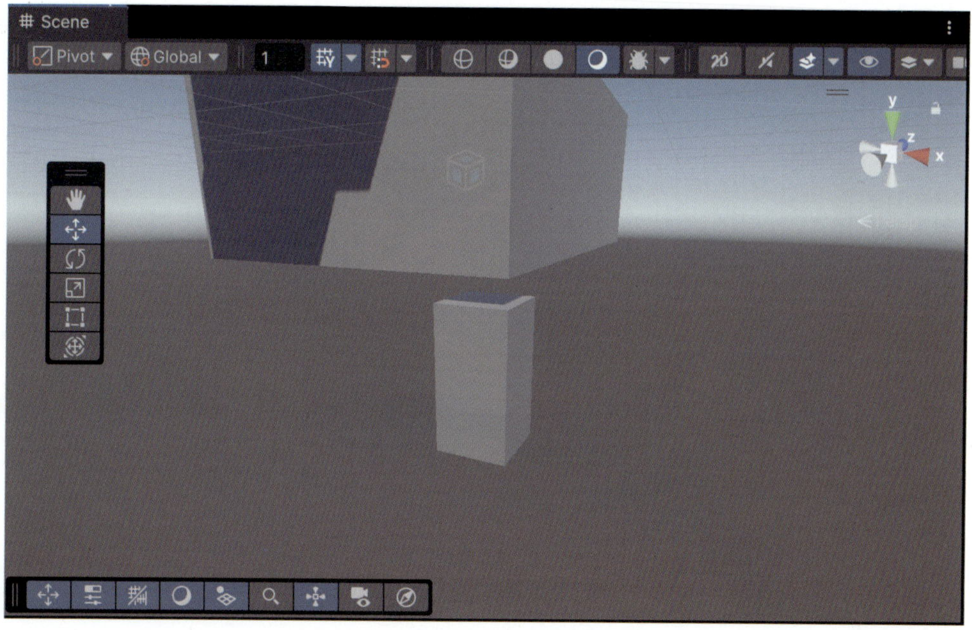

[그림 1.4-11] 버텍스 스냅

④ Leg_f_r를 씬 뷰에서 선택한 후 ⓥ를 누르고 있는 상태에서 마우스를 움직이면 Leg_f_r의 모서리 부분을 선택할 수 있습니다. 몸통 오른쪽 하단의 모서리와 결합할 Leg_f_r의 모서리를 마우스로 클릭한 후 몸통 모서리 부분에 가져가면 자석이 붙는 것처럼 모서리끼리 결합되는 것을 확인할 수 있습니다.

⑤ 위 방법으로 Leg_f_r, Leg_f_l, Leg_b_r, Leg_b_l의 4개 다리를 몸통에 결합합니다. 각 오브젝트의 Position과 Scale은 다음과 같습니다.

- **Leg_f_r**: Position(2, −2.5, −3.5), Scale(1, −2, −1)
- **Leg_f_l**: Position(−2, −2.5, −3.5), Scale(1, −2, −1)
- **Leg_b_r**: Position(2, −2.5, 3.5), Scale(1, −2, −1)
- **Leg_b_l**: Position(−2, −2.5, 3.5), Scale(1, −2, −1)

⑥ 하이어라키 뷰에서 + > 3D Object > Cube를 선택하여 Cube를 생성합니다.

⑦ 오브젝트의 이름을 'Tail'로 변경합니다.

⑧ Tail 오브젝트의 Position 좌표를 X: 0, Y: 2.5, Z: 3.5, 스케일을 X: 1, Y:2, Z: 1로 설정합니다.

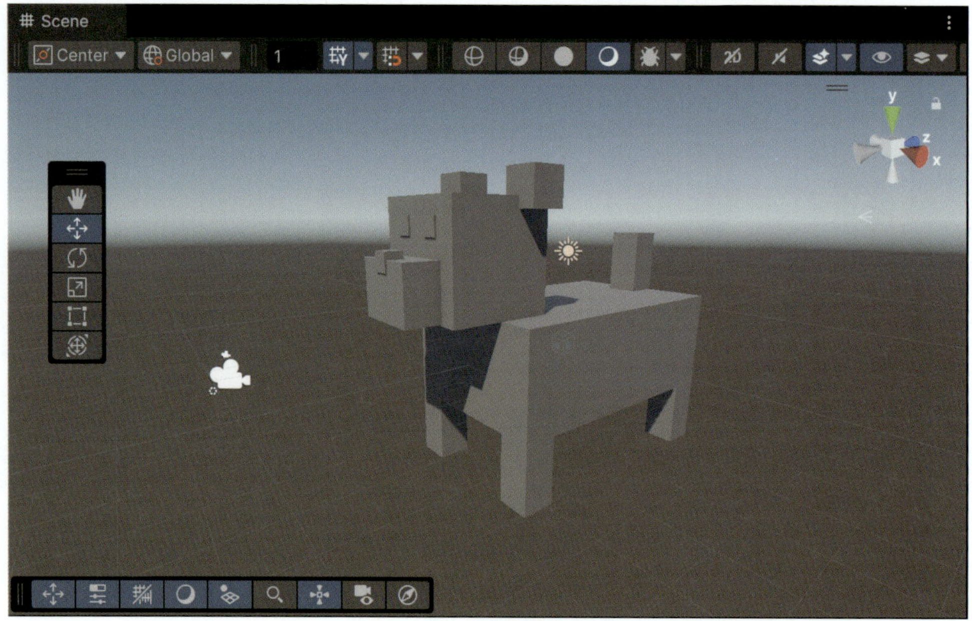

[그림 1.4-12] 강아지 다리 오브젝트

8 머티리얼(Material) 적용하기(색상 적용)

유니티에서 머티리얼은 3D 오브젝트의 표면이 어떻게 보일지를 정의하는 속성 집합입니다.

오브젝트가 무슨 색인지, 광택이 있는지, 금속처럼 보이는지, 거칠거나 매끄러운지 등을 설정할 수 있습니다.

❶ 프로젝트 뷰에서 + > Material을 선택하여 머티리얼을 생성합니다.

❷ 이름을 'Dog_mat_yellow'로 변경합니다.

❸ 프로젝트 뷰에서 + > folder를 선택하여 폴더를 생성하고 이름을 'Material'로 변경합니다.

❹ Dog_mat_yellow 머티리얼을 [Material] 폴더로 옮깁니다.

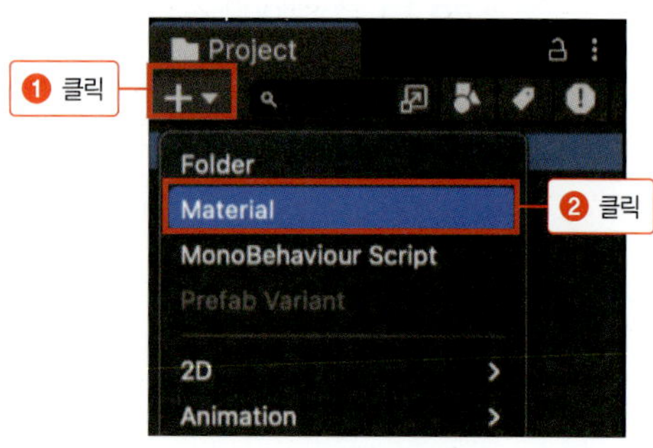

[그림 1.4-13] 머티리얼 생성

❺ 인스펙터 뷰에서 [Surface Inputs] 항목의 [Base Map] 오른쪽에 있는 컬러 팔레트를 클릭한 후 색
상을 다음 그림과 같이 지정합니다.

[그림 1.4-14] 머티리얼 색 설정

❻ 프로젝트 뷰에서 Assets > Material > Dog_mat_yellow 머티리얼을 하이어라키 뷰의 Body 오
브젝트에 드래그 앤 드롭하여 적용합니다. 같은 방법으로 Head, Mouse, Leg_f_r, Leg_f_l, Leg_
b_r, Leg_b_l, Tail에 적용합니다. 하나의 머티리얼은 여러 개의 오브젝트에 적용할 수 있습니다.

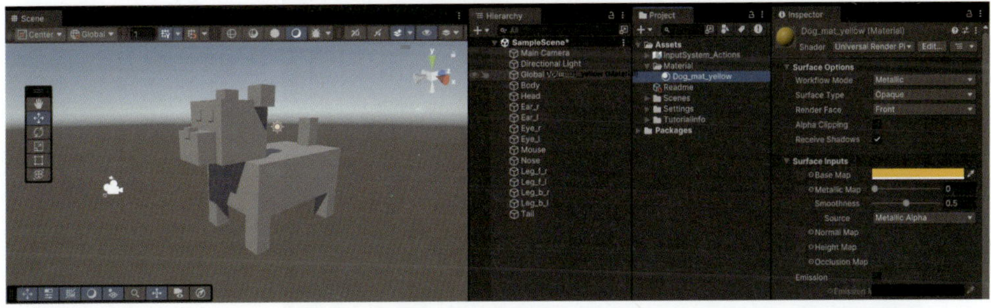

[그림 1.4-15] 머티리얼 적용

❼ 프로젝트 뷰에서 + > Material을 선택하여 머티리얼을 생성합니다.

❽ 이름을 'Dog_mat_brown'으로 변경합니다.

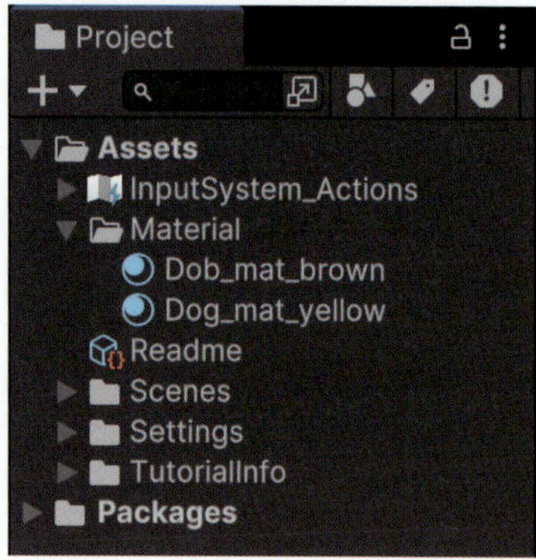

[그림 1.4-16] 머티리얼 생성

⑨ 인스펙터 뷰의 Surface Inputs 컴포넌트의 [Base Map] 오른쪽 컬러 팔레트를 클릭한 후 색상을 다음과 같이 지정합니다.

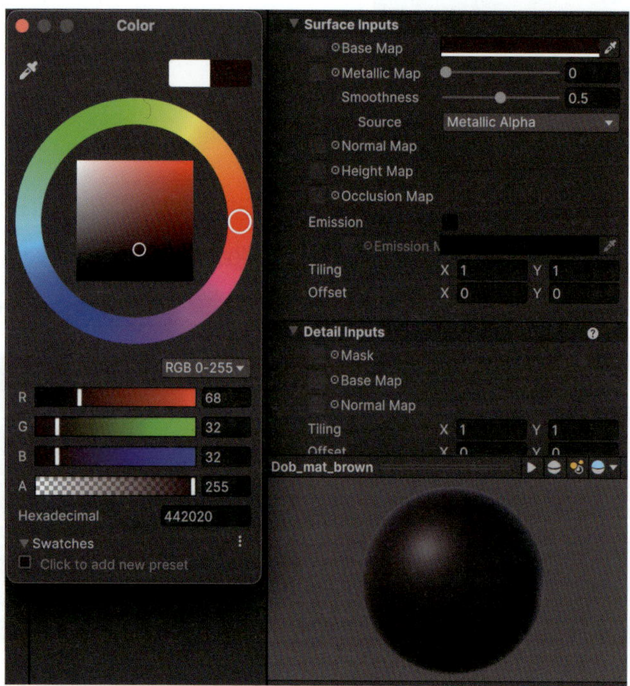

[그림 1.4-17] 머티리얼 색 설정

⑩ 하이어라키 뷰의 Nose, Eye_r, Eye_l, Ear_r, Ear_l에 Dog_mat_brown 머티리얼을 드래그 앤 드롭해서 적용합니다.

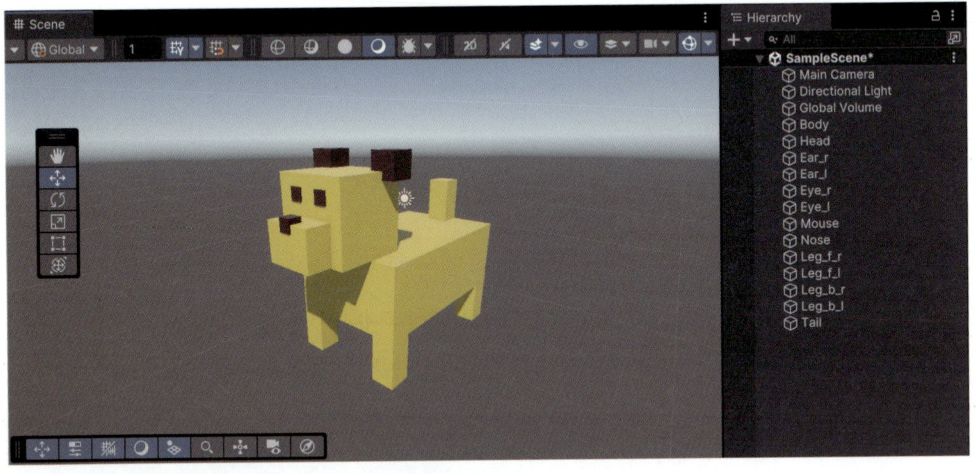

[그림 1.4-18] 머티리얼을 적용한 강아지 오브젝트

9 강아지 오브젝트를 부모 자식 계층 구조로 관리하기

각각 부분별로 만들어진 강아지 오브젝트를 하나의 게임 오브젝트로 관리할 수 있도록 계층 구조로 만들어 보겠습니다.

❶ 하이어라키 뷰에서 + > Create Empty를 선택하여 빈 오브젝트를 생성한 후 이름을 'LowpolyDog'로 변경합니다.

❷ Shift를 누른 상태에서 Body부터 Tail까지 지금까지 만든 오브젝트를 선택한 후 LowpolyDog 오브젝트로 드래그 앤 드롭합니다.

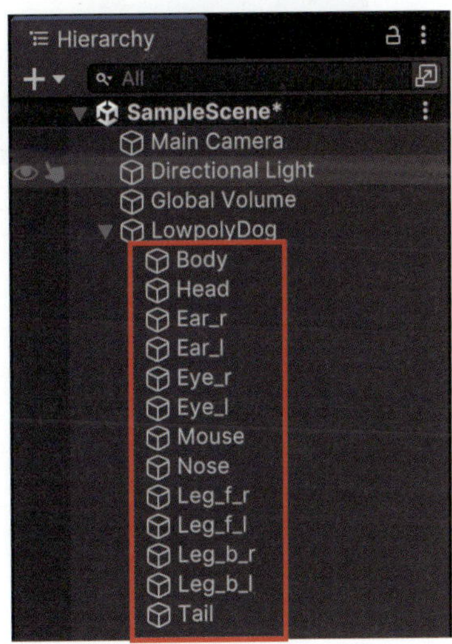

[그림 1.4-19] 강아지 오브젝트 계층구조

이렇게 오브젝트를 계층 구조로 관리하면 LowpolyDog을 움직였을 때 자식 오브젝트들도 함께 이동하는 것을 확인할 수 있습니다. 게임을 제작할 때 매우 유용하게 사용할 수 있습니다.

🔟 메인 카메라의 위치 변경

하이어라키 뷰의 Main Camera의 위치를 씬 뷰에서 보고 있는 위치로 변경해 보겠습니다.

❶ 하이어라키 뷰에서 Main Camera 오브젝트를 선택합니다.

❷ Ctrl+Shift+F를 누르면 Main Camera의 위치가 씬 뷰의 카메라 위치로 변경됩니다.

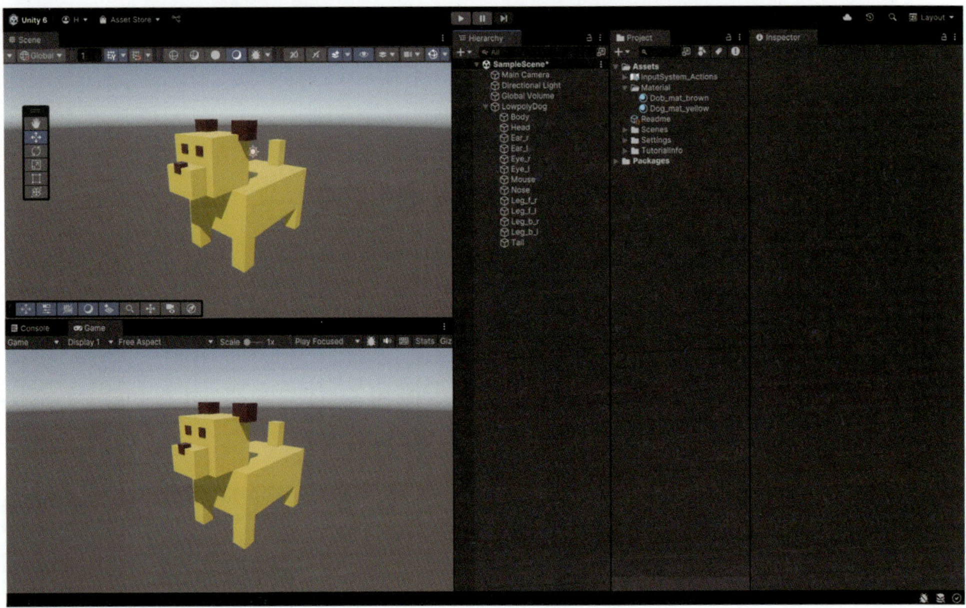

[그림 1.4-20] 카메라 위치 설정

유니티 게임 개발 방법

게임을 만든다고 가정하면 보통 '프로그래밍부터 시작할까?', '캐릭터 먼저 그려야 하나?'와 같은 고민을 할 것입니다. 유니티에서는 컴포넌트 기반 개발이라는 독특한 방식으로 게임을 구성합니다. Chapter 5에서는 유니티의 개발 방식이 어떻게 구성되어 있는지 그리고 실전 게임을 어떤 흐름으로 만들어가는지 등 전반적인 개발 방법론을 소개합니다.

5.1 유니티의 개발 철학: 조립하고 연결하라!

유니티는 오브젝트에 컴포넌트를 조립하여 게임을 구성합니다. 즉, 게임의 모든 요소(플레이어, 적, 배경, UI 등)는 '게임 오브젝트'로 만든 후 여기에 기능을 부여하는 컴포넌트들을 붙이는 방식으로 개발합니다.

예시

- Cube 오브젝트 + Rigidbody 컴포넌트 → 중력에 반응하는 물체 완성!

[그림 1.5-1] 컴포넌트 조립 1

- Player 오브젝트 + Script 컴포넌트 → 조작 가능한 캐릭터 완성!

[그림 1.5-2] 컴포넌트 조립 2

유니티로 게임을 만드는 과정은 마치 영화를 한 편 제작하는 과정과도 비슷합니다. 영화를 제작할 때는 카메라, 배우, 배경 세트가 필요하고 스크립트에 따라 연기하고 마지막으로 편집해서 상영을 합니다. 이 방법은 유니티로 게임을 제작할 때와 매우 닮아 있습니다. 영화를 찍는 각 요소를 유니티의 시스템에 대응시켜 보면 다음과 같이 정리할 수 있습니다.

영화 제작 과정	유니티 게임 개발 방식
시나리오 기획	게임 기획/콘셉트 구상
세트장 구성	씬(Scene) 구성/배경 오브젝트 배치
배우 캐스팅	플레이어, 적, NPC 오브젝트 만들기
촬영 장비 설치	카메라 설정/라이트 배치
연기 디렉션(대본)	컴포넌트(Component) 작성
소품, 효과, 음악	UI, 오디오, 파티클, 이펙트 구현
편집 및 상영	빌드(Build) 및 테스트

예를 들어 보겠습니다.

- 유니티에서 씬(Scene)은 영화의 세트장과 같습니다. 카메라의 위치, 조명, NPC(Non-Player Character, 게임에서 플레이어가 직접 조종하지 않는 캐릭터), 배경 오브젝트 등이 어디에 있는지를 설정합니다.
- 게임 오브젝트는 배우입니다. 그냥 존재만 하면 아무것도 하지 않지만, 컴포넌트(Component)를 붙이면 연기를 시작합니다(예 스크립트로 "키보드 왼쪽 방향키를 누르면 움직여."라고 지시한 후 키보드를 누르면 오브젝트가 이동).

[그림 1.5-3] 유니티 게임 개발 방법론

- Animator 컴포넌트는 주인공의 움직임(액션 연기)을 담당합니다. 어떤 타이밍에 어떤 애니메이션을 보여줄지를 정하는 연출자와 같은 역할이죠.
- Audio Source는 배경 음악이나 효과음, 즉 영화의 사운드 디자인과 같습니다.
- 마지막으로 게임을 빌드하고 실행하면 마치 편집을 마친 영화를 상영하는 것과 같습니다.

5.3 게임 개발의 전체 흐름

게임 개발은 단순히 코드를 작성하고 그림을 넣는 과정만을 의미하는 것이 아닙니다. 전체적인 기획, 구조 설계, 테스트, 출시까지 단계적으로 진행되는 하나의 프로젝트 사이클입니다. 유니티를 활용한 게임 개발 역시 이러한 흐름을 따르며 각 단계마다 유니티의 다양한 기능이 함께 사용됩니다. 유니티로 게임을 만들 때 따라야 할 대표적인 개발 단계와 그에 따른 유니티 활용법을 살펴보겠습니다.

[그림 1.5-4] 유니티 게임 개발 프로세스

1 아이디어 구상(Concept & Idea)

게임 제작의 출발점은 언제나 아이디어입니다. 플레이어에게 어떤 경험을 줄 것인지, 어떤 방식의 게임을 만들 것인지를 자유롭게 구상합니다. 이 단계에서는 게임의 장르, 분위기, 주요 캐릭터, 배경 설정 등을 폭넓게 상상해 보는 것이 중요합니다.

최근에는 챗GPT와 같은 생성형 인공지능을 활용해 아이디어 브레인스토밍을 하거나 기획안을 구조화하는 데 도움을 받을 수도 있습니다. 구체적인 아이디어는 이후 기획과 구현 단계에 큰 방향성을 제시하게 됩니다.

예 '횡스크롤 플랫폼 액션 게임', '화살을 쏘며 좀비를 물리치는 서바이벌 슈팅' 등

[그림 1.5-5] 아이디어 구상

2 기획(Planning)

아이디어가 정해졌다면 그 아이디어를 실제 게임의 구조로 구체화해야 합니다. 이 단계에서는 어떤 기능이 필요할지, 어떤 화면 구성이 필요한지, 어떤 방식으로 사용자가 게임을 플레이하게 될지를 설계합니다. 흔히 '기획서'나 '게임 디자인 문서(GDD)'를 작성하는 과정입니다.

유니티에서는 다음과 같은 방식으로 기획을 시각화할 수 있습니다.

- GameObject를 계층적으로 구성해 씬 구조를 설계
- 프로젝트 뷰에서 폴더를 미리 분류해 파일 관리 체계를 설정
- ScriptableObject 또는 JSON 등으로 게임 내 설정 값이나 캐릭터 데이터를 구조화하여 관리

기획이 명확할수록 이후 개발이 훨씬 수월해지며 작업 중간의 불필요한 수정을 줄일 수 있습니다.

3 프로토타입 개발

프로토타입(Prototype)은 게임의 '핵심 기능'만 간단히 구현한 시험판입니다. 이 단계에서는 게임의 재미 요소가 실제로 작동하는지를 실험합니다. 예를 들어 '점프가 재미있는가?', '전투 시스템이 직관적인가?', '조작감은 괜찮은가?' 등을 확인합니다.

이 시점에서 그래픽이나 UI는 간단한 플레이스홀더(임시 이미지)로 대체해도 괜찮습니다. 빠르게 구현하고 빠르게 테스트해 보는 것이 핵심입니다.

[그림 1.5-6] 프로토타입 화면

4 알파 버전 개발

알파(Alpha) 버전은 게임의 대부분 기능이 구현된 상태에서 내부에서 실제 플레이가 가능한 수준입니다. UI, 애니메이션, 효과음, 씬 전환 등 다양한 요소가 게임 안에 통합되며 게임의 흐름이 전체적으로 구성됩니다.

이 시기에는 유니티의 여러 기능이 본격적으로 활용됩니다.

- Animator로 캐릭터의 동작 애니메이션 구성
- UI Toolkit이나 Canvas로 실제 게임 인터페이스 구성
- Audio Source, Audio Mixer를 통한 사운드 연출
- 씬 간 전환, 세이브 시스템, 게임 로직의 전반적인 구성

[그림 1.5-7] 알파 버전의 화면

5 베타 버전 개발

베타 버전은 게임이 거의 완성된 단계로, 외부 사용자(테스터)에게 게임을 공개하고 피드백을 받는 시점입니다. 이 단계에서는 주로 최적화, 오류 수정, 사용자 경험 개선에 중점을 둡니다.

유니티에서는 다음과 같은 도구를 활용합니다.

- Profiler로 FPS, CPU, GPU, 메모리 성능을 점검
- 빌드 세팅(Build Settings)에서 Android, iOS, WebGL 등 다양한 플랫폼에 맞춰 빌드

테스터의 피드백을 반영해 조정하면서 마지막 마무리 작업을 진행합니다.

[그림 1.5-8] 베타 버전의 화면

6 출시 및 배포

모든 기능이 안정화되고 최종 테스트가 끝났다면 게임을 실제 플랫폼에 배포합니다. 안드로이드 (Android)는 구글 플레이 콘솔, iOS는 앱스토어, PC 게임은 스팀(Steam) 플랫폼 등을 활용합니다.

출시는 개발의 끝이 아니라 지속적인 유지 보수의 시작이기도 합니다. 출시 이후에도 다음과 같은 작업이 계속됩니다.

유니티는 유니티 클라우드 빌드(Unity Cloud Build), 유니티 애널리틱스(Unity Analytics), 유니티 애즈(Unity Ads) 등의 서비스를 통해 배포 이후의 작업도 적극 지원하고 있습니다.

지금까지 유니티를 활용한 게임 개발의 전체적인 흐름과 각 단계에서의 핵심 개념들을 살펴보았습니다. 게임 개발은 복잡해 보일 수 있지만, 이렇게 단계별로 나누어 이해하면 보다 체계적으로 접근할 수 있습니다.

Part 2에서는 실제로 2D 뱀서라이크 게임을 만들어 보면서 앞서 배운 개념들을 직접 적용해 보고 아이디어를 바탕으로 캐릭터를 생성한 후 기본적인 움직임부터 하나씩 구현해 보는 실습을 해 보겠습니다.

UNIT_947

뱀서라이크 2D 게임 제작

게임을 직접 만들어 본 경험이 없더라도 나만의 게임을 제작해 보고 싶은 욕심이 들었던 적이 있나요? 또는 복잡한 그래픽과 프로그래밍 없이도 혼자서 게임을 개발할 수 있는 방법이 있다면 도전해 보고 싶지 않으신가요?

Part 2에서는 간단한 조작과 높은 중독성으로 전 세계적인 인기를 끌고 있는 '뱀서라이크(Vampire Survivors-like)' 장르의 게임을 직접 제작해 보는 과정을 안내합니다. 생성형 인공지능을 활용하여 게임에 필요한 그림과 사운드를 직접 만들고, 유니티 6를 이용해 실습을 진행하면서 게임 개발의 전 과정을 경험해 봅시다.

Chapter 1
프로젝트 생성과 환경 설정

유니티로 게임을 개발하는 과정은 단순히 코드를 작성하는 일로만 이루어지지 않습니다. 게임의 주제와 장르를 정하고, 어떤 방식으로 플레이어가 게임을 경험하게 될지 구상하는 일부터 시작합니다. 본격적으로 유니티 프로젝트를 생성하고 기능을 구현하기 전에 우리가 만들 게임이 어떤 구조를 갖고 있는지, 어떤 재미 요소를 중심으로 구성되는지를 살펴보겠습니다. 이해 없이 프로젝트를 시작하면 단순한 따라 하기로 끝날 수 있지만, 게임의 전체적인 기획 의도를 미리 알고 접근하면 개발 과정 전반에 대한 몰입도와 학습 효과가 훨씬 높아집니다.

1.1 게임 프로젝트 소개

최근 게임 산업에서는 **뱀서라이크(Vampire Survivors-like)** 장르가 큰 주목을 받고 있습니다. 이 책에서는 해당 장르의 게임 개발 과정을 단계별로 안내합니다. 예제로 다루는 '닌자 서바이벌(Ninja Survival)'은 닌자 캐릭터가 적을 처치하며 생존하는 구조를 갖추고 있으며 유니티 6 엔진을 사용하여 개발합니다.

게임 개발 경험이나 코딩, 그래픽 작업 경험이 없는 독자도 실습이 가능하도록 기초부터 단계별로 설명하며 특히 생성형 인공지능(Generative AI)의 기능을 적극적으로 접목하여 그림과 사운드 등 게임 자산을 직접 생성하는 방법을 다룹니다. 과거에는 여러 분야의 전문가가 필요했지만, 생성형 인공지능을 활용하면 개인도 높은 완성도의 게임을 제작할 수 있습니다.

1 뱀서라이크 장르

뱀서라이크 장르는 2021년에 출시된 **뱀파이어 서바이버즈(Vampire Survivors)** 게임을 계기로 등장했습니다. 해당 게임의 성공 이후 유사한 방식의 게임이 다수 출시되었으며 현재는 독립된 장르로 인정받고 있습니다.

[그림 2.1-1] 뱀파이어 서바이버즈(Vampire Survivors)(출처: 스팀)

뱀서라이크 게임은 누구나 쉽게 즐길 수 있는 간단한 조작 방식과 중독성 있는 게임 플레이가 특징입니다. 플레이어는 캐릭터 이동에만 집중하면 되며 공격은 자동으로 이루어집니다. 끊임없이 몰려오는 적들을 피해 생존하면서 경험치를 쌓고 레벨업을 진행할 수 있습니다. 다양한 무기와 강화 아이템을 선택하여 캐릭터를 점진적으로 성장시킬 수 있으며 플레이가 진행될수록 적의 수와 난이도가 상승하여 생존 자체가 가장 큰 목표가 됩니다.

뱀서라이크 장르의 주요 특징은 다음과 같습니다.

- **이동 중심의 단순한 조작**: 플레이어는 캐릭터 이동에만 집중할 수 있습니다.
- **자동 공격 시스템**: 캐릭터는 주변의 적을 자동으로 공격합니다.
- **성장 시스템**: 레벨업을 통해 새로운 무기와 강화 아이템을 획득할 수 있습니다.
- **난이도 상승**: 게임 진행에 따라 적의 수와 난이도가 점진적으로 증가합니다.
- **생존 목표**: 제한된 시간 동안 생존하는 것이 게임의 핵심 목표입니다.

이 책에서는 이러한 뱀서라이크 장르의 특징을 바탕으로 닌자 서바이벌(Ninja Survival) 게임을 제작합니다. 닌자 테마를 적용하여 독특한 게임 플레이를 구현하고 유니티와 생성형 인공지능을 활용한 개발 과정을 단계별로 학습할 수 있습니다.

2 학습 방식

이 책은 게임 개발과 코딩 경험이 없는 초심자를 위해 구성되어 있습니다. 학습은 '이동하는 캐릭터 구현'이나 '기본 공격 구현'과 같은 기초적인 내용부터 점차 '적 AI 구현'과 '레벨업 시스템 도입' 등의 심화 주제로 발전합니다.

특히 생성형 AI를 활용한 그림 및 음향 자료를 직접 생성하는 과정을 중점적으로 다룹니다. 예를 들어 AI 도구에 명령을 입력해 닌자 캐릭터 이미지를 만들거나 배경 음악과 효과음을 제작하는 방법을 실습합니다. 사용자는 창의적인 아이디어만 구상하면 되고 게임 자산 제작에는 AI의 지원을 받게 됩니다.

이러한 단계별 학습을 통해 게임 개발의 전 과정을 이해하고 직접 구현해 볼 수 있으며 최종적으로는 완성도 높은 게임을 제작할 수 있는 능력을 갖추게 됩니다.

1.2 유니티 프로젝트 생성하기

닌자 서바이벌(Ninja Survival) 게임을 개발하기 위해서는 가장 먼저 유니티 엔진 프로젝트를 생성해야 합니다. 프로젝트 생성은 게임 개발의 기초를 다지는 과정으로, 올바른 설정은 이후 개발 단계에서 발생할 수 있는 문제를 예방합니다. 이번 단계에서는 2D 게임 개발에 적합한 프로젝트를 생성하고 기본적인 유니티 에디터의 레이아웃을 설정하는 방법을 안내합니다.

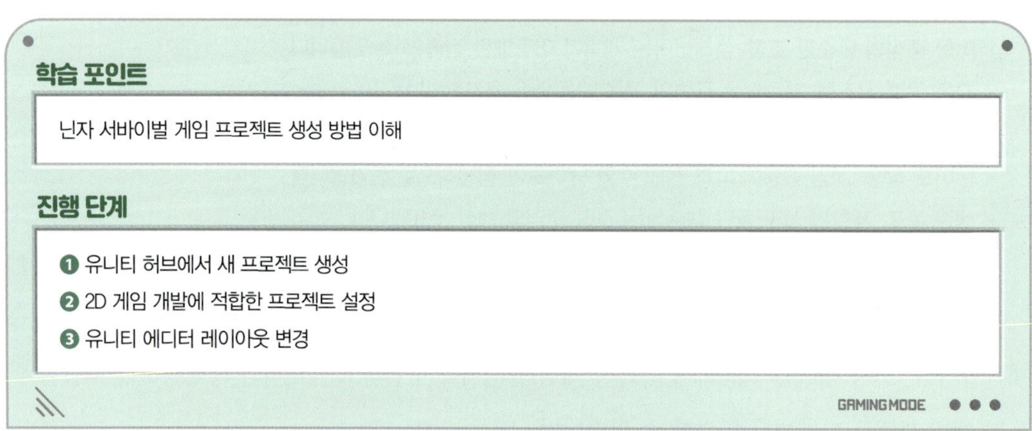

1 유니티 프로젝트 설정 및 생성

먼저 컴퓨터에서 유니티 허브를 실행합니다. 설치되어 있지 않다면 Chapter 1의 유니티 프로젝트 생성 및 화면 구성을 참고하기 바랍니다.

❶ 유니티 허브가 실행되면 [New Project] 버튼을 클릭합니다.

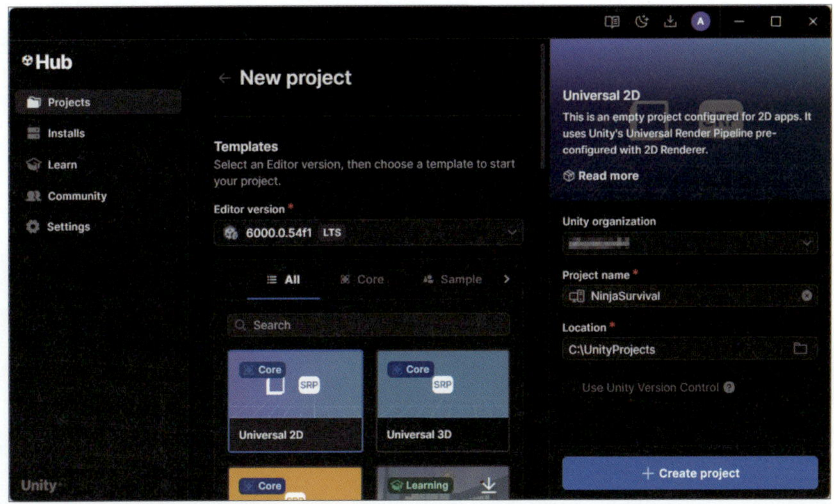

[**그림 2.1-2**] 유니티 허브 실행

❷ 중앙의 여러 템플릿 중에서 [Universal 2D]를 선택합니다. 이 템플릿은 2D 게임 개발 환경에 최적화되어 있습니다.

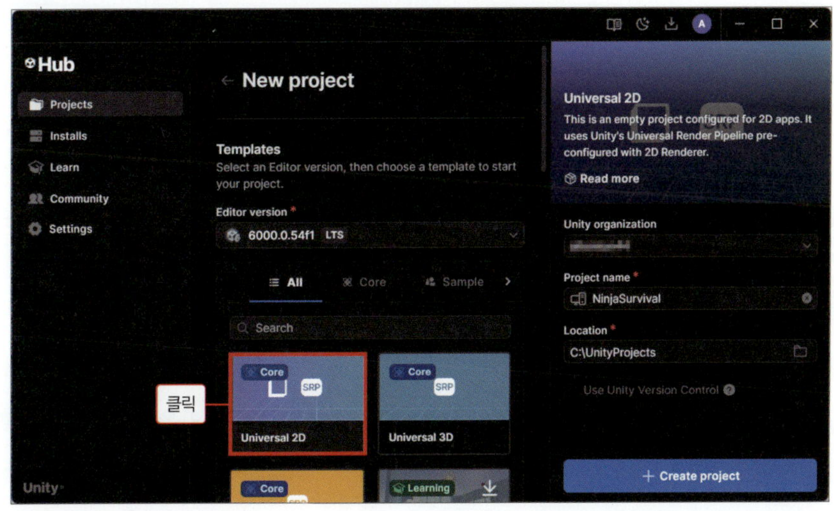

[**그림 2.1-3**] 프로젝트 생성 1

❸ 에디터 버전이 '6000.0.54f1'로 설정되어 있는지 확인합니다. 최신 버전 사용을 권장합니다.

❹ PROJECT SETTINGS 레이아웃의 [Project name]에 'NinjaSurvival'을 입력합니다. 프로젝트 이름은 반드시 영문으로 작성해야 하며 한글은 사용하면 안 됩니다.

❺ 프로젝트 저장 경로는 영문 경로(예 C:\UnityProjects)로 지정합니다.

❻ 모든 설정을 완료한 후 [생성] 버튼을 클릭합니다. 유니티 에디터가 실행되며 프로젝트가 생성됩니다.

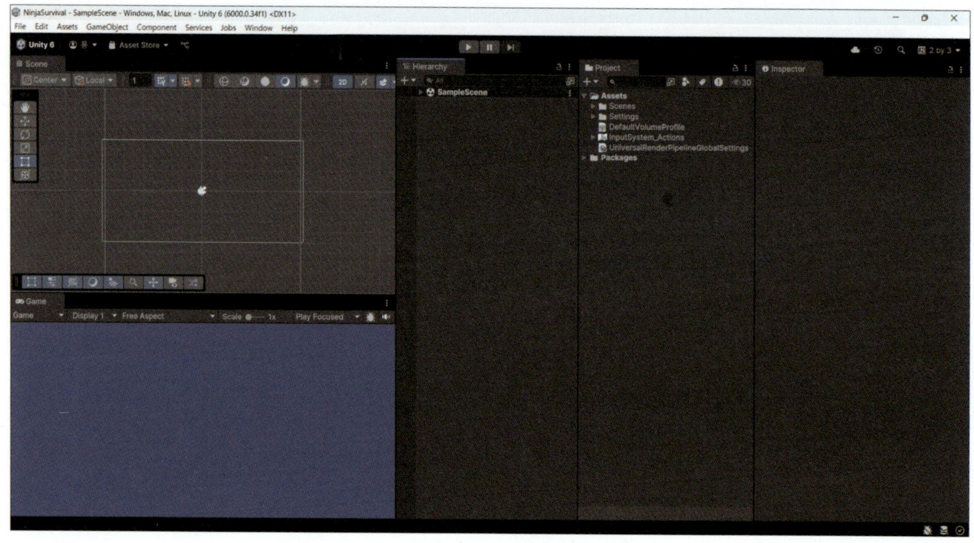

[그림 2.1-4] 프로젝트 생성 2

유니티 에디터가 열리면 상단 오른쪽의 레이아웃 메뉴에서 [2 by 3] 옵션을 선택하여 작업에 적합한 화면 구성을 적용합니다.

이로써 Ninja Survival 게임 개발을 위한 프로젝트가 생성되었습니다. 다음 단계에서는 에디터의 주요 화면 구성과 기본 사용법을 살펴보겠습니다.

1.3 제작 환경 설정하기

개발 환경을 효율적으로 구축하면 작업의 생산성과 완성도를 높일 수 있을 뿐만 아니라 프로젝트가 점점 커지더라도 파일을 쉽게 찾고 관리할 수 있어 개발 과정이 훨씬 수월해집니다. 특히, 폴더 구조를 미리 잘 설계해 두면 나중에 새로운 리소스를 추가하거나 기존 파일을 수정할 때도 편리합니다. 또한 여러 명이 함께 작업하는 경우에도 누구나 동일한 기준으로 파일을 관리할 수 있어 협업이 훨씬 원활해집니다.

이 단계에서 프로젝트의 기본 폴더 구조를 만들고 각 폴더의 용도와 정리 방법을 하나씩 살펴보겠습니다.

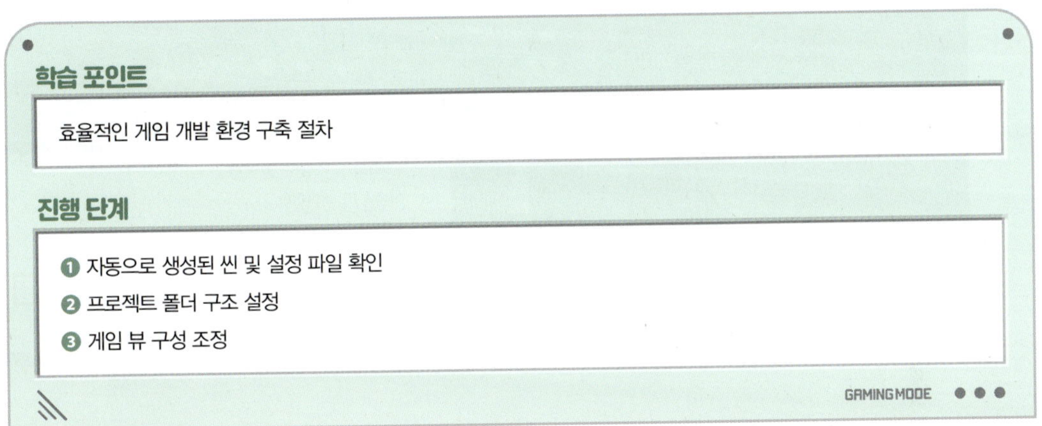

1 씬과 설정 파일 확인

유니티는 신규 프로젝트를 생성할 때 자동으로 기본 폴더와 파일을 만듭니다.

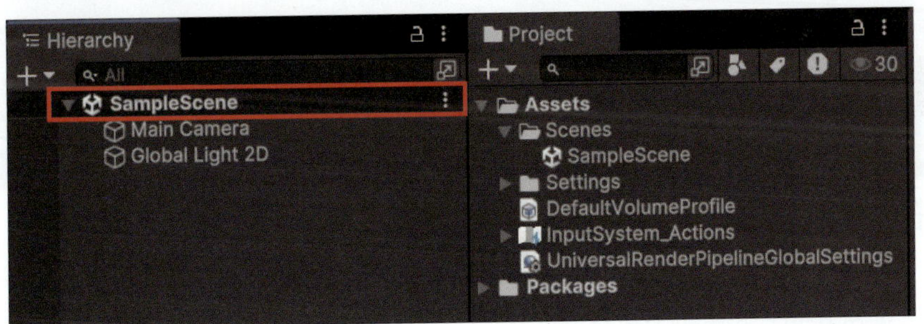

[그림 2.1-5] SampleScene

대표적으로 [Assets] 폴더 내에 [Scenes] 폴더와 SampleScene 파일이 포함되어 있습니다. SampleScene은 게임의 기본 무대로, 프로젝트의 목적에 맞게 이름을 변경하는 것이 좋습니다.

SampleScene 이름 변경 방법

❶ 프로젝트 뷰에서 [Scenes] 폴더를 엽니다.

❷ SampleScene.unity 파일 위에서 마우스 오른쪽 버튼을 클릭하면 나타나는 단축 메뉴 중에서 [Rename]을 선택합니다. 해당 파일을 선택한 상태에서 [F2]를 눌러 이름을 변경할 수도 있습니다.

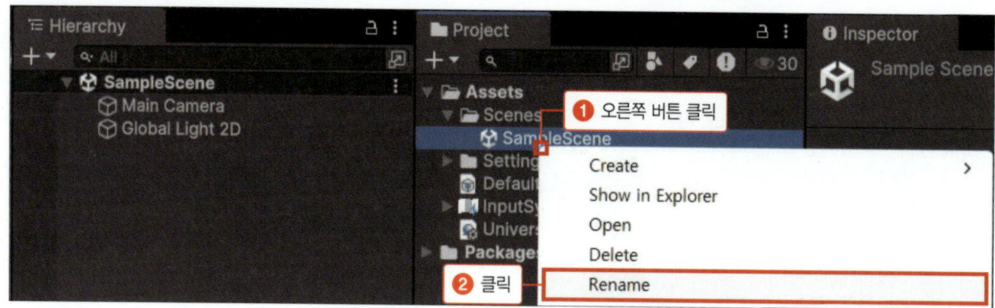

[그림 2.1-6] 씬 이름 변경 메뉴

❸ 해당 파일 이름을 'MainScene'으로 변경합니다.

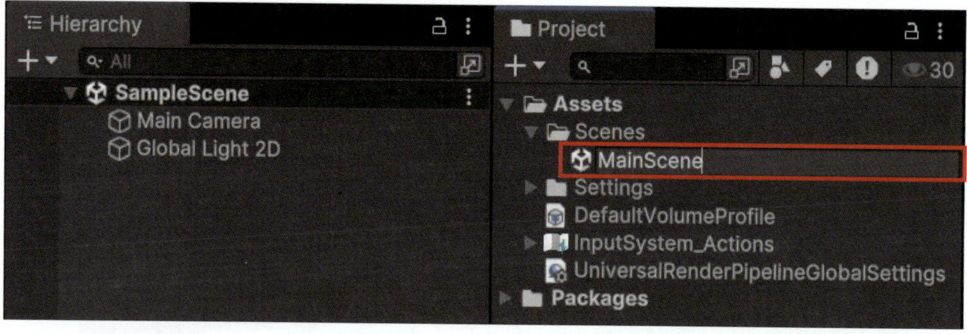

[그림 2.1-7] 씬 이름 변경

[Settings] 폴더 역시 자동으로 생성되며 Universal 2D 템플릿을 사용할 경우, 각종 설정 파일이 포함됩니다.

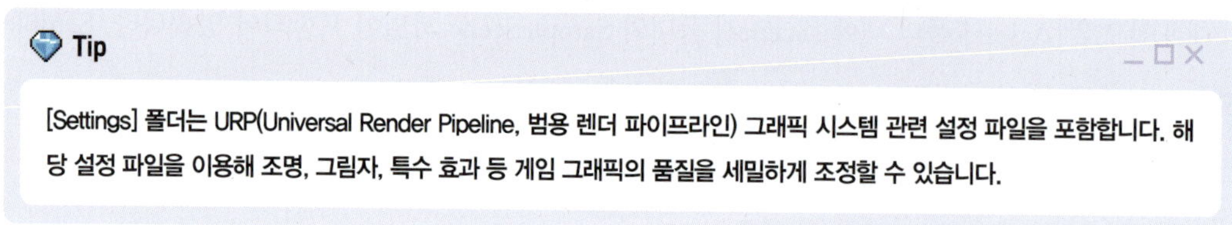

💎 **Tip**

[Settings] 폴더는 URP(Universal Render Pipeline, 범용 렌더 파이프라인) 그래픽 시스템 관련 설정 파일을 포함합니다. 해당 설정 파일을 이용해 조명, 그림자, 특수 효과 등 게임 그래픽의 품질을 세밀하게 조정할 수 있습니다.

2 프로젝트 폴더 구조 설정하기

게임을 효율적으로 개발하기 위해서는 프로젝트 파일을 체계적으로 관리해야 합니다. 초기 단계에서 폴더 구조를 명확히 설정하면 작업 효율성과 협업의 질이 높아집니다. 각 폴더의 용도는 다음과 같습니다.

기본 폴더 구조 생성 방법

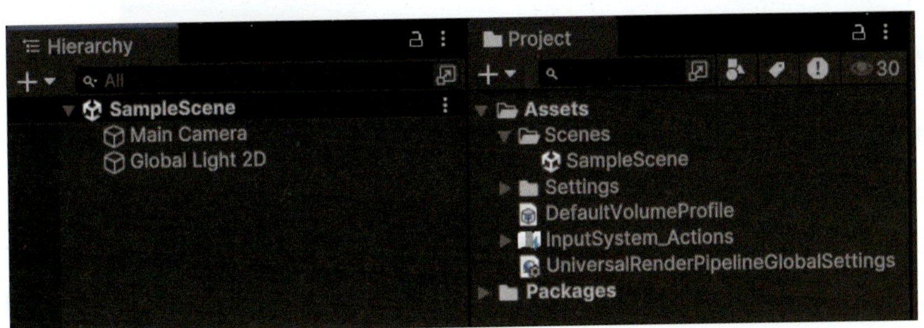

[그림 2.1-8] 폴더 만들기

① 프로젝트 뷰에서 [Assets] 폴더를 선택합니다.

② 마우스 오른쪽 버튼을 클릭한 후 Create > Folder를 선택합니다.

③ 다음 폴더들을 차례대로 생성합니다.

폴더명	설명
01. Scripts	모든 C# 스크립트 파일을 저장하는 폴더입니다. 게임 전체의 동작 원리와 주요 기능이 포함된 소스 코드를 체계적으로 관리할 수 있습니다.
02. Images	캐릭터, 적, 배경 등 생성형 AI로 만든 이미지를 포함한 모든 그래픽 자산을 보관합니다. 고해상도 이미지, 아이콘, UI 등 시각적 요소 파일을 함께 관리합니다.
03. Animations	캐릭터의 움직임이나 UI 애니메이션 등 동적인 요소를 저장하는 폴더입니다. 애니메이터 컨트롤러(Animator Controller), 애니메이션 클립(Animation Clip) 등의 파일을 관리할 수 있습니다.
04. Materials	3D 모델이나 이미지 등에 적용되는 머티리얼 파일을 저장하는 폴더입니다. 머티리얼은 색상, 텍스처, 반사 등 시각적 효과를 정의하며 다양한 셰이더와 함께 사용됩니다.
05. Prefabs	미리 제작한 게임 오브젝트 집합체(프리팹, Prefab)를 저장합니다. 자주 사용하는 캐릭터, 오브젝트, 아이템 등 재사용 가능한 요소를 효율적으로 관리할 수 있습니다.
06. Sounds	배경 음악, 효과음 등 모든 오디오 파일을 저장합니다. 필요한 경우 상황별로 추가 하위 폴더를 만들어 다양한 음향 자산을 분류할 수 있습니다.

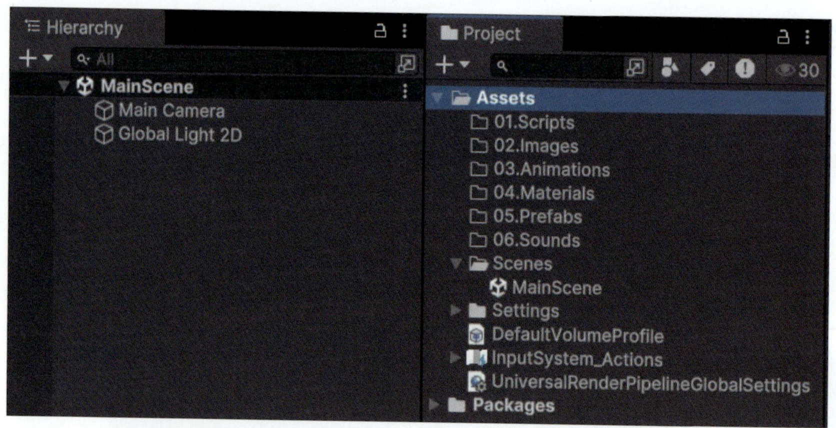

[그림 2.1-9] 기본 폴더의 구조

이렇게 기본 폴더 구조를 설정하면 프로젝트의 규모가 커져도 파일 탐색과 관리가 용이하며 협업 시에도 통일된 구조로 원활한 작업이 가능합니다.

3 카메라와 게임 뷰 설정하기

2D 게임 개발에서는 **카메라의 투영 방식(Projection)**과 화면에 어떤 영역이 보여질지를 설정하는 것이 매우 중요합니다. 그 이유는 카메라와 게임 뷰의 설정에 따라 플레이어가 보는 게임 화면의 구성이 달라지기 때문입니다.

카메라 설정

메인 카메라는 게임 화면에 어떤 영역이 보여질지를 결정하는 역할을 합니다. 2D 게임에서는 일반적으로 투영 방식을 **직교(Orthographic)**로 설정하는 것이 좋습니다. 직교 투영은 원근감 없이 모든 오브젝트를 동일한 크기로 보여 주기 때문에 2D 그래픽이 왜곡 없이 자연스럽게 표현됩니다.

직교 투영을 설정하기 위해 다음 단계를 따라 진행합니다.

❶ 하이어라키 뷰에서 [Main Camera]를 선택합니다.
❷ 인스펙터 뷰에서 [Projection] 항목을 확인합니다.
❸ 값이 [Perspective]로 되어 있다면 [Orthographic]으로 변경합니다.

이렇게 설정하면 화면이 2D 게임에 적합한 시점으로 구성됩니다.

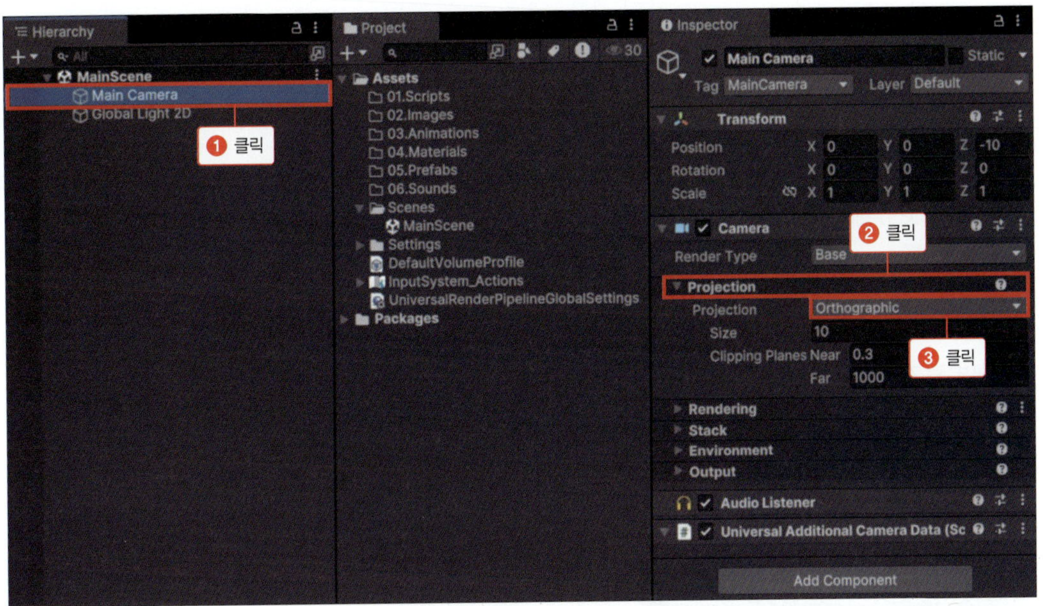

[그림 2.1-10] Main Camera 설정

  또한 **Size** 값도 함께 조정해야 합니다. 이 값은 직교 투영에서 카메라가 세로 방향으로 어느 정도 영역을 보여줄지를 결정합니다. 기본값인 '**5**'는 다소 좁은 시야를 제공하므로 보다 넓은 화면 구성을 원한다면 '**10**'으로 설정하는 것이 좋습니다. 이렇게 하면 플레이어가 더 넓은 영역을 볼 수 있어 게임 진행이 더욱 쾌적해집니다.

🔺🔵 게임 뷰 설정

  마지막으로 게임이 표시될 **화면 비율과 해상도**를 설정합니다. 닌자 서바이벌 게임은 **가로 모드(랜드스케이프)**로 제작되므로 이에 적합한 화면 비율을 적용해야 합니다.

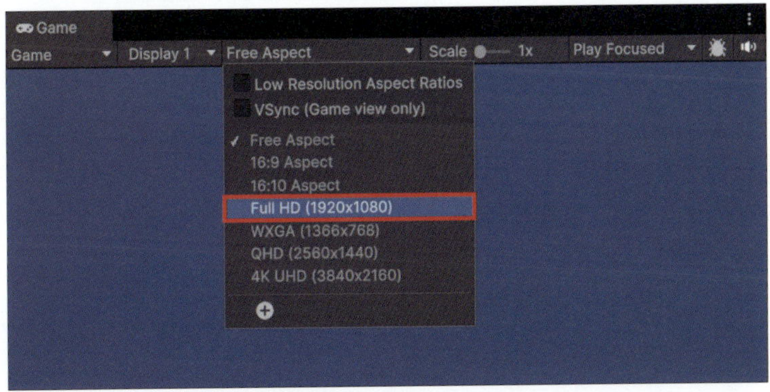

[그림 2.1-11] Game View 설정

다음 단계에 따라 화면 비율을 설정해 주세요.

- 유니티 에디터에서 **게임 탭**을 찾습니다.
- 게임 뷰 상단에 위치한 [Free Aspect] 드롭다운 메뉴를 클릭합니다.
- 목록에서 [Full HD (1920x1080)] 항목을 선택합니다.

이렇게 하면 **16:9** 비율이 적용되어 대부분의 모니터와 스마트 기기에서 일반적으로 사용되는 표준 화면 크기로 게임을 미리 확인할 수 있습니다. 실제 환경에서 게임이 어떻게 보일지를 개발 중에도 쉽게 점검할 수 있으므로 꼭 이 비율로 설정하기 바랍니다.

1.4 에셋 다운로드 및 임포트

게임을 개발할 때는 다양한 리소스, 즉 **에셋(Assets)**이 반드시 필요합니다. 에셋이란, 게임을 구성하는 모든 자산을 의미하며 대표적인 예로는 캐릭터 이미지, 배경 그래픽, 애니메이션, 사운드, 효과음 등을 들 수 있습니다. 이러한 에셋은 게임의 분위기와 완성도를 높여 주고 플레이어에게 몰입감 있는 경험을 제공합니다. 특히 여러 종류의 에셋을 효율적으로 관리하고 적절히 적용하는 것은 개발 과정에서 매우 중요한 부분입니다.

이번 단계에서는 닌자 서바이벌 게임에 필요한 에셋의 종류와 역할을 살펴보고 이러한 리소스를 프로젝트에 어떻게 추가하거나 관리할 수 있는지를 구체적으로 안내하겠습니다.

학습 포인트

게임 개발에 필요한 에셋 확보하기

진행 단계

❶ 에셋 다운로드하기
❷ 에셋 임포트하기
❸ 임포트된 에셋 확인하기

GAMING MODE ● ● ●

이 책에서는 생성형 AI를 활용해 게임 리소스를 직접 만드는 방법도 다룹니다. 다만, 실습을 원활하게 진행할 수 있도록 미리 준비된 에셋도 함께 제공합니다. 이 에셋들은 캐릭터, 배경, 사운드 등 게임 개발에 꼭 필요한 요소로, 실습 과정에서 여러 번 활용하게 될 것입니다.

1 에셋 다운로드하기

이번 실습에서 사용할 에셋은 **유니티 패키지(.unitypackage)** 형태로 제공됩니다. 유니티 패키지는 여러 개의 리소스를 하나로 묶은 파일로, 압축 파일과 유사한 구조를 가지고 있습니다. 해당 파일을 유니티 에디터에서 열면 모든 리소스가 프로젝트 내의 적절한 위치에 자동으로 배치됩니다.

제공된 링크에서 **NinjaSurvivalAssets.unitypackage** 파일을 다운로드하세요.

링크 https://zrr.kr/jlX8LH

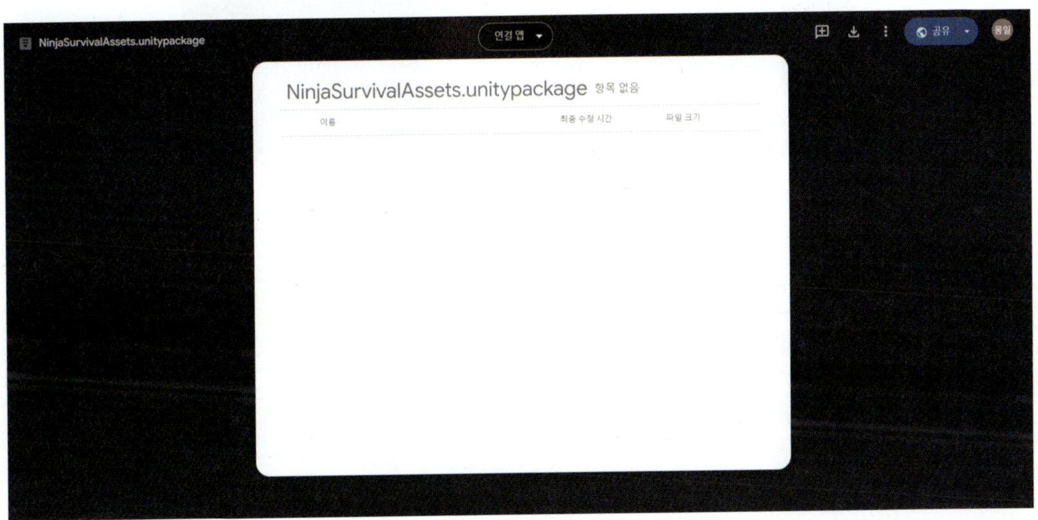

[그림 2.1-12] 구글 드라이브–NinjaSurvivalAssets.unitypackage

2 에셋 임포트하기

이제 준비된 닌자 캐릭터와 게임 리소스를 프로젝트에 추가합니다. 유니티에서는 .unitypackage 파일을 통해 외부 리소스를 손쉽게 임포트할 수 있도록 지원하며 몇 단계만으로 에셋을 프로젝트에 적용할 수 있습니다.

❶ 유니티 에디터 상단 메뉴에서 Assets > Import Package > Custom Package를 선택합니다.

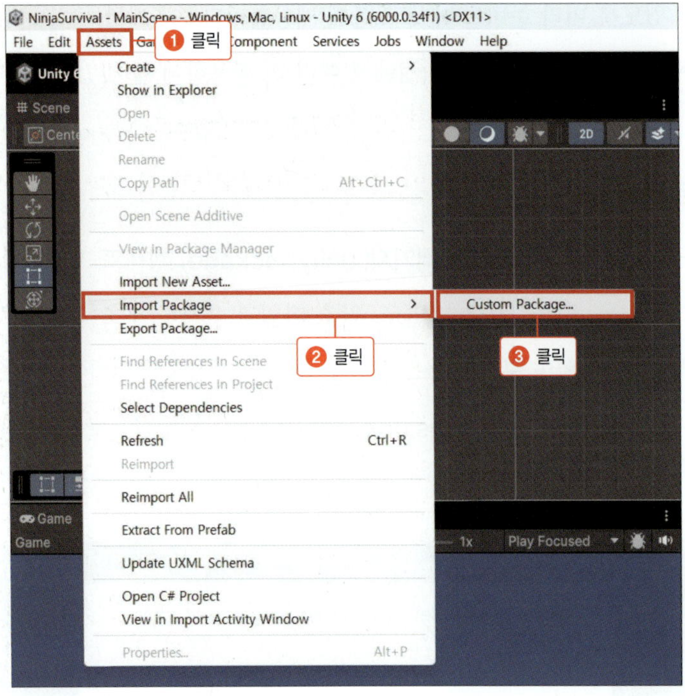

[그림 2.1-13] 에셋 임포트 메뉴

❷ 파일 탐색기가 열리면 미리 다운로드한 'NinjaSurvivalAssets.unitypackage' 파일을 선택한 후 [열기(O)] 버튼을 클릭합니다.

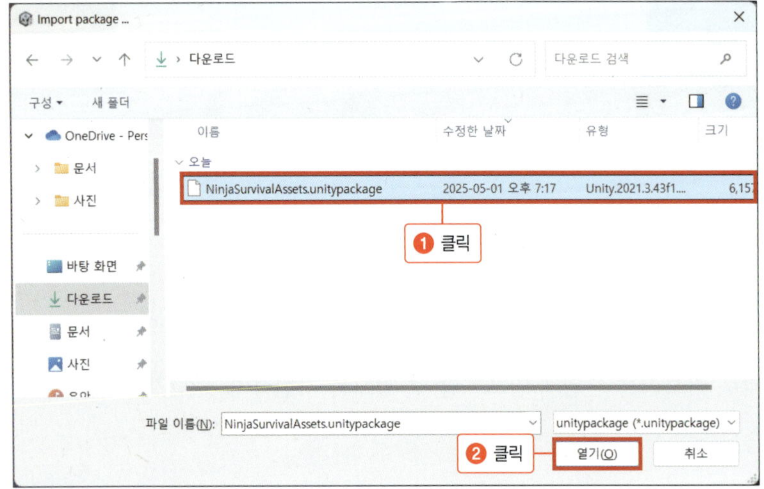

[그림 2.1-14] 파일 탐색기

❸ [Import Unity Package] 창이 나타나면 패키지에 포함된 리소스 목록이 표시됩니다.

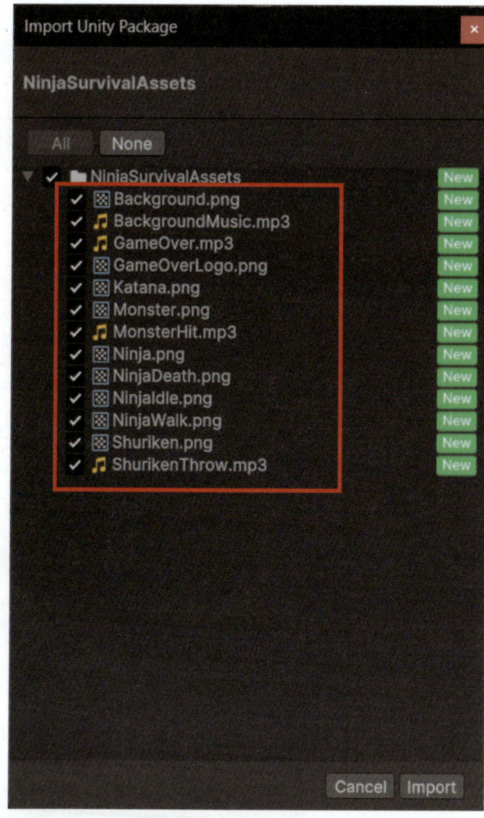

[그림 2.1-15] 에셋 임포트

❹ 모든 리소스를 임포트하려면 [All]을 선택한 후 [Import] 버튼을 클릭합니다.

3 임포트된 에셋 확인하기

패키지 임포트가 완료되면 **프로젝트 뷰**에 [NinjaSurvivalAssets] 폴더가 새로 생성된 것을 확인할 수 있습니다. 이 폴더 안에 다양한 이미지, 사운드, 스크립트 파일이 포함되어 있으면 에셋이 정상적으로 임포트된 것입니다. 만약 폴더가 보이지 않거나 파일이 누락된 경우, 임포트 과정을 다시 한번 확인하거나 에디터를 재시작해 보기 바랍니다.

임포트 결과 확인

❶ 프로젝트 뷰에서 [NinjaSurvivalAssets] 폴더를 찾습
니다.

[그림 2.1-16] [NinjaSurvivalAssets] 폴더

❷ 해당 폴더를 확장하여 내부에 다양한
리소스들이 포함되어 있는지 확인합
니다.

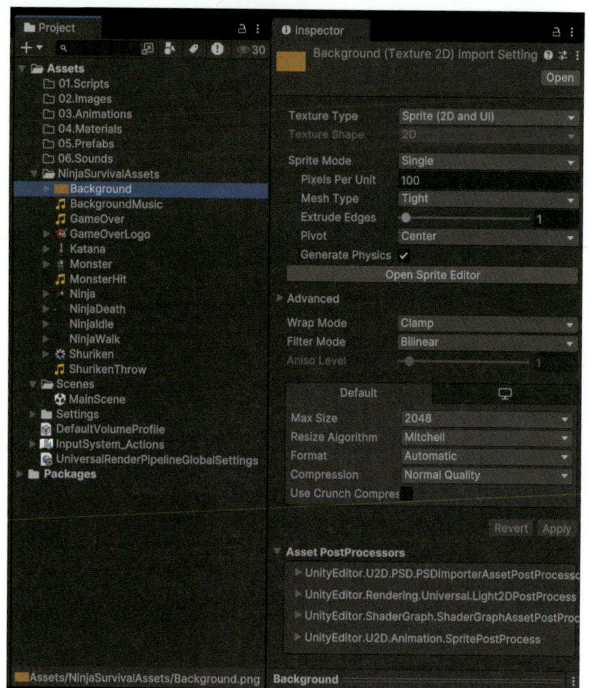

[그림 2.1-17] 개별 파일 확인

❸ 개별 스프라이트(Sprite)나 오디오 파일(Sound Asset)을 선택하면 오른쪽 [Inspector] 창에서 세부 정보를 확인할 수 있습니다.

이제 여러분은 프로젝트에 필요한 에셋을 직접 추가하고 관리하는 방법을 익혔습니다. 다음 단계에서는 이 에셋을 활용해 실제 게임 오브젝트를 만들어 보고 캐릭터에 생명을 불어넣는 과정을 함께 실습해 보겠습니다.

앞으로 진행될 실습에서는 생성형 인공지능을 활용하여 게임에 필요한 리소스를 직접 제작하는 방법도 함께 학습합니다. 이를 통해 기본으로 제공된 에셋을 활용하는 것에 그치지 않고 자신만의 게임 스타일에 맞게 리소스를 커스터마이즈하여 적용할 수 있습니다.

1.5 챗GPT와 함께하는 게임 개발

게임 개발은 창의적이고 보람 있는 과정이지만, 때로는 예상치 못한 어려움이 발생할 수 있습니다. 코드에서 오류가 발생하거나, 구현할 기능에 대한 방향이 명확하지 않거나, 아이디어가 쉽게 떠오르지 않는 상황도 빈번하게 마주하게 됩니다.

이러한 문제 상황에서 시간을 허비하지 않고 해결책을 효율적으로 찾기 위해 생성형 인공지능 도구인 **챗GPT**를 활용할 수 있습니다. 챗GPT는 코드 오류를 실시간으로 진단하고 구현 아이디어를 제안하며 개발자의 질문에 대한 구체적인 해결 방향을 제시하는 등 다양한 방식으로 개발 과정의 든든한 지원 역할을 수행합니다.

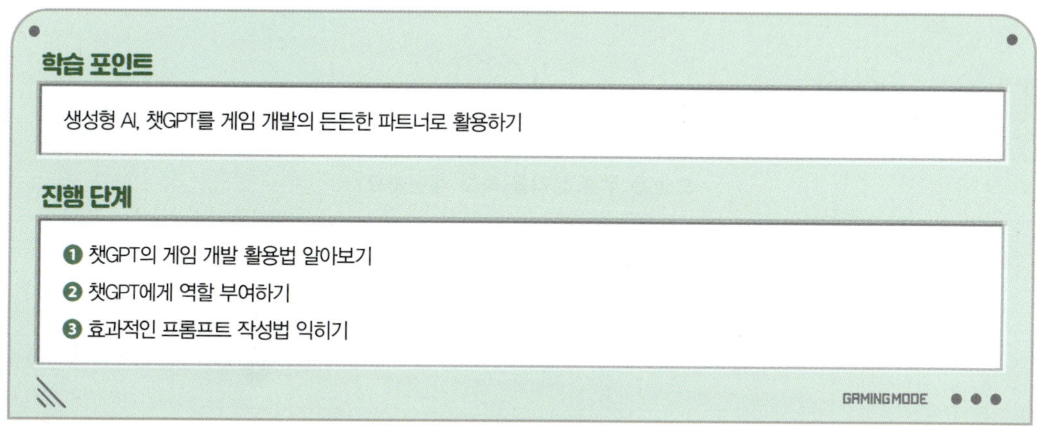

챗GPT는 단순한 질의 응답 도구를 넘어 게임 개발 전반에 걸쳐 다양한 방식으로 실질적인 도움을 제공할 수 있는 파트너입니다. 다음은 챗GPT가 게임 개발 과정에서 수행할 수 있는 주요 역할입니다.

- **코드 작성 도우미**: C# 스크립트를 작성할 때 필요한 구문, 구조, 예시를 제공하여 개발자의 코딩 부담을 줄입니다.
- **이미지 생성 도구**: 캐릭터, 배경, 아이템 등 게임에 필요한 다양한 에셋 이미지를 생성형 AI 기능을 통해 직접 제작할 수 있습니다.
- **게임 기획 협력자**: 게임 메커니즘, 레벨 구성, 스토리라인 등 기획 단계에서 다양한 아이디어를 제안하여 창의적인 방향 설정에 도움을 줍니다.
- **디버깅 파트너**: 오류 메시지나 예외 상황을 분석하고 원인을 파악해 해결 방법을 안내합니다.
- **학습 지원 도우미**: 유니티의 새로운 기능이나 기술에 대한 개념을 설명하고 실습 예제를 통해 이해를 돕습니다.

특히 챗GPT는 텍스트 기반 응답뿐 아니라 이미지 생성 기능도 지원하여 시각 자료를 빠르게 확보할 수 있다는 점에서 개발 효율성을 크게 향상시킬 수 있습니다. 원하는 스타일과 요소를 구체적으로 설명하면 이에 적합한 이미지를 자동으로 생성해 주는 기능을 활용할 수 있습니다.

다만, 챗GPT의 기능을 효과적으로 활용하기 위해서는 명확한 지시와 구조화된 질문이 필요합니다. 다음 단계에서는 챗GPT에게 어떤 역할을 부여하고 어떤 방식으로 대화해야 원하는 결과를 얻을 수 있는지를 학습합니다.

2 **챗GPT에 역할 부여하기**

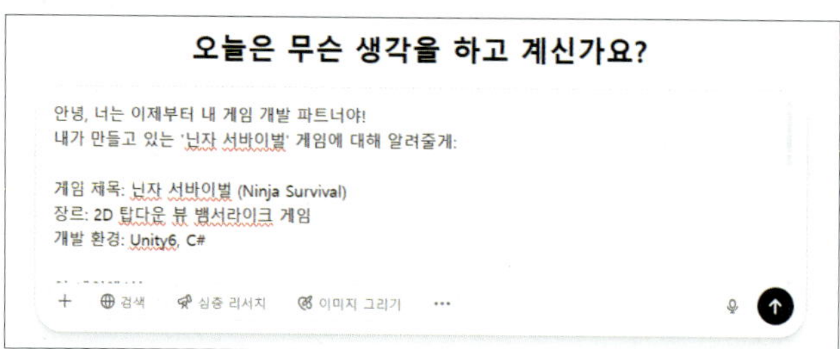

[그림 2.1-18] 챗GPT 역할 부여

챗GPT에게 명확한 역할을 부여하면 좀 더 많은 도움을 받을 수 있습니다. 닌자 서바이벌 게임 개발을 위한 역할 부여 예시를 살펴보겠습니다.

이런 식으로 역할을 부여하면 챗GPT는 우리 게임 개발에 맞춤형 도움을 줄 수 있습니다. 게임의 기본 정보부터 챗GPT에게 기대하는 역할까지 명확히 알려 주면 좀 더 정확하고 유용한 답변을 받을 수 있습니다.

완벽해요, 파트너!

이제부터 **닌자 서바이벌**의 든든한 개발 동료가 되어 줄게요.

앞으로 저는 다음처럼 움직일게요:

- ✅ **C# 코드** → 깔끔하고 이해하기 쉽도록 작성하고, 언제든지 디버깅이나 개선 방법도 알려줄게요.
- ✅ **게임 메커니즘 설계** → 밸런스, 적 스폰 방식, 무기 시스템, 성장 시스템 등을 고민하고 조언할게요.
- ✅ **유니티 질문 답변** → 에디터 활용부터 최적화, 씬 구성, 애니메이션까지 뭐든 바로바로 답할게요.
- ✅ **개발 중 문제 해결** → 에러, 버그, 예외 상황까지 꼼꼼하게 같이 잡아줄게요.
- ✅ **이미지 에셋 생성** → 요청만 주면 픽셀 아트 스타일이나 SD 캐릭터 풍의 무기, 몬스터, UI 등도 직접 만들어서 제공할게요.

이미 저는 닌자 서바이벌의 핵심 개념을 파악했어요:

- **장르** → 탑다운 뷰 / 뱀서라이크
- **플레이어 조작** → 8방향 이동 + 자동 공격
- **게임 흐름** → 적을 처치 → 경험치 획득 → 레벨업 → 무기/스킬 업그레이드
- **그래픽 스타일** → 픽셀 아트 기반

[그림 2.1-19] 챗GPT 역할 부여 결과

3 효과적인 프롬프트 작성법 익히기

챗GPT를 효과적으로 활용하려면 명확하고 구체적인 프롬프트(Prompt)를 작성하는 것이 중요합니다. 프롬프트란, 사용자가 인공지능에게 전달하는 지시문으로, 질문의 방식에 따라 결과의 품질이 달라질 수 있습니다. 다음은 게임 개발 과정에서 유용하게 사용할 수 있는 프롬프트 작성 전략입니다.

효과적인 프롬프트 작성 방법

1. **구체적으로 작성하기**

   너무 간단하게 **"플레이어 이동 스크립트를 작성해 줘."**라고 하면 원하는 결과를 얻기 어렵습니다. 대신, **"플레이어가 Ｗ, Ａ, Ｓ, Ｄ 입력으로 8방향으로 이동할 수 있도록 하고 이동 속도는 변수로 조절할 수 있도록 해 줘."**처럼 구체적인 동작과 조건을 함께 설명해 보세요.

2. **맥락 제공하기**

   단순히 **"이 코드에 오류가 있어."**라고 말하기보다 **"플레이어가 공격할 때 NullReferenceException 오류가 발생하는데, 다음 코드에서 어떤 문제가 있는지 확인해 줘."**처럼 상황과 코드를 함께 전달하는 것이 좋습니다.

3. **단계별로 나누기**

   복잡한 요청은 한 번에 모두 해결하려 하지 말고 **"먼저 적 캐릭터의 기본 동작을 설명해 줘. 그 다음엔 플레이어를 추적하는 AI 기능을 추가하고 싶어."**처럼 순서를 나누어 설명하면 좀 더 정확한 도움을 받을 수 있습니다.

4. 예시 요청하기

단순히 기능 설명만 듣기보다 **"닌자 캐릭터의 공격 애니메이션을 어떻게 구현하면 좋을지 알려 줘. 가능하다면 어떤 방식으로 설정할 수 있을지도 설명해 줘."**라고 요청해 보세요.

5. 피드백 주기

결과를 받은 후에는 그대로 끝내지 말고 **"이 설명은 도움이 됐어. 그런데 캐릭터가 벽을 통과하지 않게 하려면 어떻게 해야 할까?"**처럼 추가 요청이나 피드백을 주면 좀 더 정확한 답변을 받을 수 있습니다.

6. 이미지 생성 시 세부 사항 명시하기

이미지를 요청할 땐 **"닌자 캐릭터 그려 줘."**보다 **"검은 복장을 입고 붉은 머리띠를 두른 닌자 캐릭터를 만들어 줘. 배경은 어두운 숲이고 역광 효과가 있으면 좋겠어."**처럼 구체적인 스타일, 색상, 배경 등을 함께 설명해 보세요.

이처럼 효과적인 프롬프트를 작성하는 방법을 익혔다면 이제 실제 게임 개발 상황에서 이러한 방법을 어떻게 활용할 수 있는지 다양한 예시를 통해 살펴보겠습니다.

예시 1 코드 작성 요청

> 플레이어 캐릭터가 마우스 커서 방향으로 자동으로 가장 가까운 적을 향해 수리검을 발사하는 C# 스크립트를 작성해 줘.
> 다음 요구 사항을 충족해야 해.:
> – 발사 간격은 inspector에서 조절 가능하도록 변수로 설정
> – 수리검 프리팹을 인스턴스화하여 발사
> – 가장 가까운 적을 탐지하는 기능 포함
> – 발사 시 효과음 재생

예시 2 디버깅 도움 요청

> 다음 코드에서 오류가 발생해. NullReferenceException: Object reference not set to an instance of an object가 WeaponController.cs의 45번 줄에서 발생해. 코드를 검토하고 문제를 해결해 줘.:
> [코드 붙여 넣기]

예시 3 이미지 생성 요청(닌자 캐릭터)

> 닌자 서바이벌 게임의 주인공 캐릭터 이미지를 만들어 줘.
> – 톱다운 뷰의 픽셀 아트 스타일
> – 검은색 닌자 복장에 빨간색 두건을 쓴 남성 캐릭터

- 주변에 간단한 그림자 효과

- 투명한 배경

- 캐릭터 크기는 32x32픽셀 정도로

 이미지 생성 요청(무기)

닌자 서바이벌 게임에 사용할 닌자 무기 이미지를 만들어 줘.:

- 픽셀 아트 스타일의 수리검, 쿠나이, 단검을 포함한 닌자 무기 세트

- 각 무기는 16×16픽셀 크기로

- 금속 질감이 느껴지도록 하되, 픽셀 한계 내에서 표현

- 무기마다 독특한 색상이나 모양으로 구분 가능하게

- 투명한 배경에 아이템만 표시

이처럼 챗GPT와 대화를 나누면 게임 개발을 훨씬 효율적으로 진행할 수 있습니다. 코드 작성, 이미지 생성, 기획 아이디어 보완 등 다양한 상황에서 유용하게 활용할 수 있으며 개발 과정에서 발생하는 문제도 빠르게 해결할 수 있습니다. 챗GPT는 언제든지 접근할 수 있는 든든한 개발 파트너로, 실습 전반에 걸쳐 계속 활용할 수 있습니다.

Chapter 2에서는 닌자 서바이벌 게임의 핵심 요소인 플레이어 캐릭터를 직접 제작하는 단계로 들어갑니다. 챗GPT의 도움을 받으며 실제 게임의 기초를 구성하는 방법을 하나씩 만들어 보겠습니다.

Chapter 2
생성형 인공지능과 플레이어 캐릭터 제작

게임 개발에서 플레이어 캐릭터는 단순한 그래픽 요소를 넘어 게임의 분위기와 몰입감을 결정짓는 핵심적인 역할을 합니다. 최근에는 생성형 인공지능의 발전으로 복잡한 그래픽 툴을 다루지 못하더라도 누구나 손쉽게 자신만의 독창적인 캐릭터 이미지를 만들 수 있는 환경이 마련되었습니다.

2.1 생성형 인공지능으로 게임 이미지 만들기

이번 단계에서는 생성형 인공지능을 활용해 닌자 캐릭터 이미지를 직접 생성하고 이를 게임에 적용하는 방법을 안내합니다. 이를 통해 디자인 경험이 없더라도 개성 있는 게임 주인공을 완성할 수 있으며 앞으로 다양한 게임 자산을 직접 제작하는 데도 자신감을 가질 수 있습니다.

학습 포인트

생성형 인공지능을 활용한 2D 닌자 캐릭터 이미지 만들기

진행 단계

❶ 생성형 인공지능 서비스 알아보기
❷ 챗GPT로 닌자 캐릭터 이미지 만들기
❸ 이미지 배경 제거하기

GAMING MODE ● ● ●

---

1 생성형 인공지능 서비스 살펴보기

게임 개발에서 시각적 요소는 플레이어의 몰입감을 결정짓는 핵심 요소 중 하나입니다. 과거에는 게임 그래픽을 제작하기 위해 포토샵(Photoshop), 일러스트레이터(Illustrator)와 같은 전문 그래픽 소프트웨어를 능숙하게 다루어야 했습니다. 그러나 이제는 생성형 인공지능의 발전으로 복잡한 그

래픽 툴을 사용하지 않더라도 고품질의 게임 자산을 제작할 수 있는 환경이 마련되었습니다.

현재 다양한 생성형 인공지능 이미지 도구가 활발히 활용되고 있으며 대표적인 서비스는 다음과 같습니다.

- **달리(DALL·E)**: OpenAI에서 개발한 이미지 생성 모델로, 챗GPT와 통합되어 텍스트 프롬프트를 기반으로 이미지를 생성할 수 있습니다.
- **미드저니(Midjourney)**: 디스코드 기반 인터페이스를 통해 사용 가능한 이미지 생성 도구로, 예술적 스타일과 세밀한 묘사에 강점을 가지고 있습니다.
- **스테이블 디퓨전(Stable Diffusion)**: 오픈 소스로 공개된 이미지 생성 모델로, 다양한 커뮤니티 기반 웹 인터페이스를 통해 자유롭게 사용할 수 있습니다.
- **레오나르도 AI(Leonardo.AI)**: 예술적 감성과 세밀한 스타일 표현에 특화된 이미지 생성 서비스입니다.

이 책에서는 **챗GPT**와 **달리**를 연계하여 생성형 인공지능 기반의 게임 이미지를 직접 제작해 봅니다. 챗GPT는 프롬프트를 구성하는 데 도움을 주고 달리는 해당 프롬프트를 바탕으로 실제 이미지를 생성합니다.

2 챗GPT로 멋진 닌자 이미지 만들기

게임 개발에 필요한 시각 자료를 직접 그리지 못하더라도 걱정할 필요는 없습니다. 생성형 인공지능의 발전으로 이제 누구나 손쉽게 고유한 게임 이미지를 제작할 수 있는 환경이 마련되었습니다. 특히 챗GPT는 이미지 생성 모델인 달리와 연동되어 원하는 스타일과 요소를 문장으로 설명하기만 해도 자동으로 이미지를 생성해 주는 기능을 제공합니다.

챗GPT로 닌자 캐릭터 만들기

1 챗GPT 웹 사이트(https://chatgpt.com)에 접속합니다.
2 프롬프트 입력 창에 이미지 생성 요청을 입력합니다.

> 닌자 서바이벌 게임의 주인공 캐릭터 이미지를 만들어 줘.
> – 톱다운 뷰(위에서 내려다보는 시점)의 픽셀 아트 스타일
> – 검은색 닌자 복장에 빨간색 두건을 쓴 남성 캐릭터
> – 투명한 배경
> – 캐릭터 크기는 64x64픽셀 정도로
> – 게임에서 바로 사용할 수 있게 깔끔하게 디자인해 줘.

❸ 생성된 이미지가 표시되면 이미지 위에서 마우스 오른쪽 버튼을 클릭했을 때 나타나는 단축 메뉴 중에서 [이미지 저장]을 선택합니다.

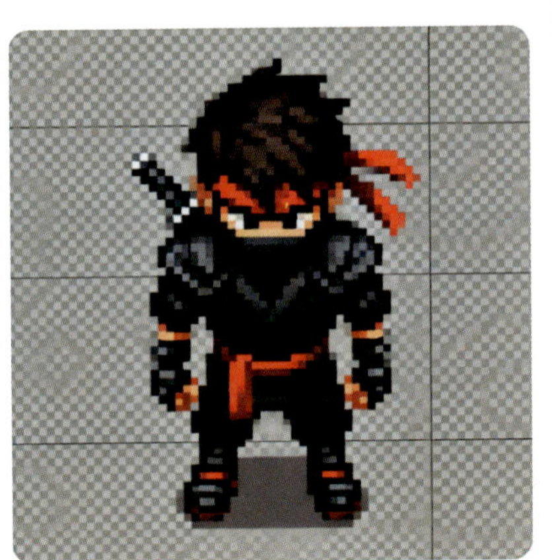

[그림 2.2-1] 이미지 생성

❹ 바탕화면 등 원하는 위치에 'NinjaCharacter.png'와 같은 이름으로 저장합니다.

이와 같은 방식으로 생성형 인공지능을 활용하면 전문 디자이너의 도움 없이도 게임에 필요한 시각 자료를 직접 제작할 수 있습니다. 과거에는 에셋 스토어에서 이미지를 구매하거나 외부 작업을 의뢰해야 했지만, 이제는 간단한 문장 하나로 원하는 그래픽을 실시간으로 확보할 수 있는 시대가 열렸습니다.

🔺 이미지 생성 팁

생성형 인공지능을 활용한 이미지 생성은 반복을 통해 원하는 결과에 점점 가까워지는 과정입니다. 첫 번째 시도에서 만족스러운 결과가 나오지 않더라도 걱정할 필요는 없습니다. 다양한 표현과 세부 지시를 통해 이미지의 완성도를 높일 수 있습니다.

다음과 같은 방식으로 프롬프트를 조정해 보면 더욱 정교한 이미지를 얻을 수 있습니다.

[**그림 2.2-2**] 다른 스타일의 이미지 생성

이처럼 AI에게 요청할 때는 마치 작업 지시서를 전달하듯이 구체적이고 자세하게 설명하는 것이 중요합니다. 프롬프트의 품질이 높아질수록 원하는 이미지에 가까운 결과를 얻을 수 있습니다.

3 배경 제거 툴을 활용한 이미지 배경 지우기

생성형 인공지능을 통해 만든 이미지에는 때때로 불필요한 배경이 포함되어 있을 수 있습니다. 그러나 게임 개발에서는 투명한 배경의 이미지가 필요하며 특히 캐릭터나 아이템과 같은 요소는 배경 없이 깔끔하게 처리되어야 원활한 UI 및 게임 구현이 가능합니다.

[그림 2.2-3] 불필요한 배경이 있는 닌자 캐릭터 이미지

이러한 작업을 보다 효율적으로 수행하기 위해 별도의 설치 없이 웹 브라우저에서 바로 사용할 수 있는 Remove.bg와 같은 배경 제거 도구를 활용할 수 있습니다.

Remove.bg를 활용한 배경 제거 절차

❶ 웹 브라우저에서 https://www.remove.bg에 접속합니다.

[그림 2.2-4] remove.bg(출처: removebg)

❷ 메인 화면에서 [Upload Image] 버튼을 클릭한 후 저장해 둔 닌자 캐릭터 이미지를 선택합니다.

❸ 이미지 업로드가 완료되면 웹 사이트가 자동으로 배경을 제거한 결과를 실시간으로 보여 줍니다.

❹ 결과물이 만족스럽다면 [Download] 버튼을 클릭하여 이미지 파일을 저장합니다.

• 무료 버전은 해상도가 다소 낮지만, 픽셀 아트나 2D 게임에 사용하는 용도로는 충분합니다.

❺ 파일을 'NinjaCharacter_nobg.png'와 같이 이름을 지정하여 저장해 둡니다.

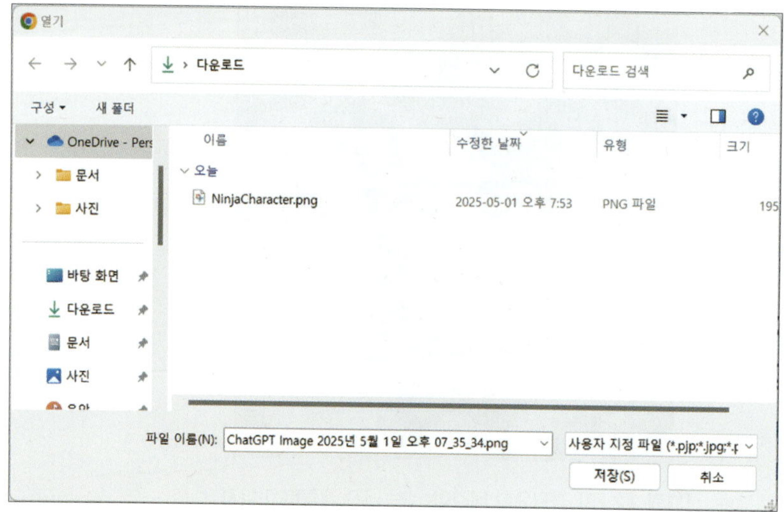

[그림 2.2-5] 이미지 저장

[그림 2.2-6] 배경 제거

무료 버전은 해상도가 다소 낮게 제공되지만, 픽셀 아트나 2D 게임 요소에는 충분히 활용할 수 있습니다. 반복적인 편집 작업을 간편하게 처리할 수 있다는 점에서 매우 효율적인 도구입니다.

이제 투명 배경이 적용된 캐릭터 이미지를 확보하였습니다. 다음 단계에서는 이 이미지를 유니티 프로젝트에 임포트하고 실제 게임 오브젝트로 구성하는 방법을 학습합니다.

2.2 2D 플레이어 오브젝트 제작

앞에서 생성형 인공지능을 활용해 제작한 닌자 캐릭터 이미지를 기반으로, 이번에는 실제 게임에서 동작하는 2D 플레이어 오브젝트를 구성합니다. 유니티에서 2D 게임 오브젝트를 생성하고 필요한 속성을 설정하는 이 과정은 모든 2D 게임 개발에서 기본이 되는 핵심 절차입니다.

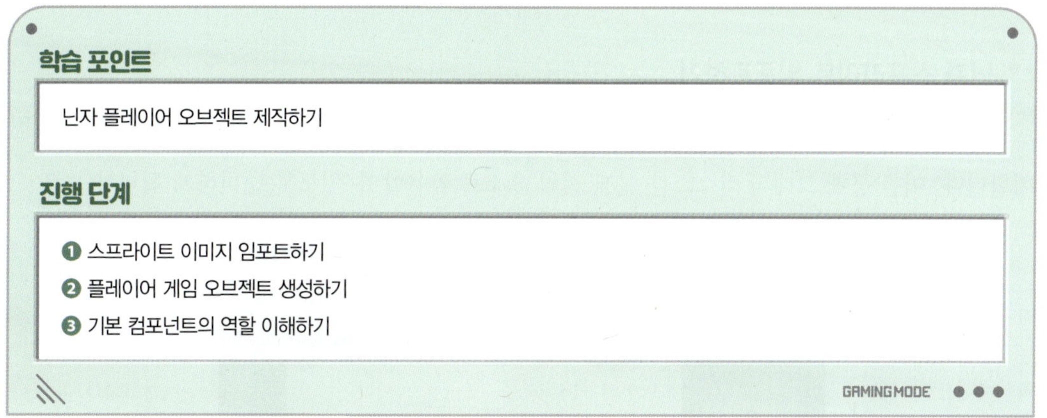

1 스프라이트 임포트하기

앞에서 제작한 닌자 캐릭터 이미지를 유니티 프로젝트로 불러와서 실제 게임에서 사용할 수 있도록 준비합니다. 이는 마치 배우를 영화 세트장으로 초대하는 것과 같이 게임 속 세계에 그래픽 요소를 배치하기 위한 첫 단계입니다.

스프라이트란?

스프라이트(Sprite)는 2D 게임에서 사용되는 이미지 리소스를 의미합니다. 예를 들어 고전 게임기에서 등장한 마리오(Mario), 소닉(Sonic)과 같은 캐릭터뿐만 아니라 배경의 구름, 나무, 아이템 등 다양한 그래픽 요소가 모두 스프라이트로 구성되어 있습니다.

즉, 스프라이트는 게임 속 장면에 배치되는 그림이라고 이해하면 됩니다. 종이 인형 놀이에서 배경 위에 캐릭터와 소품을 올려놓는 것과 유사한 개념입니다. 유니티는 이러한 스프라이트를 효율적으로 관리하고 게임 오브젝트에 적용할 수 있는 다양한 기능을 제공합니다.

학습 도중 개념이 명확하게 이해되지 않거나 궁금한 점이 생긴다면 챗GPT에게 "스프라이트가 정확히 뭐야?"라고 질문해 볼 수 있습니다.

생성형 인공지능을 학습 도우미로 활용하면 보다 능동적으로 게임 개발 지식을 습득할 수 있습니다.

닌자 스프라이트 임포트하기

앞서 생성한 닌자 캐릭터 이미지를 유니티 프로젝트로 불러와 스프라이트로 변환하는 과정을 진행합니다. 이를 통해 그래픽 리소스를 실제 게임 요소로 활용할 수 있도록 준비하게 됩니다.

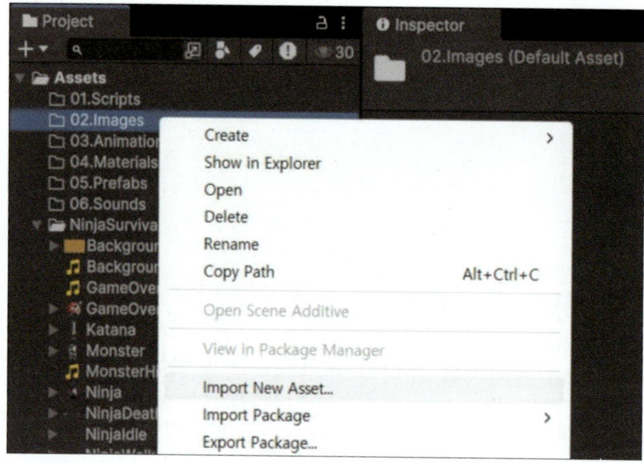

[그림 2.2-7] Import Assets

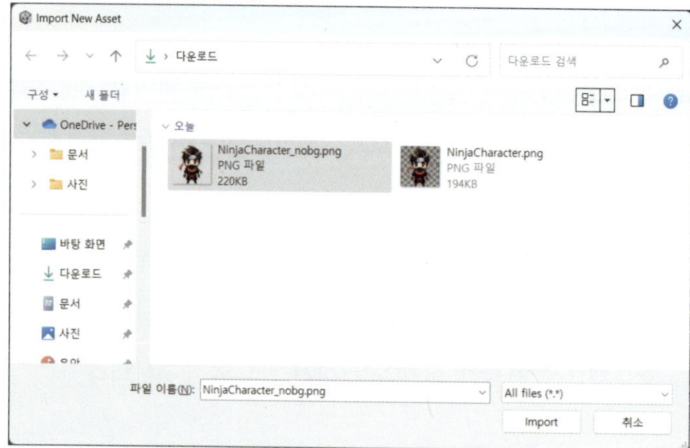

[그림 2.2-8] 임포트할 파일 선택

❶ 유니티 에디터에서 프로젝트 뷰를 엽니다.

❷ [02. Images] 폴더에 마우스 오른쪽 버튼을 클릭하면 나타나는 단축 메뉴 중에서 [Import New Asset]을 선택합니다.

❸ 앞서 배경을 제거한 닌자 이미지 파일(NinjaCharacter_nobg.png)을 선택한 후 [Import] 버튼을 클릭합니다.

이미지 파일이 프로젝트에 추가되면 유니티는 이를 자동으로 Texture 타입으로 인식합니다. 이 상태로는 게임 내에서 스프라이트로 바로 사용할 수 없기 때문에 1가지 추가 설정이 필요합니다.

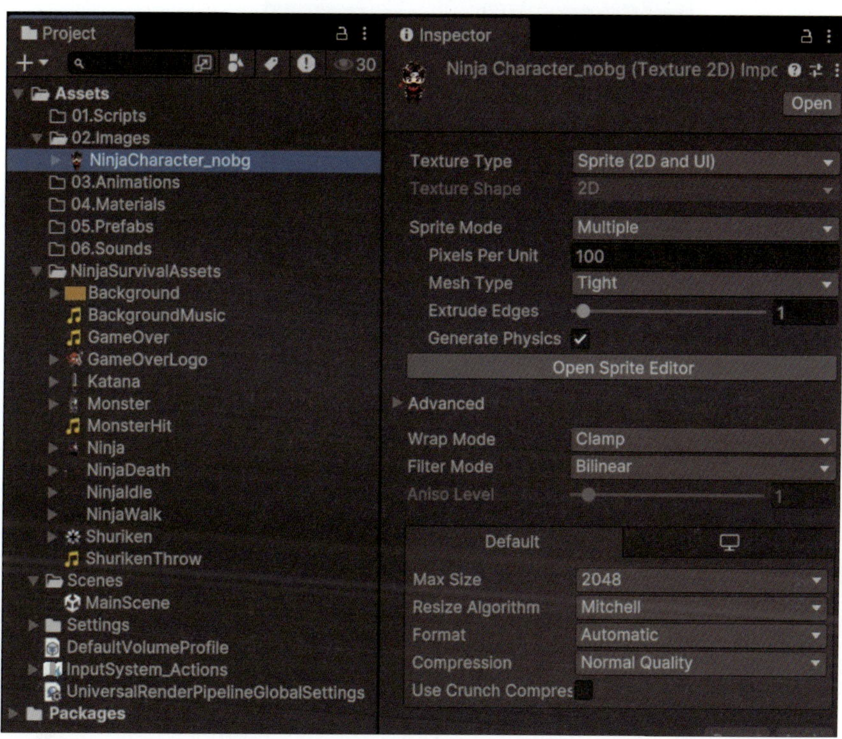

[그림 2.2-9] 스프라이트 살펴보기

- 이미지 파일을 선택한 후 인스펙터 뷰를 살펴봅니다.

- [Sprite Mode] 옵션을 [Single]로 설정합니다.

- 설정을 마친 후 하단의 [Apply] 버튼을 클릭해 변경 사항을 저장합니다.

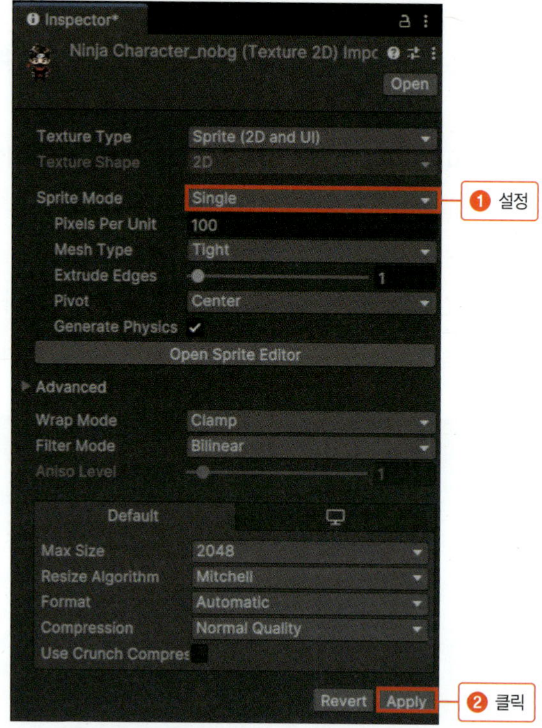

[그림 2.2-10] 스프라이트 속성 변경

이 과정을 통해 이미지가 스프라이트로 변환되며 이후 해당 리소스를 게임 오브젝트로 사용할 수 있습니다.

이제 닌자 캐릭터 스프라이트가 유니티 프로젝트에 성공적으로 임포트되었습니다. 다음 단계에서는 이 스프라이트를 이용하여 **플레이어 오브젝트**를 생성하고 게임 내에 배치하는 방법을 학습합니다.

2 플레이어 게임 오브젝트 생성

이제 생성한 닌자 캐릭터를 유니티 씬에 배치하여 **게임 오브젝트**로 구성할 차례입니다. 이는 마치 연극 무대 위에 배우가 등장하는 것과 같은 과정으로, 게임의 시각적 구성 요소가 실질적인 역할을 수행하기 위한 준비 단계입니다.

🔷 닌자 캐릭터를 유니티 씬에 배치하여 게임 오브젝트로 구성

❶ 하이어라키 뷰에서 빈 공간에 마우스 오른쪽 버튼을 클릭한 후 2D Object > Sprites > Square를 선택하여 사각형 스프라이트 오브젝트를 생성합니다.

- 이 방식은 기본 스프라이트에 Sprite Renderer 컴포넌트가 자동으로 추가되어 편리합니다.
- 참고로, 만약 [Create Empty]로 오브젝트를 만들 경우 Sprite Renderer 컴포넌트를 수동으로 추가해야 합니다.

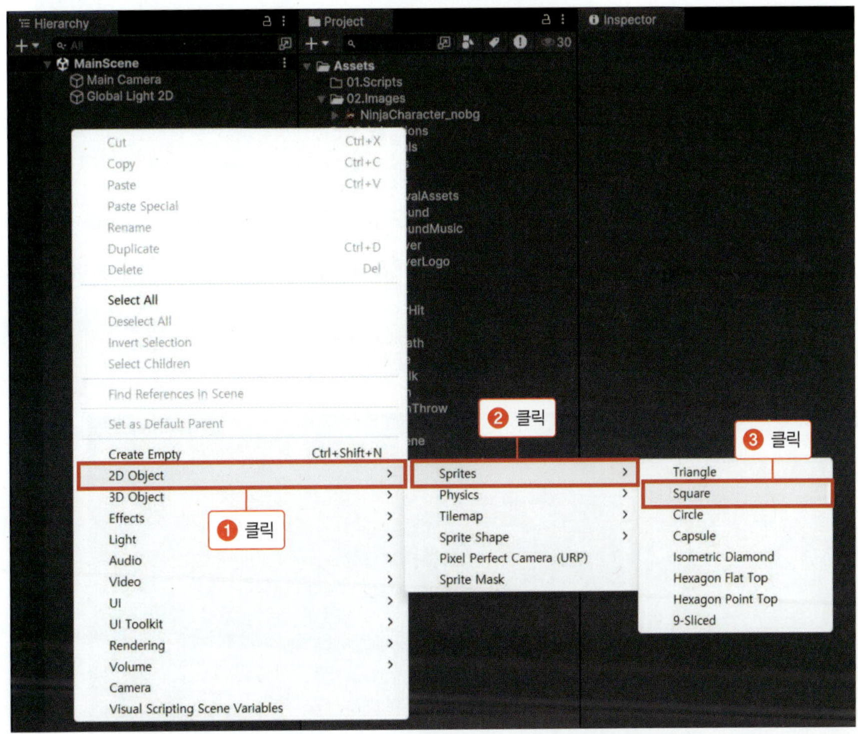

[그림 2.2-11] 2D 오브젝트 생성

❷ 생성된 오브젝트의 이름을 'Player'로 변경합니다.

- 이름 변경은 히이어라키 뷰에서 오브젝트를 선택한 후 F2를 누르거나 천천히 두 번 클릭하면 됩니다.

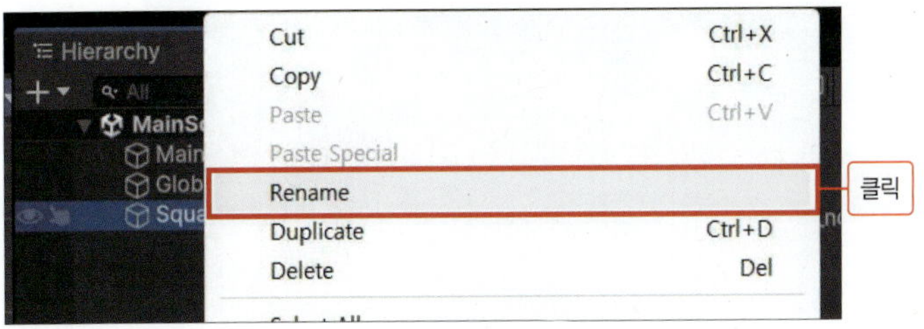

[그림 2.2-12] 이름 변경 1

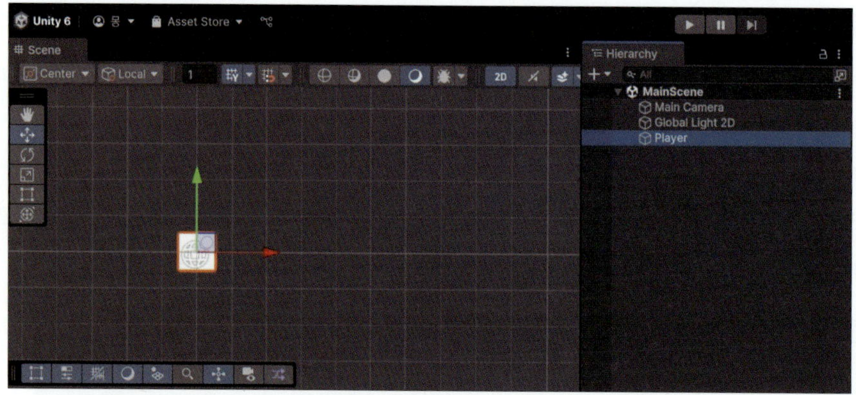

[그림 2.2-13] 이름 변경 2

❸ 기본으로 생성된 흰색 사각형 오브젝트에 앞서 임포트한 닌자 캐릭터 스프라이트를 적용합니다.

- 인스펙터 뷰에서 Sprite Renderer 컴포넌트를 찾은 후 [Sprite] 항목 옆의 슬롯에 있는 프로젝트 창에서 닌자 이미지를 드래그 앤 드롭합니다.
- 적용 즉시 오브젝트 외형이 닌자 캐릭터로 변경됩니다.

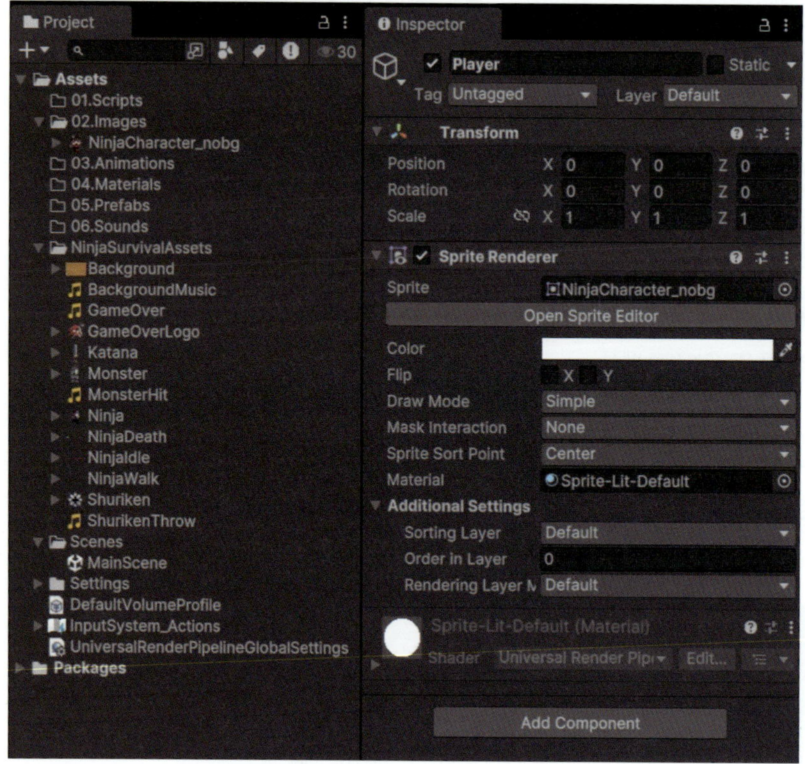

[그림 2.2-14] 스프라이트 적용

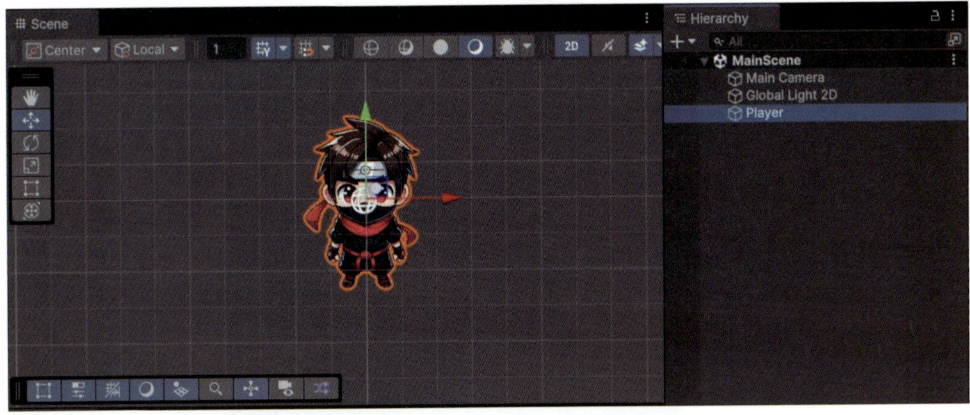

[그림 2.2-15] 스프라이트가 적용된 모습

❹ Transform 컴포넌트에서 Position 값을 (0, 0, 0)으로 설정합니다.

• 이렇게 하면 캐릭터가 게임 화면의 중심에 위치하게 됩니다.

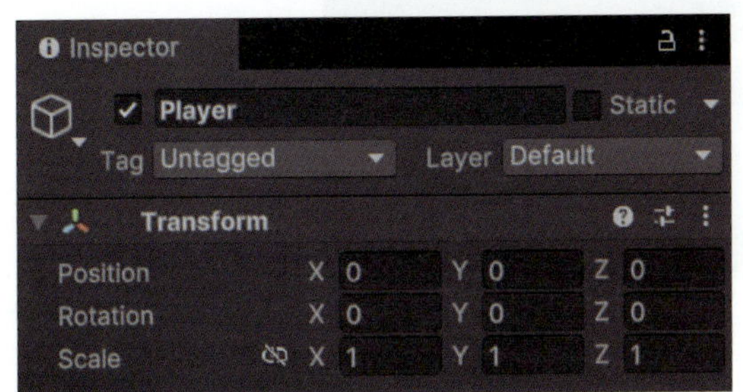

[그림 2.2-16] position 초기화

이와 같은 방식으로 플레이어 게임 오브젝트가 생성되고 씬에 배치됩니다. 현재는 화면에 정지된 상태로 표시되지만, 다음 단계에서는 이 캐릭터에 움직임을 부여하여 실제 플레이어처럼 동작하도록 설정하게 됩니다.

③ 컴포넌트 설명(Sprite Renderer)

유니티에서 게임 오브젝트는 다양한 컴포넌트를 통해 구성됩니다. 각 컴포넌트는 특정 기능을 담당하며 이들을 조합하면 오브젝트에 원하는 동작이나 속성을 부여할 수 있습니다. 앞에서 생성한 플레이어 오브젝트에는 'Sprite Renderer'라는 컴포넌트가 자동으로 추가되었습니다. 이 단계에서는 해당 컴포넌트의 역할과 속성에 대해 자세히 알아봅니다.

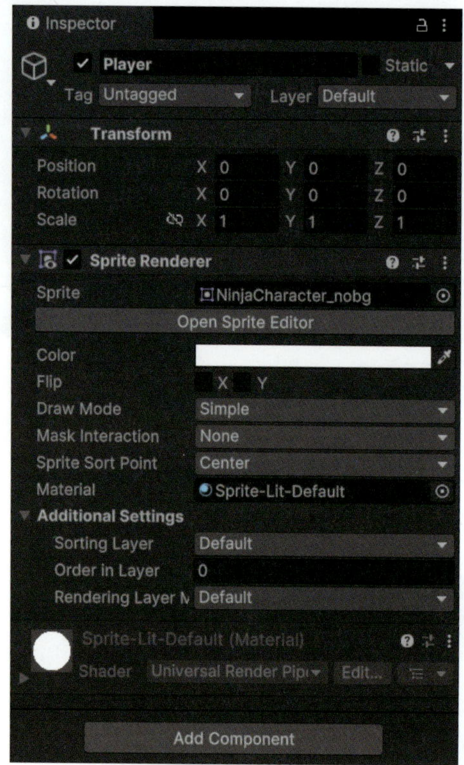

Sprite Renderer 컴포넌트

[그림 2.2-17] 컴포넌트들

Sprite Renderer는 2D 이미지인 스프라이트를 게임 화면에 시각적으로 출력하는 기능을 담당합니다. 이 컴포넌트를 통해 게임 오브젝트가 실제 화면에 그래픽으로 표현되며 플레이어가 인식할 수 있는 형태를 갖추게 됩니다.

속성	설명
Sprite	오브젝트에 표시될 스프라이트를 지정합니다.
Color	스프라이트의 색상을 조정할 수 있습니다. 기본값은 흰색입니다.
Flip X / Y	스프라이트를 좌우(X) 또는 상하(Y)로 뒤집을 수 있습니다.
Sorting Layer	스프라이트가 다른 오브젝트 위나 아래에 표시될 순서를 설정합니다.
Order in Layer	여러 스프라이트가 겹쳐질 때 어떤 순서로 그릴지를 결정합니다. 값이 높을수록 앞에 그려 집니다.

이 컴포넌트를 적용하면 닌자 캐릭터가 게임 화면에 나타납니다. 다만, 아직은 화면에 보이기만 할 뿐, 움직임이나 상호작용 기능은 포함되어 있지 않습니다.

다음 단계에서는 캐릭터에 동작과 제어 기능을 추가하여 직접 조작할 수 있는 플레이어로 완성하는 방법을 안내합니다.

2.3 물리 컴포넌트 추가

이제 플레이어 오브젝트에 물리적 행동을 구현할 단계입니다. 물리 컴포넌트를 추가하면 닌자 캐릭터가 게임 속에서 실제로 움직이고 다른 오브젝트와 상호작용할 수 있게 됩니다. 즉, 물리 컴포넌트는 닌자에게 '몸'을 부여하는 역할을 하며 이를 통해 적과 부딪히거나 아이템을 획득하는 등 다양한 상호작용이 가능해집니다.

이제 물리 컴포넌트 설정 방법을 차근차근 살펴보겠습니다.

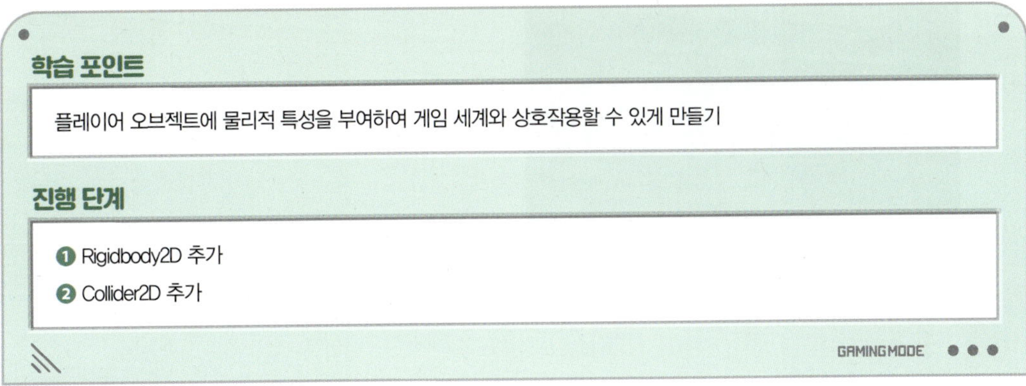

1 Rigidbody2D 추가

Rigidbody 2D는 게임 오브젝트에 물리 엔진의 영향을 적용할 수 있도록 해 주는 컴포넌트입니다. 이를 통해 오브젝트는 중력, 충돌, 가속도 등의 물리 법칙에 따라 움직이거나 반응할 수 있게 됩니다. 톱다운 방식의 2D 게임에서는 중력의 영향을 제거하고 충돌과 반응만을 활용하는 방식으로 설정합니다.

추가 방법

❶ 플레이어 오브젝트를 선택합니다.

❷ 인스펙터 뷰에서 [Add Component] 버튼을 클릭합니다.

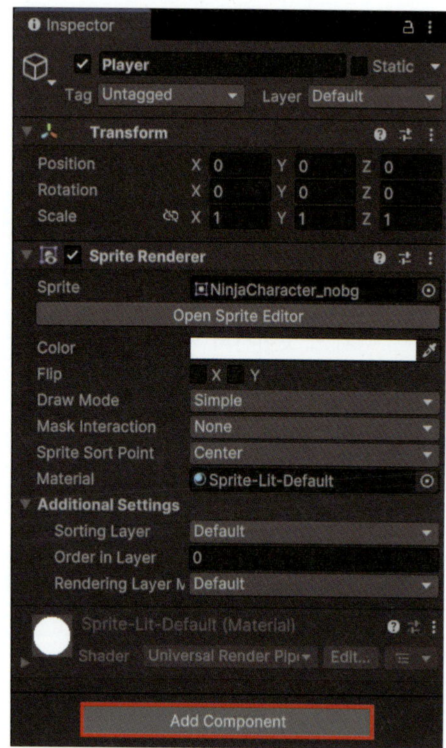

[그림 2.2-18] 플레이어의 인스펙터 뷰

❸ 검색 창에 'Rigidbody 2D'를 입력하면 나타나는 목록에서 선택하여 추가합니다.

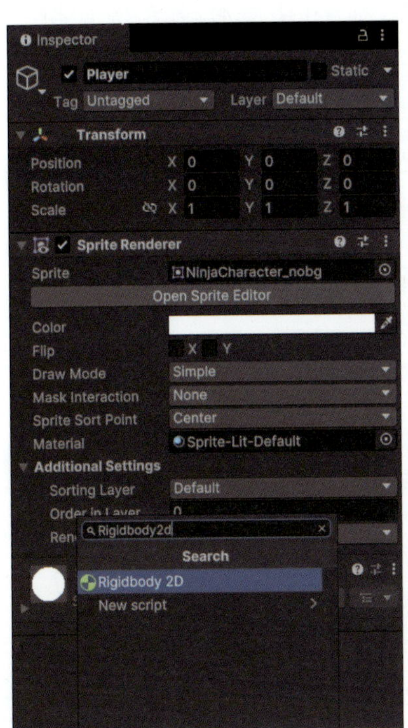

[그림 2.2-19] Rigidbody2D 검색

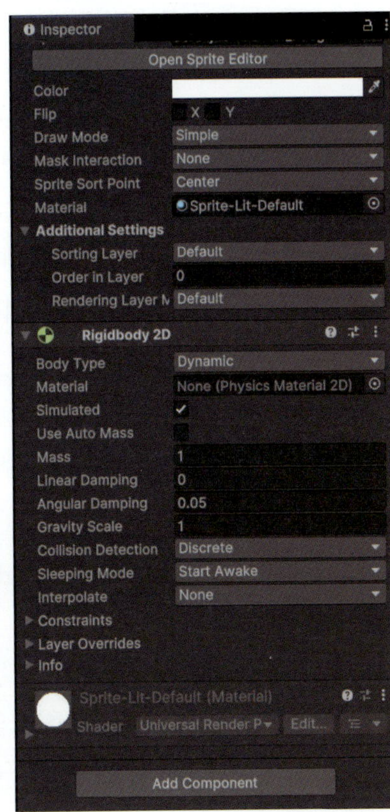

[그림 2.2-20] Rigidbody2D가 추가된 화면

Rigidbody2D 권장 값

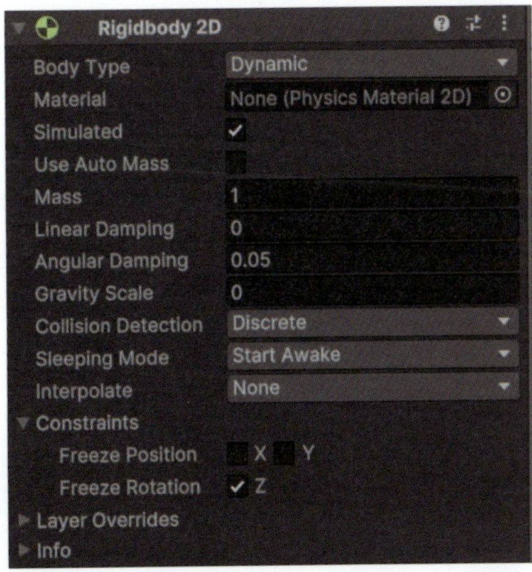

[그림 2.2-21] Rigidbody2D 권장 값

설정 항목	값	설명
Body Type	Dynamic	물리 영향을 받는 일반적인 동적 물체로 설정합니다.
Gravity Scale	0	중력을 제거하여 캐릭터가 아래로 떨어지지 않도록 설정합니다.
Mass	1(기본값 유지)	물체의 질량입니다. 충돌 시 튕겨 나가는 정도에 영향을 줍니다.
FreezeRotation	체크	z축 회전을 방지하여 오브젝트가 방향을 유지하도록 합니다.

중력 값을 0으로 설정하는 이유는 톱다운 방식의 게임에서 캐릭터가 수직으로 떨어질 필요가 없기 때문입니다. 이 설정을 통해 캐릭터는 게임 화면 위를 자유롭게 이동할 수 있습니다.

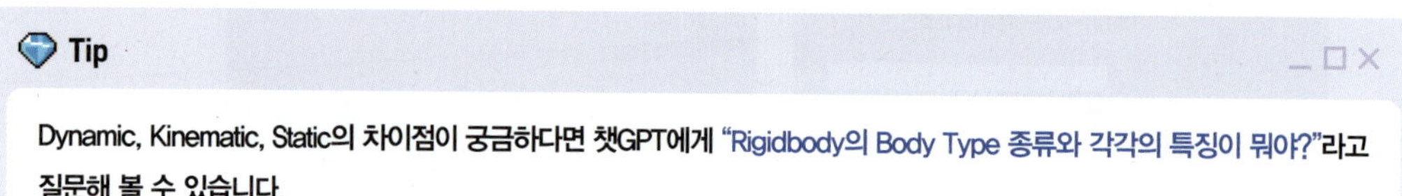

> 💎 **Tip**   _ ▢ ✕
>
> Dynamic, Kinematic, Static의 차이점이 궁금하다면 챗GPT에게 "Rigidbody의 Body Type 종류와 각각의 특징이 뭐야?"라고 질문해 볼 수 있습니다.

2 Collider 2D 추가

Collider 2D는 게임 오브젝트의 물리적 경계를 정의하는 컴포넌트입니다. 이 컴포넌트는 오브젝트가 다른 물체와 충돌하거나 그 존재를 감지할 수 있도록 돕는 중요한 역할을 합니다. Collider가 없으면 오브젝트는 물리 세계에서 인식되지 않으며 다른 오브젝트를 그대로 통과하게 됩니다.

Collider 추가 방법

❶ 플레이어 오브젝트를 선택한 상태에서 인스펙터 뷰의 [Add Component] 버튼을 클릭합니다.

❷ 검색 창에 'Box Collider 2D'를 입력하고 선택하여 추가합니다.

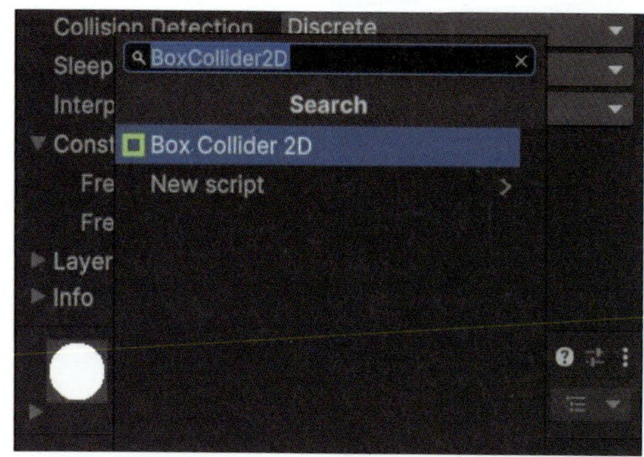

[그림 2.2-22] Box Collider 2D

❸ 콜라이더의 크기를 조정하여 닌자 캐릭터의 실제 모습에 맞게 설정합니다.

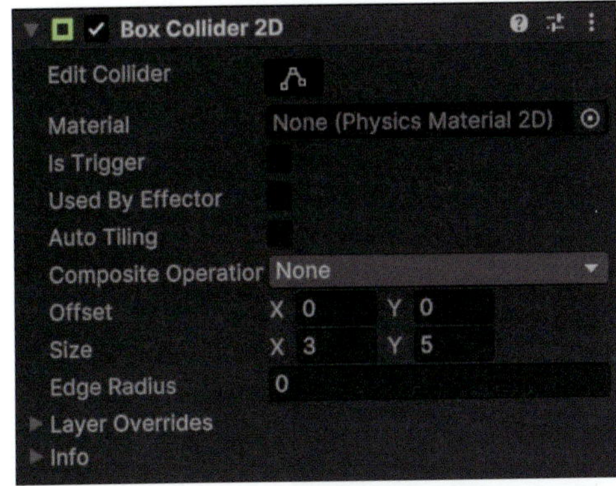

[그림 2.2-23] Edit Collider 선택

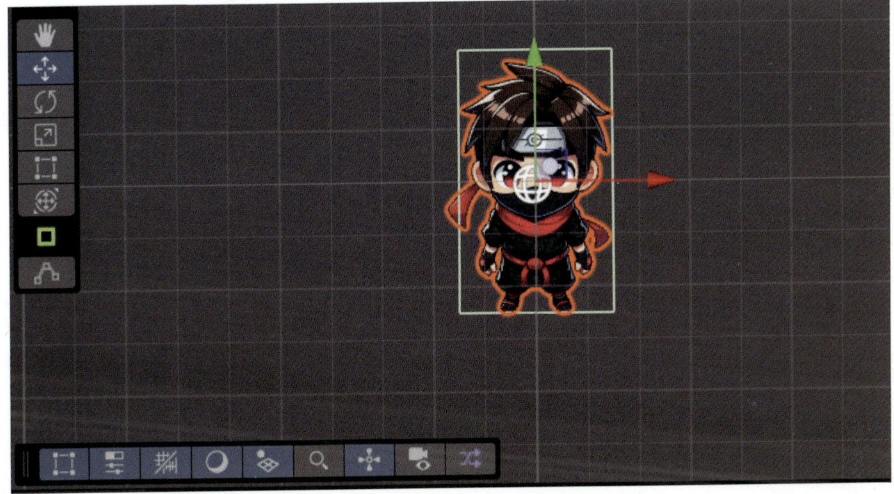

[그림 2.2-24] 콜라이더 크기 조절

설정 항목	값	설명
Size	X: 3, Y: 5	닌자의 몸에 잘 맞도록 크기를 조정합니다.
Offset	X: 0, Y: 0	중심 위치를 조절하는 데 사용합니다.

콜라이더의 크기는 닌자 캐릭터의 실제 모습에 최대한 맞추는 것이 좋습니다. 콜라이더가 너무 크면 빈 공간에서도 충돌이 발생할 수 있고 반대로 너무 작으면 닌자가 물체에 부딪혀도 제대로 인식되지 않을 수 있습니다.

유니티에서는 여러 가지 형태의 콜라이더를 제공하므로 오브젝트의 모양에 따라 가장 알맞은 콜라이더를 선택하기 바랍니다.

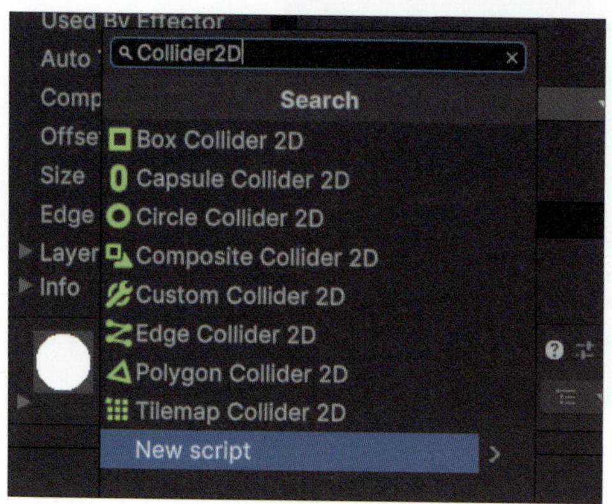

[그림 2.2-25] 여러 콜라이더

Collider	설명	예시 오브젝트
Box Collider 2D	사각형 형태의 콜라이더로 직사각형 오브젝트에 적합	상자, 벽, 책상
Circle Collider 2D	원형 형태의 콜라이더로 둥근 오브젝트에 적합	공, 동전, 원형 아이템
Capsule Collider 2D	타원형 형태의 콜라이더로 캐릭터나 사람형 오브젝트에 적합	인간형 캐릭터, 기둥

필요한 경우, 여러 콜라이더를 조합하여 보다 정교한 충돌 영역을 구성할 수도 있습니다. 예를 들어 캐릭터의 몸통에는 Box Collider를, 머리 부분에는 Circle Collider를 함께 사용하는 방식도 가능합니다.

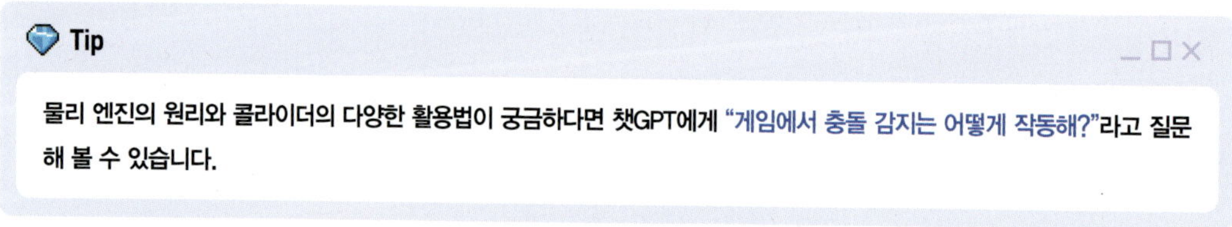

💎 **Tip**

물리 엔진의 원리와 콜라이더의 다양한 활용법이 궁금하다면 챗GPT에게 "게임에서 충돌 감지는 어떻게 작동해?"라고 질문해 볼 수 있습니다.

이제 플레이어 오브젝트에 Rigidbody 2D와 Collider 2D가 모두 추가되어 물리적으로 상호작용할 수 있는 상태가 되었습니다. 다음 단계에서는 키보드 입력을 받아 캐릭터를 직접 움직이는 기능을 구현해 보겠습니다. 이를 통해 닌자 캐릭터가 게임 화면을 자유롭게 이동할 수 있도록 제어할 수 있습니다.

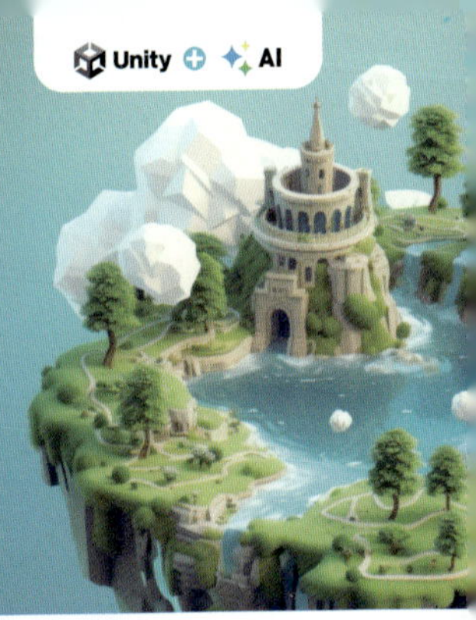

Chapter 3

C# 스크립트와 플레이어

플레이어 오브젝트의 기본 구성이 완료되었으므로 이제 스크립트를 작성하여 캐릭터에 동작을 부여할 차례입니다. 유니티에서 스크립트는 게임 오브젝트에 동작과 반응을 정의하는 핵심 요소로, 오브젝트에 생명을 불어넣는 역할을 수행합니다. 스크립트가 적용되지 않은 오브젝트는 화면에 정지된 상태로 존재할 뿐, 어떤 상호작용이나 움직임도 구현할 수 없습니다.

3.1 C# 스크립트 기초

C# 스크립트는 유니티에서 게임 오브젝트의 동작을 제어하는 핵심 도구입니다. 이번 단계의 목표는 스크립트의 기본 구조를 살펴보고 유니티에서 자주 사용되는 주요 함수들을 이해하는 것입니다. 챗GPT를 활용하여 코드 작성과 오류 해결을 보다 쉽게 수행하는 방법도 함께 소개합니다.

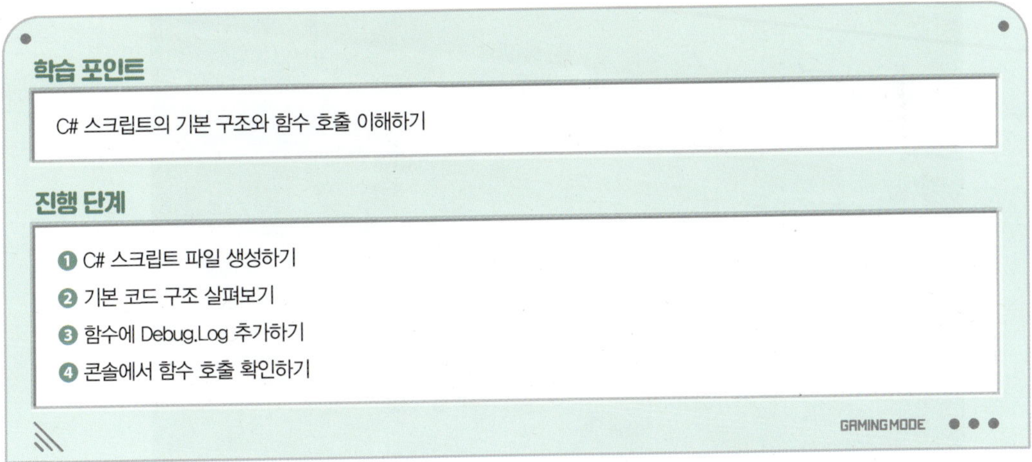

학습 포인트

C# 스크립트의 기본 구조와 함수 호출 이해하기

진행 단계

❶ C# 스크립트 파일 생성하기
❷ 기본 코드 구조 살펴보기
❸ 함수에 Debug.Log 추가하기
❹ 콘솔에서 함수 호출 확인하기

1 C# 스크립트 파일 생성하기

이제 플레이어 캐릭터의 동작을 제어할 첫 번째 스크립트를 생성합니다. 스크립트는 게임 오브젝트의 행동과 상호작용을 정의하는 구성 요소로 일종의 두뇌 역할을 수행합니다.

❶ [01. Scripts] 폴더에서 마우스 오른쪽 버튼을 클릭한 후 Create > MonoBehaviour Script를 선택
합니다.

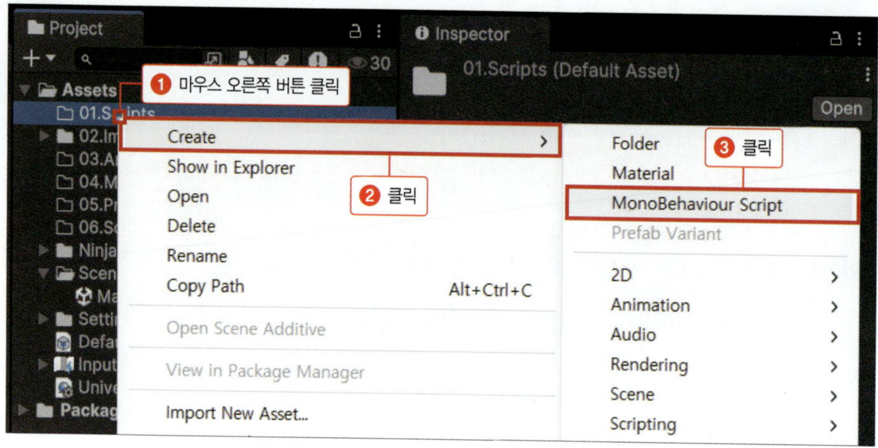

[그림 2.3-1] C# 스크립트 파일 생성

❷ 새로 생성된 스크립트의 이름을 'MyFirstScript'로 변경합니다.

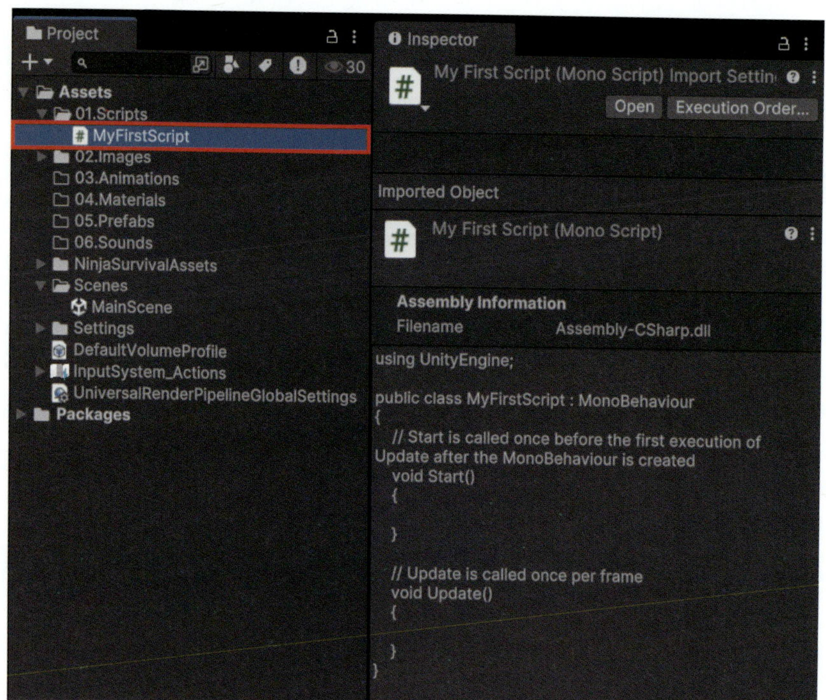

[그림 2.3-2] 생성된 스크립트 파일

❸ 생성한 스크립트를 더블 클릭하여 비주얼 스튜디오에서 엽니다.

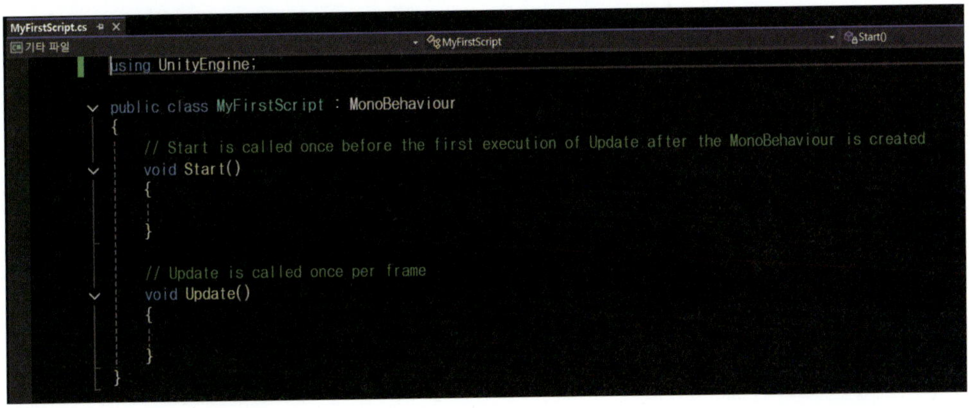

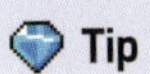

[그림 2.3-3] 스크립트 기본 화면

Tip

스크립트 이름은 반드시 유니티 에디터 내에서 변경해야 합니다. 파일 탐색기에서 직접 이름을 바꾸면 유니티 프로젝트에 오류가 발생할 수 있습니다. 만약 스크립트 이름 변경 방법이 궁금하다면 챗GPT에게 "유니티에서 스크립트 이름을 변경하는 가장 안전한 방법은 무엇인가요?"라고 질문해 볼 수 있습니다.

2 기본 코드 구조 살펴보기

새롭게 생성한 스크립트를 열면 기본적으로 다음과 같은 코드가 자동으로 작성되어 있습니다. 이 코드는 유니티에서 자주 사용하는 함수들을 포함하고 있으며 스크립트 작성을 위한 기본 틀 역할을 합니다.

```
using UnityEngine;
public class MyFirstScript : MonoBehaviour
{
    void Start()
    {

    }

    void Update()
```

```
        {

        }
}
```

각 코드 요소가 어떤 의미를 가지는지 정확히 이해하면 이후 스크립트를 작성하고 수정하는 데 큰 도움이 됩니다. 챗GPT를 활용하면 코드의 구조를 분석하고 각 부분에 대한 설명을 한글로 쉽게 확인할 수 있습니다.

예를 들어, 다음과 같이 질문할 수 있습니다.

이 유니티 C# 코드를 분석해서 한글 주석을 달아 줘.

```csharp
using UnityEngine;

public class MyFirstScript : MonoBehaviour
{
    void Start()
    {

    }

    void Update()
    {

    }
}
```

그에 대한 응답으로 다음과 같은 표 형태의 설명을 받을 수 있습니다.

```csharp
csharp                                              복사      편집

using UnityEngine; // Unity 엔진 관련 기능을 사용하기 위해 UnityEngine 네임스페이스를 포함

// MyFirstScript라는 이름의 클래스를 선언
// MonoBehaviour를 상속하여 Unity 컴포넌트로 동작할 수 있게 함
public class MyFirstScript : MonoBehaviour
{
    // Start() 메서드는 게임 오브젝트가 처음 활성화될 때 한 번 호출됨
    void Start()
    {
        // (현재는 아무 동작도 하지 않음)
    }

    // Update() 메서드는 매 프레임마다 한 번씩 호출됨
    void Update()
    {
        // (현재는 아무 동작도 하지 않음)
    }
}
```

[그림 2.3-4] 주석 달기

각 코드의 구성 요소가 무엇을 의미하는지 명확히 이해하고 싶다면 챗GPT에게 해당 코드를 보여 주고 표 형식으로 정리해달라고 요청할 수 있습니다. 이를 통해 각 줄의 역할을 체계적으로 확인하고 스크립트 구조에 대한 이해를 높일 수 있습니다.

코드 부분	설명
using UnityEngine;	유니티의 기능을 사용하기 위한 라이브러리를 불러옵니다. 마치 요리를 시작하기 전에 필요한 재료들을 미리 준비해 두는 것과 같아요.
public class MyFirstScript : MonoBehaviour	클래스 선언부로 스크립트의 이름과 동일해야 합니다. MonoBehaviour는 유니티에서 오브젝트의 행동을 관리하는 기본 클래스예요.
void Start( )	게임이 시작될 때 딱 한 번만 호출되는 함수입니다. 초기 세팅을 여기서 해 주면 됩니다.
void Update( )	매 프레임마다 반복해서 호출되는 함수입니다. 실시간으로 변하는 동작을 여기서 처리합니다.
// 주석	주석 코드에 대한 설명을 적는 부분입니다. 실행에는 영향을 미치지 않습니다.

3 함수에 Debug.Log 추가하기

스크립트의 실행 흐름을 확인하려면 각 함수가 언제 호출되는지를 명확히 알 수 있어야 합니다. 이때 Debug.Log를 활용하면 콘솔 창에 메시지를 출력하여 코드의 실행 여부와 시점을 확인할 수 있습니다.

Debug.Log는 개발 중에 매우 유용한 도구로 함수가 실제로 호출되었는지, 특정 코드가 정상적으로 실행되었는지를 검증할 때 사용됩니다.

```csharp
using UnityEngine;

public class MyFirstScript : MonoBehaviour
{
    void Start()
    {
        Debug.Log("Start 함수가 호출되었습니다!");
    }

    void Update()
    {
        Debug.Log("Update 함수가 호출되고 있어요!");
    }
}
```

위 코드는 게임이 시작될 때 한 번 호출되는 Start( ) 함수와 매 프레임마다 호출되는 Update( ) 함수에 각각 메시지를 출력하도록 설정한 예시입니다. 실행 후 유니티의 콘솔 창을 열면 각 메시지가 언제 출력되는지 확인할 수 있습니다.

이와 같은 방식으로 코드를 테스트하면 함수가 정상적으로 동작하는지 시각적으로 확인할 수 있어 디버깅에 매우 효과적입니다.

4 콘솔에서 함수 호출 확인하기

앞서 작성한 스크립트가 실제로 어떻게 동작하는지 확인하려면 유니티의 콘솔 창을 활용해야 합니다. 콘솔은 게임 실행 중 출력되는 로그 메시지를 확인할 수 있는 창으로, 디버깅 및 함수 호출 확인에 매우 유용합니다.

콘솔 창 열기 및 배치 방법

❶ 상단 메뉴에서 Window > General > Console을 클릭해 콘솔 창을 엽니다.

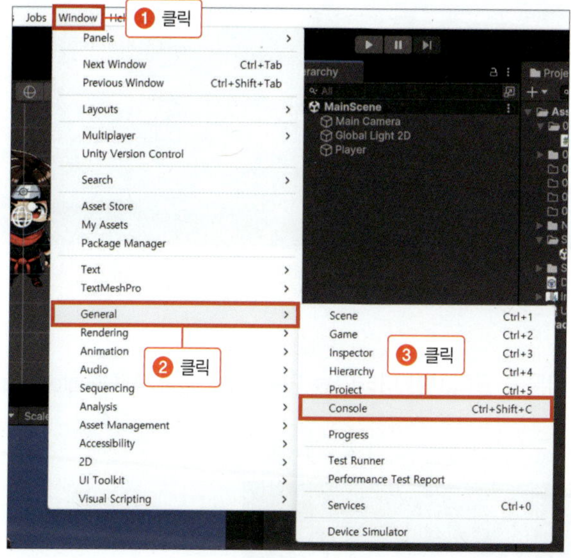

[그림 2.3-5] 콘솔 창 열기

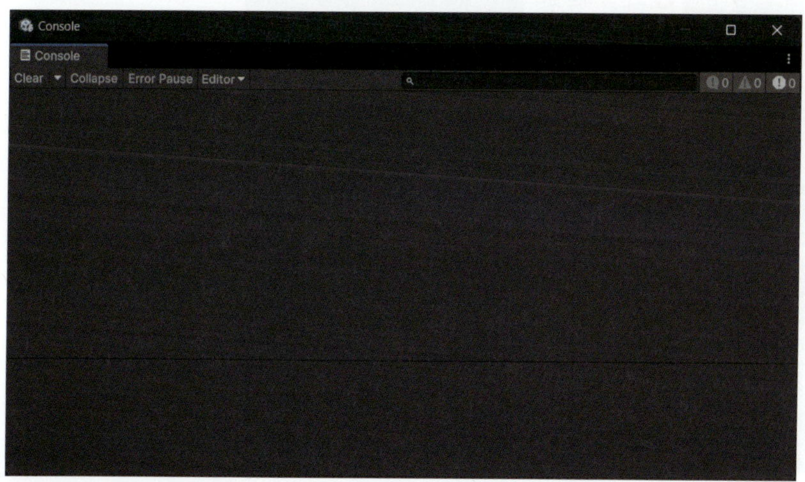

[그림 2.3-6] 콘솔 뷰

❷ 콘솔 탭을 클릭한 상태에서 드래그하여 하이어라키 뷰 아래에 배치하면 작업 공간을 좀 더 효율적으로 활용할 수 있습니다.

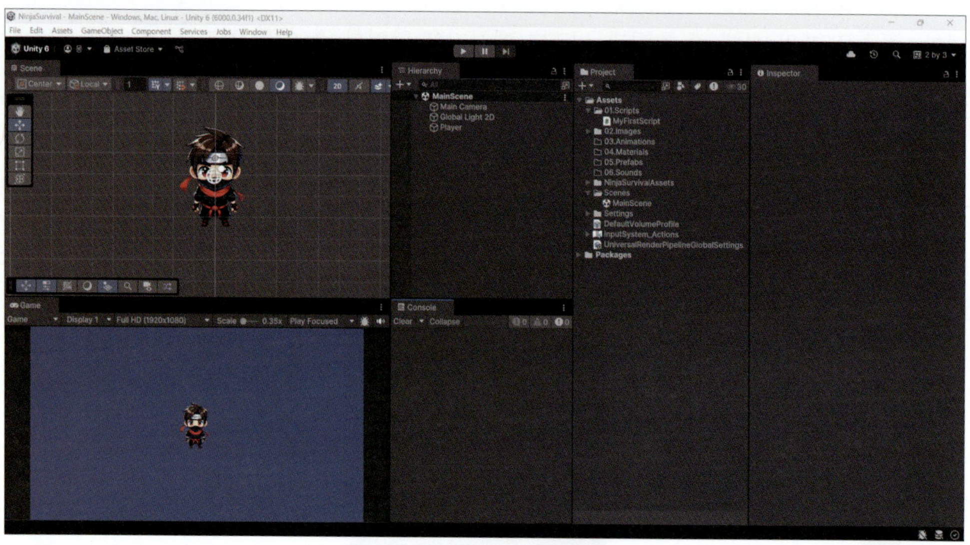

[그림 2.3-7] 콘솔 위치 변경

❸ [Hierarchy] 창에서 마우스 오른쪽 버튼을 클릭하면 나타나는 단축 메뉴 중에서 [Create Empty]를 선택해 빈 오브젝트를 만듭니다.

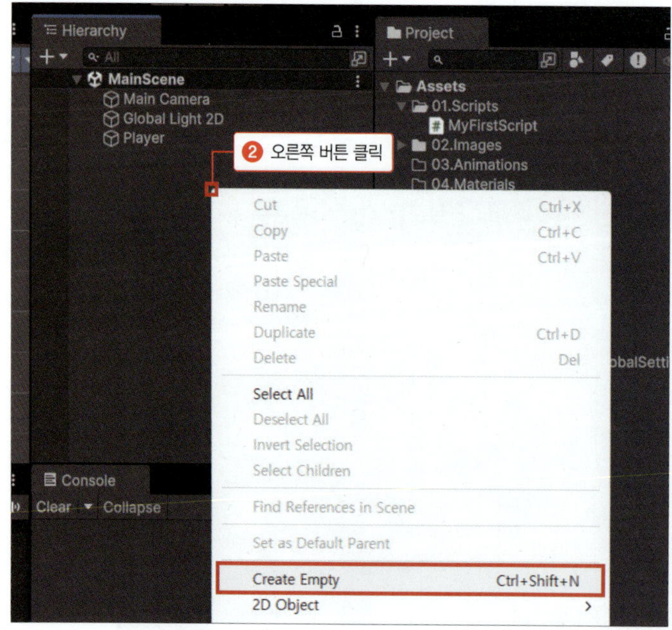

[그림 2.3-8] 빈 오브젝트 생성

❹ 이름을 'TestObject'로 변경합니다.

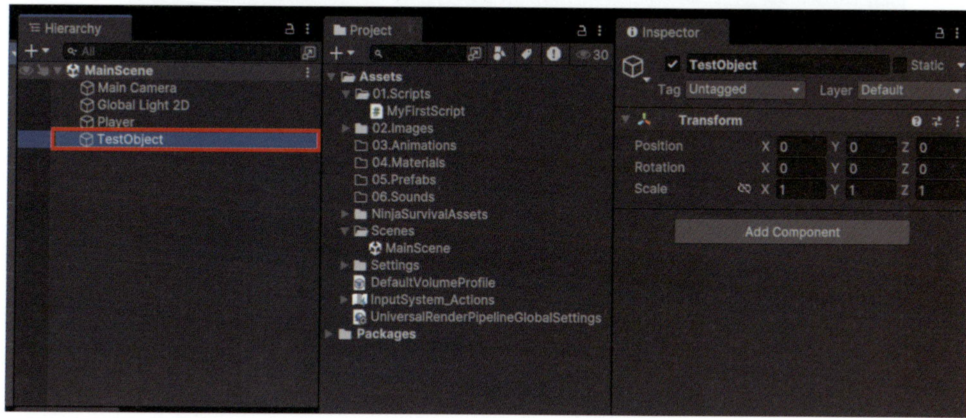

[그림 2.3-9] 이름 변경

❺ MyFirstScript 스크립트를 TestObject 오브젝트로 드래그 앤 드롭해 스크립트를 연결합니다.

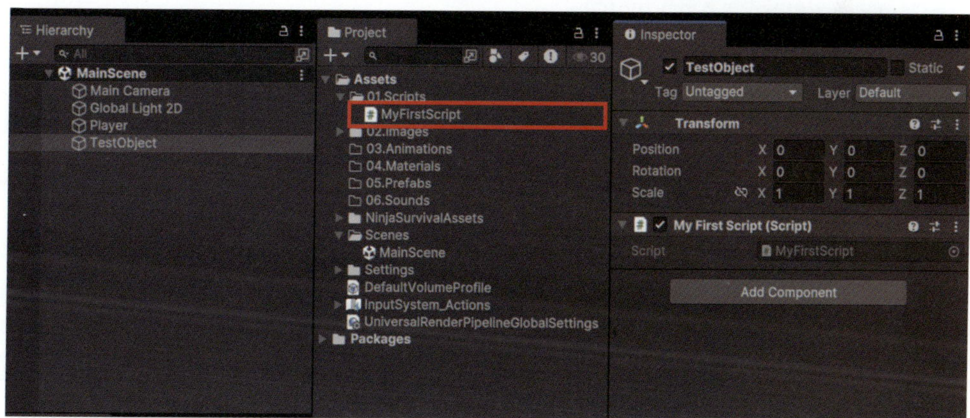

[그림 2.3-10] MyFirstSCript 스크립트 연결

❻ 상단의 [Play] 버튼을 클릭해 게임을 실행합니다.

[그림 2.3-11] 플레이 모드 컨트롤

게임이 실행되면 콘솔 뷰에 다음과 같은 메시지가 표시됩니다.

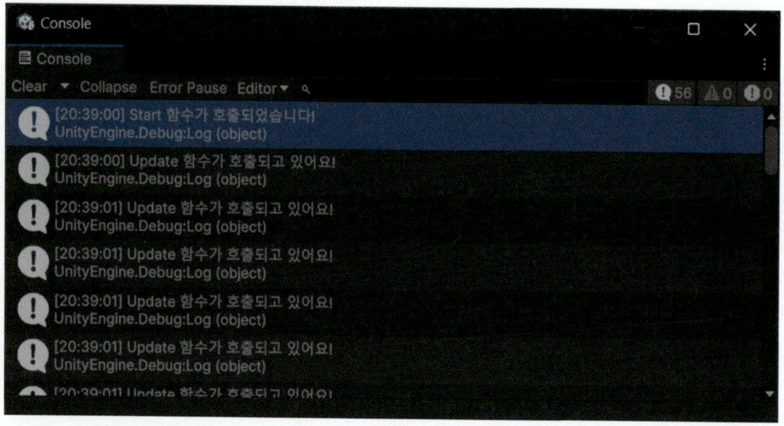

[그림 2.3-12] 콘솔 뷰 출력

Start 함수가 호출되었습니다!

Update 함수가 호출되고 있어요!

Update 함수가 호출되고 있어요!

Update 함수가 호출되고 있어요!

...

이 출력 결과를 통해 Start() 함수는 게임 시작 시 한 번만 호출되고 Update() 함수는 게임 실행 중 매 프레임마다 반복 호출된다는 사실을 확인할 수 있습니다.

함수 이름	호출 시점	설명
Start()	게임 시작 시 1회 호출	캐릭터 초기화, 변수 설정 등 시작 시 필요한 작업을 수행합니다.
Update()	매 프레임마다 반복 호출	키보드 입력, 움직임 제어 등 실시간 처리가 필요한 작업을 수행합니다.

테스트가 끝난 TestObject는 삭제하겠습니다.

하이어라키 뷰에서 TestObject를 마우스 오른쪽 버튼을 클릭하면 나타나는 단축 메뉴 중에서 [Delete]를 선택하면 오브젝트가 삭제됩니다.

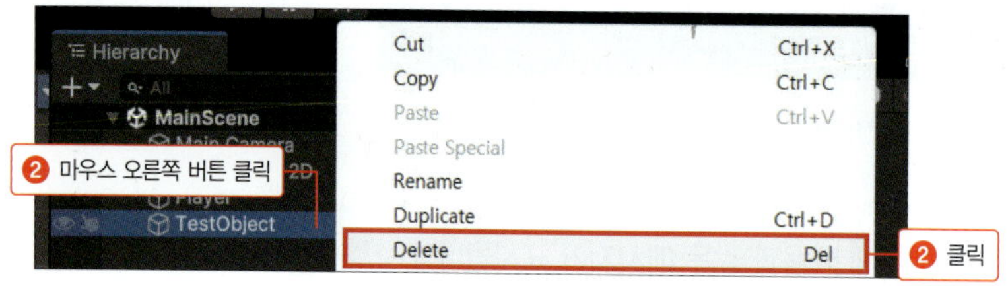

[그림 2.3-13] 오브젝트 삭제

3.2 키보드 입력 이동 스크립트 작성하기

이번 단계에서는 플레이어 캐릭터가 키보드 입력에 따라 직접 움직일 수 있도록 제어하는 기능을 구현합니다. 이제 여러분이 키보드를 누르면 게임 속 캐릭터가 실시간으로 반응하여 움직이게 됩니다. 이러한 입력 제어 방식은 게임 조작의 기본이자 모든 액션 게임에서 가장 중요한 핵심 요소입니다.

직접 캐릭터를 조작해 보면서 게임 개발의 재미와 성취감을 함께 느껴보기 바랍니다.

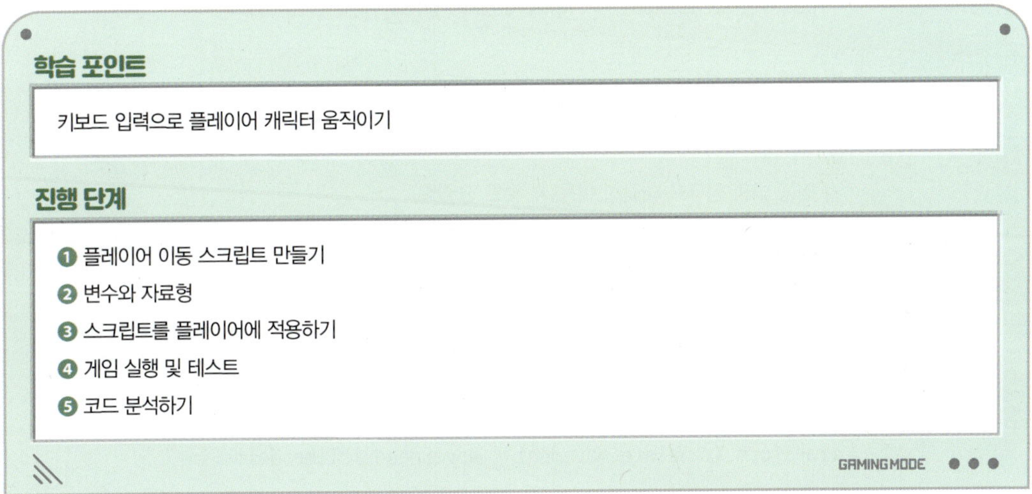

1 플레이어 이동 스크립트 만들기

플레이어 오브젝트에 적용할 이동 기능 스크립트를 생성하고 키보드 입력을 처리하여 이동이 가능하도록 설정합니다.

🔺 스크립트 생성 절차

❶ [01. Scripts] 폴더에서 마우스 오른쪽 버튼을 클릭한 후 Create > MonoBehaviour Script를 선택합니다.

❷ 새 스크립트 이름을 'Player'로 변경합니다.

❸ 이 스크립트를 더블 클릭해 비주얼 스튜디오를 실행한 후 다음 코드를 작성합니다.

```csharp
using UnityEngine;

public class Player : MonoBehaviour
{
    public float MoveSpeed = 5f;   // 이동 속도 변수

    void Update()
    {
        // 키보드 입력 값 가져오기
        float horizontalInput = Input.GetAxisRaw("Horizontal");
        float verticalInput = Input.GetAxisRaw("Vertical");

        // 이동 방향 계산
        Vector2 movement = new Vector2(horizontalInput, verticalInput);

        // 이동 방향 정규화(대각선 이동 시 속도 균일화)
        if (movement.magnitude > 0)
        {
            movement.Normalize();
        }

        // 플레이어 이동
        transform.Translate(movement * MoveSpeed * Time.deltaTime);
    }
}
```

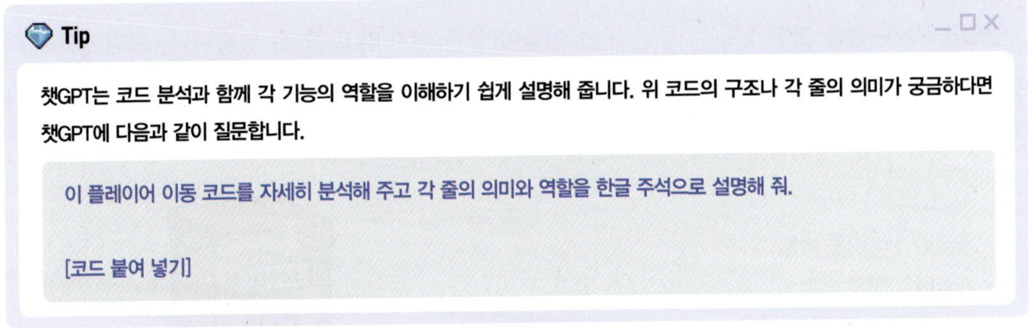

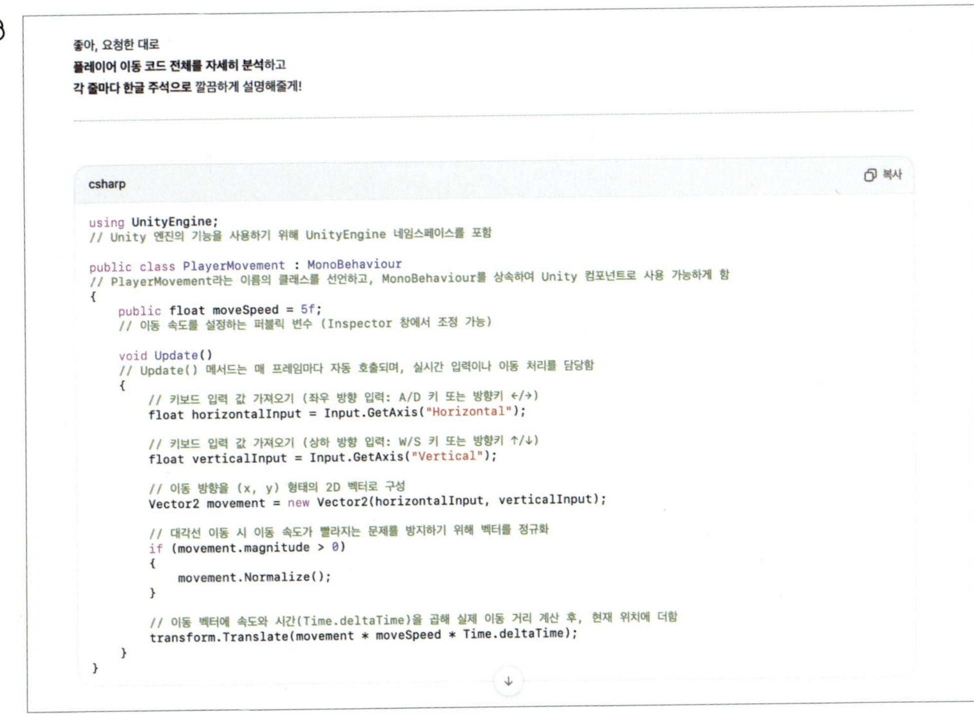


```csharp
using UnityEngine;
// Unity 엔진의 기능을 사용하기 위해 UnityEngine 네임스페이스를 포함

public class PlayerMovement : MonoBehaviour
// PlayerMovement라는 이름의 클래스를 선언하고, MonoBehaviour를 상속하여 Unity 컴포넌트로 사용 가능하게 함
{
    public float moveSpeed = 5f;
    // 이동 속도를 설정하는 퍼블릭 변수 (Inspector 창에서 조정 가능)

    void Update()
    // Update() 메서드는 매 프레임마다 자동 호출되며, 실시간 입력이나 이동 처리를 담당함
    {
        // 키보드 입력 값 가져오기 (좌우 방향 입력: A/D 키 또는 방향키 ←/→)
        float horizontalInput = Input.GetAxis("Horizontal");

        // 키보드 입력 값 가져오기 (상하 방향 입력: W/S 키 또는 방향키 ↑/↓)
        float verticalInput = Input.GetAxis("Vertical");

        // 이동 방향을 (x, y) 형태의 2D 벡터로 구성
        Vector2 movement = new Vector2(horizontalInput, verticalInput);

        // 대각선 이동 시 이동 속도가 빨라지는 문제를 방지하기 위해 벡터를 정규화
        if (movement.magnitude > 0)
        {
            movement.Normalize();
        }

        // 이동 벡터에 속도와 시간(Time.deltaTime)을 곱해 실제 이동 거리 계산 후, 현재 위치에 더함
        transform.Translate(movement * moveSpeed * Time.deltaTime);
    }
}
```

[그림 2.3-14] 챗GPT에 질문하기

2 변수와 자료형

방금 작성한 코드에는 'MoveSpeed'라는 변수가 등장합니다. 이 변수의 역할이나 자료형이 궁금하다면 챗GPT에게 다음과 같이 질문할 수 있습니다.

유니티에서 변수가 뭔가요? 다음 코드는 무엇을 의미하나요?
public float MoveSpeed = 5f; // 이동 속도 변수

변수란?

변수는 '특정 값을 저장해 두는 공간 또는 이름이 붙은 상자'라고 볼 수 있습니다. 게임에서는 다양한 상태 정보를 기억해야 하기 때문에 변수를 활용하여 데이터를 저장하고 필요할 때마다 읽거나 수정합니다. 예를 들어 다음과 같은 정보들을 변수로 저장할 수 있습니다.

- 플레이어의 이동 속도
- 캐릭터의 현재 체력
- 아이템의 개수

[그림 2.3-15] 상자 이미지

또한 유니티에서 public으로 선언된 변수는 인스펙터 뷰에서 직접 값을 조절할 수 있으므로 코드 수정 없이 게임 밸런스를 조정할 수 있는 장점이 있습니다.

자료형이란?

자료형(Data Type)은 변수라는 그릇에 어떤 종류의 내용물을 담을 수 있는지 정해 주는 규칙입니다. 즉, 변수는 데이터를 담는 그릇이고 자료형은 그 그릇에 담을 수 있는 내용물의 종류를 결정합니다.

C#에서는 다음과 같은 기본 자료형들이 자주 사용됩니다.

자료형	설명	예시 값
Int	정수를 저장하는 자료형입니다.	10, −5, 0
Float	소수점이 있는 실수를 저장합니다. 값 뒤에 'f'를 붙여야 합니다.	3.14f, −2.5f, 5f
String	문자열(문장이나 단어 등)을 저장합니다.	"Hello, world!"
Bool	참(true) 또는 거짓(false) 값만 저장합니다.	true, false

이처럼 변수와 자료형은 C# 스크립트의 기초를 구성하는 핵심 개념으로, 이후 다양한 기능을 구현하는 데 지속적으로 활용됩니다. 앞으로 실습을 진행하면서 변수와 자료형의 역할을 직접 경험해 보기 바랍니다.

3 스크립트를 플레이어에 연결하기

작성한 Player 스크립트를 플레이어 오브젝트에 연결하면 캐릭터가 키보드 입력에 반응하여 실제로 움직일 수 있게 됩니다. 이는 마치 캐릭터에게 행동을 지시하는 제어 장치를 장착하는 과정과 같습니다.

🎮 스크립트 연결 방법

하이어라키 뷰에서 Player 게임 오브젝트를 선택합니다.

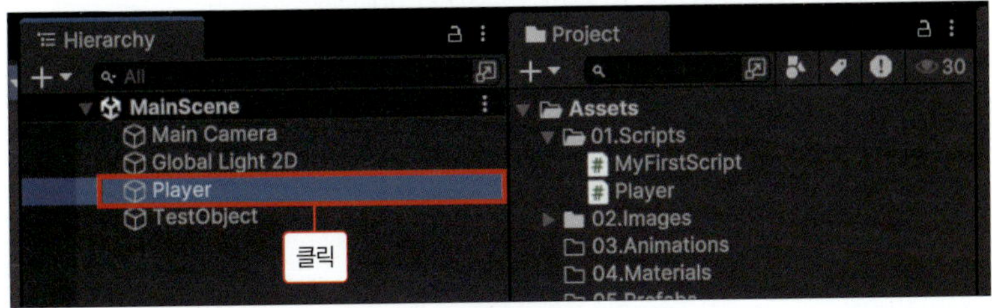

[그림 2.3-16] Player 선택

- **방법 1** 프로젝트 뷰에서 [Player] 스크립트를 찾아 Player 게임 오브젝트로 드래그 앤 드롭합니다.

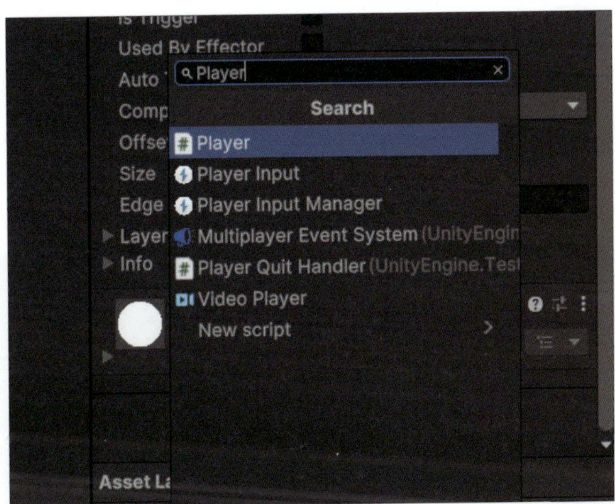

[그림 2.3-17] 컴포넌트 추가 1

- **방법 2** 인스펙터 뷰에서 [Add Component] 버튼을 클릭한 후 검색 창에 'Player'를 입력하고 스크립트를 선택합니다.

[그림 2.3-18] 컴포넌트 추가 2

플레이어 게임 오브젝트에 [Player] 스크립트가 정상적으로 추가되면 인스펙터 뷰에 [Player] 컴
포넌트가 표시됩니다. 이 컴포넌트 안에는 'MoveSpeed'라는 속성이 포함되어 있으며 이 값을 조절
하면 캐릭터의 이동 속도를 실시간으로 변경할 수 있습니다.

🔺 속도 조절 예시

- 빠른 닌자를 원한다면 moveSpeed를 8이나 10으로 증가
- 느린 닌자를 원한다면 moveSpeed를 30이나 2로 감소

4 게임 실행 및 테스트

이제 스크립트가 정상적으로 연결되었으므로 직접 게임을 실행해 보기 바랍니다. 상단의 [Play]
버튼을 클릭한 후 키보드의 W, A, S, D 또는 방향 키를 눌러 플레이어 캐릭터가 실제로 움직이
는지 확인하세요.

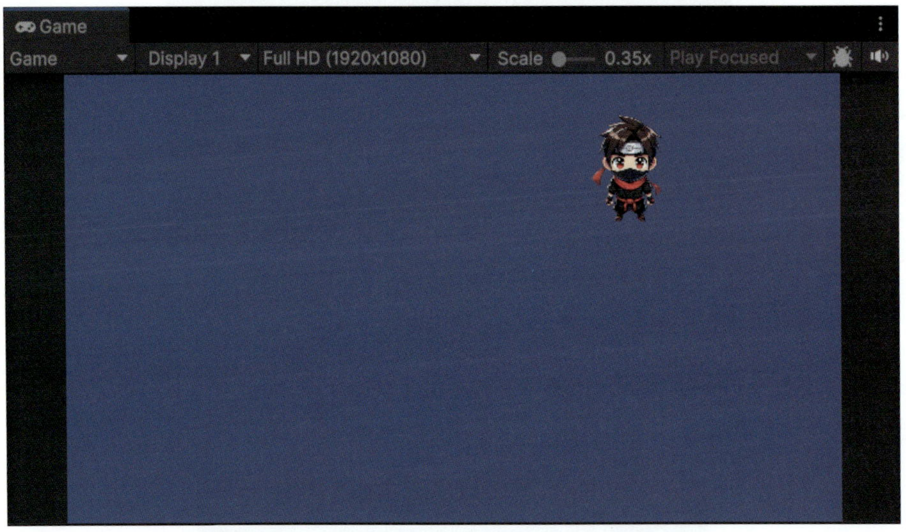

[그림 2.3-19] 플레이 화면

캐릭터가 입력에 따라 자연스럽게 이동한다면 여러분이 작성한 코드가 의도한 대로 잘 작동하고
있다는 뜻입니다. 이 과정을 통해 코드가 게임 오브젝트에 어떤 변화를 주는지 직접 체험할 수 있
으며 실습의 성취감도 함께 느낄 수 있습니다.

5 이동 코드 심화 이해하기

플레이어 캐릭터가 키보드 입력에 따라 움직이도록 구현하였으므로 이제 코드의 각 구성 요소가 어떤 역할을 하는지 좀 더 깊이 이해해 보겠습니다. 코드의 의미를 정확히 파악하면 이후 동작을 확장하거나 수정할 때 훨씬 수월해집니다.

```csharp
// 키보드 입력 값 가져오기
float horizontalInput = Input.GetAxisRaw("Horizontal");
float verticalInput = Input.GetAxisRaw("Vertical");
```

Input.GetAxisRaw 함수는 키보드의 방향 키 또는 W, A, S, D 키 입력을 감지합니다. 감지된 키에 따라 −1, 0, 1 중 하나의 값을 변수에 반환합니다. Input.GetAxisRaw 함수는 소괄호 안에 들어갈 값에 따라 반환하는 값이 미리 지정되어 있습니다.

- 'Horizontal'은 A 키 또는 왼쪽 화살표의 경우 −1을, D 키 또는 오른쪽 화살표의 경우 1을 반환합니다.
- 'Vertical'은 S 키 또는 아래쪽 화살표의 경우 −1을, W 키 또는 위쪽 화살표의 경우 1을 반환합니다.

```csharp
// 이동 방향 계산
if (movement.magnitude > 0)
{
    Vector2 movement = new Vector2(horizontalInput, verticalInput);
}
```

Vector2는 2D 좌표계에서의 위치나 방향을 나타내는 자료형입니다. 여기서는 horizontalInput 과 verticalInput 값을 사용해 이동 방향을 계산합니다.

```
// 이동 방향 정규화(대각선 이동 시 속도 균일화)
movement.Normalize( );
```

대각선 이동 시 캐릭터가 너무 빠르게 움직이지 않도록 Normalize 함수를 사용해 벡터의 크기를 1로 맞춥니다. 이렇게 하면 모든 방향으로 이동할 때 속도가 일정하게 유지됩니다.

```
transform.Translate(movement * moveSpeed * Time.deltaTime);
```

마지막으로 transform.Translate 함수를 사용해 실제로 캐릭터를 이동시킵니다. Time.deltaTime은 이전 프레임과 현재 프레임 사이의 시간 차이를 의미하며 이를 곱해 주면 컴퓨터 성능에 관계없이 일정한 속도로 움직일 수 있습니다.

>  **Tip** _ □ ×
>
> Time.deltaTime을 사용하는 이유는 컴퓨터의 성능과 상관없이 모든 기기에서 동일한 시간 대비 움직임을 보장하기 위한 것입니다. 프레임 수가 많거나 적어도 Time.deltaTime(한 프레임이 걸린 시간)을 곱해 주면 이동량이 자동으로 조정되어 결과적으로 1초 동안 이동하는 거리가 항상 일정하게 유지됩니다.

3.3 물리 기반 이동 구현하기

지금까지 구현한 캐릭터 이동은 Translate( ) 함수를 사용하여 transform.position 값을 직접 변경하는 방식이었습니다. 이 방식은 간단하고 직관적이지만, 실제 게임에서는 **충돌 감지나 물리 반응이 적용되지 않는 한계**가 있습니다. 예를 들어, 벽과 충돌했을 때 캐릭터가 벽을 그대로 통과하는 등 현실감이 떨어질 수 있습니다.

이번 단계에서는 보다 자연스럽고 정확한 충돌 처리를 위해 Rigidbody2D 컴포넌트를 활용하여 물리 기반 이동 방식을 구현해 보겠습니다.

1 Rigidbody2D 컴포넌트 데려오기

이제 Player 스크립트를 수정하여 Rigidbody2D 기반의 이동 방식으로 전환합니다.

```csharp
using UnityEngine;

public class Player : MonoBehaviour
{
    public float MoveSpeed = 5f;              // 이동 속도 변수
    private Rigidbody2D _rigidbody2D;         // 물리 처리를 위한 컴포넌트
    private Vector2 _moveDirection;           // 이동 방향
    void Start()
    {
        // 게임 오브젝트에서 Rigidbody2D 컴포넌트를 가져옵니다.
        _rigidbody2D = GetComponent<Rigidbody2D>();
    }

    void Update()
    {
        // 입력 처리만 여기서 진행합니다.
        float horizontalInput = Input.GetAxisRaw("Horizontal");
        float verticalInput = Input.GetAxisRaw("Vertical");

        // 이동 방향 계산
        _moveDirection = new Vector2(horizontalInput, verticalInput);
```

```csharp
        // 대각선 이동 시 속도 정규화
        if (_moveDirection.magnitude > 0)
        {
        _moveDirection.Normalize();
        }
    }

    void FixedUpdate()
    {
        // 실제 물리 이동은 FixedUpdate에서 처리합니다.
        _rigidbody2D.MovePosition(_rigidbody2D.position + _moveDirection *
MoveSpeed * Time.fixedDeltaTime);
    }
}
```

이제 닌자 캐릭터가 Rigidbody2D의 물리 기능을 활용할 수 있는 상태가 되었습니다.

◢▩ 새로 추가된 코드 설명

코드에 몇 가지 중요한 변수들을 추가했습니다. 하나씩 살펴보겠습니다.

```csharp
private Rigidbody2D _rigidbody2D;
```

이 변수는 플레이어의 물리 시스템을 담당하는 Rigidbody2D 컴포넌트를 저장합니다. 마치 닌자에게 물리적인 몸을 부여하는 것과 같습니다. 변수 이름 앞의 밑줄(_)은 프라이빗 필드임을 나타내는 코딩 스타일입니다.

private 키워드가 붙은 변수를 '프라이빗 필드'라고 합니다. 이 변수들은 해당 클래스 내에서만 접근 가능하며 다른 클래스에서는 직접 접근할 수 없습니다. 이렇게 변수를 보호하는 것은 객체지향 프로그래밍의 중요한 원칙 중 하나인 캡슐화의 일부입니다.

> 💎 **Tip** _ □ ✕
>
> 챗GPT에게 "private 필드가 뭐야?"라고 물어보면 접근 제어자에 대해 좀 더 자세히 배울 수 있습니다

```
private Vector2 _moveDirection;
```

이 변수는 닌자가 움직일 방향을 저장합니다. Vector2는 x와 y 두 값으로 방향을 나타내죠. 키보드 입력에 따라 이 벡터 값이 달라지면서 닌자의 이동 방향이 결정됩니다.

```
_rigidbody2D = GetComponent<Rigidbody2D>();
```

이 코드는 Start( ) 함수에서 실행되는데, 게임이 시작될 때 닌자 오브젝트에 붙어 있는 Rigidbody2D 컴포넌트를 찾아 변수에 저장합니다. 한 번만 찾아 두면 매 프레임마다 다시 찾지 않아도 되므로 효율적입니다.

 **Tip** _ □ ✕

챗GPT에게 "C#에서 private 변수를 _로 시작하는 이름으로 짓는 이유가 무엇인가요?"라고 물어보면 코딩 컨벤션에 대해 좀 더 자세히 배울 수 있습니다.

2 Update와 FixedUpdate 이해하기

코드에서 Update와 FixedUpdate라는 2가지 다른 함수를 사용하고 있습니다. 이 둘은 각자 다른 역할을 수행하는 유니티의 중요한 함수입니다.

함수	호출 시점	주요 용도
Update( )	매 프레임마다 호출(불규칙)	플레이어 입력 감지, UI 업데이트, 게임 로직 처리
FixedUpdate( )	일정 시간마다 호출(규칙적)	물리 계산, 충돌 처리, Rigidbody 조작

Update 함수는 컴퓨터 성능에 따라 호출 빈도가 달라지지만, FixedUpdate 함수는 항상 일정한 간격으로 호출됩니다. 물리 시뮬레이션은 정확한 시간 간격이 중요하기 때문에 물리 관련 코드는 FixedUpdate에 작성하는 것이 좋습니다.

3 물리 기반 이동 구현하기

이제 핵심 부분인 물리 이동 코드를 살펴보겠습니다.

```
void FixedUpdate( )
{
    // 실제 물리 이동은 FixedUpdate에서 처리합니다.
    _rigidbody2D.MovePosition(_rigidbody2D.position + _moveDirection * MoveSpeed *
Time.fixedDeltaTime);
}
```

이 코드가 수행하는 작업은 다음과 같습니다.

❶ _rigidbody2D.position: 현재 닌자의 위치를 가져옵니다.
❷ _moveDirection * MoveSpeed * Time.fixedDeltaTime: 이번 프레임에 이동할 벡터를 계산합니다.
❸ _rigidbody2D.MovePosition(): 새 위치로 이동시키되, 물리 법칙을 적용합니다.

이 방식은 transform.position을 직접 변경하는 것과 달리, 물리 시스템을 통해 이동하므로 충돌 처리가 자연스럽게 이루어집니다. 벽과 같은 콜라이더가 있는 오브젝트를 만나면 통과하지 않고 멈추게 됩니다.

4 Rigidbody2D 컴포넌트 추가하기

스크립트에서 Rigidbody2D를 사용하려면 먼저 유니티 에디터에서 플레이어 오브젝트에 Rigidbody2D 컴포넌트를 추가해야 합니다.

다음 절차대로 진행하세요.

❶ 하이어라키 뷰에서 플레이어 오브젝트를 선택합니다.

❷ 인스펙터 뷰에서 [Add Component] 버튼을 클릭합니다.

❸ 검색 창에 'Rigidbody 2D'를 입력하면 나타나는 목록에서 [Rigidbody 2D]를 선택합니다.

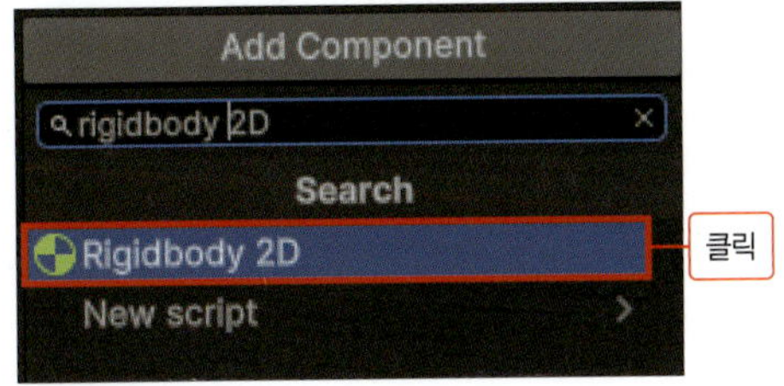

[그림 2.3-20] Rigidbody 2D 추가

이 과정을 거치면 플레이어 오브젝트에 Rigidbody2D 컴포넌트가 추가되어 스크립트에서 물리 기능을 정상적으로 사용할 수 있습니다.

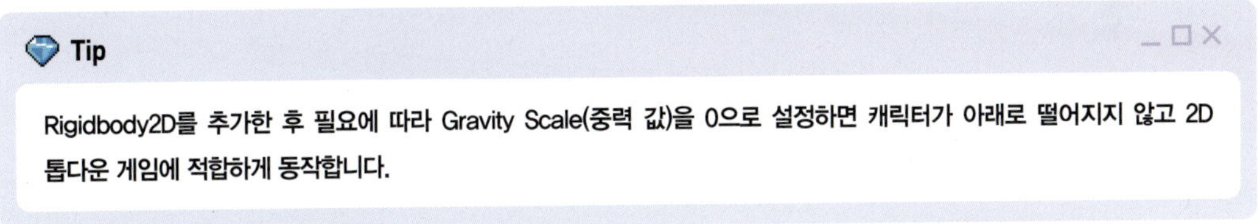

> 💎 **Tip**
>
> Rigidbody2D를 추가한 후 필요에 따라 Gravity Scale(중력 값)을 0으로 설정하면 캐릭터가 아래로 떨어지지 않고 2D 톱다운 게임에 적합하게 동작합니다.

5 테스트 및 최적화하기

수정된 코드를 적용한 후 게임을 실행하여 물리 기반 이동이 제대로 작동하는지 확인합니다. 상단의 [Play] 버튼을 클릭한 후 W, A, S, D 또는 방향 키를 입력하여 캐릭터를 이동시켜 봅니다.

지금은 이전과 비슷해 보일 수 있지만, 이제 닌자는 물리 법칙을 따르고 있습니다. 벽을 만들어 테스트해 보면 닌자가 더 이상 벽을 통과하지 않습니다. 또한 나중에 적과 부딪혔을 때도 좀 더 자연스러운 반응을 보일 수 있습니다.

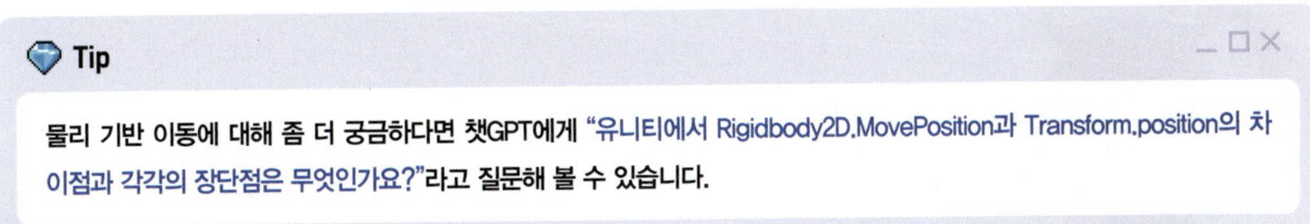

> 💎 **Tip**
>
> 물리 기반 이동에 대해 좀 더 궁금하다면 챗GPT에게 "유니티에서 Rigidbody2D.MovePosition과 Transform.position의 차이점과 각각의 장단점은 무엇인가요?"라고 질문해 볼 수 있습니다.

이제 닌자 캐릭터는 물리 세계의 법칙을 따르면서도 자유롭게 움직일 수 있게 되었습니다. 앞으로 벽과 충돌하거나, 적과 부딪히거나, 강력한 공격을 받았을 때도 자연스럽게 반응할 수 있습니다. 물리 기반 이동은 앞으로 구현할 다양한 기능의 기초가 됩니다.

Chapter 4

플레이어 애니메이션

지금까지 닌자 캐릭터를 만들고 직접 움직일 수 있도록 구현하였습니다. 그러나 캐릭터의 움직임은 아직 정적인 상태로, 마치 바닥 위를 미끄러지듯 이동하고 있습니다. 진짜 닌자처럼 보이기 위해서는 걷기, 달리기, 방향 전환과 같은 동작이 자연스럽게 표현되어야 합니다.

Chapter 4에서는 닌자 캐릭터에 애니메이션을 적용하여 보다 생동감 있는 움직임을 구현합니다. 유니티의 애니메이터 시스템을 활용하여 다양한 상태를 정의하고 플레이어의 입력에 따라 애니메이션이 자연스럽게 전환되도록 설정해 보겠습니다. 이를 통해 캐릭터에 현실감을 더하고 게임의 완성도를 한층 높일 수 있습니다.

4.1 방향 바라보기

게임에서 캐릭터의 움직임을 좀 더 자연스럽게 만들기 위해 가장 먼저 해야 할 일은 캐릭터가 이동하는 방향을 바라보도록 설정하는 것입니다. 닌자가 왼쪽으로 이동할 때는 왼쪽을, 오른쪽으로 이동할 때는 오른쪽을 바라보도록 만들어 보겠습니다.

학습 포인트

키보드 입력에 따라 캐릭터가 이동 방향을 바라보도록 만들기

진행 단계

❶ 챗GPT로 방향별 닌자 이미지 만들기
❷ SpriteRenderer 컴포넌트 가져오기
❸ flip 속성 이해하기
❹ if문을 이용한 flip 속성 변경하기

GAMING MODE ● ● ●

 **챗GPT로 방향별 닌자 이미지 만들기**

지금까지는 정면을 바라보는 닌자 이미지를 사용했습니다. 하지만 게임에서는 캐릭터가 이동하는 방향을 향해 시선을 맞추는 것이 훨씬 자연스럽습니다. 따라서 이번에는 측면을 바라보는 닌자 이미지를 만들어 보겠습니다.

챗GPT에 다음과 같은 프롬프트를 입력하면 게임에 사용할 수 있는 닌자 캐릭터의 옆모습 이미지를 생성할 수 있습니다.

 챗GPT

닌자 서바이벌 게임의 주인공 캐릭터 이미지를 측면(옆모습)으로 만들어 줘.
– 톱다운 뷰가 아닌 옆모습 픽셀 아트 스타일
– 검은색 닌자 복장에 빨간색 두건을 쓴 남성 캐릭터
– 그림자가 없는 투명한 배경
– 캐릭터 크기는 64x64픽셀 정도로
– SD 스타일
– 게임에서 바로 사용할 수 있게 깔끔하게 디자인해 줘.

여기 요청한 대로

· 오른쪽을 바라보는

· 그림자 없는

· SD 스타일 닌자 캐릭터 하나만
깨끗하게 완성된 이미지를 가져왔어!

이 이미지는 **DALL·E**로 생성된 거야. (DALL·E는 OpenAI의 기존 이미지 생성 모델이야.)
참고로 곧 더 자연스러운 결과물을 만드는 새로운 이미지 모델도 ChatGPT에 출시될 예정이야!

[그림 2.4-1] AI로 닌자 생성

생성된 이미지를 'Ninja.png'라는 이름으로 저장한 후 유니티 프로젝트에 임포트하면 사용할 수 있습니다. 이미지 임포트 방법이 기억나지 않는다면 앞서 다루었던 '스프라이트 임포트하기' 부분을 참고하면 됩니다.

지금 바로 이미지를 만들기 어렵다면 빠른 진행을 위해 [NinjaSurvivalAssets] 폴더에 포함된 'Ninja.png' 파일을 사용해도 됩니다.

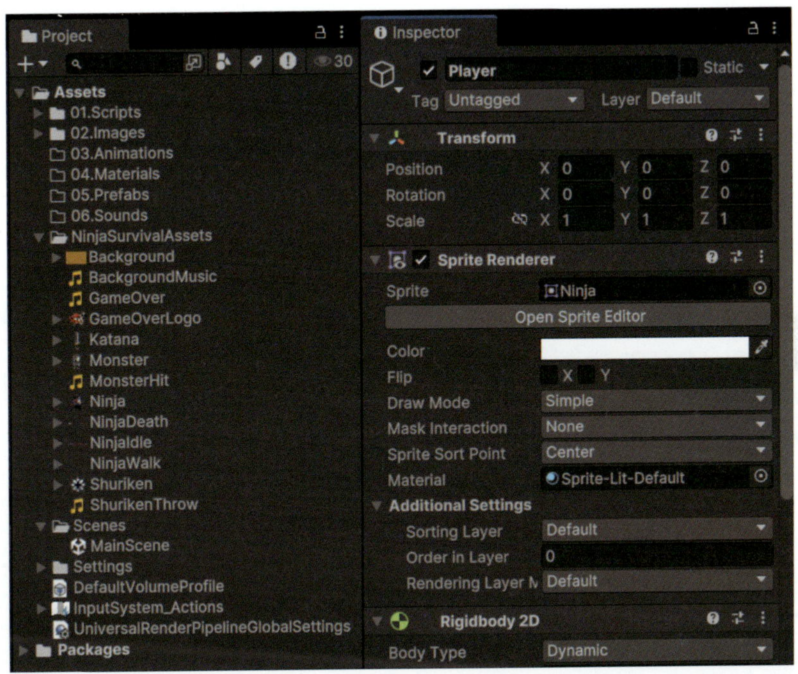

[그림 2.4-2] Ninja 이미지 연결

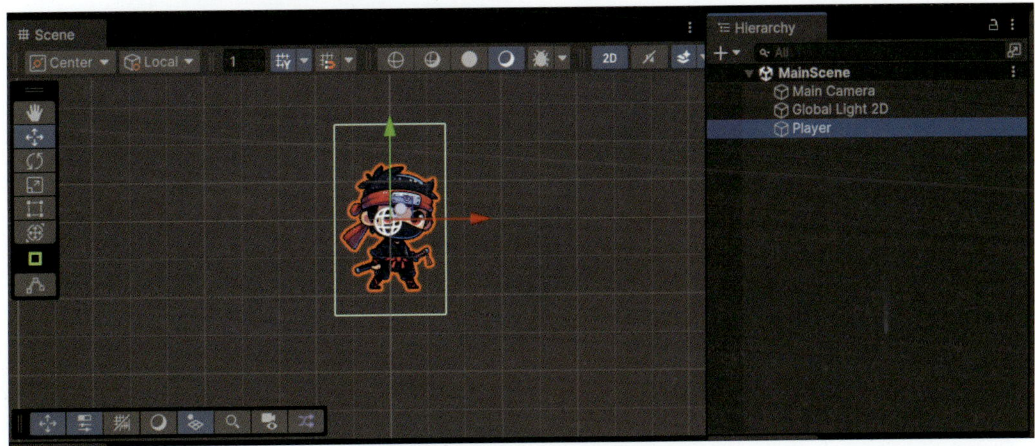

[그림 2.4-3] 결과 화면

이제 닌자 캐릭터가 옆을 바라보는 모습으로 바뀌었습니다. 다음 단계에서는 좌우 방향에 따라 이미지를 뒤집는 기능을 구현하여 캐릭터가 움직이는 방향을 자연스럽게 표현해 보겠습니다.

2 SpriteRenderer 컴포넌트 가져오기

먼저 닌자 캐릭터의 이미지를 제어하는 SpriteRenderer 컴포넌트에 접근해야 합니다. 이 컴포넌트는 게임 오브젝트의 시각적인 모습을 담당하며 스프라이트를 좌우로 뒤집는 기능을 포함하고 있습니다.

Player 스크립트를 열고 다음과 같이 수정해 봅시다.

```csharp
public class Player : MonoBehaviour
{
    public float MoveSpeed=5f;              // 이동 속도 변수
    private Rigidbody2D _rigidbody2D;       // 물리 처리를 위한 컴포넌트
    private Vector2 _moveDirection;         // 이동 방향
    private SpriteRenderer _spriteRenderer; // 스프라이트 렌더러 컴포넌트

    void Start()
    {
        // 게임 오브젝트에서 Rigidbody2D 컴포넌트를 가져옵니다.
        _rigidbody2D=GetComponent<Rigidbody2D>();

        // 게임 오브젝트에서 SpriteRenderer 컴포넌트를 가져옵니다.
        _spriteRenderer=GetComponent<SpriteRenderer>();
    }

    // ... (이전 코드 생략)
}
```

Start 함수에서 GetComponent<SpriteRenderer>()를 통해 SpriteRenderer 컴포넌트를 가져와 _spriteRenderer 변수에 저장했습니다. 이제 이 변수를 통해 스프라이트의 여러 속성을 제어할 수 있게 되었습니다.

3 Flip 속성 이해하기

SpriteRenderer 컴포넌트에는 Flip에 X와 Y라는 2가지 중요한 속성이 있습니다. 이 속성들을 사용하면 스프라이트를 X축(좌우) 또는 Y축(상하)으로 뒤집을 수 있습니다.

- **flipX(X축 뒤집기)**: true로 설정하면 스프라이트가 좌우로 뒤집힙니다. 캐릭터가 왼쪽을 바라보게 하고 싶을 때 사용합니다.
- **flipY(Y축 뒤집기)**: true로 설정하면 스프라이트가 상하로 뒤집힙니다. 필요에 따라 사용할 수 있지만, NinjaSurvival 게임에서는 사용하지 않을 것입니다.

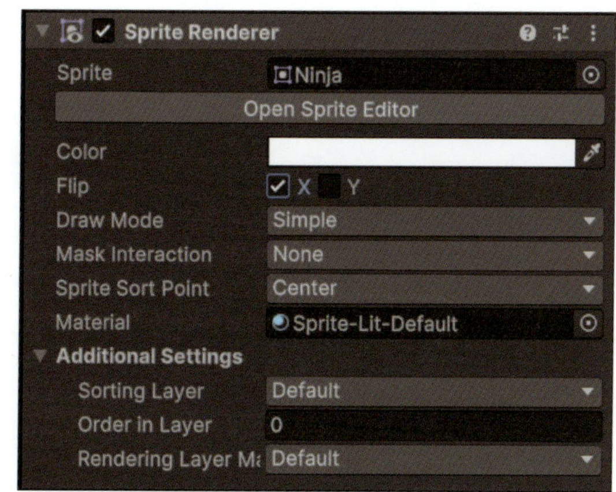

[그림 2.4-4] Sprite Renderer 컴포넌트

Flip 속성을 사용하면 한 방향의 스프라이트만으로도 캐릭터가 좌우 양쪽을 모두 바라볼 수 있게 만들 수 있습니다. 이제 이 속성을 플레이어의 이동 방향에 따라 동적으로 변경해 봅시다.

4 if 조건문을 이용한 Flip 속성 변경

이제 닌자가 이동하는 방향에 따라 스프라이트를 자동으로 뒤집어 보겠습니다. 이를 위해 if 조건문이라는 프로그래밍의 기본 개념을 사용할 것입니다.

if문이란?

if문은 일상에서 자주 하는 "만약 ~라면 ~해라."라는 생각을 코드로 표현한 것입니다.

예를 들어, 프로그래밍에서도 위와 같은 식으로 조건에 따라 다른 행동을 하도록 만들 수 있습니다. if문의 기본 형태는 다음과 같습니다.

```
if (조건)
{
    // 조건이 참(true)일 때 실행할 코드
}
else
{
    // 조건이 거짓(false)일 때 실행할 코드
}
```

괄호 안의 조건은 true(참) 또는 false(거짓)로 평가되는 표현식입니다. 조건이 참이면 첫 번째 중괄호 { } 안의 코드가 실행되고 거짓이면 else 다음의 중괄호 안의 코드가 실행됩니다. else 부분은 선택 사항으로, 필요하지 않다면 생략할 수 있습니다.

비교 연산자

조건을 만들 때는 비교 연산자라는 특별한 기호들을 사용합니다. 이 기호들은 두 값을 비교해서 참(true) 또는 거짓(false)을 알려 줍니다.

연산자	의미	생각해 보기
==	같다	5 == 5는 참(true), 5 == 7은 거짓(false)
!=	같지 않다	5 != 7은 참(true), 5 != 5는 거짓(false)
>	크다	7 > 5는 참(true), 5 > 7은 거짓(false)
<	작다	5 < 7은 참(true), 7 < 5는 거짓(false)
>=	크거나 같다	7 >= 7은 참(true), 5 >= 7은 거짓(false)
<=	작거나 같다	5 <= 5는 참(true), 7 <= 5는 거짓(false)

실제 상황을 생각해 보겠습니다. 게임을 하면서 키보드의 왼쪽 화살표를 누르면 닌자는 왼쪽을

바라봐야 합니다. 그리고 오른쪽 화살표를 누르면 오른쪽을 바라봐야 자연스럽습니다. 이를 코드로 표현하면 다음과 같습니다.

```csharp
void Update( )
{
    // 입력 처리만 여기서 진행합니다.
    float horizontalInput=Input.GetAxisRaw("Horizontal");
    float verticalInput=Input.GetAxisRaw("Vertical");

    // 이동 방향 계산
    _moveDirection=new Vector2(horizontalInput, verticalInput);

    // 대각선 이동 시 속도 정규화
    if (_moveDirection.magnitude > 0)
    {
        _moveDirection.Normalize( );
    }

    // 이동 방향에 따라 스프라이트 뒤집기
    if (horizontalInput != 0)   // 좌우 이동 입력이 있을 때만 처리
    {
        // horizontalInput이 음수면 왼쪽을 바라봄(flip X = true)
        // horizontalInput이 양수면 오른쪽을 바라봄(flip X = false).
        _spriteRenderer.flipX=horizontalInput<0;
    }
}
```

이 코드를 풀어 설명하면,

- "만약 플레이어가 좌우로 움직이고 있다면"(horizontalInput != 0)
- "플레이어가 왼쪽으로 움직이고 있나요?"(horizontalInput < 0)
- "왼쪽으로 움직이고 있다면 닌자를 뒤집고 아니면 그대로 둡니다."

특히 _spriteRenderer.flipX=horizontalInput<0; 이 한 줄의 코드는 마치 "캐릭터가 왼쪽으로 이동하고 있다면 이미지를 좌우로 뒤집고 그렇지 않다면 그대로 둬라."라고 말하는 것과 같습니다. 조건문을 따로 쓰지 않아도 비교 연산의 결과(true 또는 false)를 그대로 flipX 속성에 할당할 수

있기 때문에 코드가 매우 간결해집니다.

좀 더 풀어서 쓰면 다음과 같은 코드가 됩니다.

```
if (horizontalInput<0)                      // 왼쪽으로 가고 있니?
{
    _spriteRenderer.flipX = true;           // 응, 그럼 닌자를 뒤집자!
}
else   // 아니면(오른쪽으로 가고 있거나 멈춰 있다면)
{
    _spriteRenderer.flipX = false;          // 원래대로 두자.
}
```

챗GPT를 활용한 조건문 학습

조건문이 아직 어렵게 느껴진다면 챗GPT에 다음과 같이 질문해 보시기 바랍니다.

> C#에서 if문을 처음 배우는 초보자에요. 쉬운 예제와 함께 if 문의 기본 구조와 사용법을 알려 주세요.

또는 본문에 사용된 코드가 궁금하다면 다음과 같이 질문할 수도 있습니다.

> horizontalInput<0 조건이 정확히 무슨 의미인지 좀 더 쉽게 설명해 줄래?

챗GPT는 여러분의 눈높이에 맞춰 자세하고 친절하게 설명해 줄 것입니다. 이런 식으로 챗GPT에게 물어보면서 조건문에 대한 이해를 높일 수 있습니다. 복잡한 개념도 차근차근 배우면 어렵지 않습니다.

테스트하고 확인하기

이제 게임을 실행하고 닌자를 움직여 봅시다. 키보드의 A 또는 왼쪽 화살표 키를 누르면 닌자가 왼쪽을 향하고 키보드의 D 또는 오른쪽 화살표 키를 누르면 닌자가 오른쪽을 향하는 것을 확인할 수 있습니다.

이 간단한 기능 추가만으로도 닌자의 움직임이 훨씬 자연스러워졌습니다. 닌자가 이동 방향에 따라 몸을 돌리는 모습이 게임에 좀 더 많은 생동감을 불어넣어 줍니다.

만약 코드가 제대로 작동하지 않는다면 챗GPT에게 다음과 같이 질문해 보시기 바랍니다.

> 유니티에서 스프라이트를 이동 방향에 따라 뒤집는 코드가 작동하지 않습니다. 이 코드의 문제점을 찾아 주세요.
>
> [여기에 내 코드 붙여 넣기]

[그림 2.4-5] 게임 뷰 확인

이제 닌자가 좌우로 움직일 때 자연스럽게 방향을 바꾸게 되었습니다. 다음은 스프라이트 시트를 이용해 닌자가 걸어 다니는 모습을 표현해 보겠습니다.

4.2 스프라이트 시트 준비하기

방향 바라보기 기능을 구현했으므로 이제 닌자에게 생동감 넘치는 애니메이션을 추가할 차례입니다. 스프라이트 시트(Sprite Sheets)를 이용하면 닌자가 서 있을 때와 달릴 때의 모습을 생생하게 표현할 수 있습니다. 이를 통해 캐릭터의 움직임이 더욱 자연스럽고 생동감 있게 표현될 것입니다.

1 스프라이트 시트란?

이번 단계에서는 게임 캐릭터의 다양한 동작을 표현하는 방법에 대해 알아보겠습니다. 게임에서 캐릭터가 정지해 있거나, 걷거나, 뛰는 모습을 표현하기 위해서는 여러 장의 이미지가 필요합니다. 이는 마치 만화책 구석에 그림을 그려놓고 빠르게 넘기면 움직이는 것처럼 보이는 플립북과 같은 원리입니다. 게임에서도 조금씩 다른 포즈의 이미지를 빠르게 전환하면 애니메이션 효과가 생깁니다.

하지만 여러 이미지 파일을 각각 관리하면 번거롭고 게임 성능에도 좋지 않습니다. 이 문제를 해결하기 위해 등장한 것이 바로 '스프라이트 시트'입니다.

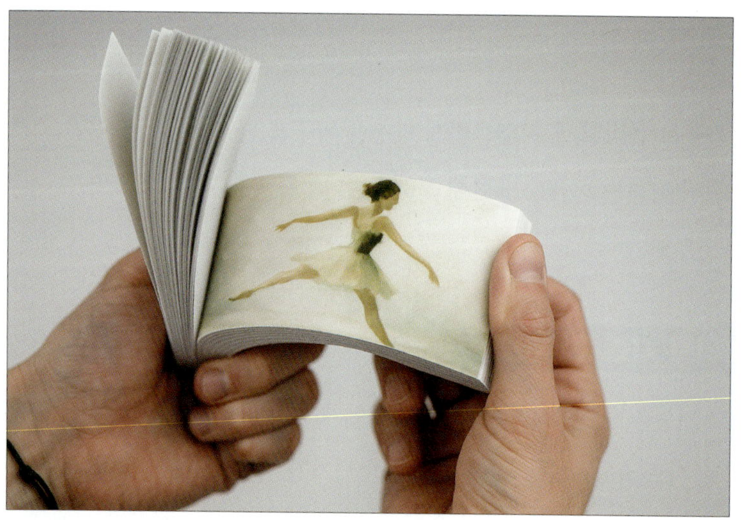

[그림 2.4-6] 플립북 이미지(출처: 챗GPT 생성)

[그림 2.4-7] 스프라이트 시트 이미지(출처: 구글)

스프라이트 시트는 여러 장면의 이미지를 하나의 파일로 모아 놓은 것입니다. 이는 만화책의 한 페이지에 여러 컷이 있는 것과 비슷합니다. 이렇게 하나의 이미지 파일에 여러 프레임을 담아 두면 다음과 같은 장점이 있습니다.

❶ **최적화**: 여러 개의 파일 대신 하나의 파일만 로드하므로 메모리 사용이 효율적입니다.
❷ **관리 용이성**: 캐릭터의 모든 동작을 한눈에 볼 수 있어 관리하기 쉽습니다.
❸ **배치 효율성**: 여러 이미지를 한 번에 불러와 사용할 수 있어 게임의 성능이 향상됩니다.

일반적으로 스프라이트 시트는 포토샵이나 애니메이션 전문 프로그램으로 제작하지만, 이번 실습에서는 챗GPT의 도움을 받아 간편하게 만들어 보겠습니다.

❷ 스프라이트 시트 준비하기

이 닌자 캐릭터에게는 Idle(대기), Walk(걷기), Death(죽음) 3가지 기본 애니메이션이 필요합니다. 이번 실습에서는 Idle 애니메이션을 함께 만들어 볼 것이고 Walk와 Death 애니메이션은 여러분이 직접 응용해 보도록 하겠습니다. 스프라이트 시트를 만드는 데는 2가지 방법이 있습니다.

❶ **생성형 AI로 직접 만들기**: 챗GPT와 같은 AI 도구를 활용하여 고유한 스프라이트 시트를 생성할 수 있습니다.
❷ **기존 에셋 활용하기**: 이전에 다운로드한 에셋 패키지에 포함된 닌자 스프라이트 시트를 사용할 수 있습니다.

개발 시간을 단축하고 좀 더 안정적인 결과물을 얻기 위해 이번에는 기존 에셋을 활용하는 방법을 선택하겠습니다. 여러분이 프로젝트 초반에 다운로드한 [NinjaSurvivalAssets] 패키지에는 이미 다양한 닌자 캐릭터의 스프라이트 시트가 포함되어 있으므로 이를 활용해 보겠습니다.

물론, 추후 여러분만의 게임을 개발할 때는 챗GPT에게 다음과 같이 요청하여 독특한 스프라이트 시트를 만들 수 있습니다.

 챗GPT

내 게임의 2D 닌자 캐릭터를 위한 Idle(대기) 애니메이션 스프라이트 시트를 만들어 줘.

이 이미지를 참고해서 만들어 줘.: [여기에 기존 닌자 이미지 첨부]

필요한 세부 정보:

- 사이드 뷰(옆에서 보는 시점)에서 보이는 닌자

- 각 프레임은 128x128 픽셀 크기

- 대기 애니메이션 8프레임(숨쉬기, 천천히 움직이는 모습)

- 검은 닌자 복장에 빨간 두건을 쓴 닌자

- 투명한 배경

- 가로로 8프레임이 일렬로 나열된 형태

- SD 스타일로 제작

하지만 이번 실습에서는 먼저 준비된 에셋으로 진행하겠습니다.

③ 유니티에 스프라이트 시트 임포트하기

[그림 2.4-8] NinjaIdleSheet.png

[그림 2.4-9] NinjaWalkSheet.png

[그림 2.4-10] NinjaDeathSheet.png

닌자 캐릭터의 스프라이트 시트를 유니티 프로젝트에 임포트하겠습니다.

❶ 유니티 에디터에서 프로젝트 뷰를 엽니다.

❷ [NinjaSurvivalAssets] 폴더 안에 있는 'NinjaIdle.png' 파일을 클릭해 선택합니다.

스프라이트 시트의 설정을 확인하고 필요한 경우 조정하겠습니다. 인스펙터 뷰에서 다음과 같은 설정을 확인할 수 있습니다.

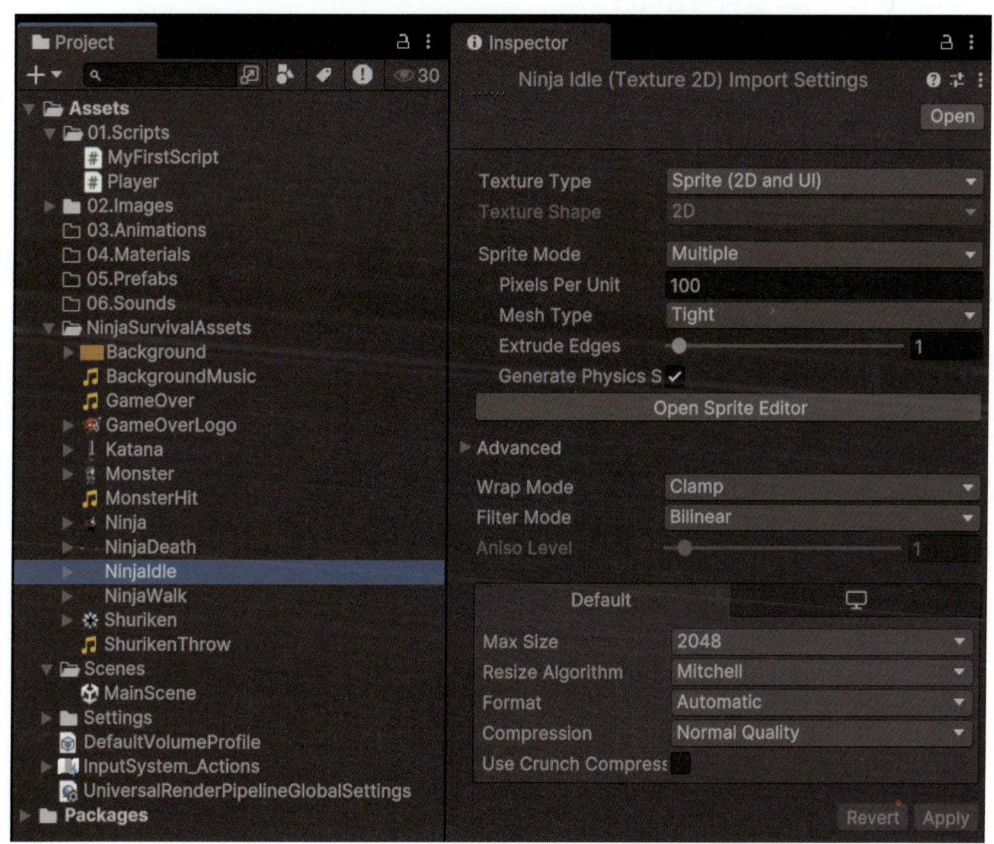

[그림 2.4-11] Ninja Idle 설정

설정 항목	권장 값	설명
Texture Type	Sprite(2D and UI)	이미지를 2D 게임에서 사용할 스프라이트로 인식하도록 합니다.
Sprite Mode	Multiple	가장 중요한 설정! 하나의 이미지에서 여러 개의 개별 스프라이트를 추출할 수 있게 해 줍니다.
Pixels Per Unit	100	스프라이트 크기가 100x100픽셀일 때 게임 세계에서 1유닛 크기로 표시됩니다.
Filter Mode	Bilinear	만화 스타일 그래픽에 적합한 설정입니다. 이미지가 확대/축소될 때 부드럽게 처리됩니다.
Compression	Normal Quality	일반적인 2D 그래픽에 적합한 압축 설정입니다.

모든 설정을 확인하고 다른 점이 있다면 값을 변경한 후 하단의 [Apply] 버튼을 클릭하여 변경 사항을 적용합니다.

4 스프라이트 시트 슬라이싱하기

이제 스프라이트 시트를 개별 프레임으로 잘라 내는 슬라이싱 작업을 진행할 차례입니다. 이 과정을 통해 하나의 큰 이미지를 여러 개의 개별 스프라이트로 분리할 수 있습니다.

Ninjaldle.png 슬라이싱하기

❶ 프로젝트 뷰에서 'Ninjaldle.png'를 선택한 후 인스펙터 뷰에서 [Open Sprite Editor] 버튼을 클릭합니다.

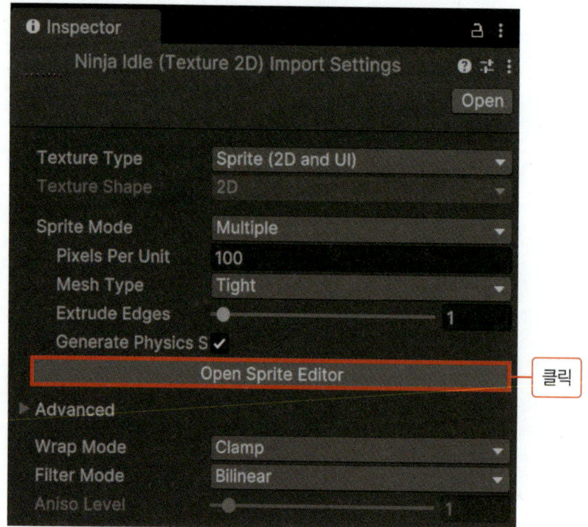

[그림 2.4-12] [Open Sprite Editor] 버튼

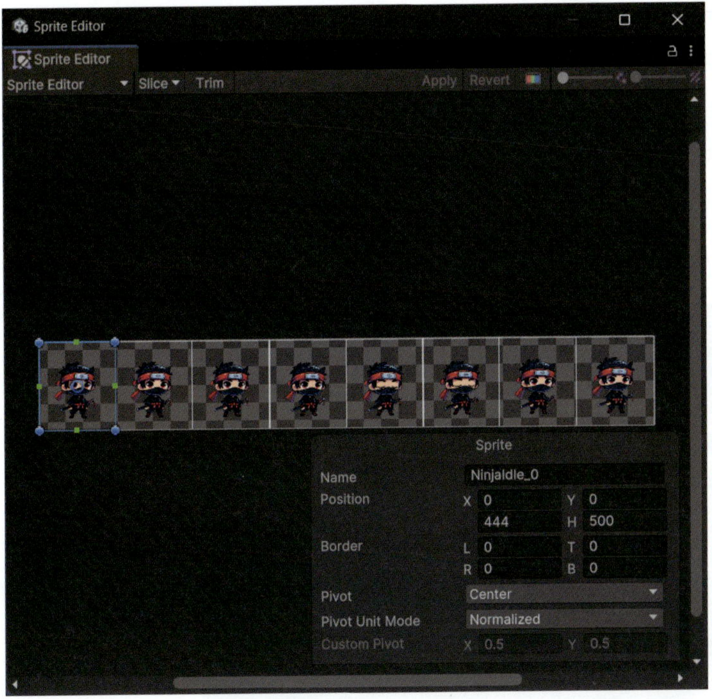

[그림 2.4-13] [Sprite Editor] 화면

❷ [Sprite Editor] 창이 열리면 뷰 상단의 툴 바에서 [Slice] 버튼을 클릭합니다. [Slice] 메뉴가 나타나면 슬라이싱 방법을 선택합니다. 이번 실습의 목표는 균일한 크기의 프레임으로 나누는 것이므로 [Grid by Cell Count]를 선택합니다.

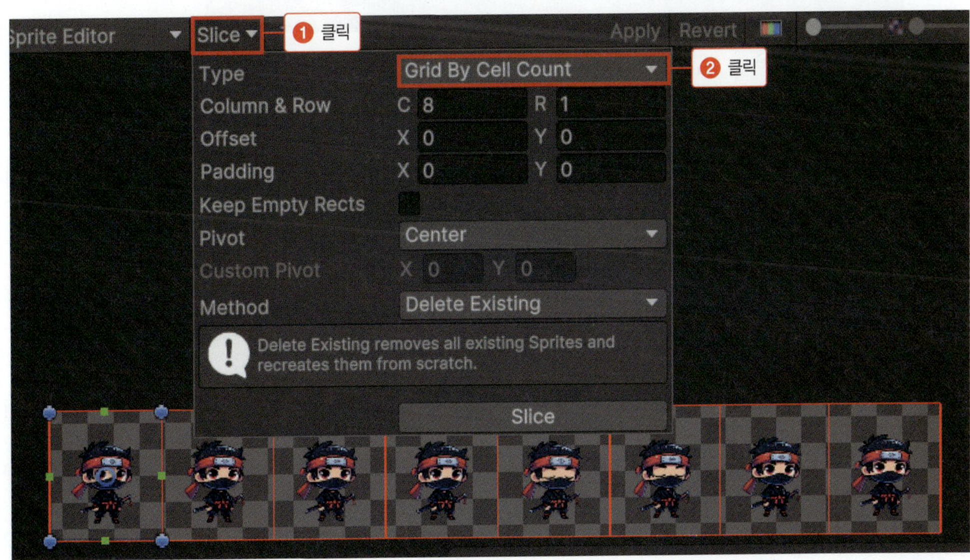

[그림 2.4-14] [Slice] 설정

❸ 슬라이싱 설정을 다음과 같이 구성합니다.

- C: 8(가로 방향으로 8개의 프레임이 있음)
- R: 1(세로 방향으로는 1줄만 있음)

이 설정은 "이 이미지를 가로로 8등분, 세로로 1등분해서 총 4개의 조각으로 나눠 줘."라고 말하는
것과 같습니다.

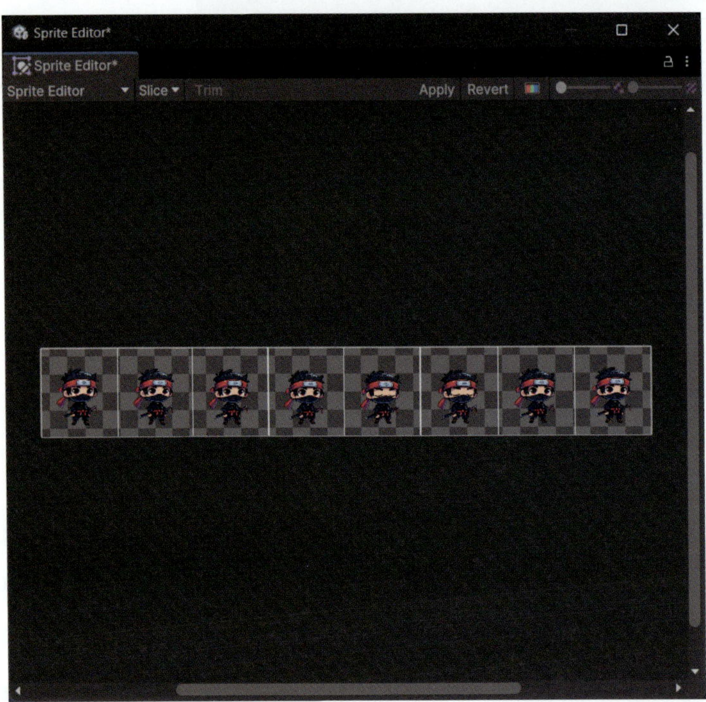

[그림 2.4-15] Slice 결과

❹ [Slice] 버튼을 클릭하여 슬라이싱을 실행합니다. 슬라이싱이 완료되면 우측 상단의 [Apply] 버튼을
클릭하여 변경 사항을 저장하고 [Sprite Editor] 창을 닫습니다.

슬라이싱 결과 확인하기

슬라이싱이 완료되면 프로젝트 뷰에서 스프라이트 시트 파일 옆에 작은 화살표가 나타납니다. 이
화살표를 클릭하면 스프라이트 시트가 펼쳐지고 슬라이싱된 개별 스프라이트들을 모두 볼 수 있습
니다.

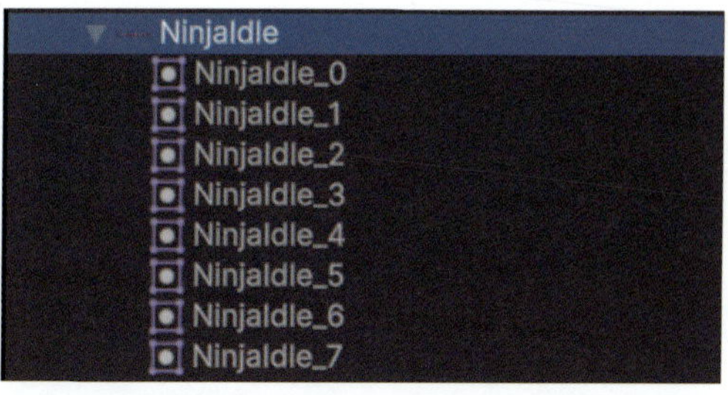

[**그림 2.4-16**] Slice 결과

'NinjaIdle.png'를 펼치면 8개의 스프라이트가 표시됩니다. 각 스프라이트는 단일 프레임으로 사용될 수 있습니다. 이 스프라이트들을 사용하여 애니메이션을 만들 준비가 완료되었습니다.

이제 여러분이 직접 Walk와 Death 애니메이션도 위 과정을 동일하게 진행해 보시기 바랍니다. 이 과정은 어렵지 않습니다. NinjaIdle에서 했던 것처럼 [Sprite Editor]를 연 후 [Slice] 버튼을 클릭하고 프레임 개수를 설정한 다음 [Apply] 버튼을 클릭하면 완료됩니다.

[**그림 2.4-17**] Slice 적용 1

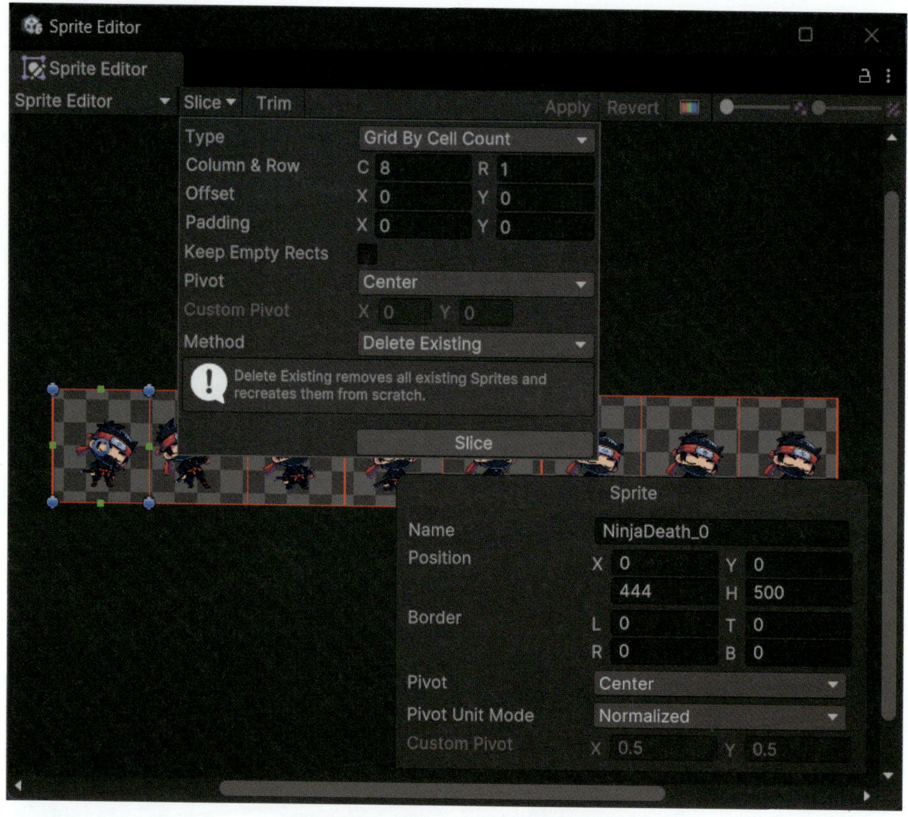

[그림 2.4-18] Slice 적용 2

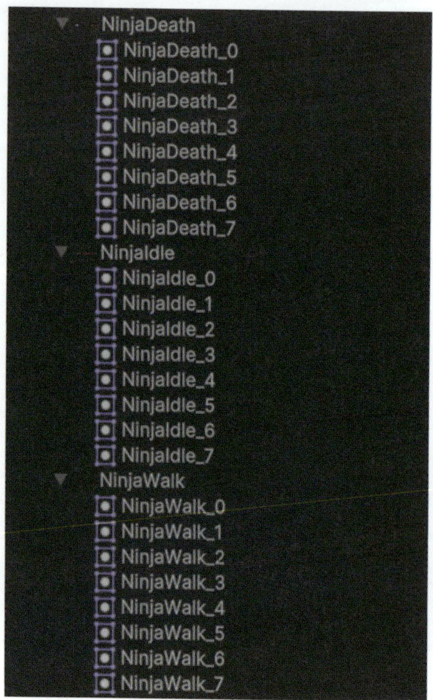

[그림 2.4-19] 결과 화면

걷기, 달리기, 방향 전환을 위한 3가지 애니메이션용 스프라이트를 모두 준비하였습니다. 이렇게 필요한 리소스를 갖추면 다음 단계로 넘어갈 준비가 완료된 것입니다. 이제 진짜 닌자처럼 움직이는 캐릭터를 만들 차례입니다. 닌자 캐릭터가 점점 더 생동감 있는 모습으로 변화하는 과정을 함께 살펴보겠습니다.

4.3 애니메이션 시스템으로 캐릭터에 생명 불어넣기

스프라이트를 준비했으므로 이제 유니티의 애니메이션 시스템을 활용하여 닌자 캐릭터에 생명을 불어넣어 보겠습니다. 대기 상태에서 숨쉬고 달릴 때는 다리를 움직이고 죽을 때는 쓰러지는 모습까지 표현할 수 있습니다.

학습 포인트

- 유니티 애니메이션 시스템 이해하기
- 캐릭터 애니메이션 상태 만들고 연결하기

진행 단계

1. 애니메이션 클립 자동 생성하기
2. 애니메이터 컨트롤러 이해하기
3. 추가 애니메이션 상태 생성하기
4. 상태 간 전환 조건 설정하기

GAMING MODE ● ● ●

1 애니메이션 클립 자동 생성하기

유니티에서는 스프라이트 시트에서 나눈 스프라이트들을 매우 간단하게 애니메이션으로 변환할 수 있습니다. 몇 번의 클릭만으로도 닌자가 움직이게 만들 수 있습니다.

❶ 프로젝트 뷰에서 분할한 Ninjaldle.png 스프라이트 시트를 찾아 화살표를 클릭하여 펼칩니다.

❷ 첫 번째 스프라이트(Ninjaldle_0)를 Shift를 누른 상태에서 마지막 스프라이트(Ninjaldle_7)까지 모두 선택합니다.

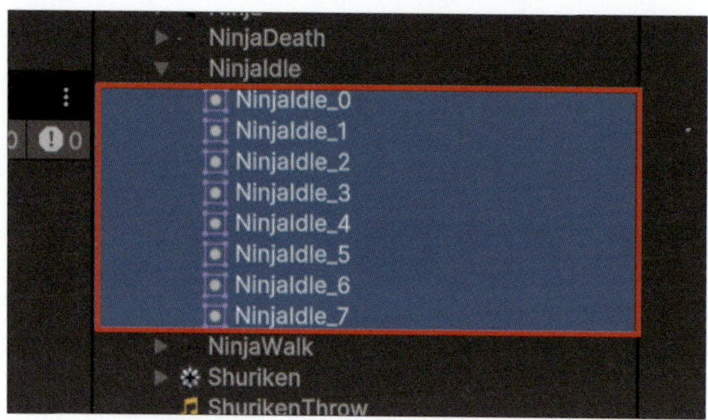

[그림 2.4-20] Ninjaldle 선택

❸ 선택한 스프라이트들을 하이어라키 뷰의 [Player] 오브젝트로 드래그합니다.

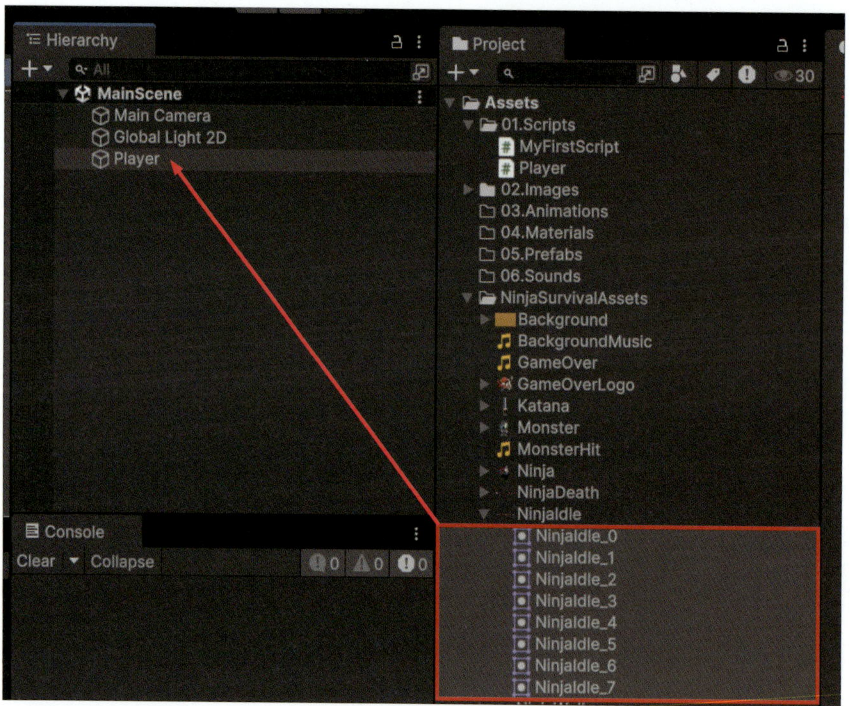

[그림 2.4-21] 드래그

❹ [Create New Animation] 창이 나타나면 저장 위치를 'Assets/03. Animations'으로 설정하고 파일 이름을 'Player_Idle.amin'으로 입력합니다.

❺ [저장] 버튼을 클릭하면 애니메이션 클립이 생성됩니다.

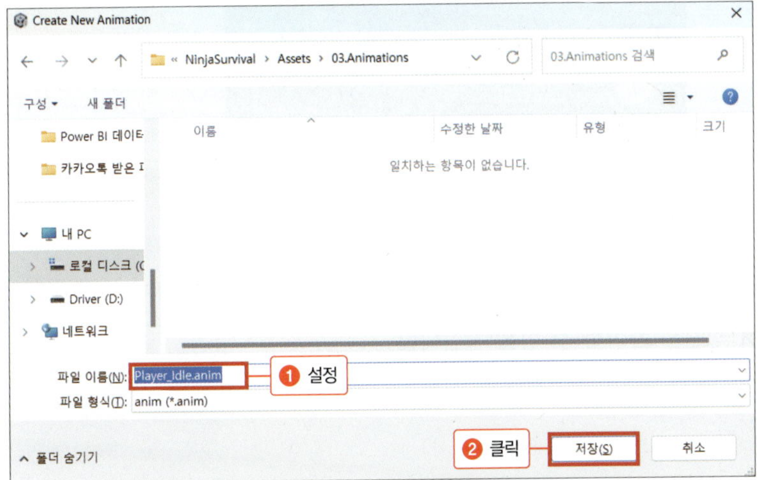

[그림 2.4-22] 저장 설정

이 과정에서 유니티가 자동으로 다음 2가지를 생성했습니다.

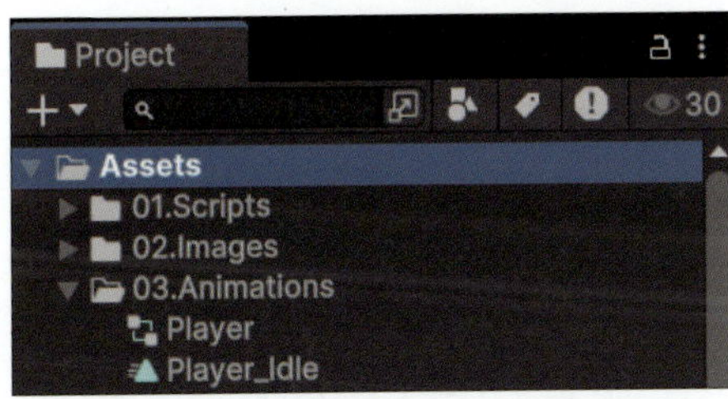

[그림 2.4-23] 자동 생성된 애니메이션과 애니메이터

- **Player_Idle.anim**: 닌자가 대기 상태일 때의 애니메이션 클립(Animation Clip)
- **Player.controller**: 애니메이션을 관리할 애니메이터 컨트롤러(Animator Controller)

그리고 Player 오브젝트에는 자동으로 Animator 컴포넌트가 추가되어 방금 생성한 애니메이터 컨트롤러와 연결된 것을 확인할 수 있습니다.

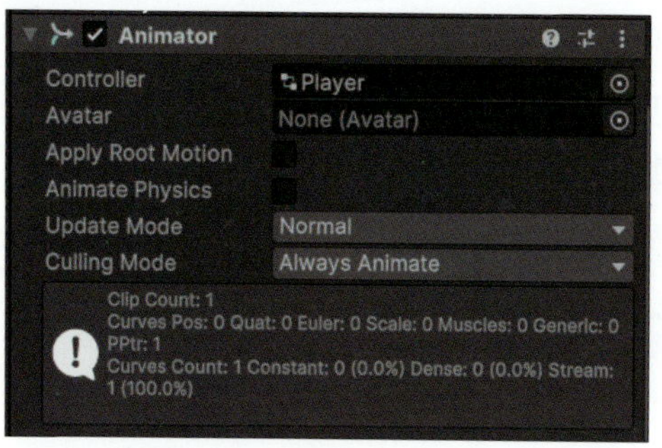

[그림 2.4-24] Animator 설정

이제 플레이 버튼을 눌러 게임을 실행해 보도록 합니다. 닌자가 제자리에서 숨쉬는 듯한 모습으로 생동감 있게 움직이는 것을 확인할 수 있을 것입니다.

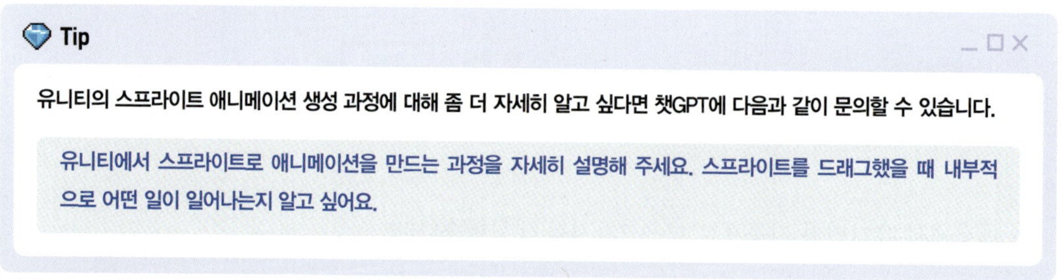

2 애니메이션 클립 이해하기

애니메이션 클립은 닌자 캐릭터가 특정 상황에서 보여 줄 동작을 담고 있는 작은 영화 같은 것입니다. 예를 들어, 가만히 서 있을 때의 대기 모션, 뛰어갈 때의 달리기 모션 그리고 쓰러질 때의 죽음 모션입니다. 이렇게 각각의 동작이 하나의 애니메이션 클립이 됩니다.

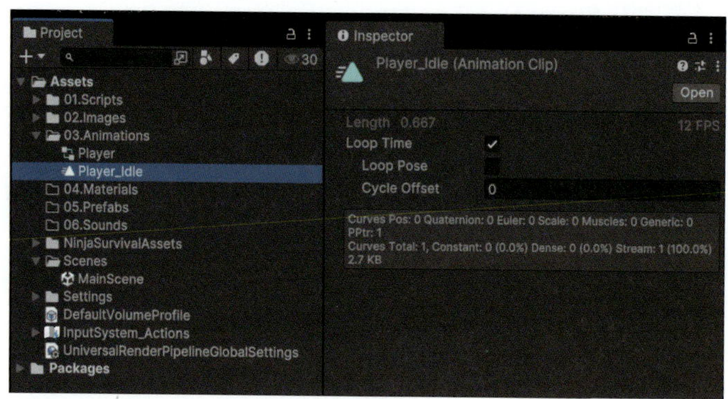

[그림 2.4-25] 애니메이션 루프 설정

애니메이션 클립을 간단히 설명하면 다음과 같습니다.

애니메이션 클립에는 중요한 설정들이 있습니다. 이 설정들에 따라 애니메이션이 어떻게 재생될지가 결정됩니다.

속성	설명
Loop Time	활성화하면 애니메이션이 반복 재생됩니다. 걷기나 대기와 같은 애니메이션에 적합합니다.
Loop Pose	마지막 프레임에서 첫 프레임으로 전환할 때 보간하여 자연스럽게 연결합니다.

이러한 속성들을 적절히 조절하면 닌자가 좀 더 자연스럽게 움직이도록 만들 수 있습니다. Idle 애니메이션은 반복 재생이 필요하므로 LoopTime에 체크 표시를 하겠습니다.

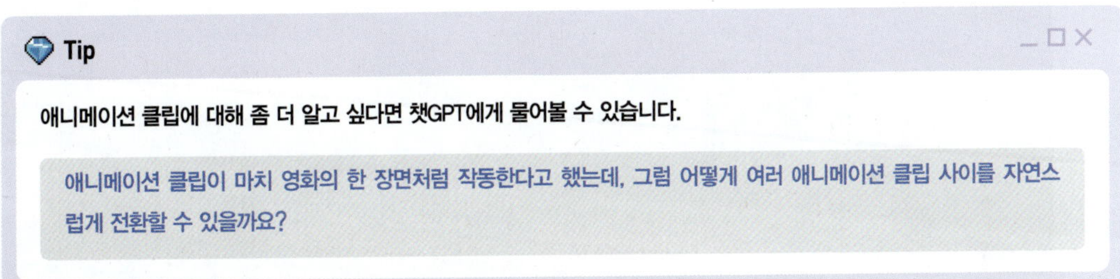

3 애니메이터 컨트롤러 이해하기

애니메이터 컨트롤러는 닌자 캐릭터의 다양한 동작 상태를 관리하는 핵심 시스템입니다. 캐릭터가 언제 서 있고 언제 뛰거나 공격해야 하는지 등 각 동작의 전환을 제어합니다.

애니메이터 컨트롤러를 확인하려면 다음과 같이 진행합니다.

❶ 프로젝트 뷰에서 [03. Animations] 폴더에 생성된 'Player.controller' 파일을 더블 클릭합니다.

❷ [Animator] 창이 열리면 다음과 같은 화면을 확인할 수 있습니다.

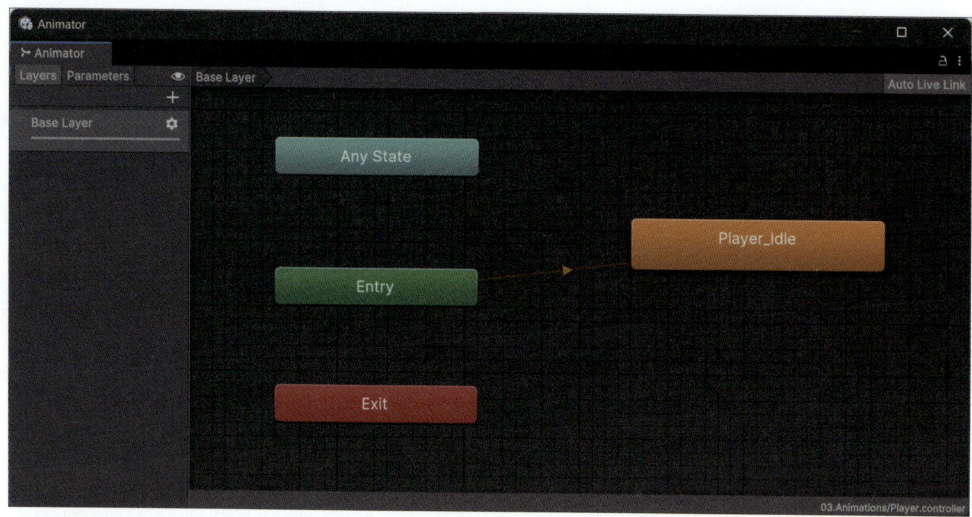

[그림 2.4-26] 애니메이터 뷰-Layers

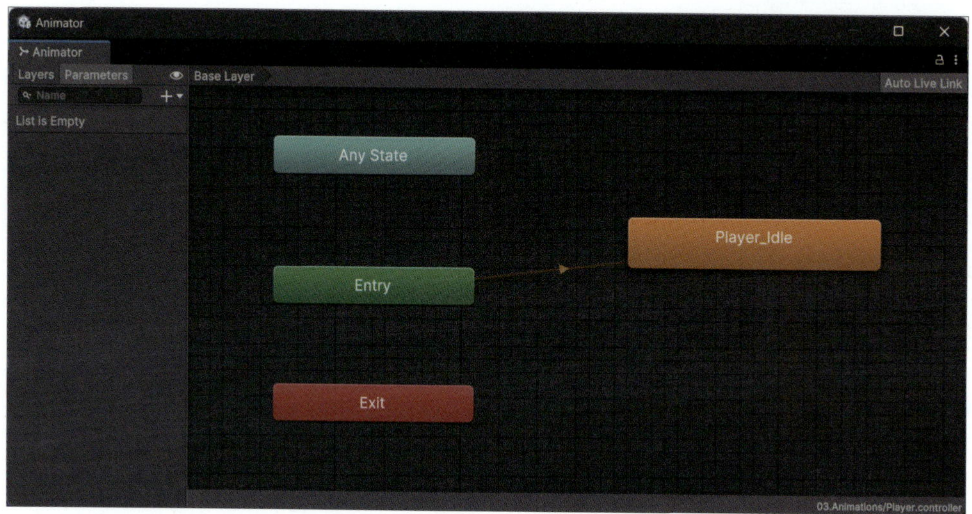

[그림 2.4-27] 애니메이터 뷰-Parameters

Animator 뷰에서 확인할 수 있는 주요 요소는 다음과 같습니다.

- **상태(State)**: 사각형 박스로 표현되며 각각의 애니메이션 클립을 나타냅니다. 현재는 Player_Idle 상태 하나만 있습니다.
- **전환(Transition)**: 화살표로 표현되며 한 상태에서 다른 상태로 전환하는 조건을 나타냅니다.
- **파라미터(Parameters)**: 전환 조건에 사용되는 변수들입니다. 이 값들을 스크립트에서 변경하여 애니메이션을 제어할 수 있습니다.

애니메이터 컨트롤러는 각 상태와 전환 조건을 체계적으로 관리하여 캐릭터가 상황에 맞는 애니메이션을 자연스럽게 재생할 수 있도록 도와줍니다. 예를 들어, "달리기 버튼을 눌렀니?"라는 조건이 참이면 '대기' 상태에서 '달리기' 상태로 전환되는 방식입니다.

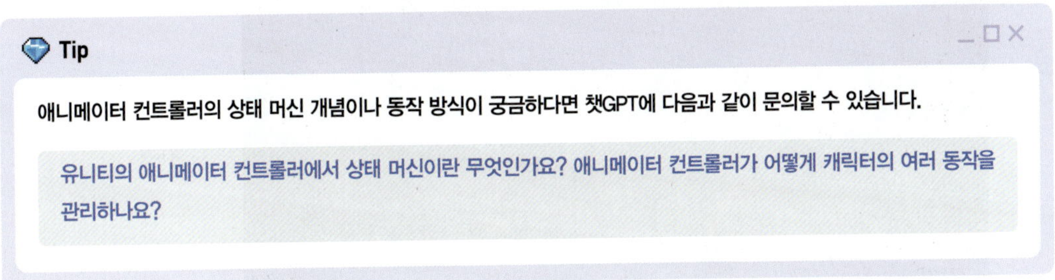

4 추가 애니메이션 상태 생성하기

이제 Idle 애니메이션 외에 Walk(걷기)와 Death(죽음) 애니메이션을 추가해 봅시다. 과정은 Idle 애니메이션을 만들 때와 동일합니다.

Walk 애니메이션 만들기

❶ 프로젝트 뷰에서 NinjaWalk.png 스프라이트 시트를 펼칩니다.

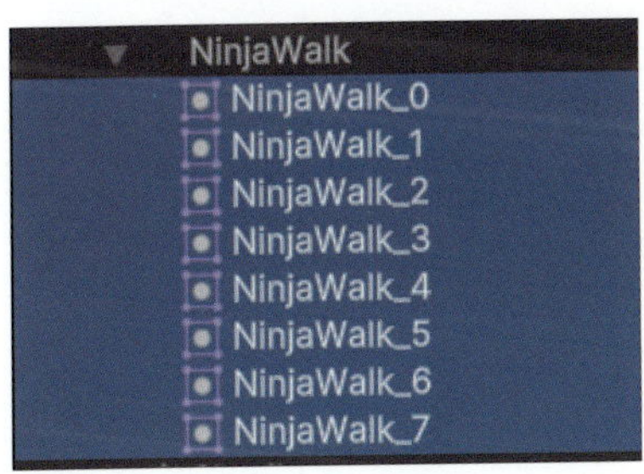

[그림 2.4-28] 스프라이트 선택

❷ 모든 스프라이트를 선택한 후 [Player] 오브젝트로 드래그합니다.

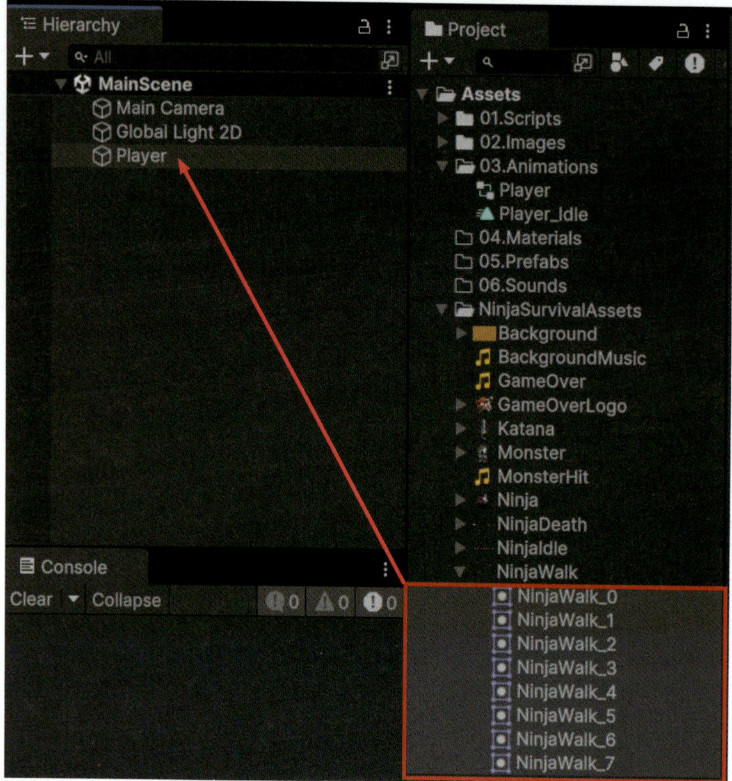

[그림 2.4-29] Player에 적용

❸ 애니메이션의 이름을 'Player_Walk.amin'으로 저장합니다.

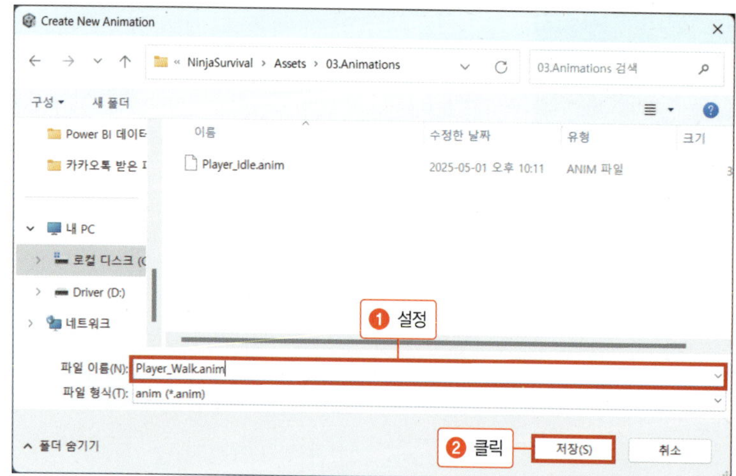

[그림 2.4-30] 저장 설정

❹ 애니메이션 클립에서 [Loop Time]에 체크 표시를 합니다.

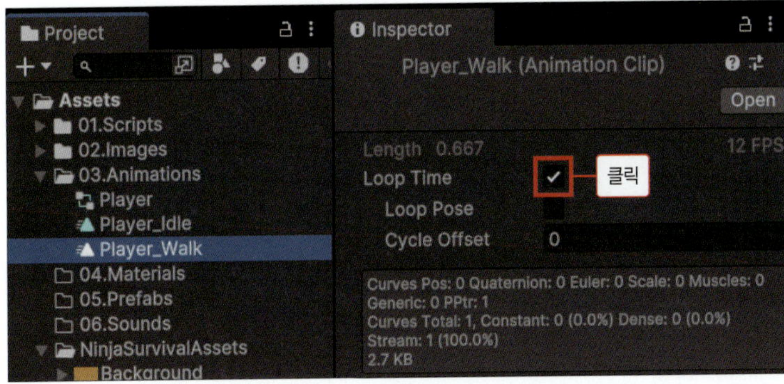

[그림 2.4-31] Loop Time 설정

Death 애니메이션 만들기

❶ 똑같이 NinjaDeath.png 스프라이트들을 선택한 후 Player로 드래그합니다.

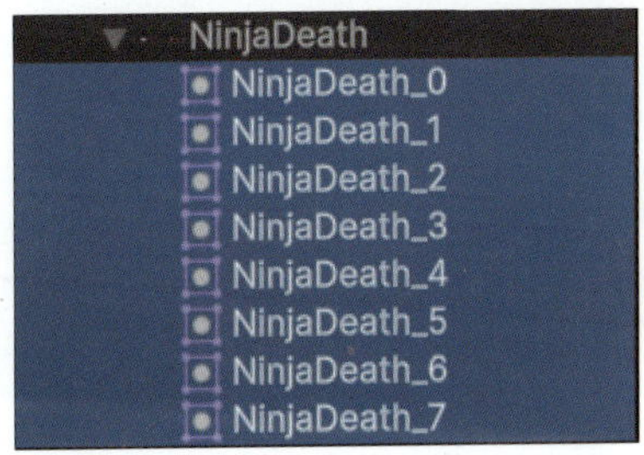

[그림 2.4-32] 스프라이트 선택

❷ 애니메이션의 이름을 'Player_Death.anim'으로 저장합니다.

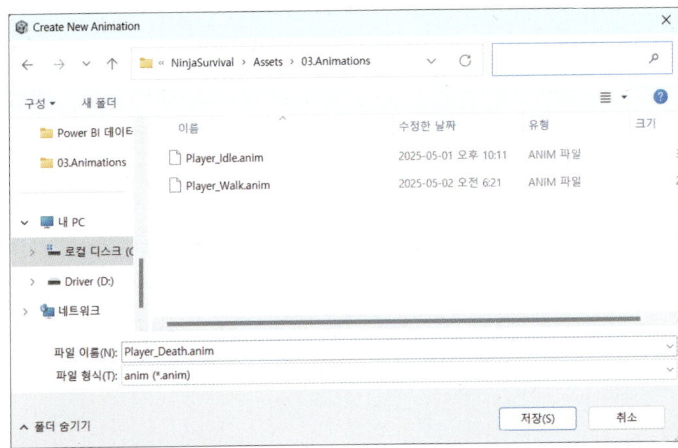

[그림 2.4-33] 저장 설정

❸ 이번에는 한 번만 재생되어야 하므로 [Loop Time]에 체크 표시를 하지 않습니다.

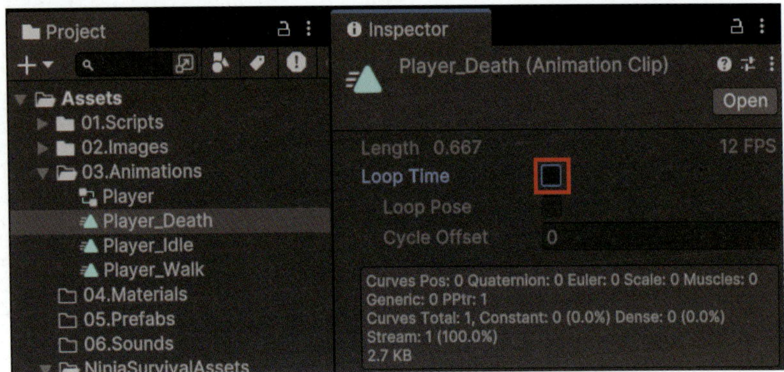

[그림 2.4-34] Loop Time 설정

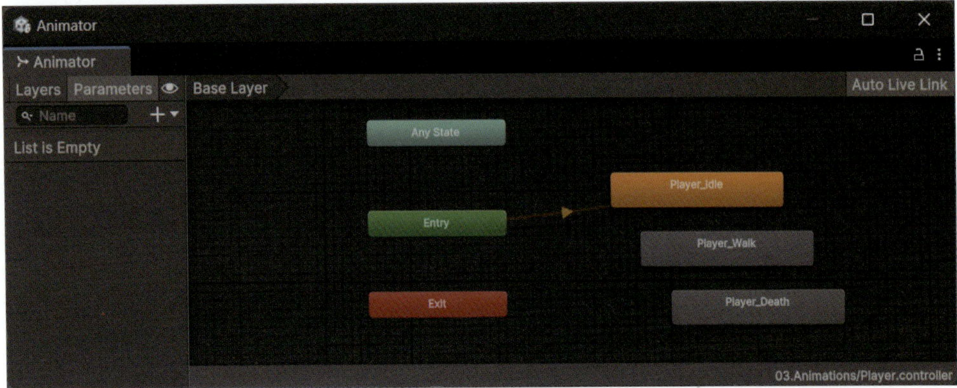

[그림 2.4-35] 애니메이터 뷰 화면

[Animator] 창을 열면 3개의 애니메이션 상태가 모두 표시됩니다. 그러나 이 상태들은 아직 서로 연결되어 있지 않습니다. 다음 단계에서는 각 상태를 전환할 수 있도록 연결하는 방법을 살펴보겠습니다.

5 상태 간 전환 조건 설정하기

캐릭터의 상태 전환을 위해서는 파라미터를 설정하고 이를 기반으로 전환 규칙을 만들어야 합니다. 이 파라미터는 스크립트에서 변경하여 애니메이션을 제어하는 데 사용됩니다.

파라미터 추가하기

❶ [Animator] 창 왼쪽의 [Parameters] 탭을 클릭합니다.

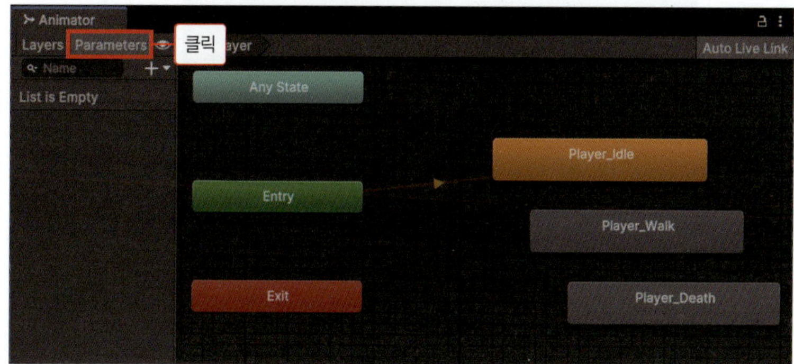

[그림 2.4-36] 애니메이터 뷰-Parameters

❷ [+] 버튼을 클릭한 후 'Bool'을 선택합니다.

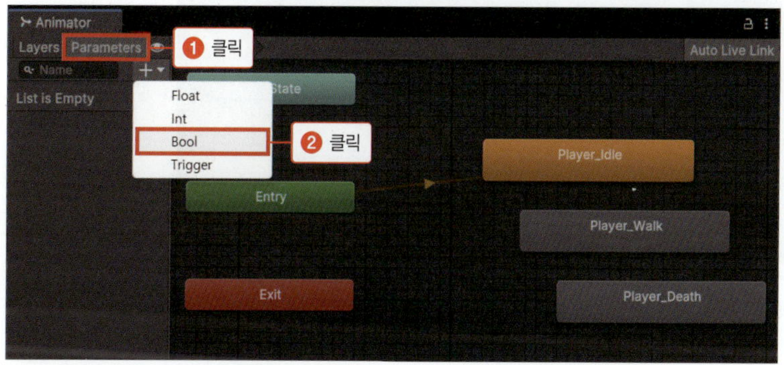

[그림 2.4-37] Bool 파라미터 추가

❸ 생성된 파라미터의 이름을 'Run'으로 변경합니다.

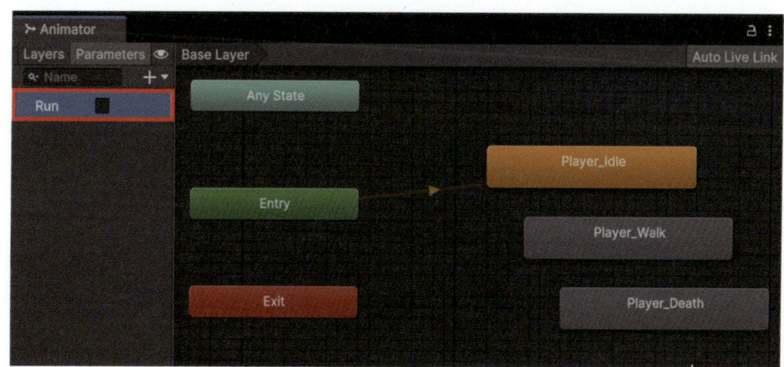

[그림 2.4-38] Bool 파라미터 이름 설정

❹ 다시 [+] 버튼을 클릭한 후 [Trigger]를 선택하여 [Death] 파라미터를 추가합니다.

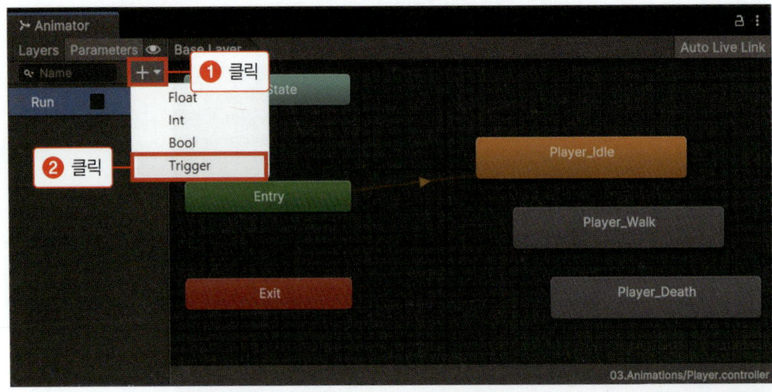

[그림 2.4-39] Death 트리거 추가

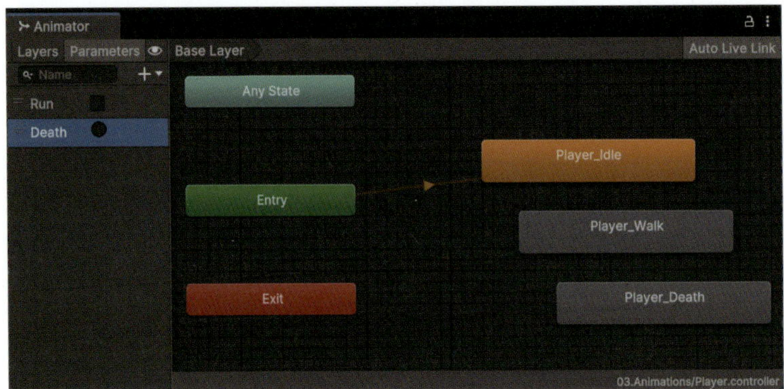

[그림 2.4-40] Parameters 결과 화면

이렇게 2개의 파라미터가 추가되었습니다.

- **Run**: Boolean 값으로, 닌자가 뛰고 있는지 아닌지를 나타냅니다. True이면 뛰고 있고 false이면 서 있는 상태입니다.
- **Death**: Trigger 타입으로, 활성화되면 닌자가 죽는 애니메이션을 재생합니다.

전환 규칙 설정하기

이제 각 상태를 서로 연결하는 전환 규칙을 설정하겠습니다. 이번 단계에서는 다음과 같은 3가지 전환을 만듭니다.

Idle에서 Walk로의 전환

❶ Idle 상태를 마우스 오른쪽 버튼으로 클릭하면 나타나는 단축 메뉴 중에서 [Make Transition]을 선택합니다.

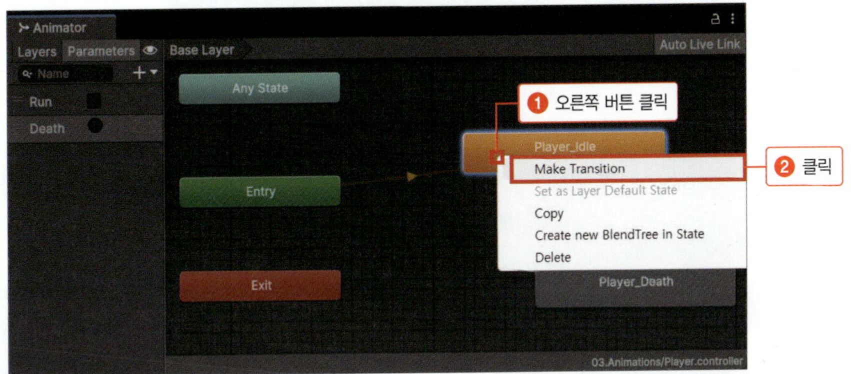

[그림 2.4-41] 트랜지션 연결

❷ 화살표를 [Player_Walk] 상태로 드래그하여 연결합니다.

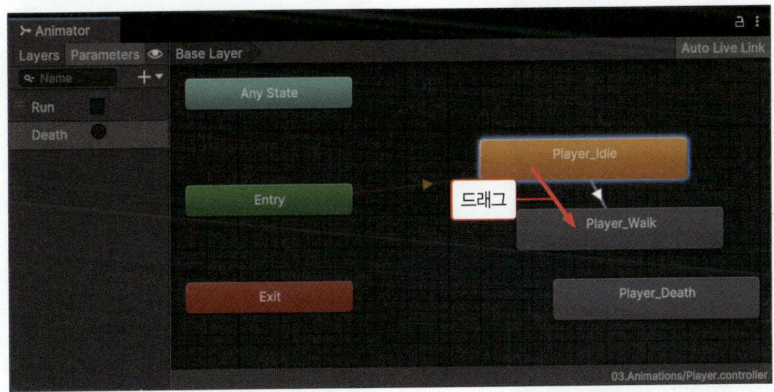

[그림 2.4-42] 트랜지션 연결 결과

❸ 생성된 화살표를 클릭합니다.

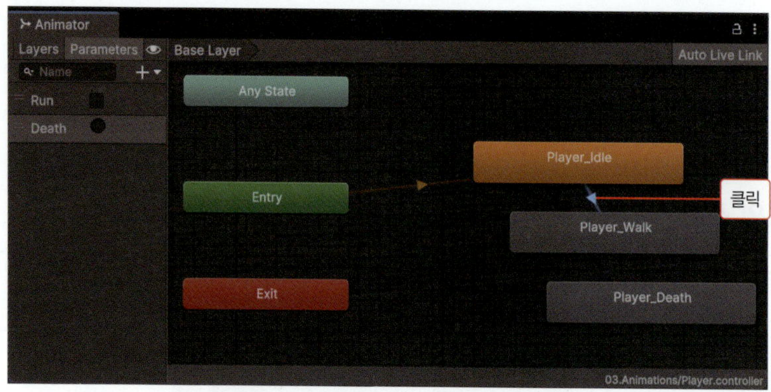

[그림 2.4-43] 트랜지션 설정

❹ 인스펙터 뷰에서 [Conditions] 항목의 [+] 버튼을 클릭합니다.

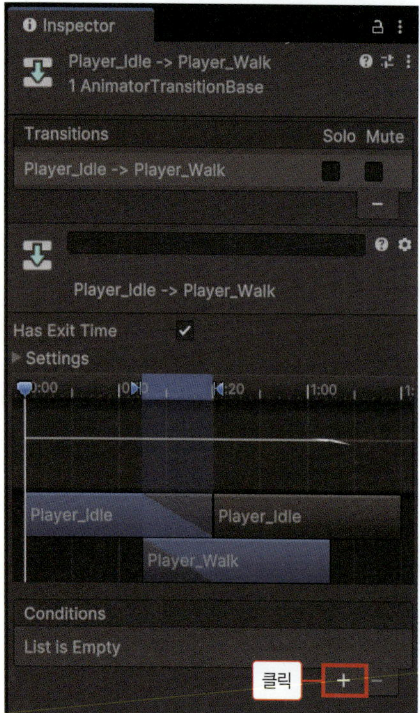

[그림 2.4-44] 트랜지션 설정 화면

❺ [Run]을 선택한 후 값을 [true]로 설정합니다.

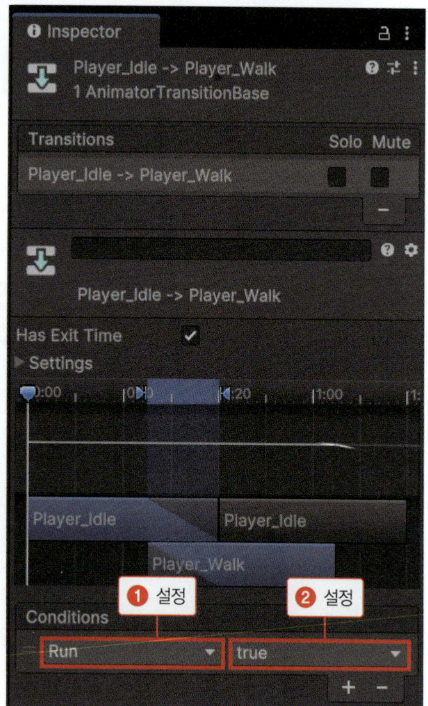

[그림 2.4-45] Condition 추가

❻ [Has Exit Time]의 체크 표시를 해제하여 조건이
충족될 시 즉시 상태가 전환되도록 합니다.

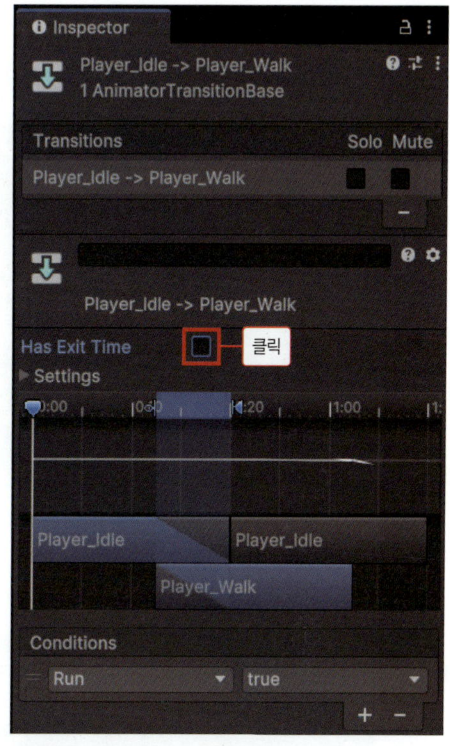

[그림 2.4-46] [Condition] 설정

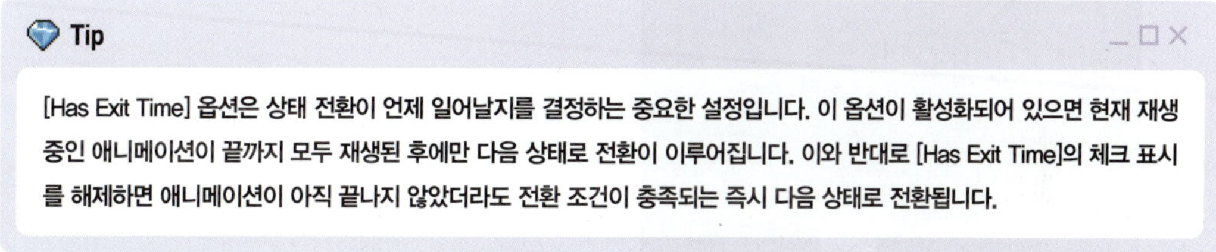

💎 **Tip** _ □ ×

[Has Exit Time] 옵션은 상태 전환이 언제 일어날지를 결정하는 중요한 설정입니다. 이 옵션이 활성화되어 있으면 현재 재생 중인 애니메이션이 끝까지 모두 재생된 후에만 다음 상태로 전환이 이루어집니다. 이와 반대로 [Has Exit Time]의 체크 표시를 해제하면 애니메이션이 아직 끝나지 않았더라도 전환 조건이 충족되는 즉시 다음 상태로 전환됩니다.

예를 들어, 캐릭터가 걷는 도중에 멈추는 입력이 들어올 경우 [Has Exit Time]에 체크 표시가 되어 있으면 걷기 애니메이션이 끝날 때까지 기다렸다가 Idle 상태로 전환되고 체크 표시가 해제되어 있으면 걷기 애니메이션이 재생 중이더라도 바로 Idle 상태로 전환됩니다.

이렇게 설정을 조정하면 캐릭터의 동작이 더욱 즉각적이고 자연스럽게 반응하도록 만들 수 있습니다.

Walk에서 Idle로의 전환

❶ 같은 방식으로 Walk 상태에서 Idle 상태로 전환을 만듭니다.

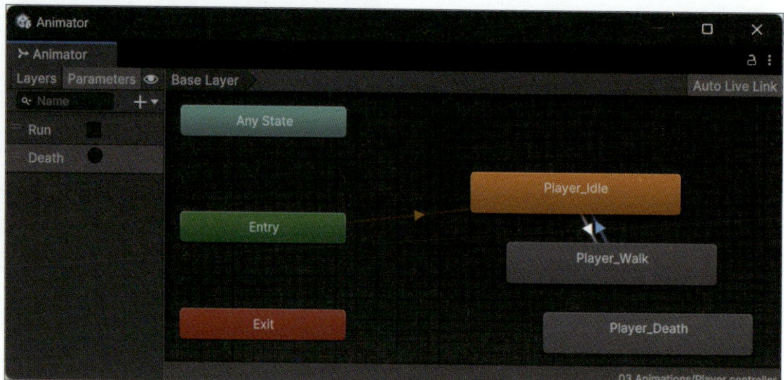

[그림 2.4-47] 트랜지션 연결

❷ 조건은 Run이 false가 될 때입니다.

❸ 이와 마찬가지로 [Has Exit Time]의 체크 표시를 해제합니다.

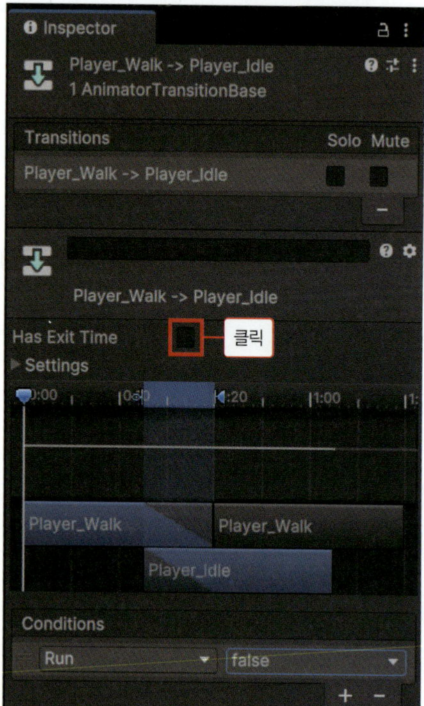

[그림 2.4-48] [Condition] 설정

Any State에서 Death로의 전환

❶ 각 상태를 드래그해서 그림과 같이 위치를 조정합니다.

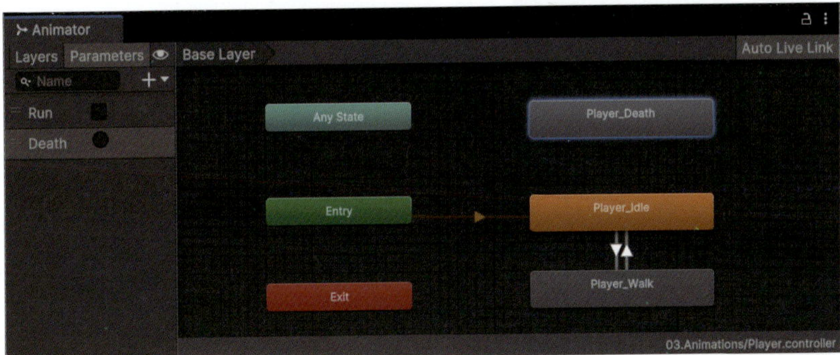

[그림 2.4-49] 애니메이터 뷰

❷ 왼쪽 상단의 [Any State]를 마우스 오른쪽 버튼으로 클릭하면 나타나는 단축 메뉴 중에서 [Make Transition]을 선택합니다.

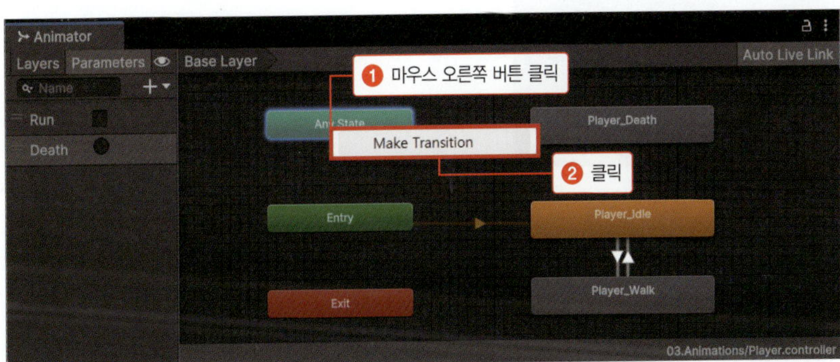

[그림 2.4-50] [Any State] 마우스 우클릭

❸ 화살표를 [Player_Death] 상태로 드래그합니다.

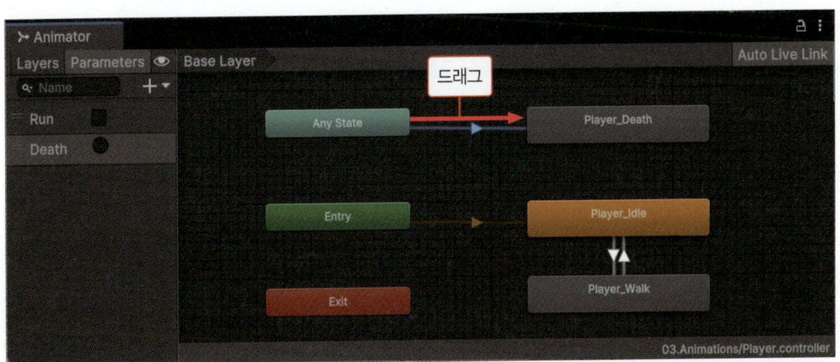

[그림 2.4-51] 트랜지션 연결

❹ 조건으로 Death 트리거를 선택합니다.

❺ [Has Exit Time] 체크 표시를 해제합니다.

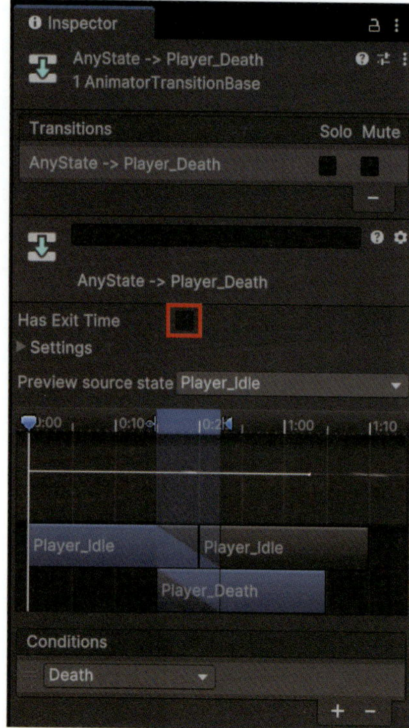

[그림 2.4-52] [Condition] 설정

애니메이터 컨트롤러에 3가지 전환이 모두 설정되었습니다. 여기서 Any State는 말 그대로 '어떤 상태에서든'을 의미하며 Death 트리거가 활성화되면 닌자가 현재 어떤 상태에 있더라도 Death 애니메이션으로 즉시 전환됩니다.

4.4 스크립트로 애니메이션 상태 전환하기

이제 이 애니메이션을 실제 게임 상황에 맞게 전환되도록 스크립트에서 제어할 차례입니다. 지금까지는 애니메이터 컨트롤러에서 상태와 전환 조건을 설정했지만, 실제로 이런 조건을 언제 발동시킬지는 스크립트에서 결정해야 합니다.

이번 단계에서는 C# 스크립트를 활용하여 닌자 캐릭터가 걷거나, 뛰거나, 사망하는 등 다양한 상황에 맞게 애니메이션 상태를 자연스럽게 전환하는 방법을 살펴보겠습니다.

1 Player 스크립트 수정하기

Player 스크립트를 수정하여 실제 게임 상황에 따라 애니메이션이 전환되도록 구현하겠습니다. 키보드 입력에 따라 'Run' 파라미터의 값을 변경하여 캐릭터의 애니메이션 상태가 적절하게 전환되도록 할 예정입니다. Player.cs 스크립트를 열고 다음과 같이 코드를 수정해 주세요.

```csharp
using UnityEngine;

public class Player : MonoBehaviour
{
    public float MoveSpeed=5f;               // 이동 속도 변수
    private Rigidbody2D _rigidbody2D;        // 물리 처리를 위한 컴포넌트
    private Vector2 _moveDirection;          // 이동 방향
    private SpriteRenderer _spriteRenderer;  // 스프라이트 렌더러 컴포넌트
    private Animator _animator;              // 애니메이터 컴포넌트

    void Start()
    {
        // 게임 오브젝트에서 Rigidbody2D 컴포넌트를 가져옵니다.
        _rigidbody2D=GetComponent<Rigidbody2D>();

        // 게임 오브젝트에서 SpriteRenderer 컴포넌트를 가져옵니다.
        _spriteRenderer=GetComponent<SpriteRenderer>();

        // 게임 오브젝트에서 Animator 컴포넌트를 가져옵니다.
        _animator=GetComponent<Animator>();
```

```csharp
    }

    void Update()
    {
        // 입력 처리만 여기서 진행합니다.
        float horizontalInput=Input.GetAxisRaw("Horizontal");
        float verticalInput=Input.GetAxisRaw("Vertical");

        // 이동 방향 계산
        _moveDirection=new Vector2(horizontalInput, verticalInput);

        // 대각선 이동 시 속도 정규화
        if (_moveDirection.magnitude > 0)
        {
            _moveDirection.Normalize();

            // 플레이어가 움직이고 있으면 애니메이션 상태를 Run으로 변경
            _animator.SetBool("Run", true);
        }
        else
        {
            // 플레이어가 멈추면 애니메이션 상태를 Idle로 변경
            _animator.SetBool("Run", false);
        }

        // 이동 방향에 따라 스프라이트 뒤집기
        if (horizontalInput != 0)
        {
            _spriteRenderer.flipX=horizontalInput<0;
        }

        // 테스트용: [Spacebar]를 누르면 Death 애니메이션 재생
        if (Input.GetKeyDown(KeyCode.Space))
        {
            _animator.SetTrigger("Death");
        }
    }

    void FixedUpdate()
    {
```

```
        // 실제 물리 이동은 FixedUpdate에서 처리합니다.
        _rigidbody2D.MovePosition(_rigidbody2D.position + _moveDirection *
MoveSpeed * Time.fixedDeltaTime);
    }
}
```

코드에서 새로 추가된 부분을 살펴보겠습니다.

- **private Animator _animator;**: 애니메이션을 제어할 Animator 컴포넌트 변수를 선언합니다.
- **_animator = GetComponent<Animator>();**: Start 함수에서 Animator 컴포넌트를 가져옵니다.
- **_animator.SetBool("Run", true/false)**: 플레이어가 움직이고 있는지 여부에 따라 Run 파라미터 값을 변경합니다. Run이 true이면 걷기 애니메이션이, false이면 대기 애니메이션이 재생됩니다.
- **_animator.SetTrigger("Death")**: Backspace를 누르면 Death 트리거를 활성화하여 죽음 애니메이션을 재생합니다.

2 애니메이터 컴포넌트 제어 이해하기

유니티의 애니메이션 시스템은 강력한 기능을 제공합니다. 이러한 기능을 효과적으로 활용하려면 스크립트에서 애니메이터 컴포넌트를 제어할 수 있어야 합니다. Animator 컴포넌트에는 애니메이션 상태를 제어하기 위한 다양한 메서드가 제공됩니다.

메서드	설명	사용 예시
SetBool	Boolean 타입 파라미터 값을 설정	_animator.SetBool("Run", true);
SetTrigger	Trigger 타입 파라미터를 활성화	_animator.SetTrigger("Death");
SetFloat	Float 타입 파라미터 값을 설정	_animator.SetFloat("Speed", 5.0f);
SetInteger	Integer 타입 파라미터 값을 설정	_animator.SetInteger("Lives", 3);

이러한 메서드는 애니메이터 컨트롤러에서 정의한 파라미터 값을 변경하여 상태 전환을 유도합니다. 예를 들어, 'Run' 파라미터가 false에서 true로 변경되면 애니메이터에서 정의한 전환 조건에 따라 Idle 상태에서 Walk 상태로 전환됩니다.

이처럼 스크립트와 애니메이터를 연동하면 다양한 게임 상황에 맞게 캐릭터의 애니메이션을 제어할 수 있습니다. 예를 들어,

- 이동 키를 눌렀을 때만 달리기 애니메이션 재생되고
- 공격 버튼을 누르면 공격 애니메이션 재생되며
- 체력이 0이 되면 죽음 애니메이션 재생됩니다.

이러한 개념을 활용하면 캐릭터가 상황에 맞게 자연스럽게 동작하는 게임을 구현할 수 있습니다.

3 죽음 상태 처리하기

현재 코드에서는 Death 애니메이션이 재생된 후에도 플레이어가 계속 움직일 수 있습니다. 실제 게임에서는 캐릭터가 사망하면 더 이상 움직이지 않도록 처리해야 합니다. 이를 위해 스크립트를 다음과 같이 수정합니다.

```csharp
// ... (이전 코드 생략)
private bool _isDead = false;   // 플레이어 사망 상태 확인 변수

void Start()
{
    // ... (코드 생략)
}

void Update()
{
    // 사망 상태이면 이동 처리하지 않음.
    if (_isDead)
    {
        return;
    }

    // ... (이전 입력 및 애니메이션 처리 코드 생략)

    // [Spacebar] 입력 시 사망 처리
    if (Input.GetKeyDown(KeyCode.Space))
    {
```

```
        Die();
    }
}

void FixedUpdate()
{
    // 사망 상태이면 이동 처리하지 않음.
    if (_isDead)
    {
        return;
    }

    // ... (이전 이동 처리 코드 생략)
}

void Die()
{
    _isDead = true;
    _animator.SetTrigger("Death");
}
```

🔺 주요 변경 사항

- private bool _isDead = false;: 플레이어의 사망 상태를 기록하는 변수
- if (_isDead) return;: 사망 상태이면 입력 처리와 이동을 건너뜁니다.
- Die() 함수: 사망 처리를 별도 함수로 분리하여 관리합니다.

이 코드의 핵심은 _isDead 변수를 사용하여 플레이어의 생존 상태를 관리합니다. 플레이어가 사망하면 이 변수가 true로 설정되고 Update 및 FixedUpdate 함수에서는 이 변수를 확인하여 더 이상 입력을 처리하거나 이동하지 않게 됩니다. 이처럼 간단한 Boolean 변수를 활용하여 캐릭터의 상태에 따른 동작을 효과적으로 제어할 수 있습니다.

4️⃣ 게임 테스트 및 결과 확인

이제 게임을 실행해 봅시다. W, A, S, D 또는 화살표 키로 닌자를 움직이면 Idle 상태에서

Walk 상태로 자연스럽게 전환되는 것을 확인할 수 있습니다. 또한 Backspace를 누르면 닌자가 쓰러지는 Death 애니메이션이 재생되고 이후로는 키보드 입력에 반응하지 않습니다.

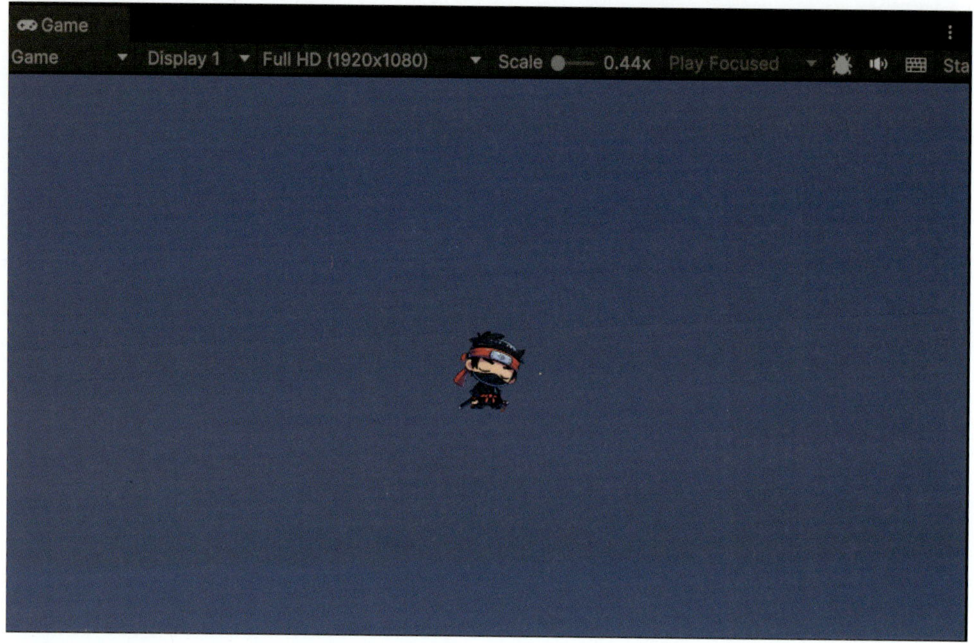

[그림 2.4-53] 결과 화면

이제 닌자 캐릭터는 다음과 같은 기능들을 모두 갖추게 되었습니다.

❶ 키보드 입력에 따라 이동
❷ 왼쪽이나 오른쪽으로 이동할 때 자동으로 방향 바라보기
❸ 이동 상태에 따라 Idle 또는 Walk 애니메이션 자동 전환
❹ 사망 시 Death 애니메이션 재생 및 이동 불가 상태 전환

이렇게 간단한 스크립트와 애니메이션 시스템을 결합하면 다양한 상태에서 자연스럽게 애니메이션이 전환되는 생동감 있는 캐릭터를 구현할 수 있습니다.

지금까지 닌자 캐릭터에 다양한 상태별 애니메이션을 적용하고 스크립트로 상태 전환을 제어하는 방법을 살펴보았습니다. 이제 닌자 캐릭터는 정지해 있을 때는 대기 애니메이션을, 이동할 때는 걷기 애니메이션을, 사망 시에는 죽음 애니메이션을 자연스럽게 재생하는 생동감 있는 캐릭터가 되었습니다.

무한 월드맵

지금까지 닌자 캐릭터를 제작하고 애니메이션을 적용하여 생동감 있는 움직임을 완성하였습니다. 그러나 닌자가 자유롭게 활약할 수 있는 무대가 없다면 이러한 기능의 효과가 충분히 발휘되지 않습니다.

이번 단계에서는 닌자가 탐험할 수 있는 넓고 무한한 배경을 구현하겠습니다. 카메라가 캐릭터를 따라다니며 끝없이 이어지는 공간을 구성함으로써 실제로 닌자가 거대한 세계를 모험하는 듯한 경험을 제공할 수 있습니다.

5.1 따라다니는 카메라 구현하기

게임에서 카메라는 플레이어의 시점을 담당하는 중요한 요소입니다. 닌자가 이동할 때 카메라도 함께 움직여야 게임의 몰입감과 편의성이 높아집니다. 무한한 배경을 구현하기에 앞서 플레이어를 따라다니는 카메라를 구현하는 방법을 살펴보겠습니다.

학습 포인트

플레이어를 부드럽게 따라다니는 카메라 구현하기

진행 단계

❶ 카메라와 오브젝트의 관계 이해하기
❷ 카메라에 스크립트 적용하기
❸ 좀 더 부드러운 카메라 움직임 구현하기

GAMING MODE

1 카메라 스크립트 작성하기

카메라가 플레이어를 따라다니도록 하는 스크립트를 작성하겠습니다. 이 스크립트는 매 프레임마다 카메라의 위치를 플레이어의 위치로 갱신합니다.

① [01. Scripts] 폴더에 새 C# 스크립트를 생성한 후 이름을 'CameraFollow'로 지정합니다.

```csharp
using UnityEngine;

public class CameraFollow : MonoBehaviour
{
    public Transform Target;        // 카메라가 따라갈 대상(플레이어)

    private void LateUpdate( )
    {
        if(Target == null)
        {
            return;
        }
        // 카메라 위치를 플레이어 위치로 갱신(z축 값은 유지)
        transform.position = new Vector3(Target.position.x, Target.position.y,
transform.position.z);
    }
}
```

이 스크립트의 주요 내용은 다음과 같습니다.

- **Target:** 카메라가 따라갈 대상, 즉 우리의 닌자 캐릭터를 할당할 변수입니다.
- **LateUpdate( ):** 모든 Update 함수가 호출된 후에 실행되는 함수로, 카메라 이동에 적합합니다.
- 일반적으로 한 프레임 내에서 모든 게임 오브젝트의 Update()가 먼저 호출되고 물리 연산을 위한 FixedUpdate()가 이어집니다. 마지막으로 LateUpdate()가 호출되어 플레이어의 이동이 모두 반영된 이후 카메라가 최종 위치를 따라가도록 할 수 있습니다.

카메라 이동을 LateUpdate( )에서 처리하는 이유는 플레이어의 이동 및 물리 연산이 모두 완료된 후 카메라가 플레이어의 최종 위치를 정확하게 따라가도록 하기 위한 것입니다. 만약 Update( )에서 카메라 이동을 처리하면 플레이어의 이동과 카메라의 이동이 같은 프레임 내에서 독립적으로 처리되어 카메라가 플레이어의 이전 위치를 따라가는 현상이 발생할 수 있습니다. 이러한 문제를 방지하기 위해 카메라 이동은 항상 LateUpdate( )에서 처리하는 것이 좋습니다.

> 💎 **Tip**
>
> 유니티에서 Update, FixedUpdate, LateUpdate의 차이와 각각의 적절한 사용 상황에 대해 좀 더 자세히 알고 싶다면 챗GPT에게 "유니티에서 Update, FixedUpdate, LateUpdate의 차이와 적절한 사용 상황은 무엇인가요?"라고 질문해 볼 수 있습니다. 게임 개발에서 이러한 함수들에 대한 올바른 이해는 매우 중요합니다.

2 카메라에 스크립트 적용하기

이제 CameraFollow 스크립트를 메인 카메라에 할당하고 플레이어를 타깃으로 설정해 보겠습니다.

❶ 하이어라키 뷰에서 [Main Camera]를 선택합니다.

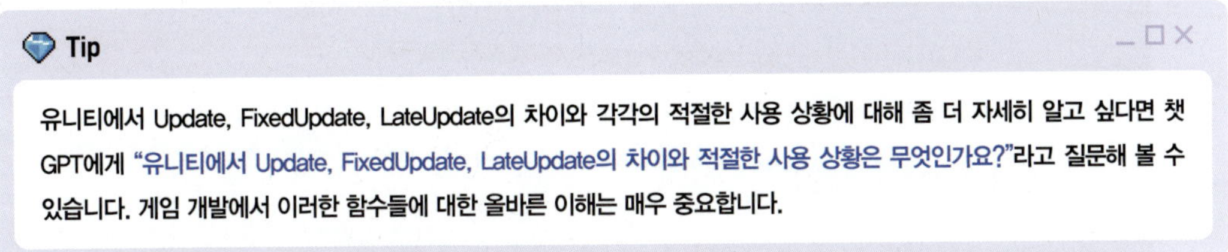

[그림 2.5-1] 오브젝트 선택

❷ 인스펙터 뷰에서 스크립트 파일을 찾아 카메라에 드래그 앤 드롭하거나 [Add Component] 버튼을 클릭하여 [CameraFollow] 스크립트를 추가합니다.

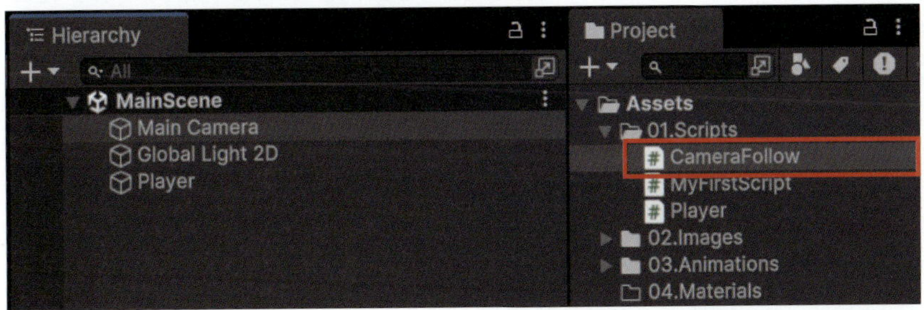

[그림 2.5-2] 스크립트 연결

❸ 인스펙터 뷰에서 스크립트의 속성을 다음과 같이 설정합니다.

- Target: 하이어라키 뷰에서 Player 오브젝트를 드래그하여 설정합니다.

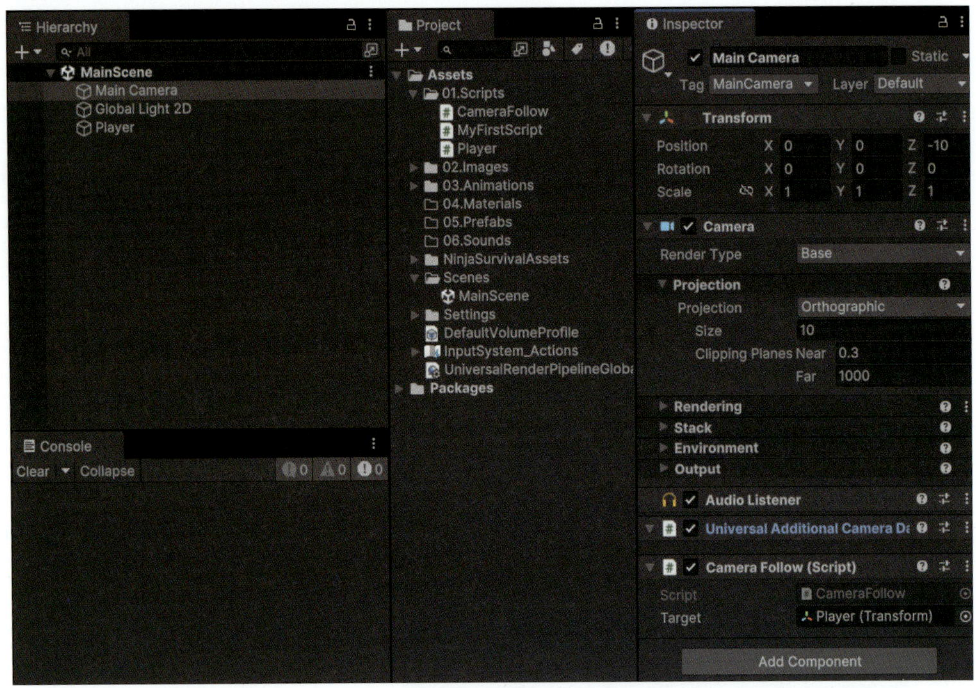

[그림 2.5-3] 스크립트 속성 설정

게임을 실행하면 카메라가 플레이어를 정확하게 따라다니는 것을 확인할 수 있습니다. 키보드로 플레이어를 이동시키면 항상 플레이어가 화면의 중앙에 위치하게 됩니다.

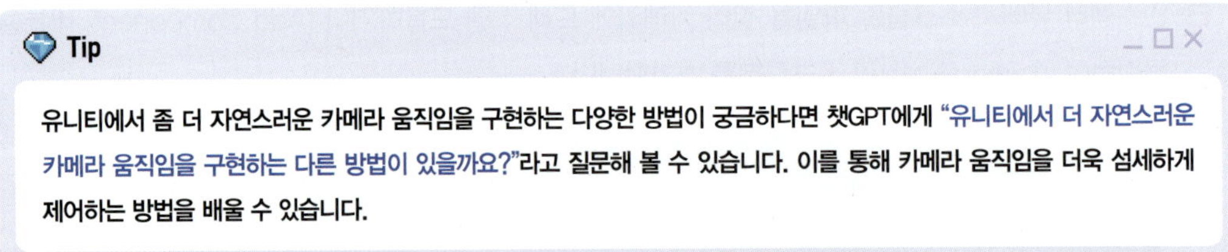

5.2 생성형 AI로 배경 이미지 제작하기

이제 닌자 캐릭터가 활약할 무대, 즉 게임의 배경을 제작하겠습니다. 이번 단계에서는 생성형 인공지능을 활용하여 게임에 적합한 배경 이미지를 만들어 볼 예정입니다. 배경 이미지는 끝없이 이어질 수 있도록 타일형 이미지로 제작할 것입니다.

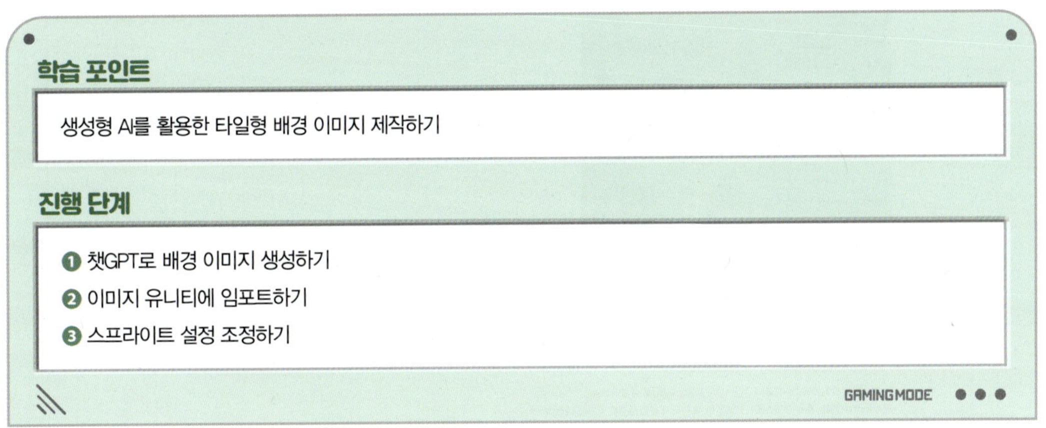

1 챗GPT로 배경 이미지 생성하기

챗GPT를 활용하여 닌자 서바이벌 게임에 어울리는 배경 이미지를 만들어 보겠습니다. 원하는 스타일과 특징을 명확히 설명하는 프롬프트를 작성해 봅시다.

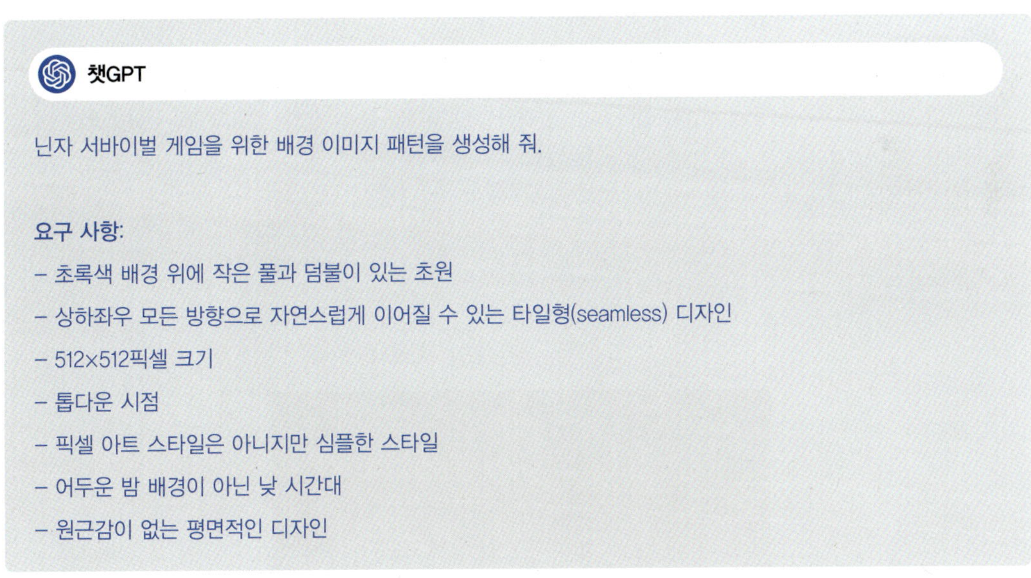

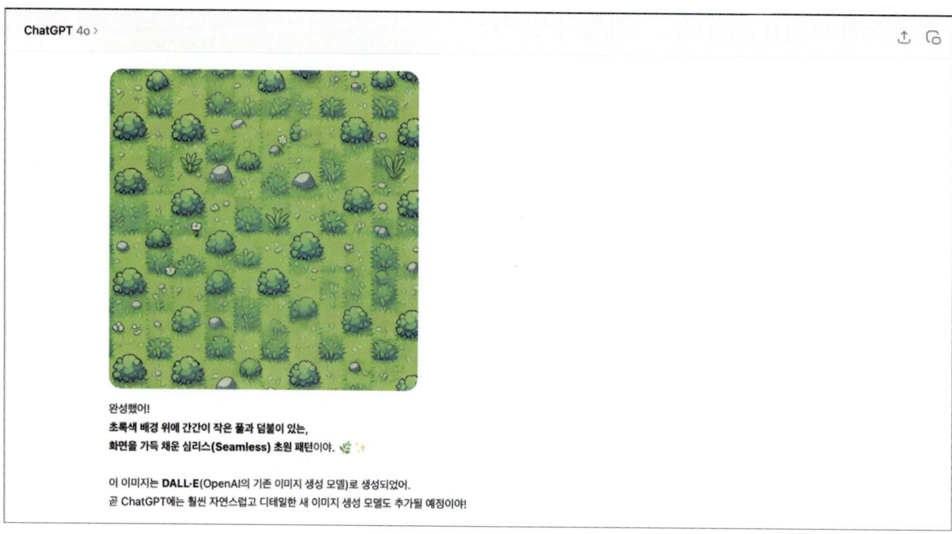

[그림 2.5-4] 생성 이미지

챗GPT가 생성한 이미지가 마음에 들지 않는다면 다음과 같은 피드백을 주어 다시 시도해 볼 수 있습니다.

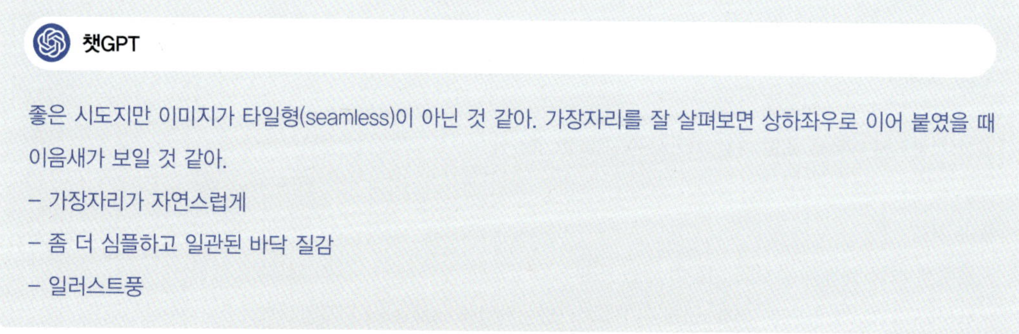

[그림 2.5-5] 새로 생성한 이미지

마음에 드는 이미지를 얻었다면 저장한 후 다음 단계로 진행합니다.

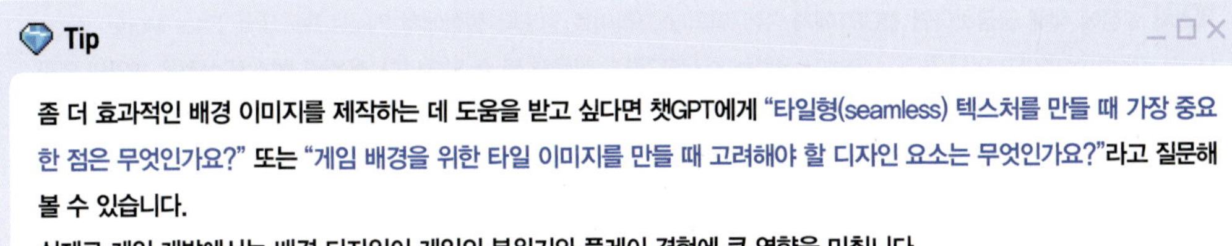

> **Tip**
>
> 좀 더 효과적인 배경 이미지를 제작하는 데 도움을 받고 싶다면 챗GPT에게 "타일형(seamless) 텍스처를 만들 때 가장 중요한 점은 무엇인가요?" 또는 "게임 배경을 위한 타일 이미지를 만들 때 고려해야 할 디자인 요소는 무엇인가요?"라고 질문해 볼 수 있습니다.
>
> 실제로 게임 개발에서는 배경 디자인이 게임의 분위기와 플레이 경험에 큰 영향을 미칩니다.

2 이미지 유니티에 임포트하기

생성한 배경 이미지를 유니티 프로젝트로 가져오겠습니다.

❶ 생성형 인공지능으로 제작한 이미지를 다운로드한 후 적절한 이름(예 Background.png)으로 저장하여 유니티 프로젝트의 [02.Images] 폴더에 임포트합니다.

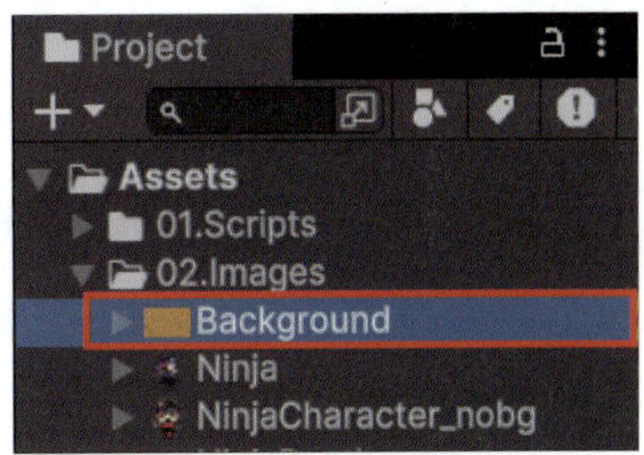

[그림 2.5-6] 이미지 선택

❷ 인스펙터 뷰에서 Sprite Mode를 'Single'로, Wrap Mode를 'Repeat'로 설정합니다. 이 설정을 통해 텍스처가 반복되어 타일링 효과를 낼 수 있습니다. 설정을 변경한 후에는 [Apply] 버튼을 클릭하여 적용합니다.

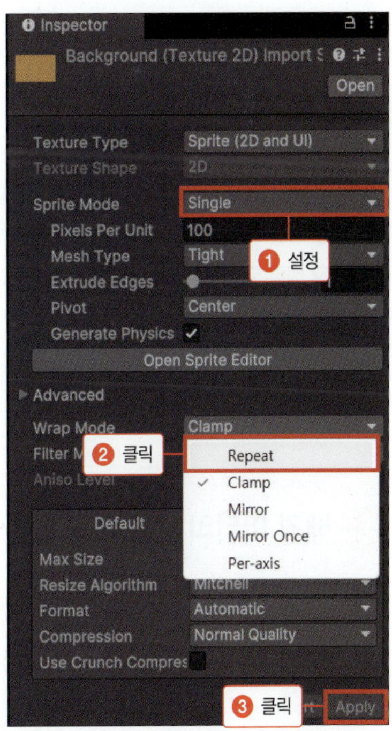

[그림 2.5-7] 이미지 설정

이제 무한히 반복될 수 있는 배경 타일 이미지가 준비되었습니다. 다음 단계에서는 이 이미지를 활용하여 실제 게임 배경을 구현해 보겠습니다.

5.3 배경 스크롤 구현하기

이제 앞서 준비한 타일 이미지를 활용하여 무한히 이어지는 스크롤 배경을 구현하겠습니다. 플레이어가 어느 방향으로 이동하더라도 배경이 자연스럽게 반복되어 끝없이 넓은 세계를 탐험하는 듯한 효과를 연출할 수 있습니다. 이번 단계에서는 배경 머티리얼 제작, 오브젝트 생성 및 머티리얼 적용 그리고 배경 스크롤 스크립트 작성까지 전체 과정을 차근차근 살펴보겠습니다.

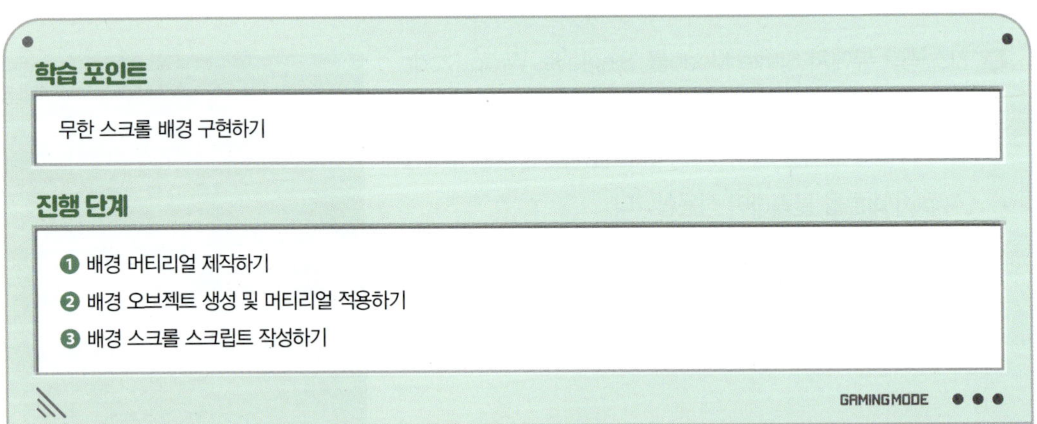

1 배경 머티리얼 제작하기

먼저 게임의 배경에 사용할 머티리얼을 만들어 보겠습니다.

❶ 프로젝트 뷰에서 [04. Materials] 폴더를 마우스 오른쪽 버튼으로 클릭한 후 Create > Material을 선택합니다.

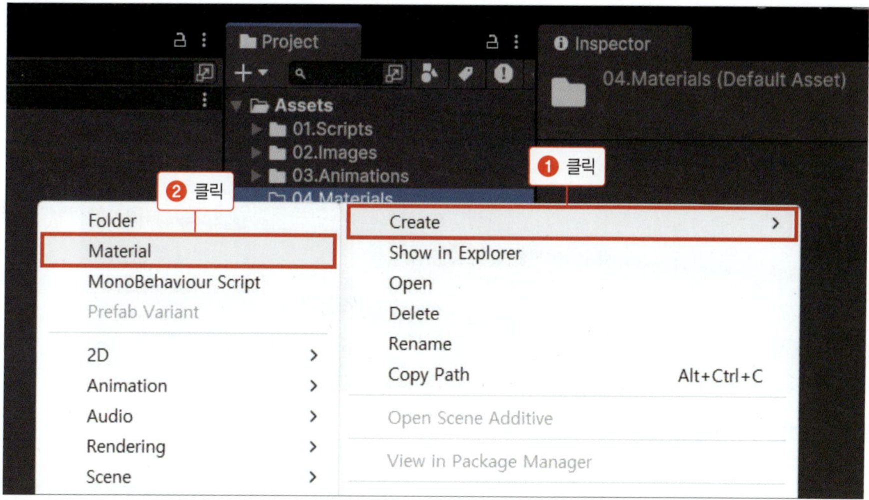

[그림 2.5-8] 머티리얼 생성

❷ 새로 생성된 머티리얼의 이름을 'BackgroundMaterial'로 변경합니다.

[그림 2.5-9] 머티리얼 생성

❸ 인스펙터 뷰에서 머티리얼의 설정을 다음과 같이 변경합니다.

· Shader: 드롭다운을 클릭한 후 Unlit>Transparent를 선택합니다.

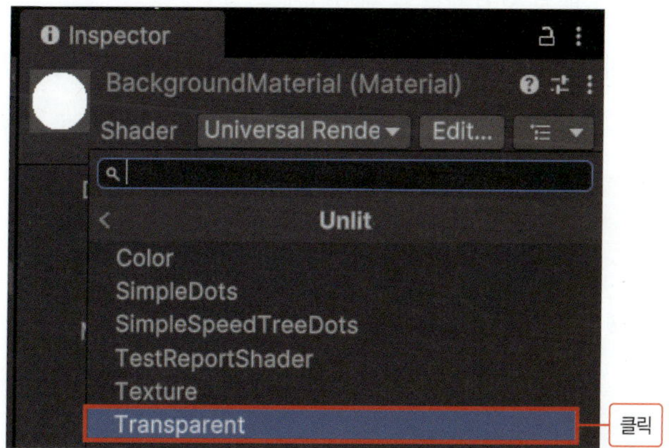

[그림 2.5-10] 셰이더 설정

- Main Texture: 앞서 임포트한 배경 이미지(Background_Tile.png)를 드래그하여 다음과 같이 할
  당합니다.

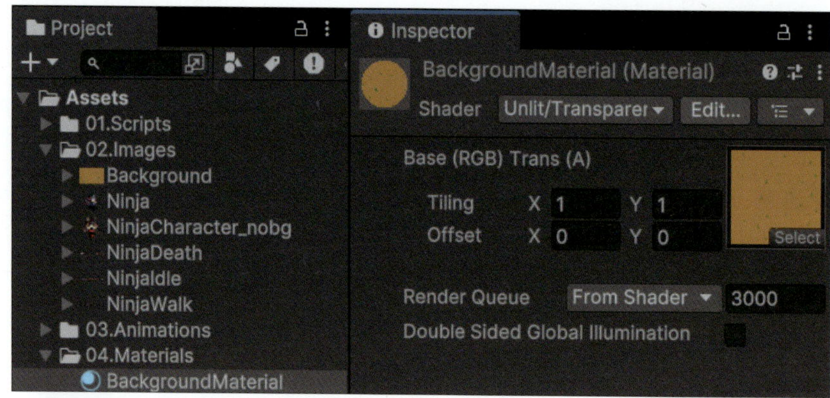

[그림 2.5-11] 텍스처 할당

이렇게 닌자 캐릭터가 이동할 배경에 사용할 머티리얼을 준비했습니다.

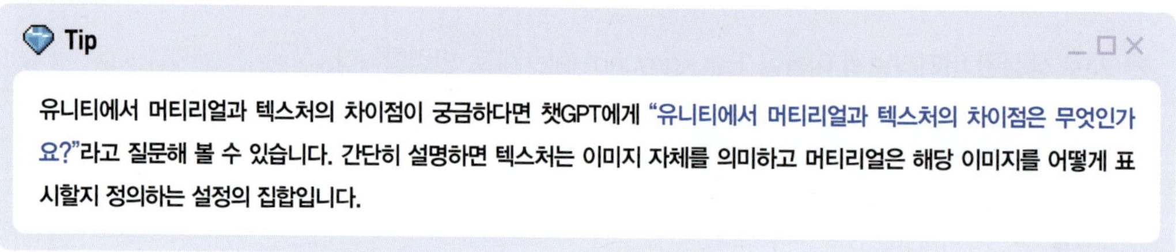

2 배경 오브젝트 생성 및 머티리얼 적용하기

이제 방금 만든 멋진 머티리얼을 적용할 배경 오브젝트를 생성하겠습니다.

❶ 프로젝트 뷰에 있는 Background 이미지 파일을 하이어라키 뷰로 드래그해 새로운 게임 오브젝트
를 생성합니다.

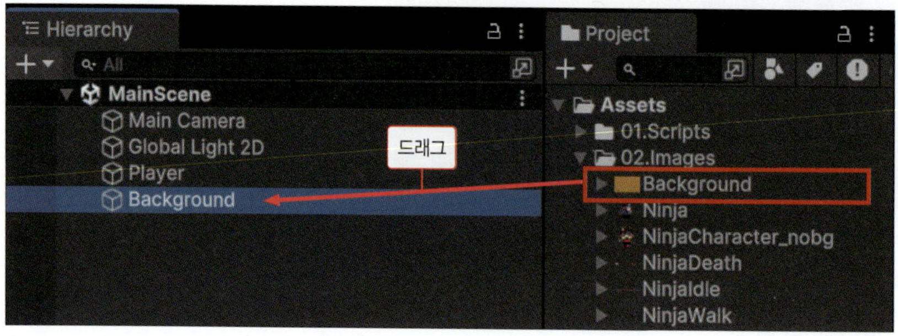

[그림 2.5-12] 오브젝트 선택

❷ 생성된 오브젝트의 이름을 'Background'로 변경합니다.

❸ 인스펙터 뷰에서 Transform 값을 다음과 같이 설정합니다.

- Scale: (2.4, 2.4, 1)

넓은 평면으로 만들어 닌자가 어느 방향으로 이동하더라도 배경이 항상 보이도록 합니다.

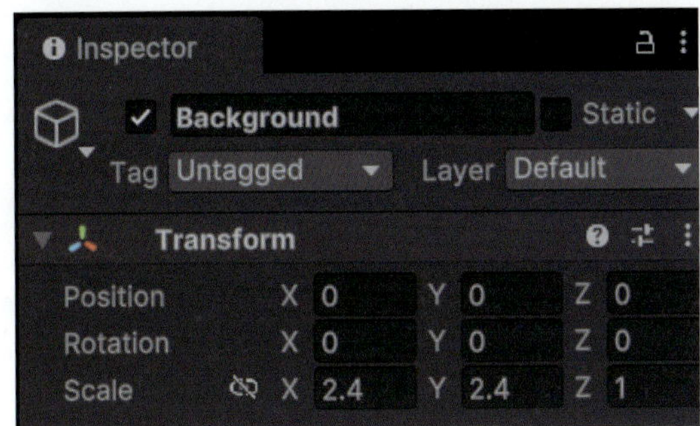

[그림 2.5-13] 이름 설정

❹ 인스펙터 뷰에서 SpriteRenderer의 값을 다음과 같이 설정합니다.

- Order in Layer: (−1)

배경이 플레이어 오브젝트 뒤에 위치하도록 '−1'로 설정합니다.

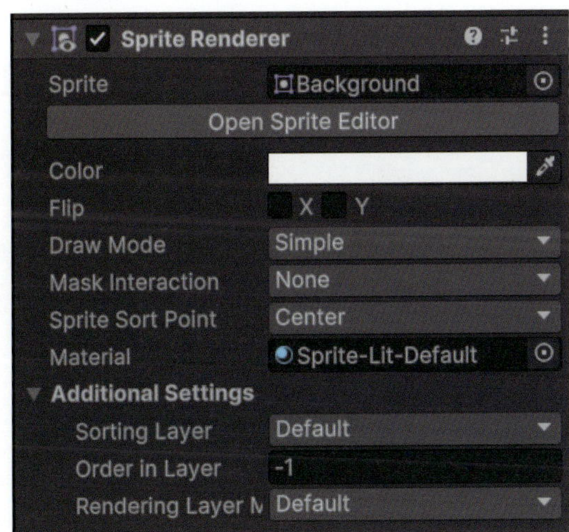

[그림 2.5-14] 스프라이트 설정

❺ Background 오브젝트를 선택한 상태에서 프로젝트 뷰의 [BackgroundMaterial]을 드래그하여 오브젝트에 적용합니다.

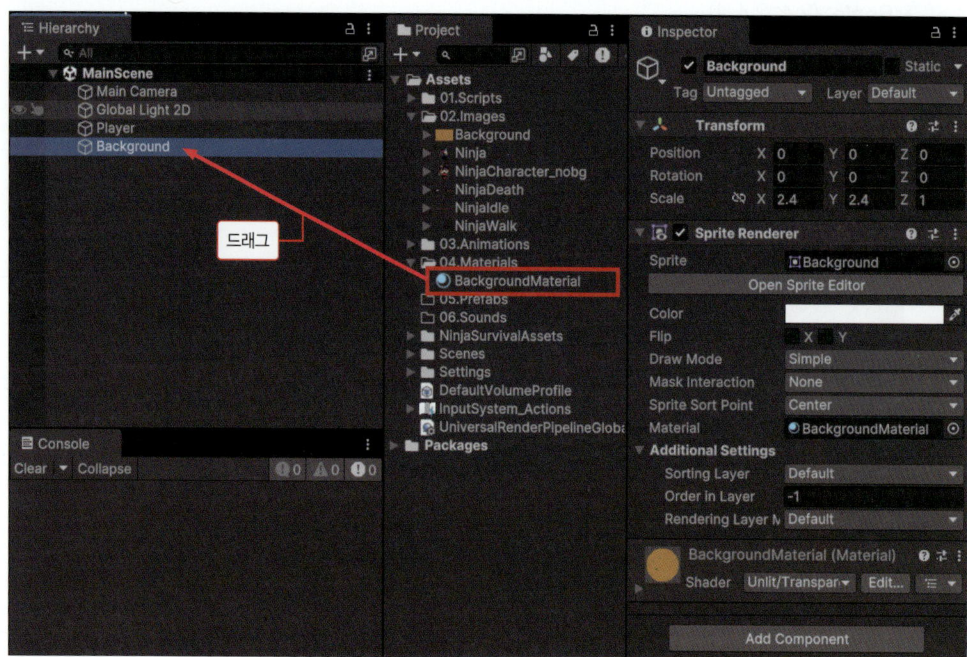

[그림 2.5-15] 머티리얼 설정

[그림 2.5-16] 결과 화면

이제 게임을 실행하면 넓은 배경이 보이지만, 아직은 플레이어의 움직임에 따라 배경이 스크롤되지 않습니다. 다음 단계에서는 배경이 플레이어를 따라 자연스럽게 스크롤되도록 스크립트를 작성하겠습니다.

3 배경 스크롤 스크립트 작성하기

이제 배경이 닌자의 움직임에 맞춰 부드럽게 따라오게 만드는 스크립트를 작성해 보겠습니다.

❶ [01. Scripts] 폴더에 새 C# 스크립트를 만든 후 이름을 'BackgroundScroller'로 지정합니다.

❷ 스크립트를 다음과 같이 작성합니다.

```csharp
using UnityEngine;

public class BackgroundScroller : MonoBehaviour
{
    public Transform Target;            // 플레이어(배경이 따라갈 대상)
    public float ScrollSpeed = 0.05f; // 스크롤 속도

    private Material _backgroundMaterial;

    void Start()
    {
        // 렌더러의 머티리얼 가져오기
        _backgroundMaterial = GetComponent<Renderer>().material;
    }

    void Update()
    {
        if(Target == null)
        {
            return;
        }

        // 플레이어 이동에 따라 위치와 텍스처 오프셋 업데이트
        transform.position = Target.position;

        float offsetX = (Target.position.x * ScrollSpeed) % 1.0f;
        float offsetY = (Target.position.y * ScrollSpeed) % 1.0f;
```

```csharp
        // 새 오프셋 적용
        _backgroundMaterial.mainTextureOffset = new Vector2(offsetX, offsetY);
    }
}
```

이 스크립트는 플레이어가 이동할 때마다 배경 텍스처의 오프셋 값을 변경하여 배경이 자연스럽게 스크롤되는 효과를 구현합니다. 이를 통해 플레이어가 어느 방향으로 이동하더라도 끝없이 이어지는 세계를 연출할 수 있습니다.

이제 작성한 스크립트를 Background 오브젝트에 연결해 보겠습니다.

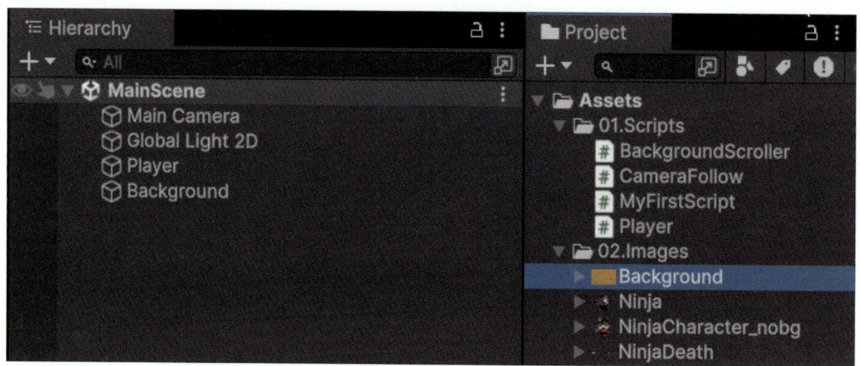

[그림 2.5-17] 이미지 선택

- 하이어라키 뷰에서 Background 오브젝트를 클릭합니다.
- 인스펙터 뷰에서 [Add Component] 버튼을 누른 후 BackgroundScroller 스크립트를 추가합니다.

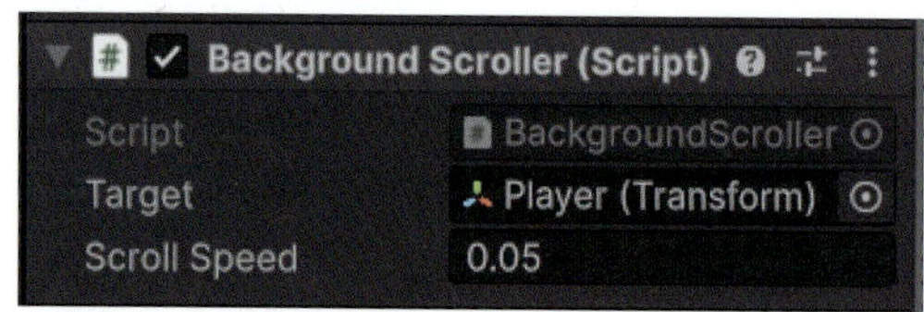

[그림 2.5-18] Background Scroller 스크립트 연결

- Target 필드에 하이어라키 뷰에 있는 Player 오브젝트를 끌어다 놓습니다.
- [Scroll Speed] 값을 '0.05'로 설정합니다. 이 값을 바꾸면 배경이 움직이는 속도를 조절할 수 있습니다.

[그림 2.5-19] 결과 화면

이제 게임을 실행하면 닌자 캐릭터가 움직일 때마다 배경이 부드럽게 스크롤되는 것을 확인할 수 있습니다. 플레이어가 어느 방향으로 이동하더라도 배경이 자연스럽게 이어져 끝없는 세계를 탐험하는 듯한 효과를 얻을 수 있습니다.

> **💎 Tip**
>
> 유니티에서 시차 스크롤링(Parallax Scrolling)이나 2D 게임에서 깊이감을 표현하는 다양한 기법이 궁금하다면 챗GPT에게 "유니티에서 시차 스크롤링(Parallax Scrolling)을 구현하는 방법을 알려 줘." 또는 "2D 게임에서 깊이감을 표현하는 다양한 기법에는 무엇이 있어?"라고 질문해 볼 수 있습니다.
> 시차 스크롤링은 여러 층의 배경이 각기 다른 속도로 움직여 깊이감을 표현하는 대표적인 기법입니다.

이제 무한 월드맵 구현이 완료되었습니다. 플레이어를 따라다니는 카메라, 생성형 인공지능을 활용한 배경 이미지 그리고 무한히 이어지는 스크롤 배경까지 모두 구현하였습니다. 이제 닌자 캐릭터는 넓은 세계를 자유롭게 탐험할 수 있게 되었습니다.

Chapter 6

적 오브젝트

플레이어 캐릭터가 자연스럽게 움직이고 무한한 배경이 펼쳐지는 세계도 완성하였습니다. 그러나 진정한 닌자 게임을 위해서는 닌자가 물리쳐야 할 적이 반드시 필요합니다. 적 캐릭터는 게임에 긴장감과 도전 요소를 더해 주는 중요한 역할을 합니다. 이번 단계에서는 적 캐릭터를 직접 만들어 보겠습니다. 뱀서라이크 장르에서는 끊임없이 등장하는 적들이 게임의 핵심 재미를 담당합니다. 이번 단계에서는 챗GPT의 도움을 받아 몬스터 이미지를 생성하고 프리팹을 만들어 게임 세계에 적을 등장시키는 방법을 학습하겠습니다.

6.1 몬스터 프리팹 만들기

뱀서라이크 게임의 진정한 재미는 수많은 적이 끊임없이 플레이어를 향해 몰려오는 상황에서 시작됩니다. 이 적들을 효율적으로 생성하고 관리하기 위해서는 프리팹 기능을 활용해야 합니다. 프리팹은 게임에서 반복적으로 사용될 오브젝트의 원형을 미리 만들어 두는 것으로 몬스터처럼 여러 번 생성해야 하는 오브젝트에 매우 유용합니다.

학습 포인트

몬스터 오브젝트 설정 및 프리팹 만들기

진행 단계

❶ 챗GPT를 이용한 몬스터 이미지 생성

❷ 몬스터 스프라이트 설정

❸ 물리 및 충돌 컴포넌트 추가

❹ 몬스터 프리팹 생성

GAMING MODE ● ● ●

 챗GPT를 이용한 몬스터 이미지 생성

먼저 게임에 등장할 몬스터 이미지를 생성형 인공지능을 활용하여 만들어 보겠습니다. 닌자 서바이벌 게임에 어울리는 적 캐릭터가 필요하므로 챗GPT에게 다음과 같이 요청할 수 있습니다.

챗GPT

닌자 서바이벌 게임에 등장할 몬스터 이미지를 만들어 줘.

요구 사항:

– 옆모습으로 보이는 좀비 같은 몬스터

– SD 스타일

– 크기는 64x64픽셀 정도

– 투명한 배경

– 찢어진 옷을 입은 모습

– 우리 닌자 캐릭터와 비슷한 스타일로 제작해서 게임 내 통일감 있게

챗GPT가 생성한 이미지가 만족스럽지 않다면 다음과 같이 구체적인 피드백을 추가하여 다시 요청할 수 있습니다.

챗GPT

좋은 시도지만 다음 피드백을 반영해서 다시 만들어 줘.

– 더 위협적인 좀비 모습으로

– 손은 발톱처럼 길게 표현

– 입은 약간 벌어져 있고 피를 흘리는 모습으로

– 다리 한쪽은 약간 끌리는 듯한 자세로

만족스러운 이미지를 얻었다면 저장한 후 다음 단계를 진행합니다.

[그림 2.6–1] 몬스터 이미지

2 몬스터 스프라이트 설정

이제 생성한 몬스터 이미지를 유니티에 임포트한 후 게임 오브젝트를 만들어 보겠습니다.

❶ 생성한 몬스터 이미지를 'Monster.png'라는 이름으로 저장합니다.

❷ 유니티 에디터의 프로젝트 뷰에서 [02. Images] 폴더를 선택합니다.

❸ 저장한 Monster.png 파일을 유니티 에디터로 드래그하여 임포트합니다.

❹ [SpriteMode]를 [Single]로 수정합니다.

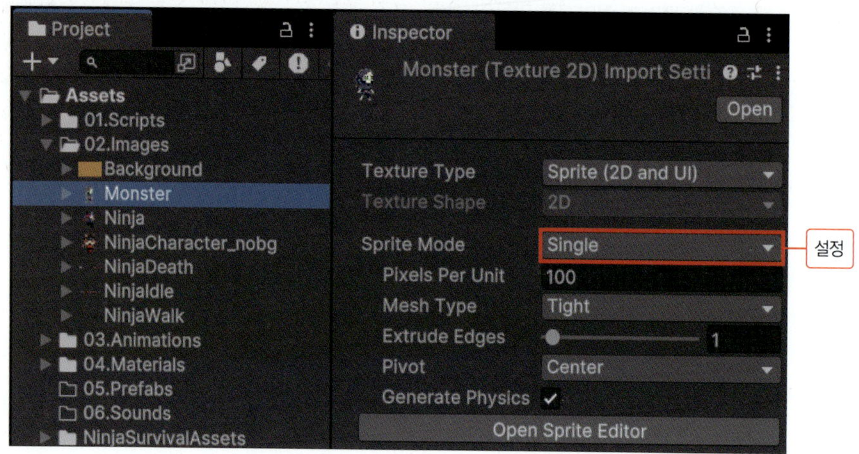

[그림 2.6-2] 몬스터 이미지 설정

이제 몬스터 게임 오브젝트를 생성해 봅시다.

❶ 프로젝트 뷰에서 Monster.png 스프라이트를 찾습니다.

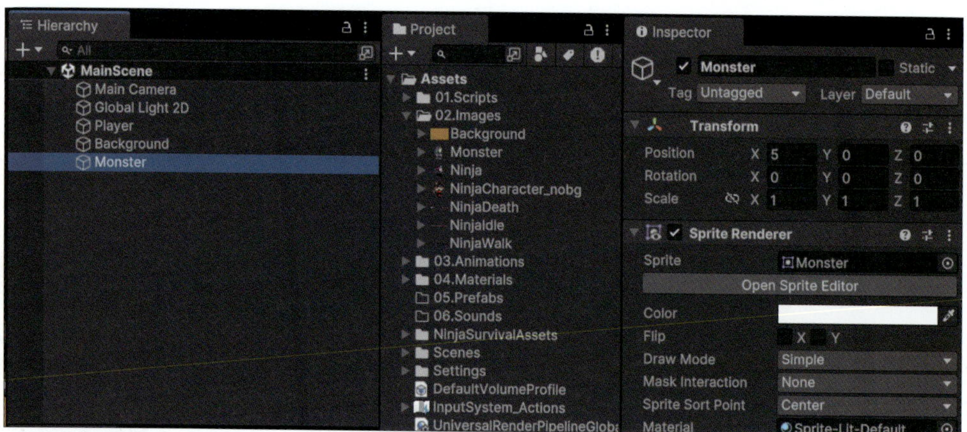

[그림 2.6-3] 몬스터 생성

❷ 해당 스프라이트를 하이어라키 뷰으로 드래그합니다.

❸ 자동으로 'Monster'라는 이름의 게임 오브젝트가 생성되고 Sprite Renderer 컴포넌트가 추가됩니다.

❹ 인스펙터 뷰에서 Transform의 Position 값을 (5, 0, 0)으로 설정합니다.

[그림 2.6-4] 결과 화면

③ 물리 및 충돌 컴포넌트 추가

몬스터가 게임 세계에서 상호작용하는 데 필요한 컴포넌트를 추가합니다.

❶ Rigidbody 2D 컴포넌트를 추가한 후 [Body Type]을 [Kinematic]으로 설정합니다.

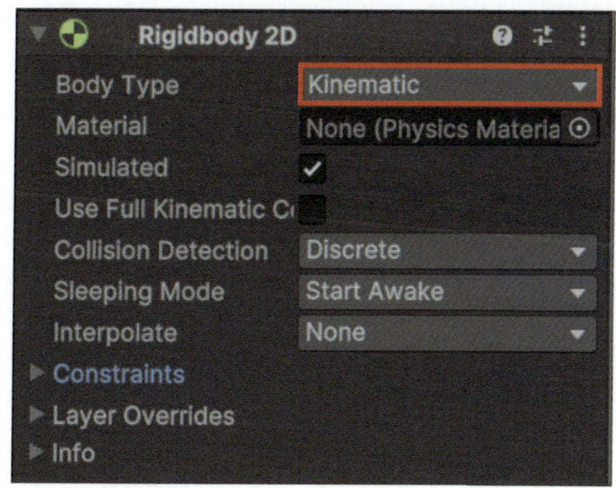

[그림 2.6-5] Rigidbody2D 설정

❷ Box Collider 2D 컴포넌트를 추가한 후 몬스터 이미지에 맞게 크기와 위치를 조정합니다.

• Size(X, Y): (2, 3)

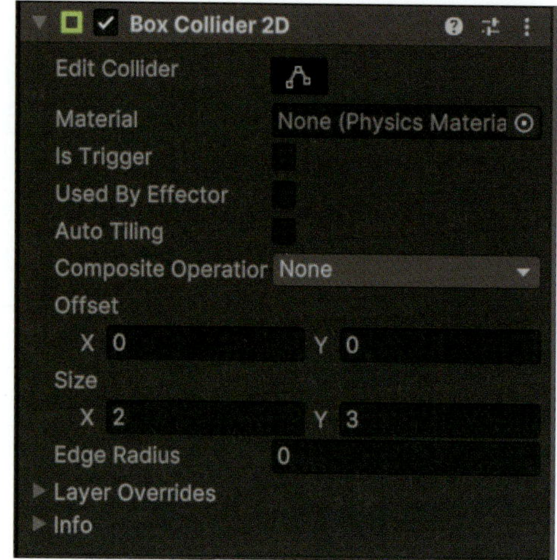

[그림 2.6-6] 콜라이더 설정

리지드보디 타입을 Kinematic으로 설정하는 이유는 몬스터가 물리 엔진의 영향을 받지 않고 스크립트에 의해 움직이도록 하기 위한 것입니다. 이를 통해 몬스터가 플레이어를 정확하게 추적할 수 있습니다.

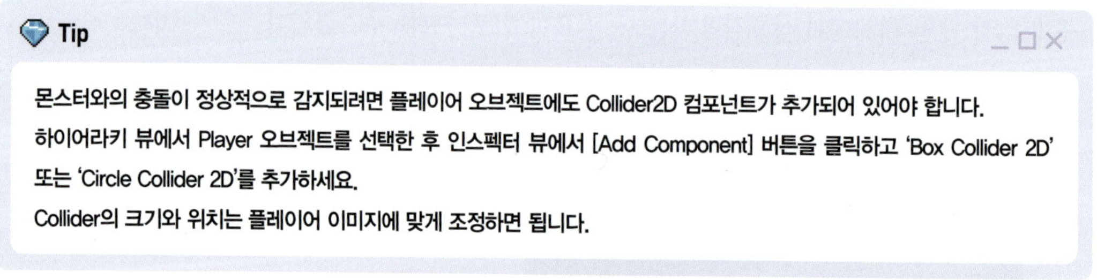

4 몬스터 프리팹 설정

이제 몬스터 오브젝트를 프리팹으로 만들어 게임에서 여러 번 재사용할 수 있도록 하겠습니다. 프리팹은 유니티에서 게임 오브젝트의 재사용 가능한 템플릿으로 매우 강력하고 효율적인 기능입니다.

🔺🟡 프리팹이란?

프리팹(Prefab)은 미리 제작된 게임 오브젝트로 해당 오브젝트의 특성과 컴포넌트 구성을 템플릿 형태로 저장해 두는 기능입니다. 마치 과자를 만들 때 쿠키 커터로 반죽을 찍어 내는 것처럼 프리팹을 사용하면 동일한 속성을 가진 여러 오브젝트를 손쉽게 생성할 수 있습니다.

🔺🟡 프리팹 만들기

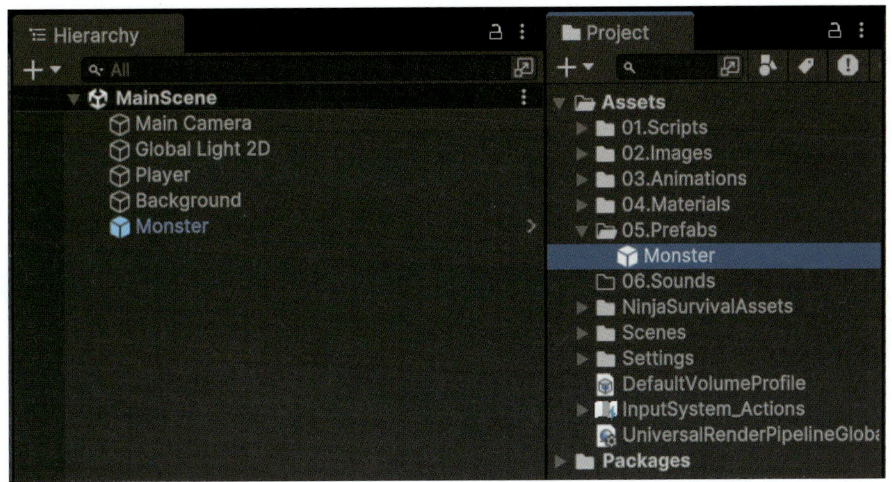

[**그림 2.6-7**] Monster 프리팹 만들기

- 프로젝트 뷰에서 [05. Prefabs] 폴더를 선택합니다. 만약 이 폴더가 없다면 새로 생성합니다.
- 하이어라키 뷰에서 완성된 Monster 오브젝트를 프로젝트 뷰의 [05. Prefabs] 폴더로 드래그합니다.
- 프리팹이 성공적으로 생성되면 하이어라키 뷰에 있는 Monster 오브젝트의 이름이 파란색으로 표시됩니다. 이는 해당 오브젝트가 이제 프리팹의 인스턴스라는 것을 의미합니다.

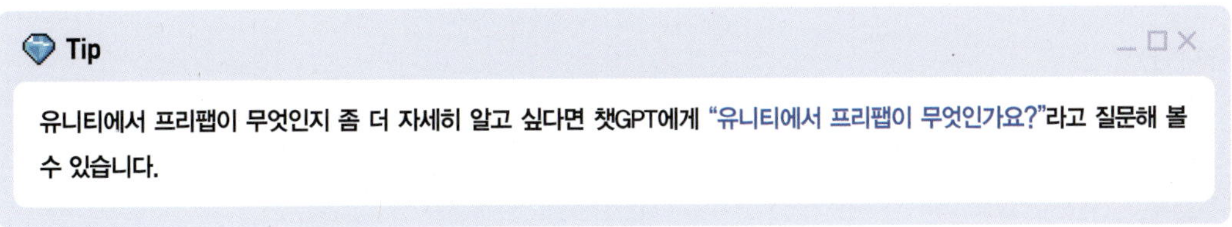

💎 **Tip**   _ □ ✕

유니티에서 프리팹이 무엇인지 좀 더 자세히 알고 싶다면 챗GPT에게 "유니티에서 프리팹이 무엇인가요?"라고 질문해 볼 수 있습니다.

이제 몬스터가 게임에 등장할 준비가 완료되었습니다. 하지만 이 상태로는 단순히 화면에 정적으로 서 있는 오브젝트에 불과합니다. 다음 단계에서는 몬스터가 움직이고 플레이어를 추적하는 추적 로직과 애니메이션을 추가하여 게임에 좀 더 큰 생동감을 불어넣어 보겠습니다.

이전 단계에서 몬스터 프리팹을 성공적으로 만들었습니다. 그러나 현재 몬스터는 정적으로 서 있기만 해서 위협적인 느낌이 부족합니다. 몬스터가 더욱 생동감 있고 위협적으로 보이도록 간단한 애니메이션 효과를 추가해 보겠습니다.

이번 단계에서는 복잡한 스프라이트 시트나 애니메이션 시스템을 사용하지 않고 간단한 코드만으로 몬스터에 움직임을 부여하는 방법을 살펴봅니다. 이 과정을 통해 정적인 적 캐릭터에 생명력을 더하고 게임의 몰입감을 높일 수 있습니다.

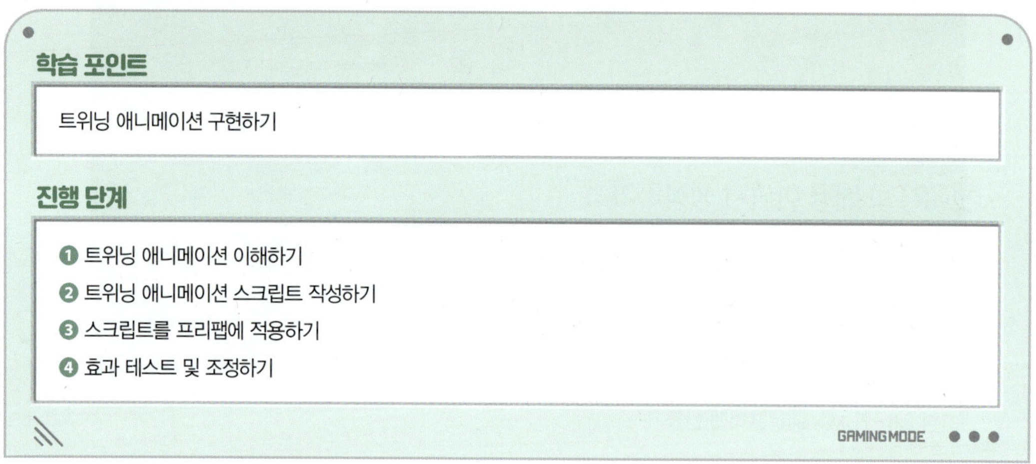

1 트위닝 애니메이션 이해하기

트위닝(Tweening)은 두 값 사이를 부드럽게 변화시키는 기법입니다. 이 기법을 활용하면 정적인 오브젝트에도 생동감을 줄 수 있습니다. 예를 들어, 몬스터의 크기를 100%에서 110%로 서서히 키웠다가 다시 100%로 줄이는 동작을 반복하면 마치 몬스터가 숨을 쉬는 것처럼 보이게 만들 수 있습니다.

간단한 효과이지만, 캐릭터에 생명력을 더하고 게임의 몰입감을 높이는 데 큰 도움이 됩니다.

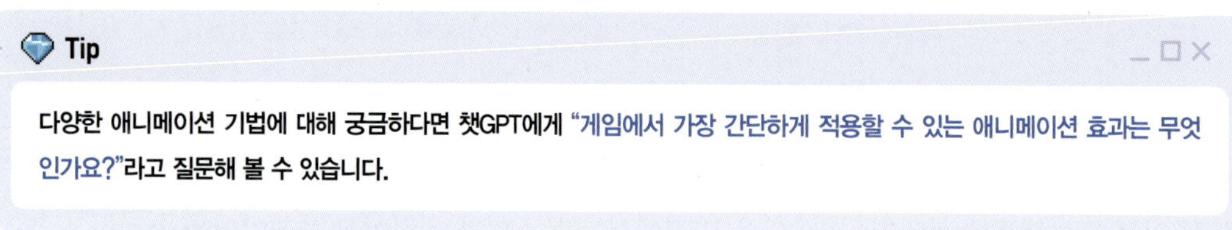

2 간단한 몬스터 애니메이션 스크립트 작성하기

이제 간단한 애니메이션 스크립트를 만들어 보겠습니다.

[01. Scripts] 폴더에 'MonsterAnimation'이라는 새 C# 스크립트를 만듭니다.

```csharp
using UnityEngine;

public class MonsterAnimation : MonoBehaviour
{
    public float ScaleSpeed = 5f;          // 애니메이션 속도
    public float ScaleAmount = 0.05f;      // 크기 변화량(5%)

    private Vector3 _originalScale;        // 원래 크기 저장용

    void Start()
    {
        // 시작할 때 원래 크기 저장해 두기
        _originalScale = transform.localScale;
    }

    void Update()
    {
        // 시간에 따라 0~1 사이를 반복하는 값(Pingpong)
        float scaleProgress = Mathf.PingPong(Time.time * ScaleSpeed, 1f);

        // 0~1 값을 -ScaleAmount ~ +ScaleAmount 범위로 변환
        float scaleChange =(scaleProgress * 2 - 1) * ScaleAmount;

        // 새로운 크기 계산
        Vector3 newScale = _originalScale *(1 + scaleChange);

        // 크기 적용
        transform.localScale = newScale;
    }
}
```

이 코드는 다음과 같이 동작합니다.

❶ Start() 함수에서 몬스터의 원래 크기를 저장해 둡니다.

❷ Update() 함수는 매 프레임마다

 • Mathf.PingPong() 함수를 사용해 시간에 따라 0에서 1 사이를 오가는 값을 생성합니다.

 • 이 값을 −ScaleAmount에서 +ScaleAmount 사이의 값으로 변환합니다.

 • 원래 크기에 이 변화량을 적용해 몬스터의 크기를 조절합니다.

이렇게 하면 몬스터가 커졌다 작아졌다를 부드럽게 반복하며 생동감 있는 연출이 가능합니다.

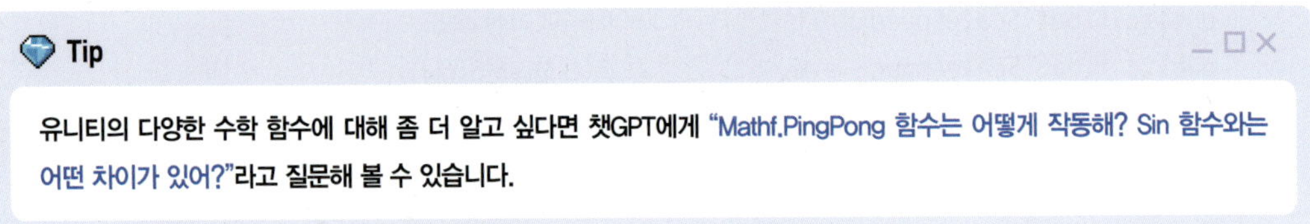

💎 **Tip**

유니티의 다양한 수학 함수에 대해 좀 더 알고 싶다면 챗GPT에게 "Mathf.PingPong 함수는 어떻게 작동해? Sin 함수와는 어떤 차이가 있어?"라고 질문해 볼 수 있습니다.

3 스크립트를 프리팹에 적용하기

이제 작성한 스크립트를 몬스터 프리팹에 적용해 보겠습니다.

❶ 프로젝트 뷰에서 [05. Prefabs] 폴더 내의 Monster 프리팹을 선택합니다.

❷ 인스펙터 뷰에서 [Add Component] 버튼을 클릭합니다.

❸ 검색 창에 'MonsterAnimation'을 입력하면 나타나는 스크립트를 선택합니다.

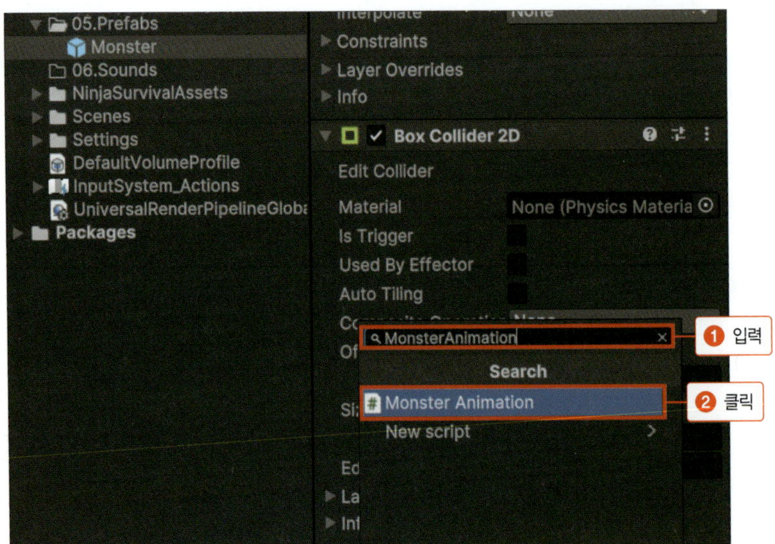

[그림 2.6-8] 스크립트 연결하기

❹ 추가된 컴포넌트의 설정 값을 조정해 봅시다.

- Scale Speed: 5(애니메이션 속도, 값이 클수록 빠르게 변화)
- Scale Amount: 0.05(크기 변화량, 작을수록 미묘한 변화)

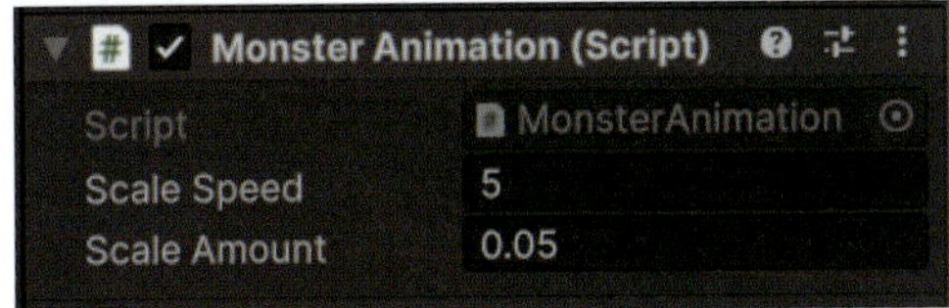

[그림 2.6-9] 속성 설정

이렇게 하면 몬스터 프리팹에 애니메이션 효과가 적용됩니다. 설정 값을 조정하여 다양한 느낌의 애니메이션을 연출할 수 있으므로 원하는 분위기에 맞게 값을 변경해 보기 바랍니다.

이러한 간단한 기법만으로도 게임에 생동감을 더할 수 있습니다. 이제 몬스터는 더 이상 정적인 이미지가 아니라 살아 움직이는 위협적인 적으로 표현됩니다. 다음 단계에서는 이 몬스터가 플레이어를 향해 움직이는 AI 로직을 구현해 보겠습니다.

6.3 플레이어 추적 로직

뱀서라이크 장르의 핵심은 몬스터들이 항상 플레이어를 쫓아오는 데 있습니다. 이러한 추적 로직은 게임의 긴장감과 몰입감을 높이는 중요한 요소입니다.

이번 단계에서는 현실적인 좀비처럼 몬스터가 플레이어를 지속적으로 따라오는 동작을 구현하여 더욱 몰입감 있는 게임을 완성해 보겠습니다.

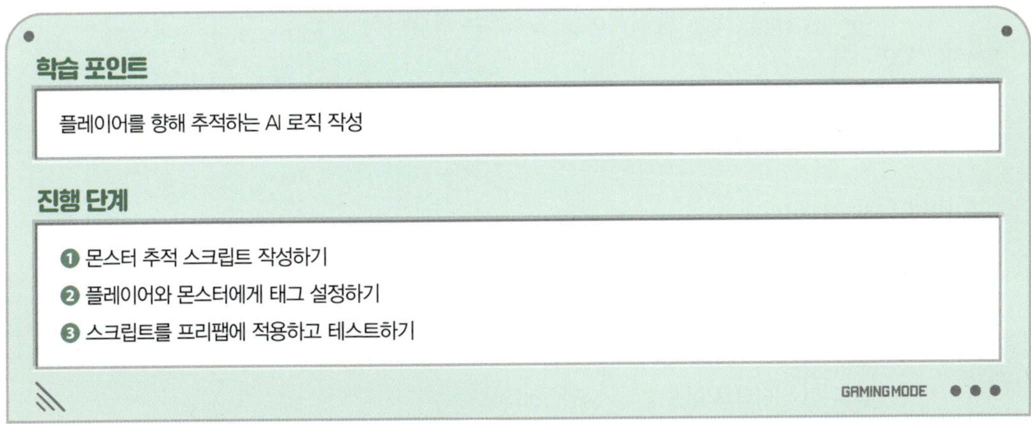

학습 포인트

플레이어를 향해 추적하는 AI 로직 작성

진행 단계

❶ 몬스터 추적 스크립트 작성하기
❷ 플레이어와 몬스터에게 태그 설정하기
❸ 스크립트를 프리팹에 적용하고 테스트하기

GAMING MODE ● ● ●

1 몬스터 추적 스크립트 작성하기

몬스터가 플레이어를 추적하는 로직을 구현하기 위해 'MonsterController'라는 새 스크립트를 작성하겠습니다. [01. Scripts] 폴더에 새 C# 스크립트를 생성한 후 다음과 같이 코드를 작성합니다.

```csharp
using UnityEngine;

public class MonsterController : MonoBehaviour
{
    public float MoveSpeed = 2f;                 // 몬스터 이동 속도

    private Transform _target;                   // 추적할 대상(플레이어)
    private Rigidbody2D _rigidbody2D;            // 물리 처리를 위한 컴포넌트
    private SpriteRenderer _spriteRenderer;      // 스프라이트 반전을 위한 컴포넌트

    void Start()
    {
        // 컴포넌트 가져오기
        _rigidbody2D = GetComponent<Rigidbody2D>();
        _spriteRenderer = GetComponent<SpriteRenderer>();

        // 플레이어 찾기(Player 태그가 있어야 함)
        GameObject player = GameObject.FindGameObjectWithTag("Player");
        if(player != null)
        {
            _target = player.transform;
        }
        else
        {
            Debug.LogError("플레이어를 찾을 수 없습니다. Player 태그가 설정되어
있는지 확인하세요.");
        }
    }

    void FixedUpdate()
    {
        if(_target == null)
            return;

        // 플레이어 방향으로 이동
```

```
        Vector2 direction =(_target.position - transform.position).normalized;
        _rigidbody2D.MovePosition(_rigidbody2D.position + direction * MoveSpeed *
Time.fixedDeltaTime);

        // 이동 방향에 따라 스프라이트 반전
        if(direction.x > 0)
        {
            _spriteRenderer.flipX = false;   // 오른쪽으로 이동 시 원래 방향
        }
        else if(direction.x < 0)
        {
            _spriteRenderer.flipX = true;    // 왼쪽으로 이동 시 스프라이트 반전
        }
    }
}
```

이 코드의 주요 동작은 다음과 같습니다.

Start( ) 함수

- 필요한 컴포넌트(Rigidbody2D, SpriteRenderer)를 가져옵니다.
- 'Player' 태그가 있는 게임 오브젝트를 찾아 타깃으로 설정합니다.

FixedUpdate( ) 함수

- 타깃(플레이어)의 방향을 계산한 후 Rigidbody2D.MovePosition()을 사용해 플레이어 방향으로 몬스터를 이동시킵니다.
- 이동 방향에 따라 스프라이트를 반전시켜 자연스러운 움직임을 연출합니다.

FixedUpdate와 Update의 차이점

물리 이동은 FixedUpdate() 함수에서 처리하는 것이 권장됩니다. Update( )는 매 프레임마다 호출되어 컴퓨터 성능에 따라 호출 빈도가 달라질 수 있지만, FixedUpdate( )는 물리 엔진의 시뮬레이션 주기에 맞춰 일정한 간격으로 호출되므로 Rigidbody 등 물리 연산이 필요한 코드는 FixedUpdate( )에서 실행하는 것이 좋습니다.

2 태그 설정하기

MonsterController 스크립트에서는 GameObject.FindGameObjectWithTag("Player")를 사용해 플레이어를 찾고 있습니다. 이 기능은 게임 내에서 오브젝트를 효율적으로 찾고 관리하는 데 매우 유용합니다.

이제 태그 시스템이 무엇이며 왜 중요한지 자세히 살펴보겠습니다.

태그(Tag)란?

태그는 유니티에서 게임 오브젝트를 분류하고 쉽게 찾을 수 있게 해 주는 레이블 시스템입니다. 각 게임 오브젝트에는 하나의 태그를 할당할 수 있으며 이 태그를 기반으로 코드에서 특정 오브젝트나 오브젝트 그룹을 쉽게 찾을 수 있습니다.

태그의 주요 용도

❶ **특정 오브젝트 찾기**: GameObject.FindGameObjectWithTag() 메서드로 특정 태그를 가진 오브젝트를 찾을 수 있습니다.

❷ **충돌 감지**: 충돌 이벤트(OnCollisionEnter2D 등)에서 충돌한 오브젝트의 태그를 확인해 다른 처리를 할 수 있습니다.

❸ **오브젝트 구분**: 플레이어, 적, 아이템 등 게임 내 다양한 요소를 구분하는 데 사용합니다.

플레이어 태그 설정하기

MonsterController 스크립트는 'Player' 태그를 가진 오브젝트를 찾도록 작성되었습니다. 플레이어 오브젝트에 이 태그가 설정되어 있는지 확인해 봅시다.

❶ 하이어라키 뷰에서 Player 오브젝트를 선택합니다.

❷ 인스펙터 뷰 상단에서 Tag 드롭다운을 클릭합니다.

❸ 'Player' 태그를 선택합니다.

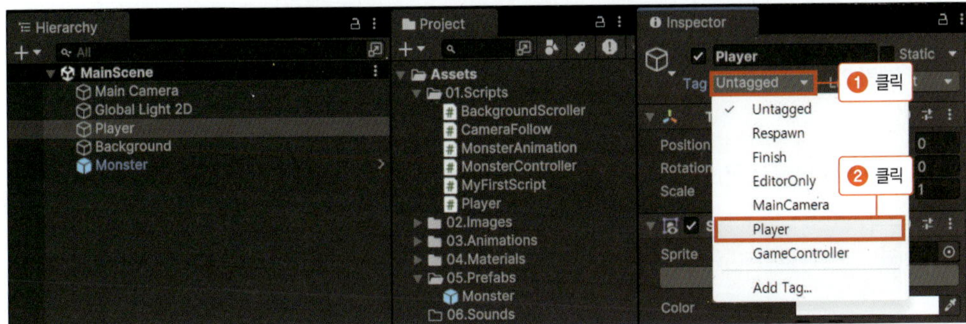

[그림 2.6-10] 태그 설정

몬스터 태그 만들고 설정하기

나중에 몬스터를 구분하기 위해 새로운 태그를 만들어 적용해 보겠습니다.

❶ 인스펙터 뷰의 Tag 드롭다운 메뉴에서 [Add Tag…]를 선택합니다.

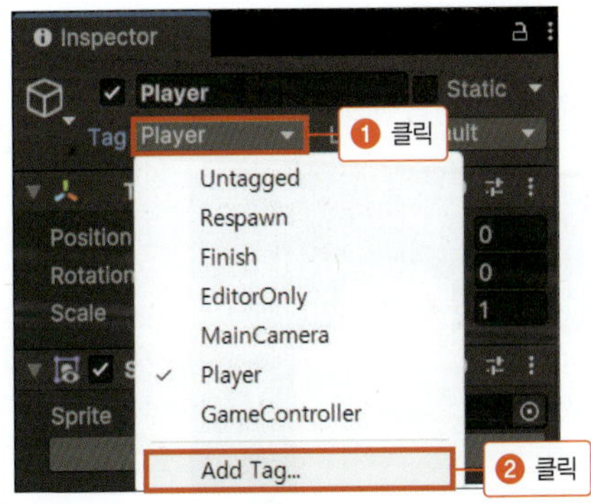

[그림 2.6-11] 태그 추가

❷ Tags & Layers 설정 창이 열리면 [+] 버튼을 클릭합니다.

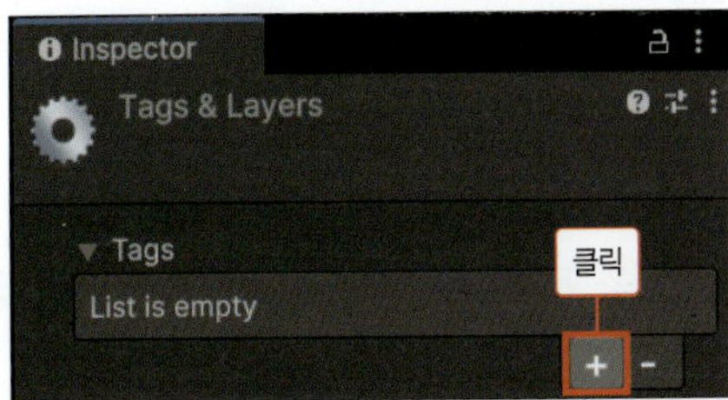

[그림 2.6-12] 태그 추가

❸ 새 태그 이름으로 'Monster'를 입력한 후 [Save] 버튼을 클릭합니다.

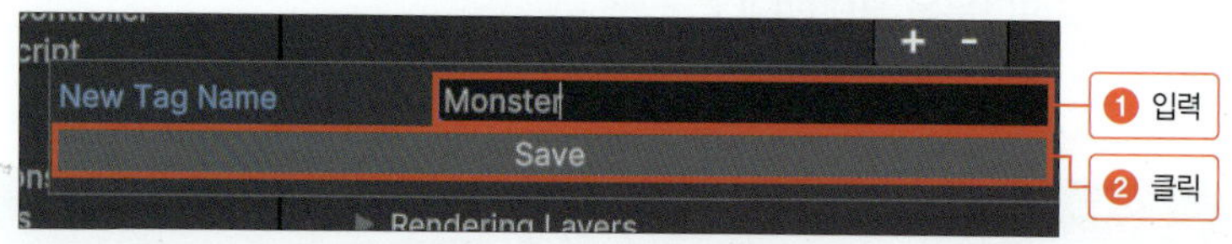

[그림 2.6-13] 태그 추가

❹ 프로젝트 뷰에서 몬스터 프리팹을 선택합니다.

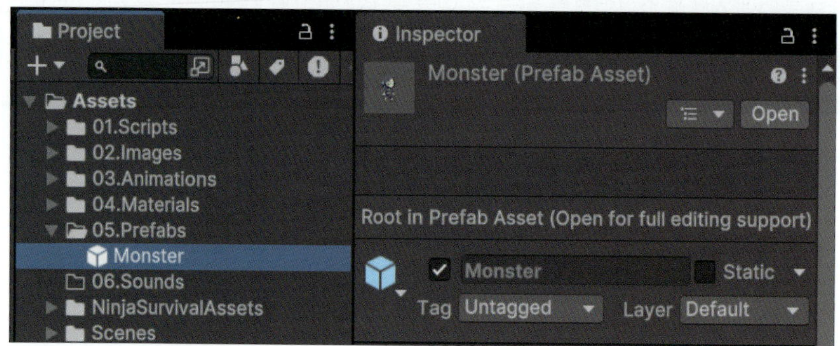

[그림 2.6-14] 프리팹 선택

❺ 인스펙터 뷰에서 Tag 드롭다운을 클릭한 후 [Monster]를 선택합니다.

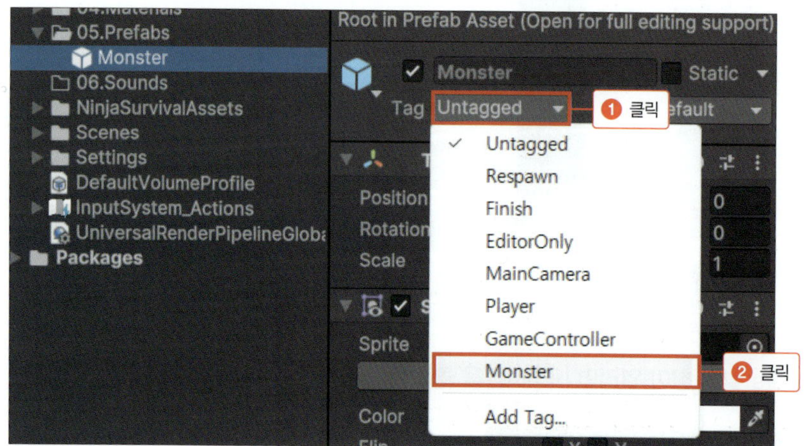

[그림 2.6-15] Monster 태그 선택

태그를 사용하면 코드에서 좀 더 쉽게 게임 오브젝트들을 관리할 수 있습니다. 플레이어와 몬스터 간의 상호작용을 구현할 때 특히 유용합니다.

③ 스크립트를 프리팹에 적용하고 테스트하기

이제 작성한 추적 로직을 몬스터 프리팹에 적용해 보겠습니다.

❶ 프로젝트 창에서 몬스터 프리팹을 선택합니다.

❷ 인스펙터 뷰에서 [Add Component] 버튼을 클릭합니다.

❸ 검색 창에 'MonsterController'를 입력한 후 스크립트를 추가합니다.

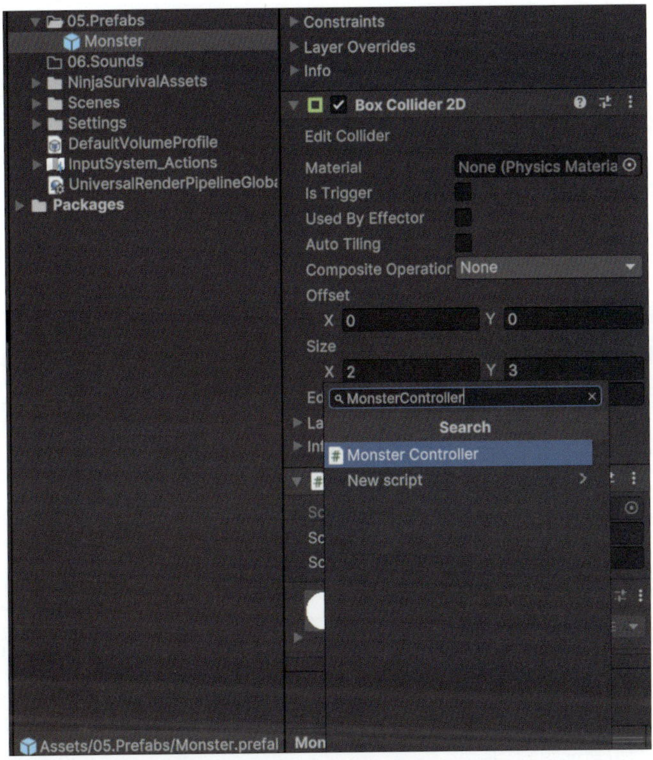

[그림 2.6-16] Monster Controller 스크립트 연결

❹ MoveSpeed 값을 '2'로 설정합니다. 이 값은 몬스터가 플레이어를 추적하는 속도를 결정합니다.

[그림 2.6-17] 속도 설정

이제 게임을 실행하면 몬스터가 곧바로 플레이어 방향으로 이동하는 모습을 확인할 수 있습니다.

왼쪽으로 이동할 때는 몬스터의 스프라이트가 자동으로 반전되고 오른쪽으로 이동하면 원래 방향으로 돌아옵니다.

이렇게 하면 몬스터가 자연스럽게 움직이며 플레이어를 쫓아다니는 무시무시한 존재로 완성됩니다.

6.4 충돌과 플레이어 체력 시스템

이제 몬스터가 닌자를 향해 무섭게 달려오고 있습니다. 하지만 현재 상태에서는 몬스터가 플레이어와 부딪혀도 아무런 반응이 일어나지 않습니다. 실제 게임에서는 몬스터에 닿았을 때 플레이어가 데미지를 입고 체력이 모두 소진되면 게임 오버가 되는 것이 자연스러운 흐름입니다.

이번 단계에서는 충돌 감지와 체력 시스템을 구현하여 게임에 더욱 몰입감 있는 긴장감을 더해 보겠습니다. 몬스터와의 충돌을 감지해 플레이어의 체력이 줄어들도록 만들고 마지막에는 체력이 0이 되었을 때 게임이 종료되는 로직까지 함께 구현합니다.

학습 포인트

- 플레이어 체력 시스템 구현하기
- 몬스터와의 충돌 감지 및 처리하기

진행 단계

❶ 플레이어에 체력 변수 추가하기
❷ 몬스터와 플레이어의 충돌 처리하기
❸ 충돌 시 몬스터 비활성화하기
❹ 플레이어 사망 처리하기

GAMINGMODE ● ● ●

1 플레이어에 체력 변수 추가하기

먼저 플레이어의 체력 시스템을 구현하기 위해 Player 스크립트에 체력 관련 변수를 추가해 보겠습니다.

```csharp
using UnityEngine;

public class Player : MonoBehaviour
{
    public float MoveSpeed = 5f;        // 이동 속도 변수
    public int MaxHealth = 5;           // 최대 체력
    public int CurrentHealth;           // 현재 체력

    // ...(코드 생략)

    void Start( )
    {
        // ...(코드 생략)

        // 게임 시작 시 현재 체력을 최대 체력으로 설정
        CurrentHealth = MaxHealth;
    }

    // 데미지를 받는 함수
    public void TakeDamage(int damageAmount)
    {
        // 이미 사망한 상태라면 데미지를 받지 않음.
        if(_isDead)
            return;

        // 현재 체력에서 데미지만큼 감소
        CurrentHealth -= damageAmount;

        // 현재 체력이 0 이하로 떨어졌다면 사망 처리
        if(CurrentHealth <= 0)
        {
            Die( );
        }
```

```csharp
        else
        {
            // 추후 피격 애니메이션, 효과음 등을 여기에 추가할 수 있음.
            Debug.Log("플레이어가 데미지를 입었습니다. 남은 체력: " +
CurrentHealth);
        }
    }

    // ...(코드 생략)


    void Die()
    {
        // ...(코드 생략)
        Debug.Log("플레이어가 사망했습니다!");

        // 추가: 충돌체를 비활성화하여 더 이상 몬스터와 충돌하지 않도록 함.
        GetComponent<Collider2D>().enabled = false;
    }
}
```

위 코드에서 다음과 같은 변경 사항을 추가했습니다.

- **MaxHealth**: 플레이어의 최대 체력을 나타내는 변수(기본값: 5)
- **CurrentHealth**: 플레이어의 현재 체력을 나타내는 변수
- **TakeDamage()**: 플레이어가 데미지를 입었을 때 호출되는 함수
- **Die() 함수 개선**: 사망 시 충돌체를 비활성화하는 코드 추가

2 몬스터와 플레이어의 충돌 처리하기

이제 몬스터와 플레이어가 충돌했을 때의 로직을 구현해 봅시다. 이를 위해 MonsterController 스크립트에 충돌 처리 기능을 추가하겠습니다. 여기서 새롭게 추가할 DamageAmount 변수는 몬스터가 플레이어에게 입힐 데미지의 양을 나타냅니다. 이 값을 조절하면 몬스터의 공격력을 쉽게 변경할 수 있습니다.

```csharp
using UnityEngine;

public class MonsterController : MonoBehaviour
{
    public float MoveSpeed = 2f;            // 몬스터 이동 속도
    public int DamageAmount = 1;            // 플레이어에게 줄 데미지의 양

    // ...(코드 생략)

    // 플레이어와 충돌했을 때 호출되는 함수
    private void OnCollisionEnter2D(Collision2D collision)
    {
        // 충돌한 객체가 플레이어인지 확인
        if(collision.gameObject.CompareTag("Player"))
        {
            // 플레이어 컴포넌트 가져오기
            Player player = collision.gameObject.GetComponent<Player>();

            // 플레이어가 존재한다면 데미지 주기
            if(player != null)
            {
                player.TakeDamage(DamageAmount);
            }

            // 몬스터 비활성화(충돌 후 사라짐.)
            gameObject.SetActive(false);
        }
    }
}
```

충돌 감지에는 OnCollisionEnter2D 함수를 사용했습니다. 이 함수는 두 개의 Collider2D 컴포넌트가 충돌할 때 자동으로 호출됩니다.

몬스터가 플레이어와 충돌하면 다음과 같은 동작이 수행됩니다.

❶ 플레이어에게 데미지를 줍니다.
❷ 몬스터 자신은 비활성화되어 게임에서 사라집니다.

 **OnCollisionEnter2D vs OnTriggerEnter2D**

유니티에서는 2가지 주요 충돌 감지 방식이 있습니다.

메서드 이름	사용 시기	특징
OnCollisionEnter2D	물리적인 충돌이 필요할 때	두 물체가 충돌하면서 서로를 밀어냄.
OnTriggerEnter2D	감지만 필요하고 물리적 충돌이 필요 없을 때	두 물체가 겹쳐도 통과함.(충돌체의 IsTrigger가 활성화되어 있어야 함.)

NinjaSurvival 게임에서는 플레이어와 몬스터가 물리적으로 충돌해야 하므로 OnCollisionEnter2D를 사용했습니다.

> 💎 **Tip**   _ □ ×
>
> 충돌 시스템에 대해 깊이 있는 지식을 얻고 싶다면 챗GPT에게 "Unity에서 OnCollisionEnter2D와 OnTriggerEnter2D의 차이점과 각각의 사용 사례를 자세히 설명해."라고 질문해 볼 수 있습니다.

3️⃣ 구현 결과 테스트하기

이제 충돌 처리가 제대로 작동하는지 테스트해 보겠습니다. 플레이어의 최대 체력이 5이므로 몬스터 5마리와 차례대로 충돌한 후 플레이어가 사망하는지 확인해 주세요.

> 💎 **Tip**   _ □ ×
>
> 테스트를 진행하기 전에 플레이어 오브젝트에도 Collider2D 컴포넌트가 추가되어 있는지 꼭 확인하세요. Collider2D가 없으면 몬스터와의 충돌이 감지되지 않습니다.

❶ 프로젝트 뷰에서 몬스터 프리팹을 선택합니다.
❷ 프리팹을 하이어라키 뷰로 5번 드래그하여 5개의 몬스터 인스턴스를 생성합니다.
❸ 생성된 몬스터들의 위치를 게임 화면 주변에 적절히 배치합니다.

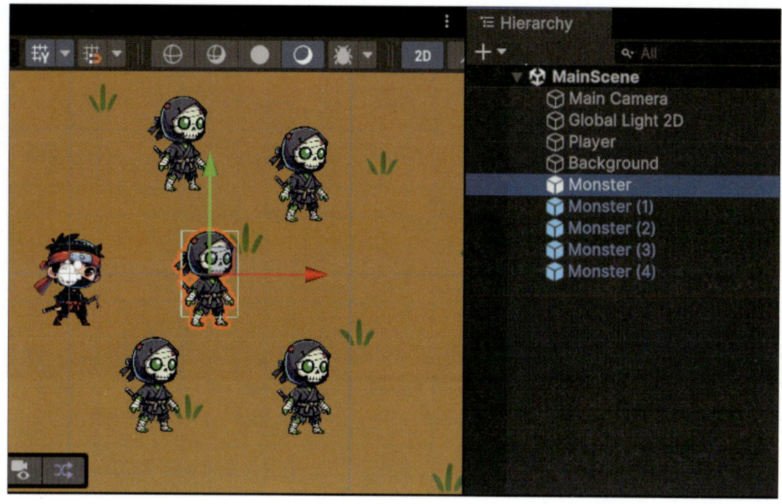

[그림 2.6-18] 몬스터 배치

이제 게임을 실행하고 다음을 확인해 보세요.

❶ 모든 몬스터가 플레이어를 향해 이동합니다.

❷ 몬스터와 충돌할 때마다 플레이어의 체력이 1씩 감소하고 몬스터는 사라집니다.

❸ 콘솔 창에 "플레이어가 데미지를 입었습니다. 남은 체력: X"라는 메시지가 표시됩니다.

❹ 5번째 몬스터와 충돌하면 플레이어의 체력이 0이 되고 "플레이어가 사망했습니다!"라는 메시지가
표시됩니다.

❺ 플레이어는 사망 애니메이션을 재생하고 더 이상 움직이지 않습니다.

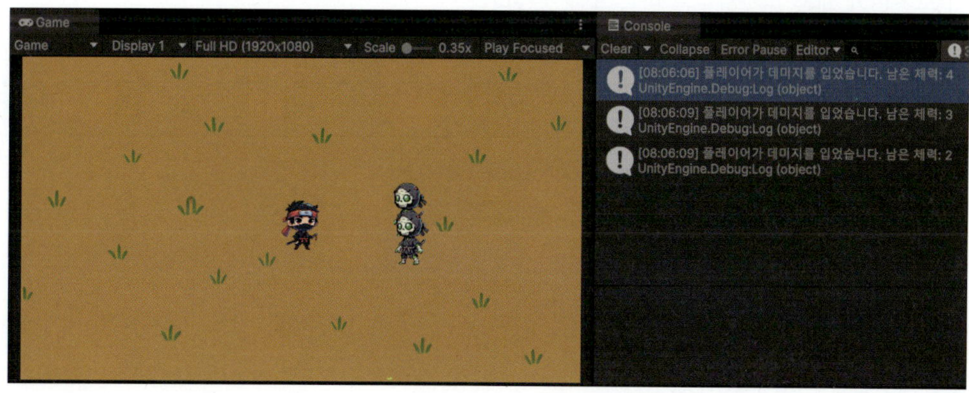

[그림 2.6-19] 실행 화면

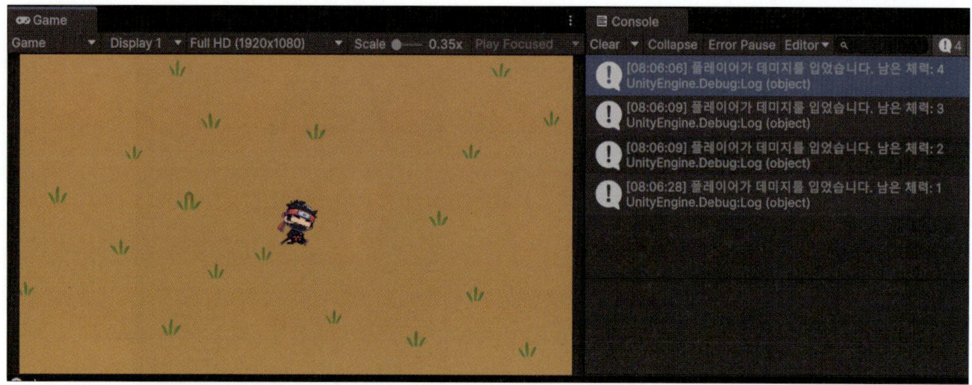

[그림 2.6-20] 실행 화면

이 테스트를 통해 플레이어의 체력 시스템과 몬스터와의 충돌 처리가 정상적으로 작동하는지 확인할 수 있습니다. 정확히 5번의 충돌 후에 플레이어가 사망한다면 우리가 설계한 체력 시스템이 올바르게 작동하고 있는 것입니다. 우리의 닌자 서바이벌 게임이 점점 완성되어 가고 있습니다.

6.5 몬스터 랜덤 자동 스폰

뱀서라이크 게임의 핵심은 끊임없이 몰려오는 적을 상대하는 데 있습니다. 이번 단계에서는 몬스터를 플레이어 주변에 자동으로 생성하는 시스템을 구현하여 게임이 진행되는 동안 랜덤한 위치에서 몬스터가 계속 등장하도록 만들어 보겠습니다.

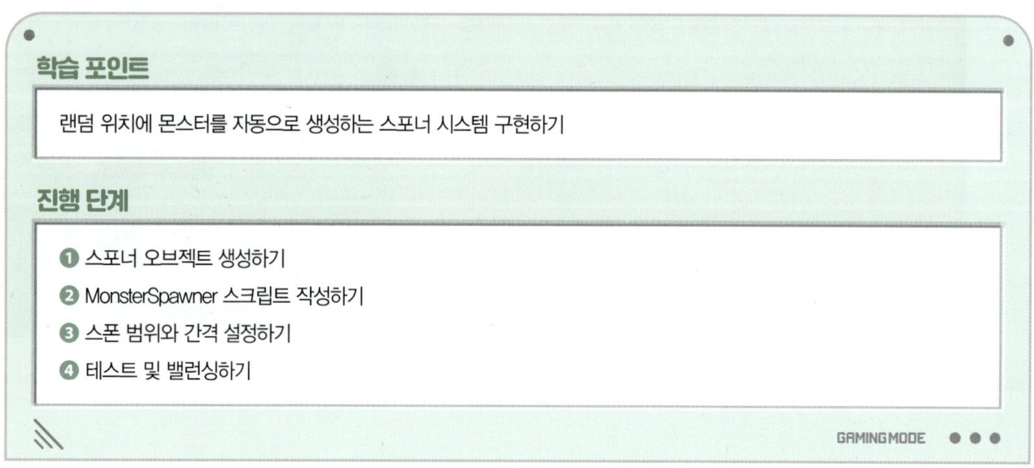

1 스포너 오브젝트 생성하기

먼저 게임 내에서 몬스터 생성을 관리할 스포너 오브젝트를 만들어 보겠습니다.

❶ 하이어라키 뷰에서 마우스 오른쪽 버튼을 클릭하면 나타나는 단축 메뉴 중에서 [Create Empty]를 선택합니다.

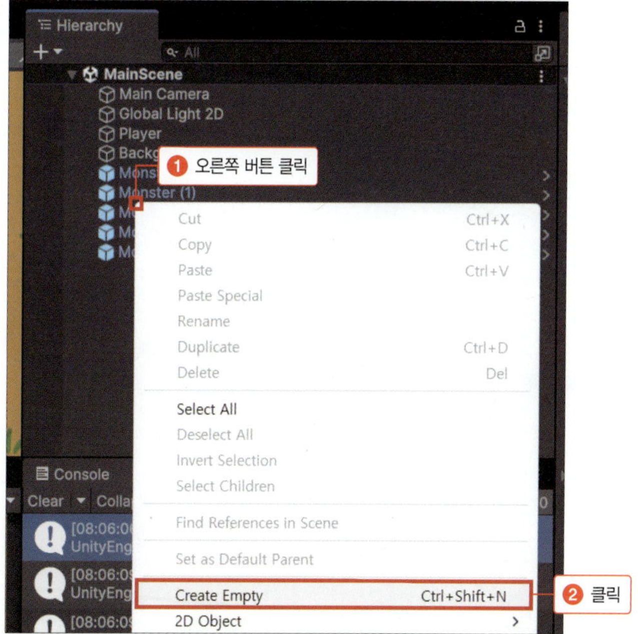

[그림 2.6-21] 빈 오브젝트 생성

❶ 새로 생성된 오브젝트의 이름을 'MonsterSpawner'로 변경합니다.

❷ 이 빈 오브젝트는 시각적으로 보이지 않지만, 몬스터 생성 로직을 관리하는 중요한 역할을 할 것입니다.

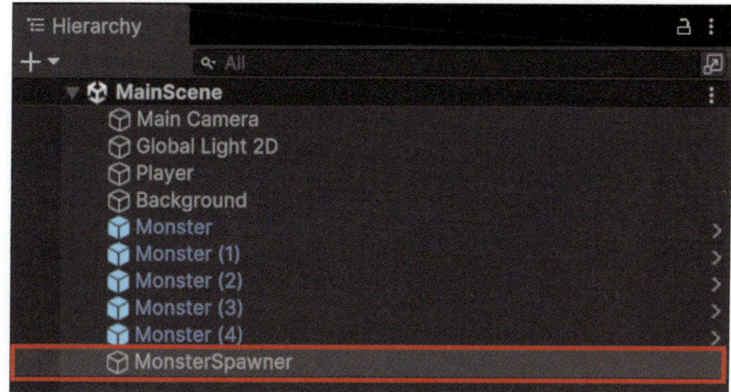

[그림 2.6-22] 오브젝트 이름 변경

2 MonsterSpawner 스크립트 작성하기

이제 스포너 오브젝트에 부착할 스크립트를 작성해 보겠습니다. 이 스크립트는 일정 시간마다 몬스터를 랜덤한 위치에 생성하는 역할을 합니다.

[01. Scripts] 폴더에 'MonsterSpawner'라는 이름의 새 C# 스크립트를 생성한 후 다음과 같이 작성합니다.

```csharp
using UnityEngine;

public class MonsterSpawner : MonoBehaviour
{
    public GameObject MonsterPrefab;          // 생성할 몬스터 프리팹
    public Transform Player;                   // 플레이어 위치 참조
    public float SpawnInterval = 1f;           // 몬스터 생성 간격(초)
    public float SpawnDistance = 10f;          // 플레이어로부터 몬스터가 생성될 거리

    private float _timer = 0f;                  // 타이머 변수

    void Update()
    {
        // 타이머 증가
        _timer += Time.deltaTime;

        // 일정 시간이 지나면 몬스터를 생성합니다.
        if(_timer >= SpawnInterval)
        {
            SpawnMonster();
            _timer = 0f;   // 타이머 초기화
        }
    }

    void SpawnMonster()
    {
        // 플레이어가 없으면 생성하지 않음.
        if(Player == null)
        {
            return;
        }
```

```csharp
        // 랜덤한 각도 생성(0~360도)
        float randomAngle = Random.Range(0f, 360f);

        // 각도를 라디안으로 변환
        float radians = randomAngle * Mathf.Deg2Rad;

        // 원형 범위 내에서의 위치 계산(삼각 함수 활용)
        float x = Mathf.Cos(radians) * SpawnDistance;
        float y = Mathf.Sin(radians) * SpawnDistance;

        // 플레이어 위치를 기준으로 스폰 위치 설정
        Vector3 SpawnPosition = Player.position + new Vector3(x, y, 0f);

        GameObject monster = Instantiate(MonsterPrefab);
        monster.transform.position = SpawnPosition;
    }
}
```

이 스크립트는 게임이 진행되는 동안 몬스터를 자동으로 생성하는 역할을 합니다. 주요 기능은 다음과 같습니다.

- **자동 생성**: SpawnInterval 시간마다 새 몬스터를 생성합니다.
- **위치 계산**: 삼각 함수를 사용해 플레이어 주변의 원형 영역에 랜덤하게 몬스터를 배치합니다.

 Tip _ □ ×

코드에 대해 좀 더 깊이 이해하고 싶다면 챗GPT에게 "몬스터 스포너 스크립트의 각 함수와 변수가 어떤 역할을 하는지 자세히 설명해 주세요."라고 질문해 볼 수 있습니다.

이제 작성한 스크립트를 MonsterSpawner 오브젝트에 추가한 후 필요한 설정을 해 보겠습니다.

❶ 하이어라키 뷰에 있는 모든 몬스터 오브젝트들을 선택한 후 마우스 오른쪽 버튼을 클릭하면 나타나는 단축 메뉴 중에서 Delete를 눌러 삭제합니다.

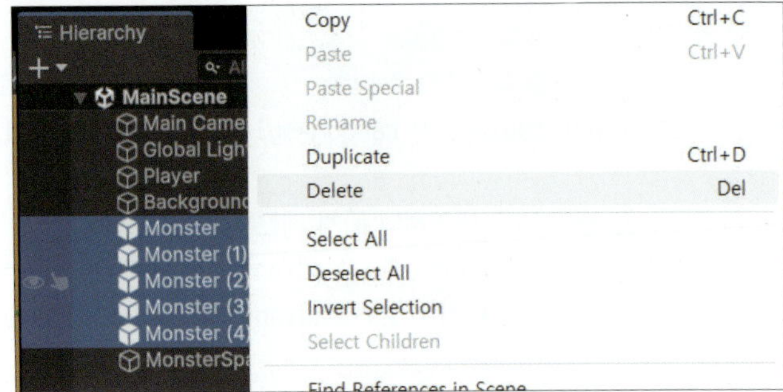

[그림 2.6-23] 몬스터 삭제

❷ 하이어라키 뷰에서 MonsterSpawner 오브젝트를 선택합니다.

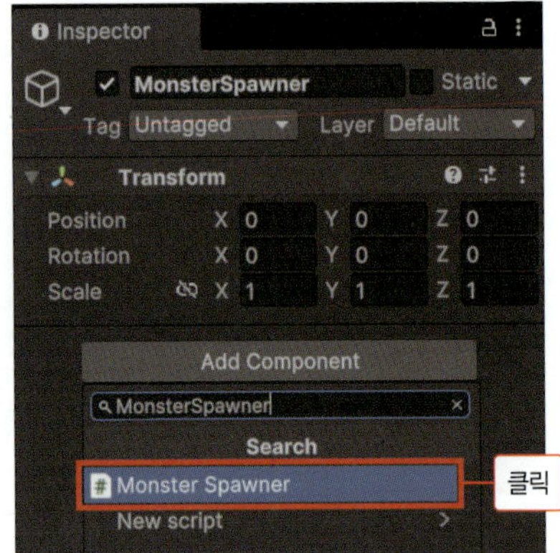

[그림 2.6-24] 몬스터 스포너 연결

❸ 인스펙터 뷰에서 [Add Component] 버튼을 클릭한 후 [MonsterSpawner] 스크립트를 추가합니다.

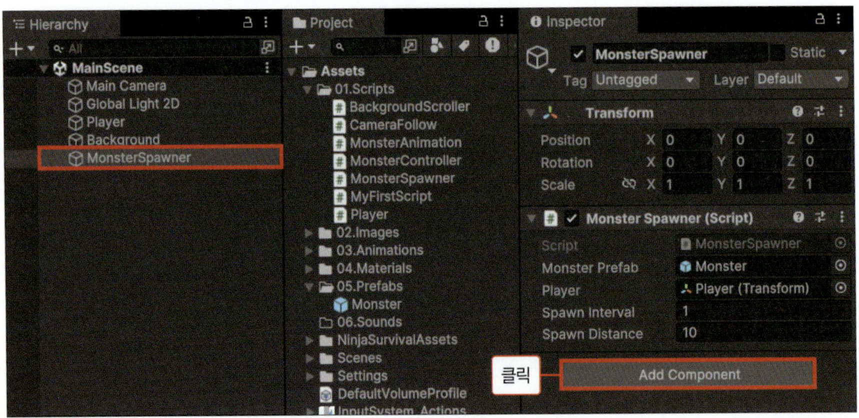

[그림 2.6-25] Monster Spawner 설정

❹ 다음과 같이 각 항목을 설정합니다.

- **Monster Prefab**: [03. Prefabs] 폴더에서 Monster 프리팹을 드래그합니다.
- **Player**: 하이어라키 뷰에서 Player 오브젝트를 드래그합니다.
- **Spawn Interval**: 1(몬스터 생성 간격, 초 단위)
- **Spawn Distance**: 10(플레이어로부터의 거리)

이제 게임을 실행하면 플레이어 주변에 일정 간격으로 몬스터가 자동으로 생성되는 모습을 확인할 수 있습니다.

[그림 2.6-26] 결과 화면

4️⃣ 프리팹 인스턴스화 이해하기

스포너 스크립트에서 사용한 Instantiate 함수는 유니티에서 프리팹을 실시간으로 게임 오브젝트로 생성하는 핵심 기능입니다. 이번 단계에서는 이 과정을 좀 더 깊이 있게 살펴보겠습니다.

프리팹 인스턴스화란?

프리팹 인스턴스화(Instantiation)는 미리 만들어 둔 프리팹(일종의 템플릿)에서 게임 실행 중에 새로운 오브젝트를 생성하는 과정을 말합니다.

쉽게 말해, 쿠키 반죽에 쿠키 틀을 찍어 여러 개의 같은 모양을 만들어 내는 것과 비슷합니다. 프리팹은 쿠키 틀이고, Instantiate 함수는 반죽을 찍어 내는 도구라고 생각하면 이해하기 쉽습니다.

```
GameObject monster = Instantiate(MonsterPrefab);
monster.transform.position = SpawnPosition;
```

위 코드는 다음과 같은 일을 수행합니다.

❶ MonsterPrefab을 템플릿으로 사용해서 게임 오브젝트를 생성합니다.
❷ 생성된 게임 오브젝트의 참조를 monster 변수에 저장합니다.
❸ SpawnPosition 위치에 옮깁니다.

이 과정을 통해 게임 실행 중에도 동적으로 오브젝트를 생성할 수 있으며 생성된 오브젝트는 프리팹의 모든 속성(컴포넌트, 스크립트, 설정 등)을 그대로 상속받지만 독립적인 인스턴스로 동작합니다.

프리팹 인스턴스의 특징

- 원본 프리팹의 모든 컴포넌트와 속성을 가지고 시작합니다.
- 생성 후에는 독립적인 오브젝트로 동작합니다.
- 코드를 통해 위치, 회전, 크기 등을 개별적으로 조정할 수 있습니다.
- 필요한 순간에 생성하고 필요 없어지면 제거할 수 있습니다.

 **Tip**

코드가 복잡하게 느껴진다면 챗GPT에게 "이 코드를 초보자가 이해하기 쉽게 각 줄마다 주석을 달아 주세요."라고 요청해 볼 수 있습니다. 챗GPT는 다음과 같이 친절하게 설명을 제공해 줍니다.

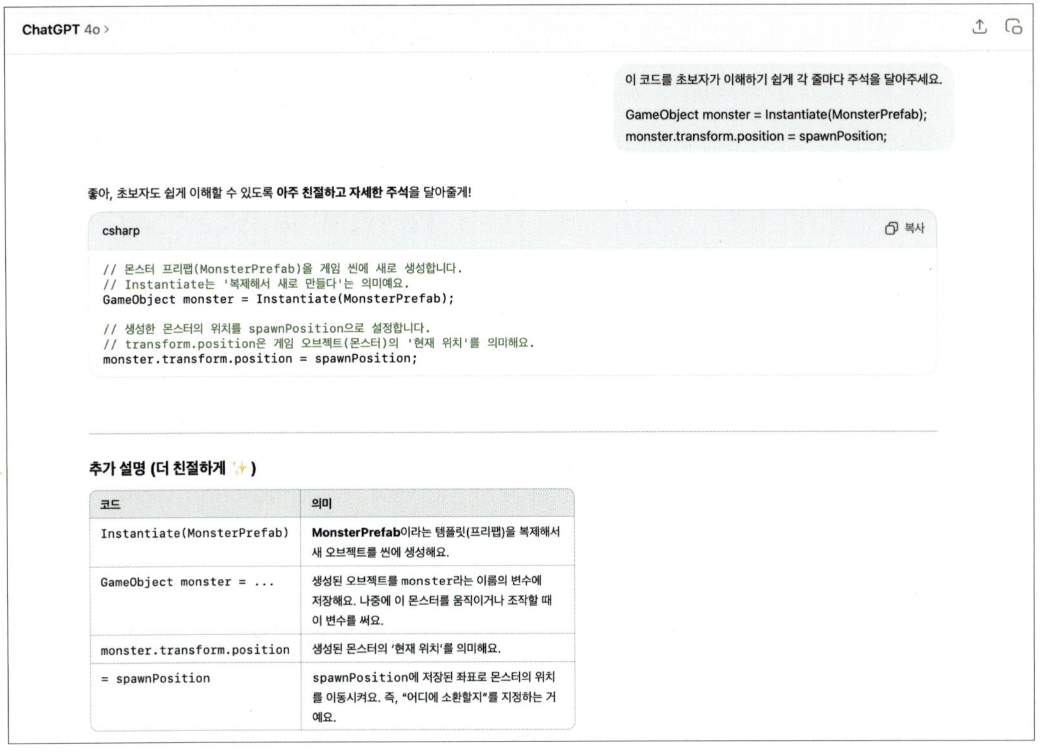

코드	의미
Instantiate(MonsterPrefab)	**MonsterPrefab**이라는 템플릿(프리팹)을 복제해서 새 오브젝트를 씬에 생성해요.
GameObject monster = ...	생성된 오브젝트를 monster라는 이름의 변수에 저장해요. 나중에 이 몬스터를 움직이거나 조작할 때 이 변수를 써요.
monster.transform.position	생성된 몬스터의 '현재 위치'를 의미해요.
= spawnPosition	spawnPosition에 저장된 좌표로 몬스터의 위치를 이동시켜요. 즉, "어디에 소환할지"를 지정하는 거예요.

[그림 2.6-27] 챗GPT 도움받기

5 랜덤 생성 이해하기

게임을 실행해 보면 플레이어 주변에 일정 간격으로 몬스터가 생성되는 모습을 확인할 수 있습니다. 특히 원형으로 랜덤하게 생성된 몬스터들이 플레이어를 추적하는 기능은 뱀서라이크 게임의 핵심 요소라고 할 수 있습니다.

랜덤 생성의 핵심 개념

```csharp
float randomAngle = Random.Range(0f, 360f);
```

이 코드는 0도부터 360도 사이의 무작위 각도를 생성합니다. 유니티의 Random.Range 함수는 첫 번째 매개변수(포함)부터 두 번째 매개변수(미포함) 사이의 무작위 값을 반환합니다.

```
float x = Mathf.Cos(radians) * SpawnDistance;
float y = Mathf.Sin(radians) * SpawnDistance;
```

이 부분은 삼각 함수를 활용해 원형 영역 내의 좌표를 계산하는 코드입니다. 코사인과 사인 함수는 단위 원(반지름이 1인 원) 위의 점 좌표를 계산하는 데 사용되며 여기에 SpawnDistance를 곱하면 원의 크기를 조절할 수 있습니다.

이러한 방식으로 플레이어 주변의 원형 영역 어디에서나 몬스터가 등장할 수 있게 되어 게임에 예측 불가능성과 긴장감을 더해 줍니다.

이제 우리의 뱀서라이크 게임에는 자동 몬스터 생성 시스템이 추가되었습니다. 시간이 흐를수록 더 많은 몬스터가 닌자를 향해 몰려들고 플레이어는 살아남기 위해 끊임없이 이동하며 몬스터를 피해야 합니다.

이처럼 끊임없이 밀려오는 적을 회피하고 생존을 이어가는 구조가 바로 닌자 서바이벌 게임의 핵심 게임성입니다. 간단하지만 반복될수록 점점 더 긴장감이 높아지는 이 구조는 플레이어에게 강한 몰입감을 제공합니다.

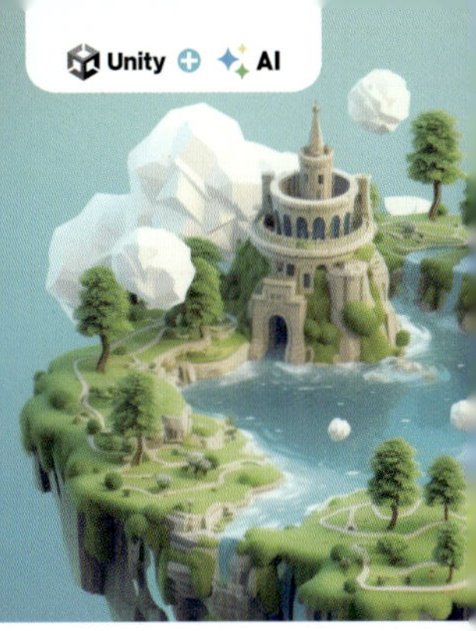

Chapter 7

플레이어 무기

이제 게임에 가장 흥미로운 요소 중 하나인 무기 시스템을 추가할 차례입니다. 진정한 닌자는 다양한 무기를 자유자재로 다룰 수 있어야 합니다. 7장에서는 회전하는 근접 무기(검)와 자동으로 발사되는 원거리 무기(표창)를 구현할 예정입니다. 또한 몬스터가 무기에 맞으면 데미지를 받아 체력이 감소하고 결국 쓰러지도록 하는 시스템도 함께 만들어 보겠습니다.

이 과정을 통해 닌자는 강력한 전사로 성장하여 몬스터들을 물리칠 수 있는 능력을 갖추게 됩니다.

7.1 몬스터 체력 시스템

플레이어 캐릭터가 몬스터들에게 둘러싸여 있지만 아직 몬스터들을 무찌르는 방법은 구현되어 있지 않습니다. 이번 단계에서는 몬스터가 플레이어의 공격을 받았을 때 데미지를 입고 체력이 모두 소진되면 쓰러지는 시스템을 구현해 보겠습니다. 이 시스템은 게임의 핵심 요소로, 플레이어에게 성취감을 주고 게임의 진행을 가능하게 합니다.

학습 포인트

몬스터에 체력 시스템 구현하기

진행 단계

❶ 몬스터 체력 변수 추가하기
❷ 데미지를 받는 함수와 사망 처리 함수 작성하기

GAMING MODE ● ● ●

1 몬스터 체력 변수 추가하기

먼저 MonsterController 스크립트에 체력 관련 변수를 추가해 보겠습니다. 프로젝트 뷰에서 MonsterController 스크립트를 열고 코드를 다음과 같이 수정해 주세요.

```csharp
using UnityEngine;

public class MonsterController: MonoBehaviour
{
    public float MoveSpeed = 2f;              // 몬스터 이동 속도
    public int DamageAmount = 1;              // 플레이어에게 줄 데미지의 양

    // ── 추가된 부분 시작 ──
    public int MaxHealth = 3;                 // 몬스터 최대 체력
    public int CurrentHealth;                 // 현재 체력
    private bool _isDead = false;             // 사망 상태 확인 변수
    // ── 추가된 부분 끝 ──

    private Transform _target;                // 추적할 대상(플레이어)
    private Rigidbody2D _rigidbody2D;         // 물리 처리를 위한 컴포넌트
    private SpriteRenderer _spriteRenderer;   // 스프라이트 반전을 위한 컴포넌트

    void Start()
    {
        // ...(코드 생략)

        CurrentHealth = MaxHealth;
    }

    void FixedUpdate()
    {
        if(_isDead || _target == null)
        {
            return;
        }

        // 플레이어 방향으로 이동
        // ...(코드 생략)
    }
```

```
    // ...(코드 생략)
}
```

위 코드에 새로 추가된 중요한 변수들은 다음과 같습니다.

Start( ) 함수에서는 게임 시작 시 현재 체력을 최대 체력으로 초기화합니다. 또한 FixedUpdate( ) 함수에는 몬스터의 사망 상태를 확인하는 조건문이 추가되었습니다.

```
// 사망 상태이면 이동하지 않음.
if(_isDead || _target == null)
{
    return;
}
```

이 조건문을 통해 몬스터가 사망했거나 타깃(플레이어)이 없을 경우, 이동 로직이 실행되지 않도록 할 수 있습니다.

2 데미지를 받는 함수와 사망 처리 함수 작성하기

몬스터가 데미지를 받고 사망하는 기능을 구현해 보겠습니다. 기존 코드의 아래에 다음과 같은 함수들을 추가합니다.

```
using UnityEngine;
using System.Collections;

public class MonsterController: MonoBehaviour
{
```

```csharp
// ...(이전 코드 생략)

void Start( )
{
    // ...(이전 코드 생략)
}

void FixedUpdate( )
{
    // ...(이전 코드 생략)
}


// 플레이어와 충돌했을 때 호출되는 함수
private void OnCollisionEnter2D(Collision2D collision)
{
    // ...(이전 코드 생략)
}


// 몬스터가 데미지를 받는 함수
public void TakeDamage(int damageAmount)
{
    // 이미 사망했다면 데미지를 받지 않음.
    if(_isDead)
        return;

    // 현재 체력 감소
    CurrentHealth -= damageAmount;

    // 디버그 로그로 확인
    Debug.Log(gameObject.name + "이(가) " + damageAmount + "의 데미지를
입었습니다. 남은 체력: " + CurrentHealth);

    // 체력이 0 이하로 떨어졌다면 사망 처리
    if(CurrentHealth <= 0)
    {
        Die( );
    }
    else
    {
        // 피격 효과를 추가할 수 있습니다.
```

```csharp
            StartCoroutine(HitEffect());
        }
    }

    // 몬스터 사망 처리 함수
    private void Die()
    {
        _isDead = true;

        // 디버그 로그로 확인
        Debug.Log(gameObject.name + "이(가) 사망했습니다!");

        // 게임 오브젝트 비활성화(사망 시 바로 사라짐.)
        gameObject.SetActive(false);
    }

    // 히트 효과를 위한 코루틴
    private IEnumerator HitEffect()
    {
        // 스프라이트 색상을 빨간색으로 변경(피격 효과)
        _spriteRenderer.color = Color.red;

        // 0.2초 대기
        yield return new WaitForSeconds(0.2f);

        // 스프라이트 색상을 원래대로 복원
        _spriteRenderer.color = Color.white;
    }
}
```

위 코드에 추가된 3가지 주요 함수는 다음과 같습니다.

❶ **TakeDamage(int damageAmount)**: 몬스터가 데미지를 받을 때 호출되는 함수입니다. 현재 체력에서 받은 데미지만큼 감소시키고 체력이 0 이하가 되면 Die() 함수를 호출합니다. 아직 체력이 남아 있다면 HitEffect() 코루틴을 실행하여 피격 효과를 보여 줍니다.

❷ **Die()**: 몬스터가 사망했을 때 호출되는 함수입니다. 사망 상태를 true로 설정한 후 충돌체와 리지드보디를 비활성화하고 몬스터 게임 오브젝트를 비활성화하여 화면에서 사라지게 합니다.

코루틴이란?

코루틴(Coroutine)은 유니티에서 제공하는 특별한 기능으로, 시간에 걸쳐 실행되는 작업을 관리할 수 있도록 도와줍니다. 일반적인 함수는 한 번 호출되면 끝까지 실행되어야 하지만, 코루틴은 중간에 잠시 실행을 멈추고 다음 프레임이나 지정된 시간 후에 다시 실행을 계속할 수 있습니다.

코루틴의 주요 특징은 다음과 같습니다.

❶ **시간 지연**: yield return new WaitForSeconds(시간)을 사용하여 지정된 시간 동안 코루틴의 실행을 일시 중지할 수 있습니다.

❷ **프레임 단위 제어**: yield return null을 사용하면 다음 프레임까지 대기할 수 있습니다.

위 코드에서 **HitEffect** 코루틴은 다음과 같은 역할을 합니다.

❶ 몬스터의 스프라이트 색상을 빨간색으로 변경합니다.

❷ 0.2초 동안 기다립니다(이때 게임의 다른 부분은 정상적으로 계속 실행됩니다).

❸ 0.2초가 지난 후 스프라이트 색상을 원래대로 복원합니다.

이런 방식으로 몬스터가 공격을 받았을 때 시각적인 피드백을 제공하면서도 게임의 다른 부분은 멈추지 않고 계속 실행되는 효과를 만들 수 있습니다.

코루틴을 사용할 때는 다음 사항을 참고해 주세요.

- 코루틴을 사용하려면 함수의 반환 타입이 IEnumerator여야 합니다.
- 가장 상단에 using System.Collections; 코드가 있어야 합니다.
- 코루틴 내에서는 최소한 하나의 yield 문이 필요합니다.
- StartCoroutine( ) 메서드를 사용하여 코루틴을 시작합니다.

이제 몬스터에 체력 시스템과 사망 처리가 구현되었습니다. 다음 단계에서는 몬스터에게 데미지를 줄 수 있도록 플레이어의 무기를 만들어 보겠습니다.

7.2 회전하는 근접 무기-검

이번에는 닌자의 첫 번째 무기인 회전하는 근접 무기(검)를 구현해 보겠습니다. 좀 더 효율적인 관리와 확장성을 위해 검을 프리팹으로 만들어 사용합니다. 이 무기는 닌자 주변을 빙글빙글 돌면서 가까이 있는 몬스터들에게 자동으로 데미지를 입히는 역할을 할 것입니다.

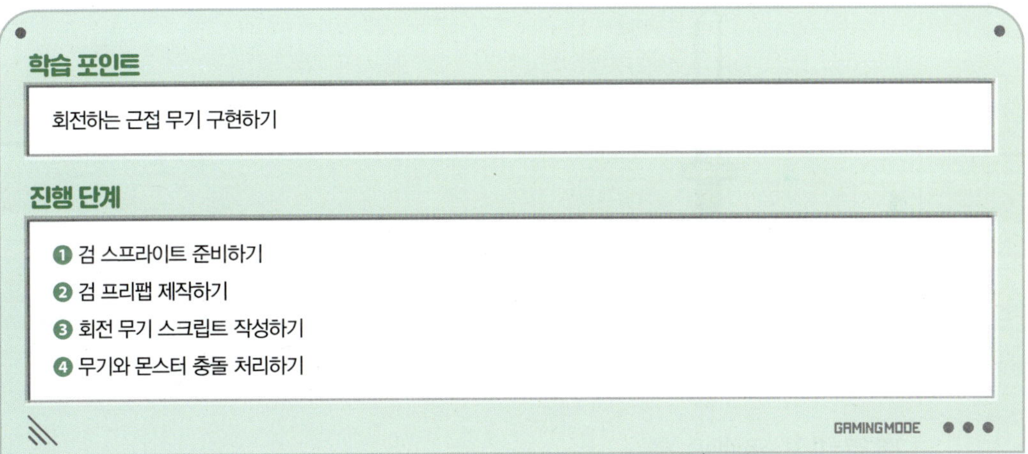

1 검 스프라이트 준비하기

검 이미지를 준비해 봅시다. 챗GPT를 활용하여 닌자 게임에 어울리는 검 이미지를 생성할 수 있습니다.

 챗GPT

닌자 서바이벌 게임에 사용할 수 있는 간단한 일본식 검(카타나) 이미지를 만들어 줘.

– 톱다운 뷰에서 보이는 형태로

– 배경은 투명하고

– 검은 흰색 테두리에 회색 또는 은색의 간단한 스타일로 제작해 줘.

– 픽셀 말고 SD 캐릭터에 어울리는 화풍으로

– 대각선이 아닌 똑바로 세워져 있는 형태

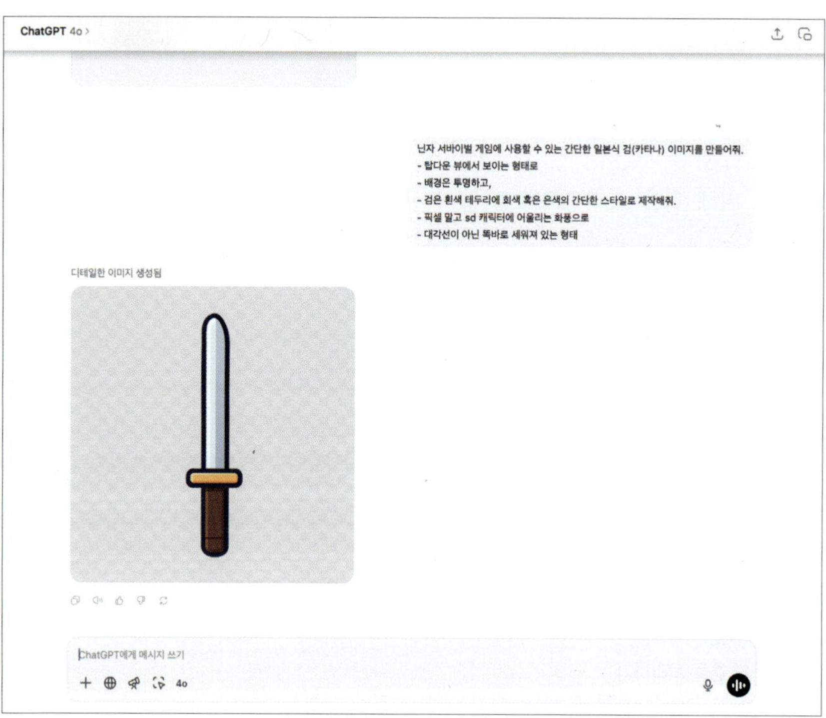

[그림 2.7-1] 검 스프라이트 생성

[그림 2.7-2] 생성된 검 스프라이트

이미지를 다운로드하여 'Katana.png'라는 이름으로 저장한 후 유니티 프로젝트의 [02. Images] 폴더로 임포트합니다.

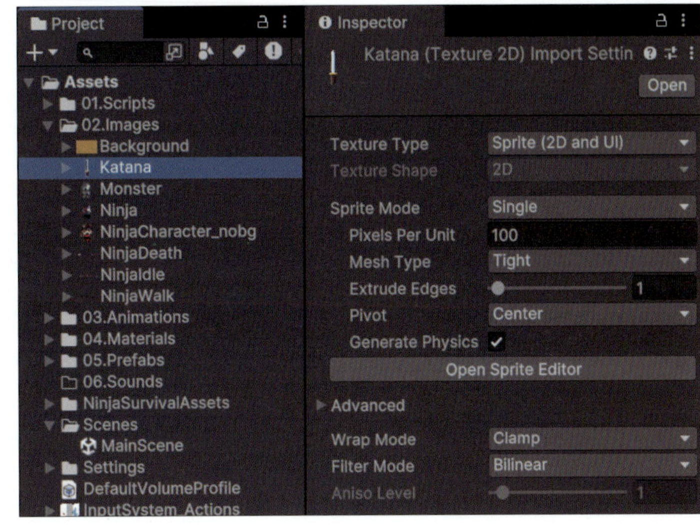

[그림 2.7-3] 검 가져오기

② 검 프리팹 제작하기

준비한 검 이미지를 사용하여 프리팹을 생성해 보겠습니다.

❶ 프로젝트 뷰에서 Katana.png 스프라이트를 찾습니다.

❷ 이 스프라이트를 하이어라키 뷰로 드래그합니다.

❸ 자동으로 생성된 게임 오브젝트의 이름을 'Sword'로 변경합니다.

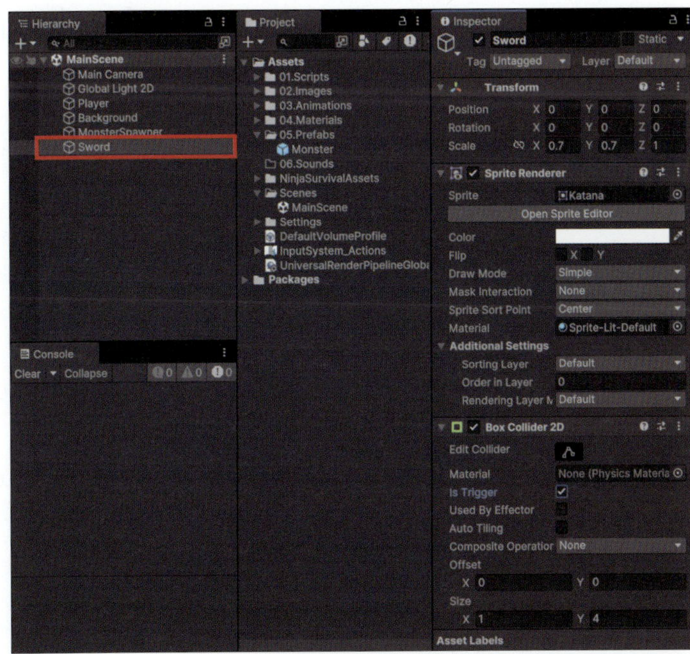

[그림 2.7-4] 검 오브젝트 설정

❹ 인스펙터 뷰에서 Transform 값을 다음과 같이 설정합니다.

- **Position**: (0, 0, 0)
- **Rotation**: (0, 0, 0)
- **Scale**: (0.7, 0.7, 1)—적절한 크기로 조정합니다.

❺ [Add Component] 버튼을 클릭한 후 Box Collider 2D를 추가합니다.

- [Is Trigger] 옵션에 체크 표시를 합니다.(물리적 충돌 없이 통과하면서 충돌 감지만 할 것이기 때 문입니다).
- **Size를 이미지에 맞게 조정합니다(예 X: 1, Y: 4)**.

❻ [01. Scripts] 폴더에 'Sword'라는 새 C# 스크립트를 생성한 후 다음과 같이 작성합니다.

```csharp
using System.Collections;
using UnityEngine;
using System.Collections.Generic;

public class Sword: MonoBehaviour
{
    public int Damage = 1;                    // 무기가 몬스터에게 입힐 데미지
    public float DamageCooldown = 0.5f;       // 데미지 쿨다운 시간(초)

    private List<Collider2D> _hitMonsters = new List<Collider2D>();  // 이미 맞은 몬스터

    private void OnTriggerEnter2D(Collider2D collision)
    {
        // 충돌한 대상이 몬스터인지 확인
        if(collision.CompareTag("Monster"))
        {
            // 이미 맞은 몬스터가 아닌지 확인
            if(!_hitMonsters.Contains(collision))
            {
                // 몬스터에게 데미지 주기
                MonsterController monster = collision.GetComponent<MonsterController>();

                if(monster != null)
                {
                    monster.TakeDamage(Damage);
```

```
            }

                // 맞은 몬스터 목록에 추가하고 일정 시간 후 제거
                _hitMonsters.Add(collision);
                StartCoroutine(RemoveFromHitList(collision, DamageCooldown));
            }
        }
    }

    private IEnumerator RemoveFromHitList(Collider2D monster, float delay)
    {
        // 지정된 시간만큼 대기
        yield return new WaitForSeconds(delay);

        // 쿨다운이 끝난 후 목록에서 제거
        _hitMonsters.Remove(monster);
    }
}
```

이 스크립트에서는 리스트를 사용합니다. C#에서 리스트는 여러 아이템을 저장할 수 있는 집합입니다. 배열과 비슷하지만, 리스트는 크기가 유동적으로 변할 수 있다는 장점이 있습니다.

🔷 리스트의 기본 개념

- 리스트는 비슷한 종류의 여러 아이템을 담는 상자와 같습니다.
- 상자에 새 아이템을 넣고(Add), 꺼내고(Remove), 특정 아이템이 있는지 확인(Contains)할 수 있습니다.
- 몇 번째 위치에 있는 아이템을 바로 찾아볼 수도 있습니다.

🔷 코드에서 리스트 사용법

- List〈Collider2D 〉 _hitMonsters = new List〈Collider2D 〉 ();: Collider2D 타입의 아이템들을 담을 빈 리스트 생성
- _hitMonsters.Add(collision);: 리스트에 새 아이템 추가
- _hitMonsters.Contains(collision): 리스트에 특정 아이템이 있는지 확인

이 스크립트에서는 리스트를 사용하여 이미 공격한 몬스터를 추적합니다. 몬스터가 검에 맞으면 리스트에 추가하고 일정 시간이 지난 후 리스트에서 제거하여 다시 데미지를 줄 수 있게 합니다.

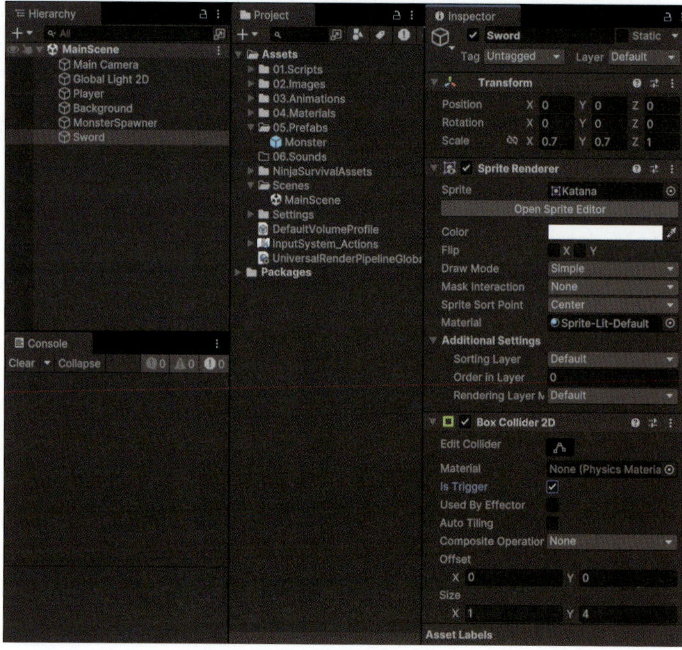

[그림 2.7-5] Sword 속성 설정

❶ Sword 오브젝트에 방금 만든 Sword 스크립트를 추가합니다.
  • [Add Component] 버튼을 클릭한 후 'Sword'를 검색하여 추가합니다.
  • Damage는 '1', DamageCooldown은 '0.5'로 설정합니다.

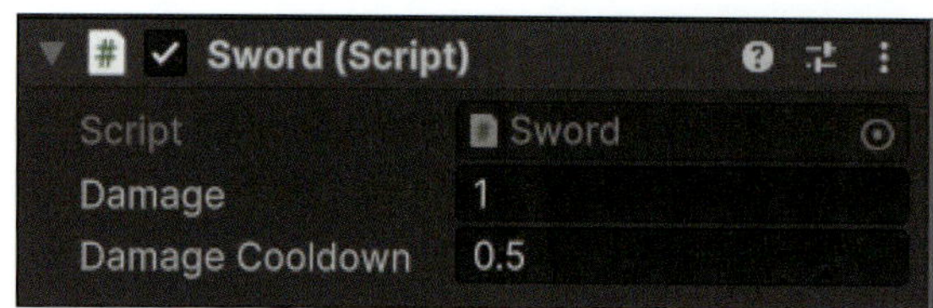

[그림 2.7-6] Sword 속성 설정

❷ Sword 오브젝트를 프리팹으로 만듭니다.
  • 프로젝트 뷰에서 [05. Prefabs] 폴더를 선택합니다.

- 하이어라키 뷰의 Sword 오브젝트를 프로젝트 뷰의 [05. Prefabs] 폴더로 드래그합니다.
- 이제 Sword 프리팹이 생성되었습니다!

❸ 하이어라키 뷰에서 Sword 오브젝트를 삭제합니다(프리팹으로 만들었으므로 더 이상 필요하지 않습
니다).

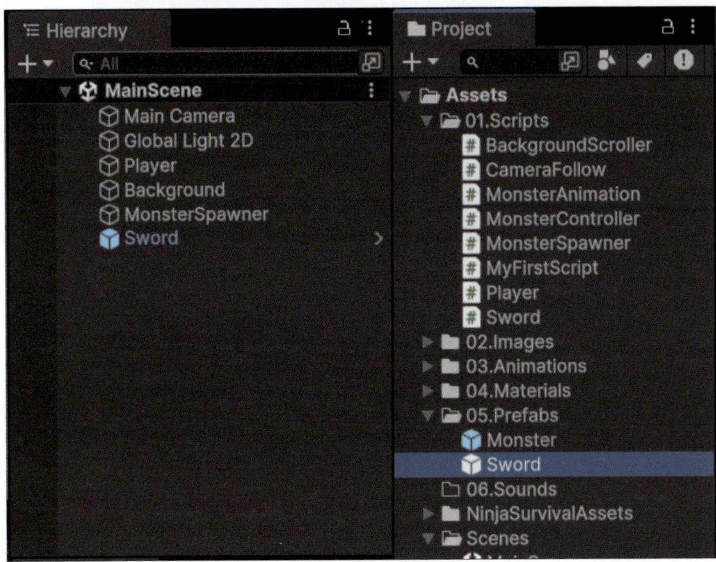

[그림 2.7-7] 프리팹 생성

3 검 오브젝트 배치하기

플레이어 주변에 여러 개의 검을 회전시키는 시스템을 만들어 봅시다.

❶ 하이어라키 뷰에서 Player 오브젝트를 선택합니다.

❷ 마우스 오른쪽 버튼을 클릭하면 나타나는 단축 메뉴 중에서 [Create Empty]를 선택하여 빈 게임 오
브젝트를 생성합니다.

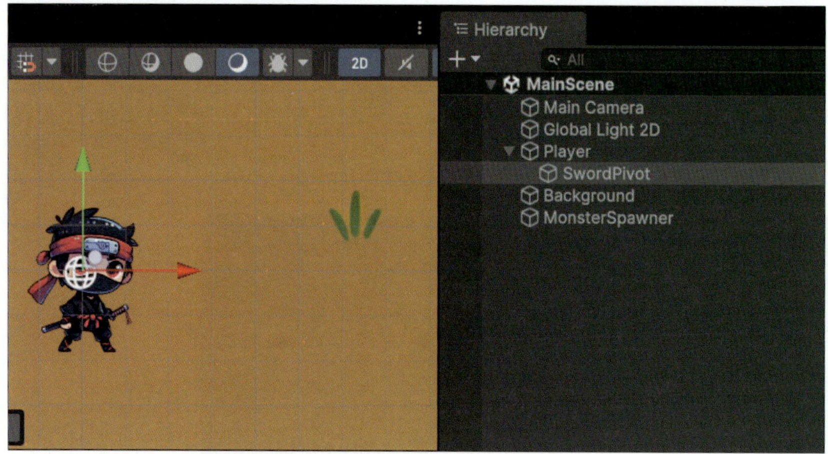

[그림 2.7-8] SwordPivot 오브젝트 생성

❶ 이름을 'SwordPivot'으로 변경합니다. 이 오브젝트는 검이 회전할 중심점 역할을 할 것입니다.

❷ 프리팹으로부터 SwordPivot 안으로 드래그앤 드롭으로 4개의 검을 배치합니다.

- **Sowrd**: Position(0, 4, 0), Rotation(0, 0, 0)–위쪽 방향
- **Sowrd(1)**: Position(4, 0, 0), Rotation(0, 0, –90)–오른쪽 방향
- **Sowrd(2)**: Position(0, –4, 0), Rotation(0, 0, 180)–아래쪽 방향
- **Sowrd(3)**: Position(–4, 0, 0), Rotation(0, 0, 90)–왼쪽 방향

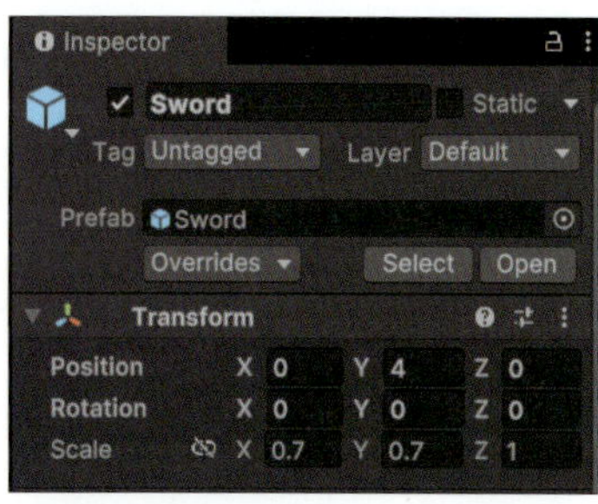

[그림 2.7-9] 검 위쪽

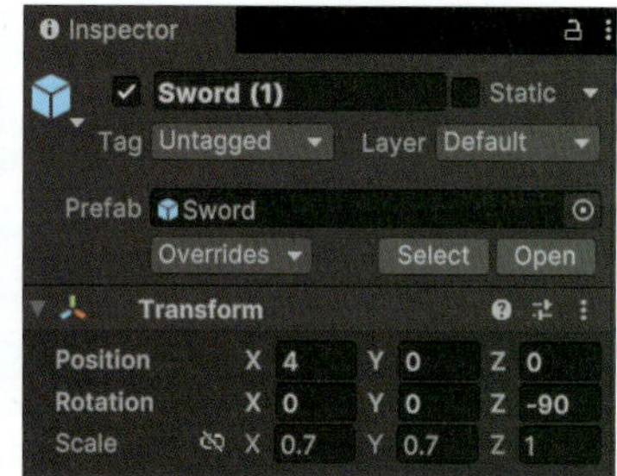

[그림 2.7-10] 검 오른쪽

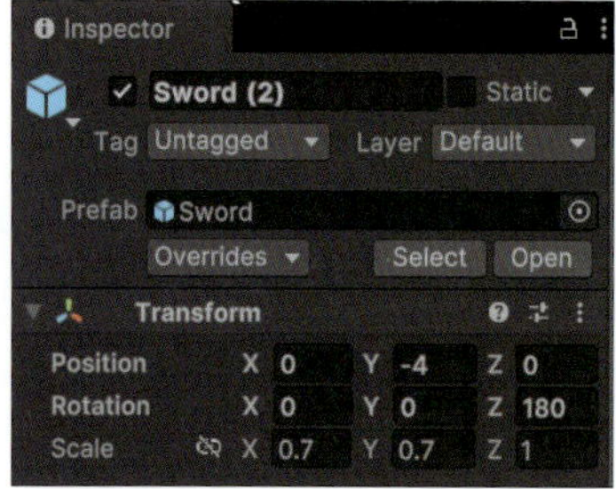

[그림 2.7-11] 검 아래쪽

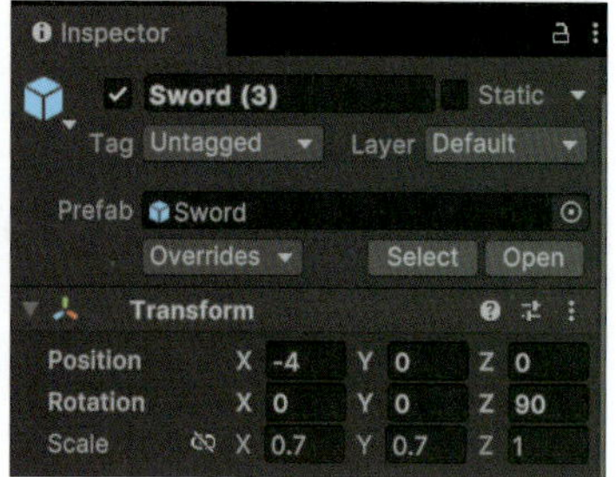

[그림 2.7-12] 검 왼쪽

이로써 플레이어를 중심으로 십자 형태로 4개의 검이 배치되었습니다.

[그림 2.7-13] 결과 화면

4️⃣ 회전 무기 시스템 구현하기

SwordPivot을 회전시켜 모든 검이 플레이어 주변을 빙글빙글 돌게 해 봅시다. [01. Scripts] 폴더에 'SwordPivotRotator.cs'라는 새 C# 스크립트를 생성한 후 다음과 같이 작성합니다.

```csharp
using UnityEngine;

public class SwordPivotRotator: MonoBehaviour
{
    public float RotateSpeed = -100f;   // 회전 속도

    void Update()
    {
        // 매 프레임 회전시키기
        transform.Rotate(0, 0, RotateSpeed * Time.deltaTime);
    }
}
```

이 간단한 스크립트는 z축을 중심으로 SwordPivot 오브젝트를 회전시켜 플레이어 주변에 배치된 모든 검이 원형 경로로 회전하게 만듭니다.

SwordPivot 오브젝트에 SwordPivotRotator 스크립트를 추가합니다.

❶ SwordPivot을 선택한 후 [Add Component] 버튼을 클릭합니다.
❷ 'SwordPivotRotator'를 검색하여 추가합니다.
❸ RotateSpeed를 '−100'으로 설정합니다.

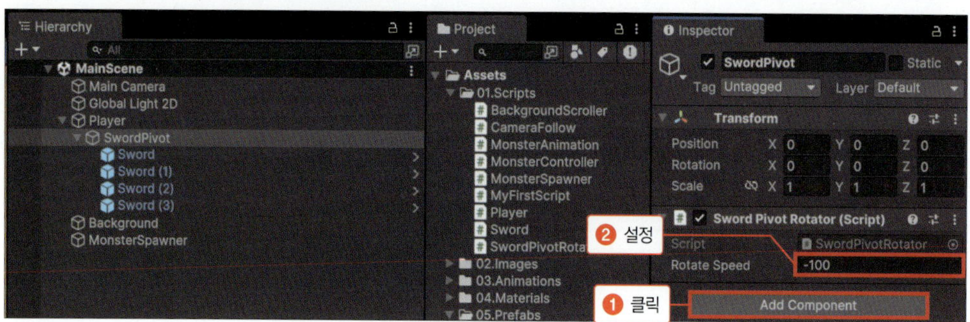

[그림 2.7-14] SwordPivotRotator 스크립트 연결

5 구현 결과 테스트하기

게임을 실행하고 결과를 확인해 봅시다. 플레이어 주변에 4개의 검이 회전하는 것을 볼 수 있습니다. 검이 몬스터와 충돌할 때마다 데미지를 입히고 몬스터의 체력이 0이 되면 몬스터가 사라집니다.

[그림 2.7-15] 결과 화면

7.3 자동 원거리 무기-표창

닌자의 전통 무기인 표창(수리검)을 구현해 볼 차례입니다. 이번에는 닌자가 자동으로 주변의 몬스터를 향해 표창을 던지는 원거리 공격 시스템을 만들어 보겠습니다. 플레이어가 이동에만 집중할 수 있도록 공격은 자동으로 이루어지는 뱀서라이크 게임의 핵심 요소를 구현해 봅시다.

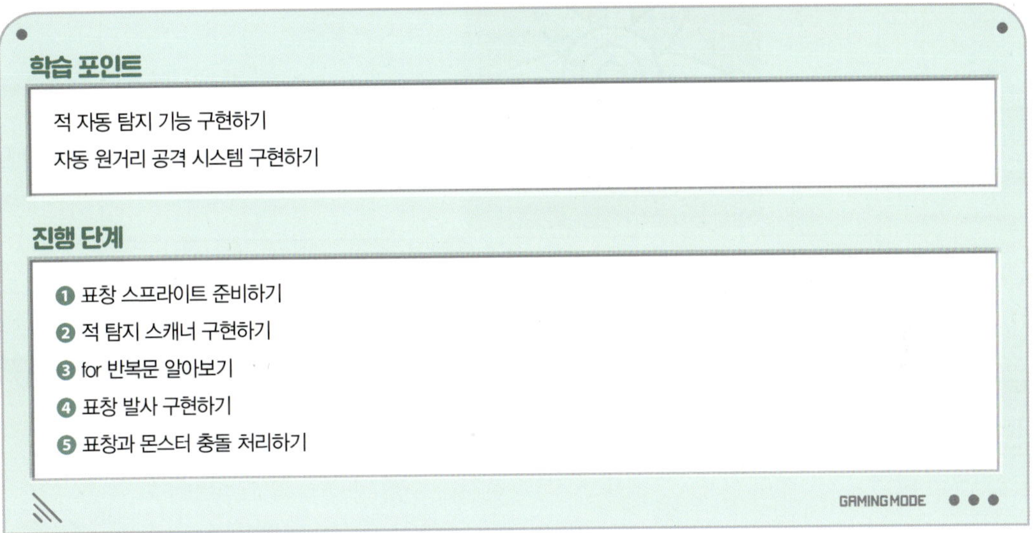

1 표창 스프라이트 준비하기

닌자의 무기인 표창 이미지를 준비해 봅시다. 챗GPT를 활용하여 쉽게 표창 이미지를 만들 수 있습니다.

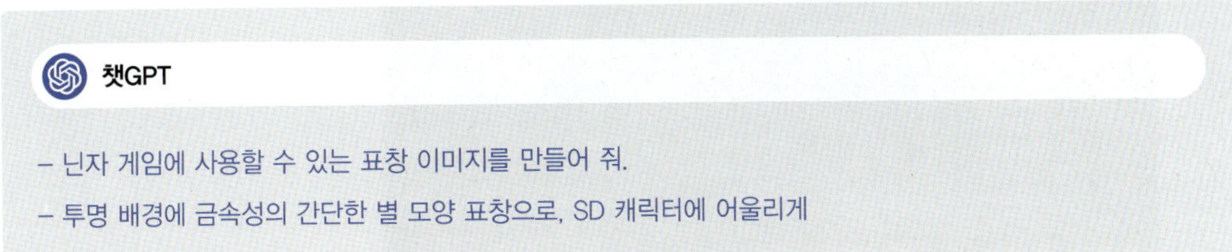

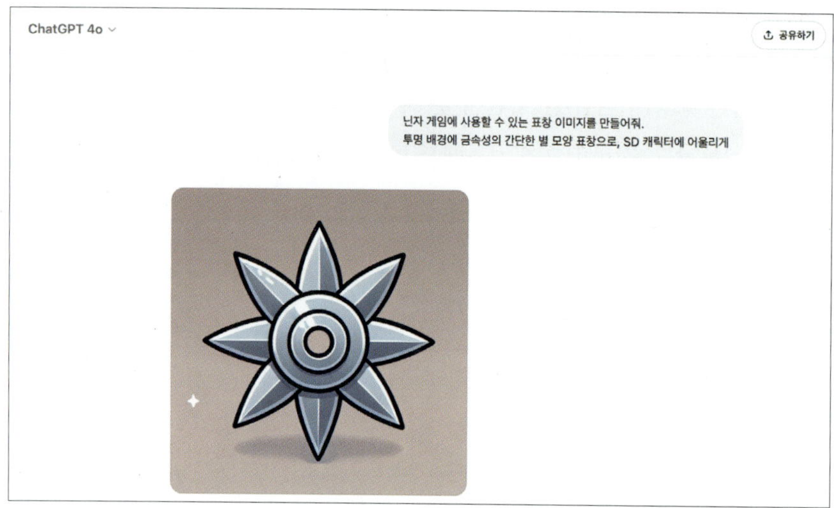

[그림 2.7-16] 표창 이미지 생성

만족스러운 이미지를 얻었다면 'Shuriken.png'라는 이름으로 저장한 후 유니티 프로젝트의 [02. Images] 폴더로 임포트합니다.

❶ 유니티 에디터의 프로젝트 뷰에서 [02. Images] 폴더를 선택합니다.

❷ 마우스 오른쪽 버튼을 클릭하면 나타나는 단축 메뉴 중에서 [Import New Asset]을 선택합니다.

❸ 저장한 Shuriken.png 파일을 찾아 선택한 후 [Import] 버튼을 클릭합니다.

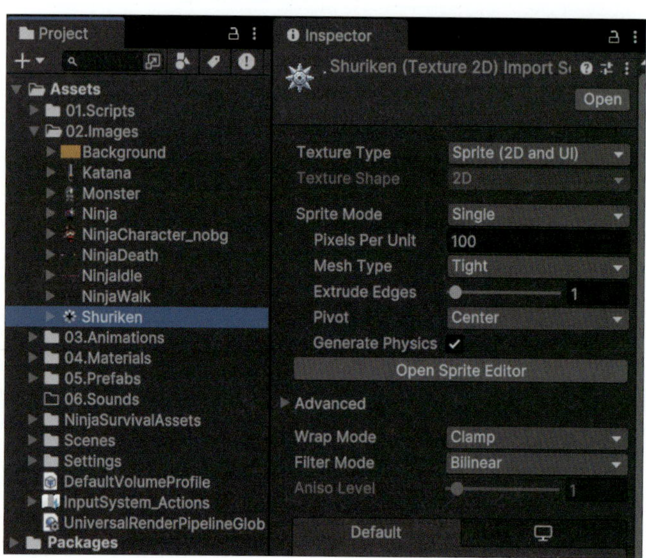

[그림 2.7-17] 표창 가져오기

2 몬스터 탐지 스캐너 구현하기

원거리 무기가 주변 적을 자동으로 탐지하려면 스캐너 기능이 필요합니다. 이번에는 복잡한 정렬 없이 간단하게 주변의 몬스터를 감지하는 스크립트를 만들어 보겠습니다.

[01. Scripts] 폴더에 'MonsterScanner.cs'라는 새 C# 스크립트를 생성한 후 다음과 같이 작성해 봅시다.

```csharp
using UnityEngine;

public class MonsterScanner: MonoBehaviour
{
    public float ScanRange = 10f;            // 스캔 범위
    public LayerMask MonsterLayer;           // 몬스터 레이어 마스크

    private Collider2D[] _hitResults = new Collider2D[10];   // 스캔 결과를 저장할 배열

    // 가장 가까운 적을 찾는 함수
    public Transform GetNearestMonster()
    {
        // 원형으로 적 스캔
        int hitCount = Physics2D.OverlapCircleNonAlloc(
            transform.position,   // 스캔 중심 위치
            ScanRange,            // 스캔 범위
            _hitResults,          // 결과 저장할 배열
            MonsterLayer          // 몬스터 레이어 마스크
        );
        // 스캔된 적이 없으면 null 반환
        if(hitCount <= 0)
            return null;

        // 첫 번째 적을 가장 가까운 적으로 초기화
        Transform nearest = _hitResults[0].transform;
```

```csharp
        float minDistance = Vector2.Distance(transform.position, nearest.position);

        // 더 가까운 적이 있는지 확인
        for(int i = 1; i < hitCount; i++)
        {
            Transform monster = _hitResults[i].transform;
            float distance = Vector2.Distance(transform.position, monster.pos
tion);

            if(distance < minDistance)
            {
                nearest = monster;
                minDistance = distance;
            }
        }

        return nearest;
    }
}
```

이 스크립트는 주변의 적을 스캔하고 가장 가까운 몬스터 찾아 주는 기능을 합니다. GetNearest
Monster( ) 함수를 호출하면 감지 범위 내에서 가장 가까운 적의 Transform을 반환합니다.

계속 진행하기 전에 먼저 몬스터에 레이어를 설정해야 합니다.

몬스터 레이어 추가하기

❶ 유니티 상단 메뉴에서 Edit > Project Settings
  > Tags and Layers를 선택합니다.

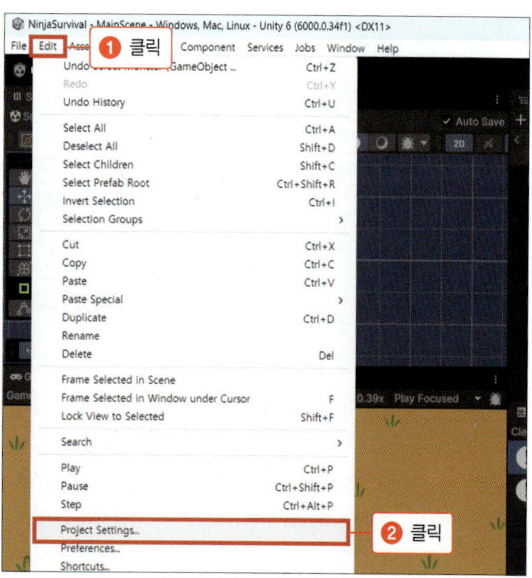

[그림 2.7-18] 프로젝트 세팅 찾기

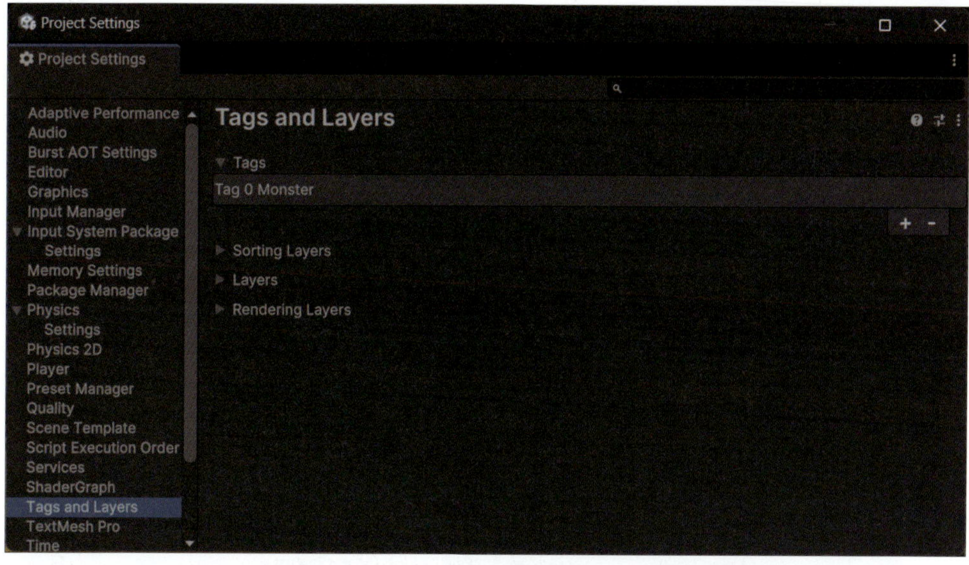

[그림 2.7-19] Tags and Layers 화면

❷ Layers 섹션에서 User Layer 6에 'Monster'를 입력합니다.

❸ [Apply] 버튼을 클릭합니다.

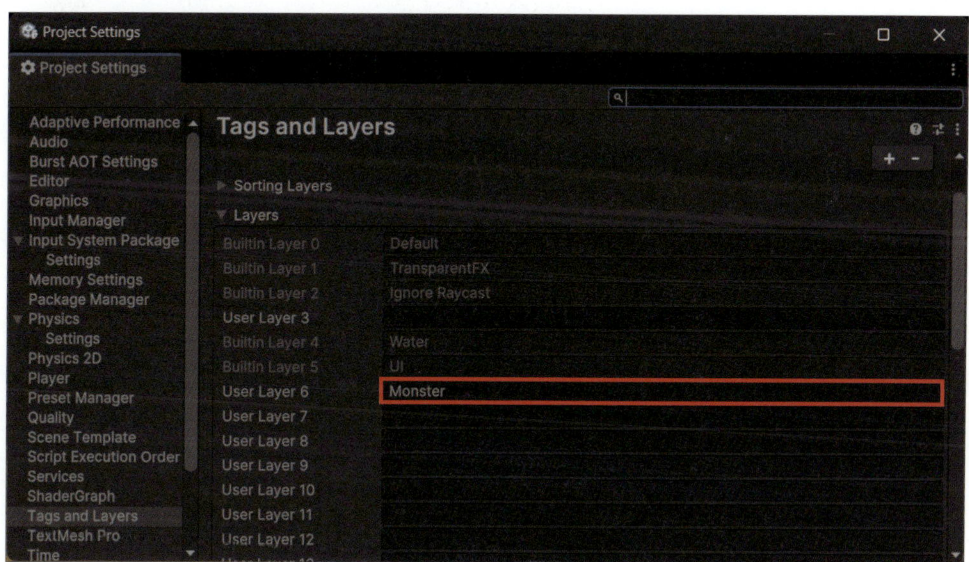

[그림 2.7-20] 레이어 설정

몬스터 프리팹에 레이어 설정하기

❶ 프로젝트 뷰에서 [03. Prefabs] 폴더의 Monster 프리팹을 선택합니다.

❷ 인스펙터 뷰에서 Layer 드롭다운을 클릭한 후 'Monster'를 선택합니다.

❸ [Apply] 버튼을 클릭하여 프리팹에 변경 사항을 적용합니다.

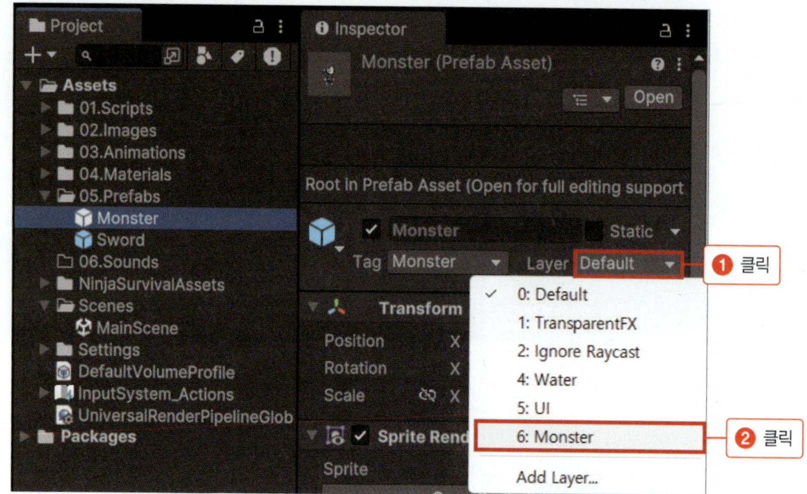

[그림 2.7-21] 레이어 할당

이제 Player 오브젝트에 MonsterScanner 스크립트를 추가합니다.

❶ 하이어라키 뷰에서 Player 오브젝트를 선택합니다.

❷ 인스펙터 뷰에서 [Add Component] 버튼을 클릭합니다.

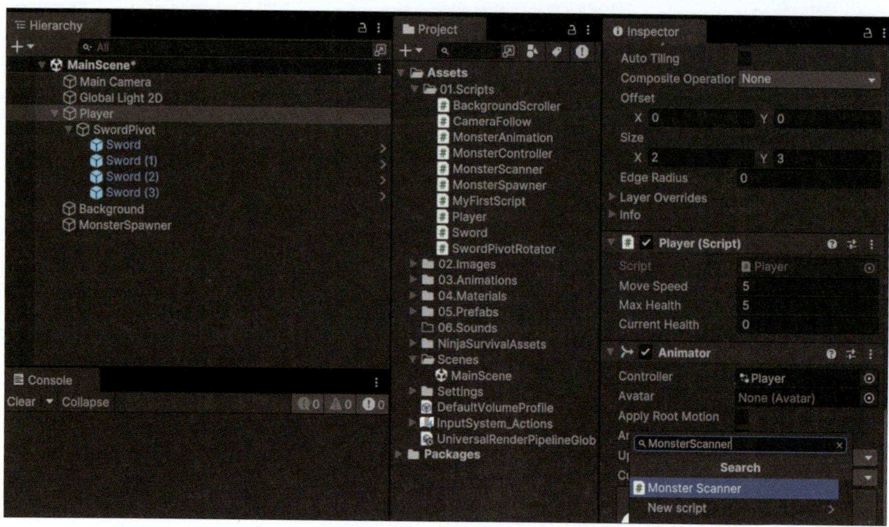

[그림 2.7-22] MonsterScanner 스크립트 연결

❸ 검색 창에 'MonsterScanner'를 입력한 후 스크립트를 추가합니다.

❹ 스크립트의 속성을 다음과 같이 설정합니다.

- **Scan Range**: 10(적 탐지 범위)
- **Enemy Layer**: Enemy 레이어를 선택합니다.

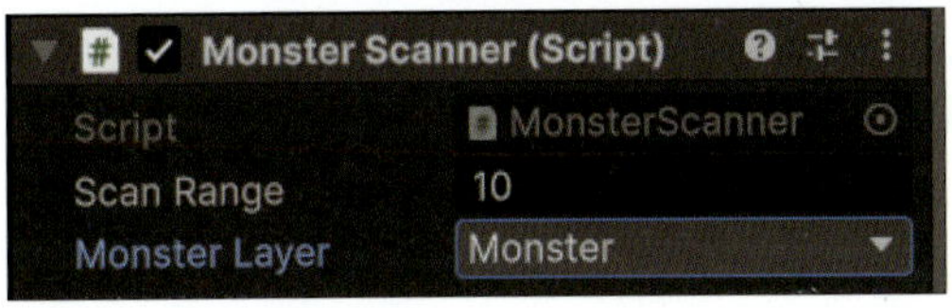

[그림 2.7-23] MonsterScanner 속성 설정

3 for 반복문 이해하기

MonsterScanner 스크립트에서는 for 반복문을 사용하여 여러 적 중에서 가장 가까운 적을 찾고 있습니다. for 반복문은 코드의 특정 부분을 여러 번 반복해서 실행할 때 사용하는 매우 유용한 구문입니다.

for 반복문의 기본 구조

```
for(초기화; 조건; 증감)
{
// 반복 실행할 코드
}
```

각 부분의 역할은 다음과 같습니다.

❶ **초기화**: 반복문이 시작될 때 한 번만 실행되는 부분으로, 주로 반복 횟수를 세는 변수(카운터)를 초기화합니다.

❷ **조건**: 매 반복 시작 전에 이 조건을 검사하여 true일 경우에만 반복을 계속합니다.

❸ **증감**: 각 반복이 끝날 때마다 실행되는 부분으로, 주로 카운터 변수를 증가시킵니다.

코드에서 사용된 for 반복문을 살펴보면 다음과 같습니다.

```
for(int i = 1; i < hitCount; i++)
{
// 반복 실행 코드
}
```

- **초기화**: int i = 1 – 카운터 변수 i를 1로 시작합니다. 왜 0이 아닌 1인지는 이미 첫 번째 요소(인덱스 0)를 가장 가까운 적으로 설정했기 때문입니다.
- **조건**: i < hitCount–i가 hitCount보다 작은 동안 반복합니다. 즉, 스캔된 모든 적을 처리합니다.
- **증감**: i++는 각 반복 후에 i를 1씩 증가시킵니다.

반복문 내부에서는 현재 검사 중인 적(i번째 적)과 플레이어 사이의 거리를 계산하고 지금까지 찾은 가장 가까운 적보다 가까우면 가장 가까운 적을 업데이트합니다.

> **💎 Tip**   _ □ ×
>
> 반복문 사용 패턴에 대해 좀 더 알고 싶다면 챗GPT에게 "for 반복문의 다양한 예시와 언제 foreach, while 반복문 대신 for 반복문을 사용해야 하는지 알려 줘."라고 질문해 볼 수 있습니다.

4 표창 프리팹 만들기

표창 프리팹을 만들고 이를 발사하는 시스템을 구현해 봅시다.

 표창 프리팹 만들기

① 프로젝트 뷰에서 Shuriken.png 스프라이트를 찾습니다.

② 이 스프라이트를 하이어라키 뷰로 드래그합니다.

③ 자동으로 생성된 게임 오브젝트의 이름을 'Shuriken'으로 변경합니다.

④ 인스펙터 뷰에서 Transform 값을 다음과 같이 설정합니다.

- Scale: (0.5, 0.5, 1)–적절한 크기로 조정합니다.

⑤ [Add Component] 버튼을 클릭한 후 다음 컴포넌트들을 추가합니다.

- Circle Collider 2D

  · [Is Trigger] 옵션에 체크 표시를 합니다.

  · Radius를 이미지에 맞게 조정합니다(예 2.5).

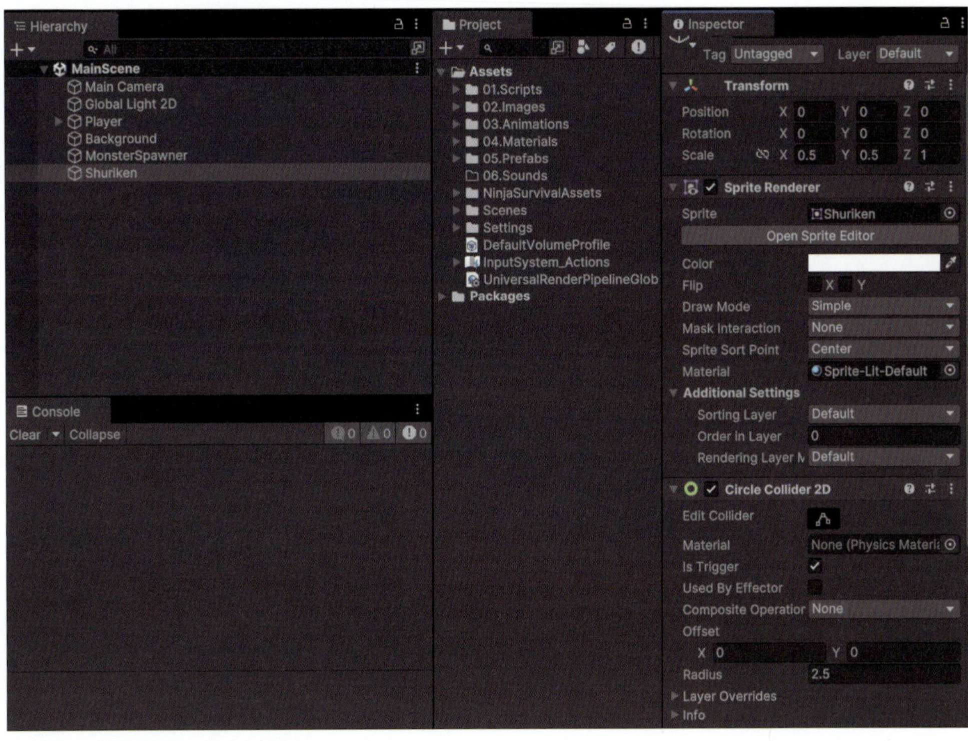

[그림 2.7-24] 표창 오브젝트 생성

▲● 표창 스크립트 만들기

[01. Scripts] 폴더에 'Shuriken.cs'라는 새 C# 스크립트를 생성한 후 다음과 같이 작성합니다.

```csharp
using UnityEngine;

public class Shuriken: MonoBehaviour
{
    public float Speed = 15f;           // 표창 이동 속도
    public int Damage = 1;              // 데미지의 양
    public float LifeTime = 3f;         // 표창 지속 시간(초)

    private Vector2 _direction;         // 이동 방향
    private float _timer = 0f;          // 지속 시간 타이머
    private float _rotateSpeed = 720f;  // 회전 속도(초당 각도)

    // 표창 초기화(방향 설정)
```

```csharp
public void Initialize(Vector2 direction)
{
    _direction = direction.normalized;
}


void Update()
{
                // 표창 회전(시각적 효과)
    transform.Rotate(0, 0, _rotateSpeed * Time.deltaTime);

                // 지정된 방향으로 이동
    transform.Translate(_direction * Speed * Time.deltaTime, Space.World);

                // 지속 시간 체크
    _timer += Time.deltaTime;
    if(_timer >= LifeTime)
    {
        Destroy(gameObject);        // 지속 시간이 지나면 제거
    }
}


private void OnTriggerEnter2D(Collider2D collision)
{
            // 충돌한 대상이 몬스터인지 확인
    if(collision.CompareTag("Monster"))
    {
                    // 몬스터에게 데미지 주기
        MonsterController monster = collision.GetComponent<MonsterControll
er>();

        if(monster != null)
        {
            monster.TakeDamage(Damage);
        }

                // 표창 제거(관통하지 않음.)
        Destroy(gameObject);
    }
}
```

이 스크립트는 표창의 이동, 회전, 충돌을 처리합니다. 표창이 날아가면서 회전하는 효과를 추가했습니다. 몬스터와 충돌하면 데미지를 주고 표창은 사라집니다.

- Shuriken 오브젝트에 방금 만든 Shuriken.cs 스크립트를 추가합니다.
- Shuriken 오브젝트를 프리팹으로 만듭니다.

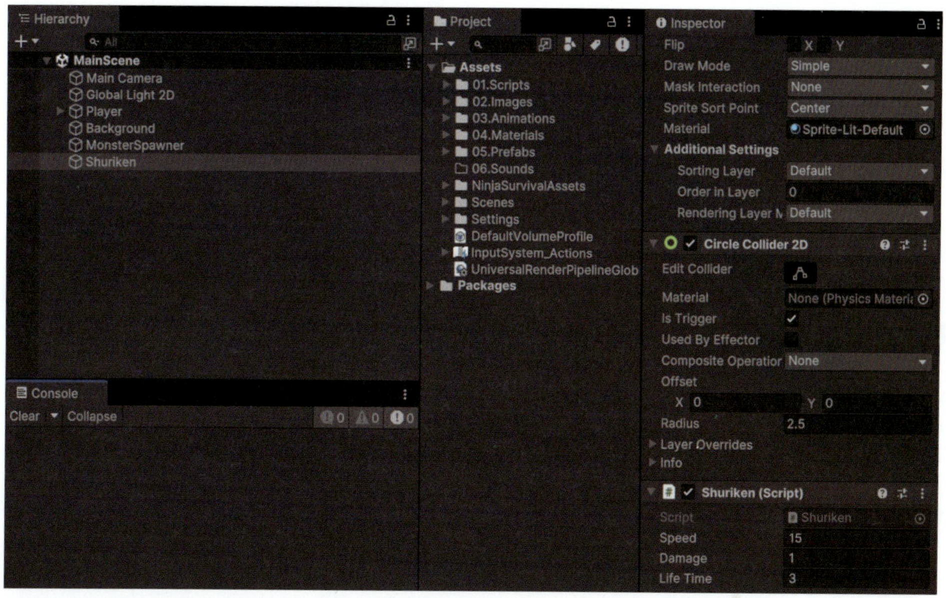

[그림 2.7-25] 충돌 범위 설정

5 표창 발사 시스템 구현하기

적을 탐지하여 표창을 발사하는 시스템을 만들어 봅시다. [01. Scripts] 폴더에 'PlayerFire.cs'라는 새 스크립트를 생성한 후 다음과 같이 작성합니다.

```csharp
using UnityEngine;

public class PlayerFire: MonoBehaviour
{
    public GameObject ShurikenPrefab;       // 표창 프리팹
    public float FireRate = 1f;             // 발사 주기(초)
```

```csharp
public Transform FirePoint;              // 발사 위치(없으면 자기 자신)

private MonsterScanner _scanner;         // 적 탐지용 스캐너
private float _timer = 0f;               // 발사 타이머

void Start()
{
    // 스캐너 컴포넌트 가져오기
    _scanner = GetComponent<MonsterScanner>();

    // 스캐너가 없으면 경고
    if(_scanner == null)
    {
        Debug.LogError("MonsterScanner 컴포넌트가 없습니다!");
    }

    // 발사 위치가 지정되지 않았으면 자기 자신으로 설정
    if(FirePoint == null)
    {
        FirePoint = transform;
    }
}

void Update()
{
    // 타이머 증가
    _timer += Time.deltaTime;

    // 발사 주기마다 표창 발사
    if(_timer >= FireRate)
    {
        FireShuriken();
        _timer = 0f;   // 타이머 초기화
    }
}

void FireShuriken()
{
    // 가장 가까운 몬스터 탐색
    Transform targetEnemy = _scanner.GetNearestMonster();
```

```csharp
    // 몬스터가 없으면 발사하지 않음.
    if(targetEnemy == null)
        return;

    // 몬스터 방향 계산
    Vector2 direction =(targetEnemy.position-FirePoint.position).normalized;

    // 표창 생성
    GameObject shuriken = Instantiate(ShurikenPrefab, FirePoint.position,
Quaternion.identity);

    // 표창 초기화
    Shuriken shurikenComponent = shuriken.GetComponent<Shuriken>();
    if(shurikenComponent != null)
    {
        shurikenComponent.Initialize(direction);
    }
  }
}
```

이 스크립트는 일정 주기마다 가장 가까운 몬스터를 향해 표창을 발사합니다. MonsterScanner의 GetNearestMonster() 함수를 사용해 가장 가까운 몬스터를 찾고 그 방향으로 표창을 발사합니다. 이제 Player 오브젝트에 PlayerFire 스크립트를 추가합니다.

❶ 하이어라키 뷰에서 Player 오브젝트를 선택합니다.

❷ 인스펙터 뷰에서 [Add Component] 버튼을 클릭합니다.

❸ 검색 창에 'PlayerFire'를 입력한 후 스크립트를 추가합니다.

❹ 스크립트의 속성을 다음과 같이 설정합니다.

- **Shuriken Prefab**: 프로젝트 뷰에서 03. Prefabs/Shuriken 프리팹을 드래그합니다.

- **Fire Rate**: 1(초당 발사 횟수)

- **Fire Point**: Player 오브젝트를 드래그합니다.

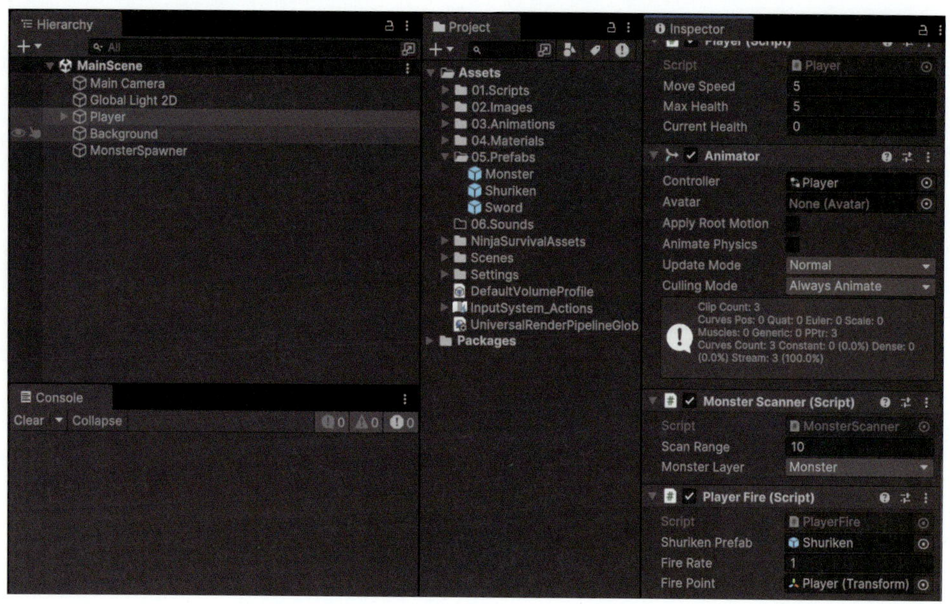

[그림 2.7-26] PlayerFire 스크립트 연결

게임을 실행하고 닌자가 주변의 몬스터를 향해 표창을 자동으로 발사하는지 확인해 봅시다. 플레이어 주변에 몬스터가 나타나면 자동으로 가장 가까운 몬스터를 향해 표창이 날아가는 것을 확인할 수 있습니다.

플레이어는 회전하는 검과 자동으로 발사되는 표창으로 무장했습니다. 비로소 게임에 진정한 액션과 생동감이 추가되었습니다. 이 두 무기는 뱀서라이크 게임의 기본적인 공격 시스템으로, 앞으로 좀 더 다양한 무기와 능력을 추가할 수도 있을 것입니다.

[그림 2.7-27] 결과 화면

다음 단계에서는 우리 게임에 UI를 추가하여 플레이어의 체력, 점수, 레벨 등을 표시하는 방법을 알아보겠습니다. 계속 멋진 닌자 서바이벌 게임을 완성해나가 봅시다.

Chapter 8

점수 시스템

지금까지 닌자 서바이벌 게임에는 플레이어 캐릭터, 무기, 몬스터 등 주요 게임 요소들이 모두 구현되었습니다. 그러나 아직 1가지 중요한 요소가 남아 있습니다. 바로 '점수 시스템'입니다.

게임을 진행하면서 얼마나 많은 몬스터를 처치했는지, 얼마나 오래 생존했는지 등을 기록하고 화면에 표시하면 플레이어의 몰입감과 재미가 더욱 높아집니다. 특히 최고 기록을 갱신하는 과정은 게임에 도전 정신을 불어넣어 주는 중요한 요소입니다.

8장에서는 UI 캔버스를 활용해 점수를 표시하는 시스템을 만들고 PlayerPrefs를 사용하여 최고 점수를 저장하고 불러오는 방법을 배워 보겠습니다. 또한 게임 오버 시 최종 결과를 보여 주는 결과 화면도 함께 구현할 것입니다.

8.1 점수 UI 만들기

먼저 게임 화면에 현재 점수를 표시할 UI를 만들어 보겠습니다. 유니티에서는 UI 요소를 배치하기 위해 '캔버스'라는 특별한 오브젝트가 필요합니다. 캔버스는 모든 UI 요소가 표시되는 가상의 도화지와 같은 역할을 합니다. 이제 캔버스를 생성하고 점수를 표시할 텍스트 UI를 추가하여 게임 화면에 실시간으로 점수가 보이도록 설정해 보겠습니다.

학습 포인트

- 캔버스와 UI 요소 생성하기
- 점수 표시 시스템 구현하기

진행 단계

❶ UI 캔버스 만들기

1 UI 캔버스 만들기

먼저 점수 UI를 배치할 캔버스를 생성해 보겠습니다.

❶ 하이어라키 뷰에서 마우스 오른쪽 버튼을 클릭한 후 UI > Canvas를 선택합니다.

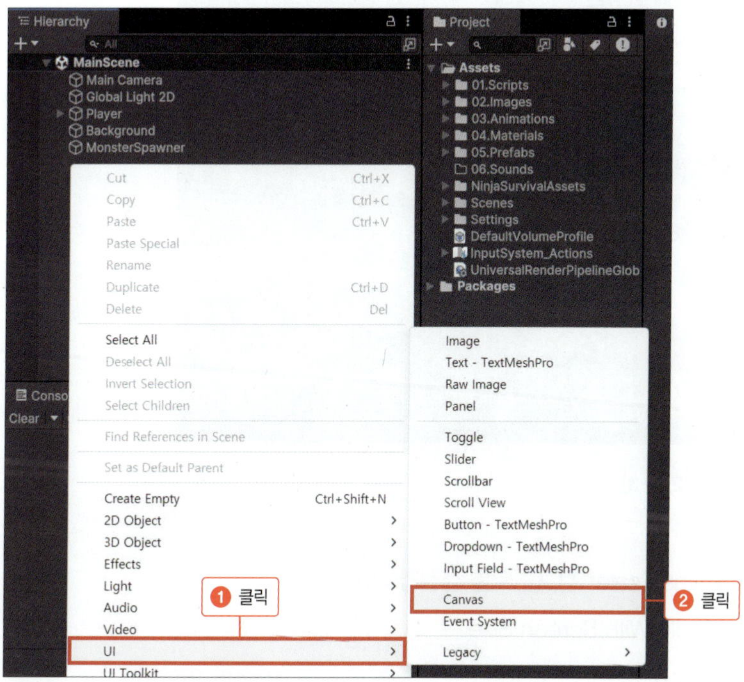

[그림 2.8-1] UI 캔버스 선택

❷ 생성된 캔버스의 이름을 'ScoreCanvas'로 변경합니다.

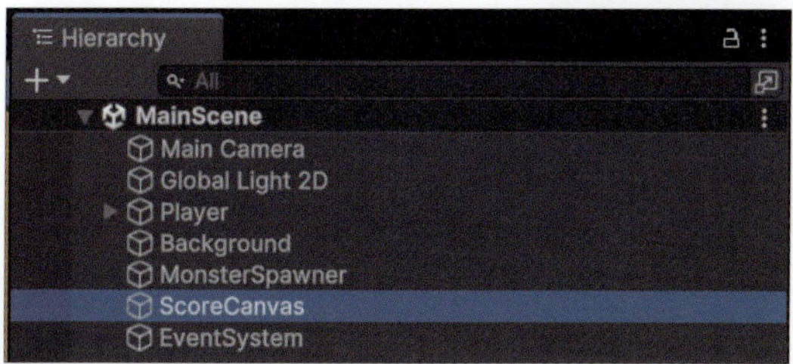

[그림 2.8-2] 'ScoreCanvas'로 이름 변경

❸ 인스펙터 뷰에서 Canvas 컴포넌트의 Render Mode가 Screen Space–Overlay로 설정되어
있는지 확인합니다.

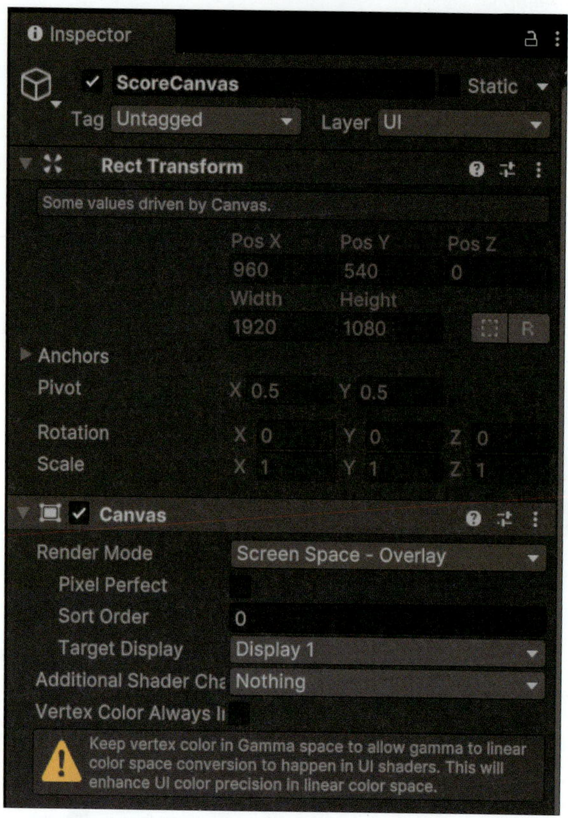

[그림 2.8-3] 캔버스 설정

❹ 인스펙터 뷰에서 Canvas Scaler 컴포넌트를 설정합니다.

- **UI Scale Mode:** Scale With Screen Size

- **Reference Resolution:** X: 1920, Y: 1080

- **Match:** 0.5

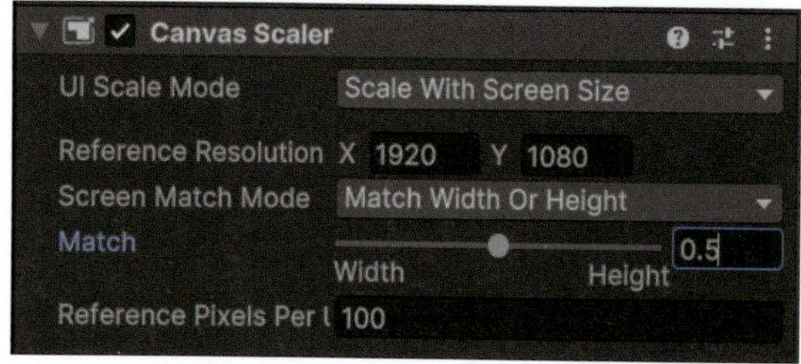

[그림 2.8-4] 캔버스 스케일러 설정

참고로 캔버스를 생성하면 EventSystem 오브젝트도 자동으로 생성됩니다. 이 오브젝트는 클릭이나 드래그와 같은 UI 상호작용을 처리하는 중요한 역할을 합니다.

> **◆ Tip** _ □ ×
>
> 'Screen Space-Overlay' 모드는 UI를 화면 위에 직접 그려 주는 방식입니다. 이 설정을 사용하면 UI가 항상 카메라 위에 고정되어 표시되며 해상도에 따라 크기가 자동으로 조정됩니다. 이외에도 2가지 렌더 모드가 있습니다.
> - Screen Space-Camera: 특정 카메라를 기준으로 UI를 배치하는 방식입니다.
> - World Space: UI를 3D 공간 안에 배치하여 게임 오브젝트처럼 다룰 수 있습니다.
>
> 좀 더 자세한 내용을 알고 싶다면 "유니티 캔버스 렌더 모드의 차이점에 대해 알려 줘."라고 질문해 볼 수 있습니다.

 점수 텍스트 만들기

캔버스 위에 점수를 표시할 텍스트를 추가해 보겠습니다.

❶ ScoreCanvas를 선택한 상태에서 마우스 오른쪽 버튼을 클릭한 후 UI > Legacy > Text를 선택합니다.

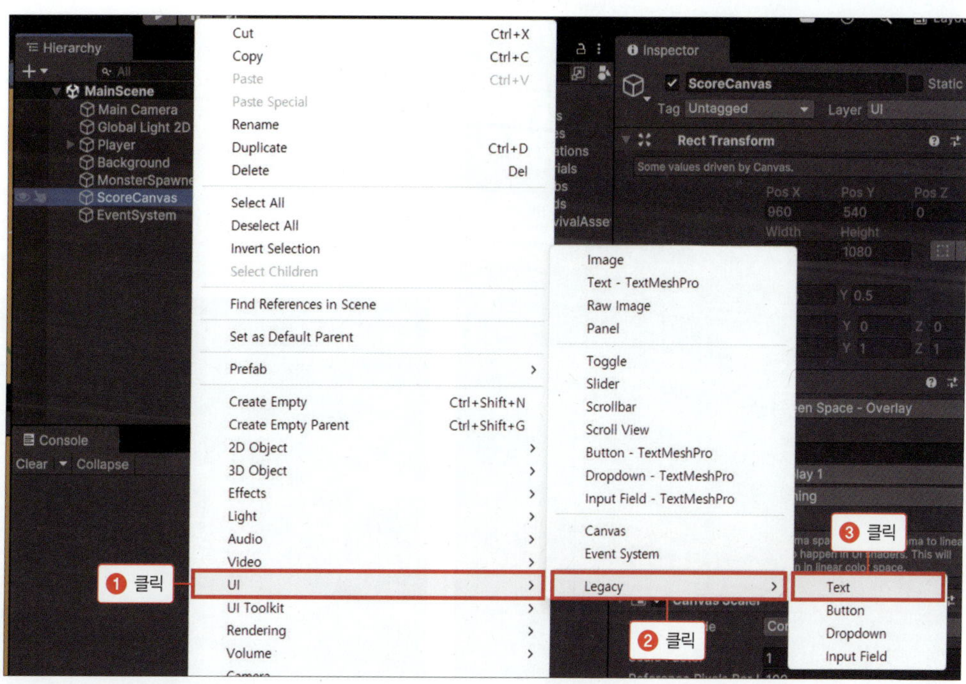

[그림 2.8-5] Text 생성

❷ 생성된 텍스트 오브젝트의 이름을 'ScoreText'로 변경합니다.

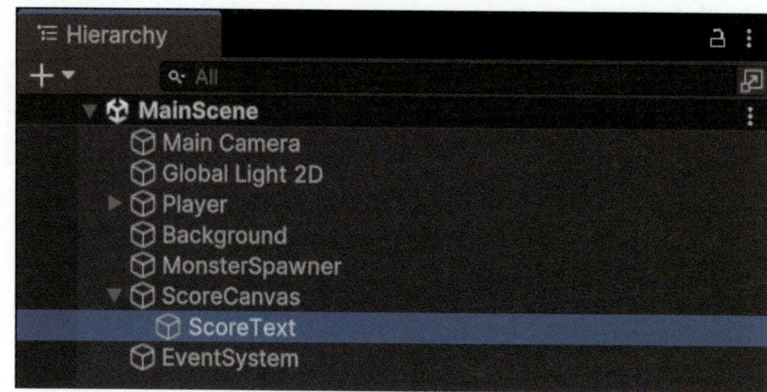

[그림 2.8-6] 이름 변경

❸ 인스펙터 뷰에서 Rect Transform 컴포넌트를 다음과 같이 설정합니다.

- **Anchor Preset**: 왼쪽 상단(Shift를 누른 상태에서 클릭합니다.)

- **Pos X**: 10, Pos Y: −10

- **Width**: 500, Height: 100

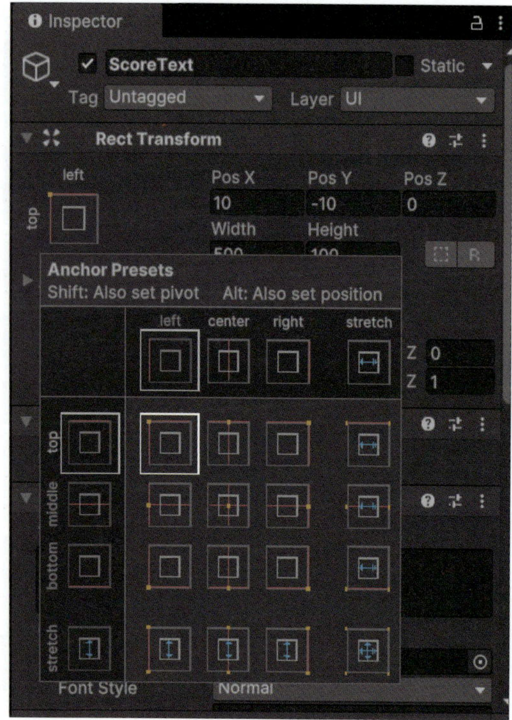

[그림 2.8-7] [Anchor] 설정

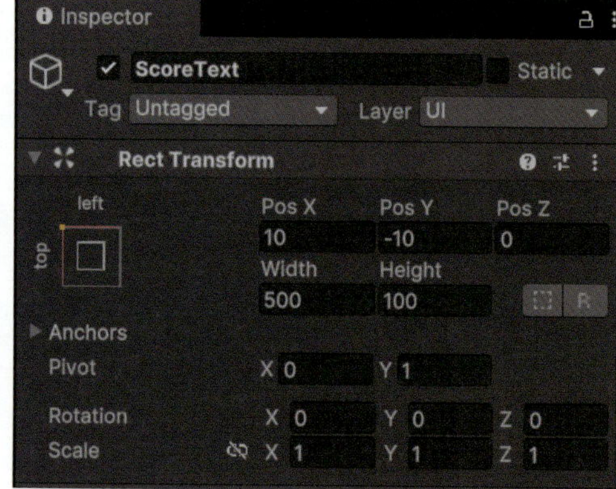

[그림 2.8-8] [RectTransform] 설정

❹ Text 컴포넌트의 속성을 다음과 같이 설정
합니다.

- Text: 점수: 0
- Font Size: 64
- Alignment: 왼쪽 정렬
- Color: 흰색

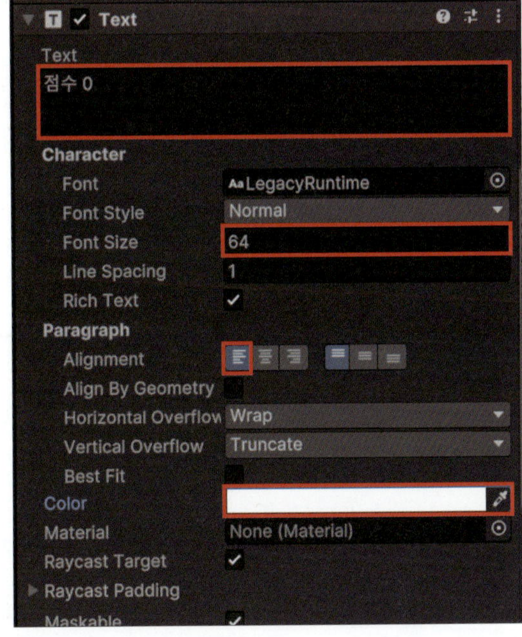

[그림 2.8-9] Text 컴포넌트 설정

참고로 Anchor Preset은 UI 요소가 화면 어디에 고정될지를 결정합니다. 왼쪽 상단으로 설정하면 화면 해상도가 변경되더라도 항상 해당 위치에 고정되어 표시됩니다.

점수 UI의 기본적인 형태가 완성되었습니다. 하지만 아직 이 텍스트가 실제 게임 점수를 반영하도록 연결하는 작업이 남아 있습니다.

[그림 2.8-10] 결과 화면

3 점수 관리 스크립트 작성하기

점수를 관리하고 UI에 표시할 스크립트를 만들어 보겠습니다.

[01. Scripts] 폴더에 'ScoreManager.cs'라는 새 스크립트를 생성한 후 다음과 같이 작성합니다.

```csharp
using UnityEngine;
using UnityEngine.Serialization;
using UnityEngine.UI;

public class ScoreManager : MonoBehaviour
{
    public Text ScoreText;              // 점수 텍스트 UI 요소

    private int _currentScore = 0;     // 현재 점수

    void Start()
    {
        // 초기 점수 표시 업데이트
        UpdateScoreUI();
    }

    // 점수 추가 함수
    public void AddScore(int points)
    {
        _currentScore += points;
        UpdateScoreUI();
    }

    // 점수 UI 업데이트 함수
    private void UpdateScoreUI()
    {
        if (ScoreText != null)
        {
            ScoreText.text = "점수: " + _currentScore;
        }
    }
}
```

이 스크립트는 다음과 같은 기능을 담당합니다.

작성한 ScoreManager 스크립트를 캔버스에 연결해 보겠습니다.

❶ 하이어라키 뷰에서 Canvas 오브젝트를 선택한 후 ScoreManager 스크립트를 추가합니다.

❷ 인스펙터 뷰에서 ScoreManager 컴포넌트의 Score Text 필드에 ScoreText 오브젝트를 드래그하여 연결합니다.

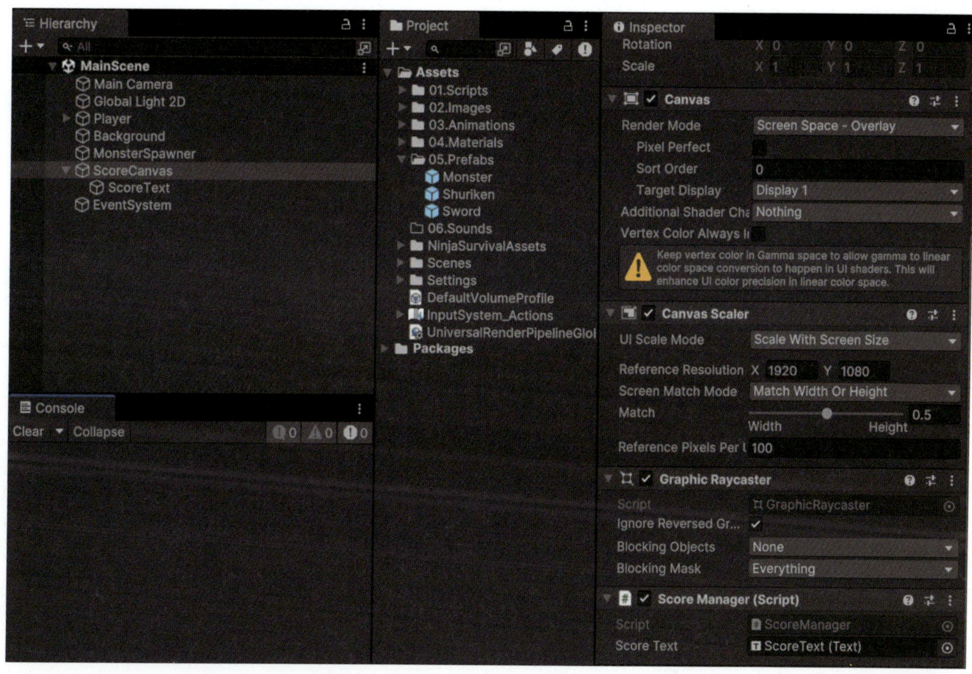

[그림 2.8-11] ScoreManager 스크립트 연결

4 몬스터 처치 시 점수 획득하기

몬스터를 처치할 때마다 점수를 획득할 수 있도록 설정해 보겠습니다. 이를 위해 MonsterController 스크립트를 수정하겠습니다.

먼저 몬스터 클래스에 점수 관련 변수를 추가하고 몬스터가 사망할 때 ScoreManager에 점수를 전달하도록 만들어야 합니다.

MonsterController.cs 파일을 연 후 코드를 다음과 같이 수정합니다.

```csharp
using UnityEngine;
using System.Collections;

public class MonsterController : MonoBehaviour
{
    // 기존 변수들...
    public int scoreValue = 100;              // 몬스터 처치 시 획득 점수

    private ScoreManager _scoreManager;    // 점수 관리자 참조

    void Start()
    {
        // 기존 코드...

        // ScoreManager 찾기
        _scoreManager = FindObjectOfType<ScoreManager>();
        if (_scoreManager == null)
        {
            Debug.LogWarning("ScoreManager를 찾을 수 없습니다!");
        }
    }

    // 기존 메서드들...

    // 몬스터 사망 처리 함수
    private void Die()
    {
        _isDead = true;

        // 디버그 로그로 확인
        Debug.Log(gameObject.name + "이(가) 사망했습니다!");

        // 점수 추가
        if (_scoreManager != null)
        {
            _scoreManager.AddScore(scoreValue);
        }
```

```csharp
        // 게임 오브젝트 비활성화(사망 시 바로 사라짐.)
        gameObject.SetActive(false);
    }


    // 기존 메서드들...
}
```

수정된 코드의 주요 변경 사항은 다음과 같습니다.

❶ scoreValue 변수 추가: 몬스터 처치 시 획득할 점수를 설정합니다.

❷ _scoreManager 변수와 초기화 코드 추가: 게임 내에서 ScoreManager를 찾아 연결합니다.

❸ Die() 메서드 수정: 몬스터가 사망할 때 ScoreManager에 점수를 추가하도록 변경합니다.

몬스터 프리팹에 점수 값 설정하기

❶ 프로젝트 뷰에서 Monster 프리팹을 선택합니다.

❷ 인스펙터 뷰에서 MonsterController 컴포넌트의 Score Value 값을 '100'으로 설정합니다.

❸ 변경 사항을 저장하기 위해 [Apply] 버튼을 클릭하여 프리팹에 적용합니다.

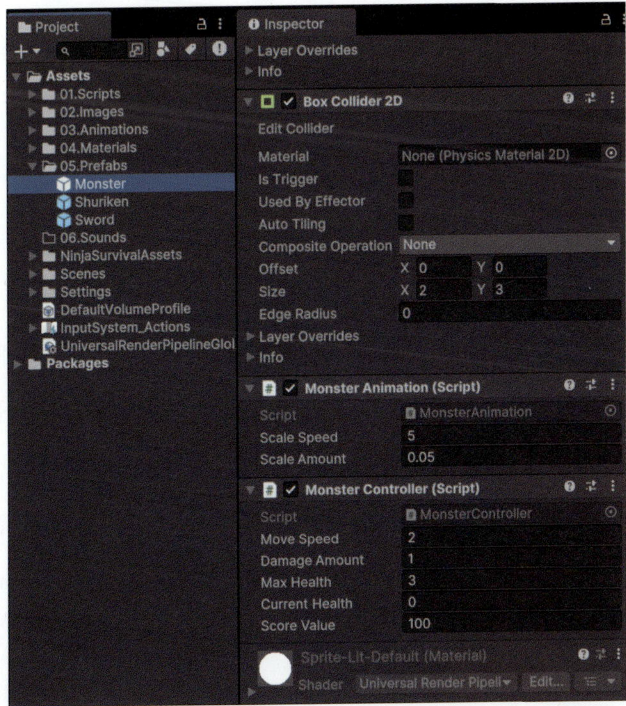

[그림 2.8-12] Moster 프리팹 설정

게임을 실행한 후 몬스터를 처치하면 점수가 정상적으로 증가하는 것을 확인할 수 있습니다.

[그림 2.8-13] 결과 화면

> **💎 Tip** _ □ ×
>
> 다양한 종류의 몬스터를 만들고 각각 다른 점수를 부여하면 게임의 전략적 요소가 더욱 풍부해집니다. 좀 더 강한 몬스터는
> 더 높은 점수를 주도록 설정해 보세요.

8.2 PlayerPrefs로 최고 점수 저장하기

지금까지 몬스터를 처치할 때마다 점수가 오르는 시스템을 성공적으로 구현했습니다. 이제 게임을 종료한 후 다시 실행하는 상황을 생각해 봅시다. 현재 상태에서는 모든 점수가 초기화되어 다시 0부터 시작해야 합니다. 이는 플레이어 입장에서 아쉬운 부분일 수 있습니다. 게임에서는 점수나 설정 값처럼 중요한 데이터를 저장하고 불러오는 기능이 필수적입니다. 유니티에서는 이를 간편하게 처리할 수 있는 PlayerPrefs라는 저장 시스템을 제공합니다. 이번 단계에서는 PlayerPrefs를 활용해 최고 점수를 저장하고 불러오는 방법을 학습합니다.

1 최고 점수 표시 UI 추가하기

이제 최고 점수를 게임 화면에 표시해 보겠습니다. 이를 위해 기존의 점수 텍스트 오브젝트를 활용하여 새로운 UI 요소를 추가합니다.

- 먼저 ScoreText 오브젝트를 복제합니다. 복제 방법은 Ctrl+D 키를 사용하거나 마우스 오른쪽 버튼을 클릭하면 나타나는 단축 메뉴 중에서 [Duplicate]를 선택하면 됩니다.
- 복제된 텍스트 오브젝트의 이름을 'HighScoreText'로 변경합니다.
- Rect Transform 컴포넌트의 Pos Y 값을 조정해 일반 점수 텍스트 바로 아래로 옮깁니다. 예를 들어 '–100'으로 설정하면 적절한 위치에 배치할 수 있습니다.

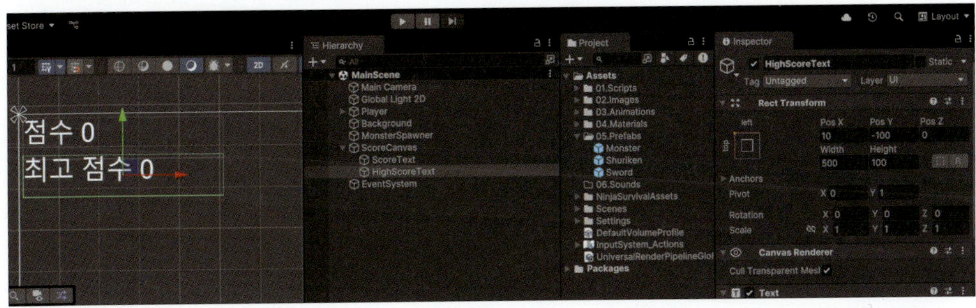

[그림 2.8-14] ScoreText 오브젝트 복제

- 텍스트 내용을 '최고 점수: 0'으로 수정한 후 Color 속성을 노란색(#FFFF00)으로 지정해 일반 점수와 명확하게 구분되도록 합니다.

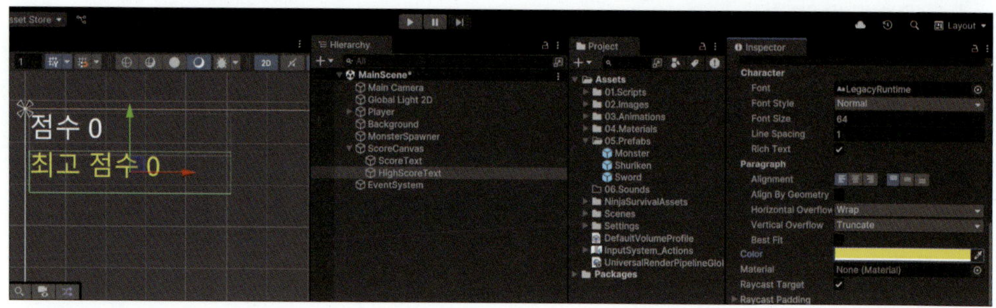

[그림 2.8-15] HighScoreText 설정

2 ScoreManager 스크립트 확장하기

이제 ScoreManager 스크립트를 수정하여 최고 점수를 관리하고 저장, 로드하는 기능을 추가합니다.

```csharp
using UnityEngine;
using UnityEngine.Serialization;
using UnityEngine.UI;

public class ScoreManager : MonoBehaviour
{
    public Text ScoreText;              // 점수 텍스트 UI 요소
    public Text HighScoreText;          // 최고 점수 텍스트

    private int _currentScore = 0;      // 현재 점수
    private int _highScore = 0;         // 최고 점수


    // PlayerPrefs에서 사용할 키
    private const string HIGH_SCORE_KEY = "HighScore";

    void Start()
    {
        // 저장된 최고 점수 불러오기
        _highScore = PlayerPrefs.GetInt(HIGH_SCORE_KEY, 0);
```

```csharp
        // UI 초기화
        UpdateScoreUI();
    }


    // 점수 추가 함수
    public void AddScore(int points)
    {
        _currentScore += points;

        // 최고 점수 갱신 확인
        if (_currentScore > _highScore)
        {
            _highScore = _currentScore;
            PlayerPrefs.SetInt(HIGH_SCORE_KEY, _highScore);
            PlayerPrefs.Save();   // 즉시 저장
        }

        UpdateScoreUI();     }

    // 점수 UI 업데이트 함수
    private void UpdateScoreUI()
    {
        if (ScoreText != null)
        {
            ScoreText.text = "점수: " + _currentScore;
        }

        if (HighScoreText != null)
        {
            HighScoreText.text = "최고 점수: " + _highScore;
        }
    }
}
```

이 코드의 주요 변경 사항은 다음과 같습니다.

❶ 최고 점수 텍스트 UI 참조 변수 추가
❷ 최고 점수 변수와 PlayerPrefs 키 상수 추가
❸ Start() 메서드에서 저장된 최고 점수 불러오기

이제 ScoreManager 컴포넌트의 High Score Text 필드에 HighScoreText 오브젝트를 연결합니다.

❶ 하이어라키 뷰에서 ScoreManager 오브젝트를 선택합니다.

❷ 인스펙터 뷰에서 High Score Text 필드에 HighScoreText 오브젝트를 드래그합니다.

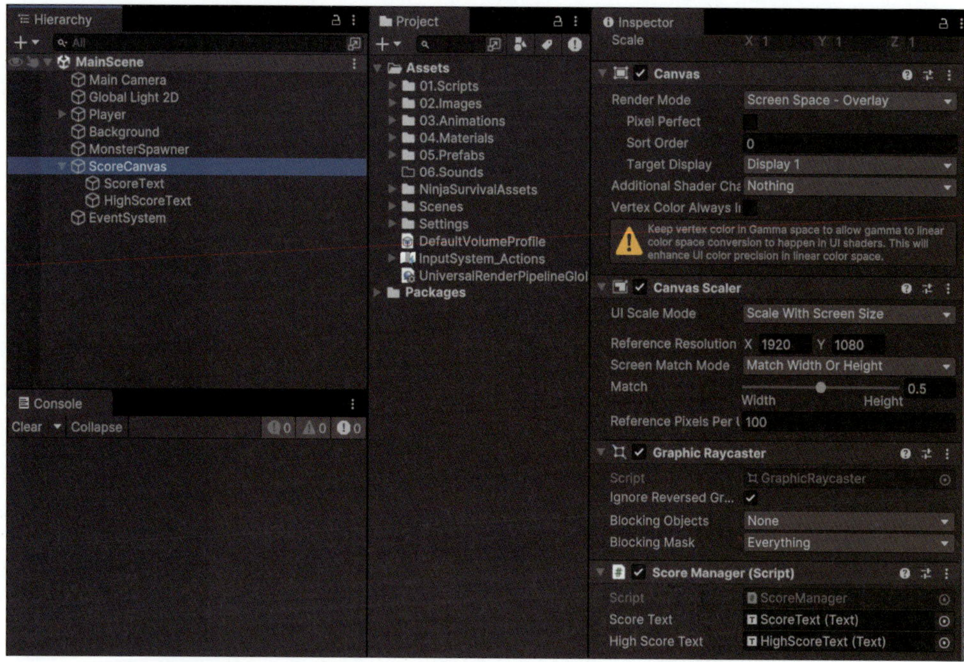

[그림 2.8-16] ScoreManager 속성 설정

3 PlayerPrefs란?

게임에서는 데이터를 저장하고 유지하는 기능이 매우 중요합니다. 유니티는 이를 간편하게 처리할 수 있도록 'PlayerPrefs'라는 저장 시스템을 제공합니다. PlayerPrefs는 키-값 쌍의 형태로 데이터를 저장하며 게임을 종료한 후에도 값이 유지되는 것이 특징입니다.

이 시스템은 주로 다음과 같은 경우에 유용하게 활용됩니다.

- 최고 점수 저장
- 게임 설정(소리 크기, 그래픽 품질 등) 저장
- 게임 진행 상태 저장(단, 복잡한 데이터는 다른 방법 사용 권장)

PlayerPrefs를 사용하면 복잡한 저장 로직 없이도 중요한 정보를 쉽게 관리할 수 있습니다.

PlayerPrefs의 주요 메서드
- SetInt( ), SetFloat( ), SetString( ): 데이터 저장
- GetInt( ), GetFloat( ), GetString( ): 데이터 불러오기
- Save( ): 변경 사항 즉시 저장
- DeleteKey( ): 특정 키의 데이터 삭제
- DeleteAll( ): 모든 데이터 삭제

 **Tip** _ □ ×

PlayerPrefs는 간단한 데이터를 저장하기에 적합하지만, 복잡한 게임 데이터는 파일 저장이나 데이터베이스 시스템을 사용하는 것이 좋습니다. 좀 더 자세한 정보를 알고 싶다면 챗GPT에게 "유니티에서 복잡한 게임 데이터를 저장하는 방법에 대해 알려 줘."라고 질문해 볼 수 있습니다.

이제 게임을 실행해 몬스터를 처치하고 점수를 획득해 보세요. 그런 다음 게임을 종료하고 다시 실행하면 최고 점수가 이전과 동일하게 유지되는 것을 확인할 수 있습니다.

[그림 2.8-17] 결과 화면

이처럼 PlayerPrefs를 활용하면 게임을 껐다 켜도 중요한 기록이 남아 있어 플레이어에게 일관된 경험을 제공합니다.

8.3 게임 오버 시 결과 표시하기

게임 오버 상황에서 플레이어에게 최종 점수를 알려 주는 결과 화면을 만들어 보겠습니다.

이번에는 생성형 AI를 활용해 멋진 게임 오버 로고를 제작하고 최종 점수와 최고 점수를 함께 표시하는 깔끔한 결과 화면을 구성할 예정입니다. 이를 통해 게임의 완성도를 한층 더 높일 수 있습니다.

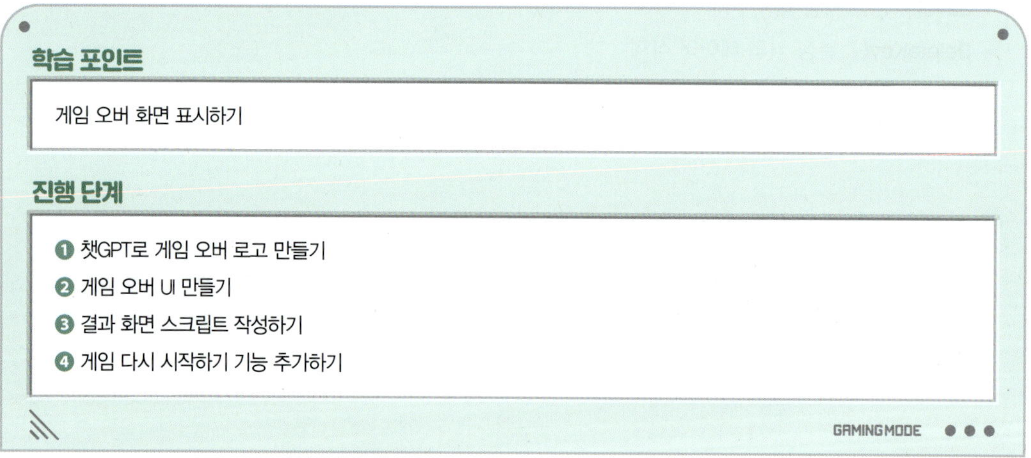

1 챗GPT로 게임 오버 로고 만들기

먼저 게임 오버 화면에 어울리는 멋진 로고를 준비해 보겠습니다. 이를 위해 챗GPT를 활용해 로고 이미지를 생성할 수 있습니다. 다음과 같은 프롬프트를 입력해 로고 제작을 시작해 보겠습니다.

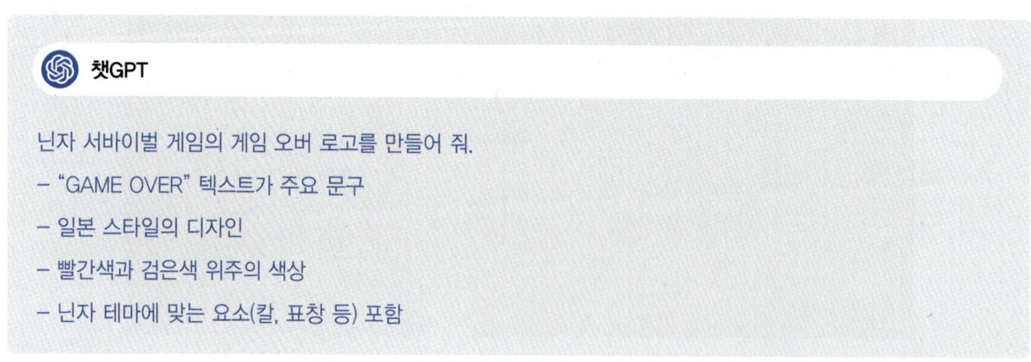

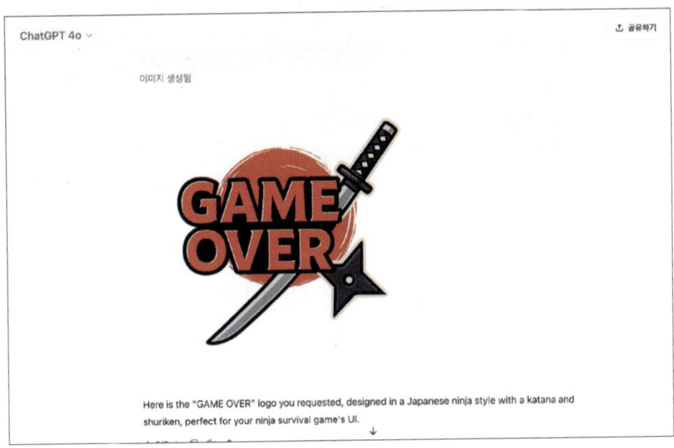

[그림 2.8-18] 로고 생성

챗GPT로 생성한 게임 오버 로고를 다운로드한 후 파일 이름을 'GameOverLogo.png'로 저장합니다. 그런 다음 이 이미지를 유니티 프로젝트의 [02. Images] 폴더로 임포트하여 게임에서 사용할 준비를 마칩니다.

2 게임 오버 UI 만들기

이제 게임 오버 화면을 구성할 UI를 만들어 보겠습니다.

❶ 하이어라키 뷰에서 마우스 오른쪽 버튼을 클릭한 후 UI > Canvas를 선택합니다.

❷ 생성된 캔버스의 이름을 'GameOverCanvas'로 변경합니다.

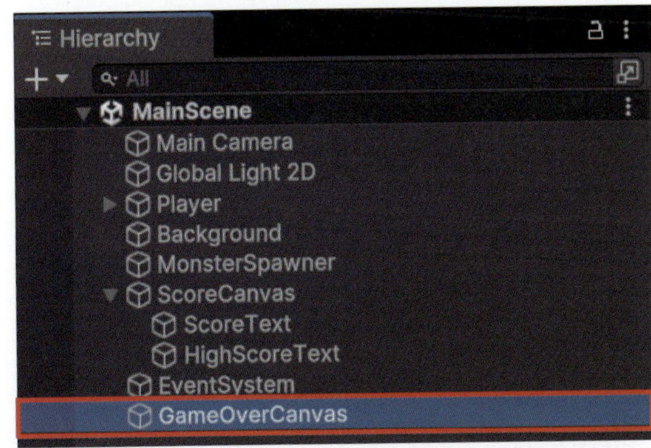

[그림 2.8-19] 캔버스 생성

❸ Canvas 컴포넌트 설정을 다음과 같이 지정합니다.

- **Render Mode:** Screen Space–Overlay

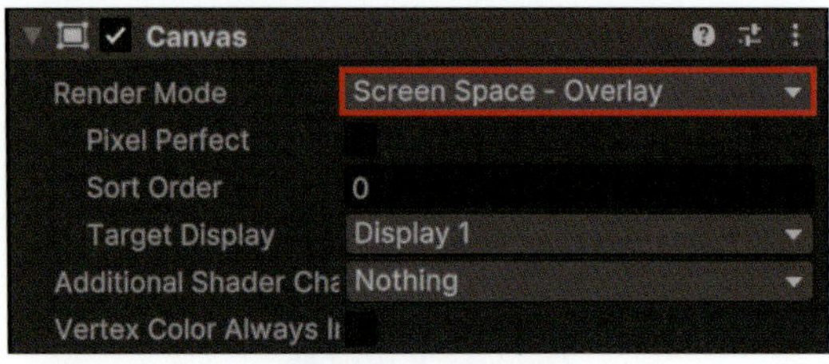

[그림 2.8-20] 캔버스 설정

❹ Canvas Scaler 컴포넌트 설정도 다음과 같이 조정합니다.

- **UI Scale Mode:** Scale With Screen Size
- **Reference Resolution:** X: 1920, Y: 1080
- **Screen Match Mode:** Match Width Or Height
- **Match:** 0.5

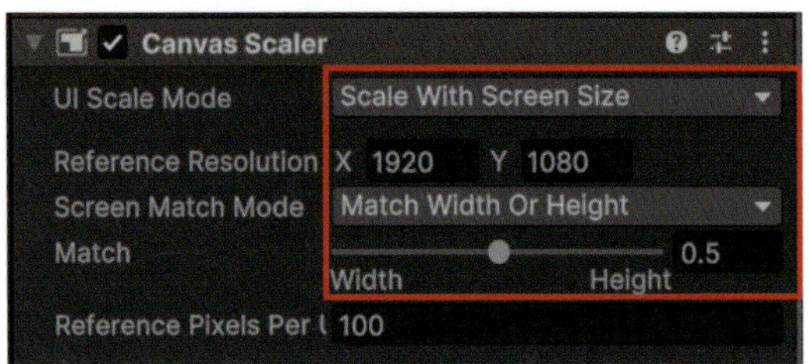

[그림 2.8-21] 캔버스 스케일러 설정

이제 결과 화면을 더욱 풍성하게 만들기 위해 배경 이미지와 게임 오버 로고 그리고 다시 시작 버튼을 추가하겠습니다. 먼저 GameOverCanvas 안에 Image 컴포넌트를 추가해 배경 이미지를 설정합니다.

- 마우스 오른쪽 버튼 클릭 > UI > Image

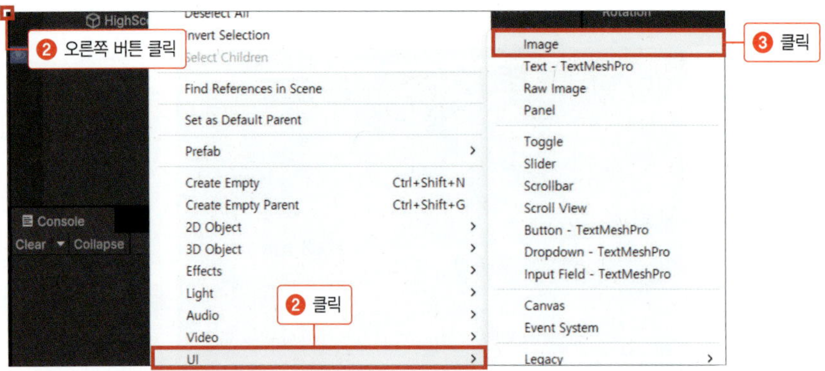

[그림 2.8-22] Image 오브젝트 생성

- 이름을 'Background'로 변경

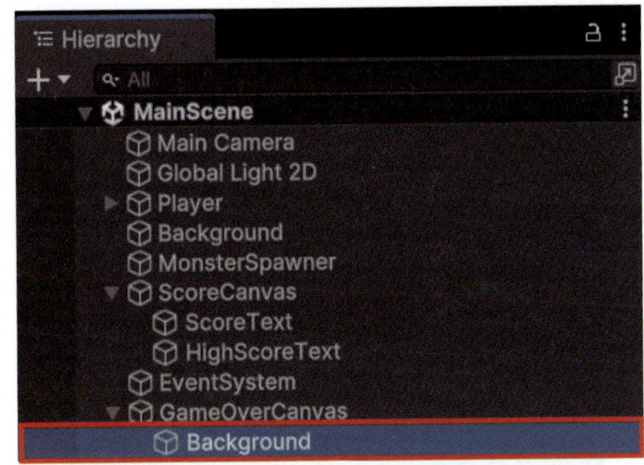

[그림 2.8-23] 이름 변경

- Rect Transform: 전체 화면 채우기(앵커 프리셋에서 Shift + Alt 를 누른 상태에서 오른쪽 하단의 아이콘 클릭)

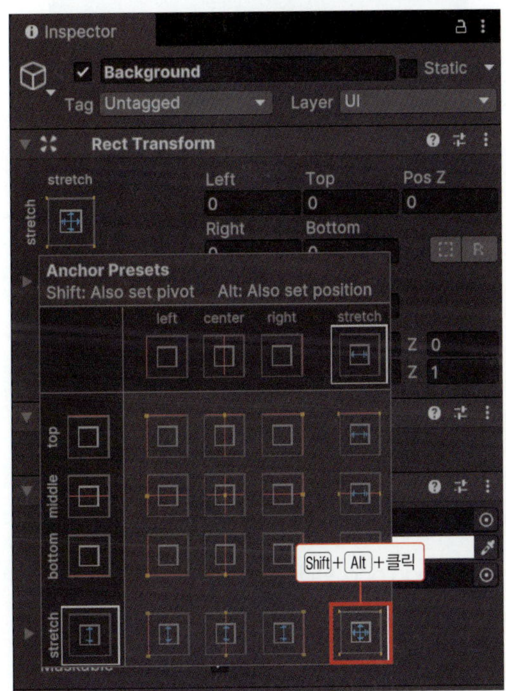

[그림 2.8-24] Anchor 설정

- **Color**: 검은색(투명도 약 75%–Alpha 값: 191)

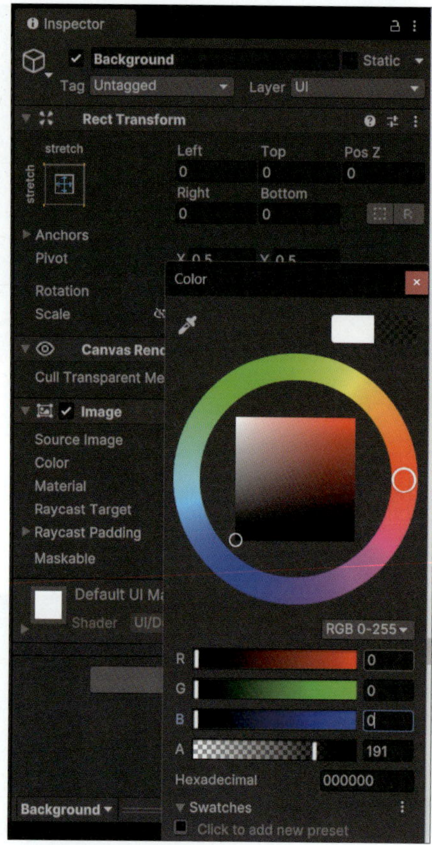

[그림 2.8-25] Color 설정

게임 오버 로고 추가

- 마우스 오른쪽 버튼 클릭 > UI > Image
- 이름을 'GameOverLogo'로 변경
- Source Image: GameOverLogo.png 드래그
- Rect Transform: 화면의 중앙에 위치
- Width, Height: 적절히 조정(**예** 1024, 1024)

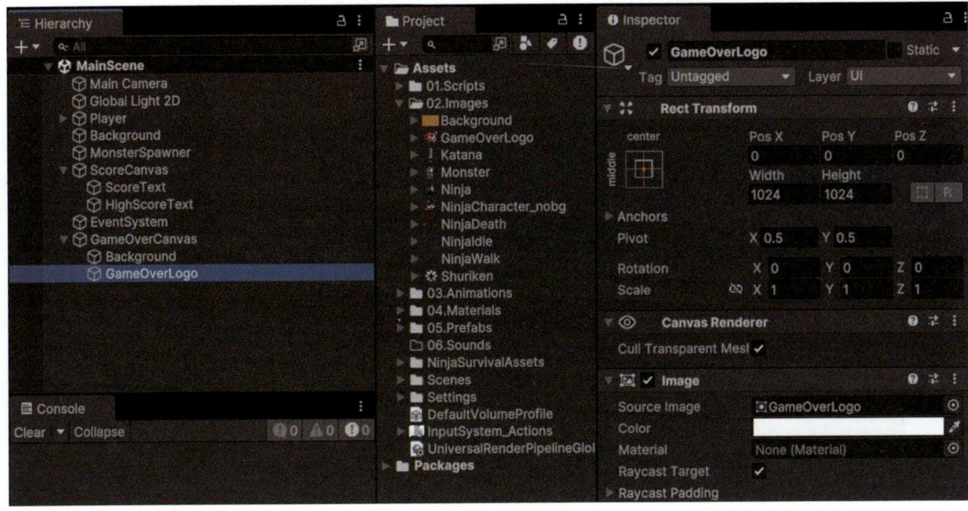

[그림 2.8-26] GameOverLogo 추가

다시 시작 버튼 추가

• 마우스 오른쪽 버튼 클릭 > UI > Legacy > Button

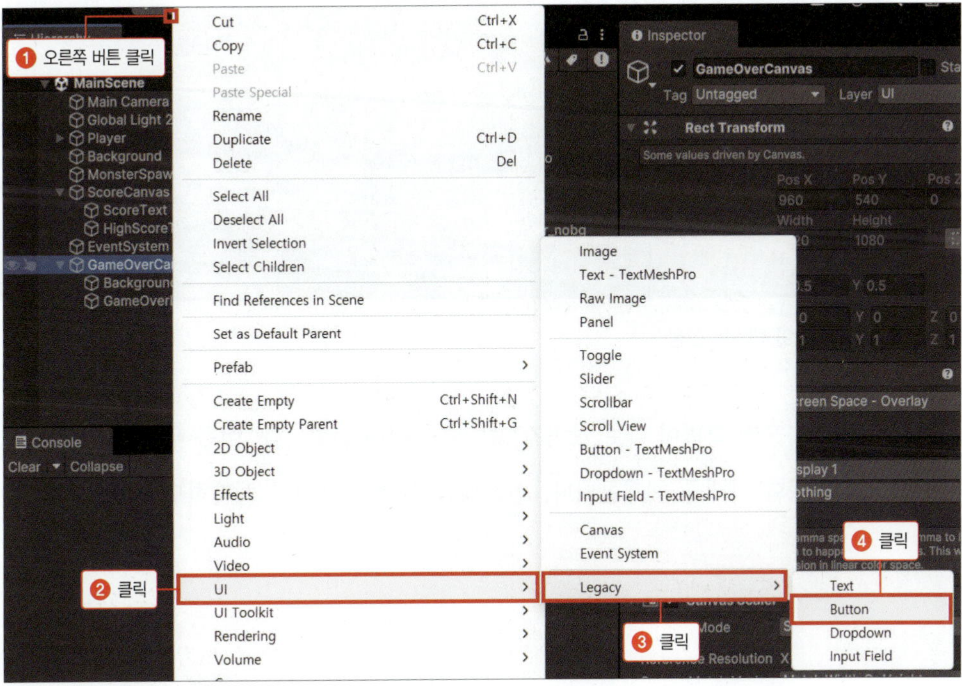

[그림 2.8-27] Button 생성

- 이름을 'RestartButton'으로 변경
- Rect Transform: 크기와 위치를 수정합니다.

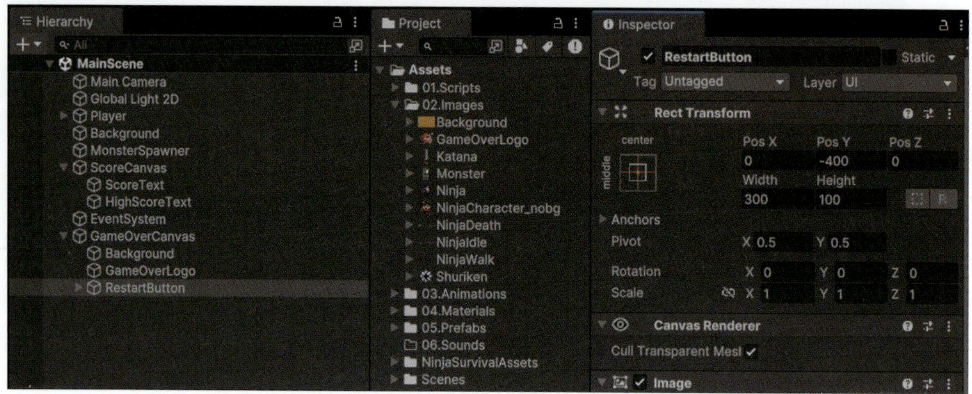

[그림 2.8-28] 이름 변경

- Button 컴포넌트의 텍스트를 '다시 시작'으로 변경한 후 [Font Siz]를 '48'로 조정합니다.

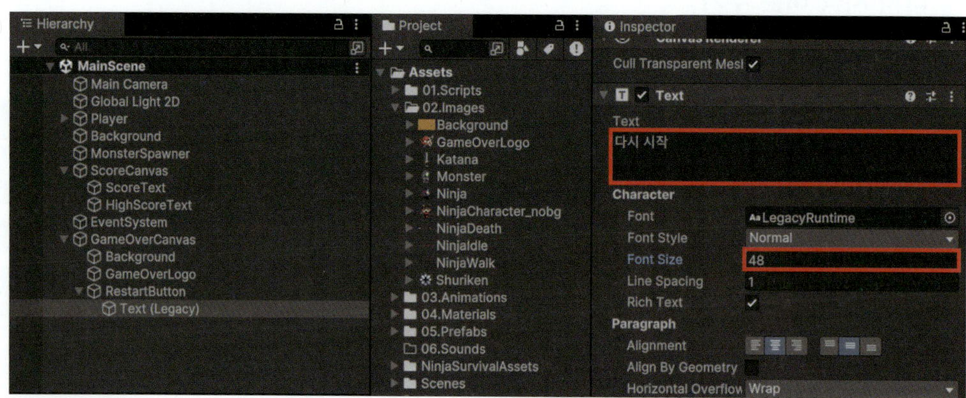

[그림 2.8-29] 텍스트 설정

처음에는 게임 오버 화면이 바로 보이지 않도록 설정해야 합니다. 이를 위해 GameOverCanvas 오브젝트의 활성화 상태를 해제합니다. 인스펙터의 체크 표시를 해제하면 비활성화할 수 있습니다.

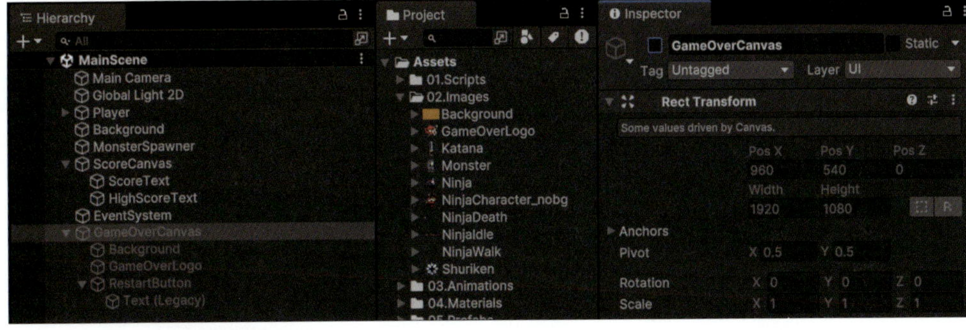

[그림 2.8-30] 버튼 비활성화

③ 게임 오버 관리 스크립트 작성하기

이제 게임 오버 화면을 제어할 스크립트를 만들어 보겠습니다. [01. Scripts] 폴더에 'GameOver Manager.cs'라는 새 스크립트를 생성한 후 코드를 다음과 같이 작성합니다.

```csharp
using UnityEngine;
using UnityEngine.UI;
using UnityEngine.SceneManagement;

public class GameOverManager : MonoBehaviour
{
    public Canvas GameOverCanvas;   // 게임 오버 캔버스
    public Button RestartButton;    // 다시 시작 버튼

    void Start()
    {
        // 시작 시 게임 오버 화면 비활성화
        if (GameOverCanvas != null)
        {
            GameOverCanvas.gameObject.SetActive(false);
        }

        // 다시 시작 버튼에 이벤트 추가
        if (RestartButton != null)
        {
            RestartButton.onClick.AddListener(RestartGame);
        }
    }
```

```csharp
    // 게임 오버 화면 표시
    public void ShowGameOver()
    {
        if (GameOverCanvas != null)
        {
            GameOverCanvas.gameObject.SetActive(true);
        }

        // 게임 일시 정지
        Time.timeScale = 0f;
    }

    // 게임 다시 시작
    public void RestartGame()
    {
        // 시간 스케일 복원
        Time.timeScale = 1f;

        // 현재 씬 다시 로드
        SceneManager.LoadScene(SceneManager.GetActiveScene().name);
    }
}
```

이 스크립트는 다음과 같은 기능을 담당합니다.

- 게임 오버 화면을 활성화/비활성화
- 게임 다시 시작 기능

이제 GameOverManager 스크립트를 연결합니다.

1. 하이어라키 뷰에서 마우스 오른쪽 버튼을 클릭하면 나타나는 단축 메뉴 중에서 [Create Empty]를 선택합니다.
2. 생성된 빈 오브젝트의 이름을 'GameOverManager'로 변경합니다.
3. GameOverManager 오브젝트에 GameOverManager 스크립트를 추가합니다.
4. 인스펙터 뷰에서 필드를 설정합니다.
   - Game Over Canvas: GameOverCanvas 오브젝트를 드래그
   - Restart Button: RestartButton 오브젝트를 드래그

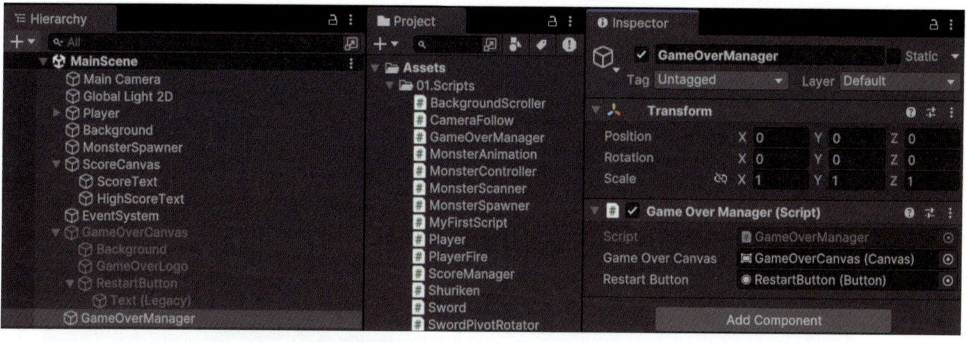

[그림 2.8-31] GameOverManager 스크립트 연결

4 플레이어 사망 시 게임 오버 화면 표시하기

플레이어가 사망할 때 게임 오버 화면이 표시되도록 Player 스크립트를 수정해 봅시다.

```csharp
// Player.cs의 Die() 메서드 수정
void Die()
{
    _isDead = true;
    _animator.SetTrigger("Death");
    Debug.Log("플레이어가 사망했습니다!");

    // 충돌체를 비활성화하여 더 이상 몬스터와 충돌하지 않도록 함.
    GetComponent<Collider2D>().enabled = false;

    // 게임 오버 화면 표시
    GameOverManager gameOverManager = FindObjectOfType<GameOverManager>();
    if (gameOverManager != null)
    {
        gameOverManager.ShowGameOver();
    }
}
```

이 코드는 플레이어가 사망할 때 GameOverManager를 찾아 게임 오버 화면을 표시합니다.

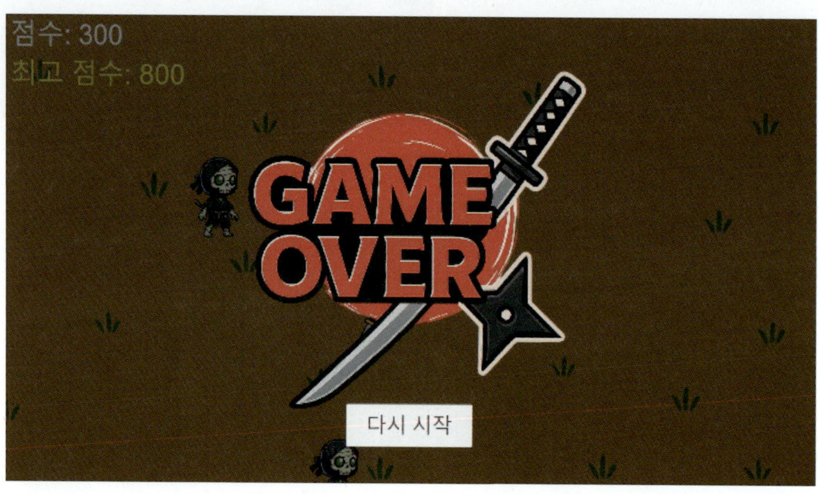

[그림 2.8-32] 결과 화면

이제 닌자 서바이벌 게임에 멋진 게임 오버 화면을 성공적으로 구현했습니다. 플레이어가 게임에서 패배했을 때 단순히 게임이 종료되는 것이 아니라 시각적으로 완성도 높은 게임 오버 화면을 통해 자연스럽게 플레이를 마무리할 수 있게 되었습니다. 또한 다시 시작 버튼을 통해 손쉽게 새 게임에 도전할 수 있어 플레이어가 계속 게임을 즐길 수 있는 환경이 마련되었습니다.

다음 단계에서는 다양한 효과음과 배경 음악을 추가하여 게임의 분위기와 몰입감을 더욱 높이는 방법을 살펴보겠습니다. 이제 본격적으로 닌자 서바이벌 게임을 완성하는 여정을 이어가 보겠습니다.

Chapter 9

사운드와 빌드

지금까지 닌자 서바이벌 게임의 주요 요소들을 단계적으로 구현했습니다. 플레이어 캐릭터 설정부터 원거리 및 근접 무기의 추가, 몬스터 생성 시스템까지 모두 완성하였습니다. 이제 게임의 핵심 경험을 완성할 중요한 요소인 '사운드'를 추가할 것입니다.

게임에서 사운드는 플레이어의 몰입감을 높이는 핵심적인 역할을 합니다. 적절한 배경 음악은 게임의 분위기를 효과적으로 전달하고 효과음은 플레이어의 행동에 대한 즉각적인 피드백을 제공합니다. 이번 단계에서는 생성형 AI를 활용하여 개성 있는 게임 사운드를 제작하고 유니티의 오디오 시스템을 이용해 게임에 적용하는 방법을 학습합니다.

9.1 배경 음악 추가하기

학습 포인트

생성형 AI를 활용한 배경 음악 제작 후 게임에 적용하기

진행 단계

❶ MusicFX로 배경 음악 만들기

❷ 배경 음악 임포트하기

❸ AudioSource와 AudioClip 이해하기

❹ 배경 음악 적용하기

GAMING MODE ● ● ●

① MusicFX로 배경 음악 만들기

최근에는 음악 제작 과정에서도 생성형 AI가 활발히 활용되고 있습니다. 전문적인 음악 지식이나 프로그래밍 기술 없이도 개성 있는 음악을 제작할 수 있습니다. 이번에는 구글(Google)의 생성형 AI 도구인 'MusicFX'를 사용하여 닌자 서바이벌 게임의 분위기에 어울리는 배경 음악을 만드는 방법을 안내합니다.

❶ 웹 브라우저에서 'Google MusicFX'에 접속합니다.

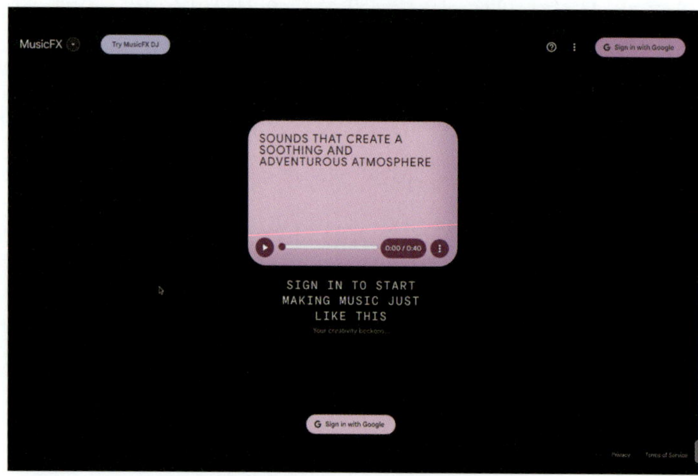

[그림 2.9-1] MusicFX 사이트

❷ 구글 계정으로 로그인합니다.

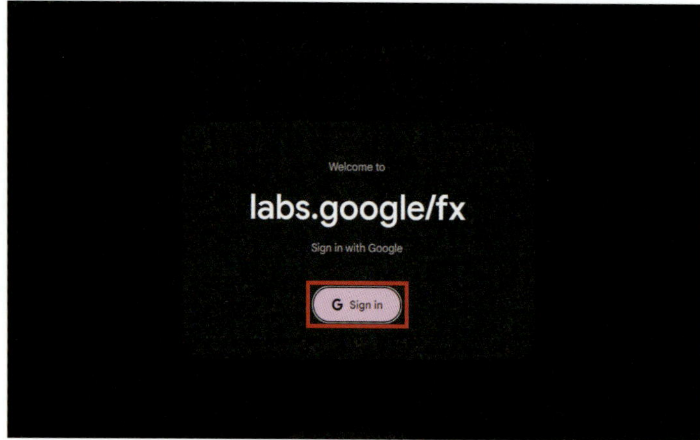

[그림 2.9-2] 로그인

배경 음악을 만들기 위해 MusicFX에 다음과 같은 프롬프트를 입력해 보세요.

> Create a loopable background music for a ninja–themed action game. The music should be energetic with Japanese instruments like shamisen and taiko drums. It should have a fast tempo that builds tension and excitement, perfect for fighting endless waves of enemies in a survival game. Make it suitable for continuous play without becoming annoying.

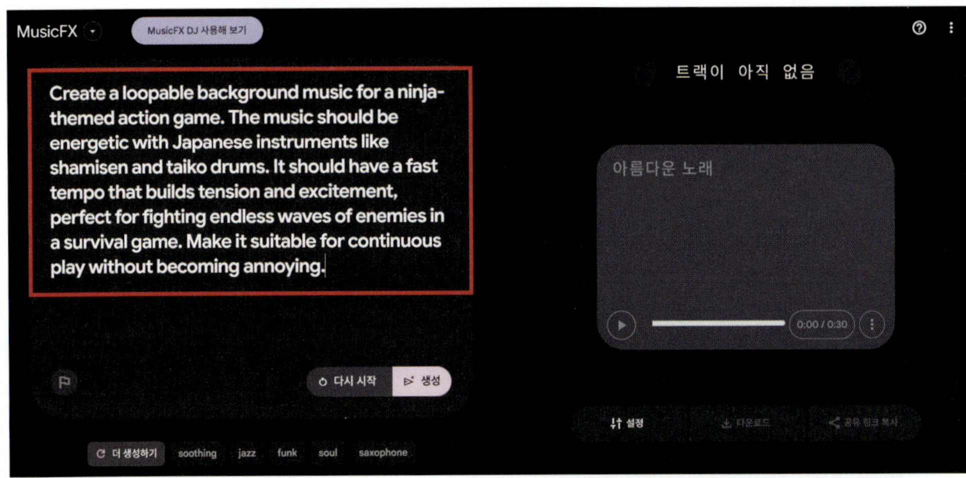

[그림 2.9-3] 프롬프트 입력

MusicFX를 통해 생성된 음악을 미리 듣고 원하는 결과가 나올 때까지 여러 번 시도합니다. 마음에 드는 음악이 완성되면 [다운로드] 버튼을 클릭하여 MP3 파일 형식으로 저장합니다.

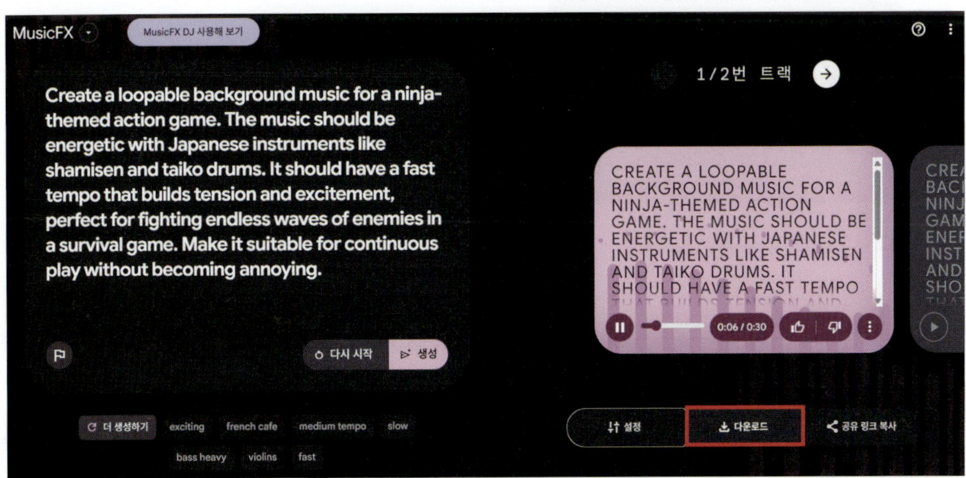

[그림 2.9-4] 생성 결과

2 배경 음악 임포트하기

생성한 배경 음악을 유니티 프로젝트에 추가하겠습니다.

❶ 다운로드한 MP3 파일의 이름을 'BackgroundMusic.mp3'로 변경합니다.

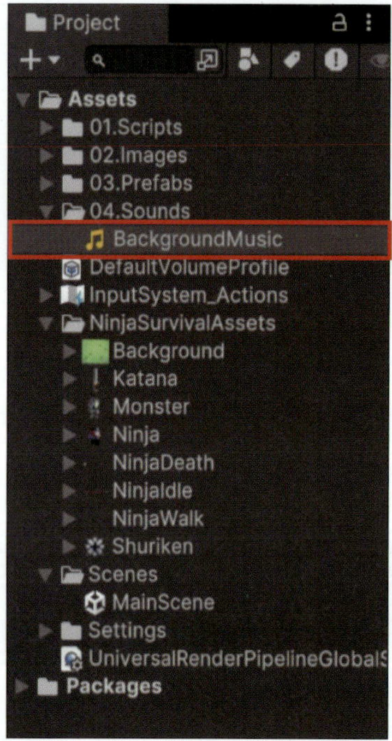

[그림 2.9-5] 배경 음악 임포트

❷ 유니티 에디터의 프로젝트 뷰에서 [04. Sounds] 폴더를 마우스 오른쪽 버튼으로 클릭하면 나타나는
단축 메뉴 중에서 [Import New Asset]을 선택합니다.

❸ 저장된 'BackgroundMusic.mp3' 파일을 선택한 후 [Import] 버튼을 클릭하여 프로젝트에 추가합
니다.

임포트된 오디오 파일을 선택한 후 인스펙터 뷰에서 다음과 같이 설정합니다.

- Force To Mono: 체크 표시

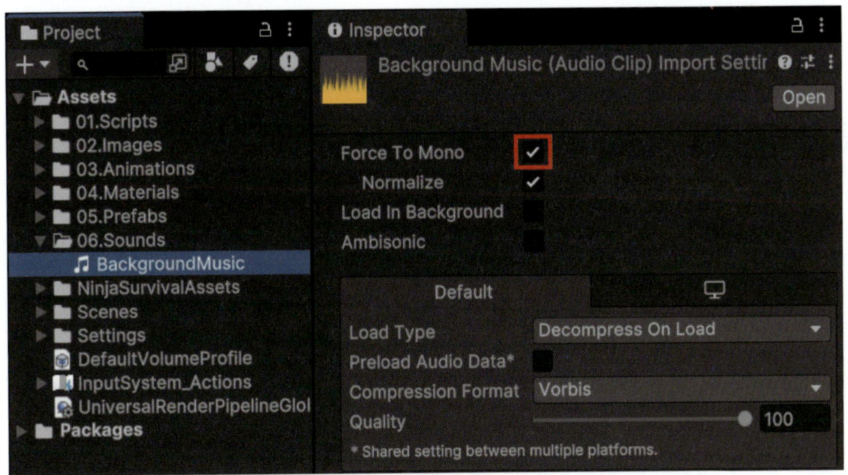

[그림 2.9-6] 음악 가져오기

3 AudioSource와 AudioClip 이해하기

유니티에서 사운드를 재생하려면 2가지 주요 요소를 이해해야 합니다. 바로 AudioClip과 AudioSource입니다.

AudioClip

- 오디오 데이터 자체를 담고 있는 에셋입니다.
- MP3, WAV 등의 오디오 파일을 임포트하면 AudioClip이 됩니다.
- 앞에서 임포트한 'BackgroundMusic.mp3' 파일이 바로 AudioClip입니다.

AudioSource

- 오디오를 실제로 재생하는 역할을 하는 컴포넌트입니다.
- 게임 오브젝트에 추가되어 해당 오브젝트가 소리를 재생하도록 만듭니다.
- AudioClip을 재생할 때 반드시 필요한 요소입니다.
- 볼륨, 피치, 반복 재생(루프) 여부 등을 설정하여 오디오 재생 방식을 조절할 수 있습니다.

요약하면 AudioClip은 '재생할 사운드'를, AudioSource는 '사운드를 재생하는 방법'을 결정합니다. 음악 플레이어로 비유하면 AudioClip은 음악 파일, AudioSource는 음악을 재생하는 장치에 해당합니다.

4 배경 음악 적용하기

이제 유니티 프로젝트에 배경 음악을 적용해 보겠습니다. 배경 음악은 게임 내내 계속 재생되어야 하므로 씬이 변경되어도 유지되는 오브젝트에 설정하는 것이 좋습니다.

① 하이어라키 뷰에서 마우스 오른쪽 버튼을 클릭하면 나타나는 단축 메뉴 중에서 [Create Empty]를 선택하여 빈 오브젝트를 생성합니다.

② 생성된 오브젝트의 이름을 'BackgroundMusic'으로 변경합니다.

③ 인스펙터 뷰에서 [Add Component] 버튼을 클릭한 후 'Audio Source'를 검색하여 추가합니다.

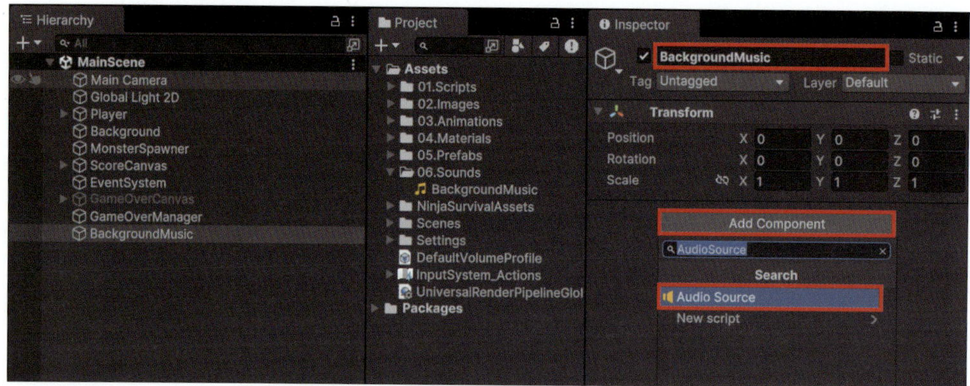

[그림 2.9-7] AudioSource 컴포넌트 추가

① Audio Source 컴포넌트의 설정을 다음과 같이 변경합니다.

- AudioClip: 프로젝트 뷰에서 임포트한 BackgroundMusic.mp3 파일을 드래그하여 연결합니다.

- Play On Awake: 체크 표시(게임이 시작되자마자 음악 재생)

- Loop: 체크 표시(반복 재생)

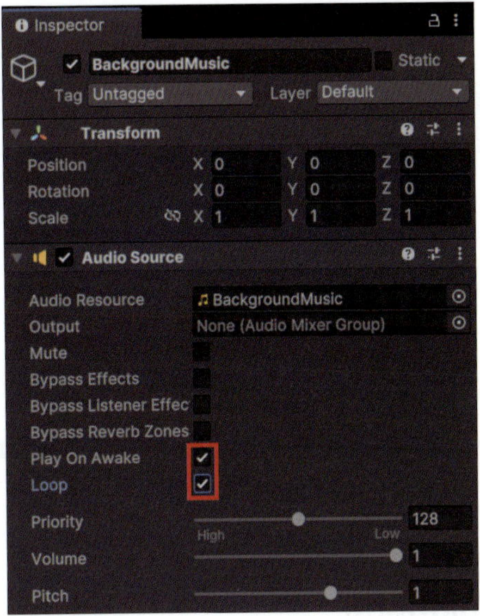

[그림 2.9-8] AudioSource 설정

❷ 유니티 에디터에서 [Play] 버튼을 눌러 게임을 실행한 후 배경 음악이 제대로 재생되는지 확인합니다.

이제 닌자 서바이벌 게임에 분위기를 만들어 주는 배경 음악이 적용되었습니다. 다음에는 플레이어의 행동에 반응하는 다양한 효과음을 추가하여 게임의 완성도를 더욱 높여 보겠습니다.

9.2 효과음 추가하기

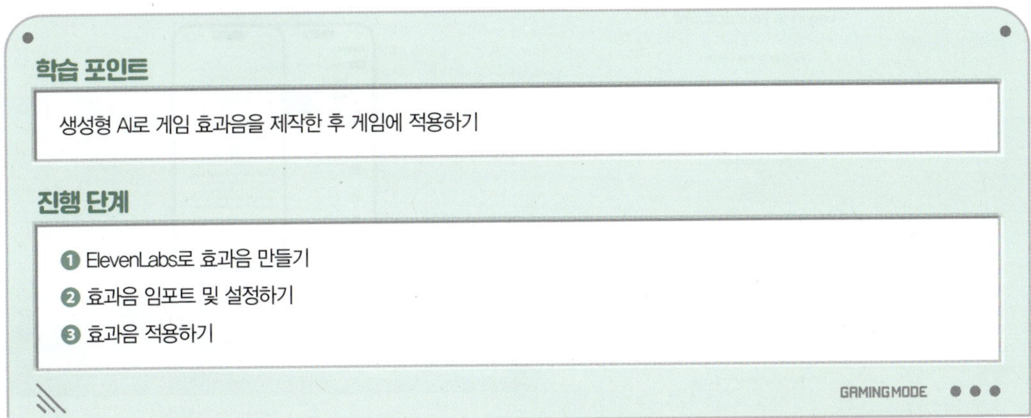

1 ElevenLabs로 효과음 만들기

이번에는 효과음을 만들어 보겠습니다. 효과음을 제작하기 위해 생성형 AI 도구인 'ElevenLabs'를 활용할 것입니다. ElevenLabs는 텍스트 입력만으로 간편하게 다양한 효과음을 생성할 수 있는 유용한 도구입니다.

ElevenLabs 접속하기

❶ 웹 브라우저에서 'ElevenLabs'에 접속합니다.

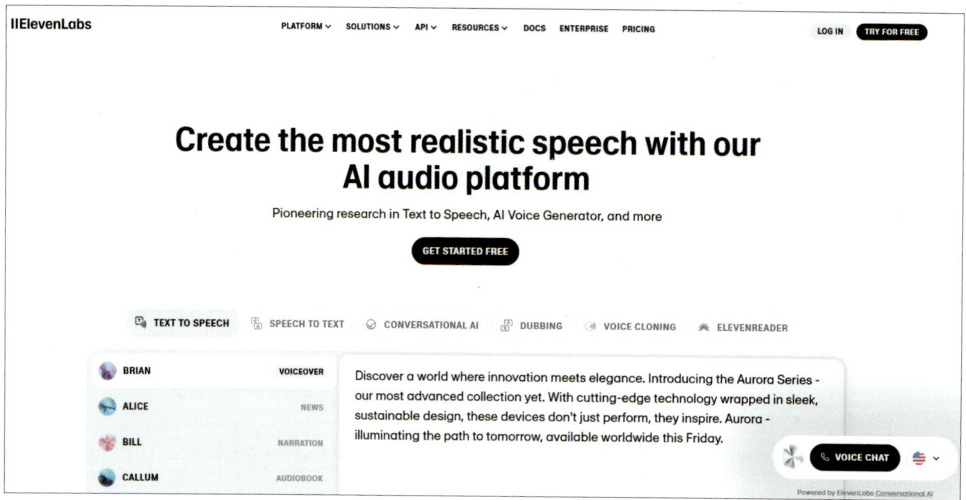

[그림 2.9-9] Elevenlabs 메인 화면

❷ 계정을 만들거나 로그인합니다.

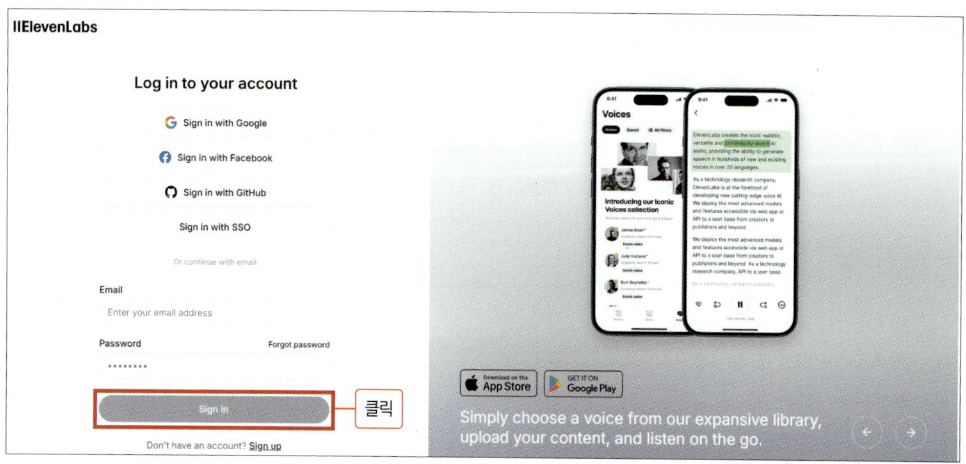

[그림 2.9-10] 접속

표창 발사 효과음 만들기

❶ 왼쪽에서 [Sound Effects]를 클릭합니다.

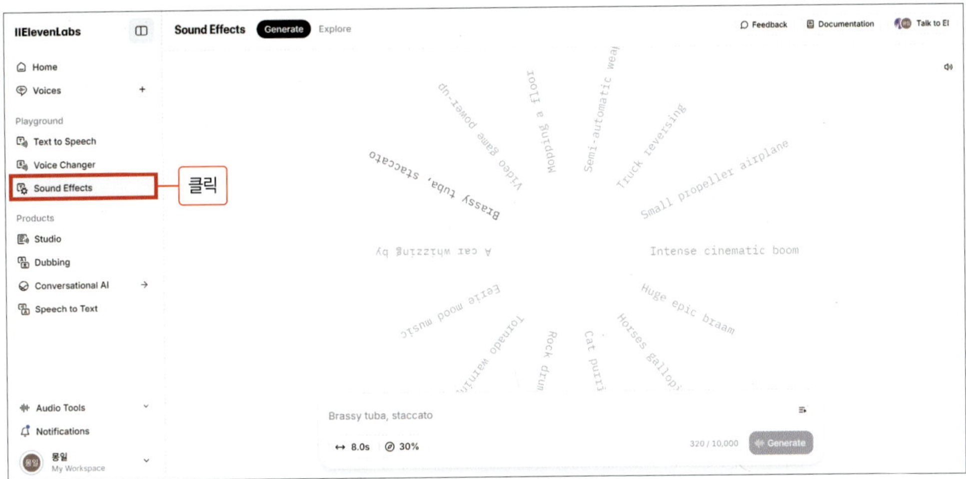

[그림 2.9-11] Sound Effects 생성 화면

❷ 프롬프트 입력 창 왼쪽 아래에서 만들 효과음의 재생 길이를 정할 수 있습니다. 여기서는 '0.7초'로 설정하겠습니다.

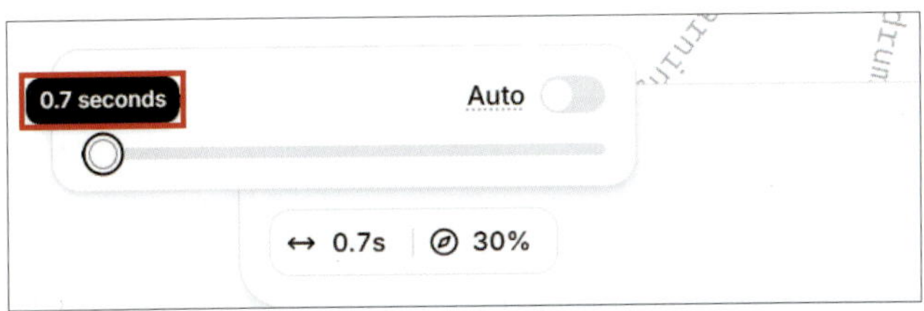

[그림 2.9-12] 시간(초) 설정

❸ ElevenLabs에 다음과 같은 프롬프트를 입력해 보세요.

> Create a sharp, fast sound effect for throwing ninja stars(shuriken). It should have a quick 'whoosh' sound followed by a metallic spinning noise. Make it short and impactful, suitable for repeated use in a fast-paced action game.

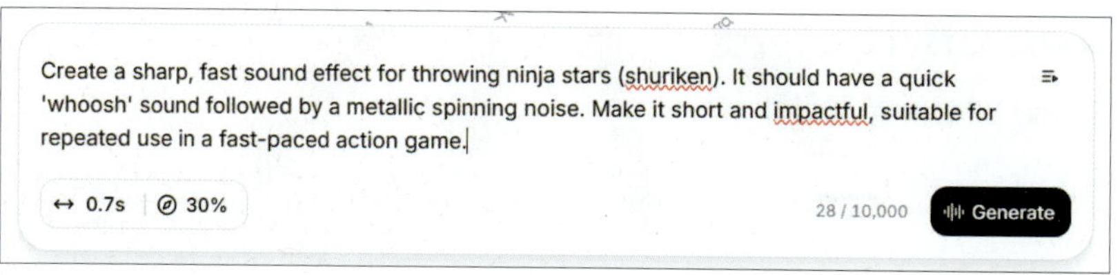

[그림 2.9-13] 프롬프트 입력

❹ 효과음 4개를 생성해 줍니다. 모든 효과음을 들어 보고 마음에 드는 효과음을 다운로드합니다.

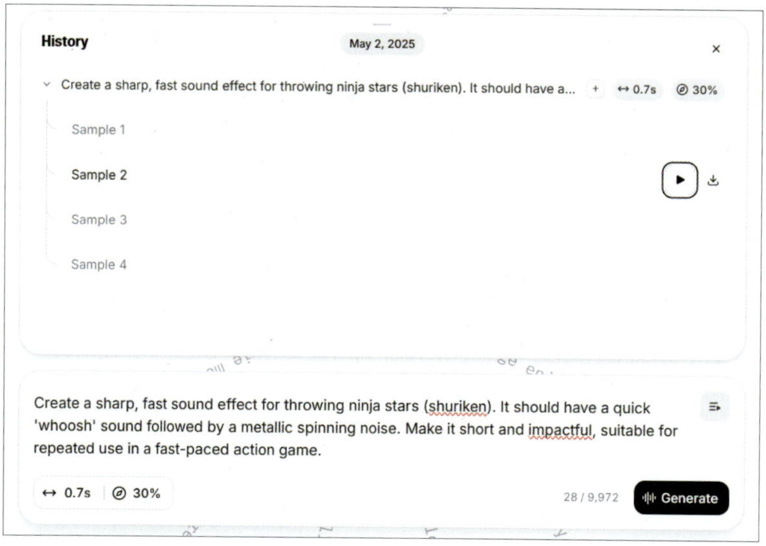

[그림 2.9-14] 샘플 생성

몬스터 피격 효과음 만들기(0.7초)

Create a monster hit sound effect for a 2D action game. It should sound like a creature getting hit by a weapon, with a fleshy impact and a monstrous groan of pain. Keep it short(less than 0.7 second) but impactful.

게임 오버 효과음 만들기(3초)

Create a dramatic game over sound effect for a ninja–themed action game. It should have a tense Japanese–style musical sting with traditional instruments that conveys defeat. Include a final impactful hit at the end. Duration should be about 2.3 seconds.

각 프롬프트를 입력한 후 생성된 효과음을 재생하여 확인합니다. 원하는 느낌의 효과음이 나올 때까지 프롬프트를 여러 번 조정해 보세요. 만족스러운 결과물이 완성되면 해당 효과음을 다운로드합니다.

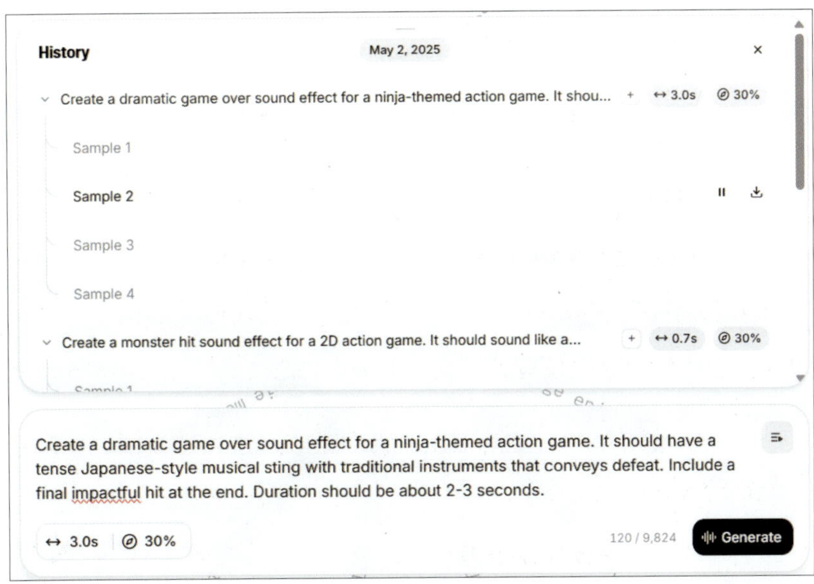

[그림 2.9-15] 샘플 확인

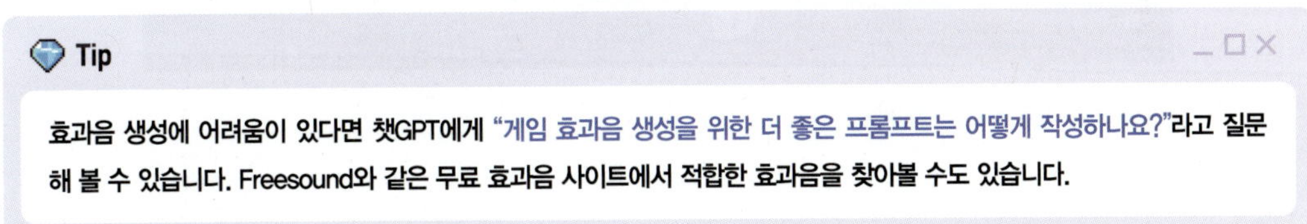

💎 **Tip**

효과음 생성에 어려움이 있다면 챗GPT에게 "게임 효과음 생성을 위한 더 좋은 프롬프트는 어떻게 작성하나요?"라고 질문해 볼 수 있습니다. Freesound와 같은 무료 효과음 사이트에서 적합한 효과음을 찾아볼 수도 있습니다.

2 효과음 임포트 및 설정하기

이제 생성한 효과음을 유니티 프로젝트로 가져와 적용해 보겠습니다.

❶ 다운로드한 효과음 파일의 이름을 각각 'ShurikenThrow.mp3', 'MonsterHit.mp3', 'GameOver.mp3'로 변경합니다.

❷ 유니티 에디터의 프로젝트 뷰에서 [04. Sounds] 폴더를 마우스 오른쪽 버튼으로 클릭하면 나타나는 단축 메뉴 중에서 [Import New Asset]을 선택합니다.

❸ 저장한 효과음 파일들을 모두 선택한 후 [Import] 버튼을 클릭하여 프로젝트에 추가합니다.

임포트한 효과음 파일을 각각 선택한 후 인스펙터 뷰에서 다음과 같이 설정합니다.

- **Force To Mono**: 체크 표시(효과음은 일반적으로 모노로 사용하는 것이 적합합니다.)
- **Load Type**: Decompress On Load(짧은 효과음은 빠르게 재생될 수 있도록 설정합니다.)
- **Compression Format**: PCM(짧은 효과음에는 무손실 압축 방식이 가장 적합합니다.)

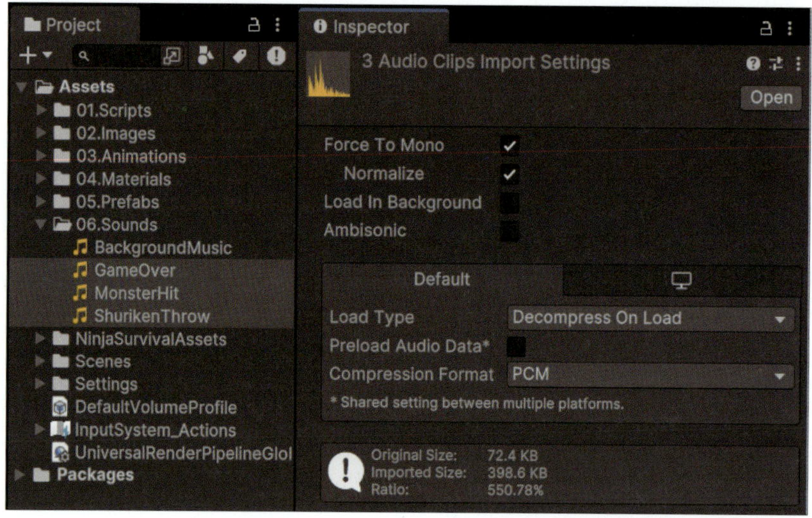

[그림 2.9-16] 효과음 가져오기

3 효과음 적용하기

이제 생성한 효과음을 게임에 적용해 보겠습니다. 가장 간단한 방법은 각 오브젝트에 AudioSource 컴포넌트를 추가한 후 필요한 순간에 효과음을 재생하는 것입니다.

표창 발사 효과음 추가하기

❶ Shuriken 프리팹을 선택합니다.

❷ 인스펙터 뷰에서 [Add Component] 버튼을 클릭한 후 Audio Source를 추가합니다.

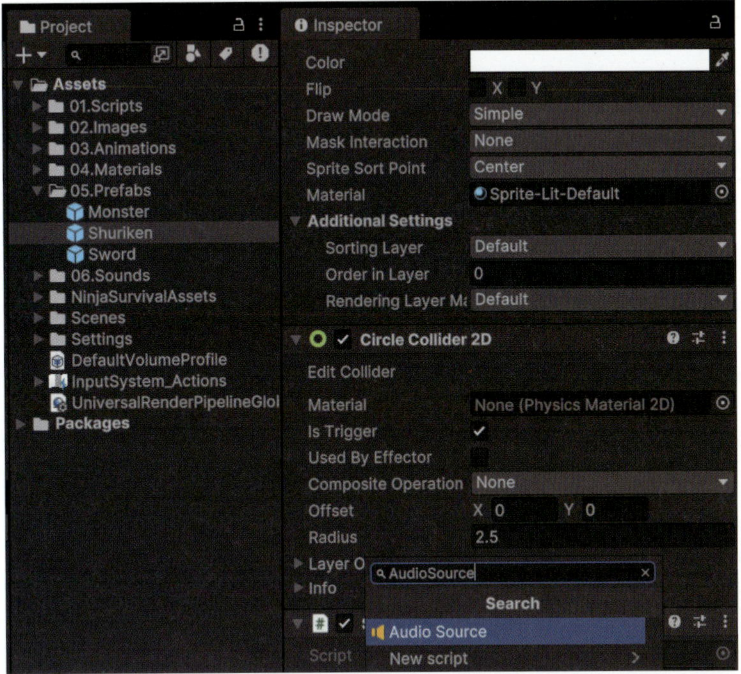

[그림 2.9-17] AudioSource 컴포넌트 추가

❸ 추가된 Audio Source 컴포넌트의 설정을 다음과 같이 변경합니다.

- **AudioClip:** ShurikenThrow.mp3 파일을 드래그하여 연결합니다.

- **Play On Awake:** 체크 표시(표창이 생성되면 효과음이 즉시 재생됩니다.)

- **Volume:** 0.7(적절한 음량으로 설정합니다.)

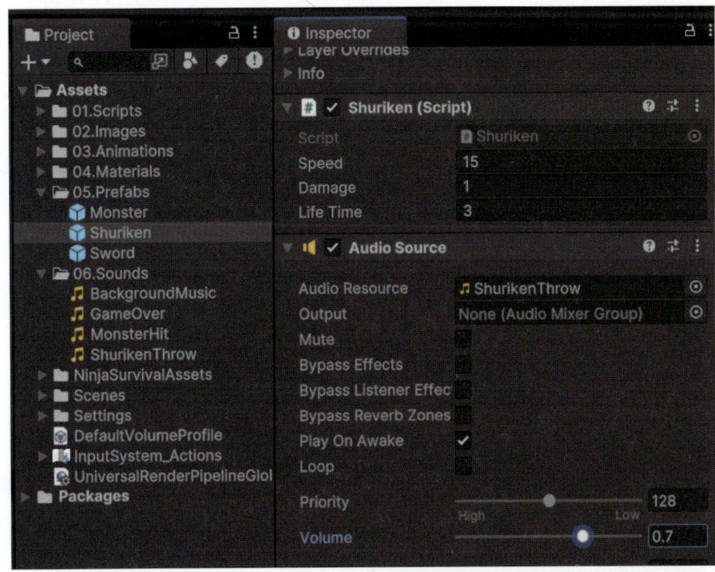

[그림 2.9-18] AudioSource 설정

이 설정을 완료하면 표창이 생성될 때마다 효과음이 자동으로 재생됩니다.

🔺● 몬스터 피격 효과음 추가하기

MonsterController.cs 스크립트를 수정하여 피격 시 효과음을 재생하도록 합니다.

```csharp
using UnityEngine;
using System.Collections;

public class MonsterController : MonoBehaviour
{
    // 기존 변수들...

    // 효과음을 위한 AudioSource 추가
    private AudioSource _audioSource;
    public AudioClip HitSound;

    void Start()
    {
        // 기존 코드...

        // AudioSource 컴포넌트 가져오기
        _audioSource = GetComponent<AudioSource>();
        if(_audioSource == null)
        {
            // 없으면 추가
            _audioSource = gameObject.AddComponent<AudioSource>();
        }
    }

    public void TakeDamage(int damageAmount)

    {
        // 이미 사망했다면 데미지를 받지 않음.
        if(_isDead)
            return;

        // 현재 체력 감소
        CurrentHealth -= damageAmount;
```

```csharp
        // 디버그 로그로 확인
        Debug.Log(gameObject.name + "이(가) " + damageAmount + "의 데미지를 입었습니다.
남은 체력: " + CurrentHealth);

        // 체력이 0 이하로 떨어졌다면 사망 처리
        if(CurrentHealth <= 0)
        {
            Die();
        }
        else
        {
            // 효과음 재생
            if(_audioSource != null && HitSound != null)
            {
                _audioSource.PlayOneShot(HitSound);
            }

            // 피격 효과를 추가할 수 있습니다.
            StartCoroutine(HitEffect());
        }
    }

    // 기존 메서드들...
}
```

이제 Monster 프리팹을 선택한 후 인스펙터 뷰에서 다음과 같이 설정합니다.

- Hit Sound 필드에 MonsterHit.mp3를 드래그합니다.

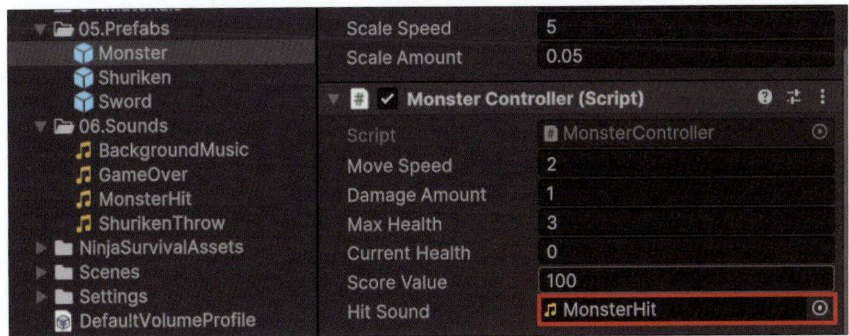

[그림 2.9-19] MonsterController 설정

🔶 게임 오버 효과음 추가하기

❶ 하이어라키 뷰에서 GameOverManager 오브젝트를 선택합니다.

❷ 인스펙터 뷰에서 [Add Component] 버튼을 클릭한 후 Audio Source를 추가합니다.

❸ 추가된 Audio Source 컴포넌트의 설정을 다음과 같이 변경합니다.

- **AudioClip**: GameOver.wav 파일을 드래그하여 연결합니다.

- **Play On Awake**: 체크 표시 해제(필요한 순간에 직접 재생할 예정입니다.)

- **Volume**: 1.0(충분한 음량으로 설정합니다.)

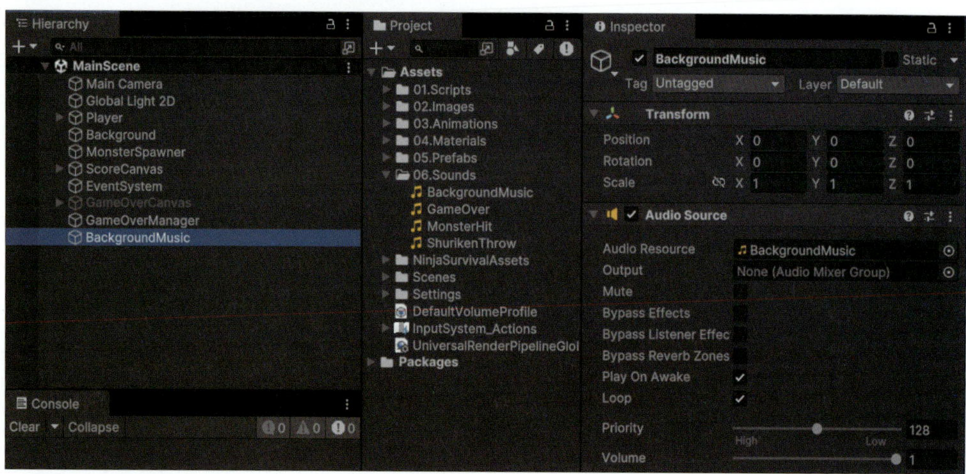

[그림 2.9-20] GameoberManger 오브젝트 선택

이제 효과음을 재생할 준비가 완료되었습니다. 다음으로 GameOverManager.cs 스크립트를 다음과 같이 수정하여 게임 오버 시 효과음이 재생되도록 설정합니다.

```csharp
using UnityEngine;
using UnityEngine.UI;
using UnityEngine.SceneManagement;

public class GameOverManager : MonoBehaviour
{
    public Canvas GameOverCanvas;          // 게임 오버 캔버스
    public Button RestartButton;           // 다시 시작 버튼


    private AudioSource _audioSource;       // 효과음 재생용
```

```csharp
void Start()
{
    // 시작 시 게임 오버 화면 비활성화
    if(GameOverCanvas != null)
    {
        GameOverCanvas.gameObject.SetActive(false);
    }

    // 다시 시작 버튼에 이벤트 추가
    if(RestartButton != null)
    {
        RestartButton.onClick.AddListener(RestartGame);
    }

    // AudioSource 가져오기
    _audioSource = GetComponent<AudioSource>();
}

// 게임 오버 화면 표시
public void ShowGameOver()
{
    if(GameOverCanvas != null)
    {
        GameOverCanvas.gameObject.SetActive(true);
    }

    // 게임 오버 효과음 재생
    if(_audioSource != null)
    {
        _audioSource.Play();
    }

    // 게임 일시 정지
    Time.timeScale = 0f;
}

// 게임 다시 시작

public void RestartGame()
{
```

```
        // 시간 스케일 복원
        Time.timeScale = 1f;

        // 현재 씬 다시 로드
        SceneManager.LoadScene(SceneManager.GetActiveScene().name);
    }
}
```

4 적용 결과 확인하기

이제 게임을 실행하여 다음 상황에서 효과음이 정상적으로 재생되는지 확인해 보겠습니다.

① 표창을 발사할 때 'whoosh' 효과음이 재생됩니다.
② 몬스터가 피해를 입을 때 '히트' 효과음이 재생됩니다.
③ 게임 오버 시 '게임 오버' 효과음이 재생됩니다.

모든 효과음이 의도한 대로 재생된다면 제대로 설정된 것입니다. 이처럼 간단한 방법으로도 게임에 다양한 효과음을 손쉽게 추가할 수 있습니다. 이제 닌자 서바이벌 게임에 배경 음악과 효과음이 모두 적용되었습니다. 사운드 요소를 통해 게임의 분위기를 더욱 풍부하게 만들고 플레이어에게 보다 몰입감 있는 경험을 제공할 수 있게 되었습니다.

9.3 게임 빌드하기

지금까지 닌자 서바이벌 게임의 모든 핵심 요소를 차근차근 완성해 왔습니다. 플레이어 캐릭터 제작부터 적 몬스터 생성, 무기 시스템 구현, 점수 시스템 추가 그리고 배경 음악과 효과음 적용까지 모두 마쳤습니다. 앞으로 남은 단계는 게임을 빌드하여 실제로 실행 가능한 파일로 만드는 일입니다. 직접 만든 게임을 플레이하거나 다른 사람과 공유할 수 있도록 빌드 과정을 진행해 보겠습니다.

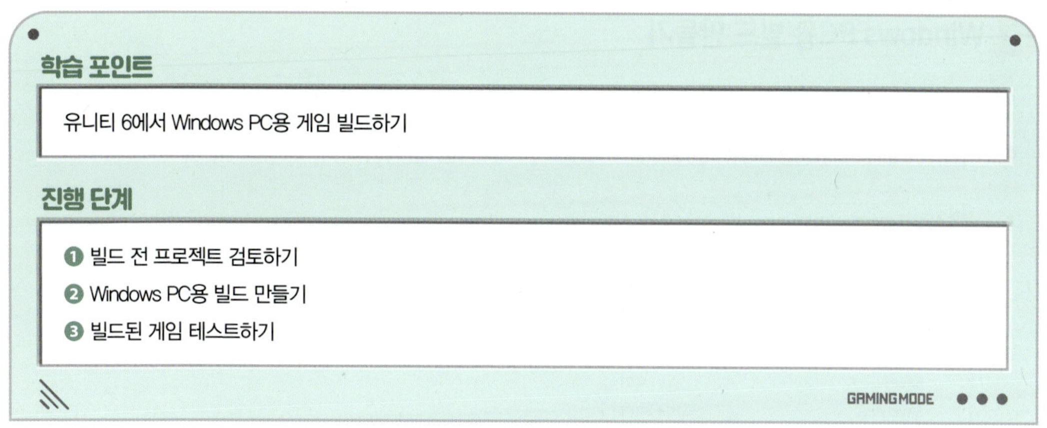

1 빌드 전 프로젝트 검토하기

게임을 빌드하기 전에 모든 요소가 정상적으로 작동하는지 꼼꼼하게 확인하는 과정이 필요합니다. 다음 체크리스트를 이용하여 프로젝트를 점검해 봅시다.

❶ 게임 내 주요 기능이 에디터에서 정상적으로 동작하는지 확인합니다.
- 플레이어 이동
- 적 생성 및 추적
- 무기 시스템(근접 검, 표창 발사)
- 점수 시스템
- 배경 음악 및 효과음
- 게임 오버 화면

❷ 불필요한 디버그 메시지나 테스트 코드를 정리합니다.
- Debug.Log 문이 남아 있다면 꼭 필요한 경우만 남기고 모두 제거합니다.
- 테스트용으로 추가한 임시 기능이 있다면 삭제합니다.

이 과정을 통해 빌드 전에 발생할 수 있는 문제를 미리 예방하고 보다 완성도 높은 게임을 제작할 수 있습니다.

2 Windows PC용 빌드 만들기

이제 Windows PC용으로 게임을 빌드하기 위한 설정을 진행해 보겠습니다.

❶ 유니티 에디터의 상단 메뉴에서 File > Build Profiles를 선택합니다.

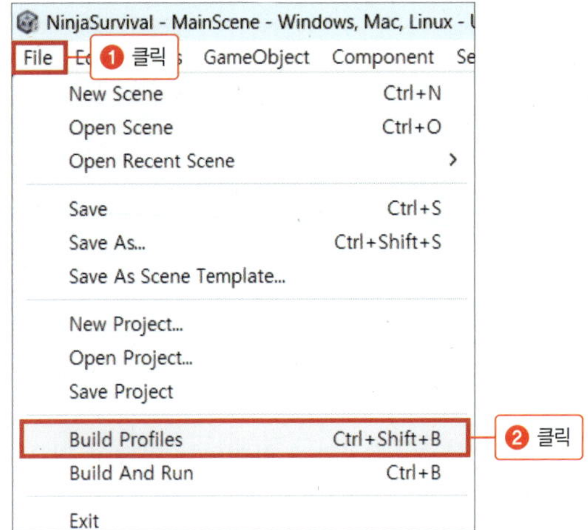

[그림 2.9-21] 빌드 프로필 선택

❷ [Build Profiles] 창에서 [Build] 버튼을 클릭합니다.

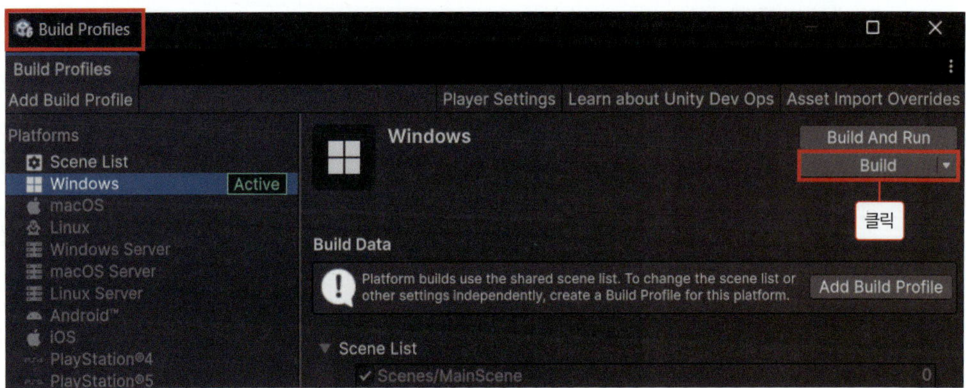

[그림 2.9-22] Windows에서 Build 선택

❸ 빌드 파일을 저장할 폴더를 선택합니다.

- [Build]라는 새 폴더를 만들어 게임 파일을 정리해 두는 것이 좋습니다(데 C:\UnityProjects\Build)
- 폴더를 선택한 후 [폴더 선택] 버튼을 클릭합니다.

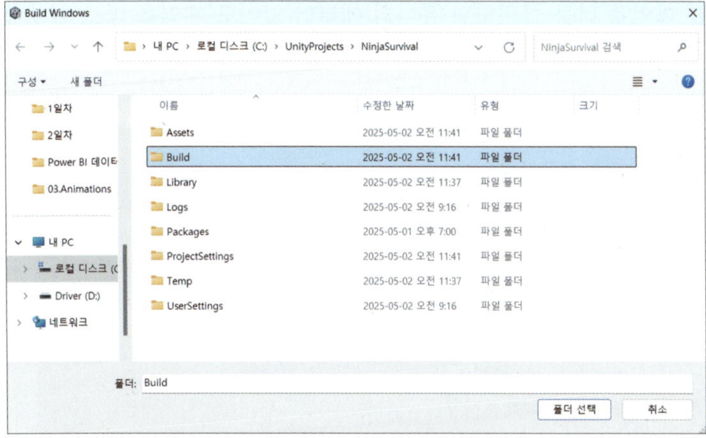

[그림 2.9-23] 폴더 선택

❹ 유니티가 게임을 빌드하는 동안 잠시 기다립니다.

• 빌드 과정은 프로젝트의 크기와 PC 성능에 따라 몇 분 정도 소요될 수 있습니다.

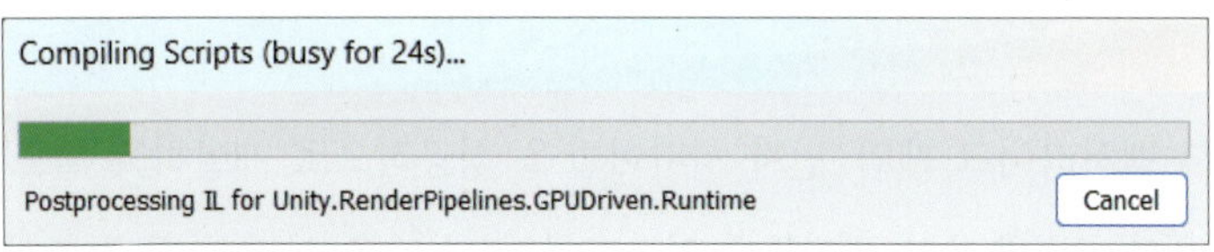

[그림 2.9-24] 빌드 진행창

❺ 빌드가 완료되면 선택한 폴더에 다음과 같은 파일들이 생성됩니다.

• NinjaSurvival.exe: 게임 실행 파일

• [NinjaSurvival_Data] 폴더: 게임 에셋과 데이터 파일

• UnityCrashHandler64.exe: 크래시 리포트 처리 프로그램

• UnityPlayer.dll: 유니티 플레이어 라이브러리

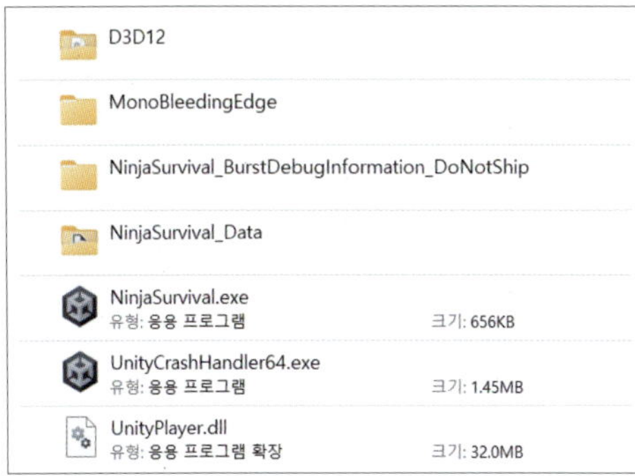

[그림 2.9-25] 빌드 결과 화면

완성된 NinjaSurvival.exe 파일을 더블 클릭하면 유니티 에디터 없이도 게임을 바로 실행할 수 있습니다.

[그림 2.9-26] 게임 실행 화면

이제 여러분은 완전한 2D 뱀서라이크 게임 '닌자 서바이벌'을 성공적으로 개발하고 빌드했습니다. 이 게임을 친구들과 공유하거나 온라인 플랫폼에 업로드하여 더 많은 사람과 함께 즐길 수 있습니다.

이번 과정을 통해 유니티의 핵심 기능, C# 프로그래밍, 게임 디자인 그리고 생성형 AI를 활용한 리소스 제작까지 게임 개발의 다양한 영역을 폭넓게 경험했습니다. 이제 이 지식을 바탕으로 더욱 창의적이고 독창적인 게임을 스스로 만들어 나갈 수 있을 것입니다.

GAME NOTE

UNIT_947

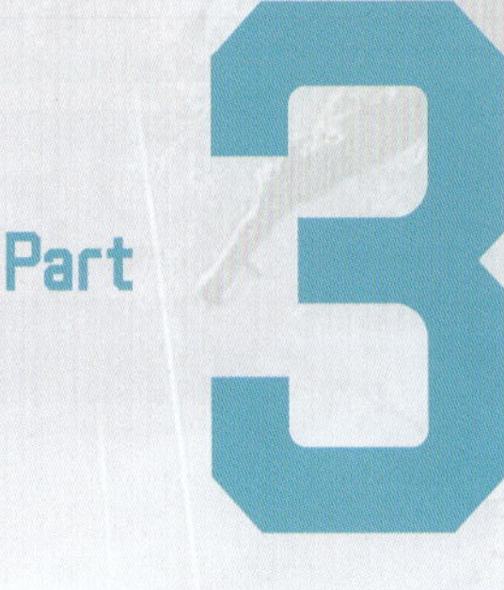

Part 3

플랫포머 3D 게임 제작

3D 게임 개발의 세계는 무한한 창작 가능성을 제공합니다. 2D 게임이 평면적인 공간에서의 캐릭터 조작과 단순한 상호작용에 초점을 맞췄다면, 3D 게임은 깊이 있는 공간과 자유로운 카메라 시점, 다양한 방향에서의 움직임을 통해 훨씬 더 역동적이고 몰입감 있는 경험을 제공합니다. 3부에서는 생성형 AI의 도움을 받아 본격적인 3D 플랫포머 게임을 제작해 보겠습니다. 생성형 AI를 활용하면 복잡한 모델링이나 애니메이션 작업 없이도 캐릭터와 배경, 오브젝트 등을 직접 생성할 수 있어 개발 속도를 비약적으로 향상시킬 수 있습니다.

Part 2에서 제작한 2D 뱀서라이크 게임이 게임 개발의 기초를 다지는 단계였다면, Part 3에서는 한 단계 발전하여 입체적인 공간감과 시간 제한, 장애물 회피, 점프 액션이 어우러진 3D 게임 개발에 도전해 보겠습니다. 다양한 시점 전환과 정교한 캐릭터 제어, 공간 지각 능력이 요구되는 3D 플랫포머(Platformer) 게임은 개발자에게 더 많은 도전과 기회를 제공합니다.

Chapter 1
프로젝트 생성과 환경 설정

1.1 3D 게임 프로젝트 소개

이번에는 3D 플랫포머(Platformer) 장르의 새로운 프로젝트를 시작합니다. 3D 플랫포머 게임을 개발하면서 생성형 AI를 활용하는 새로운 여정을 시작해 보겠습니다. Chapter 1에서는 플랫포머 장르의 특징과 함께 닌자 캐릭터가 시간 제한 내에 다양한 장애물과 적을 피해 목적지까지 도달해야 하는 스릴 넘치는 3D 플랫포머 게임 닌자 월드를 함께 만들어 보겠습니다.

1 플랫포머 장르

플랫포머(Platformer)는 게임 역사에서 가장 오래되고 사랑받는 장르 중 하나입니다. 〈슈퍼 마리오 브라더스〉, 〈소닉 더 헤지호그〉와 같은 클래식 게임에서 시작하여 현대의 〈슈퍼 마리오 오디세이〉, 〈소닉 프론티어〉 등의 게임으로 계속 진화해 왔습니다.

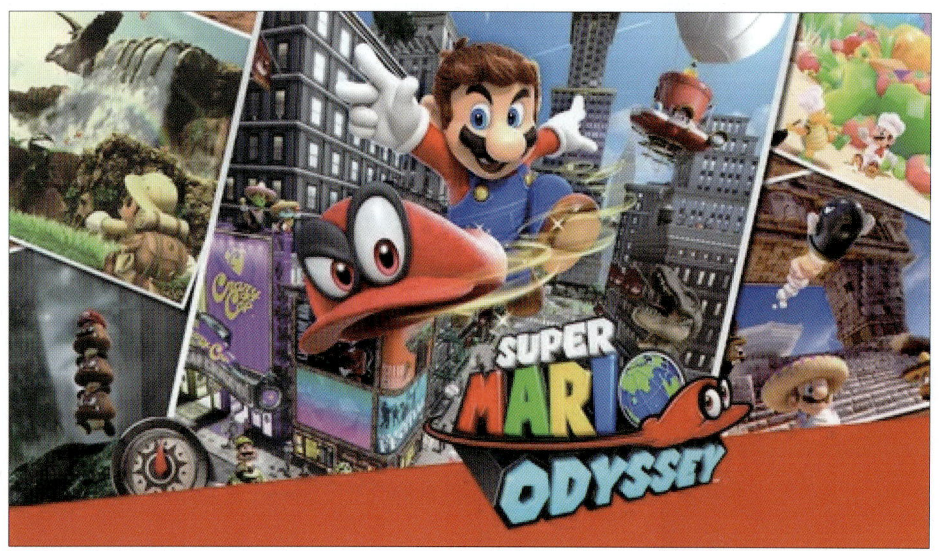

[그림 3.1-1] 〈슈퍼 마리오 오디세이〉

[그림 3.1-2] 〈소닉 프론티어〉

플랫포머 게임은 도전적인 점프 퍼즐과 장애물 극복이 핵심인 게임 플레이가 특징입니다. 플레이어는 캐릭터의 움직임과 점프 타이밍을 정확히 조절해야 하며 다양한 지형과 플랫폼을 통과하는 과정에서 적을 피하거나 물리치고 아이템을 수집합니다. 레벨 디자인의 품질과 캐릭터 조작의 정밀함이 게임의 재미를 결정짓는 중요한 요소입니다.

플랫포머 장르의 주요 특징은 다음과 같습니다.

- 점프와 이동을 통한 환경 탐색이 기본 메커니즘입니다.
- 다양한 높이와 간격의 플랫폼을 뛰어넘는 도전이 주를 이룹니다.
- 타이밍과 정확한 조작이 중요한 역할을 합니다.

우리의 닌자 월드 게임은 전통적인 플랫포머의 핵심 요소를 계승하면서도 시간 제한이라는 긴장감, AI적 캐릭터 등의 현대적 요소를 접목한 3D 플랫포머 게임입니다.

2 닌자 월드 소개

닌자 월드(Ninja World)는 플레이어가 닌자 캐릭터가 되어 시간 제한 내에 다양한 플랫폼을 점프하며 목적지에 도달해야 하는 3D 플랫포머 게임입니다. 전통적인 플랫포머의 재미 요소에 닌자의 은신과 경계를 넘나드는 특성을 결합했습니다.

게임의 주요 특징은 다음과 같습니다.

- **생성형 AI로 제작한 3D 닌자 캐릭터**: 챗GPT와 같은 생성형 AI를 활용해 독특한 닌자 모델을 직접 제작합니다.
- **믹사모 애니메이션**: 전문적인 이동, 점프, 착지 애니메이션을 무료로 적용합니다.
- **정밀한 점프와 이동**: 플레이어는 다양한 높이와 간격의 플랫폼을 정확하게 점프해 이동해야 합니다.
- **다양한 플랫폼과 장애물**: 점프로 넘어야 하는 간격, 움직이는 플랫폼, 위험한 함정 등을 배치합니다.
- **환경적 위험 요소**: 물에 빠지면 게임 오버가 되는 수역, 절벽 등의 위험 지역을 구현합니다.
- **지능적인 적 AI**: 유니티의 내비게이션 시스템을 활용한 추적 적 캐릭터를 제작합니다.
- **시간 제한**: 정해진 시간 내에 목적지에 도달해야 하는 긴장감을 부여합니다.
- **명확한 승리 조건**: 최종 목적지 도달 시 게임 승리 조건을 설정합니다.

이러한 닌자 월드 게임을 처음부터 차근차근 개발해 나가는 과정을 배우게 됩니다. 생성형 AI를 활용한 3D 캐릭터 제작부터 유니티의 다양한 기능을 이용한 월드 맵 구성, 물리 시스템 적용, AI적 구현까지 모든 과정을 단계별로 안내합니다.

1.2 유니티 프로젝트 생성 및 환경 설정

1 프로젝트 생성

3D 플랫포머 게임 개발을 위해 Unity Hub에서 새로운 프로젝트를 생성합니다.

❶ 템플릿 선택 화면에서 [(SRP) Universal 3D] 템플릿을 선택합니다. 줄여서 URP(Universal Render Pipeline)라고 불리는 이 템플릿은 향상된 렌더링 품질과 성능을 제공하며 다양한 플랫폼에 적합한 그래픽 설정을 지원합니다.

❷ 프로젝트 이름에 'NinjaWorld'를 입력하고 저장 경로는 영문 폴더로 지정합니다(예 C:).

❸ 모든 설정을 완료한 후 [Create Project] 버튼을 클릭하여 프로젝트를 생성합니다.

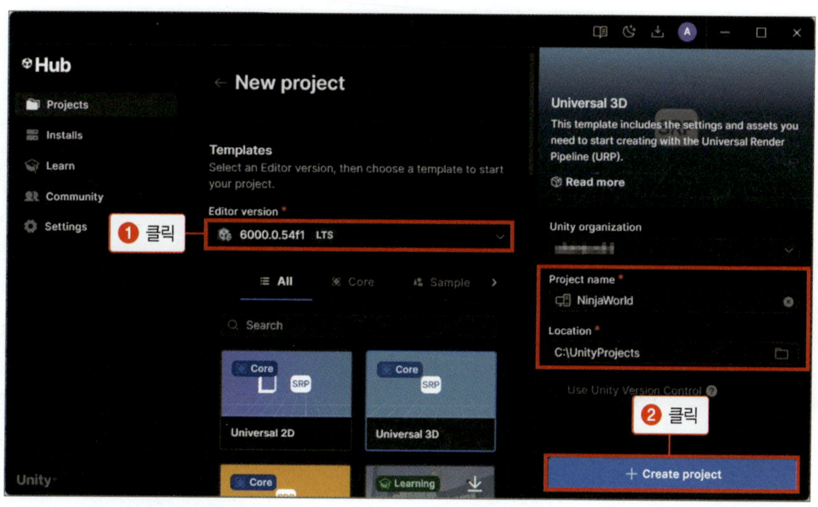

[그림 3.1-3] 프로젝트 생성

2 기본 환경 설정

프로젝트가 생성되면 다음과 같이 기본 폴더 구조를 수동으로 설정합니다.

폴더명	설명
01. Scripts	모든 C# 스크립트 파일을 저장하는 폴더입니다. 게임 로직, 캐릭터 조작, UI 처리 등의 기능을 포함합니다.
02. Images	생성형 AI를 통해 제작된 캐릭터, 배경 등 다양한 이미지 자산을 관리합니다.
03. Models	외부에서 가져온 3D 모델 파일(FBX, OBJ 등)을 보관합니다. 캐릭터, 환경, 아이템 등의 3D 형태를 정의합니다.
04. Animations	애니메이션 클립과 애니메이터 컨트롤러 파일을 저장합니다. 캐릭터의 점프, 걷기, 대기 모션 등을 제어합니다.
05. Materials	텍스처와 셰이더를 포함한 머티리얼 파일을 관리합니다. 모델의 표면 질감과 색감을 설정합니다.
06. Prefabs	자주 사용하는 오브젝트를 프리팹 형태로 저장하여 재사용성을 높입니다. 캐릭터, 몬스터, 트랩 등 포함됩니다.
07. Sounds	배경 음악(BGM), 효과음(SFX) 등의 오디오 자산을 분류하여 관리합니다. 필요 시 상황별로 하위 폴더를 구성할 수 있습니다.

유니티 에디터가 열리면 상단 오른쪽의 [Layout]에서 [2 by 3] 옵션을 선택하여 작업에 적합한 화면 구성을 적용합니다. 또한 게임이 어떤 화면 비율과 해상도로 표시될지 설정합니다. 닌자 월드 게임은 **가로 모드(랜드스케이프)**로 플레이되기 때문에 게임 뷰의 해상도를 Full HD(1920×1080)로 설정합니다.

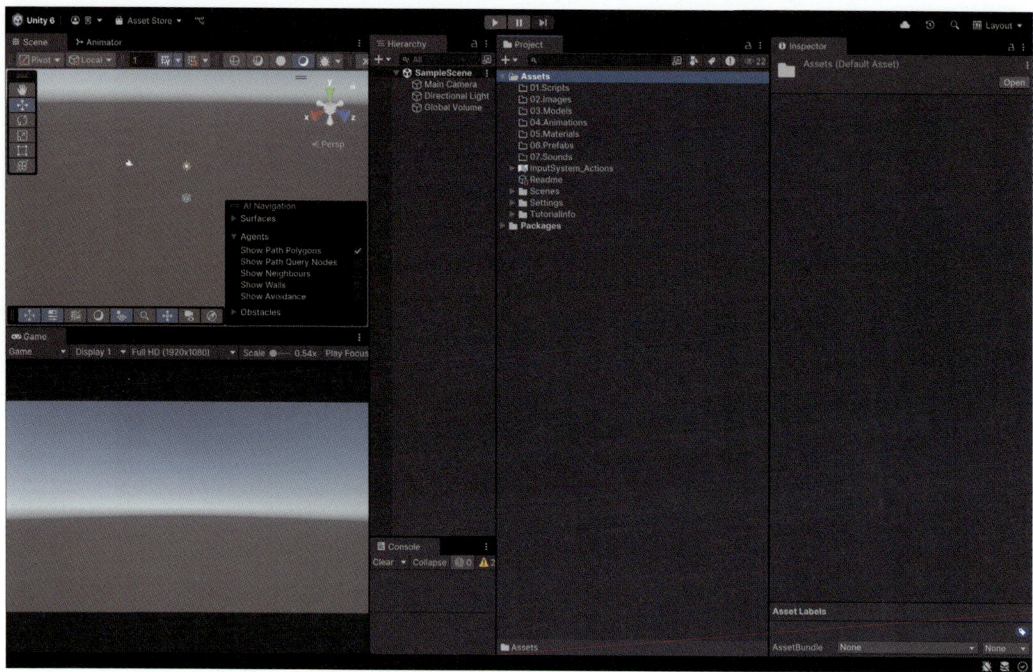

[그림 3.1-4] 프로젝트 환경 설정

이로써 Ninja World 게임 개발을 위한 프로젝트 생성과 환경 설정이 완료되었습니다.

3 기본 씬 구성 요소 이해하기

URP(Universal Render Pipeline) 템플릿으로 프로젝트를 생성하면 몇 가지 중요한 기본 오브젝트가 씬에 자동으로 포함됩니다. 이러한 요소들은 3D 게임 개발의 기초를 이루는 중요한 구성 요소입니다.

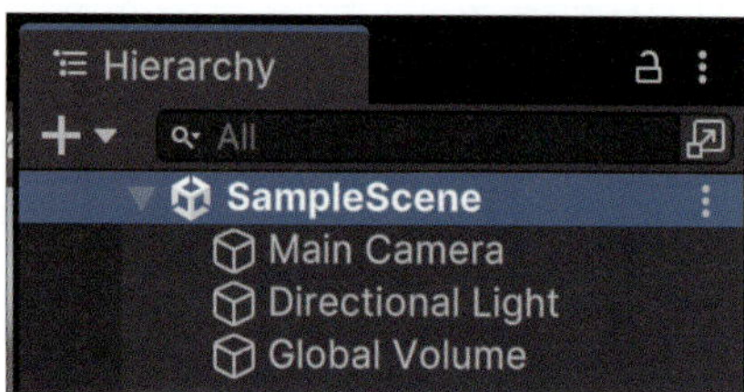

[그림 3.1-5] 기본 씬 구성 요소

Directional Light

[그림 3.1-6] Directional Light

Directional Light는 태양과 같이 모든 오브젝트에 동일한 방향에서 빛을 비추는 광원입니다.

- **역할**: 3D 씬 전체에 기본적인 조명과 그림자를 제공합니다.
- **특징**: 위치보다는 회전 값이 중요하며 빛의 방향에 따라 씬의 분위기가 크게 달라집니다.
- **설정**: 인스펙터 뷰에서 색상, 강도, 그림자 설정 등을 조정할 수 있습니다.
- **사용**: 닌자 월드 게임에서는 야외 환경의 자연광을 표현하는 데 활용합니다.

Global Volume

[그림 3.1-7] Global Volume

Global Volume은 URP에서 후처리 효과를 전체 씬에 적용하는 데 사용되는 컴포넌트입니다.

이러한 기본 구성 요소들은 3D 게임 개발의 토대를 형성하며 이후 우리가 닌자 월드 게임을 개발할 때 필수적인 역할을 하게 됩니다. 특히 URP 템플릿은 이러한 요소들을 이미 최적화된 상태로 제공하여 높은 품질의 그래픽을 보다 쉽게 구현할 수 있게 해 줍니다. 조명 효과와 후처리 등 시각적 요소에 대한 좀 더 자세한 내용은 Chapter 5에서 심층적으로 다룰 예정입니다.

이로써 Ninja World 게임 개발을 위한 프로젝트 생성과 환경 설정이 완료되었습니다.

1.3 에셋 스토어와 레벨 디자인

플랫포머 게임의 세계를 시각적으로 구성하려면 다양한 오브젝트와 배경이 필요합니다. 하지만 이러한 요소를 모두 직접 만드는 것은 시간과 기술이 많이 필요한 작업입니다. 다행스럽게도 유니티의 에셋 스토어(Asset Store)를 통해 전문가들이 미리 만들어 놓은 고품질 에셋을 활용할 수 있습니다. 이번 단계에서는 Unity 에셋 스토어를 소개하고 플랫포머 게임 개발에 적합한 'GameDev Starter Kit – Platformer' 에셋을 다운로드하여 기본 레벨을 구성하는 방법을 살펴봅니다.

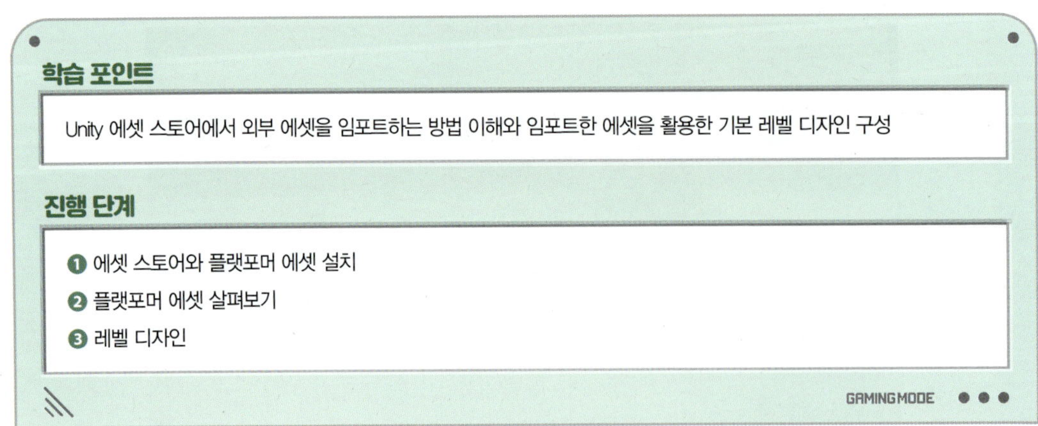

1 에셋 스토어와 플랫포머 에셋 설치

유니티 에셋 스토어는 게임 개발에 필요한 다양한 리소스를 제공하는 디지털 마켓 플레이스입니다.
3D 모델부터 텍스처, 애니메이션, 사운드, 스크립트, 심지어 완성된 게임 템플릿까지 다양한 에셋을
찾을 수 있습니다.

에셋 스토어 접근 및 에셋 검색

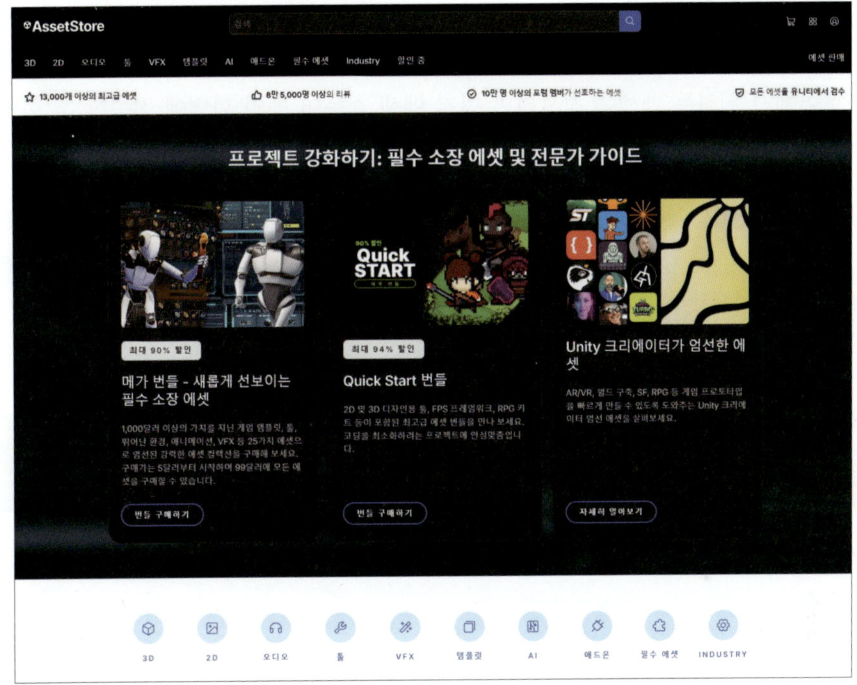

[그림 3.1-8] 유니티 에셋 스토어

유니티 에셋 스토어에 접근하는 방법은 크게 2가지가 있습니다. 먼저 유니티 에디터를 실행한 후
상단 메뉴 바에서 Window>Asset Store를 클릭합니다. 그러면 웹 브라우저가 자동으로 실행되면
서 에셋 스토어 웹 사이트가 열립니다.

이외에 별도로 웹 브라우저를 연 후 주소 창에 'https://assetstore.unity.com/'를 입력해 접속하
는 방법도 있습니다. 이때 에셋을 다운로드하기 위해서는 유니티 계정이 필요하기 때문에 반드시
로그인 후 진행해야 합니다.

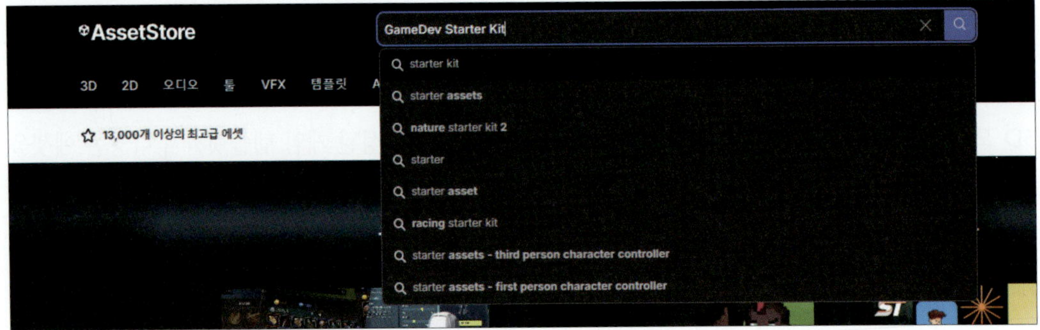

[그림 3.1-9] 유니티 에셋 스토어 검색

에셋 스토어에서 원하는 에셋을 찾으려면 먼저 에셋 스토어 메인 화면에 접속한 후 화면 상단에 있는 검색 창에 필요한 에셋의 이름이나 관련 키워드를 입력합니다. 예를 들어, 'car', 'character', 'sound'처럼 필요한 기능이나 오브젝트에 대한 단어를 입력할 수 있습니다. 앞으로 사용할 에셋인 'GameDev Starter Kit – Platformer [Free Edition]'을 다운로드하기 위해 검색 창에 'GameDev Starter Kit'를 입력한 후 [검색] 버튼을 클릭합니다.

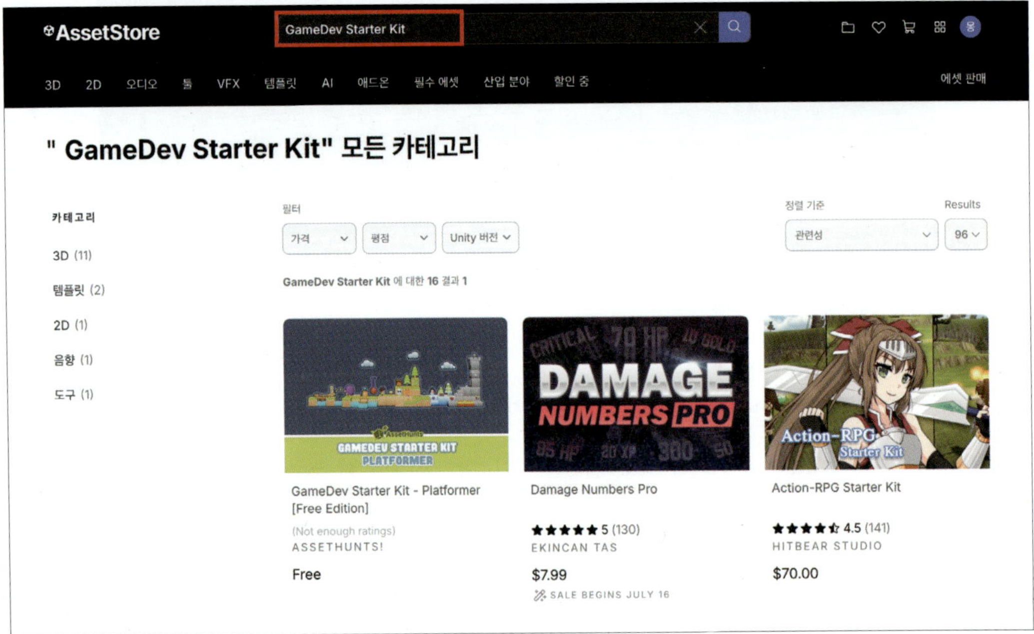

[그림 3.1-10] 카테고리

에셋 스토어의 좌측 카테고리 메뉴는 사용자가 원하는 에셋을 쉽고 빠르게 찾을 수 있도록 다양한 항목으로 나뉘어 있습니다. 이 메뉴를 활용하면 전체 에셋 중에서 자신에게 필요한 종류의 에셋만 골라 탐색할 수 있습니다.

대표적인 카테고리는 다음과 같습니다.

- **3D**: 3D 모델, 오브젝트, 캐릭터, 환경 등 3차원 그래픽 리소스가 포함되어 있습니다. 예를 들어, 건물, 차량, 동물, 캐릭터 모델 등 게임이나 시뮬레이션에 사용할 수 있는 3D 자산이 이에 해당합니다.
- **2D**: 2D 스프라이트, 배경 이미지, 아이콘, UI 요소 등 2차원 그래픽 리소스가 들어 있습니다.
- **음향**: 효과음, 배경 음악(BGM), 환경 음, 목소리 샘플 등 사운드 관련 에셋을 찾을 수 있습니다.
- **도구**: 개발 편의성이나 생산성을 높여 주는 각종 툴, 에디터 확장, 자동화 도구 등이 포함되어 있습니다. 예를 들어, 맵 생성기, 애니메이션 툴, 성능 최적화 도구 등이 있습니다.
- **시각 효과**: 불꽃, 연기, 폭발, 파티클 등 다양한 비주얼 이펙트 리소스가 들어 있습니다.
- **템플릿**: 게임이나 프로젝트의 뼈대가 되는 샘플 프로젝트, 미리 만들어진 게임 구조, 예제 프로젝트 등이 제공됩니다.

유니티 에셋 스토어에서는 다양한 에셋을 좀 더 쉽게 찾을 수 있도록 여러 가지 필터와 정렬 기능을 제공합니다. 필터를 통해 내가 원하는 가격대와 평점, 유니티 버전을 지정할 수도 있고 정렬 기능을 활용해 유명한 에셋 순서로 정렬 후 탐색도 가능합니다.

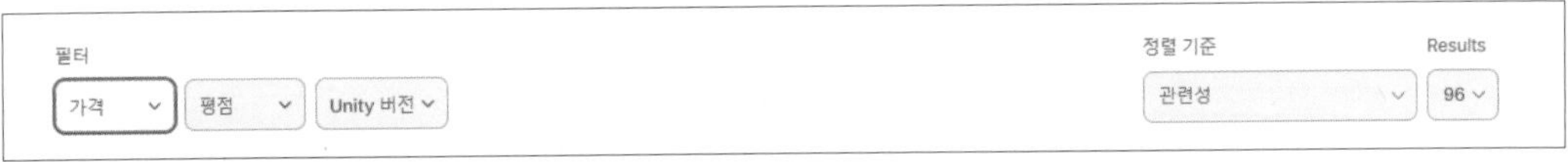

[그림 3.1-11] 필터 및 정렬 기능

이런 필터와 정렬 기능을 활용하면 방대한 에셋 중에서 자신의 목적에 맞는 자료를 훨씬 빠르고 쉽게 찾을 수 있습니다. 특히 초보자가 무료와 평점 필터를 자주 활용하면 실습이나 학습에 도움이 되는 좋은 에셋을 쉽게 찾을 수 있습니다.

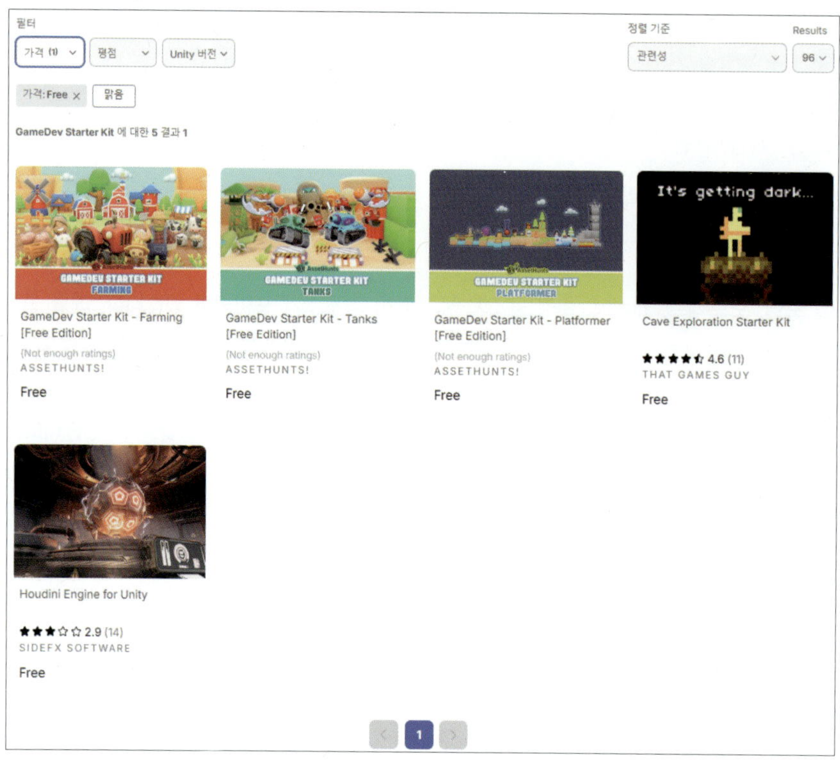

[그림 3.1-12] 무료 에셋

우리가 사용할 에셋은 무료입니다. 필터에서 가격을 Free로 설정하면 무료로 제공되는 에셋만 화면에 표시됩니다. 표시된 에셋 중 'GameDev Starter Kit-Platformer [Free Edition]'을 클릭합니다.

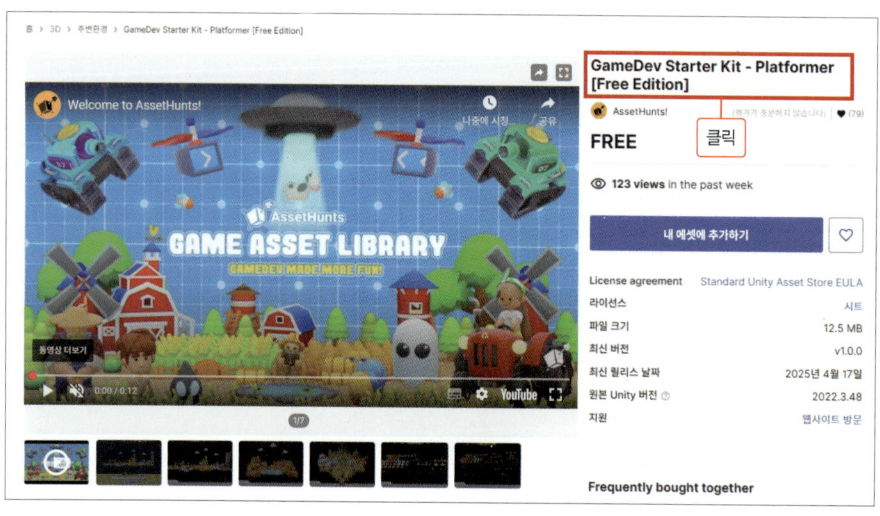

[그림 3.1-13] 에셋 상세 정보

이 화면은 유니티 에셋 스토어에서 특정 에셋의 상세 정보를 보여 주는 페이지입니다. 화면의 중앙에는 에셋의 소개 영상과 여러 장의 스크린샷이 나와 있어 에셋이 실제로 어떻게 생겼는지 미리 확인할 수 있습니다. 오른쪽에는 에셋의 이름, 가격, 제공자, 평점 그리고 라이선스나 파일 크기, 지원되는 유니티 버전 등 주요 정보가 정리되어 있습니다. 이러한 정보를 통해 내가 원하는 프로젝트에 이 에셋이 적합한지 미리 판단할 수 있습니다.

에셋을 다운로드하려면 반드시 유니티 에셋 스토어 계정으로 로그인해야 합니다. 그런 다음 화면 오른쪽에 있는 [내 에셋에 추가하기] 버튼을 클릭하면 '내 에셋에 추가되었습니다.'라는 안내 메시지가 나타납니다. 여기서 [Unity에서 열기] 버튼을 클릭하면 바로 유니티 에디터가 실행되거나 이미 실행 중인 경우 해당 에디터와 연동되어 바로 에셋을 불러오는 단계로 넘어갈 수 있습니다.

[그림 3.1-14] 에셋 추가하기

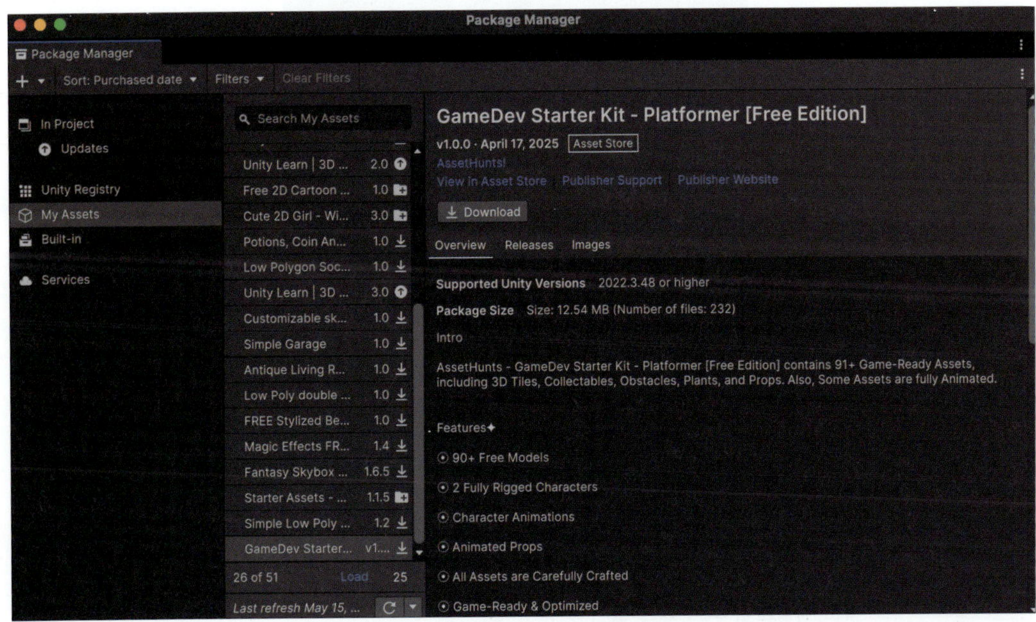

[그림 3.1-15] 에셋 다운로드

이후 유니티 에디터의 패키지 매니저로 들어가 [My Assets] 항목에서 방금 추가한 에셋을 찾을 수 있습니다. 여기서 에셋을 선택한 후 [다운로드] 버튼을 클릭하여 다운로드가 완료되면 [Import] 버튼을 클릭하여 프로젝트에 에셋을 적용할 수 있습니다. 이러한 과정을 통해 원하는 에셋을 무료로 다운로드하여 곧바로 유니티 프로젝트에서 사용할 수 있습니다.

2 플랫포머 에셋 살펴보기

임포트가 완료되면 프로젝트 뷰에 새로운 폴더들이 생성됩니다. GameDev Starter Kit의 주요 폴더 구조는 다음과 같습니다.

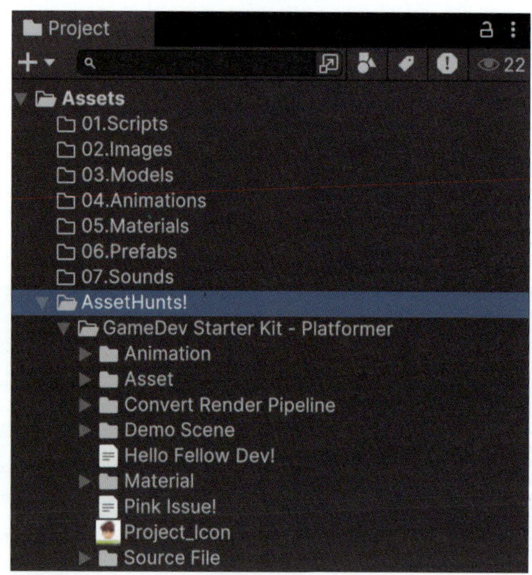

[그림 3.1-16] 에셋 폴더 구조

임포트가 완료되면 프로젝트 뷰에 새로운 폴더들이 생성됩니다. 위 이미지에서 볼 수 있듯이 'GameDev Starter Kit-Platformer' 에셋은 다음과 같은 구조로 구성되어 있습니다.

- Animation: 캐릭터와 오브젝트의 애니메이션 파일들이 저장된 폴더
- Asset: 기본 게임 에셋들이 모여 있는 폴더(3D 모델 등)
- Convert Render Pipeline: 렌더 파이프라인 설정 관련 파일들이 있는 폴더
- Demo Scene: 바로 실행해 볼 수 있는 데모 씬이 포함된 폴더
- Material: 게임 오브젝트에 적용되는 재질과 텍스처가 있는 폴더

각 폴더를 탐색하면서 에셋에 포함된 다양한 구성 요소를 확인할 수 있습니다. 특히 [Demo Scene] 폴더에는 이미 완성된 플랫포머 게임 레벨이 포함되어 있으므로 우리만의 닌자 월드 레벨을 디자인하는 데 도움이 됩니다.

URP 핑크 이슈 해결과 missing 오브젝트 제거

에셋을 임포트한 후 Demo Scene 씬을 열었을 때 일부 오브젝트가 '핫핑크(shocking pink)' 색상으로 표시되는 경우가 있습니다. 여기서 '핫핑크'란, 화면에 매우 선명한 분홍색(밝은 마젠타색)으로 오브젝트가 칠해져 보이는 현상을 의미합니다.

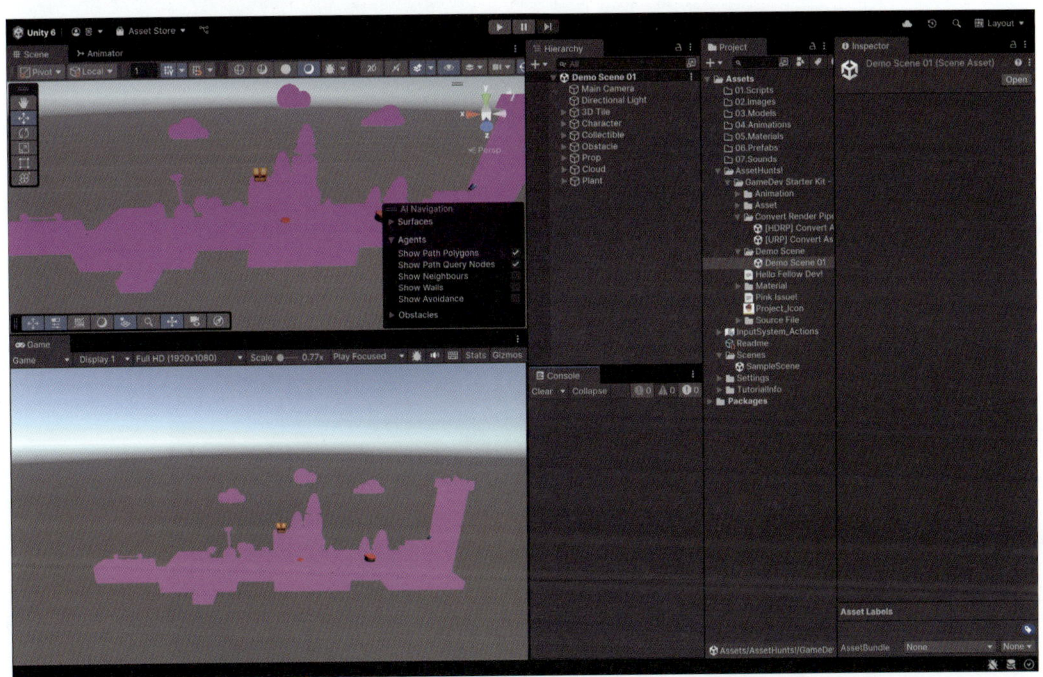

[그림 3.1-17] 핫핑크 현상

이 색상은 Unity에서 셰이더(Shader) 호환성 문제가 발생했을 때, 즉 머티리얼이 올바르게 렌더링되지 않을 때 자동으로 표시되는 경고 색상입니다. 이러한 현상은 주로 Universal Render Pipeline(URP) 환경에서 임포트한 에셋의 머티리얼이 기존의 표준 셰이더(Standard Shader)로 설정되어 있을 때 발생합니다. URP에서는 별도의 URP 전용 셰이더를 사용해야 하므로 기존 셰이더가 호환되지 않으면 핫핑크로 표시됩니다.

이 문제를 해결하려면 프로젝트 내의 [Convert Render Pipeline] 폴더에서 [URP] Convert Asset

Pack to Universal Render Pipeline 파일을 더블 클릭하여 에셋의 머티리얼을 URP용으로 변환해야
합니다.

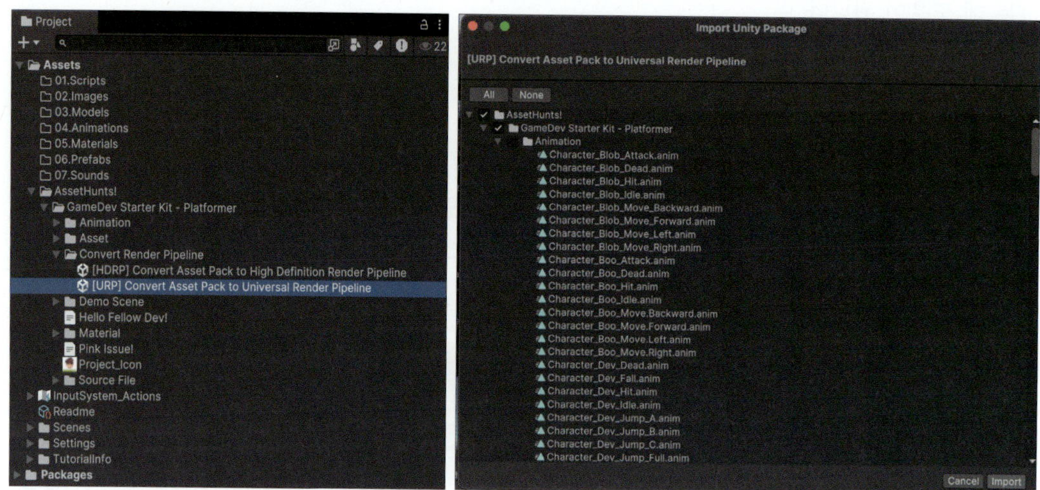

[그림 3.1-18] Universal Render Pipeline 파일   **[그림 3.1-19]** 머티리얼 URP 변환

이후 하이어라키 뷰에서 'missing'을 검색하면 나타나는 모든 게임 오브젝트들을 삭제한 후 Ctrl +
S 를 눌러 저장합니다.

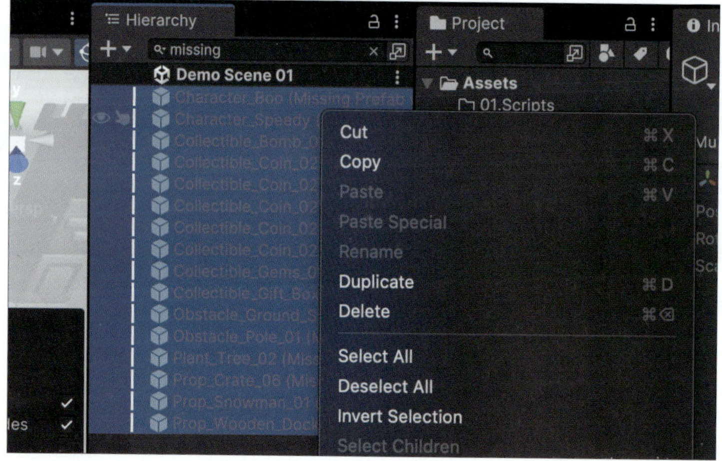

[그림 3.1-20] missing 오브젝트 삭제

3 레벨 디자인

레벨 디자인이란, 게임 속 공간과 환경을 구성하는 창의적이고 기술적인 과정을 말합니다. 플레이어가 탐험하고 상호작용할 수 있는 게임 세계를 만드는 작업으로, 플랫폼의 배치, 장애물의 난이도, 보상 요소의 위치 등을 설계합니다. 좋은 레벨 디자인은 플레이어에게 적절한 도전과 재미를 제공하며 게임의 핵심 메커니즘을 효과적으로 경험할 수 있게 합니다.

이제 임포트한 GameDev Starter Kit – Platformer 에셋을 활용하여 닌자 월드의 기본 레벨을 디자인해 보겠습니다. 먼저 기본 씬을 준비한 후 데모 씬에서 필요한 요소들을 가져와 우리만의 레벨을 구성할 것입니다.

기본 씬 준비하기

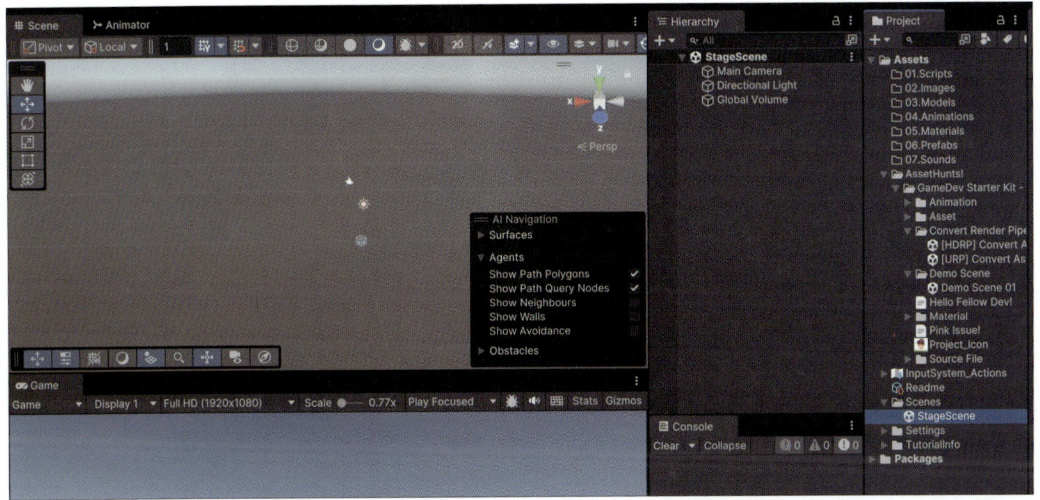

[그림 3.1-21] 스테이지 씬 준비

❶ 프로젝트에 기본으로 생성된 'SampleScene'을 'StageScene'으로 변경합니다.

❷ 변경한 'StageScene'을 더블 클릭하여 열어 줍니다.

레벨 부모 오브젝트 생성하기

먼저 모든 레벨 요소를 담을 부모 오브젝트를 생성합니다. 이렇게 하면 레벨 요소들을 체계적으로 관리할 수 있습니다.

❶ 하이어라키 뷰에서 마우스 오른쪽 버튼을 클릭하면 나타나는 단축 메뉴 중에서 [Create Empty]를 선택합니다.

❷ 생성된 빈 게임 오브젝트의 이름을 'Level'로 변경합니다.

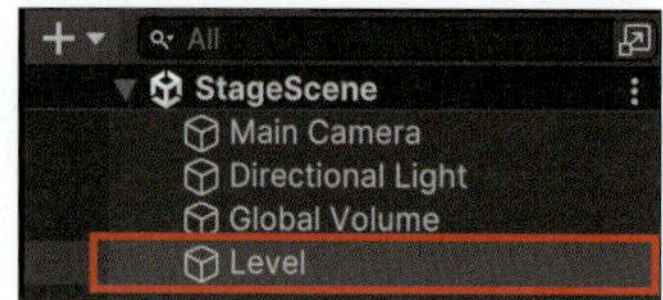

[그림 3.1-22] 오브젝트 이름 변경

❸ Level 오브젝트를 선택한 후 인스펙터 뷰에서 Transform 컴포넌트를 찾습니다.

❹ Transform 컴포넌트를 마우스 오른쪽 버튼을 클릭하면 나타나는 단축 메뉴 중에서 [Reset] 버튼을 클릭하여 Transform의 값을 초기화합니다.

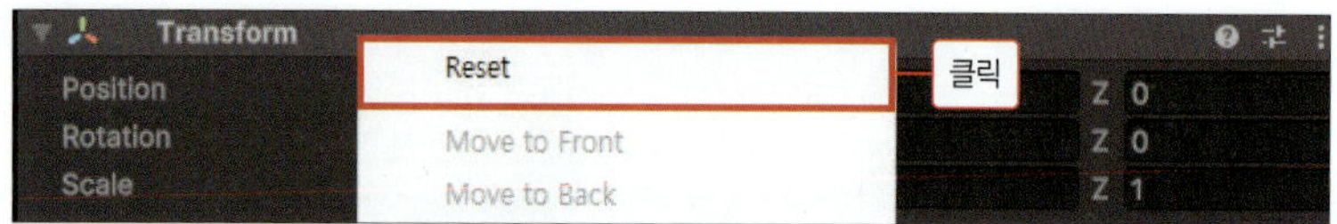

[그림 3.1-23] Transform 값 초기화

🔺 데모 씬에서 요소 가져오기

이제 GameDev Starter Kit에 포함된 데모 씬에서 필요한 요소들을 가져와 보겠습니다.

01 프로젝트 뷰에서 GameDev Starter Kit−Platformer > Demo Scene > Demo Scene01 씬을 엽니다.

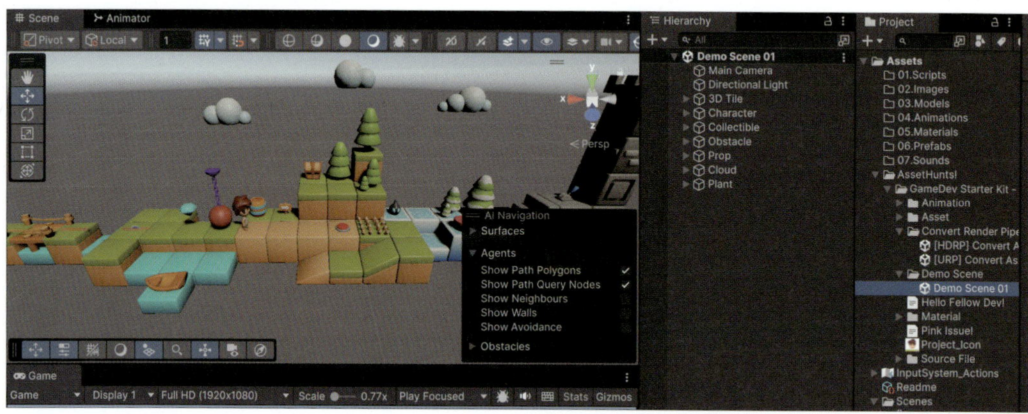

[그림 3.1-24] 데모 씬 열기

02 데모 씬에서 필요한 요소들을 확인합니다. 하이어라키 뷰에서 다음 오브젝트들을 찾습니다.

- **3D Tiles**: 플랫폼과 지형을 구성하는 타일 오브젝트
- **Props**: 장식 및 상호작용 오브젝트
- **Clouds**: 배경에 표시되는 구름 오브젝트
- **Plants**: 식물 및 환경 장식 오브젝트

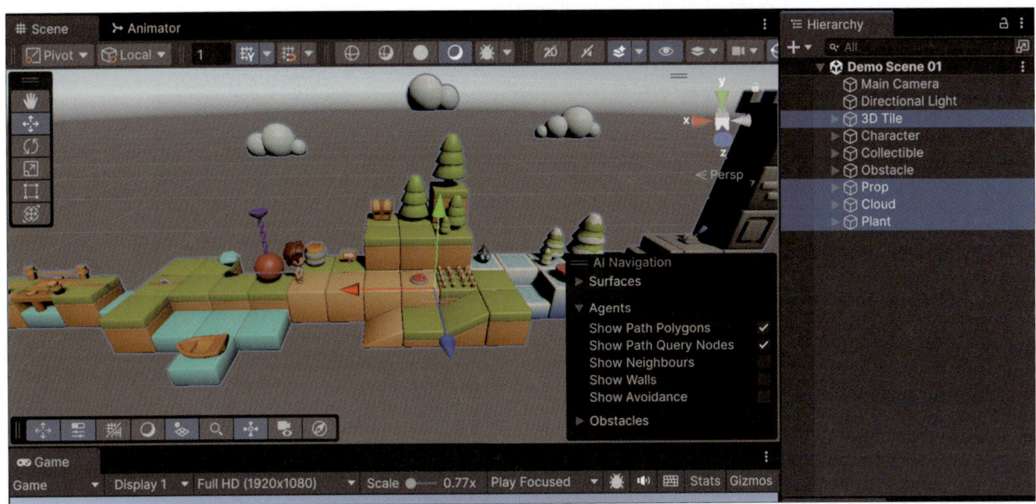

[그림 3.1-25] 오브젝트 복사

위 요소들을 모두 찾아 선택한 후 Ctrl+C를 눌러 복사합니다.

03 각 요소를 복사하여 StageScene의 Level 하위 오브젝트로 가져옵니다.

- 다시 StageScene으로 이동합니다.
- Level 오브젝트를 선택한 후 Ctrl+Shift+V로 DemoScene에서 복사한 게임 오브젝트들을 붙여 넣기합니다.
- Ctrl+S를 눌러 씬을 저장합니다.

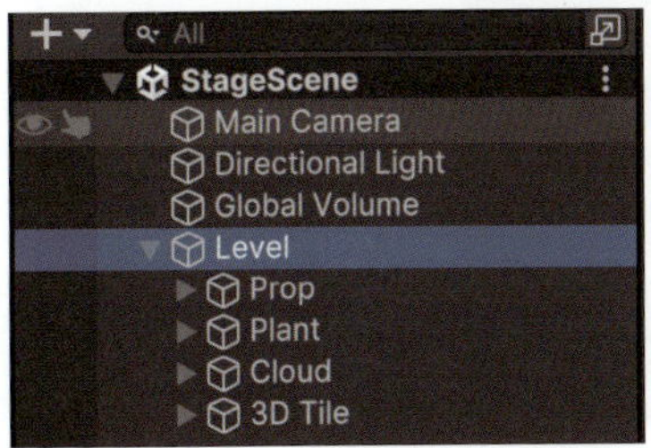

[그림 3.1-26] 오브젝트 붙여 넣기

🔺 레벨 회전 및 카메라 설정하기

복사한 레벨 요소들이 게임 뷰에서 제대로 보이도록 레벨 오브젝트의 방향과 카메라 위치를 조정합니다.

01 Level 오브젝트 회전시키기

❶ 하이어라키 뷰에서 Level 오브젝트를 선택합니다.

❷ Transform 컴포넌트의 Rotation 값을 (0, 180, 0)으로 변경합니다.

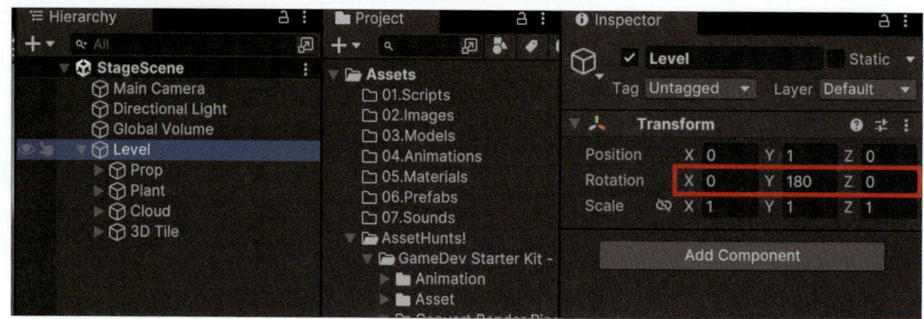

[그림 3.1-27] Level 오브젝트 회전

02 메인 카메라 위치 및 회전 조정하기

❶ 하이어라키 뷰에서 Main Camera 오브젝트를 선택합니다.

❷ 인스펙터 뷰에서 Transform 컴포넌트의 값을 다음과 같이 변경합니다.

- Position 값을 X: -3, Y: 10, Z: -40으로 설정합니다.
- Rotation 값을 X: 10, Y: 0, Z: 0으로 설정합니다.

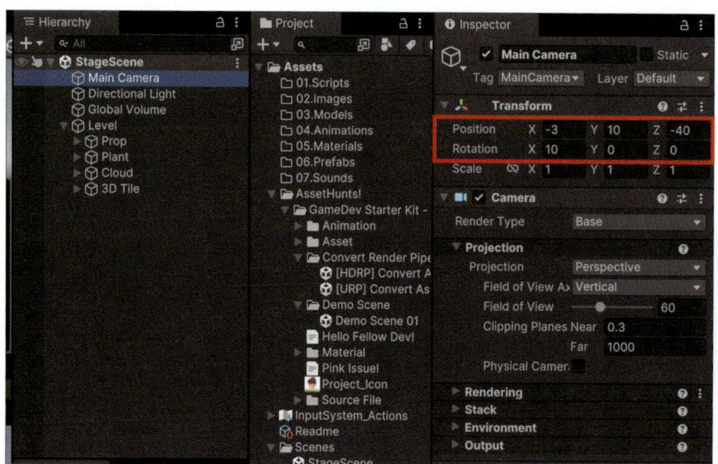

[그림 3.1-28] 메인 카메라 위치 및 회전 조정

[그림 3.1-29] 결과 화면

이렇게 에셋 스토어의 GameDev Starter Kit을 활용하여 닌자 월드 게임의 기본 레벨을 구성했습니다.

1.4 | 스카이박스로 게임 세계에 하늘 만들기

3D 게임에서 스카이박스(Skybox)는 게임 세계의 배경이 되는 하늘과 원거리 풍경을 표현하는 요소입니다. 마치 게임 세계를 둘러싼 큰 상자의 내부 면에 하늘과 풍경을 그려 넣은 것과 같습니다. 이를 통해 플레이어는 무한히 넓은 세계에 있는 듯한 착각을 하게 됩니다.

학습 포인트

스카이박스를 활용하여 게임 월드에 깊이감과 몰입감을 더하는 방법 학습하기

진행 단계

❶ 에셋 스토어에서 스카이박스 다운로드하기
❷ 씬에 스카이박스 적용하기
❸ 스카이박스 설정 조정 및 최종 결과 확인하기

GAMING MODE ● ● ●

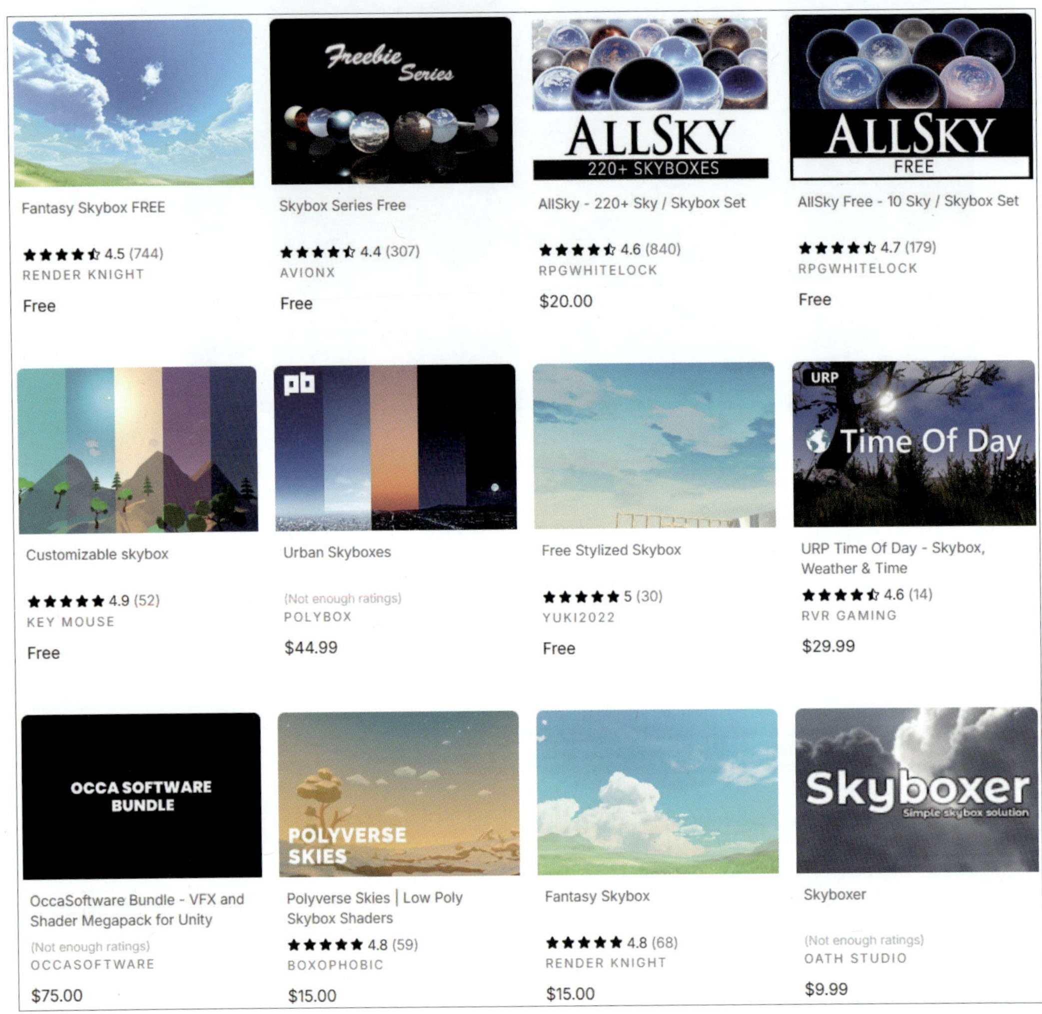

[그림 3.1-30] 스카이박스 에셋

유니티의 에셋 스토어에는 다양한 스타일의 스카이박스 에셋이 있습니다. 스카이박스는 낮, 밤, 황혼, 우주, 판타지 등 여러 분위기의 하늘을 연출할 수 있도록 다양한 테마와 색감으로 제공됩니다.

이번 단계에서는 닌자 월드 게임의 분위기에 어울리는 'Fantasy Skybox FREE' 에셋을 찾아 다운로드해 보겠습니다.

01 AssetStore에 접속한 후 검색 창에 'Fantasy Skybox FREE'를 입력합니다.

02 필터의 가격을 'Free'로 설정합니다.

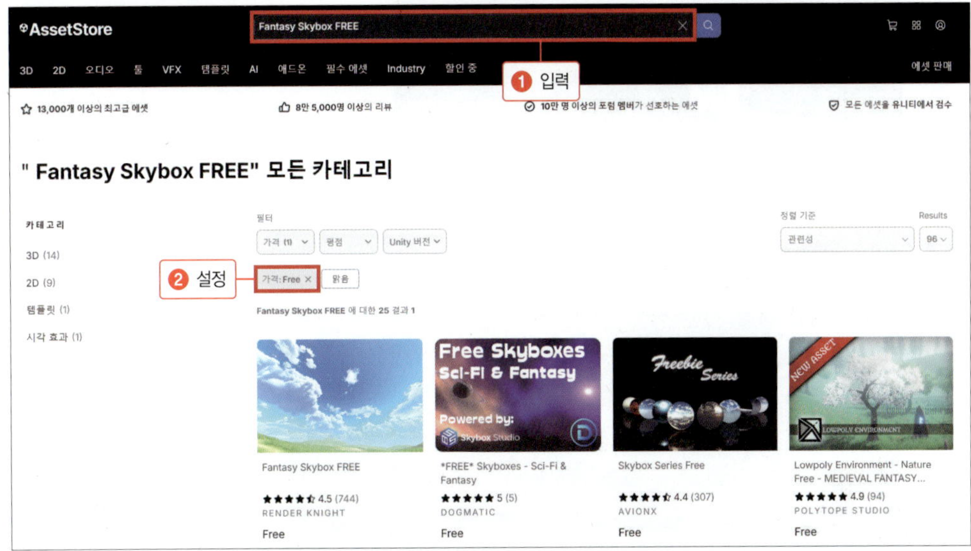

[그림 3.1-31] Fantasy Skybox FREE 검색

03 첫 번째 줄의 [Fantasy Skybox FREE]를 클릭합니다.

04 로그인되어 있는지 확인한 후 [내 에셋에 추가하기] 버튼을 클릭합니다.

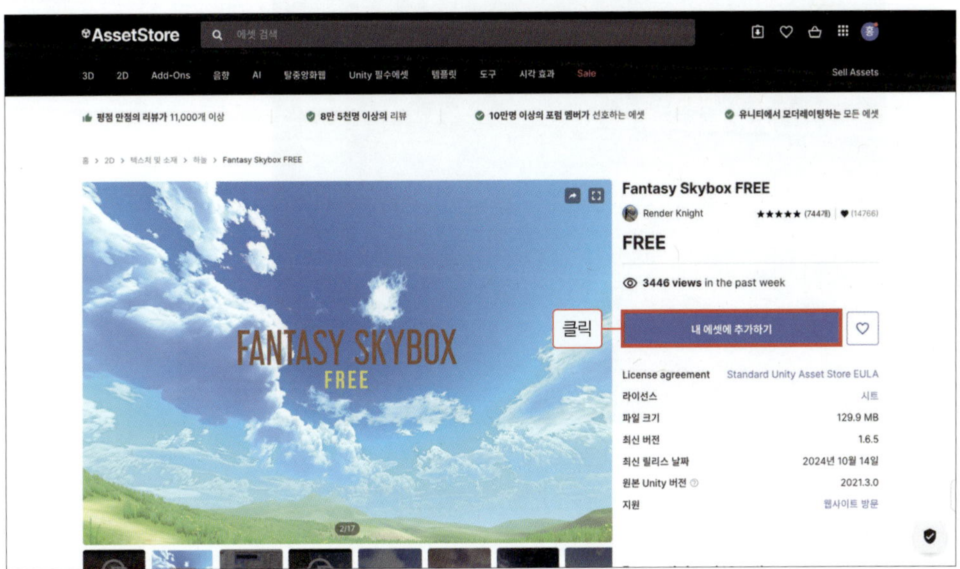

[그림 3.1-32] Fantasy Skybox FREE 상세 페이지

05 [Unity에서 열기]를 클릭한 후 유니티 패키지 매니저에서 다운로드합니다.

[그림 3.1-33] 에셋 다운로드

06 다운로드가 완료되었으면 임포트합니다.

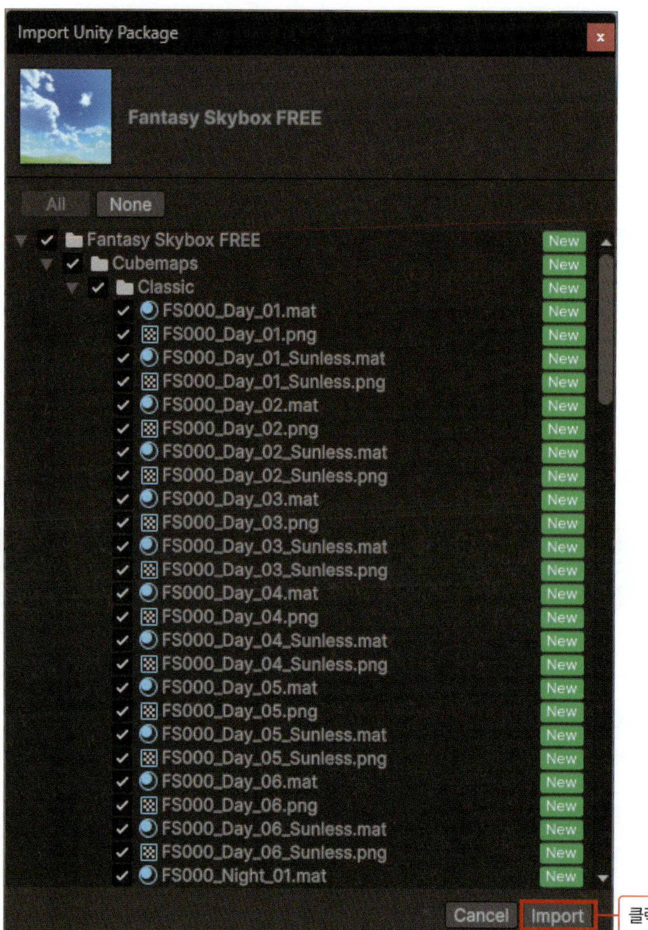

[그림 3.1-34] 스카이박스 에셋 다운로드 및 임포트 화면

2 씬에 스카이박스 적용하기

다운로드한 스카이박스 에셋을 게임 씬에 적용해 보겠습니다.

01 [Panoramics]를 연 후 하위 폴더에서 원하는 스카이박스 머티리얼을 찾습니다.

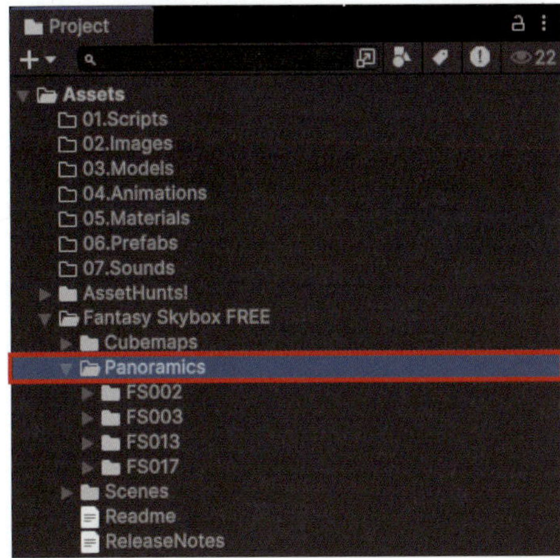

[그림 3.1-35] 스카이박스 머티리얼

02 먼저 프로젝트 뷰에서 다운로드한 스카이박스 에셋 폴더인 [Fantasy Skybox FREE]를 찾습니다.

03 선택한 스카이박스 머티리얼을 씬 뷰의 빈 공간에 드래그합니다. 여기서는 저녁 하늘을 표현하기 위해 'FS002_Night'를 선택했습니다.

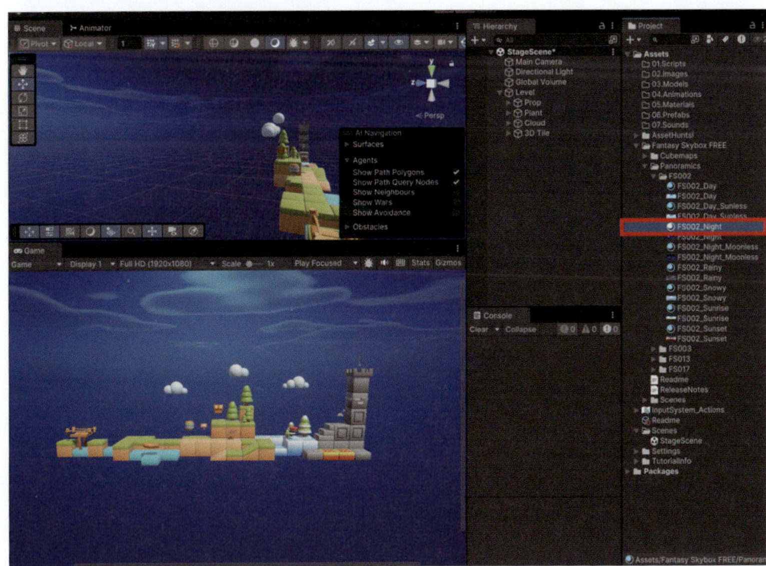

[그림 3.1-36] 결과 화면

스카이박스를 적용하여 닌자 월드 게임의 배경이 한층 더 풍부해지고 플레이어가 몰입할 수 있는 환경이 완성되었습니다. 다음 단계에서는 생성형 AI를 활용하여 나만의 3D 닌자 캐릭터를 직접 제작하는 방법을 자세히 살펴보겠습니다.

플레이어 오브젝트

Chapter 2

2.1 생성형 AI로 닌자 캐릭터 모델 만들기

이번 단계에서는 3D 닌자 캐릭터를 생성형 AI 도구를 활용하여 제작하고 게임에 적용하는 과정을 살펴보겠습니다. 과거에는 3D 캐릭터 모델링에 전문적인 기술과 많은 시간이 필요했지만, AI 기술을 활용하면 간단한 2D 이미지에서 바로 3D 모델을 생성할 수 있습니다.

학습 포인트

생성형 AI를 활용하여 2D 이미지에서 3D 캐릭터 모델 제작하기

진행 단계

❶ DALL·E를 활용하여 T-pose 닌자 이미지 생성하기
❷ Hugging Face/Tripo AI로 2D 이미지를 3D 모델로 변환하기
❸ GLB 파일을 FBX 형식으로 변환하기
❹ Mixamo에서 캐릭터 리깅 및 애니메이션 추가하기
❺ 3D 모델을 유니티 프로젝트에 임포트하기

GAMING MODE ● ● ●

1 DALL·E를 활용하여 T-pose 닌자 이미지 생성하기

먼저 챗GPT의 DALL-E 기능을 사용하여 닌자 캐릭터의 T-pose 이미지를 생성합니다. T-pose는 캐릭터의 팔을 양옆으로 뻗은 자세로 3D 모델링에서 기본 포즈로 사용됩니다.

T-pose란?

T-pose는 3D 캐릭터 모델링과 애니메이션에서 가장 기본이 되는 기준 포즈입니다. 캐릭터가 팔

을 양쪽으로 수평하게 뻗어 알파벳 'T' 자 모양을 이루고 있는 자세를 말합니다. 이 포즈는 3D 모델의 리깅(캐릭터에 뼈대를 부여하는 과정)과 애니메이션 제작에 최적화되어 있어 대부분의 3D 모델 제작 과정에서 사용됩니다.

[**그림 3.2-1**] 일반적인 T-pose의 예시 이미지

DALL·E로 T-pose 닌자 이미지 생성하기

❶ 챗GPT에 접속하여 다음과 같은 프롬프트를 입력합니다.

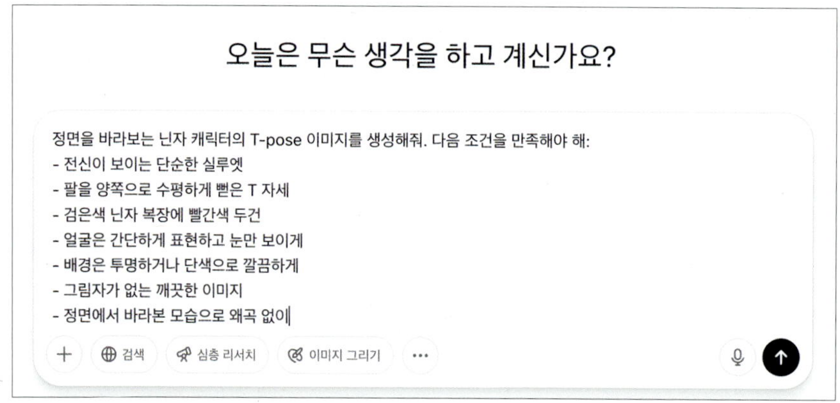

[**그림 3.2-2**] 챗GPT 프롬프트

❷ DALL·E가 이미지를 생성할 때까지 기다립니다. 만족스러운 결과가 나올 때까지 필요에 따라 프롬프트를 조정하여 다시 생성할 수 있습니다.

[그림 3.2-3] 결과 이미지

❸ 생성된 이미지를 다운로드합니다. 이미지 위에서 마우스 오른쪽 버튼을 클릭하면 나타나는 단축 메뉴 중에서 [이미지 저장]을 선택합니다.

❹ 이미지를 적절한 이름(예 'NinjaTpose.png')으로 저장합니다.

② Hugging Face/Tripo AI로 2D 이미지를 3D 모델로 변환

허깅 페이스란?

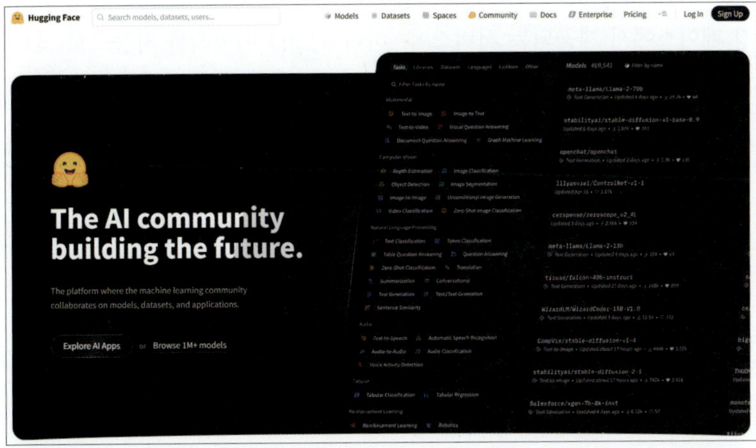

[그림 3.2-4] 허깅 페이스 홈페이지

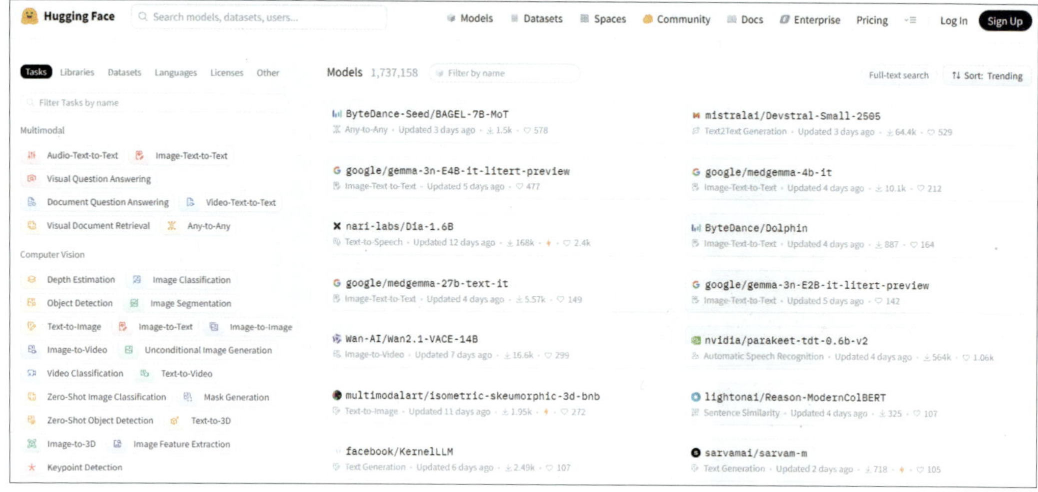

[그림 3.2-5] 허깅 페이스 사이트

허깅 페이스는 인공지능 기술을 누구나 쉽게 사용할 수 있도록 만드는 회사와 그들이 운영하는 웹 사이트입니다. 쉽게 비유하면, AI 모델들의 '앱 스토어'처럼 생각할 수 있습니다. 다양한 종류의 AI 모델을 찾고 사용하고 공유할 수 있는 곳으로 프로그래밍 전문가가 아니더라도 간단한 클릭만으로 다양한 AI 기능을 체험해 볼 수 있습니다.

예를 들어, 텍스트를 번역하는 AI, 이미지를 분석하는 AI, 우리가 사용할 2D 이미지를 3D로 변환하는 AI 등이 모두 이곳에서 제공됩니다. 마치 요리 레시피를 공유하는 웹 사이트처럼 개발자들이 만든 다양한 AI 모델을 한곳에서 찾을 수 있습니다.

Tripo AI로 3D 모델 생성하기

Tripo는 허깅 페이스에서 제공되는 서비스 중 하나로, 2D 이미지를 자동으로 3D 모델로 변환해 주는 특별한 AI입니다. 이 기술 덕분에 3D 모델링 전문가가 아니더라도 단순한 2D 이미지만으로 게임이나 VR에서 사용할 수 있는 3D 캐릭터를 만들 수 있게 되었습니다.

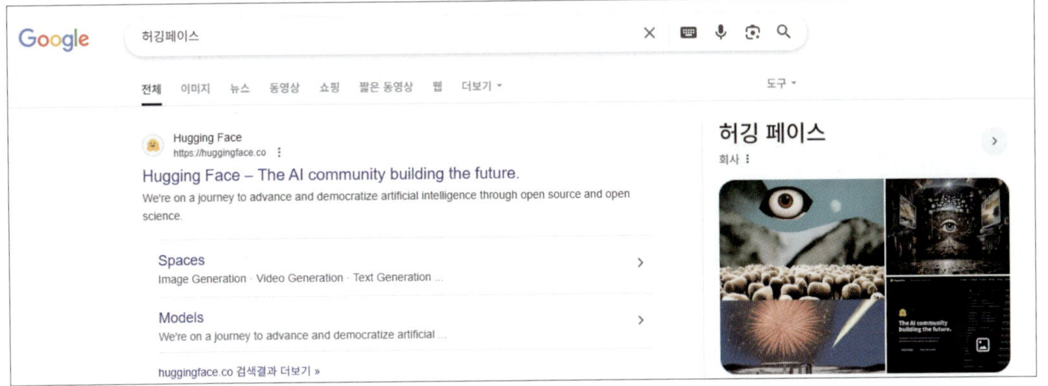

[그림 3.2-6] 구글 '허깅 페이스' 검색

이제 Tripo를 활용해 3D 모델을 생성하기 위해 허깅 페이스에 접속합니다. 구글에 '허깅 페이스'를 검색하거나 웹 브라우저 주소란에 https://huggingface.co를 입력해 접속합니다.

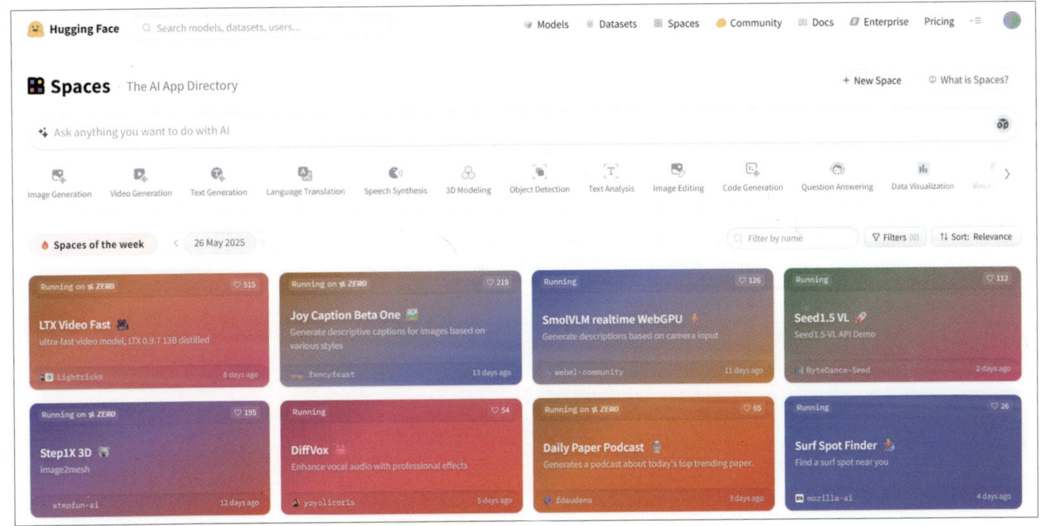

[그림 3.2-7] Hugging Face 내 Spaces

허깅 페이스 상단의 메뉴를 보면 [Spaces]라는 항목이 있습니다. Spaces는 AI 데모 및 애플리케이션을 직접 만들고 공유하고 체험할 수 있는 페이지입니다. 사용자는 Spaces를 통해 다양한 머신러닝 모델을 웹 애플리케이션 형태로 손쉽게 배포할 수 있으며 다른 사용자가 만든 AI 앱을 바로 실행해 볼 수도 있습니다.

정리하면, Spaces는 허깅 페이스 커뮤니티가 AI 모델을 쉽고 빠르고 자유롭게 실험하고 공유할 수 있도록 마련된 공간입니다.

Spaces를 클릭하면 위와 같이 여러 AI 애플리케이션(Spaces)들이 카드 형태로 나열된 페이지로 이동하게 됩니다. 상단에는 이미지 생성, 비디오 생성, 텍스트 생성, 언어 번역, 음성 합성, 3D 모델링, 객체 탐지, 텍스트 분석, 이미지 편집, 코드 생성, 질의 응답, 데이터 시각화, 음성 클로닝 등 AI 기능별로 분류된 카테고리 아이콘이 있습니다. 이 중에서 원하는 AI 서비스 종류를 클릭하면 관련된 Spaces만 모아 볼 수 있습니다.

가운데 검색 창에서는 원하는 기능, 주제, 이름 등으로 Spaces를 검색할 수 있습니다. 이곳에 'Tripo'를 입력하여 검색합니다.

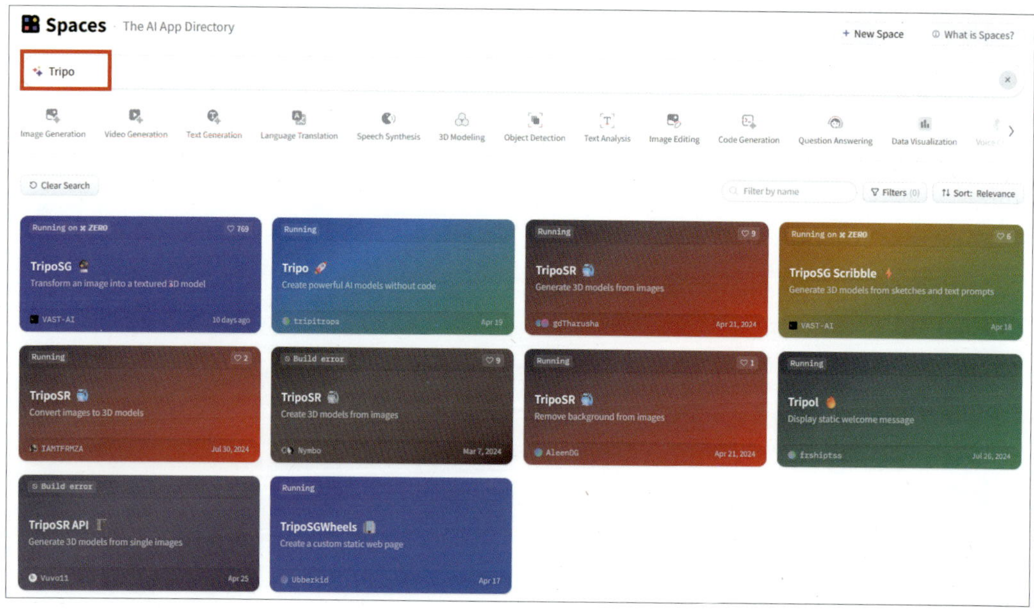

[그림 3.2-8] TripoSG 모델 검색어 관련 카드들

Tripo와 관련된 여러 카드가 나타납니다. 그중 가장 많은 '좋아요'를 받은 TripoSG를 사용하기 위해 첫 번째 카드를 클릭합니다.

[그림 3.2-9] TripoSG 모델 실험 페이지 인터페이스

위 이미지는 TripoSG 모델을 실험할 수 있는 페이지의 인터페이스입니다. 이곳에 이미지를 업로드하면 해당 이미지를 바탕으로 3D 모델을 자동으로 생성해 줍니다.

이제 다음과 같이 NinjaTpose.png 이미지를 드래그하여 업로드하고 [Generate Shape] 버튼을 클릭해 3D 모델을 생성합니다.

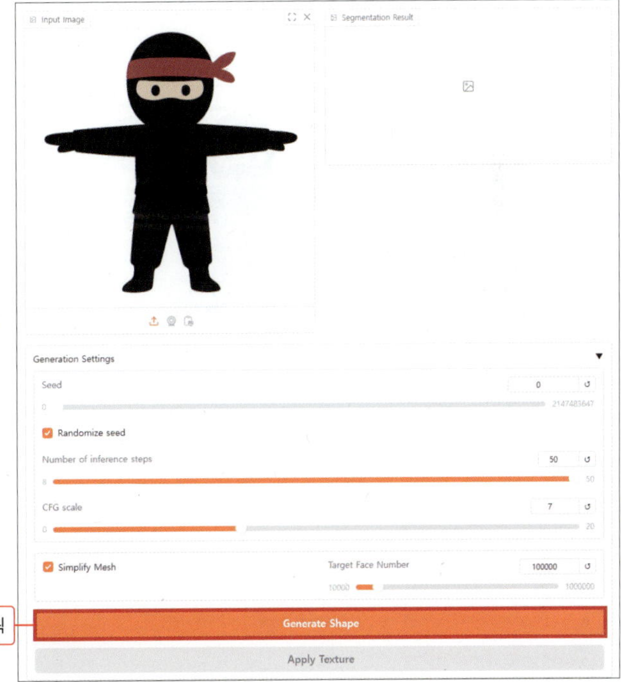

[그림 3.2-10] NinjaTpose.png 이미지 업로드

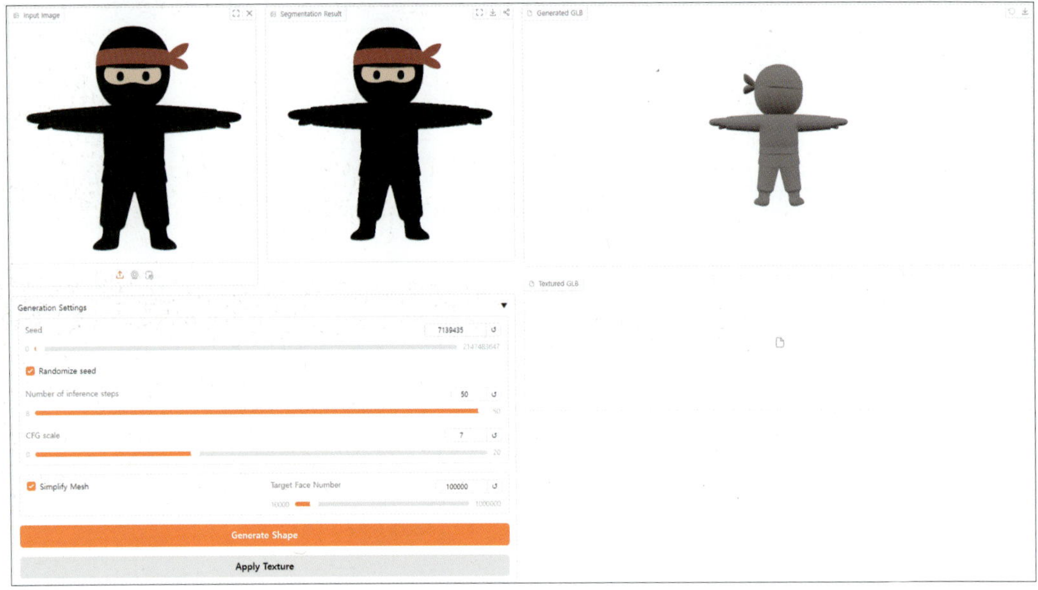

[그림 3.2-11] NinjaTpose.png 이미지 3D 모델 생성

위 그림과 같이 Generated GLB 패널에 3D 모델이 생성된 것을 확인할 수 있습니다. 하지만 생성된 3D 모델은 찰흙처럼 아무런 색깔이 입혀져 있지 않습니다. 색을 입히기 위해 [Apply Texture] 버튼을 클릭해 작업을 진행합니다.

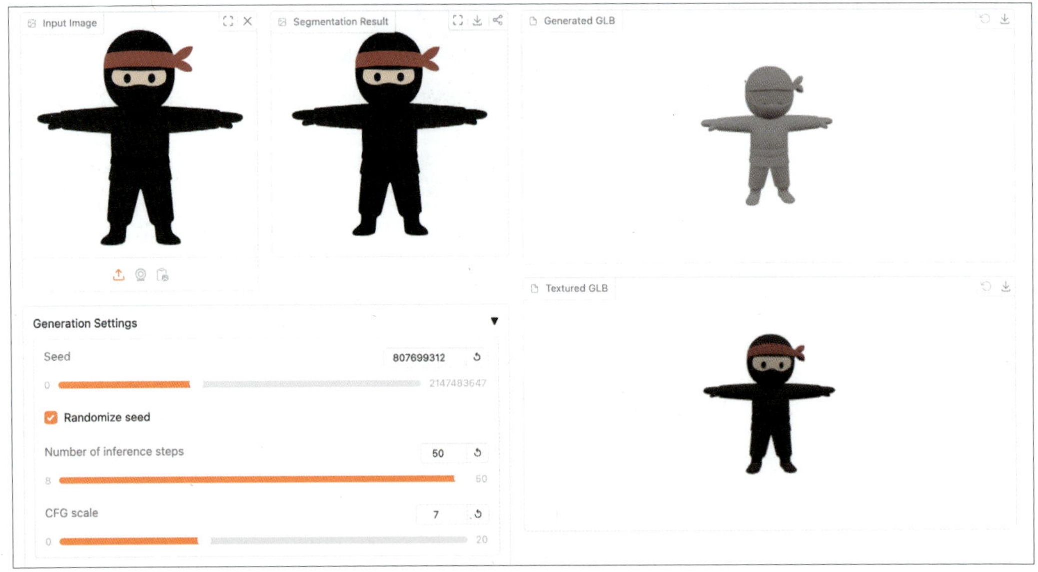

[그림 3.2-12] NinjaTpose.png 3D 모델 텍스처 적용

드디어 색이 입혀진 3D 모델이 생성되었습니다. 생성된 모델은 Textured GLB 패널 우측의 [Download] 버튼을 클릭해 다운로드할 수 있습니다. 파일은 쉽게 찾을 수 있는 위치에 저장하고 'Ninja.glb'와 같이 알기 쉬운 이름으로 변경합니다.

Tripo SG 사용 시 주의사항
- Tripo SG는 인터넷 연결 상태에 따라 처리 속도가 달라질 수 있습니다.
- 간혹 서버 부하가 심할 때는 시간이 오래 걸리거나 처리가 중단될 수 있습니다. 이때는 잠시 후에 다시 시도해 보세요.
- 최상의 결과를 위해서는 깨끗하고 명확한 T-pose 이미지를 사용하는 것이 좋습니다.
- 배경이 제거된 이미지를 사용하면 좀 더 정확한 3D 모델이 생성됩니다.

3 GLB 파일을 FBX 형식으로 변환하기

유니티는 GLB 파일 형식을 직접 지원하지 않기 때문에 다운로드한 GLB 파일을 유니티에서 사용할 수 있는 FBX 형식으로 변환해야 합니다. FBX 파일은 3D 모델, 애니메이션, 메시, 머티리얼 등의 정보를 담는 3D 파일 형식입니다. 이를 위해 온라인 파일 변환 서비스를 활용하겠습니다.

01 웹 브라우저에서 'glb to fbx' 또는 'glb to fbx converter'를 검색합니다. 정확한 웹 사이트명은 'https://convert3d.org/glb-to-fbx'입니다.

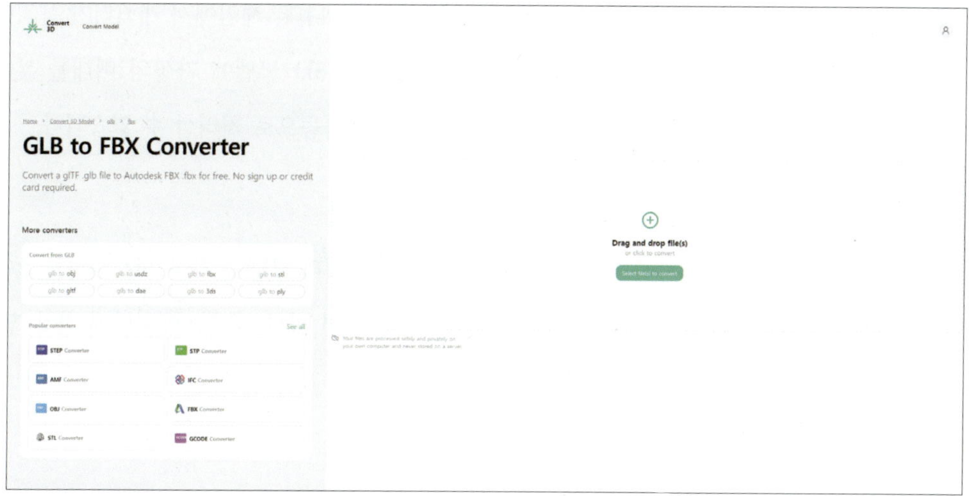

[그림 3.2-13] glb to fbx converter 사이트

02 다운로드한 Ninja.glb 파일을 드래그 앤 드롭하면 곧바로 변환을 시작합니다.

[그림 3.2-14] Ninja.glb 파일 업로드

03 우측 상단의 [Download] 버튼을 클릭해 파일을 다운로드합니다. 파일은 쉽게 찾을 수 있는 위치에 저장한 후 'Ninja.FBX'와 같이 알기 쉬운 이름으로 변경합니다.

4 Mixamo에서 캐릭터 리깅 및 애니메이션 추가하기

FBX 파일로 변환한 3D 모델은 아직 움직일 수 없는 상태입니다. 게임에서 캐릭터가 움직이도록 하려면 '리깅(Rigging)'이라는 과정을 거쳐야 합니다. 리깅은 3D 모델에 가상의 뼈대를 부여하는 과정으로, 어도비(Adobe) 사의 Mixamo 서비스를 활용하면 자동으로 처리할 수 있습니다.

Mixamo란?

Mixamo는 어도비 사에서 제공하는 무료 서비스로, 3D 캐릭터 모델에 자동으로 리깅을 적용하고 다양한 애니메이션을 추가할 수 있습니다. 전문적인 애니메이션 지식 없이도 캐릭터에 걷기, 달리기, 점프 등 다양한 동작을 적용할 수 있습니다.

Mixamo에서 리깅 및 애니메이션 추가하기

01 웹 브라우저에서 Mixamo(mixamo.com)에 접속합니다.

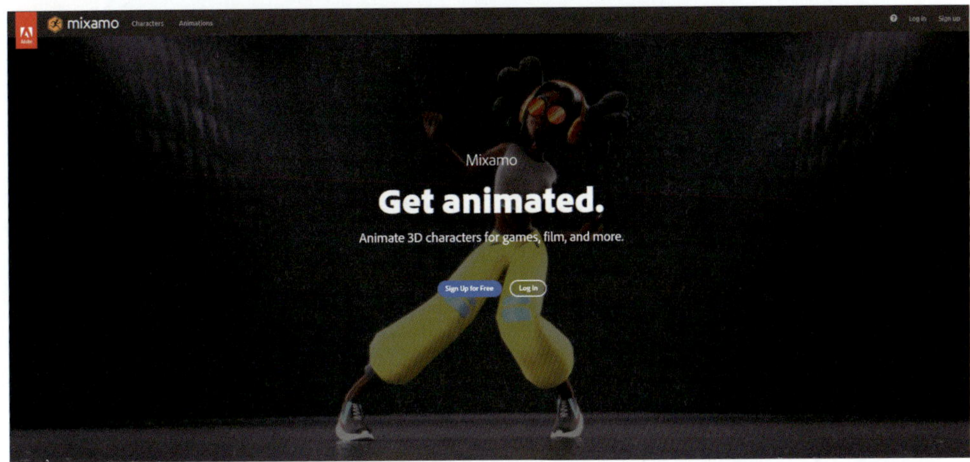

[그림 3.2-15] Mixamo 웹 사이트

02 어도비 계정으로 로그인합니다. 구글 계정으로도 로그인이 가능합니다.

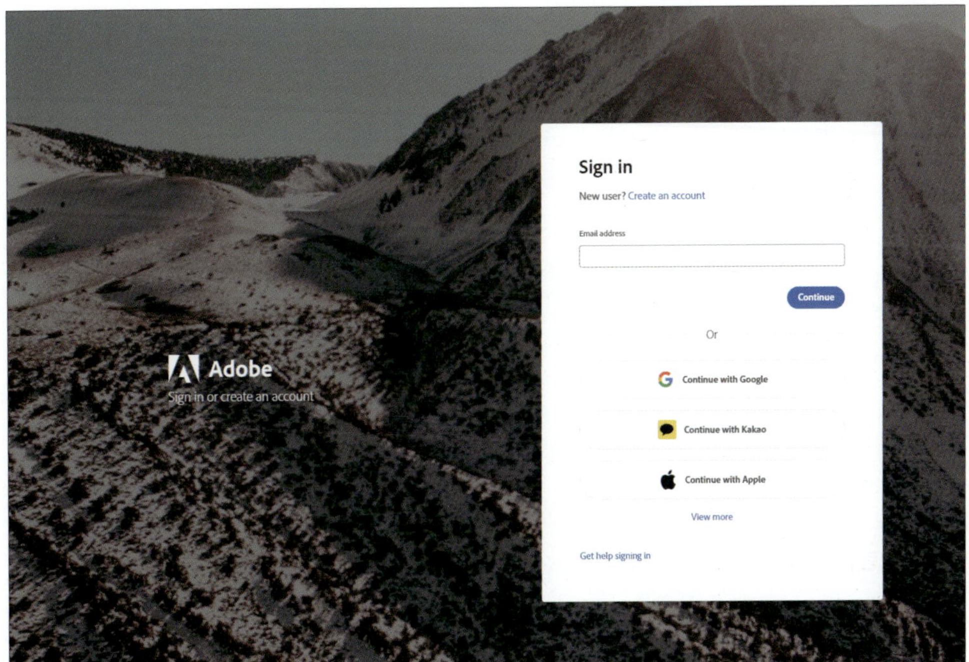

[그림 3.2-16] Mixamo 로그인

03 로그인 후의 Mixamo 페이지 화면입니다.

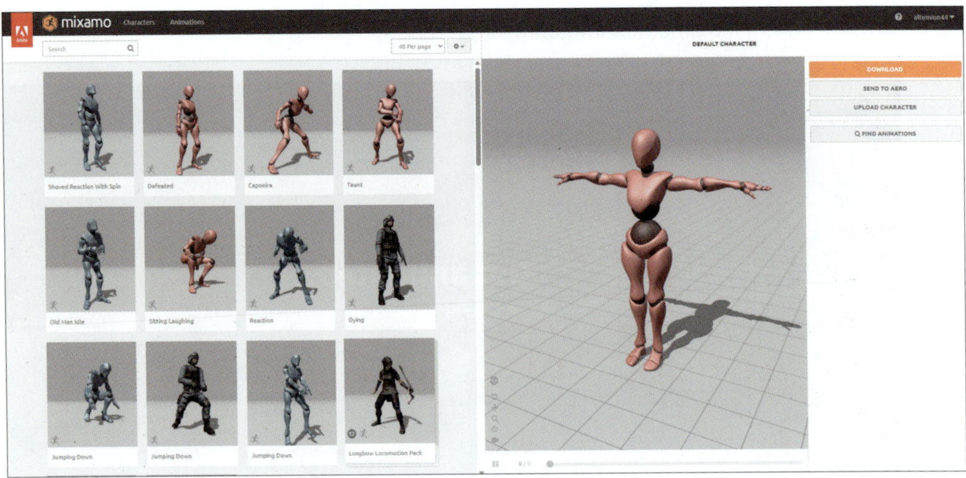

[그림 3.2-17] 로그인 후 페이지 화면

04 우측의 [Upload Character] 버튼을 클릭한 후 앞서 변환한 Ninja.fbx 파일을 업로드합니다.

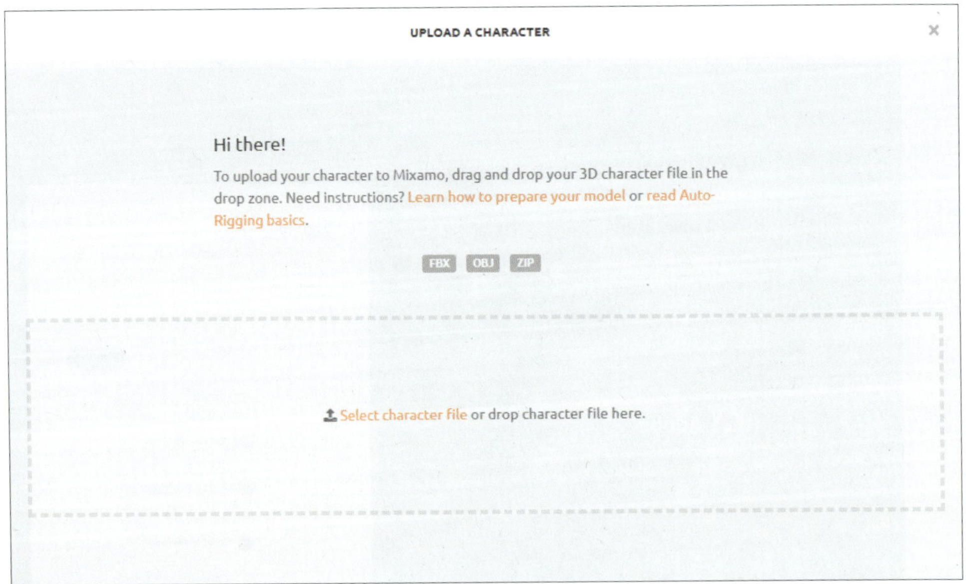

[그림 3.2-18] Ninja.fbx 파일 업로드

05 업로드가 완료되면 화면에 나타나는 지시에 따라 얼굴, 손목, 팔꿈치, 무릎 등 주요 관절 포인트를 모델에 맞게 조정합니다.

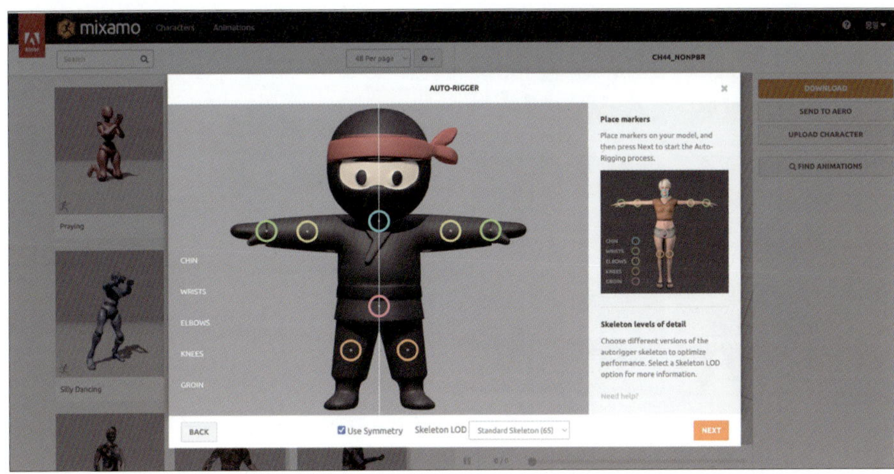

[그림 3.2-19] 관절 포인트 조정

06 조정을 마쳤으면 [NEXT] 버튼을 클릭해 자동 리깅 과정을 시작합니다.

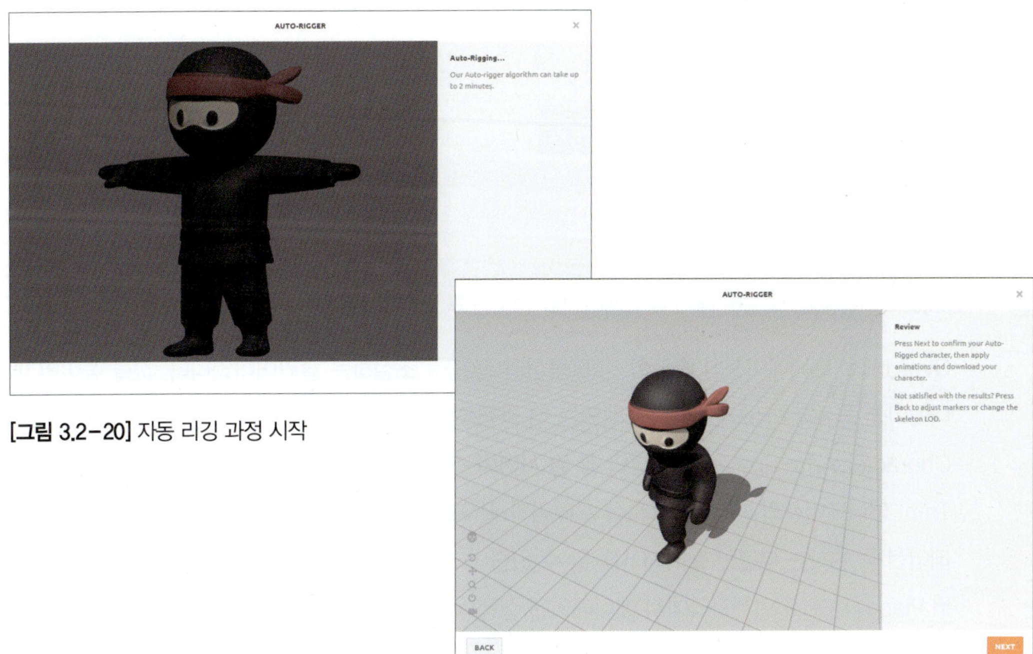

[그림 3.2-20] 자동 리깅 과정 시작

[그림 3.2-21] 자동 리깅 과정 완료

07 리깅이 완료되면 [NEXT] 버튼을 클릭해 팝업 창을 빠져나옵니다.

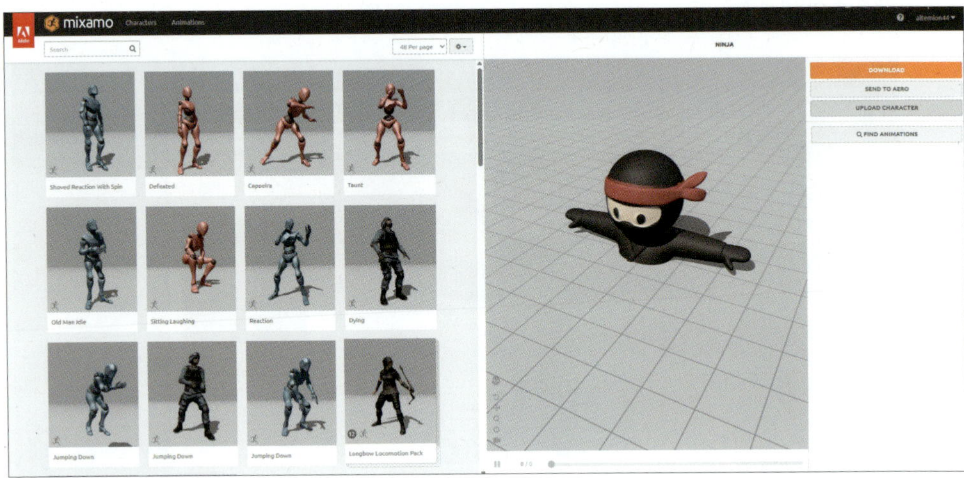

[그림 3.2-22] 팝업 창을 닫은 후의 화면

08 좌측의 애니메이션 라이브러리 상단 검색 창에 'Idle'을 입력하여 대기 애니메이션을 찾습니다.

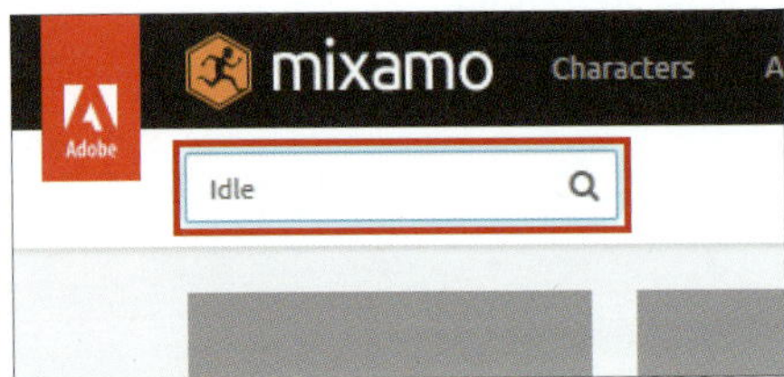

[그림 3.2-23] 대기 애니메이션 검색

09 'Ninja Idle'과 같은 적절한 대기 애니메이션을 선택한 후 오른쪽 패널에서 설정 값을 조정합니다.

- Overdrive: 애니메이션의 속도와 강도(동작의 크기)를 조절하는 슬라이더입니다. 값을 높이면 애니메이션 동작이 더 크게, 더 빠르게(또는 더 극적으로) 재생됩니다.
- Character Arm-Space: 캐릭터의 양 팔 사이의 간격을 조절하는 옵션입니다.
- Trim: 애니메이션의 재생 범위(시작 프레임과 끝 프레임)를 조절하는 슬라이더입니다. 전체 애니메이션 중 원하는 부분만 잘라서 사용할 수 있습니다.
- In Place: 체크 표시(제자리에서 애니메이션 실행)

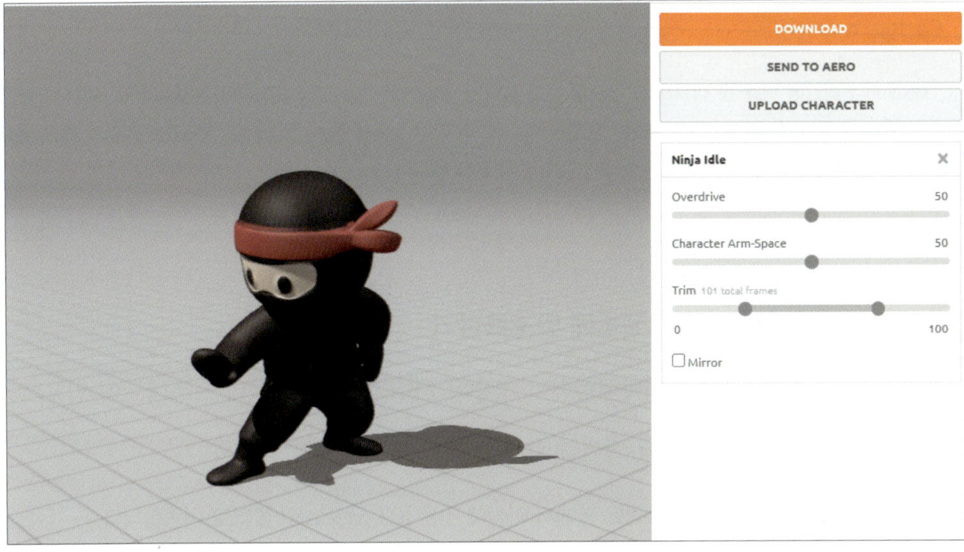

[그림 3.2-24] 패널 설정 값 조정

10 [Download] 버튼을 클릭하여 리깅과 애니메이션이 적용된 FBX 파일을 다운로드합니다.

- Format을 FBX for Unity(.fbx)로 설정합니다.

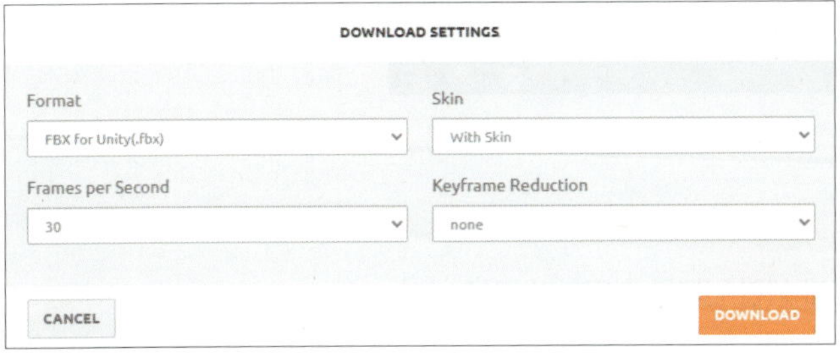

[그림 3.2-25] FBX 파일 다운로드

11 다운로드한 파일을 'Ninja@Idle.fbx'와 같이 알기 쉬운 이름으로 변경합니다.

추가로 'Run', 'Jump', 'Attack' 등 다른 애니메이션도 검색하여 동일한 방식으로 다운로드할 수 있습니다. 각 애니메이션 파일은 구분하기 쉽도록 이름을 'Ninja@Run.fbx', 'Ninja@Jump.fbx' 등으로 지정하는 것이 좋습니다.

5 3D 모델을 유니티 프로젝트에 임포트하기

이제 Mixamo에서 리깅과 애니메이션이 적용된 FBX 파일을 유니티 프로젝트에 임포트하여 게임 내 플레이어 캐릭터로 사용할 준비를 합니다.

01 유니티 에디터를 연 후 프로젝트 뷰에서 이전에 만든 [03. Models] 폴더로 이동합니다.

02 [03. Models] 폴더 내에 Ninja@Idle.fbx 파일과 Ninja.fbx 파일을 드래그 앤 드롭하여 임포트합니다.

03 임포트한 모델을 확인하기 위해 임포트된 Ninja@Idle.fbx를 클릭한 후 인스펙터 뷰 하단의 Ninja@Idle 글자 옆의 줄을 잡고 위로 끌어올려 봅니다.

[그림 3.2-26] 임포트 모델 확인

04 텍스처가 적용되지 않아 하얗게 생긴 닌자를 확인할 수 있습니다.

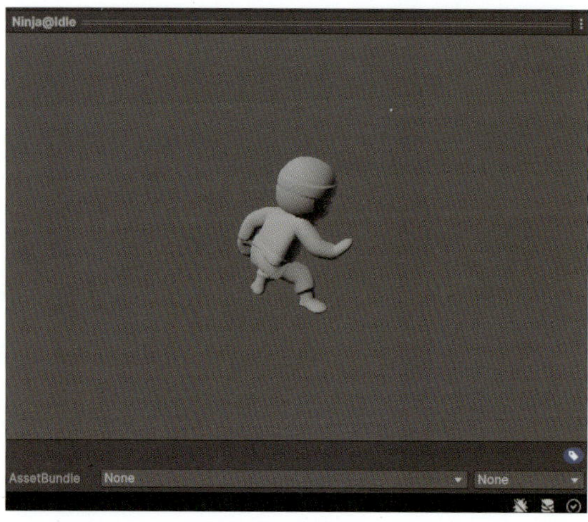

[그림 3.2-27] 텍스처 미적용 닌자 모델

05 이 닌자의 텍스처를 되돌리기 위해 인스펙터 뷰의 [Textures] 항목의 [Extract Textures…] 버튼을 클릭합니다.

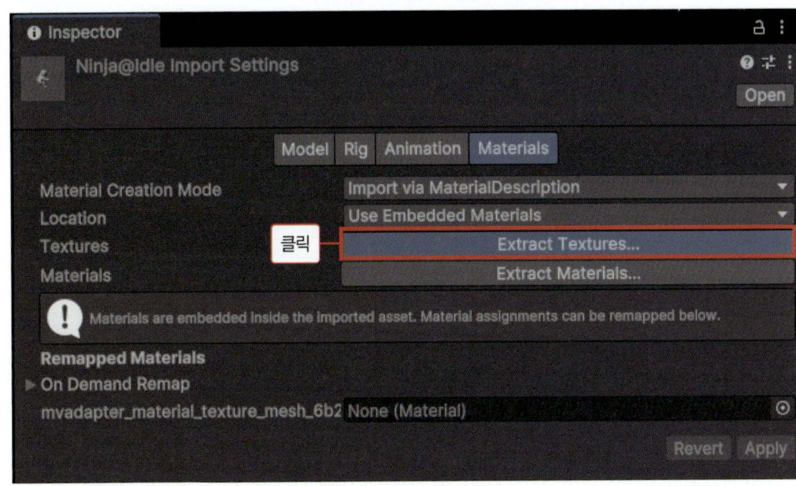

[그림 3.2-28] 텍스처 되돌리기

06 텍스처 저장 경로를 지정하기 위해 Select Textures Folder가 나타나면 [03. Models] 폴더 경로가 맞는지 확인한 후 [폴더 선택] 버튼을 클릭합니다.

07 인스펙터 뷰에서 모델의 미리 보기를 확인합니다. 모델이 제대로 임포트되었는지 확인합니다.

[그림 3.2-29] 결과 화면

지금까지 생성형 AI를 활용하여 2D 이미지를 3D 닌자 캐릭터 모델로 변형시키고 유니티 프로젝트에 임포트했습니다. 또한 GLB 형식의 모델을 FBX 형식으로 변환하여 유니티에서 보다 효율적으로 활용할 수 있도록 준비를 마쳤습니다.

다음 단계에서는 이 모델에 애니메이션을 적용하고 플레이어 캐릭터로서 움직임과 상호작용을 구현하는 방법을 살펴보겠습니다.

2.2 플레이어 이동과 카메라

이전 단계에서 생성형 AI를 활용하여 3D 닌자 모델을 만들고 유니티 프로젝트에 임포트했습니다. 이제 이 모델을 실제로 제어할 수 있는 게임 캐릭터로 만들어 보겠습니다. 플레이어가 키보드 입력을 통해 캐릭터를 움직이고 점프하고 환경과 상호작용할 수 있도록 물리 시스템을 적용하겠습니다.

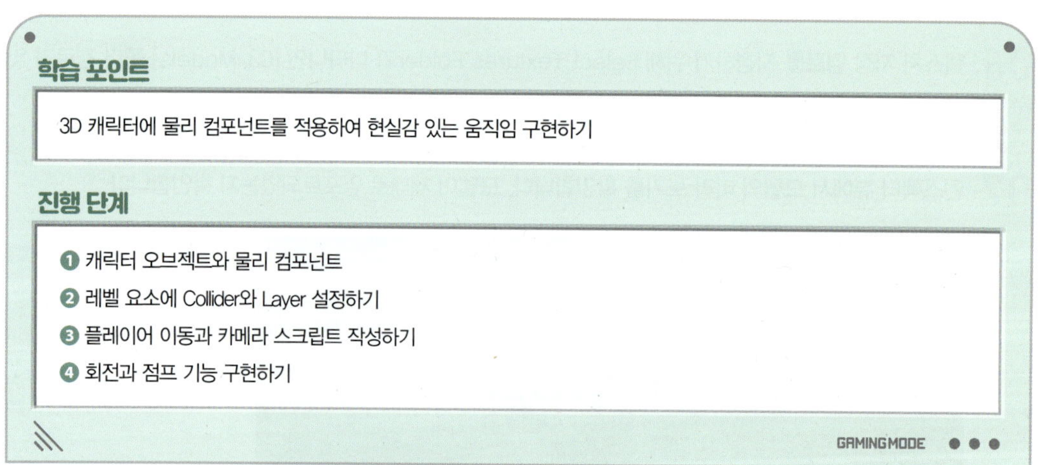

1 캐릭터 오브젝트와 물리 컴포넌트

이제 임포트한 3D 닌자 모델을 사용하여 게임에서 제어할 수 있는 플레이어 캐릭터를 만들어 보겠습니다. 이를 위해서는 적절한 위치에 캐릭터를 배치하고 물리적 특성을 부여하는 컴포넌트를 추가해야 합니다.

닌자 모델 씬에 배치하기

01 프로젝트 뷰에서 이전에 임포트한 닌자 3D 모델(Ninja@Idle.fbx)을 씬 뷰로 드래그합니다.

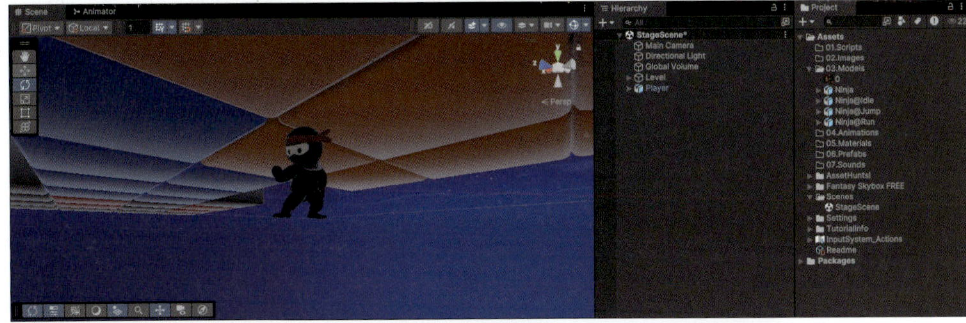

[그림 3.2-30] 닌자 모델 씬 뷰 적용

02 하이어라키 뷰에서 오브젝트 이름을 'Player'로 변경한 후 Transform 컴포넌트에서 Position을 −23.5, 3, −2.2, Rotation을 0, 90, 0으로 설정합니다.

[그림 3.2-31] 닌자 모델 Transform 값 조정

크기 조절하기

[그림 3.2-32] 크기 조정 전 캐릭터 오브젝트

만약 위 그림과 같이 캐릭터 오브젝트가 너무 작다면 Ninja.fbx 모델의 Scale Factor 값을 변경해야 합니다.

FBX 파일을 선택한 후 **인스펙터 뷰**에서 **Model 탭**으로 이동해 Scale Factor 값을 '100'으로 변경합니다.

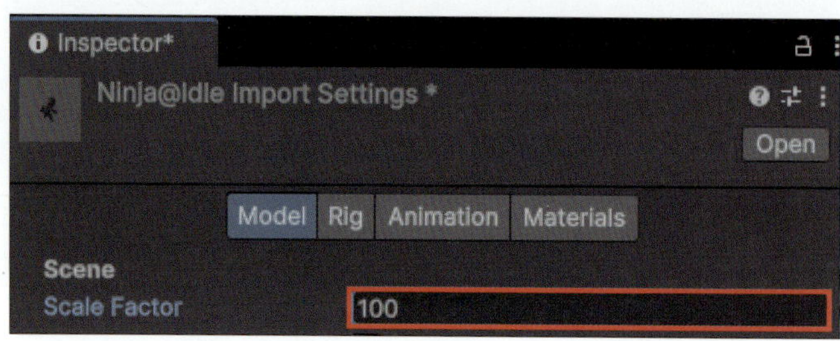

[그림 3.2-33] 모델 Scale Factor 값 변경

생성형 AI로 만든 3D 모델은 경우에 따라 기본 크기가 매우 작게 설정되어 있는 경우가 많습니다. 3D 모델이 너무 작으면 씬 뷰에서 보이지 않거나 다른 오브젝트와의 크기 비율이 맞지 않아 불편할 수 있습니다. 반드시 '100'으로 고정할 필요는 없으며 여러분의 게임 환경과 기준에 맞게 적절한 스케일을 조절하는 것이 중요합니다.

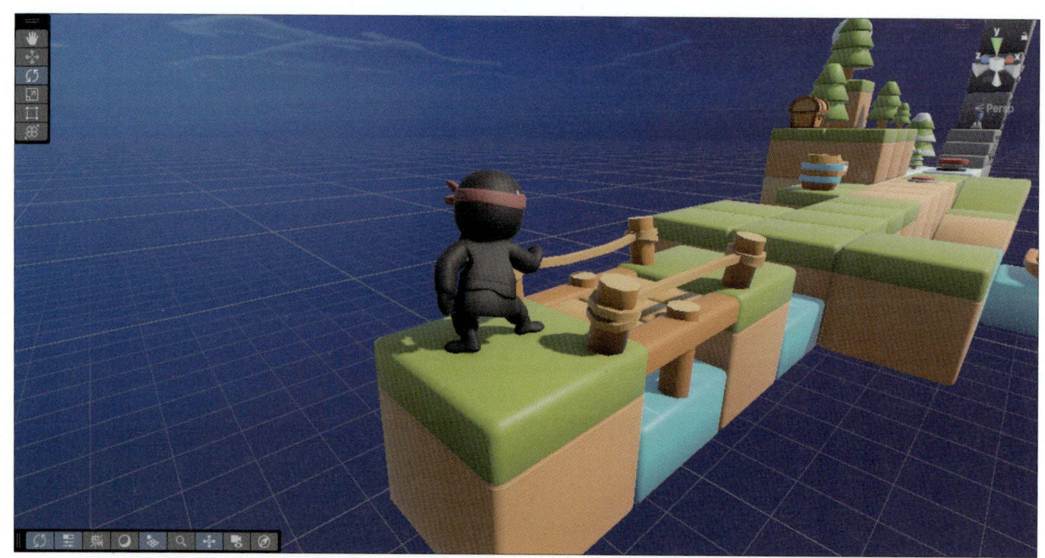

[그림 3.2-34] 결과 화면

컴포넌트 추가하기

01 Player 오브젝트에 Rigidbody 컴포넌트를 추가한 후 변경 사항을 적용합니다.

- **Constraints:** Freeze Rotation X, Z 체크

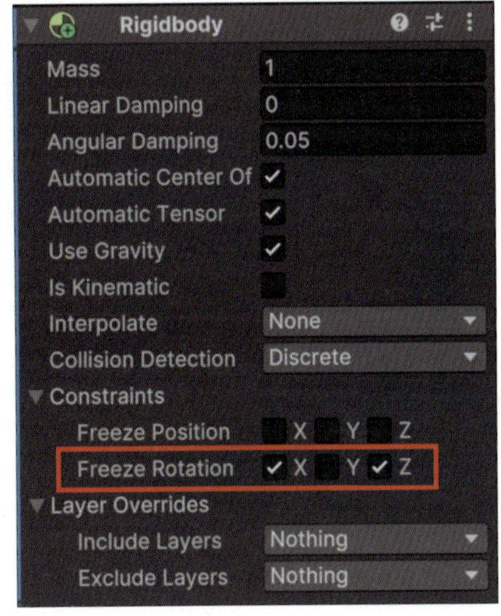

[그림 3.2-35] Rigidbody – Constraints 설정

02 Player 오브젝트에 Capsule Collider 컴포넌트를 추가하고 변경 사항을 적용합니다.

- **Center:** (0, 0.8, 0)
- **Height:** 1.6

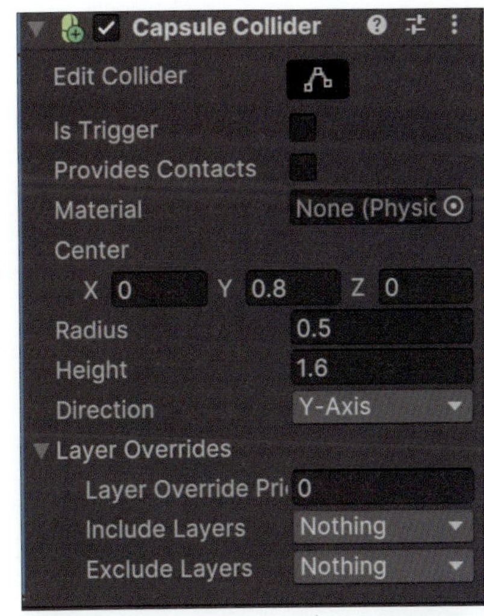

[그림 3.2-36] Capsule Collider 값 설정

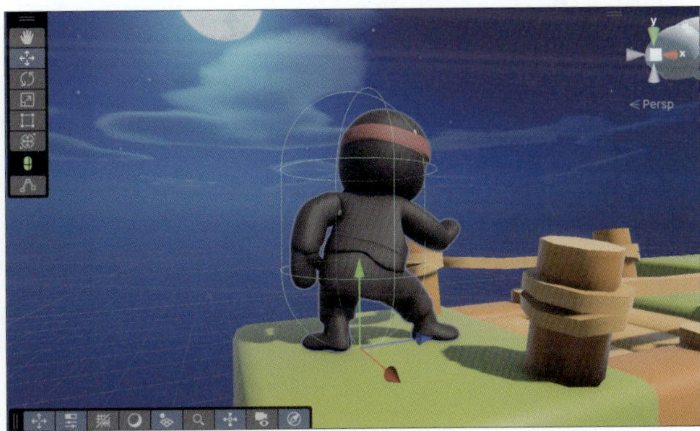

[그림 3.2-37] 결과 화면

이제 플레이어 캐릭터는 물리 시스템의 영향을 받게 되었습니다. 다음으로 레벨 요소에 콜라이더를 추가하여 캐릭터가 물리적 상호작용할 수 있는 환경을 만들어 보겠습니다.

2 레벨 요소에 콜라이더 추가하기

현재 플레이어 캐릭터는 물리 시스템의 영향을 받아 중력에 의해 아래로 떨어지도록 되어 있지만, 지형에는 충돌을 처리할 컴포넌트가 없어 닌자가 바닥을 통과하여 무한히 아래로 떨어집니다. 이 문제를 해결하기 위해 레벨 요소들에 콜라이더(Collider)를 추가하고 레이어(Layer)를 설정하여 플레이어와 환경이 물리적으로 상호작용할 수 있도록 만들어 보겠습니다.

3D Tile 하위 오브젝트에 콜라이더 추가하기

먼저 레벨의 모든 지형 요소에 콜라이더를 추가하여 캐릭터가 이동할 수 있는 물리적 환경을 구성합니다.

01 하이어라키 뷰에서 Level > 3D Tiles 오브젝트를 펼칩니다.

02 모든 지형 타일 오브젝트를 선택합니다. 3D Tiles 오브젝트의 자식 중 첫 번째 오브젝트를 선택한 상태에서 가장 마지막 오브젝트를 Shift + 마우스 왼쪽 버튼으로 클릭합니다.

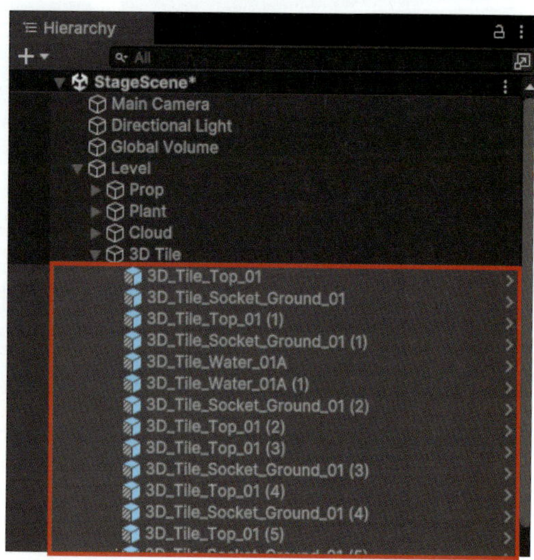

[그림 3.2-38] 모든 지형 타일 오브젝트 선택

03 인스펙터 뷰에서 [Add Component] 버튼을 클릭한 후 'Mesh Collider'를 검색하여 추가합니다.

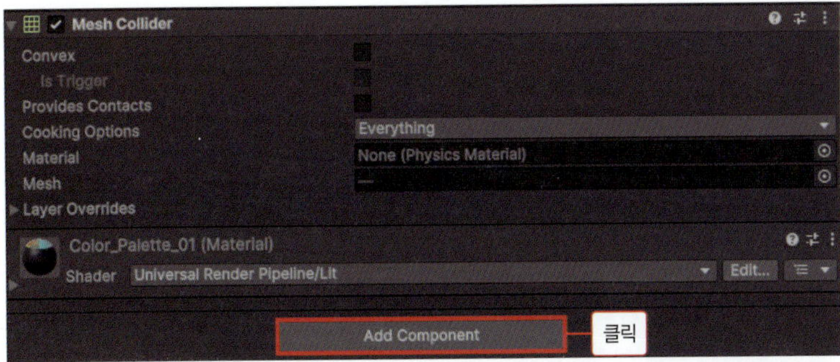

[그림 3.2-39] Mesh Collider 추가

🎨 Prop 하위 오브젝트에 콜라이더 추가하기

레벨의 소품(Prop) 오브젝트들도 플레이어와 상호작용할 수 있도록 콜라이더를 추가해야 합니다. Prop 오브젝트는 대부분 단순한 형태이므로 메시 콜라이더 대신 더 가벼운 박스 콜라이더를 사용하겠습니다.

01 하이어라키 뷰에서 Level > Props 오브젝트를 펼칩니다.

02 Prop의 첫 번째 자식인 Prop_Wooden_Bridge_01 오브젝트를 선택합니다.

03 인스펙터 뷰에서 [Add Component] 버튼을 클릭한 후 'Box Collider'를 검색하여 추가합니다.

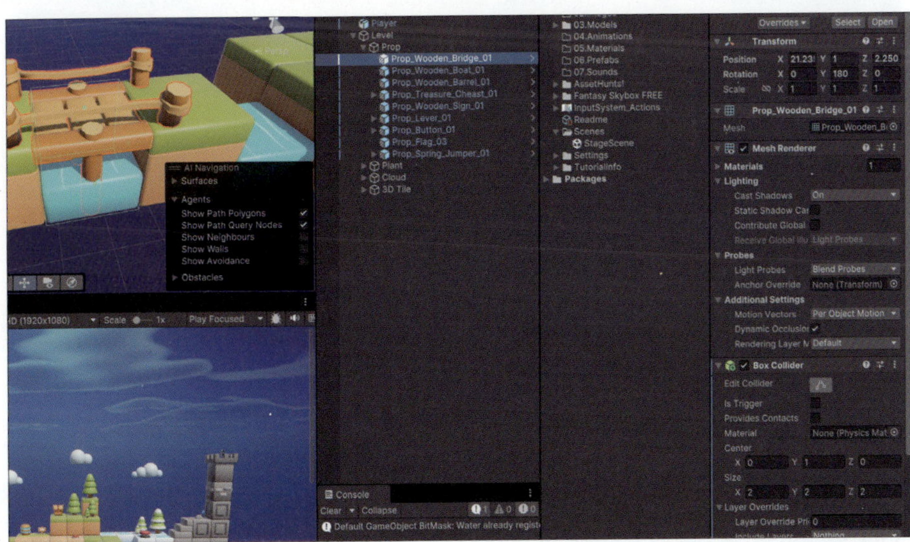

[그림 3.2-40] Box Collider추가

04 추가된 Box Collider 컴포넌트의 Size 값을 조정하여 오브젝트의 시각적 형태에 맞게 설정합니다.

- Center: (0, 1, 0)
- Size: (2, 2, 2)

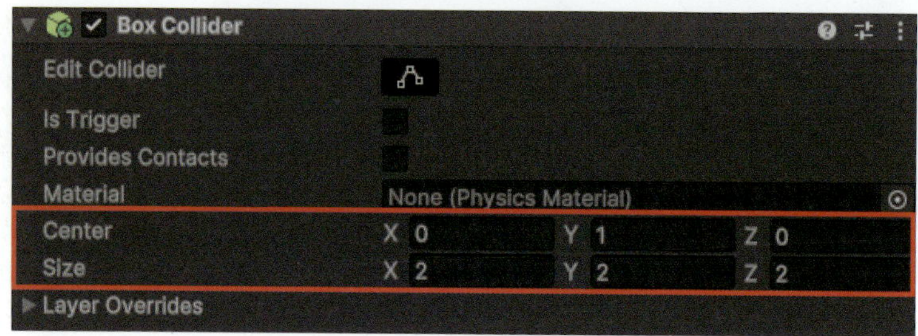

[그림 3.2-41] Box Collider Size 값 조정

05 박스 콜라이더의 모양을 시각적으로 확인하려면 씬 뷰에서 오브젝트를 선택한 상태로 녹색 와이어 프레임을 확인하세요.

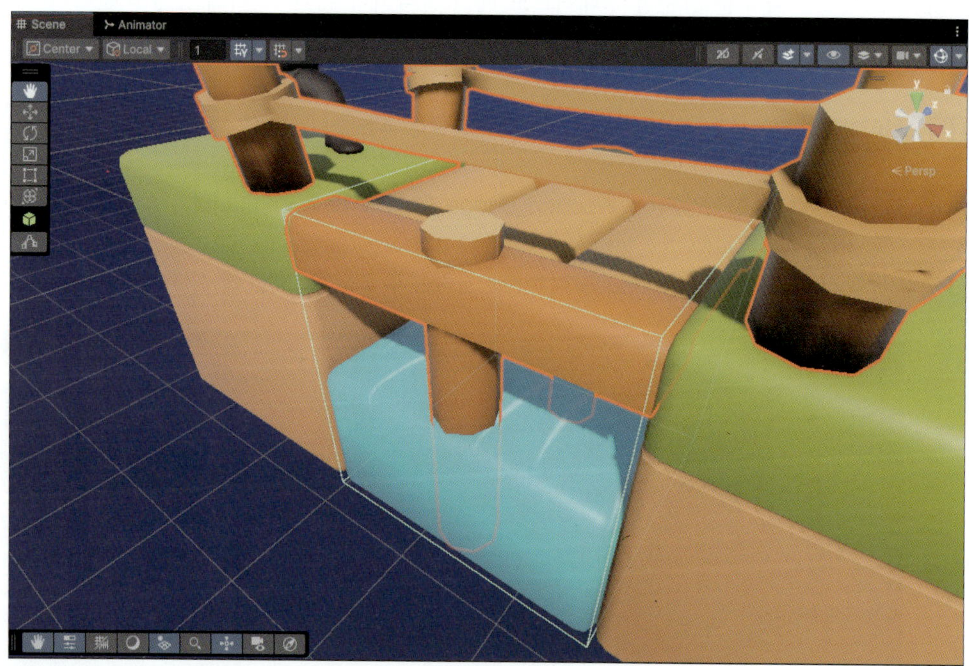

[그림 3.2-42] Box Collider 모양 시각적 확인

위와 같은 과정을 Prop의 자식뿐만 아니라 Plant와 Cloud 내의 다른 오브젝트들에도 반복하여 적용합니다. 콜라이더의 크기는 각 오브젝트의 특성에 맞게 조정하는 것이 중요합니다.

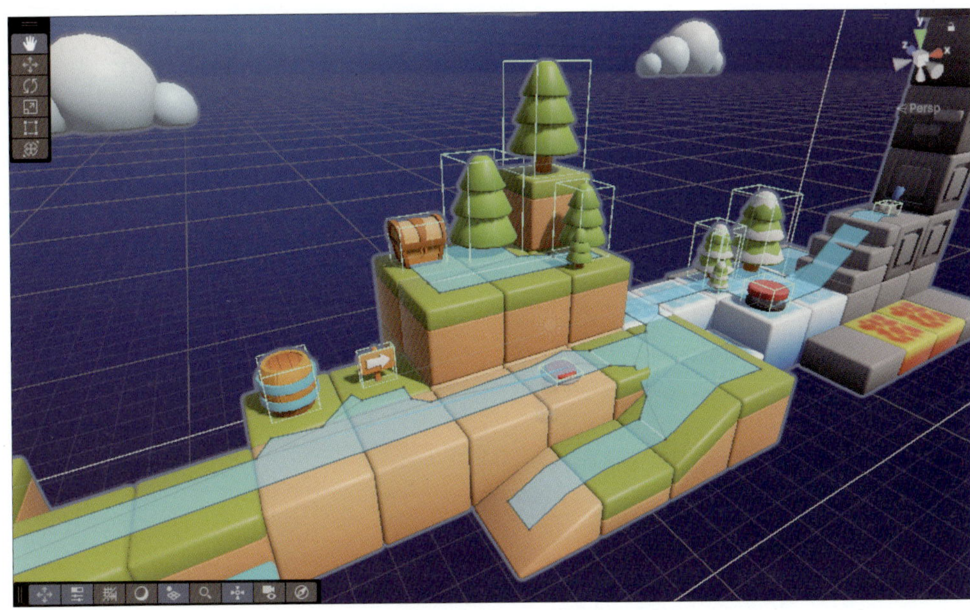

[그림 3.2-43] 반복 적용

• Box Collider를 추가하여 사이즈를 위 그림처럼 근사하게 조절합니다.

3 플레이어 이동과 카메라 스크립트 작성하기

3D 플랫포머 게임에서는 자유롭게 이동하는 플레이어와 그를 따라다니는 카메라가 핵심 요소입니다. 이 단계에서는 플레이어 이동을 제어하는 Player 스크립트와 플레이어를 추적하는 CameraFollow 스크립트를 구현하겠습니다. 이 코드들은 Chapter2에서 구현했던 닌자 서바이벌 게임의 플레이어 이동 및 카메라 기능과 원리적으로 유사하지만, 3D 환경에 맞게 확장되었습니다.

플레이어 스크립트와 이동 기능 구현

먼저 플레이어 캐릭터를 제어하는 스크립트를 만들어 보겠습니다.

❶ 프로젝트 뷰에서 [01. Scripts] 폴더를 선택한 후 마우스 오른쪽 버튼을 클릭한 후 Create > C# Script를 선택합니다.

❷ 새 스크립트의 이름을 'Player'로 지정합니다.

❸ 생성된 스크립트를 더블 클릭하여 편집기에서 엽니다.

❹ 다음 코드를 입력합니다.

```csharp
using UnityEngine;

public class Player : MonoBehaviour
{
    [Header("이동 설정")]
    public float MoveSpeed = 5.0f;        // 이동 속도

    [Header("컴포넌트")]
    private Rigidbody _rigidbody;          // Rigidbody 컴포넌트

    // 입력 값
    private Vector3 _moveDirection;

    private void Start()
    {
        // 필요한 컴포넌트 가져오기
        _rigidbody = GetComponent<Rigidbody>();

    }

    private void Update()
    {
        // 키보드 입력 감지-매 프레임마다 갱신
        float horizontalInput = Input.GetAxisRaw("Horizontal");  // A, D 또는
화살표 좌우
        float verticalInput = Input.GetAxisRaw("Vertical");        // W, S 또는
화살표 상하

        // 이동 방향 계산
        _moveDirection = new Vector3(horizontalInput, 0, verticalInput);

        // 이동 벡터가 존재하는 경우 정규화
        if(_moveDirection.magnitude>0.1f)

        {
            _moveDirection.Normalize();
        }
    }

    private void FixedUpdate()
```

```csharp
    {
        // 물리 기반 이동 처리—물리 연산 주기에 맞춰 실행
        _rigidbody.MovePosition(_rigidbody.position + _moveDirection *
MoveSpeed * Time.fixedDeltaTime);
    }
}
```

❺ 프로젝트 뷰에서 Player 스크립트를 찾아 Player 오브젝트에 드래그 앤 드롭합니다.

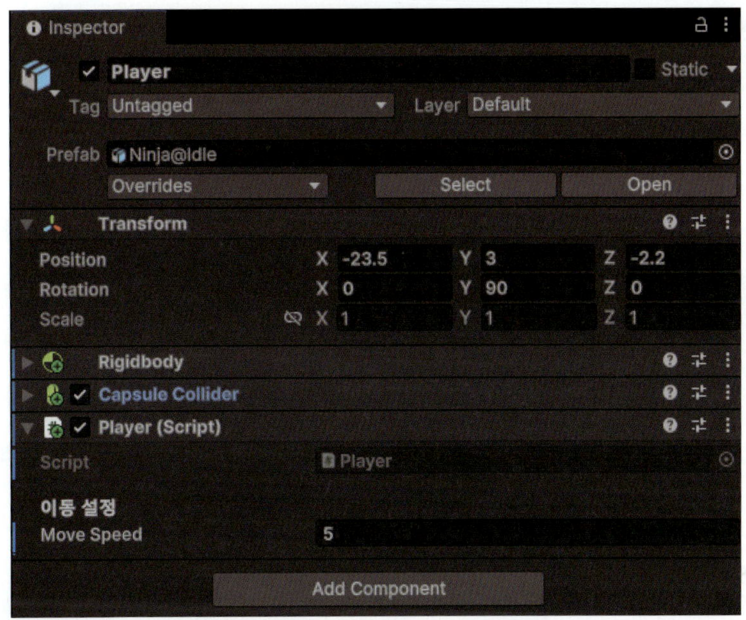

[그림 3.2-44] Player 스크립트 적용

이 스크립트는 Part 2의 2D 닌자 이동 코드와 거의 동일한 구조를 가지고 있습니다. 주요 차이점은 2D에서 3D로 이동하면서 Vector2 대신 Vector3를 사용하고 Rigidbody2D 대신 Rigidbody를 사용한다는 점입니다. 또한 3D 환경에서는 수직 이동이 y축이 아닌 z축으로 이루어집니다.

▲▲ 레이어 설정으로 레벨 상호작용 제어하기

플레이어 이동을 테스트해 보면 1가지 문제가 발생합니다. 현재 설정으로는 물이나 용암과 같은 특수 지형 위도 일반 지형처럼 걸어 다닐 수 있습니다. 하지만 실제 게임에서 물 위를 걸어 다니는 것은 매우 부자연스러운 현상입니다.

[그림 3.2-45] 레이어 설정 전 씬 뷰

이 문제를 해결하기 위해 레이어와 레이어 충돌 매트릭스(Layer Collision Matrix)를 설정하여 플레이어가 특정 레이어의 오브젝트와 충돌하지 않도록 만들어 보겠습니다.

레이어(Layer)는 게임 오브젝트를 분류하는 시스템으로, 서로 다른 유형의 오브젝트들이 어떻게 상호작용할지를 결정하는 데 도움을 줍니다. 간단히 말해, 게임 오브젝트에 '이름표'를 붙여 쉽게 구분하고 관리할 수 있게 해 주는 기능입니다. 예를 들어, 일반 땅, 물, 용암 등을 서로 다른 레이어로 설정하면 플레이어가 각 지형에 닿았을 때 다르게 반응하도록 만들 수 있습니다.

01 먼저 필요한 레이어를 추가합니다. 상단 메뉴에서 Edit > Project Settings를 선택한 후 'Tags and Layers'로 이동합니다.

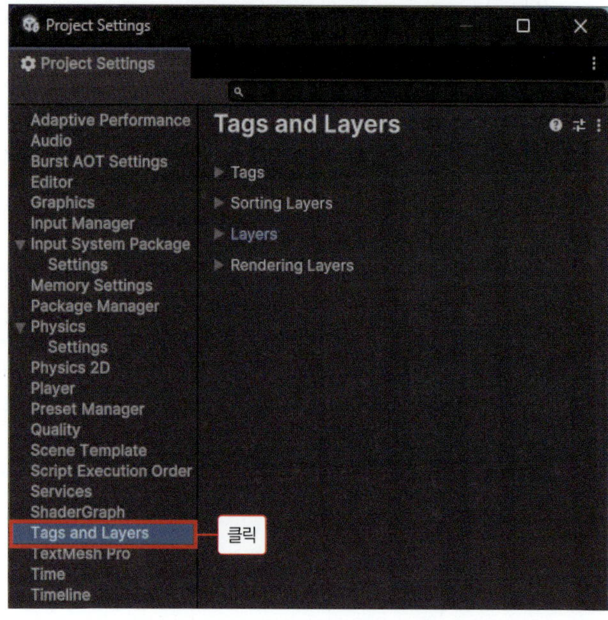

[그림 3.2-46] Tags and Layers로 이동

02 [Layers] 항목을 펼친 후 섹션에서 사
용자 정의 레이어를 추가합니다.

- Layer 6: Player(플레이어 캐릭터)
- Layer 7: Ground(일반 지형)
- Layer 8: 'Lava'(용암 영역)

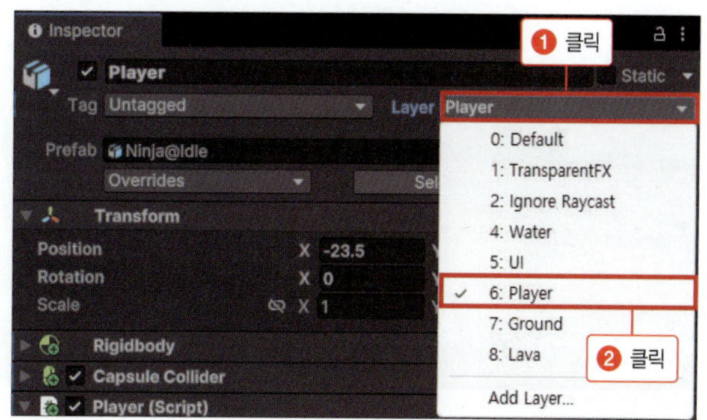

[그림 3.2-47] 사용자 정의 레이어 추가

03 먼저 Player 오브젝트를 선택한 후 인
스펙터 뷰 상단의 Layer 드롭다운 메
뉴에서 [Player]를 선택합니다.

[그림 3.2-48] 사용자 정의 레이어 추가

04 이제 모든 3D Tiles 하위 오브젝트에 기본적으로 Ground 레이어를 적용합니다. 하이어라키 뷰에서
Level > 3D Tile을 선택한 후 인스펙터 뷰 상단의 Layer 드롭다운 메뉴에서 [Ground]를 선택합니다.

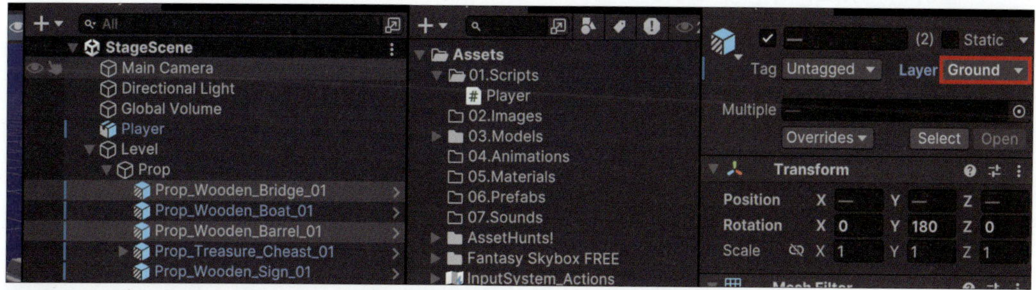

[그림 3.2-49] Ground 레이어 적용

05 Change Layer 알림이 나타나면 [Yes, change children] 버튼을 클릭해 자식의 레이어를 일괄 변경
합니다.

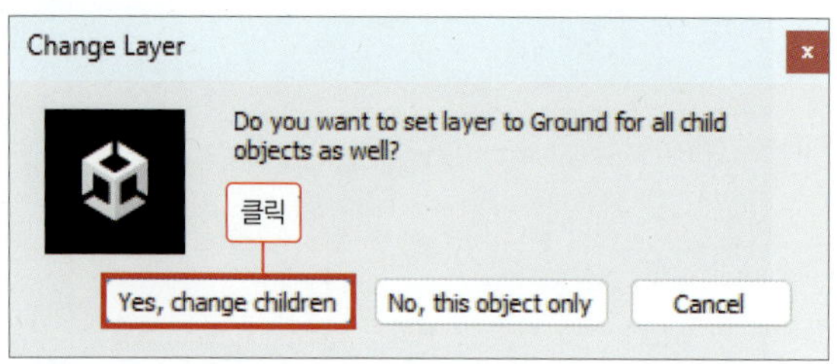

[그림 3.2-50] 자식 레이어 일괄 변경

06 또한 Prop 하위 오브젝트인 Bridge와 Barrel도 Ground로 레이어를 수정합니다.

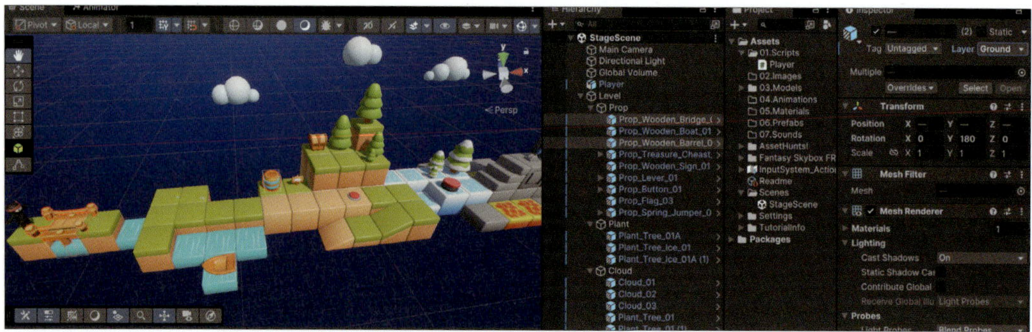

[그림 3.2-51] 레이어 변경

07 물, 용암 등 플레이어가 걸을 수 없는 지역은 하이어라키에서 검색한 후 'Water'와 'Laval' 레이어로 설
정합니다.

- 물이 있는 지역은 'Water' 레이어로 설정

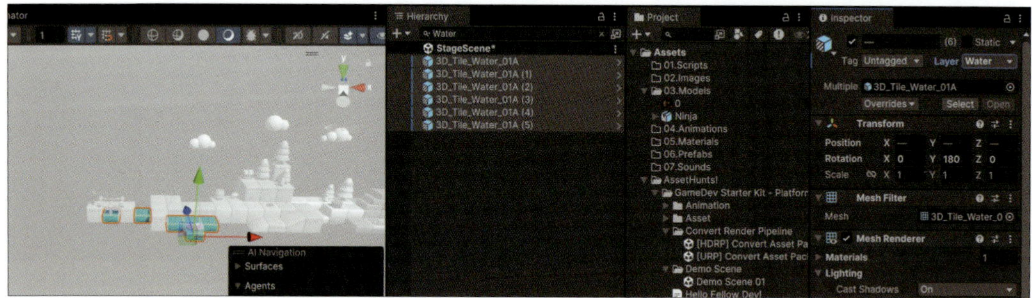

[그림 3.2-52] Water 레이어 설정

• 용암이나 위험 지역은 'Lava' 레이어로 설정

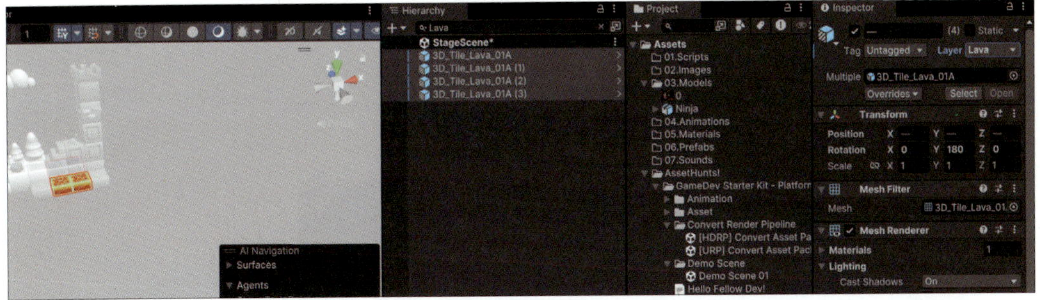

[그림 3.2-53] Lave 레이어 설정

레이어 충돌 매트릭스(Layer Collision Matrix)는 각 레이어(**예** Player, Ground, Water, Lava 등)가 서로 충돌할지 여부를 표 형태로 한눈에 설정할 수 있는 기능입니다. 체크 표시가 되어 있으면 해당 레이어끼리 충돌이 발생하고 체크 표시를 해제하면 서로 통과하게 됩니다. 이 기능을 활용하면 게임 내에서 오브젝트 간의 충돌 관계를 효율적으로 관리할 수 있습니다.

01 상단 메뉴에서 Edit > Project Settings를 선택한 후 Physics > Settings로 이동합니다.

02 Layer Collision Matrix를 찾아 펼칩니다.

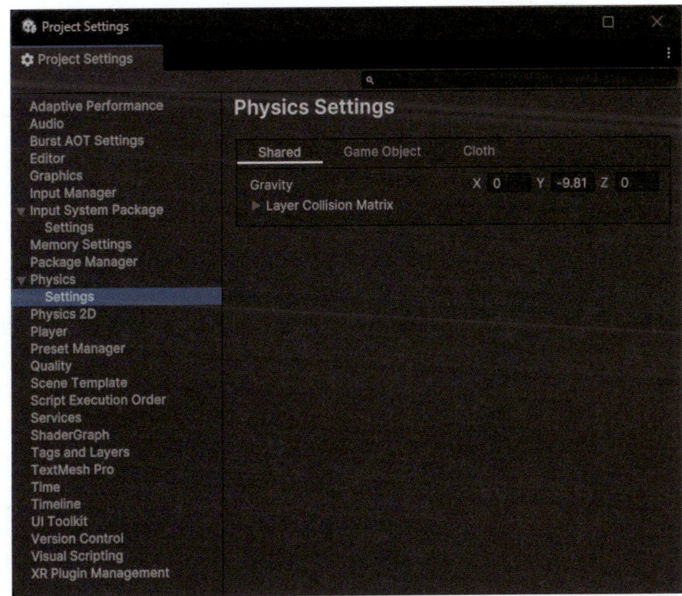

[그림 3.2-54] Layer Collision Matrix 찾기

03 레이어 충돌 매트릭스에서 다음 설정을 변경합니다.

- Player와 Ground: 체크 표시(충돌함)
- Player와 Water: 체크 표시 해제(충돌하지 않음)
- Player와 Lava: 체크 표시 해제(충돌하지 않음)

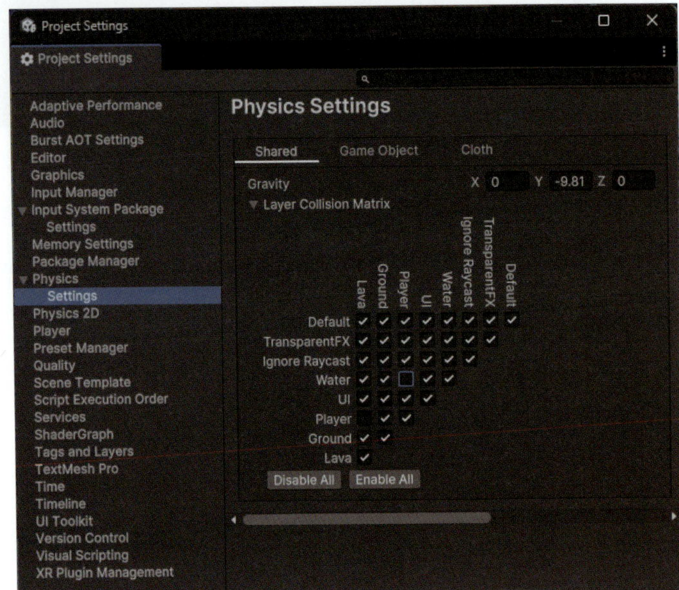

[그림 3.2-55] 레이어 충돌 매트릭스 설정 변경

이렇게 설정하면 플레이어는 일반 지형(Ground)과는 충돌하지만, 물(Water)이나 용암(Lava) 영역에서는 그냥 통과하게 됩니다. 이제 플레이어가 물 위나 용암 위를 걸어 다닐 수 없게 되었습니다.

따라다니는 카메라

이번에는 플레이어를 따라다니는 카메라 스크립트를 만들어 보겠습니다.

01 프로젝트 뷰에서 [01. Scripts] 폴더에 새로운 C# 스크립트를 만들고 이름을 'CameraFollow'로 지정합니다.

02 CameraFollw 스크립트를 더블 클릭하여 편집기를 열고 다음의 코드를 입력합니다.

```
using UnityEngine;
```

```csharp
public class CameraFollow : MonoBehaviour
{
    [Header("추적 설정")]
    public Transform Target;                // 추적할 대상(플레이어)

    [Header("위치 오프셋")]
    public Vector3 Offset = new Vector3(2, 5, -8);   // 타깃으로부터의 상대적 위치

    [Header("회전 설정")]
    public float Pitch = 30.0f;             // 카메라 X축 기울기(위아래 각도)

    private void LateUpdate()
    {
        if(Target == null)
        {
            Debug.LogWarning("카메라 추적 대상이 설정되지 않았습니다!");
            return;
        }

        // 플레이어 위치 + 오프셋으로 카메라 위치 즉시 갱신
        transform.position = Target.position + Offset;

        // 카메라 X축 회전(기울기) 적용;
        transform.eulerAngles = new Vector3(Pitch, 0, 0);
    }
}
```

03 Main Camera 오브젝트를 선택한 후 CameraFollow 스크립트를 연결합니다.

04 인스펙터 뷰에서 Camera Follw 컴포넌트를 다음과 같이 설정합니다.

- Target: Player 오브젝트를 드래그 앤 드롭
- Offset: (2, 5, −8)
- Pitch: 30

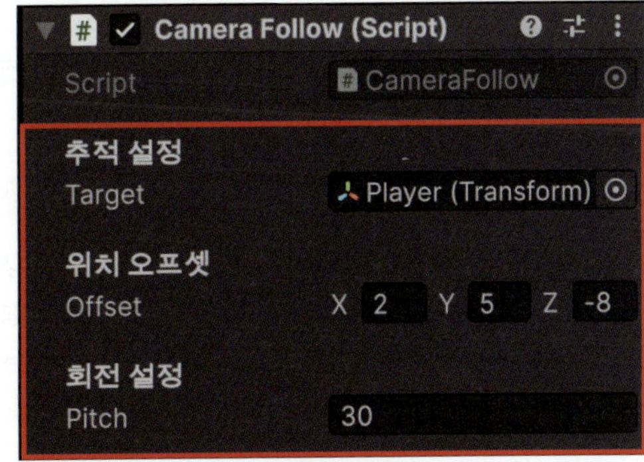

[그림 3.2−56] Camera Follw 컴포넌트 설정

스크립트의 주요 특징은 다음과 같습니다.

- 플레이어 위치에 일정 거리를 유지하는 오프셋을 더해 카메라 위치를 직접 설정합니다.
- 회전은 transform.eulerAngles 속성을 사용하여 X축(Pitch)만 설정하고 Y축과 Z축은 '0'으로 유지합니다.
- LateUpdate( )에서 실행하여 모든 객체의 Update( )가 진행되고 난 후 카메라 위치가 갱신되도록 합니다.

[그림 3.2-57] 결과 화면

이제 게임을 실행하면, 플레이어는 Ⓦ, Ⓐ, Ⓢ, Ⓓ 또는 화살표 키로 월드 좌표 기준으로 이동할 수 있고 카메라는 고정된 시야각으로 플레이어를 따라다니게 됩니다. 또한 플레이어는 Ground 레이어와만 충돌하므로 Water나 Lava 영역에서는 통과하여 추락하게 됩니다.

> 💎 **Tip**   _ □ ×
>
> 3D 게임에서 카메라 설정은 게임의 느낌을 크게 좌우합니다. 이 스크립트는 고정된 각도로 플레이어를 내려다보는 방식인데, 이는 많은 3D 플랫포머 게임(수퍼 마리오 3D 월드, 클래시 밴디쿳 등)에서 사용하는 방식입니다. 만약 다른 느낌을 원한다면, 챗GPT에게 "유니티 3D 플랫포머에서 자주 사용되는 카메라 시점 유형에 대해 알려 줘."라고 질문해 볼 수 있습니다.

4 회전과 점프 기능 구현하기

이제 기본적인 이동과 카메라 기능이 정상적으로 작동하는 것을 확인했으므로 플레이어에게 회전과 점프 기능을 추가해 보겠습니다. 이 2가지 기능은 3D 플랫포머 게임에서 캐릭터의 움직임을 더욱 자연스럽고 역동적으로 만들어 줍니다.

플레이어 회전 기능 구현하기

먼저 플레이어가 이동하는 방향으로 자연스럽게 회전하는 기능을 추가해 보겠습니다. 이를 통해 닌자 캐릭터가 항상 진행 방향을 바라보도록 만들어 보겠습니다.

Player 스크립트를 열고 다음과 같이 수정합니다.

```csharp
using UnityEngine;

public class Player : MonoBehaviour
{
    // ...(이전 코드 생략)

    private void FixedUpdate()
    {
        // 물리 기반 이동 처리-물리 연산 주기에 맞춰 실행
        Move();
        Rotate();
    }

    // 기존의 직접 이동 코드를 Move 메서드로 분리합니다.
    private void Move()
    {
        // 이동 처리
        _rigidbody.MovePosition(_rigidbody.position + _moveDirection * MoveSpeed *
Time.fixedDeltaTime);
    }

        // 새로 추가하는 회전 메서드
    private void Rotate()
    {
        // 이동 방향이 있는 경우에만 회전
        if(_moveDirection.magnitude>0.1f)
```

```
    {
        // 이동 방향으로 즉시 회전
        transform.forward = _moveDirection;
    }
}
```

이 코드를 통해 닌자 캐릭터가 이동 방향으로 즉시 회전하게 됩니다.

- transform.forward는 게임 오브젝트가 바라보는 방향을 나타내는 벡터(Vector3)입니다. 이 속성은 오브젝트의 z축 방향을 표현하며 3D 게임에서는 일반적으로 캐릭터의 '앞' 방향을 의미합니다.
- transform.forward=_moveDirection 코드는 플레이어가 바라보는 방향을 현재 이동하고자 하는 방향으로 직접 설정합니다.

이 방식의 장점은 단 한 줄의 코드로 캐릭터 회전을 즉시 처리할 수 있다는 것입니다. 복잡한 회전 계산이나 보간 없이도 캐릭터가 항상 이동 방향을 바라보게 됩니다.

[그림 3.2-58] 코드 수정 결과 화면

플레이어 점프 기능 구현하기

이제 가장 기본적인 형태의 점프 기능을 추가해 보겠습니다. 먼저 Spacebar를 누르면 캐릭터가 위로 솟아오르는 간단한 점프부터 구현해 봅시다.

```csharp
using UnityEngine;

public class Player : MonoBehaviour
{
    [Header("이동 설정")]
    public float MoveSpeed = 5.0f;        // 이동 속도

    // ── 추가된 부분 시작 ──
    [Header("점프 설정")]
    public float JumpForce = 7.0f;        // 점프 힘
    // ── 추가된 부분 끝 ──

    [Header("컴포넌트")]
    private Rigidbody _rigidbody;          // Rigidbody 컴포넌트

    // 상태 변수
    private Vector3 _moveDirection;
    // ── 추가된 부분 시작 ──
    private bool _jumpRequested;

    // ── 추가된 부분 끝 ──

    private void Start()
    {
        // ...(코드 생략)
    }


    private void Update()
    {
        // ...(이전 코드 생략)

        // 점프 입력 감지
        if(Input.GetKeyDown(KeyCode.Space))
        {
```

```csharp
            _jumpRequested = true;
        }
    }


    private void FixedUpdate()
    {
        // 물리 기반 이동 처리-물리 연산 주기에 맞춰 실행
        Move();
        Rotate();

        // 점프 처리
        if(_jumpRequested)
        {
            Jump();
            _jumpRequested = false;
        }
    }


    // ...(코드 생략)

    private void Jump()
    {
        // 점프 힘 적용
        _rigidbody.AddForce(Vector3.up * JumpForce, ForceMode.Impulse);
    }
}
```

기본 점프 동작의 원리

이 코드는 물리 법칙을 활용하여 점프를 구현합니다. 핵심은 AddForce 메서드를 사용하는 것입니다. 이 메서드는 리지드보디에 힘을 가하여 오브젝트를 움직이게 만듭니다.

❶ Vector3.up: (0, 1, 0) 벡터로 세계 좌표계에서 위쪽 방향을 의미합니다.

❷ JumpForce: 점프의 세기를 정하는 값으로, 값이 클수록 더 높이 점프합니다.

❸ ForceMode.Impulse: 힘을 순간적으로 적용하는 모드입니다. 점프처럼 갑자기 힘을 가하는 경우에 적합합니다.

[**그림 3.2-59**] 점프 동작 코드 실행 결과 화면

이 3가지 요소가 결합되어 플레이어 캐릭터에게 위쪽으로 순간적인 힘을 가해 공중으로 솟아오르게 만듭니다.

플레이해 보신 분들은 눈치챘겠지만 현재 구현한 점프 기능에는 1가지 중요한 문제가 있습니다. 플레이어가 공중에 떠 있는 상태에서도 계속 Spacebar를 누르면 마치 공중에서 발을 굴러 재점프하는 것처럼 무한히 높이 올라갈 수 있습니다.

[**그림 3.2-60**] 무한 점프 버그

이런 현상은 대부분의 플랫포머 게임에서 원하는 동작이 아닙니다. 일반적으로 플레이어는 지면에 있을 때만 점프할 수 있어야 하며 한 번 점프한 후에는 다시 지면에 착지하고 다시 점프할 수 있어야 합니다.

🔶 지면 감지 기능 추가하기

공중 점프 문제를 해결하기 위해 간단한 레이캐스트를 사용하여 플레이어가 지면 위에 있는지 감지하는 기능을 추가해 보겠습니다.

```csharp
using UnityEngine;

public class Player : MonoBehaviour
{
    [Header("이동 설정")]
    public float MoveSpeed = 5.0f;              // 이동 속도

    [Header("점프 설정")]
    public float JumpForce = 7.0f;              // 점프 힘
    // —— 추가된 부분 시작 ——
    public LayerMask GroundLayer;               // 지면 레이어
    public float GroundCheckDistance = 2f;      // 지면 확인 거리
    // —— 추가된 부분 끝 ——

    [Header("컴포넌트")]
    private Rigidbody _rigidbody;               // Rigidbody 컴포넌트

    // 상태 변수
    private Vector3 _moveDirection;
    // —— 추가된 부분 시작 ——
    private bool _isGrounded;
    // —— 추가된 부분 끝 ——
    private bool _jumpRequested;

    // ...(코드 생략)

    private void Update()
    {
        // ...(코드 생략)
```

```csharp
        // 점프 입력 감지 – 지면에 있을 때만 점프 가능
        if(Input.GetKeyDown(KeyCode.Space) && _isGrounded)
        {
            _jumpRequested = true;
        }

        // 지면 체크
        CheckGrounded( );
    }

    // ... 생략

    private void Jump( )
    {
        // 점프 힘 적용
        _rigidbody.AddForce(Vector3.up * JumpForce, ForceMode.Impulse);
        _isGrounded = false;   // 점프 직후 지면에서 떨어졌다고 표시
    }

    private void CheckGrounded( )
    {
        // 플레이어 아래쪽으로 레이캐스트를 쏴서 지면 체크
        RaycastHit hit;
        Vector3 rayStart = transform.position + Vector3.up * 0.1f; // 발 위치에서 약간
위로 올린 지점에서 시작

        _isGrounded = Physics.Raycast(rayStart, Vector3.down, out hit,
GroundCheckDistance + 0.1f, GroundLayer);
    }
}
```

코드를 수정한 후 인스펙터 뷰에서 Player 컴포넌트를 다음과 같이 수정합니다.

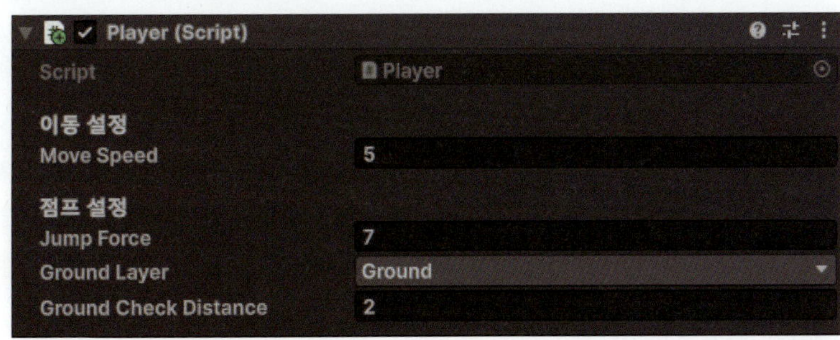

[그림 3.2-61] Player 컴포넌트 수정

레이캐스트 지면 감지 원리

레이캐스트는 지정된 방향으로 보이지 않는 선(광선)을 쏘아 다른 오브젝트와의 충돌을 감지하는 기능입니다. 우리의 코드에서는 플레이어 위치의 약간 위(0.1 유닛)에서 시작하여 아래쪽으로 선을 발사합니다.

[그림 3.2-62] 레이캐스트 충돌 감지 전

[그림 3.2-63] 레이캐스트 충돌 감지 후

이 선이 GroundLayer로 설정된 레이어의 오브젝트와 충돌하고 그 거리가 GroundCheckDistance 보다 가까우면 플레이어가 지면 위에 있다고 판단합니다. 레이캐스트는 그 자체로 값을 반환하므로 간단히 _isGrounded=Physics.Raycast(…)와 같이 한 줄로 결과를 저장할 수 있습니다. 이 방식은 코드가 간결하면서도 대부분의 상황에서 충분히 정확한 지면 감지가 가능합니다.

이제 게임을 실행하면 플레이어는 지면에 있을 때만 점프할 수 있으며 공중에 떠 있는 상태에서 는 점프가 불가능합니다. 이것이 일반적인 플랫포머 게임의 점프 메커니즘입니다.

> **💎 Tip**   _ □ ×
>
> 플랫포머 게임의 점프 감각은 게임 전체의 느낌을 좌우하는 중요한 요소입니다. JumpForce 값과 GroundCheckDistance 값을 미세하게 조정하면서 가장 쾌적하고 반응성이 좋은 점프 느낌을 찾아보기 바랍니다. 점프가 너무 높거나 낮으면 게임 난이도와 플레이 경험에 큰 영향을 미칠 수 있습니다. 또한 좀 더 다양한 점프 구현 방법에 대한 아이디어를 얻고 싶다면 챗 GPT에게 "유니티 플랫포머 게임에서 점프 구현 팁을 알려 줘."라고 질문해 볼 수 있습니다.

2.3 Mixmo를 사용한 애니메이션 설정

지금까지 닌자 캐릭터의 이동, 회전, 점프 기능을 성공적으로 구현했습니다. 이제 닌자는 자유롭 게 3D 환경을 탐험할 수 있게 되었습니다. 하지만 현재 닌자는 움직일 때나 점프할 때도 자세나 동 작이 변하지 않는 정적인 모델로 보입니다. 플랫포머 게임에서 캐릭터의 생동감을 높이기 위해 다 양한 애니메이션은 필수적입니다. 이번 단계에서는 어도비 사의 Mixamo 서비스를 활용하여 닌자 캐릭터에 전문적인 애니메이션을 적용하는 방법을 배워 보겠습니다.

학습 포인트

다양한 애니메이션을 추가하고 캐릭터 상태에 따라 자연스럽게 전환하는 방법 익히기

진행 단계

❶ 추가 애니메이션 다운로드하기(Run, Jump)
❷ 유니티에 애니메이션 임포트하기
❸ 애니메이터 컨트롤러 설정하기
❹ 애니메이션 전환을 위한 스크립트 작성하기

GAMING MODE ● ● ●

1 추가 애니메이션 다운로드하기

앞장에서 이미 Mixamo 사이트에 닌자 모델을 업로드하고 리깅 과정을 완료했습니다. 이제 다양한 동작의 애니메이션을 추가로 다운로드하겠습니다.

닌자 월드 게임에 필요한 기본 애니메이션은 다음과 같습니다.

- Run(달리기) 애니메이션
- Jump(점프) 애니메이션

각 애니메이션을 다운로드하는 방법은 다음과 같습니다.

01 Mixamo 사이트 왼쪽의 애니메이션 검색 창에서 원하는 애니메이션을 검색합니다.

- 'Running'을 검색하여 닌자에게 적합한 빠른 달리기 애니메이션을 찾습니다.
- 'Ninja Run', 'Fast Run' 같은 키워드로 검색하면 좀 더 적합한 결과를 얻을 수 있습니다.

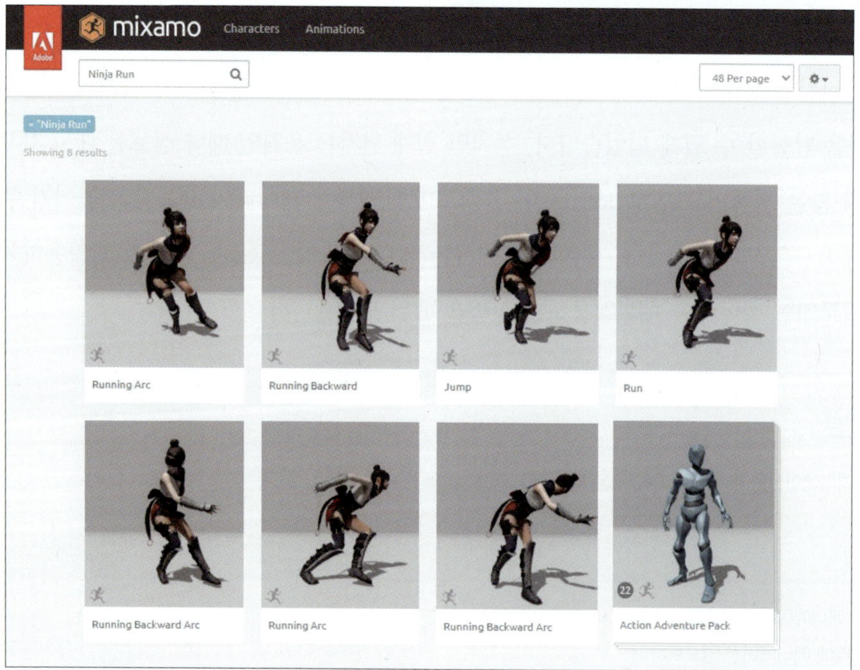

[그림 3.2-64] Ninja Run 검색 결과 화면(사이트: Mixamo)

02 애니메이션을 선택하면 미리 보기가 표시됩니다. 다음 설정을 조정합니다.

- [In Place] 옵션에 체크 표시를 하여 캐릭터가 제자리에서 애니메이션을 수행하도록 합니다.
- 필요 시 [Trim] 옵션으로 애니메이션의 시작과 끝 지점을 조절합니다.

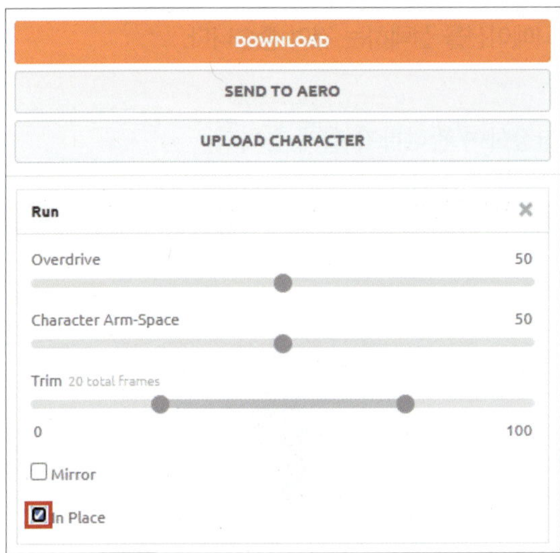

[그림 3.2-65] 애니메이션 설정 값 조정

03 오른쪽 상단의 [Download] 버튼을 클릭합니다.

04 다운로드 설정 창에서 다음 옵션을 선택합니다.

- **Format:** FBX for Unity(.fbx)
- **Skin:** With Skin
- **Frames per Second:** 30
- **Keyframe Reduction:** none

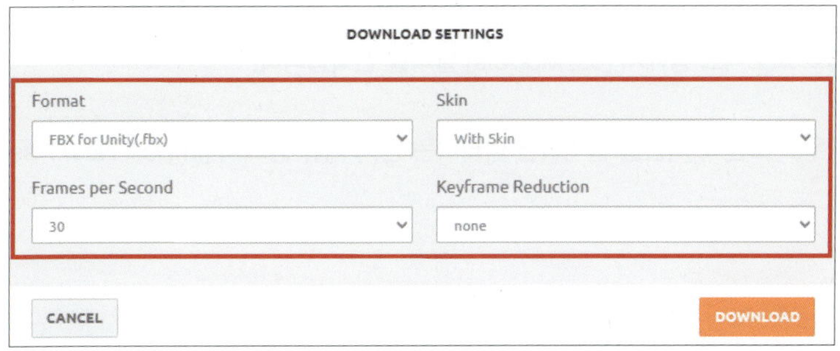

[그림 3.2-66] 다운로드 설정 창 옵션 값 설정

05 [Download] 버튼을 클릭하여 애니메이션을 다운로드합니다.

06 위 과정을 반복하여 'Jump' 애니메이션도 다운로드합니다.

- 'Jump' 또는 'Ninja Jump'를 검색하여 적합한 점프 애니메이션을 선택합니다.
- 하나의 완전한 점프 동작이 포함된 애니메이션을 선택하는 것이 좋습니다.

모든 애니메이션 파일을 동일한 폴더에 저장하여 관리하기 쉽게 합니다.

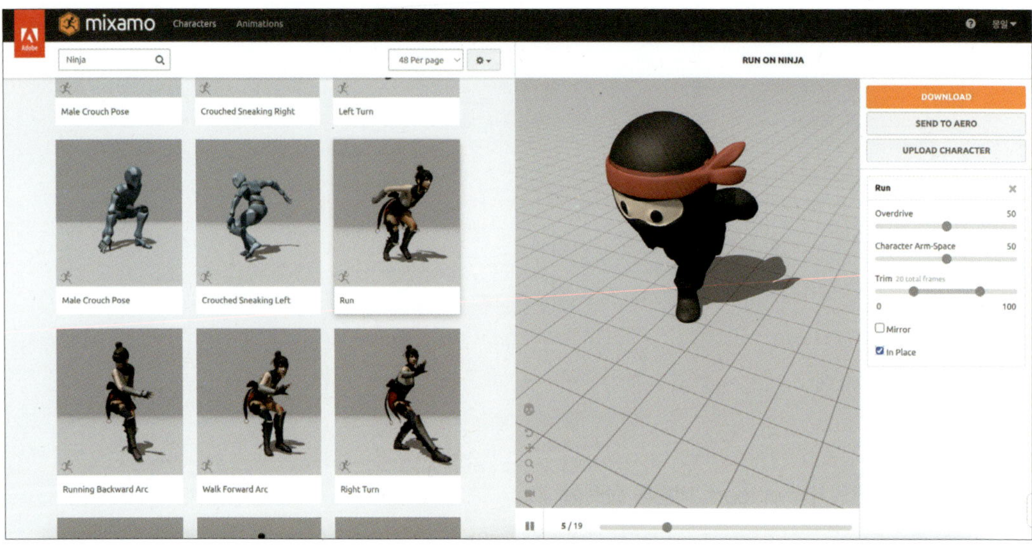

[그림 3.2-67] In Place 적용 화면(사이트: Mixamo)

2 유니티에 애니메이션 임포트하기

다운로드한 애니메이션 파일들을 유니티 프로젝트로 임포트하겠습니다.

01 유니티 에디터를 열고 프로젝트 창에서 [03. Models] 폴더를 선택합니다.

02 프로젝트 뷰에서 마우스 오른쪽 버튼을 클릭하면 나타나는 단축 메뉴 중에서 [Import New Asset...]을
선택합니다.

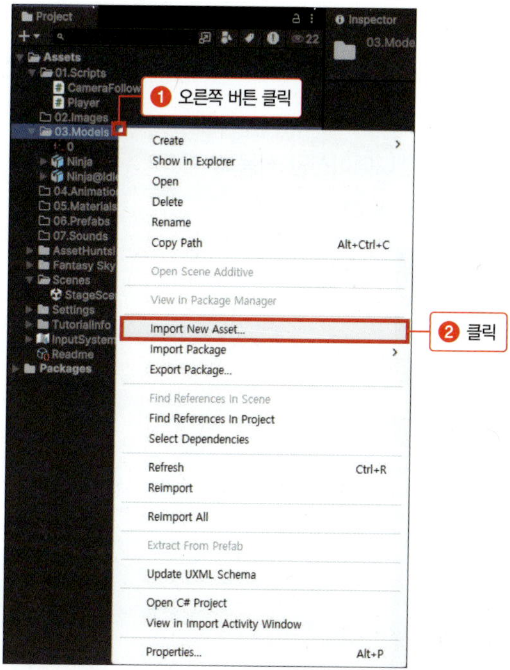

[그림 3.2-68] 애니메이션 파일 임포트

03 다운로드한 FBX 파일들을 모두 선택한 후 [Import] 버튼을 클릭합니다.

04 임포트된 각 FBX 파일을 선택한 후 인스펙터 뷰에서 다음 설정을 확인합니다.

• Rig 탭

· **Animation Type:** Humanoid

· **Avatar Definition:** Create From This Model

· [Apply] 버튼 클릭

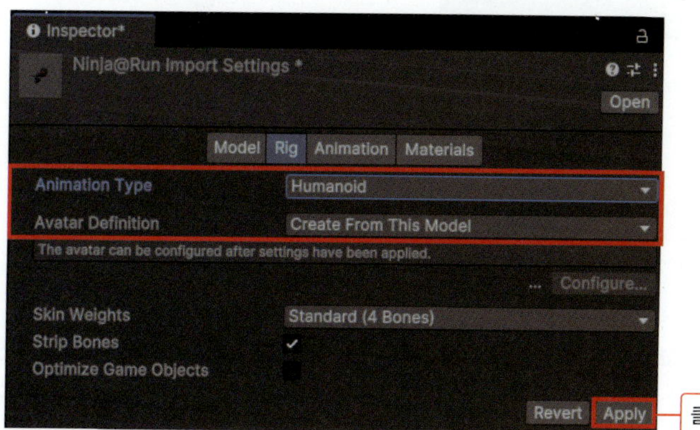

[그림 3.2-69] FBX 파일 Rig 탭 설정 값 조정

- Animation 탭

  · Loop Time: Idle 애니메이션은 체크 표시, Run 애니메이션은 체크 표시, Jump 애니메이션은 체크 표시 해제

  · Root Transform Rotation > Offset: 90-Idle 애니메이션만 적용

  · [Apply] 버튼 클릭

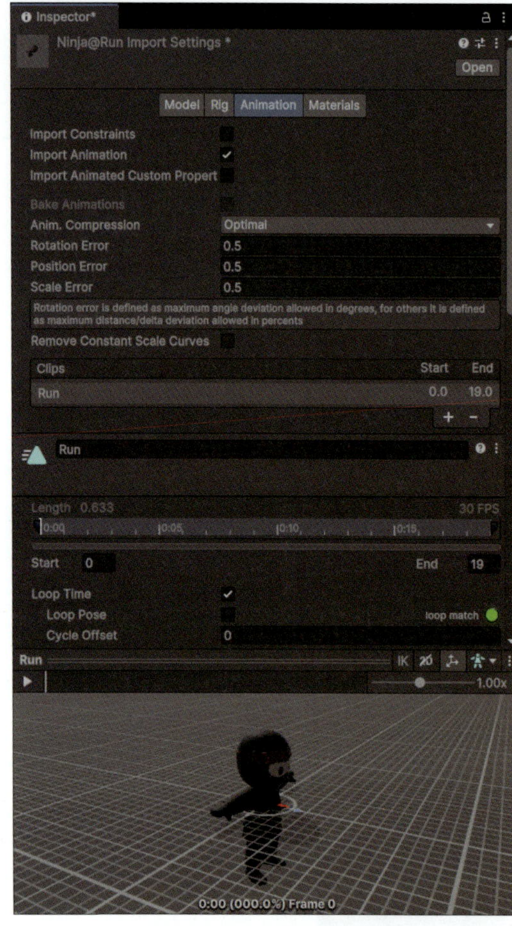

[그림 3.2-70] FBX 파일 Animation 탭 설정 값 조정

모든 애니메이션 파일에 대해 위 설정을 적용합니다.

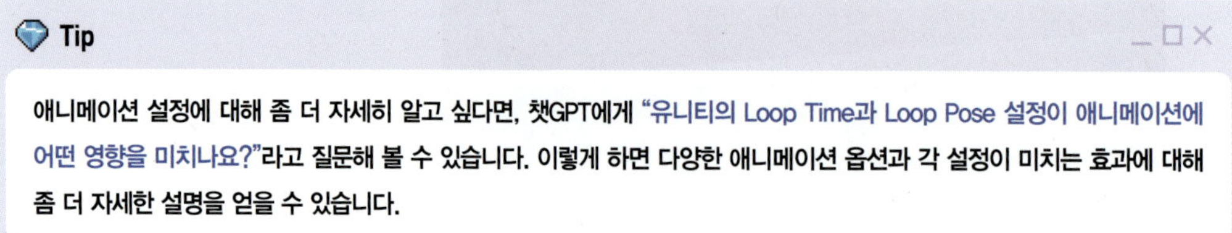

💎 Tip　　　_ □ ×

애니메이션 설정에 대해 좀 더 자세히 알고 싶다면, 챗GPT에게 "유니티의 Loop Time과 Loop Pose 설정이 애니메이션에 어떤 영향을 미치나요?"라고 질문해 볼 수 있습니다. 이렇게 하면 다양한 애니메이션 옵션과 각 설정이 미치는 효과에 대해 좀 더 자세한 설명을 얻을 수 있습니다.

이제 유니티의 애니메이터 컨트롤러를 사용하여 여러 애니메이션 간의 전환을 관리하겠습니다.

01 프로젝트 뷰에서 [03. Animations] 폴더를 마우스 오른쪽 버튼으로 클릭한 후 Create > Animation > Animator Controller를 선택합니다.

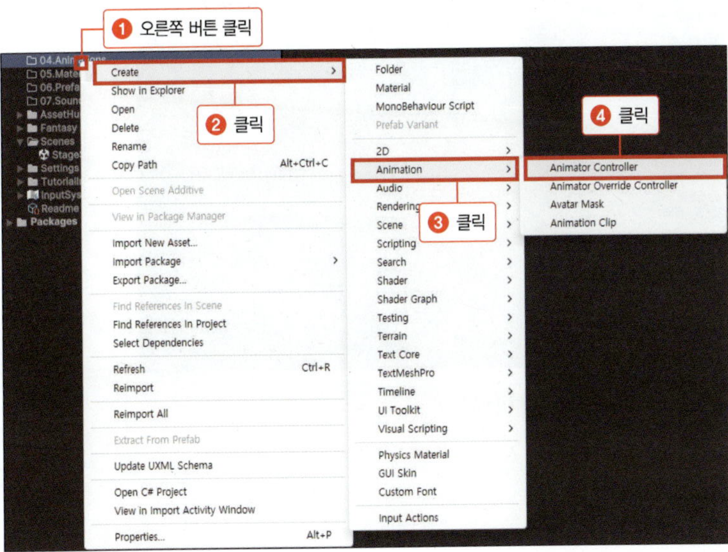

[그림 3.2-71] Animator Controller 생성

02 새 애니메이터 컨트롤러의 이름을 'NinjaAnimator'로 지정합니다.

03 생성된 'NinjaAnimator'를 더블 클릭하여 [Animator] 창을 엽니다.

04 [Animator] 창에서 [Parameters] 탭을 선택한 후 다음 파라미터를 추가합니다.

- Bool 타입: IsRunning
- Trigger 타입: Jump

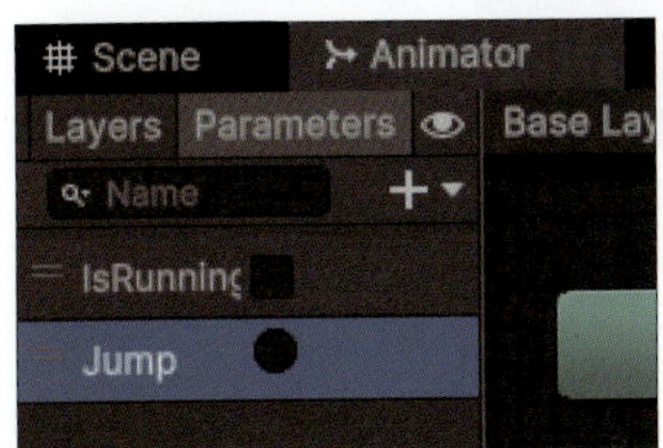

[그림 3.2-72] 파라미터 값 설정

05 이제 애니메이션 상태를 추가합니다. 프로젝트 뷰에서 임포트한 Ninja@Idle, Ninja@Jump, Ninja@Run 파일을 [Animator] 창으로 드래그합니다.

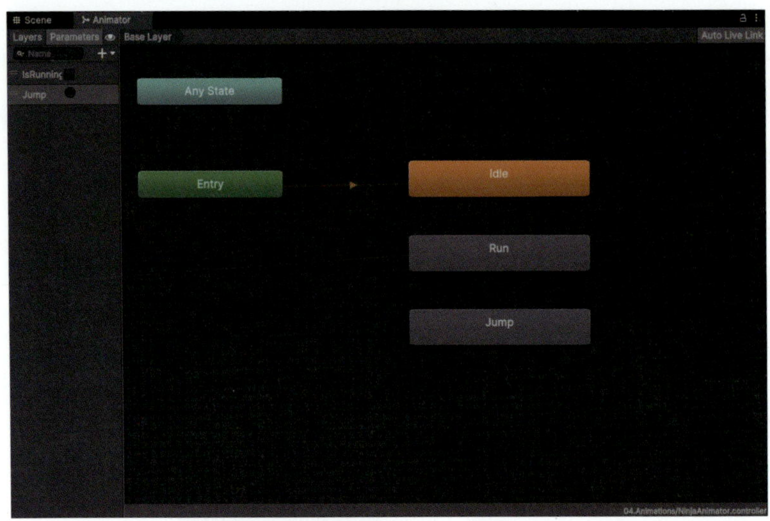

[그림 3.2-73] 애니메이터 뷰 FSM(유한 상태 머신)

06 상태 간 전환을 추가합니다.

- Idle → Run: 마우스 오른쪽 버튼을 클릭하면 나타나는 단축 메뉴 중에서 [Make Transition]을 선택한 후 Run 상태로 드래그
  - 전환 조건: IsRunning=true
  - Has Exit Time 체크 표시 해제

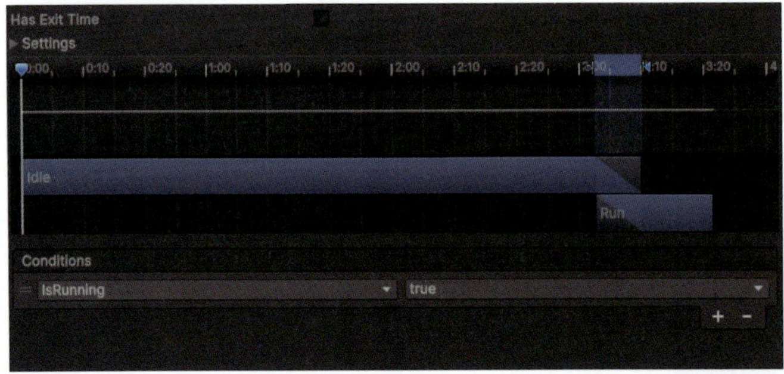

[그림 3.2-74] Idle → Run 상태 간 전환

- Run → Idle: Run에서 Idle로 전환
  - 전환 조건: IsRunning = false
  - Has Exit Time 체크 표시 해제

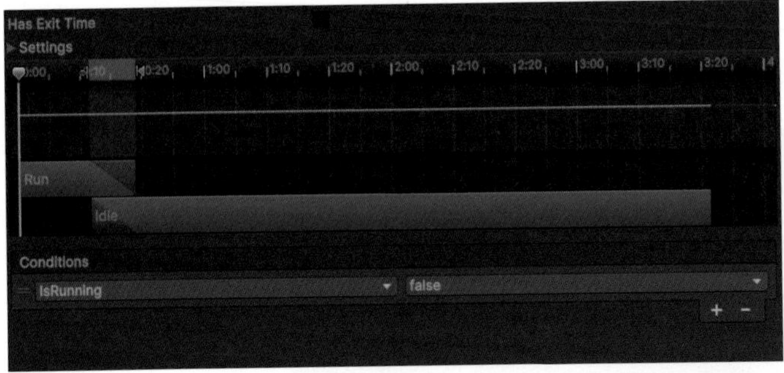

[그림 3.2-75] Run → Idle 상태 간 전환

- **Any State → Jump:** 어떤 상태에서든 Jump로 전환 가능하도록 설정
  - **전환 조건:** Jump 트리거
  - Has Exit Time 체크 표시 해제

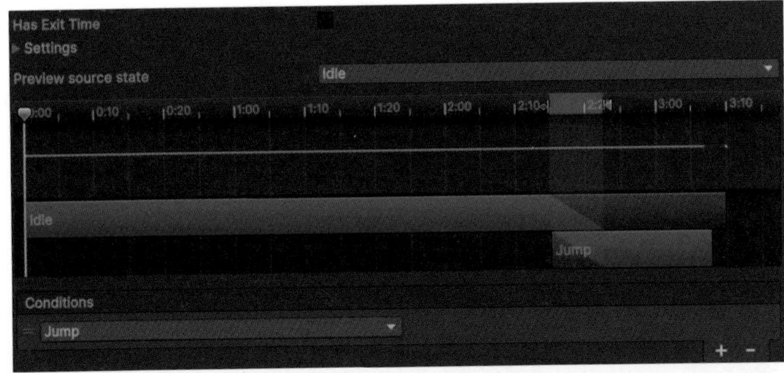

[그림 3.2-76] Any State → Jump 상태 간 전환

- **Jump → Idle:** 점프 후 대기 상태로 돌아감.
  - Has Exit Time 체크 표시
  - **Exit Time:** 0.9(점프 애니메이션이 거의 끝날 때 전환)

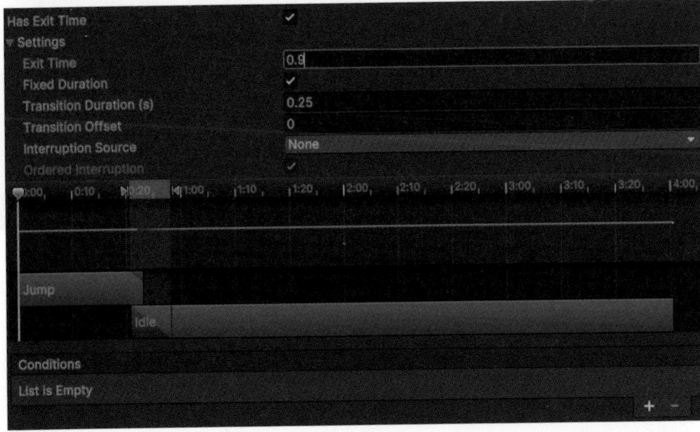

[그림 3.2-77] Jump → Idle 상태 간 전환

07 Idle 상태를 마우스 오른쪽 버튼으로 클릭하면 나타나는 단축 메뉴 중에서 [Set as Layer Default State]를 선택하여 기본 상태로 설정합니다.

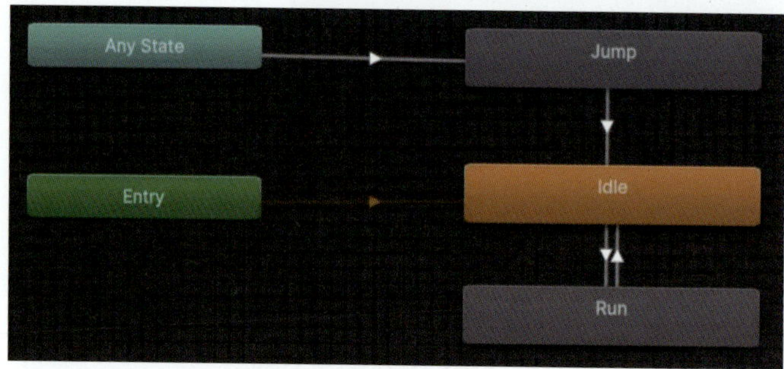

[그림 3.2-78] Idle 상태 기본 상태 설정

08 이제 닌자 캐릭터 오브젝트를 선택한 후 인스펙터 뷰에서 [Add Component]를 클릭한 후 'Animator'를 검색하여 추가합니다.

09 Animator 컴포넌트의 Controller 필드에 방금 만든 'NinjaAnimator'를 드래그 앤 드롭합니다.

• 만약 Avatar 필드가 비어 있으면, 프로젝트 뷰의 Ninja@Idle 파일을 펼치고 Ninja@IdleAvatar를 드래그 앤 드롭합니다.

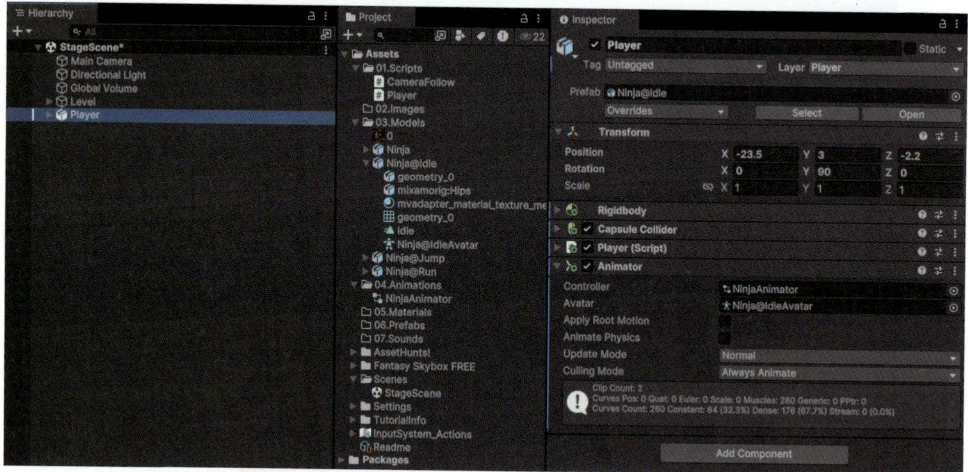

[그림 3.2-79] NinjaAnimator 컨트롤러 추가

④ 애니메이션 전환을 위한 스크립트 작성하기

마지막으로 닌자 스크립트를 수정하여 캐릭터의 상태에 따라 애니메이션을 전환하는 코드를 추가하겠습니다.

```csharp
using UnityEngine;

public class Player : MonoBehaviour
{
    [Header("이동 설정")]
    public float MoveSpeed = 5.0f;

    [Header("점프 설정")]
    public float JumpForce = 7.0f;
    public LayerMask GroundLayer;
    public float GroundCheckDistance = 0.2f;

    [Header("컴포넌트")]
    private Rigidbody _rigidbody;
    // —— 추가된 부분 시작 ——
    private Animator _animator;
    // —— 추가된 부분 끝 ——

    // 상태 변수
    private Vector3 _moveDirection;
    private bool _isGrounded;
    private bool _jumpRequested;
    // —— 추가된 부분 시작 ——
    private bool _isJumping;
    // —— 추가된 부분 끝 ——

    private void Start()
```

```csharp
    {
        // 필요한 컴포넌트 가져오기
        _rigidbody = GetComponent<Rigidbody>();
        // ―― 추가된 부분 시작 ――
        _animator = GetComponent<Animator>();

        // 컴포넌트 유효성 검사
        if(_rigidbody == null)
        {
            Debug.LogError("Rigidbody 컴포넌트가 없습니다. Player 오브젝트에
Rigidbody를 추가해 주세요.");
        }
        if(_animator == null)
        {
            Debug.LogError("Animator 컴포넌트가 없습니다. Player 오브젝트에
Animator를 추가해주세요.");
        }
        // ―― 추가된 부분 끝 ――
    }


    private void Update()
    {
        // 키보드 입력 감지
        float horizontalInput = Input.GetAxisRaw("Horizontal");
        float verticalInput = Input.GetAxisRaw("Vertical");

        // 이동 방향 계산
        _moveDirection = new Vector3(horizontalInput, 0, verticalInput);

        // 이동 벡터가 존재하는 경우 정규화
        if(_moveDirection.magnitude>0.1f)
        {
            _moveDirection.Normalize();
        }

        // ―― 추가된 부분 시작 ――
        // 달리기 애니메이션 설정(점프 중이 아닐 때만)
        if(!_isJumping)
        {
            _animator.SetBool("IsRunning", _moveDirection.magnitude>0.1f);
```

```csharp
        }
        // ―― 추가된 부분 끝 ――

        // 지면 체크
        CheckGrounded();

        // ―― 추가된 부분 시작 ――
        // 점프 입력 감지 – 지면에 있을 때만 점프 가능
        if(Input.GetKeyDown(KeyCode.Space) && _isGrounded && !_isJumping)
        {
            _jumpRequested = true;
            _isJumping = true;
            _animator.SetTrigger("Jump");
        }

        // 점프 완료 확인
        if(_isJumping && _isGrounded)
        {
            // 점프 애니메이션이 끝나면 자동으로 Idle이나 Run으로 돌아감.
            _isJumping = false;
        }
        // ―― 추가된 부분 끝 ――
    }

    private void FixedUpdate()
    {
        // 물리 기반 이동 처리
        Move();
        Rotate();

        // 점프 처리
        if(_jumpRequested)
        {
            Jump();
            _jumpRequested = false;
        }
    }

    private void Move()
```

```csharp
    {
        // 이동 처리
        _rigidbody.MovePosition(_rigidbody.position + _moveDirection * MoveSpeed *
Time.fixedDeltaTime);
    }

    private void Rotate()
    {
        // 이동 방향이 있는 경우에만 회전
        if(_moveDirection.magnitude>0.1f)
        {
            // 이동 방향으로 즉시 회전
            transform.forward = _moveDirection;
        }
    }

    private void Jump()
    {
        // 점프 힘 적용
        _rigidbody.AddForce(Vector3.up * JumpForce, ForceMode.Impulse);
        _isGrounded = false;   // 점프 직후 지면에서 떨어졌다고 표시
    }

    private void CheckGrounded()
    {
        // 플레이어 아래쪽으로 레이캐스트를 쏴서 지면 체크
        RaycastHit hit;
        Vector3 rayStart = transform.position + Vector3.up * 0.1f;

        _isGrounded = Physics.Raycast(rayStart, Vector3.down, out hit,
GroundCheckDistance + 0.1f, GroundLayer);
    }
}
```

이 스크립트는 다음과 같은 기능을 수행합니다.

❶ _animator 변수를 사용하여 Animator 컴포넌트에 접근

❷ _isJumping 변수로 캐릭터의 점프 상태를 추적

❸ 이동 상태에 따라 'IsRunning' 파라미터 설정(점프 중이 아닐 때)

❹ 점프 입력이 감지되면 'Jump' 트리거 활성화

❺ 점프 후 지면에 착지하면 점프 상태 리셋

이제 게임을 실행하면 닌자 캐릭터가 상황에 맞게 자연스럽게 애니메이션을 전환할 것입니다.

- **가만히 있을 때**: Idle 애니메이션 재생
- **움직일 때**: Run 애니메이션 재생
- **점프할 때**: Jump 애니메이션 재생 후 착지하면 Idle/Run으로 복귀

> 💎 **Tip** _ □ ×
>
> 애니메이션 상태 전환을 좀 더 자연스럽게 만들고 싶다면 [Animator] 창에서 전환(Transition)을 선택한 후 [Inspector]의 [Settings]에서 'Transition Duration'과 'Transition Offset' 값을 조정해 봅니다. 이를 통해 애니메이션 간의 블렌딩 효과를 제어할 수 있습니다. 좀 더 많은 팁을 얻고 싶다면 챗GPT에게 "유니티 애니메이터 전환 설정 최적화 방법을 알려 줘."라고 질문해 볼 수 있습니다.

[그림 3.2-80] 결과 화면

이제 닌자 캐릭터가 움직이고 점프하며 여러 애니메이션을 수행할 수 있게 되었습니다.

Chapter 3

레벨 오브젝트와 상호작용

게임 속 세계는 단순히 캐릭터가 달리고 점프하는 공간만이 아닙니다. 플레이어가 직접 환경과 상호작용하며 도전과 성취를 느낄 수 있도록 다양한 오브젝트와 기믹이 존재합니다. Chapter 3에서는 레벨안에 배치된 오브젝트들을 활용해 플레이어의 생존 여부를 판가름하거나 게임의 난이도를 조절하는 방법을 알아보겠습니다.

3.1 데스존과 게임 오버

3D 플랫포머 게임에서 플레이어가 떨어지는 위험 요소는 게임에 도전 의식과 긴장감을 더해 주는 중요한 요소입니다. 이번에는 플레이어가 맵에서 떨어졌을 때 데스존을 인식하고 게임 오버 처리를 구현하는 방법을 알아보겠습니다.

학습 포인트

데스존 구현과 트리거 충돌 감지를 통한 게임 오버 상태 처리 및 씬 재시작 구현하기

진행 단계

❶ 데스존 생성하기
❷ 데스존 감지 기능 구현하기
❸ 싱글톤을 활용한 게임 오버 및 씬 재시작 구현하기

GAMING MODE ● ● ●

1 데스존 생성하기

데스존은 플레이어가 닿으면 사망하게 되는 영역입니다. 플랫포머 게임에서는 맵 아래쪽에 보이

지 않는 경계선을 만들어 플레이어가 실수로 발판에서 떨어졌을 때 게임 오버 처리를 할 수 있도록 합니다. 이때 실제로 눈에 보이는 벽이나 바닥을 만들 필요 없이 투명한 콜라이더를 배치하여 플레이어의 낙하를 감지하는 방식이 널리 사용됩니다.

다음 순서에 따라 NinjaWorld 맵 아래에 투명한 콜라이더를 배치해 보겠습니다.

❶ 하이어라키 뷰에서 마우스 오른쪽 버튼을 클릭하면 나타나는 단축 메뉴 중에서 [Create Empty]를 선택합니다.

❷ 생성된 빈 게임 오브젝트의 이름을 'DeathZone'으로 변경합니다.

❸ 인스펙터 뷰에서 Transform 컴포넌트의 값을 다음과 같이 설정합니다.
  • Position: (0, −10, 0)
  • Scale: (100, 1, 100)

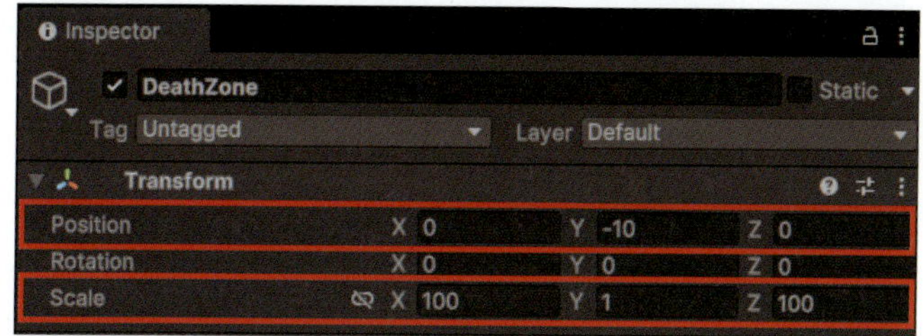

[그림 3.3−1] DeathZone 오브젝트 Transform 컴포넌트 설정

❹ DeathZone 오브젝트에 Box Collider 컴포넌트를 추가한 후 [Is Trigger] 옵션에 체크 표시를 합니다. 이렇게 하면 물리적 충돌 없이 플레이어가 이 영역에 들어왔는지만 감지할 수 있습니다.

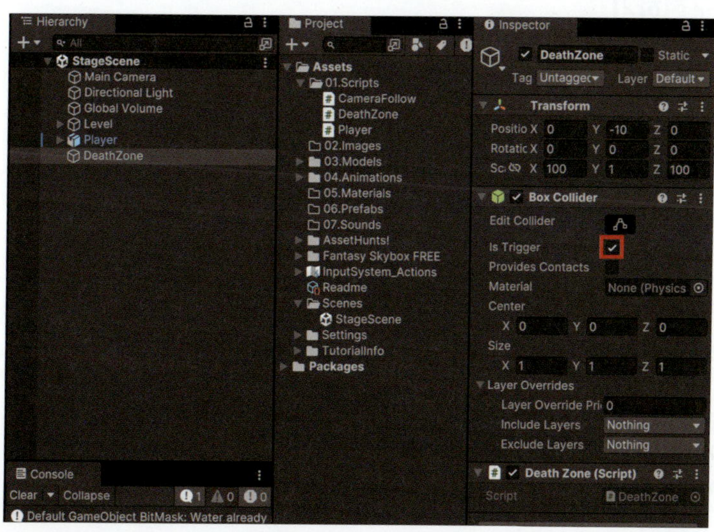

[그림 3.3−2] Box Collider 컴포넌트 추가

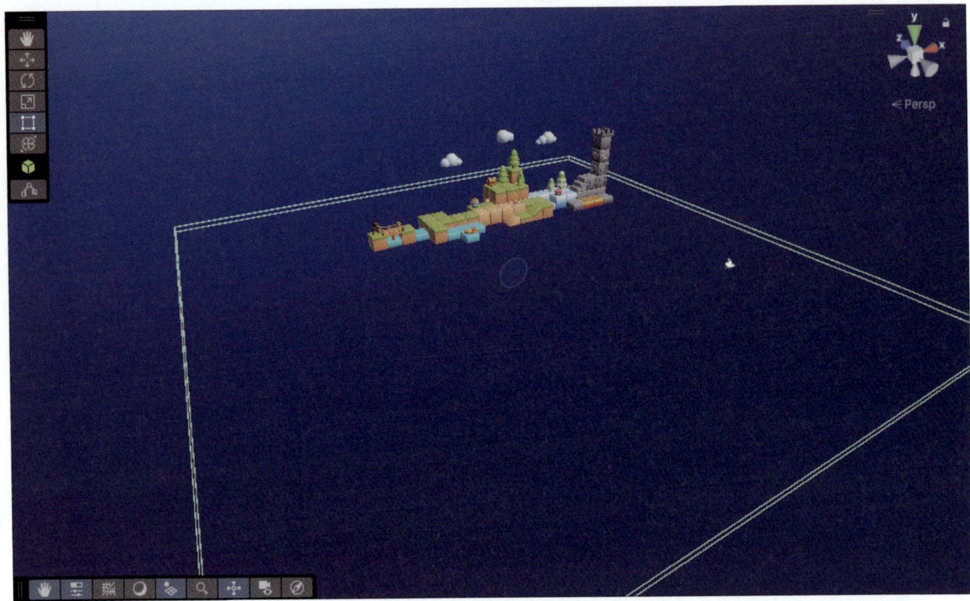

[그림 3.3-3] 결과 화면

 **Tip**   _ □ ×

트리거와 일반 콜라이더의 차이점이 궁금하다면 챗GPT에게 "유니티에서 트리거와 일반 콜라이더의 차이점은 뭐야?"
라고 질문해 볼 수 있습니다.
트리거와 일반 콜라이더의 작동 방식 그리고 각각을 언제 사용하면 좋은지에 대한 자세한 설명을 참고하실 수 있습니다.

2 데스존 감지 기능 구현하기

이제 데스존 영역을 생성했으므로 플레이어가 이 영역에 들어왔을 때 이를 감지하고 처리하는 스
크립트를 작성해 보겠습니다.

❶ 프로젝트 뷰에서 [01. Scripts] 폴더를 선택합니다.

❷ 마우스 오른쪽 버튼을 클릭한 후 Create > C# Script를 선택하여 새 스크립트를 생성합니다.

❸ 스크립트 이름을 'DeathZone'으로 지정합니다.

❹ 생성된 스크립트를 더블 클릭하여 편집기를 열고 다음의 코드를 작성합니다.

```csharp
using UnityEngine;
using UnityEngine.SceneManagement;
```

```csharp
public class DeathZone : MonoBehaviour
{
    private void OnTriggerEnter(Collider other)
    {
        // Player 태그를 가진 오브젝트만 체크 표시
        if(other.CompareTag("Player"))
        {
            Debug.Log("플레이어가 데스존에 들어왔습니다!");

            // 게임 오버 처리
            GameOver();
        }
    }

    private void GameOver()
    {
        // 현재 활성화된 씬을 다시 로드하여 게임 재시작
        Scene currentScene = SceneManager.GetActiveScene();
        SceneManager.LoadScene(currentScene.name);
    }
}
```

❺ 스크립트를 저장한 후 DeathZone 오브젝트에 이 스크립트를 연결합니다.

❻ 플레이어 오브젝트에 Tag를 설정해야 합니다.

- 하이어라키 뷰에서 Player 오브젝트를 선택합니다.

- 인스펙터 뷰 상단의 [Tag] 드롭다운을 클릭한 후 [Player]를 선택합니다.

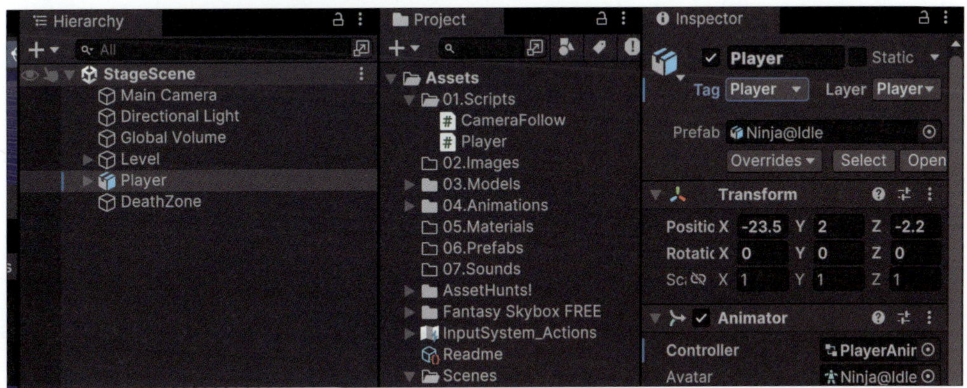

[그림 3.3-4] Player 오브젝트 Tag 설정

이 스크립트는 트리거 영역에 플레이어가 들어왔을 때 이를 감지하고 게임 오버 처리로 현재 씬을 다시 로드하는 기능을 구현합니다. OnTriggerEnter 메서드는 트리거 콜라이더에 다른 콜라이더가 들어왔을 때 호출되며 그중에서도 'Player' 태그를 가진 오브젝트에 대해서만 처리하도록 작성되었습니다.

3 싱글톤 패턴을 활용한 게임 오버 시스템 구현

데스존 감지 기능을 구현했으므로 이제 게임 오버 상태를 관리하고 씬을 재시작하는 시스템을 구현해 보겠습니다. 이를 위해 게임 개발에서 널리 사용되는 디자인 패턴인 '싱글톤(Singleton)'을 활용해 보겠습니다.

싱글톤 패턴이란?

싱글톤 패턴은 게임에서 단 하나만 존재하는 관리자를 만드는 방법입니다. 마치 한 회사에 하나뿐인 CEO처럼 게임 전체를 관리하는 단일 객체를 생성합니다. 이 객체는 게임 어디서든 접근할 수 있어 중요한 기능을 중앙에서 관리하기 좋습니다.

싱글톤의 주요 특징은 다음과 같습니다.

- 게임에 딱 하나만 존재함.
- 어디서든 쉽게 접근 가능

이러한 싱글톤 방식을 적용해 어떤 코드에서든 접근할 수 있는 게임 관리자(GameManager)를 만들어 보겠습니다.

❶ 프로젝트 뷰에서 [01. Scripts] 폴더에 새 C# 스크립트를 생성한 후 이름을 'GameManager'로 지정합니다.

❷ 다음 코드를 작성합니다.

```csharp
using UnityEngine;
using UnityEngine.SceneManagement;

public class GameManager : MonoBehaviour
{
    // 싱글톤 패턴 구현
    public static GameManager Instance;

    // 게임 상태
    public bool IsGameOver;

    // 재시작 딜레이
    public float RestartDelay = 1.0f;

    private void Awake()
    {
        // 싱글톤 인스턴스 설정
        Instance = this;
    }

    public void PlayerDied()
    {
        if(!IsGameOver)
        {
            IsGameOver = true;
            Debug.Log("게임 오버! " + RestartDelay + "초 후 재시작합니다.");

            // 지연 후 씬 재시작
            Invoke("RestartGame", RestartDelay);
        }
    }

    private void RestartGame()
    {
        IsGameOver = false;

        // 현재 활성화된 씬 재시작
        Scene currentScene = SceneManager.GetActiveScene();
```

```
        SceneManager.LoadScene(currentScene.name);
    }
}
```

- 이 GameManager 스크립트는 싱글톤 패턴의 전형적인 구현을 보여 줍니다. 스크립트의 시작 부분에서는 static 키워드로 선언된 Instance 변수가 있는데, 이 변수는 게임 전체에서 하나만 존재하며 어디서든 접근할 수 있습니다.

- Awake() 함수에서는 싱글톤의 핵심 로직이 구현됩니다. 오브젝트를 Instance로 설정하고 씬이 변경되어도 파괴되지 않도록 DontDestroyOnLoad를 호출합니다. 반면. 이미 다른 Game Manager가 존재한다면 중복을 방지하기 위해 현재 오브젝트를 파괴합니다.

- PlayerDied() 메서드는 플레이어가 사망했을 때 호출되며 게임 오버 상태를 설정하고 일정 시간 후에 게임을 재시작하는 로직을 담고 있습니다. Invoke() 함수는 지정된 시간(RestartDelay) 후에 특정 함수(RestartGame)를 호출하는 유니티의 편리한 기능입니다.

- 마지막으로 RestartGame() 메서드는 게임 오버 상태를 초기화하고 현재 씬을 재로드하여 게임을 새로 시작합니다. 씬 관리를 위해 SceneManager 클래스를 사용하는데, 이는 유니티의 씬 전환과 관련된 기능을 제공합니다.

❸ 하이어라키 뷰에서 Create Empty를 선택하여 새 게임 오브젝트를 생성합니다.

❹ 게임 오브젝트의 이름을 'GameManager'로 변경합니다.

❺ 생성한 GameManager 스크립트를 이 오브젝트에 연결합니다.

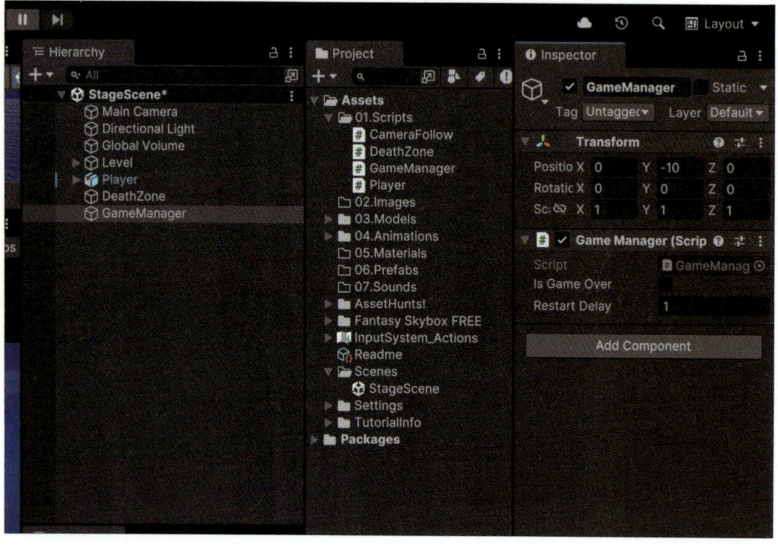

[그림 3.3-5] GameManager 스크립트 연결

이제 GameManager 설정이 완료되었으므로 DeathZone 스크립트를 수정하여 게임 매니저와 연동해 보겠습니다.

```csharp
using UnityEngine;

public class DeathZone : MonoBehaviour
{
    private void OnTriggerEnter(Collider other)
    {
        // Player 태그를 가진 오브젝트만 체크
        if(other.CompareTag("Player"))
        {
            Debug.Log("플레이어가 데스존에 들어왔습니다!");

            // 게임 매니저에 플레이어 사망 알림
            GameManager.Instance.PlayerDied();
        }
    }
}
```

이 코드에서는 플레이어가 데스존에 들어오면 GameManager의 PlayerDied() 메서드를 호출합니다. 여기서 싱글톤 패턴의 장점이 드러나는데, GameManager.Instance를 통해 게임 내 어디서든 쉽게 GameManager에 접근할 수 있습니다. 이렇게 하면 오브젝트 간의 통신이 간편해지고 게임의 중요한 상태와 기능을 한곳에서 관리할 수 있습니다.

 **Tip**　　　　　　　　　　　　　　　　　　　　　　　　　　　　　_ □ ×

싱글톤은 편리하지만 과도한 사용은 코드 의존성을 높일 수 있습니다. 좀 더 상세한 설명이 필요하다면 챗GPT에게 "유니티에서 싱글톤 패턴의 장점과 단점, 그리고 언제 사용해야 적합한지 알려 줘"라고 질문해 볼 수 있습니다.

이제 플레이어가 맵 밖으로 떨어지면 게임 매니저를 통해 게임 오버 처리가 되고 잠시 후 씬이 재시작됩니다. 이렇게 중앙 집중식 관리 시스템을 구축함으로써 향후 게임 오버 처리에 UI 표시나 효과음 재생 등을 쉽게 추가할 수 있게 되었습니다.

플랫포머 게임의 재미 요소 중 하나는 플레이어의 진행을 방해하는 다양한 장애물입니다. 이번에는 플레이어에게 도전이 되는 2가지 유형의 장애물을 구현해 보겠습니다. 하나는 시간에 따라 '움직이는 해머'이고 다른 하나는 플레이어와 충돌 시 튕겨 나가게 하는 '스파이크'입니다.

1 장애물 에셋 가져오기

먼저 이전에 다운로드한 플랫포머 에셋에서 필요한 장애물을 가져와 보겠습니다.

❶ 프로젝트 뷰에서 GameDev Starter Kit-Platformer > Demo Scene > Demo Scene01을 더블 클릭하여 데모 씬을 엽니다.

❷ 하이어라키 뷰에서 Obstacle 게임 오브젝트를 찾습니다. 이 오브젝트는 여러 종류의 장애물을 포함하고 있습니다.

❸ Obstacle 오브젝트를 선택한 후 Ctrl+C를 눌러 복사합니다.

❹ File > Open Scene을 선택한 후 이전 씬인 StageScene을 찾아 엽니다. 프로젝트 뷰에서 Scenes > StageScene을 실행하는 것과 같습니다.

❺ 하이어라키 뷰에서 Ctrl+V를 눌러 Obstacle 오브젝트를 붙여 넣기합니다.

❻ Obstacle 게임 오브젝트를 드래그 앤 드롭하여 Level 게임 오브젝트의 하위로 만듭니다.

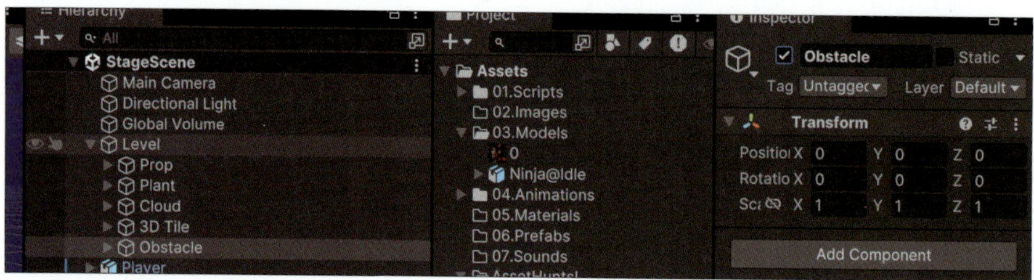

[그림 3.3-6] Level 오브젝트 하위로 Obstacle 오브젝트 이동

❽ Obstalce 게임 오브젝트의 Transform 값을 수정합니다.

- **Position**: (0, 0, 0)
- **Rotation**: (0, 0, 0)

❾ 붙여 넣은 Obstacle 오브젝트의 하위 항목 중에서 다음 2가지만 남기고 나머지는 삭제합니다.

- Obstacle_Hanging_Hammer_Socket_01
- Obstacle_Wooden_Spike_01

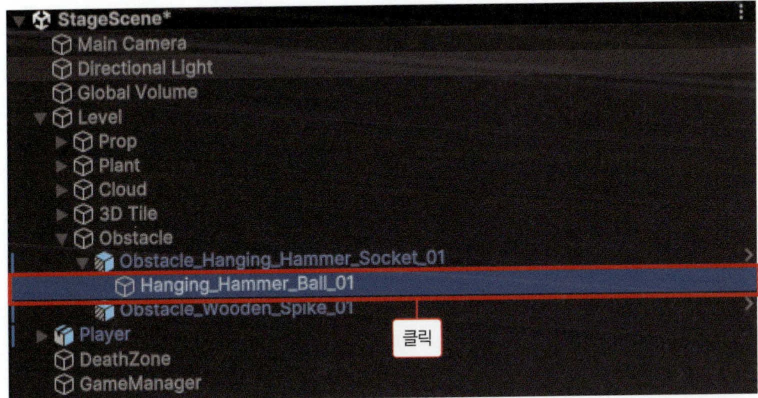

[그림 3.3-7] Obstacle 오브젝트 하위 항목 삭제 후 결과

② 움직이는 해머 구현하기

이제 '움직이는 해머' 장애물이 시간에 따라 왕복 회전하도록 만들어 보겠습니다.

해머 콜라이더 설정하기

해머가 플레이어와 충돌하려면 콜라이더를 설정해야 합니다. 해머 볼 오브젝트에 Sphere Collider를 추가하겠습니다.

❶ 하이어라키 뷰에서 Hanging_Hammer_Ball_01 오브젝트를 선택합니다.

[그림 3.3-8] Hanging_Hammer_Ball_01 오브젝트 선택

❷ 인스펙터 뷰에서 [Add Component] 버튼을 클릭한 후 'Sphere Collider'를 추가합니다.

❸ 추가된 Sphere Collider의 속성을 다음과 같이 설정합니다.

- Center: (0, −2.8, 0) − 해머 볼 중심에 위치
- Radius: 0.8−해머 볼 크기에 맞게 조정
- Is Trigger: 체크 표시 해제 − 물리적 충돌 활성화

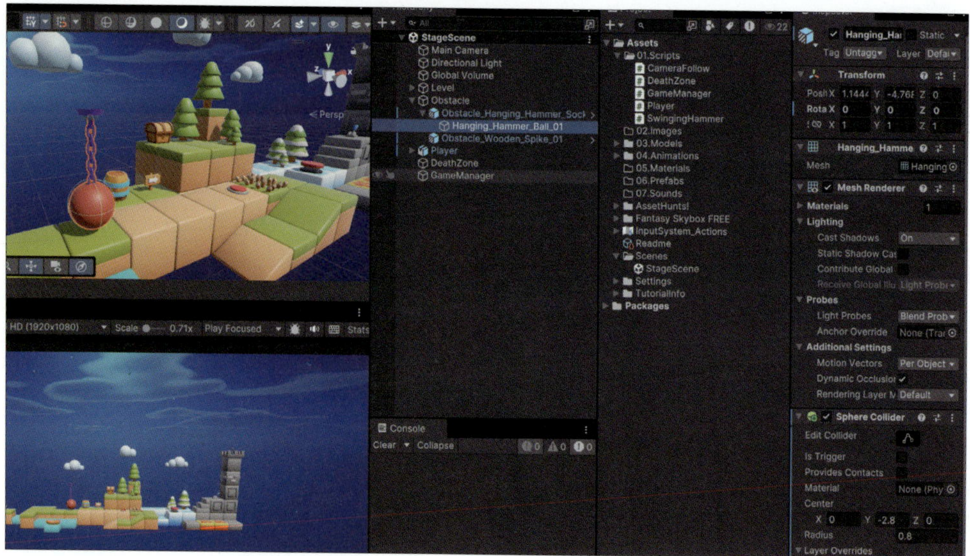

[그림 3.3−9] Sphere Collider 추가

해머 스크립트 작성하기

❶ 프로젝트 뷰에서 [01. Scripts] 폴더를 선택합니다.

❷ 마우스 오른쪽 버튼을 클릭한 후 Create > MonoBehaviour Script를 선택하여 새 스크립트를 생성합니다.

❸ 스크립트 이름을 'SwingingHammer'로 지정합니다.

❹ 생성된 스크립트를 더블 클릭하여 편집기에서 열고 다음 코드를 작성합니다.

```csharp
using UnityEngine;

public class SwingingHammer : MonoBehaviour
{
    [Header("회전 설정")]
    public float SwingSpeed = 2.0f; // 흔들리는 속도
    public float MaxAngle = 60.0f;  // 최대 회전 각도

    // 해머 오브젝트(회전할 실제 오브젝트)
```

```csharp
public GameObject HammerObject;

// 시간을 기록하는 변수
private float _timer = 0;

private void Update( )
{
    // 시간 업데이트
    _timer += Time.deltaTime * SwingSpeed;

    // 사인 함수를 사용하여 −1에서 1 사이의 값을 얻음.
    float swingFactor = Mathf.Sin(_timer);

    // 회전 각도 계산(−MaxAngle에서 MaxAngle 사이)
    float newAngle = swingFactor * MaxAngle;

    // 회전 적용(X축 회전만 변경)
    Vector3 angles = HammerObject.transform.localEulerAngles;
    angles.x = newAngle;
    HammerObject.transform.localEulerAngles = angles;
}
```

이 스크립트는 사인(Sin) 함수를 사용하여 해머를 자연스럽게 왕복 회전시킵니다. 사인 함수는 −1에서 1 사이의 값을 반복적으로 생성하는데, 이를 활용하면 복잡한 조건 없이도 부드러운 왕복 움직임을 만들 수 있습니다.

코드의 핵심 부분을 설명하면 다음과 같습니다.

- _timer는 계속 증가하는 값으로, 사인 함수의 입력으로 사용됩니다.
- Mathf.Sin(_timer)는 −1에서 1 사이의 값을 주기적으로 반환합니다.
- 이 값에 MaxAngle을 곱하면 −60도에서 60도 사이의 각도가 됩니다.
- 마지막으로 이 각도를 해머 오브젝트의 X축 회전에 적용합니다.

❺ 이제 하이어라키 뷰에서 Obstacle_Hanging_Hammer_Socket_01 오브젝트를 선택합니다.

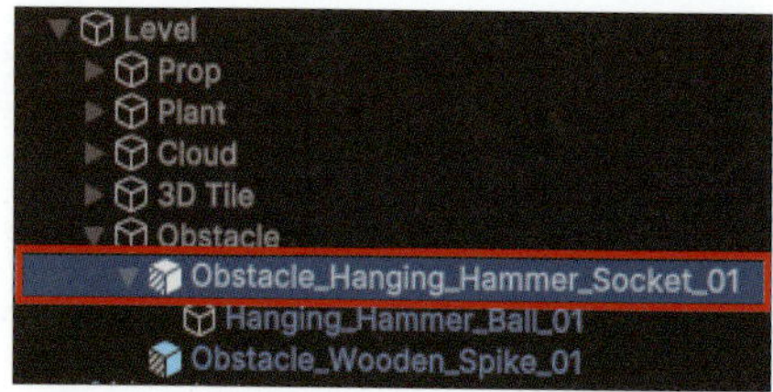

[그림 3.3-10] 오브젝트 선택

❻ 방금 만든 SwingingHammer 스크립트를 이 오브젝트에 연결합니다.

❼ 인스펙터 뷰에서 Hammer Object 필드에 실제 해머 오브젝트를 드래그 앤 드롭합니다.

❽ 다음과 같이 속성을 설정합니다.

- Swing Speed: 2(값이 클수록 더 빠르게 움직임.)

- Max Angle: 60(최대 회전 각도)

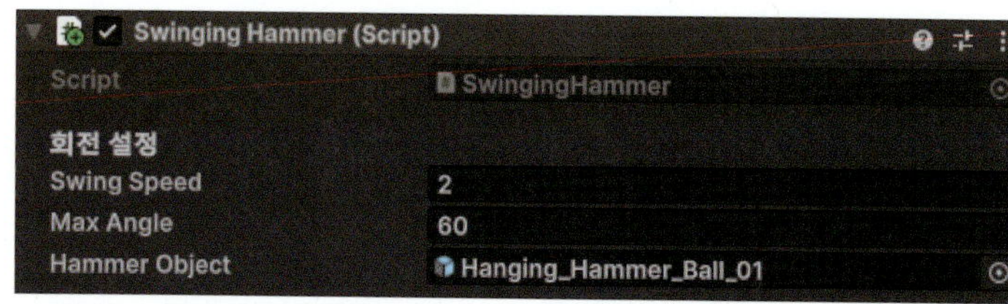

[그림 3.3-11] 필드 속성 설정

이제 모든 설정이 완료되었습니다. 게임을 실행하여 해머가 자연스럽게 왕복 운동하는지, 플레이어와 충돌했을 때 적절한 반응이 일어나는지 확인합니다. 해머의 위치와 Sphere Collider의 반지름은 필요에 따라 조정하여 게임 플레이 경험을 최적화할 수 있습니다.

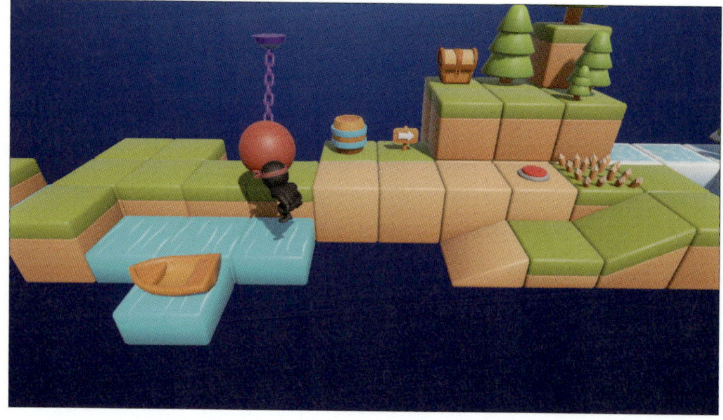

[그림 3.3-12] 결과 화면

3 충돌 반응형 스파이크 구현하기

이제 플레이어가 부딪혔을 때 랜덤한 방향으로 튕겨 나가게 하는 '나무 스파이크' 장애물을 구현
해 보겠습니다.

스파이크 스크립트 작성하기

❶ 프로젝트 뷰에서 [01. Scripts] 폴더를 선택합니다.

❷ 마우스 오른쪽 버튼을 클릭한 후 Create > MonoBehaviour Script를 선택하여 새 스크립트를 생
성합니다.

❸ 스크립트의 이름을 'DamageSpike'로 지정합니다.

❹ 생성된 스크립트를 더블 클릭하여 편집기에서 연 후 다음 코드를 작성합니다.

```csharp
using UnityEngine;

public class DamageSpike : MonoBehaviour
{
    [Header("피해 설정")]
    public float KnockbackForce = 5f;    // 튕겨 나가는 힘
    public float KnockbackUpForce = 1f; // 위쪽 방향으로 가해지는 힘

    private void OnCollisionEnter(Collision collision)
    {
        // Player 태그를 가진 오브젝트만 처리
        if(collision.gameObject.CompareTag("Player"))
        {
            // 플레이어의 Rigidbody 컴포넌트 가져오기
            Rigidbody playerRb = collision.gameObject.GetComponent<Rigidbody>();
```

```csharp
            if(playerRb != null)
            {
                // 스파이크로부터 플레이어를 밀어내는 방향 계산
                Vector3 direction =(collision.transform.position-
transform.position).normalized;

                // 방향에 랜덤성 추가(좌우로 약간의 랜덤 튕김.)
                direction += new Vector3(Random.Range(-0.3f, 0.3f), 0,
Random.Range(-0.3f, 0.3f));
                direction.Normalize();

                // 위쪽 방향 힘 추가
                direction += Vector3.up * KnockbackUpForce;

                // 플레이어에게 힘 가하기
                playerRb.AddForce(direction * KnockbackForce,
ForceMode.Impulse);

                Debug.Log("플레이어가 스파이크에 부딪혔습니다!");
            }
        }
    }
}
```

이 스크립트는 플레이어가 스파이크에 부딪히면 어떤 일이 일어날지 정의합니다. 주요 동작 원리를 살펴보겠습니다.

```csharp
public float KnockbackForce = 5f;       // 튕겨 나가는 힘
public float KnockbackUpForce = 1f;     // 위쪽 방향으로 가해지는 힘
```

- KnockbackForce는 플레이어를 얼마나 강하게 밀어낼지 결정합니다. 값이 클수록 더 멀리 튕겨 나갑니다.
- KnockbackUpForce는 플레이어가 얼마나 위로 띄워질지 결정합니다. 이 값이 높으면 플레이어가 높이 점프한 것처럼 올라갑니다.

```csharp
// Player 태그를 가진 오브젝트만 처리
if(collision.gameObject.CompareTag("Player"))
```

OnCollisionEnter 함수는 유니티에서 두 콜라이더가 충돌할 때 자동으로 호출됩니다. 이 함수 안에서 Tag값을 이용하여 충돌한 대상이 플레이어인지 확인하고 그렇다면 플레이어를 튕겨 나가게 합니다.

```csharp
// 플레이어의 Rigidbody 컴포넌트 가져오기
Rigidbody playerRb = collision.gameObject.GetComponent<Rigidbody>();
```

플레이어를 튕겨 나가게 하기 위해서는 먼저 플레이어의 Rigidbody 컴포넌트를 GetComponent() 함수를 이용해 가져와야 합니다.

```csharp
// 스파이크로부터 플레이어를 밀어내는 방향 계산
Vector3 direction =(collision.transform.position-transform.position).normalized;

// 방향에 랜덤성 추가(좌우로 약간의 랜덤 튕김.)
direction += new Vector3(Random.Range(-0.3f, 0.3f), 0, Random.Range(-0.3f, 0.3f));
direction.Normalize();
```

그다음 플레이어를 밀어낼 방향을 계산합니다. 기본적으로 스파이크에서 플레이어 쪽으로 향하는 벡터를 사용하는데, 여기에 약간의 랜덤성을 더해 매번 조금씩 다른 방향으로 튕겨 나가게 합니다. 이렇게 하면 게임 플레이가 좀 더 재미있고 예측 불가능해집니다.

```csharp
// 위쪽 방향 힘 추가
direction += Vector3.up * KnockbackUpForce;

// 플레이어에게 힘 가하기
playerRb.AddForce(direction * KnockbackForce, ForceMode.Impulse);
```

마지막으로 AddForce 함수를 사용해 플레이어에게 힘을 가합니다. ForceMode.Impulse는 충격과 같은 즉각적인 힘을 가하는 모드로, 마치 갑자기 밀쳐진 것 같은 효과를 줍니다.

스파이크 오브젝트 설정하기

❶ 하이어라키 뷰에서 Obstacle_Wooden_Spike_01 오브젝트를 선택합니다.

❷ 방금 만든 DamageSpike 스크립트를 이 오브젝트에 추가합니다.

❸ 인스펙터 뷰에서 스크립트의 속성을 적절히 설정합니다.

- Knockback Force: 5–플레이어를 밀어내는 힘의 세기
- Knockback Up Force: 1–플레이어를 위로 띄우는 힘의 세기

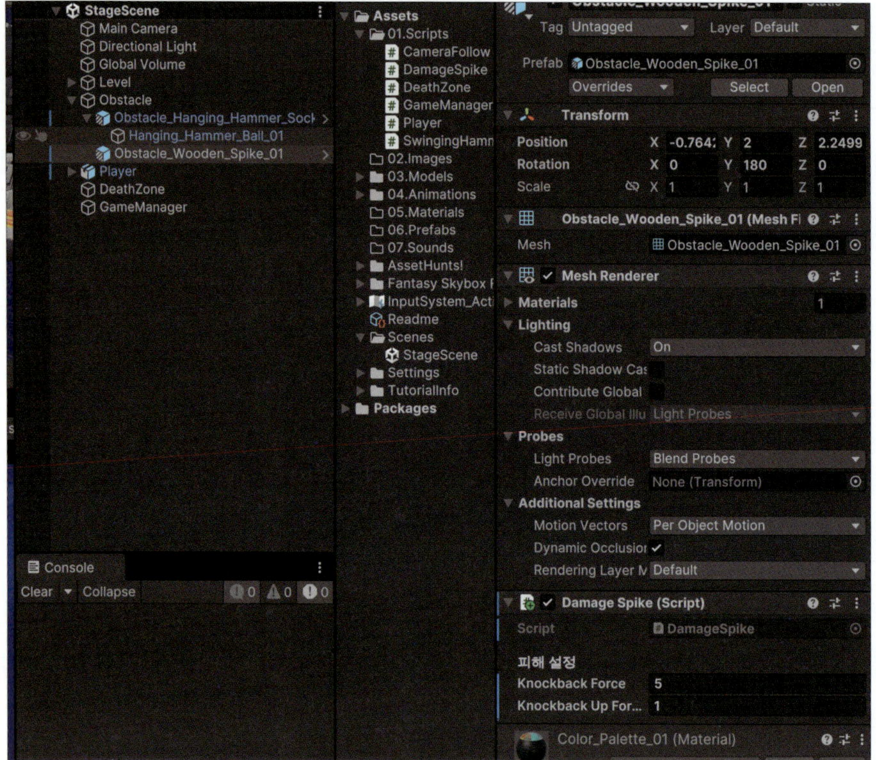

[그림 3.3-13] DamageSpike 스크립트 속성 설정

이 값들은 게임의 느낌에 큰 영향을 미치므로 실제로 테스트해 보면서 적절한 값을 찾는 것이 좋습니다. 너무 강하면 플레이어가 너무 멀리 튕겨 나가 불공정하게 느껴질 수 있고 너무 약하면 위험 요소로 느껴지지 않을 수 있습니다.

스파이크에 콜라이더 추가하기

❶ Obstacle_Wooden_Spike_01 오브젝트가 선택된 상태에서 인스펙터 뷰의 [Add Component] 버튼을 클릭합니다.

[그림 3.3-14] 오브젝트에 컴포넌트 추가

❷ 검색 창에 'Box Collider'를 입력하고 선택합니다.

❸ 추가된 Box Collider의 속성을 스파이크 모델에 맞게 조정합니다.

- Center: X: 0, Y: 0, Z: 0(스파이크 중앙에 위치하도록)
- Size: X: 1.6, Y: 0.6, Z: 1.6(스파이크 크기에 맞게 조정)
- Is Trigger: 체크 표시 해제(물리적 충돌 활성화)

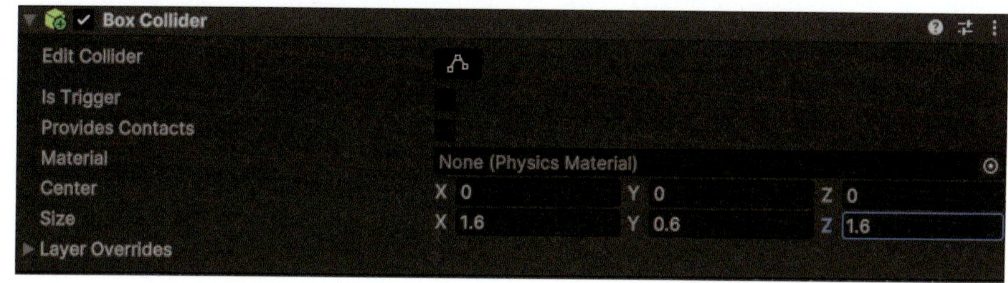

[그림 3.3-15] Box Collider 속성 조정

콜라이더는 눈에 보이지 않는 물리적 경계를 생성하여 다른 오브젝트와의 충돌을 감지합니다. 여기서는 Box Collider(상자 모양 콜라이더)를 사용하지만, 스파이크 모델의 모양에 따라 다른 유형의 콜라이더가 좀 더 적합할 수 있습니다.

[그림 3.3-16] 결과 화면

게임을 실행하여 스파이크와 플레이어 간의 충돌을 테스트합니다. 플레이어가 스파이크에 부딪

히면 랜덤한 방향으로 튕겨 나가야 합니다. 스파이크 장애물은 플레이어에게 위험 지역을 시각적으로 알려 주고 실수했을 때 즉각적인 피드백을 제공합니다. 이는 플랫포머 게임에서 플레이어의 기술과 타이밍을 시험하는 중요한 요소입니다.

> **💎 Tip** _ □ ×
>
> **충돌 시 간단한 파티클 시스템을 만드는 방법이 궁금하다면 챗GPT에 "유니티에서 충돌 시 간단한 파티클 시스템을 만드는 방법을 알려 줘.'라고 질문해 볼 수 있습니다.**
> **충돌 순간에 먼지나 불꽃과 같은 효과를 추가하는 방법을 참고하면 게임의 시각적 완성도를 더욱 높일 수 있습니다.**

3.3 수집 아이템과 점수 시스템

플랫포머 게임에서 아이템 수집은 탐험과 도전의 즐거움을 더해 주는 중요한 요소입니다. 이번 단계에서는 게임에 별 수집 아이템을 추가하고 이를 획득하면 점수가 올라가도록 하는 시스템을 만들어 보겠습니다. 별 아이템이 빙글빙글 돌게 만들고 플레이어가 획득하면 게임 매니저에 점수를 기록하고 UI에 표시하는 기능을 구현할 것입니다.

학습 포인트

회전하는 별 수집 아이템을 구현하고 점수 시스템을 UI로 표시하여 게임 플레이의 재미 요소 강화하기

진행 단계

❶ 별 아이템 오브젝트 구현하기
❷ 게임 매니저에 점수 시스템 추가하기
❸ UI 요소 구성하기
❹ 씬 재시작 시 UI 참조 문제 해결하기

GAMING MODE • • • •

1 별 아이템 오브젝트 구현하기

먼저 프로젝트 뷰에서 별 아이템을 씬으로 가져와 회전과 수집 기능을 구현하겠습니다.

별 프리팹 수정하기

❶ 프로젝트 뷰에서 GameDev Starter Kit–Platformer > Asset > Collectible로 이동합니다.

❷ Collectible_Star_01 프리팹을 찾습니다.

❸ Collectible_Star_01 프리팹을 더블 클릭하여 프리팹 편집 모드로 들어갑니다. 화면 상단에 'Prefab Mode'라는 표시가 나타나고 별 프리팹만 화면에 표시됩니다.

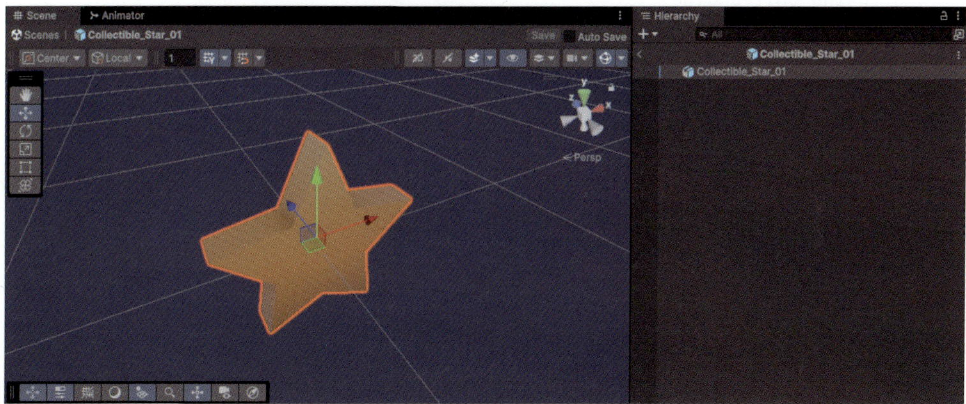

[그림 3.3-17] 프리팹 편집 모드

❹ 프리팹 편집 모드가 활성화된 상태에서 Sphere Collider 컴포넌트를 추가하고 다음과 같이 설정합니다.

- Center: X: 0, Y: 0, Z: 0
- Radius: 0.4(별 크기에 맞게 조정)
- Is Trigger: 체크(물리적 충돌 없이 통과 이벤트만 감지)

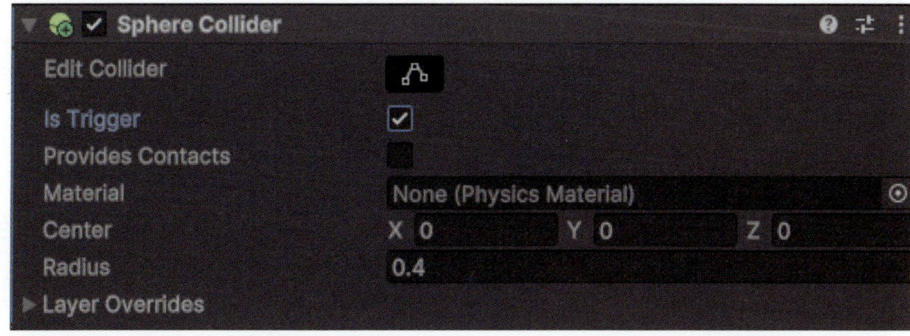

[그림 3.3-18] Sphere Collider 설정 값 조정

별 회전 및 수집 스크립트 작성하기

이제 별이 제자리에서 빙글빙글 돌아가는 기능을 구현해 보겠습니다.

❶ 프로젝트 뷰에서 [01. Scripts] 폴더를 선택합니다.

❷ 마우스 오른쪽 버튼을 클릭한 후 Create > MonoBehaviour Script를 선택하여 새 스크립트를 생성합니다.

❸ 스크립트 이름을 'StarItem'으로 지정합니다.

❹ 생성된 스크립트를 더블 클릭하여 편집기에서 열고 다음 코드를 작성합니다.

```csharp
using UnityEngine;

public class StarItem : MonoBehaviour
{
    [Header("회전 설정")]
    public float RotationSpeed = 90.0f;        // 초당 회전 각도
    public Vector3 RotationAxis = Vector3.up;   // 회전 축

    private void Update()
    {
        // 별 회전
        transform.Rotate(RotationAxis, RotationSpeed * Time.deltaTime);
    }

    private void OnTriggerEnter(Collider other)
    {
        // Player 태그를 가진 오브젝트만 처리
        if(other.CompareTag("Player"))
        {
            // 별 오브젝트 비활성화
            gameObject.SetActive(false);
        }
    }
}
```

이 스크립트는 별이 계속 회전하도록 하고 플레이어가 닿으면 사라지게 만듭니다. Update() 함수에서는 매 프레임마다 별을 회전시키고 OnTriggerEnter()는 플레이어가 별에 닿으면 별을 비활성화합니다.

❺ 프리팹 편집 모드가 활성화된 상태에서 StarItem 스크립트를 Collectible_Star_01 오브젝트에 연결
합니다.

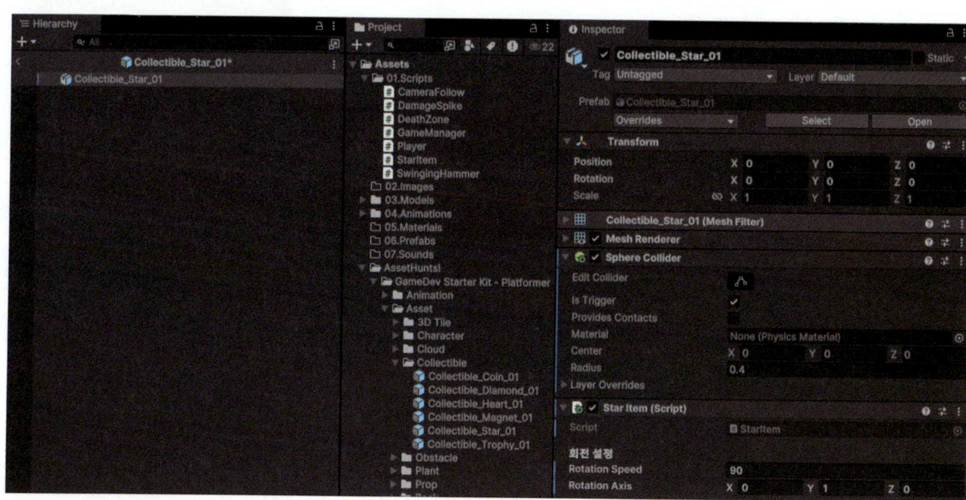

[그림 3.3-19] StarItem 스크립트 연결

❻ 씬 뷰에서 상단의 [Save] 버튼을 클릭하여 변경 사항을 저장
합니다.

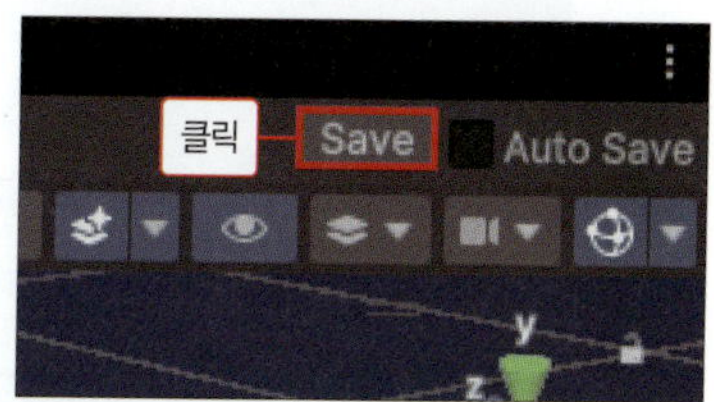

[그림 3.3-20] 변경 사항 저장

❼ 하이어라키 뷰 상단의 [<] 버튼을 클릭하여 메인 씬으로 돌
아갑니다.

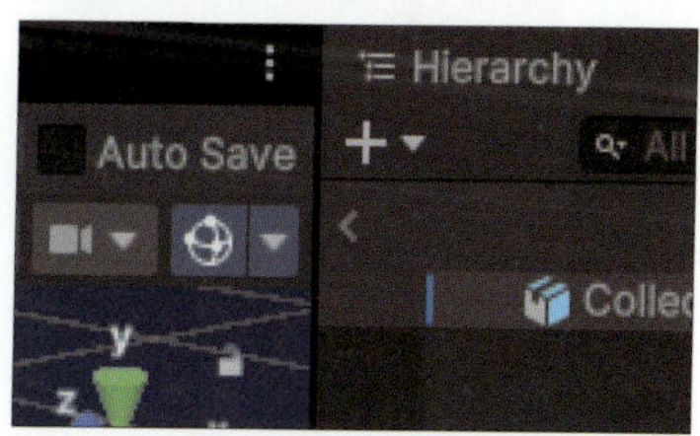

[그림 3.3-21] 메인 씬으로 복귀

▣ 별 프리팹 배치하기

❶ 이제 수정된 별 프리팹을 하이어라키 뷰의 Level 오브젝트로 드래그 앤 드롭합니다.

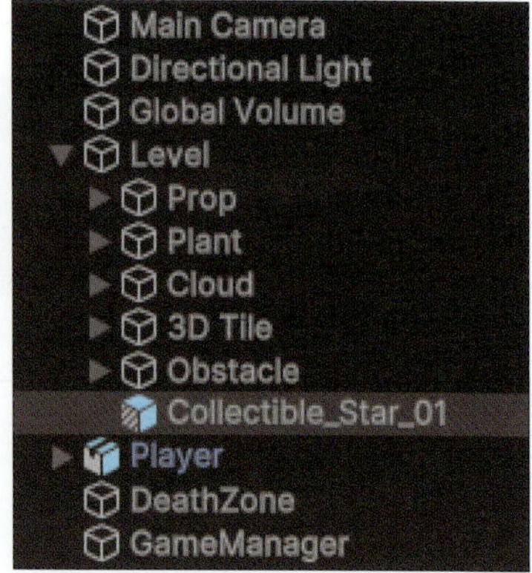

[그림 3.3-22] 하위에 프리팹 추가

❷ 인스펙터 뷰에서 별의 Transform을 조정하여 원하는 위치에 정확히 배치합니다.

- Position X, Y, Z 값을 조정하여 원하는 위치에 배치(11, 2.8, 2.3)
- 원하는 경우, Rotation을 조정하여 회전 상태 변경(0, 180, 0)

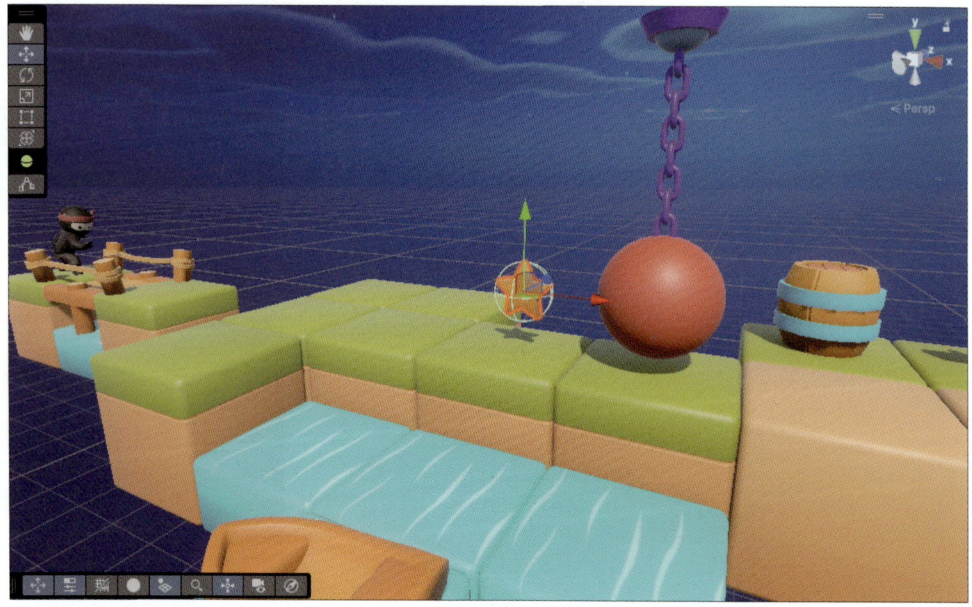

[그림 3.3-23] 별 오브젝트 위치 조정

❸ 별을 좀 더 여러 개 복제하여 배치해 보겠습니다. 별 오브젝트를 선택한 후 Ctrl+D를 눌러 복제합니다.

❹ 복제된 별들을 레벨의 다양한 위치로 이동시킵니다. 게임 플레이에서 플레이어가 서로 다른 뛰어 넘기 난이도로 얻을 수 있는 위치에 배치하는 것이 좋습니다.

[그림 3.3-24] 복제된 별 오브젝트 배치

프리팹을 수정하여 스크립트와 콜라이더를 추가했기 때문에 이제 씬에 배치된 모든 별과 앞으로 추가할 모든 별이 자동으로 회전하며 플레이어와 상호작용하게 됩니다. 이는 많은 수의 동일한 오브젝트를 효율적으로 관리하는 좋은 방법입니다.

이제 게임을 실행하고 플레이어 캐릭터로 별에 가까이 가 봅니다. 모든 별이 빙글빙글 돌다가 플레이어가 닿으면 사라지는 것을 확인할 수 있습니다. 아직 점수는 증가하지 않지만, 이후 게임 매니저를 구현하면 점수 시스템도 함께 작동하게 될 것입니다.

[그림 3.3-25] 결과 화면

2 게임 매니저에 점수 시스템 추가하기

이제 게임 매니저에 별 수집 점수를 관리하는 기능을 추가해 보겠습니다. 이전에 만든 GameManager
스크립트를 확장하여 플레이어가 별을 획득할 때마다 점수를 증가시키는 기능을 구현하겠습니다.

❶ 프로젝트 뷰에서 [01. Scripts] 폴더로 이동하여 GameManager 스크립트를 찾습니다.

❷ 스크립트를 더블 클릭하여 편집기에서 열고 다음과 같이 코드를 수정합니다.

```csharp
using UnityEngine;
using UnityEngine.SceneManagement;

public class GameManager : MonoBehaviour
{
    // ...(코드 생략)

    // 점수 시스템
    public int StarCount = 0;


    // ...(코드 생략)

    private void RestartGame( )
    {
        // 게임 상태 초기화
        ResetGame( );

        // 현재 활성화된 씬 재시작
        Scene currentScene = SceneManager.GetActiveScene( );
        SceneManager.LoadScene(currentScene.name);
    }

    private void ResetGame( )
```

```csharp
    {
        IsGameOver = false;

        // 점수 초기화
        StarCount = 0;
    }


    // 별 수집 시 호출되는 메서드
    public void AddStar()
    {
        StarCount++;

        Debug.Log("별 수집: " + StarCount);
    }
}
```

위 코드에서 추가된 중요한 기능들은 다음과 같습니다.

- StarCount 변수로 플레이어가 수집한 별의 개수를 추적합니다.
- AddStar() 메서드는 플레이어가 별을 획득할 때마다 점수를 증가시킵니다.
- RestartGame() 메서드에 StarCount=0 코드를 추가하여 게임 재시작 시 점수가 초기화되도록 했습니다.

이제 별 아이템의 스크립트를 수정하여 플레이어가 별을 수집할 때 게임 매니저의 점수 시스템을 활용하도록 하겠습니다.

❶ 프로젝트 뷰에서 [01. Scripts] 폴더로 이동하여 StarItem 스크립트를 찾습니다.
❷ 스크립트를 더블 클릭하여 편집기에서 열고 다음과 같이 코드를 수정합니다.

```csharp
using UnityEngine;

public class StarItem : MonoBehaviour
{
    // ...(코드 생략)
```

```csharp
private void OnTriggerEnter(Collider other)
{
    // Player 태그를 가진 오브젝트만 처리
    if(other.CompareTag("Player"))
    {
            // 게임 매니저에 별 수집
        GameManager.Instance.AddStar();

            // 별 오브젝트 비활성화
        gameObject.SetActive(false);
    }
}
```

별 아이템 스크립트에 추가한 주요 기능은 다음과 같습니다.

- 플레이어가 별을 획득할 때 게임 매니저의 AddStar() 메서드를 호출하여 별 수집 개수를 증가시킵니다.

이제 별을 수집하면 수집 로그가 콘솔 뷰에 표시됩니다.

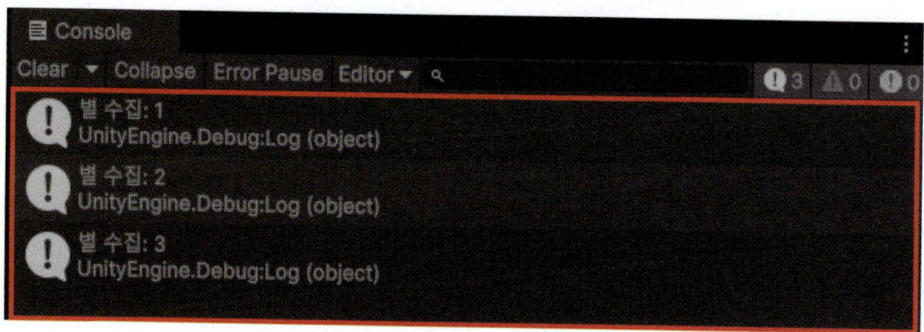

[그림 3.3-26] 로그 기록

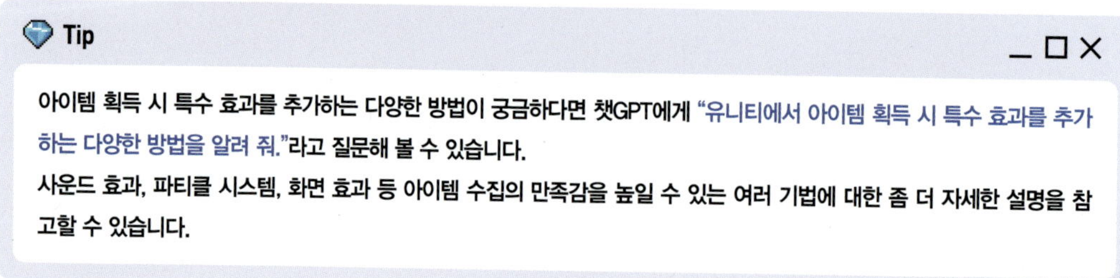

3 UI 요소 구성하기

이제 플레이어가 얼마나 많은 별을 수집했는지 화면에 표시할 UI 시스템을 만들어 보겠습니다. 유니티의 UI 시스템을 이용하여 점수 텍스트를 화면에 표시해 보겠습니다.

Canvas 생성하기

UI 요소는 'Canvas'라는 특별한 오브젝트 내에 배치해야 합니다. Canvas는 모든 UI 요소의 컨테이너 역할을 합니다.

① 하이어라키 뷰에서 마우스 오른쪽 버튼을 클릭한 후 UI > Canvas를 선택합니다.

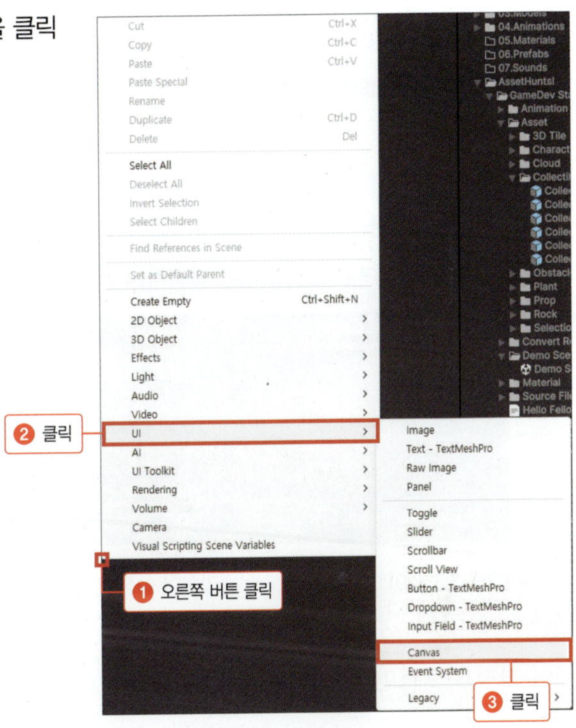

[그림 3.3-27] Canvas 생성

② 생성된 Canvas의 이름을 'UICanvas'로 변경합니다.

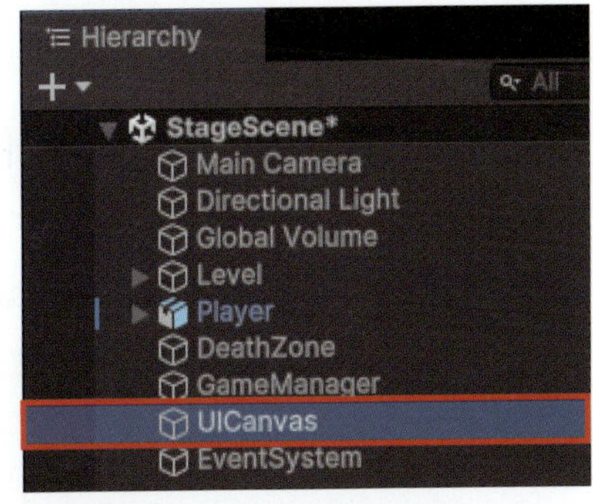

[그림 3.3-28] Canvas 이름 변경

Canvas가 생성되면 함께 생성된 EventSystem 오브젝트는 그대로 둡니다. 이 오브젝트는 UI의 버튼 클릭 등 사용자 입력을 처리하는 데 필요합니다.

Canvas 해상도 설정하기

UI 요소가 다양한 화면 크기에서도 적절하게 표시되도록 Canvas Scaler를 설정하겠습니다.

❶ 하이어라키 뷰에서 UICanvas 오브젝트를 선택한 후 인스펙터 뷰에서 Canvas Scaler(Script) 컴포넌트를 찾습니다.

❷ UI Scale Mode의 값을 'Scale With Screen Size'로 변경합니다.

❸ Reference Resolution 값을 다음과 같이 설정합니다.

- X: 1920

- Y: 1080

❹ [Screen Match Mode]는 [Match Width Or Height]로 설정합니다.

❺ Match 슬라이더를 1(Height)로 설정하여 화면 높이에 맞추도록 합니다.

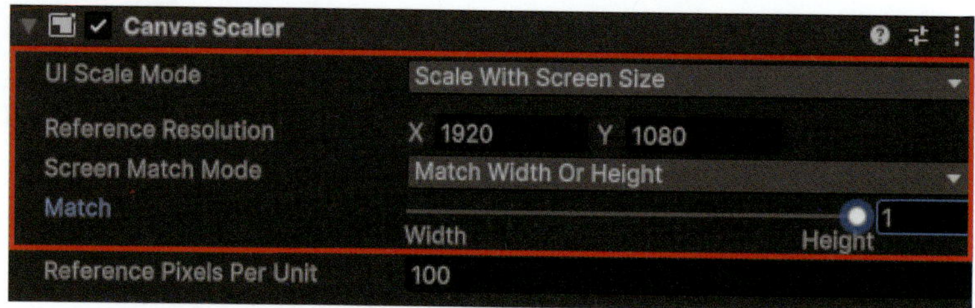

[그림 3.3-29] Canvas-Match 슬라이더 설정

이 설정으로 화면에 표출되는 UI는 1920×1080 해상도를 기준으로 나타나지만, 다른 해상도 크기에서도 적절하게 스케일링되어 나타납니다. 특히 화면 높이를 기준으로 스케일링하므로 가로 비율이 다른 경우에도 UI 요소의 크기가 일관되게 유지됩니다.

점수 표시 텍스트 추가하기

❶ 하이어라키 뷰에서 UICanvas를 마우스 오른쪽 버튼을 클릭한 후 UI > Legacy > Text를 선택합니다.

❷ 생성된 Text 오브젝트의 이름을 'StarCountText'로 변경합니다.

❸ 인스펙터 뷰에서 StarCountText의 설정을 다음과 같이 변경합니다.

- Rect Transform 컴포넌트 설정

- Anchors: 왼쪽 상단
- Pivot: X: 0, Y: 1
- Position: X: 20, Y: −20, Z: 0
- Width: 400, Height: 120

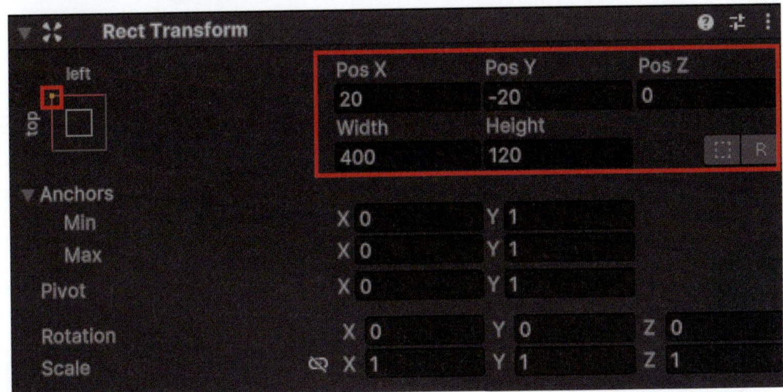

[그림 3.3-30] 점수 표시 오브젝트-Rect Transform 설정

- Text 컴포넌트 설정
  - Text: 별: 0
  - Font Size: 100
  - Alignment: 왼쪽 정렬, 위쪽 정렬
  - Color: 노란색(#FFFF00) − 별의 색상과 일치시키기

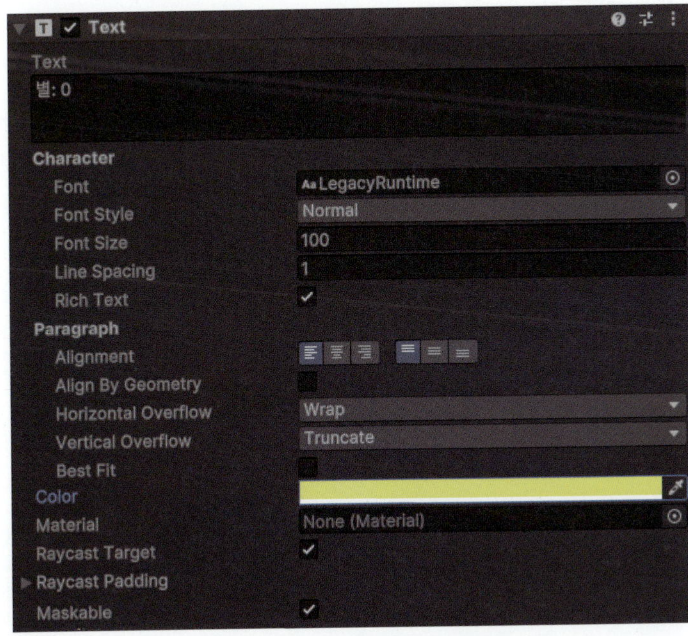

[그림 3.3-31] 점수 표시 오브젝트-Text 컴포넌트 설정

[그림 3.3-32] 결과 화면

> **Tip**   _ □ ×
>
> UI의 Anchor와 Pivot 시스템에 대해 좀 더 자세히 알고 싶다면 챗GPT에게 "유니티 UI의 Anchor와 Pivot 시스템을 설명해 줘."라고 질문해 볼 수 있습니다.
>
> 이 기능을 이해하면 UI 요소가 다양한 화면 크기와 해상도에서 어떻게 배치되고 스케일링되는지 명확히 알 수 있으며 UI 레이아웃을 더욱 정교하게 설계하는 데 도움이 됩니다.

이제 GameManager 스크립트를 수정하여 UI 텍스트를 업데이트하는 기능을 추가해 보겠습니다.

```csharp
using UnityEngine;
using UnityEngine.SceneManagement;
using UnityEngine.UI; // UI 관련 기능을 사용하기 위한 네임 스페이스

public class GameManager : MonoBehaviour
{
    // 싱글톤 패턴 구현
    public static GameManager Instance;
```

```csharp
    // 게임 상태
    public bool IsGameOver;

    // 재시작 딜레이
    public float RestartDelay = 1.0f;

    // 점수 시스템
    public int StarCount = 0;
    public Text StarCountText; // UI에 점수를 표시할 Text 컴포넌트

    private void Awake()
    {
        // 싱글톤 인스턴스 설정
        if(Instance == null)
        {
            Instance = this;
            DontDestroyOnLoad(gameObject);
        }
        else
        {
            Destroy(gameObject);
        }
    }

    private void Start()
    {
        // 초기 UI 점수 설정
        UpdateStarCountUI();
    }

    public void PlayerDied()
    {
        if(!IsGameOver)
        {
            IsGameOver = true;
            Debug.Log("게임 오버! " + RestartDelay + "초 후 재시작합니다.");

            // 지연 후 씬 재시작
            Invoke("RestartGame", RestartDelay);
        }
```

```csharp
    }

    private void RestartGame( )
    {
        // 게임 상태 초기화
        ResetGame( );

        // 현재 활성화된 씬 재시작
        Scene currentScene = SceneManager.GetActiveScene( );
        SceneManager.LoadScene(currentScene.name);
    }

    private void ResetGame( )
    {
        IsGameOver = false;
        StarCount = 0; // 게임 재시작 시 점수 초기화
    }

    // 별 수집 시 호출되는 메서드
    public void AddStar( )
    {
        StarCount++;
        UpdateStarCountUI( );

        Debug.Log("별 수집: " + StarCount);
    }

    // UI에 점수 업데이트
    private void UpdateStarCountUI( )
    {
        if(StarCountText != null)
        {
            StarCountText.text = "별: " + StarCount;
        }
    }
}
```

위 코드에서 추가된 중요한 기능들은 다음과 같습니다.

```csharp
using UnityEngine.UI; // UI 관련 기능을 사용하기 위한 네임 스페이스
```

- using UnityEngine.UI 네임 스페이스를 추가하여 UI 관련 컴포넌트를 사용할 수 있게 했습니다.

```csharp
public Text StarCountText; // UI에 점수를 표시할 Text 컴포넌트
```

- StarCountText 변수를 추가하여 화면에 표시되는 텍스트 컴포넌트를 참조합니다.

```csharp
// UI에 점수 업데이트
private void UpdateStarCountUI()
{
    if(StarCountText != null)
    {
        StarCountText.text = "별: " + StarCount;
    }
}
```

- UpdateStarCountUI() 메서드는 화면의 점수 텍스트를 현재 별 개수로 업데이트합니다.

```csharp
// 별 수집 시 호출되는 메서드
public void AddStar()
{
    StarCount++;
    UpdateStarCountUI();

    Debug.Log("별 수집: " + StarCount);
}
```

- AddStar() 메서드에서 점수 증가 후 UpdateStarCountUI()를 호출하여 UI를 갱신합니다.

```csharp
private void Start()
{
    // 초기 UI 점수 설정
    UpdateStarCountUI();
}
```

- Start() 메서드에서 초기 UI를 설정합니다.

GameManager가 StarCountText를 참조할 수 있도록 다음과 같이 설정합니다.

❶ 하이어라키 뷰에서 GameManager 오브젝트를 선택합니다.

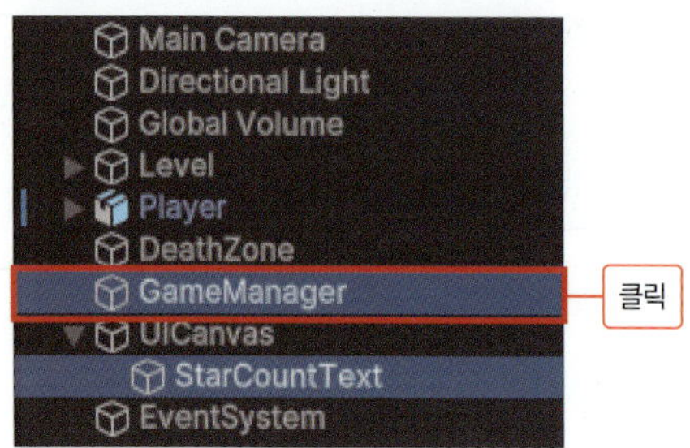

[그림 3.3-33] 오브젝트 선택

❷ 인스펙터 뷰에서 Star Count Text 필드를 찾습니다.

❸ 하이어라키 뷰에서 StarCountText 오브젝트를 드래그하여 Star Count Text 필드에 놓습니다.

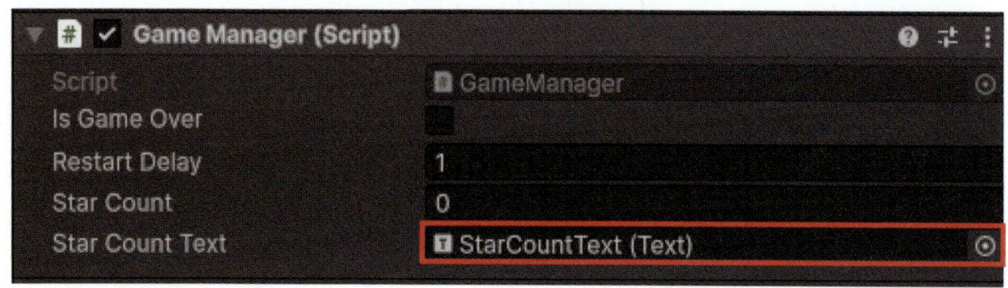

[그림 3.3-34] Star Count Text 필드 - StarCountText 오브젝트 연결

이제 게임을 실행하고 별을 수집하면 화면 우측 상단에 수집한 별의 개수가 실시간으로 업데이트되는 것을 볼 수 있습니다. 게임 오버 후 재시작하면 점수도 0으로 초기화됩니다.

이로써 기본적인 별 수집 점수 UI를 성공적으로 구현했습니다. 이 UI는 플레이어에게 게임 진행 상황에 대한 명확한 피드백을 제공하여 게임 플레이 경험을 향상시킵니다.

3.4 시간 제한과 타이머 UI

플랫포머 게임에 시간 제한을 추가하면 더욱 긴장감 넘치는 경험을 선사할 수 있습니다. 플레이어가 정해진 시간 내에 목표를 달성해야 하는 압박감은 게임의 도전 요소를 한층 더 높여 줍니다.

이번에는 게임 화면 중앙 상단에 타이머를 표시하고 시간이 0이 되면 게임 오버되는 기능을 구현해 보겠습니다.

1 타이머 UI 요소 구성하기

먼저 게임 화면 상단 중앙에 남은 시간을 표시할 타이머 UI를 만들어 보겠습니다.

❶ 하이어라키 뷰에서 UICanvas를 마우스 오른쪽 버튼으로 클릭한 후 UI > Legacy > Text를 선택합니다.

❷ 생성된 Text 오브젝트의 이름을 'TimerText'로 변경합니다.

❸ 인스펙터 뷰에서 TimerText의 설정을 다음과 같이 변경합니다.

- Rect Transform 컴포넌트 설정
  - Anchors: 상단 중앙(프리셋에서 선택 가능)
  - Pivot: X: 0.5, Y: 1
  - Position: X: 0, Y: −24, Z: 0
  - Width: 900, Height: 100

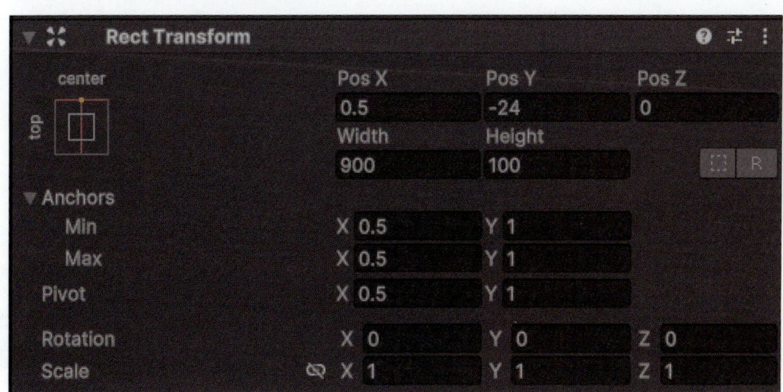

[그림 3.3-35] 타이머 UI Rect Transform 설정

- Text 컴포넌트 설정
  · Text: 시간: 60
  · Font Size: 72
  · Alignment: 중앙 정렬, 중앙 정렬
  · Color: 흰색

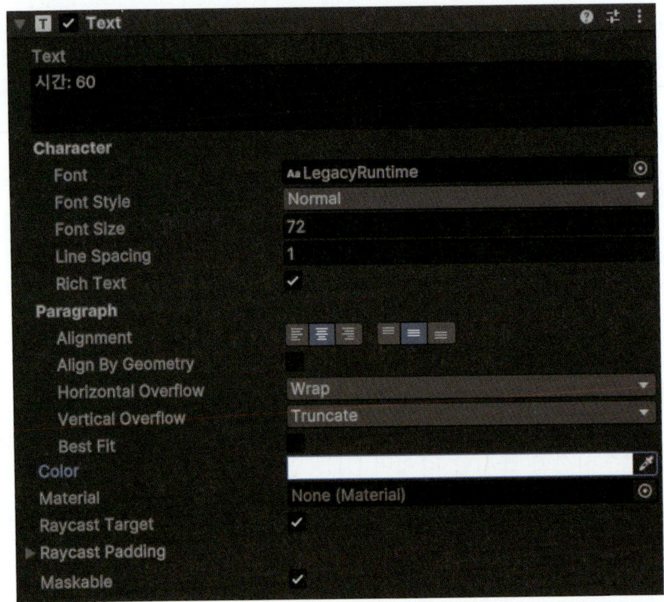

[그림 3.3-36] 타이머 UI Text 컴포넌트 설정

[그림 3.3-37] 결과 화면

이제 화면 상단 중앙에 시간을 표시할 텍스트가 추가되었습니다. 하지만 이 텍스트는 아직 정적이므로 게임 매니저를 통해 시간이 흐름에 따라 업데이트되도록 기능을 추가해야 합니다.

② 타이머 기능 구현하기

이제 GameManager 스크립트를 수정하여 타이머 기능을 구현해 보겠습니다. 시간이 지남에 따라 카운트다운되는 타이머를 만들고 UI 텍스트를 업데이트하는 코드를 추가하겠습니다.

❶ 프로젝트 뷰에서 [01. Scripts] 폴더로 이동한 후 GameManager 스크립트를 더블 클릭하여 편집기에서 열고 코드를 다음과 같이 수정합니다.

```csharp
using UnityEngine;
using UnityEngine.SceneManagement;
using UnityEngine.UI;

public class GameManager : MonoBehaviour
{
    // ...(코드 생략)

    // 타이머 시스템
    public float TimeLimit = 60f; // 제한 시간(초)
    private float currentTime; // 현재 남은 시간
    public Text TimerText; // UI에 시간을 표시할 Text 컴포넌트

    // ...(코드 생략)

    private void Start()
    {
        // 게임 초기화
        ResetGame();
    }

    private void Update()
    {
        // 게임 오버 상태가 아닐 때만 타이머 업데이트
        if(!IsGameOver)
        {
            UpdateTimer();
```

```csharp
        }
    }

    // 타이머 업데이트
    private void UpdateTimer()
    {
        // 시간 감소
        currentTime -= Time.deltaTime;
        // 시간이 0 이하가 되면 게임 오버
        if(currentTime <= 0)
        {
            currentTime = 0;
            TimeOver();
        }

        // UI 업데이트(소수점 버림.)
        if(TimerText != null)
        {
            TimerText.text = "시간: " + Mathf.Floor(currentTime);
        }
    }

    // 시간 초과로 인한 게임 오버
    private void TimeOver()
    {
        if(!IsGameOver)
        {
            IsGameOver = true;
            Debug.Log("시간 초과! 게임 오버!");

            // 지연 후 씬 재시작
            Invoke("RestartGame", RestartDelay);
        }
    }

    // ...(코드 생략)

    // 게임 상태 초기화
    private void ResetGame()
    {
```

```csharp
        IsGameOver = false;
        StarCount = 0;
        currentTime = TimeLimit;

        // UI 초기화
        UpdateStarCountUI();
        if(TimerText != null)
        {
            TimerText.text = "시간: " + Mathf.Floor(currentTime);
        }
    }

    // ... 생략
}
```

위 코드에서 추가된 중요한 기능들은 다음과 같습니다.

```csharp
// 타이머 시스템
public float TimeLimit = 60f; // 제한 시간(초)
private float currentTime;      // 현재 남은 시간
public Text TimerText;          // UI에 시간을 표시할 Text 컴포넌트
```

- TimeLimit 변수는 게임의 제한 시간을 초 단위로 지정합니다. 기본값으로 60초를 설정했으며 이는 Inspector에서 쉽게 조정할 수 있어 게임 난이도를 조절하는 데 유용합니다.
- currentTime 변수는 현재 남은 시간을 추적하는 private 변수입니다. 게임이 시작될 때 TimeLimit 값으로 초기화되고 시간이 지남에 따라 감소합니다.
- TimerText 변수는 화면에 표시되는 시간 텍스트 컴포넌트를 참조합니다. 이 변수를 통해 UI 텍스트의 내용을 실시간으로 업데이트할 수 있습니다.

```csharp
private void Update()
{
    // 게임 오버 상태가 아닐 때만 타이머 업데이트
    if(!IsGameOver)
    {
        UpdateTimer();
    }
```

```
}
```

- Update() 메서드에는 게임 오버 상태가 아닐 때만 타이머를 업데이트하는 조건문이 추가되었습니다.
  이는 게임 오버 이후에도 타이머가 계속 실행되는 것을 방지합니다.

```csharp
// 타이머 업데이트
private void UpdateTimer()
{
    // 시간 감소
    currentTime -= Time.deltaTime;

    // 시간이 0 이하가 되면 게임 오버
    if(currentTime <= 0)
    {
        currentTime = 0;
        TimeOver();
    }

    // UI 업데이트(소수점 버림.)
    if(TimerText != null)
    {
        TimerText.text = "시간: " + Mathf.Floor(currentTime);
    }
}
```

- UpdateTimer() 메서드는 매 프레임마다 현재 시간을 감소시키고 UI를 갱신하며 시간이 0에 도달하
  면 게임 오버를 처리합니다. 이 메서드는 Time.deltaTime을 사용하여 프레임 속도와 상관없이 일정
  한 속도로 시간이 감소하도록 합니다.

```csharp
// 시간 초과로 인한 게임 오버
private void TimeOver()
{
    if(!IsGameOver)
    {
        IsGameOver = true;
        Debug.Log("시간 초과! 게임 오버!");
```

```csharp
        // 지연 후 씬 재시작
        Invoke("RestartGame", RestartDelay);
    }
}
```

- TimeOver() 메서드는 시간 초과 시 게임 오버 처리를 담당합니다. 게임 상태를 게임 오버로 설정하고 로그 메시지를 출력한 후 지정된 딜레이 후에 게임을 재시작합니다.

```csharp
// 게임 상태 초기화
private void ResetGame()
{
    IsGameOver = false;
    StarCount = 0;
    currentTime = TimeLimit;

    // UI 초기화
    UpdateStarCountUI();
    if(TimerText != null)
    {
        TimerText.text = "시간: " + Mathf.Floor(currentTime);
    }
}
```

- ResetGame() 메서드에는 게임 초기화 시 타이머를 초기화하는 코드가 추가되었습니다. currentTime 변수를 TimeLimit 값으로 설정하고 TimerText UI를 초기 시간으로 업데이트합니다.

❷ GameManager 컴포넌트에서 [Timer Text] 항목을 찾고 하이어라키 뷰에서 [TimerText] 오브젝트를 드래그하여 연결합니다.

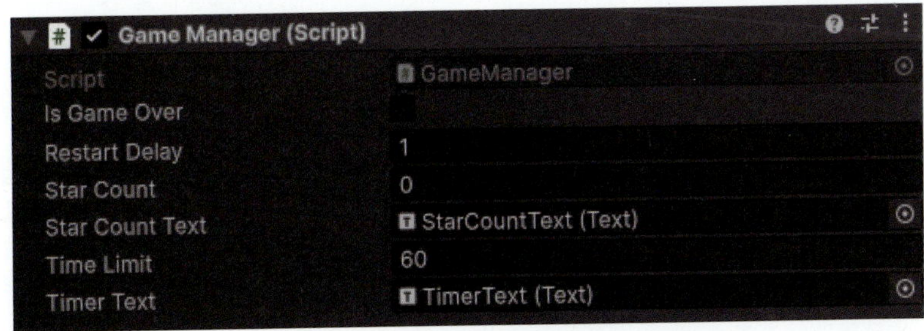

[그림 3.3-38] Timer Text 필드-TimerText 오브젝트 연결

[그림 3.3-39] 결과 화면

이제 게임을 실행하면 화면 상단 중앙에 시간이 표시되고 시간이 점점 줄어들며 0이 되면 게임 오버가 됩니다.

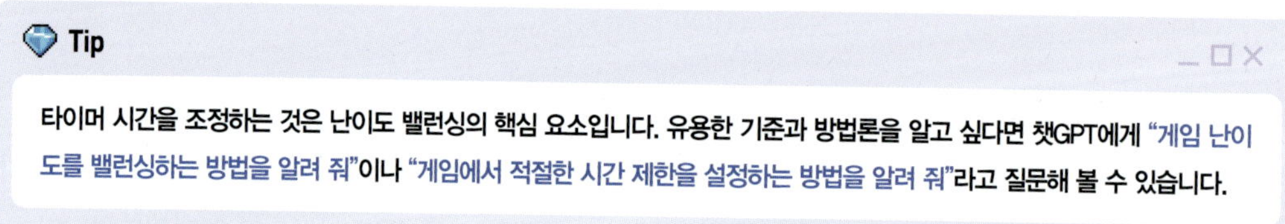

시간 제한 기능을 추가함으로써 닌자 월드 게임에 새로운 도전 요소를 더했습니다. 플레이어들은 이제 정해진 시간 내에 별을 모으고 목표를 달성해야 하므로 게임의 난이도가 적절히 조절되고 더욱 긴장감 넘치는 경험을 할 수 있습니다.

추가로 좀 더 다양한 기능을 도입하고 싶다면 챗GPT에게 '유니티 플랫포머 게임에 추가할 만한 재미있는 기능' 또는 '3D 게임의 플레이어 경험을 향상시키는 방법'이라고 질문해 보기 바랍니다. 게임 개발 과정에서 다양한 아이디어와 실질적인 해결책을 참고하실 수 있을 것입니다.

Chapter 4
게임을 방해하는 몬스터

4.1 몬스터 오브젝트 생성하기

Chapter 4에서는 NinjaWorld 게임에 플레이어를 방해하는 몬스터를 추가해 보겠습니다. 기존 플랫포머 에셋에 포함된 몬스터 프리팹을 활용하여 플레이어를 쫓아오는 슬라임 유령 몬스터를 구현할 것입니다. 이 몬스터는 플레이어가 특정 범위에 들어오면 추적을 시작하고 접촉하면 플레이어를 튕겨 내는 역할을 합니다.

학습 포인트

기존 에셋을 활용한 몬스터 오브젝트 생성 및 기본 설정하기

진행 단계

❶ 몬스터 프리팹 찾기
❷ 몬스터 오브젝트 생성 및 배치하기
❸ 몬스터 콜라이더 설정하기

GAMING MODE ● ● ●

❶ 몬스터 프리팹 찾기

먼저 GameDev Starter Kit에 포함된 Blob 캐릭터 프리팹을 찾아보겠습니다.

❶ 프로젝트 뷰에서 GameDev Starter Kit-Platformer > Asset > Characters로 이동합니다.

❷ Character_Blob_01 프리팹을 찾습니다.

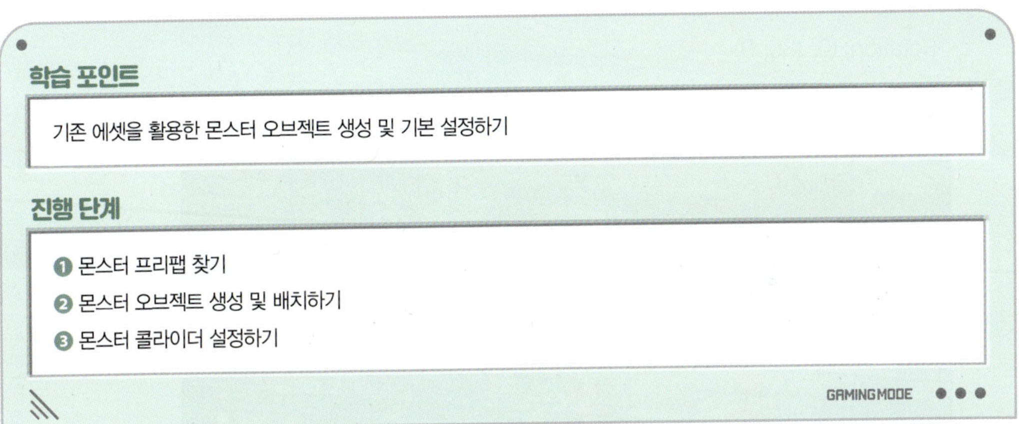

[그림 3.4-1] Character_Blob_01 프리팹 찾기

❸ 프리팹 이름을 'Monster'로 변경합니다.

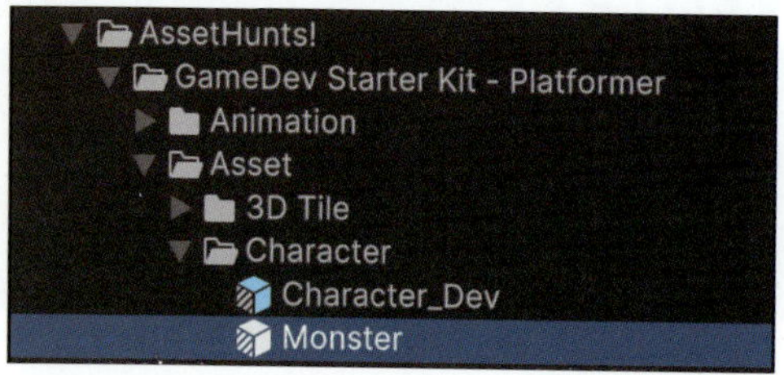

[그림 3.4-2] 프리팹 이름 변경

2 몬스터 오브젝트 생성 및 배치하기

찾은 몬스터 프리팹을 사용하여 몬스터 오브젝트를 생성한 후 적절한 위치에 배치해 보겠습니다.

❶ Monster 프리팹을 하이어라키 뷰로 드래그 앤 드롭합니다.

❷ 인스펙터 뷰에서 Transform 값을 다음과 같이 설정합니다.

- Position: (−1.2, 2, −4.5)—플레이어 시작 위치 근처의 적절한 지점
- Rotation: (0, 180, 0)
- Scale: (1, 1, 1)

[그림 3.4-3] 몬스터 오브젝트 Transform 값 설정

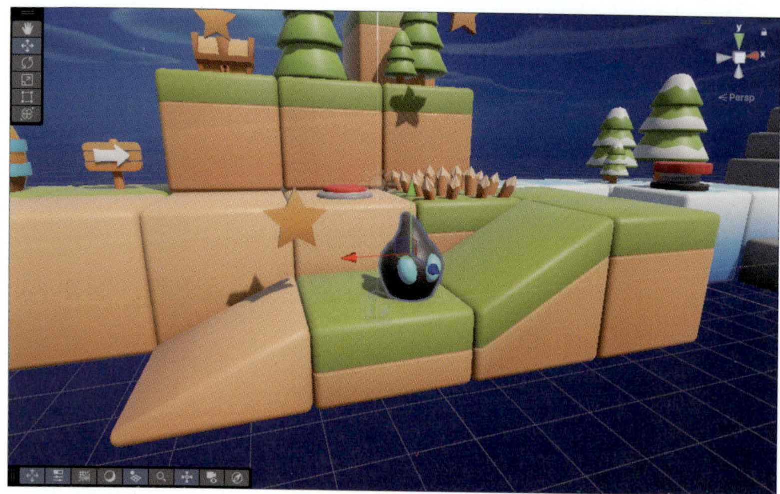

[그림 3.4-4] 결과 화면

몬스터의 위치는 레벨 디자인에 따라 다양하게 조정할 수 있습니다. 플레이어가 특정 진행 구간에서 만나도록 전략적으로 배치하는 것이 좋습니다.

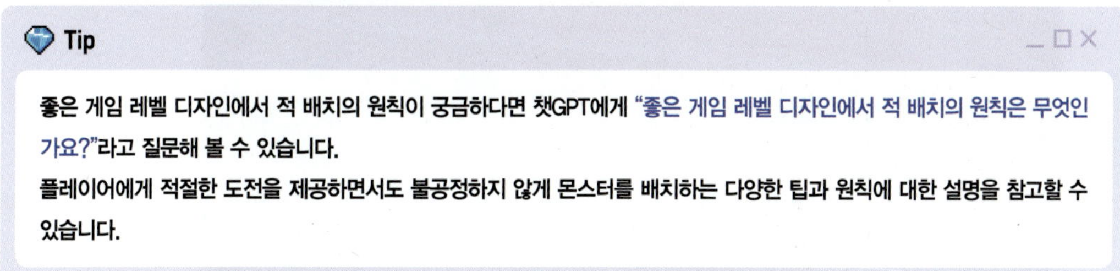

3 몬스터 콜라이더 설정하기

몬스터가 플레이어와 상호작용할 수 있도록 콜라이더를 추가해 보겠습니다.

❶ 하이어라키 뷰에서 Monster 오브젝트를 선택합니다.

❷ 인스펙터 뷰에서 [Add Component] 버튼을 클릭한 후 [Sphere Collider]를 선택합니다.

❸ 추가된 Sphere Collider의 속성을 다음과 같이 설정합니다.

- Center: (0, 0.3, 0)
- Radius: 0.4

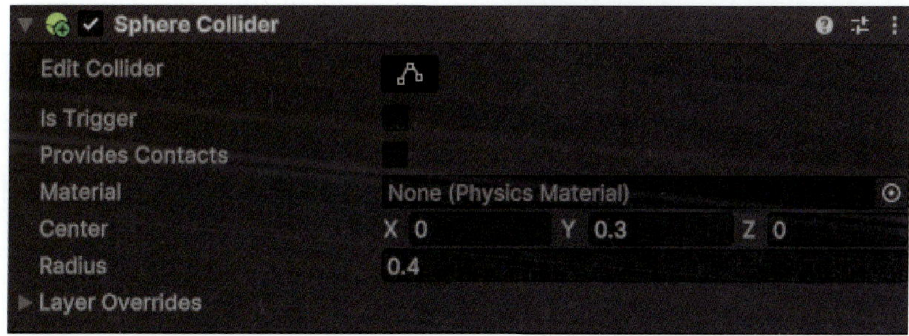

[그림 3.4-5] Sphere Collider 속성 설정

❹ [Add Component] 버튼을 다시 클릭한 후 [Rigidbody]를 선택합니다.

❺ 추가된 Rigidbody의 속성을 다음과 같이 설정합니다.

- Use Gravity: 체크 표시 해제
- Is Kinematic: 체크 표시(물리 엔진의 영향을 받지 않고 스크립트로만 제어)

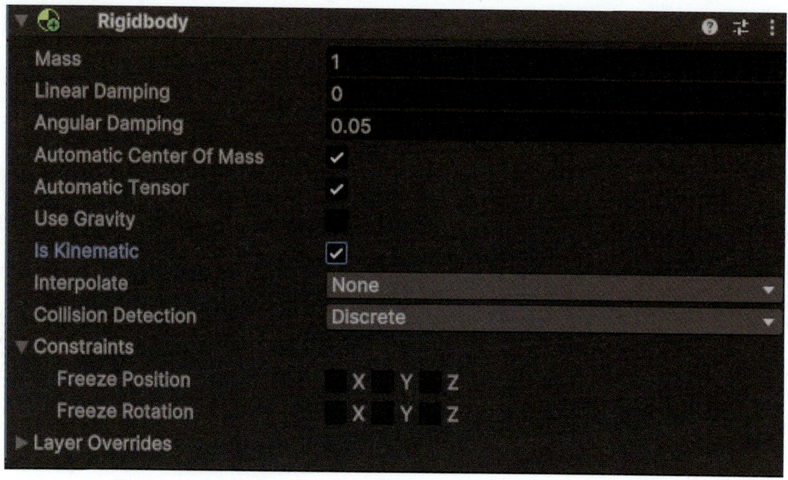

[그림 3.4-6] Rigidbody 속성 설정

이제 기본적인 몬스터 오브젝트가 생성되었습니다. 다음으로 몬스터가 플레이어를 인식하고 추적할 수 있도록 유니티의 내비게이션 시스템을 설정해 보겠습니다.

4.2 유니티 내비게이션 시스템 설정하기

플랫포머 게임의 재미 요소 중 하나는 플레이어를 추적하는 지능적인 적 캐릭터입니다. 이번에는 유니티의 내비게이션 시스템을 사용하여 몬스터가 장애물을 피해 플레이어를 자연스럽게 추적하는 기능을 구현해 보겠습니다. 유니티의 내비게이션 시스템은 인공지능 캐릭터가 게임 세계에서 자연스럽게 이동할 수 있도록 도와주는 강력한 도구입니다.

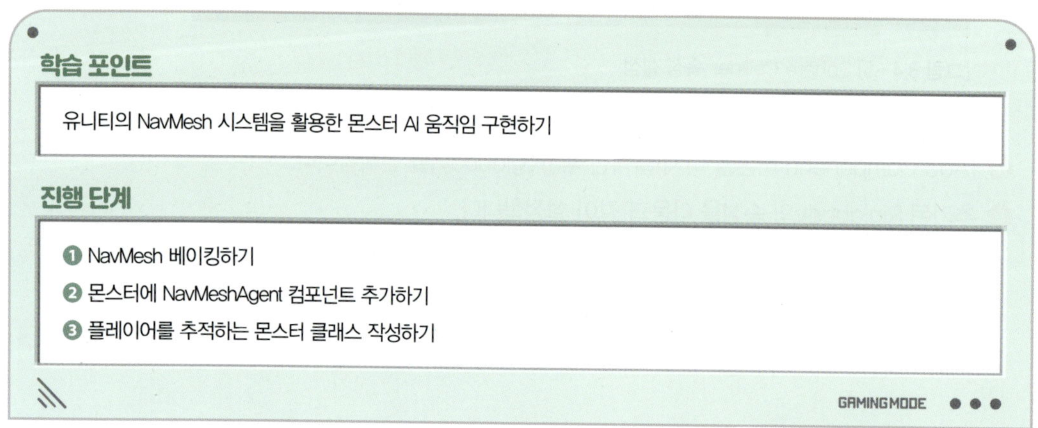

1 NavMesh 베이킹하기

NavMesh(내비게이션 메시)는 게임 속 AI 캐릭터가 어디를 걸어 다닐 수 있는지 알려 주는 '길 안내 지도'와 같은 역할을 합니다.

3D 게임 환경은 복잡하고 장애물이 많기 때문에 AI가 직접 길을 찾기는 어렵습니다. NavMesh 는 이런 3D 환경을 평면(2D) 영역으로 단순화하여 AI가 이동 가능한 구역과 이동 불가능한 구역 을 쉽게 구분할 수 있도록 도와줍니다. 예를 들어, 바닥, 계단, 다리 등 캐릭터가 걸을 수 있는 부 분만 파란색으로 표시해 주고 벽이나 구덩이처럼 갈 수 없는 곳은 제외합니다. 이렇게 만들어진 NavMesh를 바탕으로 AI는 장애물을 피해 최적의 경로를 자동으로 계산할 수 있습니다.

NavMesh를 만드는 과정을 '베이킹(Baking)'이라고 부릅니다. 베이킹은 게임 세계의 3D 지형을 분석해서 AI가 실제로 이동할 수 있는 영역을 자동으로 계산해 주는 작업입니다. 이 과정을 거치면 AI 캐릭터는 복잡한 환경에서도 길을 잃지 않고 자연스럽게 움직일 수 있습니다.

NavMesh Surface 컴포넌트 추가하기

유니티 6에서는 내비게이션 메시를 생성하기 위해 먼저 NavMeshSurface 컴포넌트를 추가해야 합니다. 이 컴포넌트는 AI 캐릭터가 이동할 수 있는 영역을 계산하는 데 사용됩니다.

❶ 하이어라키 뷰에서 Level 오브젝트를 선택합니다.

❷ 인스펙터 뷰에서 [Add Component] 버튼을 클릭한 후 'Nav Mesh Surface'를 검색하여 컴포넌트를 추가합니다.

❸ 추가된 NavMeshSurface 컴포넌트에서 다음 설정을 확인하고 필요시 조정합니다.

- **Agent Type**: Humanoid(기본값)
- **Default Area**: Walkable
- **Generate Links**: 체크 표시(자동으로 오프메시 링크 생성)
- **Use Geometry**: Render Meshes(시각적 메시 기준으로 이동 가능 영역 계산)
- **Collect Objects**: Current Object Hierarchy(Level 하위 오브젝트만 포함)
- **Include Layers**: Ground(몬스터가 이동할 Ground 레이어만 설정)

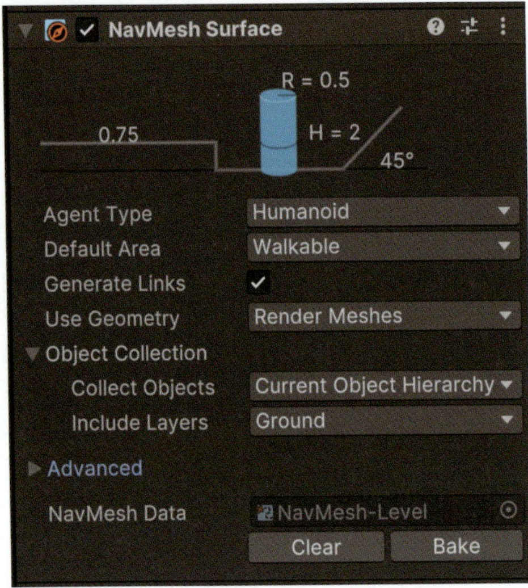

[그림 3.4-7] NavMesh Surface 컴포넌트 속성 설정

NavMesh 베이킹

내비게이션 메시를 생성하는 과정을 '베이킹(Baking)'이라고 합니다.

❶ Level 오브젝트의 인스펙터 뷰에서 방금 추가한 NavMeshSurface 컴포넌트의 하단에 있는 [Bake] 버튼을 클릭합니다.

❷ 베이킹 과정이 완료되면 Scene 뷰에서 파란색 오버레이로 AI가 이동할 수 있는 영역이 표시됩니다. 이 영역은 Ground 레이어로 설정된 오브젝트에만 적용됩니다.

❸ 파란색 영역이 몬스터가 이동해야 할 모든 지역을 포함하는지 확인하세요. 만약 일부 영역이 포함되지 않았다면 해당 오브젝트가 Ground 레이어로 설정되어 있는지 확인하고 필요 시 NavMeshSurface 설정을 조정한 후 다시 베이킹해야 할 수 있습니다.

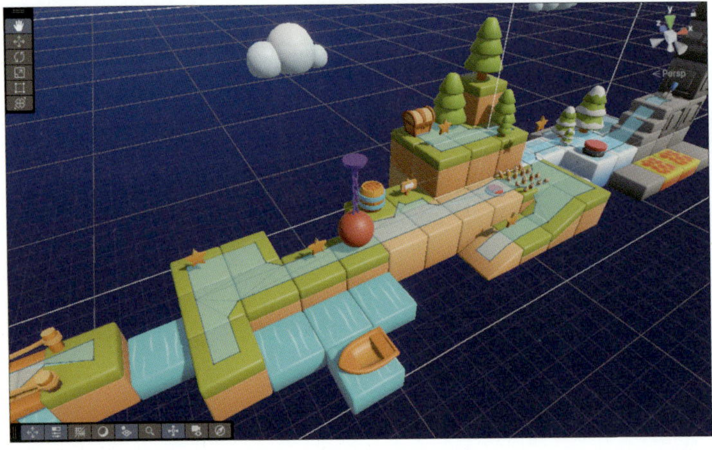

[그림 3.4-8] 베이킹 결과 화면

② 몬스터에 NavMeshAgent 컴포넌트 추가하기

몬스터가 내비게이션 메시를 따라 이동하기 위해서는 NavMeshAgent 컴포넌트가 필요합니다.

NavMeshAgent는 유니티에서 제공하는 AI 이동 시스템의 핵심 컴포넌트입니다. 이 컴포넌트가 부착된 게임 오브젝트는 미리 계산된 NavMesh(내비게이션 메시) 위에서 자동으로 경로를 찾아 이동할 수 있습니다. 사실상 NavMeshAgent는 캐릭터의 두뇌라고 할 수 있으며 목적지가 주어지면 장애물을 피해 최적의 경로를 계산하고 그 경로를 따라 부드럽게 이동합니다. 개발자는 복잡한 경로 탐색 알고리즘을 직접 구현할 필요 없이 단순히 목적지만 설정해 주면 됩니다.

❶ 하이어라키 뷰에서 Monster 오브젝트를 선택합니다.

❷ 인스펙터 뷰에서 [Add Component] 버튼을 클릭한 후 [Nav Mesh Agent]를 선택합니다.

❸ 추가된 Nav Mesh Agent의 속성을 다음과 같이 설정합니다.

- Speed: 3.5(이동 속도)
- Angular Speed: 120(회전 속도)
- Acceleration: 8(가속도)
- Stopping Distance: 0(목표 지점에서 멈추는 거리)
- Auto Braking: 체크 표시(목표 지점에 가까워지면 감속)
- Radius: 0.4(에이전트 반경)
- Height: 0.7(에이전트 높이)

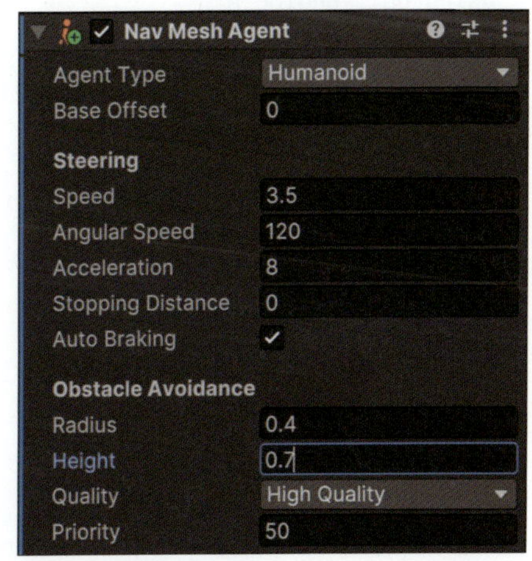

[그림 3.4-9] Nav Mesh Agent 속성 설정

NavMeshAgent 컴포넌트는 몬스터가 목표 지점(플레이어 위치)까지 자동으로 경로를 찾아 이동할 수 있게 해 주는 중요한 역할을 합니다. 이 컴포넌트가 있어야 Monster 클래스에서 SetDestination( ) 메서드를 호출하여 몬스터를 이동시킬 수 있습니다.

> **Tip**   _ □ ×
>
> NavMeshAgent 컴포넌트의 주요 속성과 역할이 궁금하다면 챗GPT에게 "유니티 NavMeshAgent 컴포넌트의 주요 속성들과 그 역할"이라고 질문해 보기 바랍니다.

각 설정 값이 몬스터의 움직임에 어떤 영향을 미치는지에 대한 자세한 설명을 참고할 수 있습니다.

3 플레이어를 추적하는 몬스터 클래스 작성하기

이제 플레이어를 추적하는 Monster 클래스를 작성해 보겠습니다. 플레이어를 감지하고 쫓아오는 기본적인 기능만 구현할 것이므로 복잡한 코드 없이 누구나 이해하기 쉽게 만들어 보겠습니다.

먼저 프로젝트 뷰에서 [01. Scripts] 폴더를 선택한 후 마우스 오른쪽 버튼을 클릭하고 Create > MonoBehaviour Script를 선택하여 새 스크립트를 생성합니다. 스크립트 이름을 'Monster'로 지정한 후 생성된 스크립트를 더블 클릭하고 편집기에서 열어 다음 코드를 작성합니다.

```csharp
using UnityEngine;
using UnityEngine.AI;

public class Monster : MonoBehaviour
{
    // 플레이어 추적을 위한 변수
    private Transform _player;          // 플레이어의 Transform 컴포넌트

    // 내비게이션 에이전트
    private NavMeshAgent _agent;        // 몬스터의 이동을 담당하는 컴포넌트

    private void Start()
    {
        // player 게임 오브젝트의 transform 컴포넌트 가져오기
        _player = GameObject.FindWithTag("Player").transform;
```

```csharp
        // NavMeshAgent 컴포넌트 가져오기
        _agent = GetComponent<NavMeshAgent>();
    }


    private void Update()
    {
        _agent.SetDestination(_player.position);
    }
}
```

이 코드는 매우 단순한 몬스터 AI를 만듭니다. 코드의 핵심 기능을 살펴보겠습니다.

```csharp
// 플레이어 추적을 위한 변수
private Transform _player;              // 플레이어의 Transform 컴포넌트
```

- _player는 플레이어의 위치 정보를 저장하고 _agent는 몬스터의 이동을 제어하는
  NavMeshAgent 컴포넌트를 참조합니다.

```csharp
private void Start()
{
    // player 게임 오브젝트의 transform 컴포넌트 가져오기
    _player = GameObject.FindWithTag("Player").transform;

    // NavMeshAgent 컴포넌트 가져오기
    _agent = GetComponent<NavMeshAgent>();
}
```

- GameObject.FindWithTag("Player")로 "Player" 태그가 붙은 오브젝트를 자동으로 찾습니다.
- GetComponent<NavMeshAgent>()로 몬스터에 부착된 NavMeshAgent 컴포넌트를 가져옵
  니다.

```csharp
private void Update()
{
    _agent.SetDestination(_player.position);
}
```

- 매 프레임마다 실행되며 _agent.SetDestination(_player.position)을 호출하여 몬스터가 항상 플레이어의 현재 위치를 향해 이동하도록 합니다.

이제 하이어라키 뷰에서 Monster 오브젝트를 클릭하고 방금 작성한 Monster 스크립트를 연결합니다. NavMeshAgent는 자동으로 경로를 계산하고 장애물을 피해 이동하므로 이 간단한 코드만으로 몬스터가 지형에 맞게 지능적으로 플레이어를 쫓아가는 것을 확인할 수 있습니다.

[그림 3.4-10] NavMeshAgent 추가 결과 화면

4.3 애니메이션과 트리거 영역

우리가 만든 슬라임 유령 몬스터에 생동감을 불어넣어 봅시다. 이번에는 몬스터가 공중에 둥둥 떠다니는 애니메이션 효과를 추가하고 플레이어가 특정 영역에 진입했을 때만 몬스터가 활성화되는 트리거 시스템을 구현해 보겠습니다. 이러한 기능들을 통해 몬스터는 단순한 장애물이 아닌, 환경과 상호작용하는 흥미로운 적 캐릭터로 발전할 것입니다.

학습 포인트

- 스크립트를 활용한 간단한 애니메이션 효과 구현하기
- 트리거 영역을 통한 몬스터 AI 제어하기

❶ 몬스터 부유 애니메이션 스크립트 구현하기
❷ 몬스터 활성화 트리거 영역 만들기
❸ 몬스터–플레이어 충돌 처리 구현하기

GAMING MODE ● ● ●

1 몬스터 부유 애니메이션 스크립트 구현하기

슬라임 유령 몬스터에 둥둥 떠다니는 애니메이션 효과를 추가해 보겠습니다. 이 효과는 몬스터가 마치 유령처럼 공중에 떠 있는 느낌을 주어 시각적으로 흥미롭게 만들어 줍니다.

❶ 프로젝트 뷰에서 [01. Scripts] 폴더를 선택합니다.

❷ 마우스 오른쪽 버튼을 클릭한 후 Create > MonoBehaviour Script를 선택하여 새 스크립트를 생성합니다.

❸ 스크립트 이름을 'FloatingAnimation'으로 지정합니다.

❹ 생성된 스크립트를 더블 클릭하여 편집기에서 열고 다음 코드를 작성합니다.

```csharp
using UnityEngine;

public class FloatingAnimation : MonoBehaviour
{
    public float Amplitude = 0.1f;   // 움직임의 크기
    public float Frequency = 2f;     // 움직임의 속도

    private void Update()
    {
        Vector3 position = transform.position;

        // 시간에 따른 사인 값을 계산(0~1 사이 값)
        float yOffset = Amplitude * Mathf.Sin(Time.time * Frequency);

        // 새로운 위치 계산(x, z는 그대로, y만 변경)
        Vector3 newPosition = new Vector3(
            position.x,
            position.y + yOffset,
```

```
        position.z
    );

    // 오브젝트 위치 업데이트
    transform.position = newPosition;
    }
}
```

이 스크립트는 수학적인 사인(sine) 함수를 사용하여 오브젝트를 상하로 부드럽게 움직이게 만듭니다. 사인 함수는 물결 모양의 값을 생성하여 자연스러운 움직임을 만들어 내는 데 이상적입니다. 시간이 흐름에 따라 몬스터는 지정한 amplitude(진폭)만큼 위아래로 움직이며 frequency(주파수) 값에 따라 움직임의 속도가 결정됩니다.

이 스크립트를 사용하는 이유는 다음과 같습니다.

- **시각적 흥미 요소**: 정적인 몬스터보다 움직이는 몬스터가 훨씬 더 생동감 있게 느껴집니다.
- **유령 특성 강조**: 몬스터가 공중에 떠다니는 모습은 유령 슬라임 외간 특성을 더욱 부각시킵니다.
- **단순하지만 효과적**: 복잡한 애니메이션 시스템 없이도 간단한 스크립트만으로 충분한 효과를 얻을 수 있습니다.
- **최적화된 성능**: 단순한 수학 계산만으로 애니메이션을 구현하므로 게임 성능에 거의 영향을 미치지 않습니다.

[그림 3.4-11] 부유 애니메이션 스크립트 추가 결과 화면

Monster 오브젝트에 FloatingAnimation 스크립트를 추가하면 몬스터가 공중에 둥둥 떠다니게
됩니다.

Tip

사인 함수를 활용한 다양한 시각 효과에 대해 좀 더 알고 싶다면 챗GPT에게 "유니티에서 사인 함수를 활용한 다양한 시각
효과를 알려 줘."라고 질문해 볼 수 있습니다.

회전, 크기 변화, 색상 변화 등 여러 가지 애니메이션 효과를 만드는 방법에 대한 자세한 설명을 참고할 수 있습니다.

2 몬스터 활성화 트리거 영역 구현하기

몬스터 주변에 플레이어가 나타나면 플레이어를 추적하는 기능을 추가해 보겠습니다. 이를 통해
몬스터가 세상을 감지하고 플레이어와 상호작용하는 느낌을 줄 수 있습니다.

❶ 먼저 Monster 스크립트를 수정하여 활성화 기능을 추가합니다.

```csharp
using UnityEngine;
using UnityEngine.AI;

public class Monster : MonoBehaviour
{
    // ...(코드 생략)

    // 몬스터 상태
    private bool _isActive = false;

    // 트리거 영역 설정
    public float triggerRadius = 6.0f;  // 플레이어 감지 범위

    private void Start()
    {
        // ...(코드 생략)

        // 시작 시 추적 비활성화
        _agent.isStopped = true;
    }
```

```csharp
    private void Update()
    {
        // 플레이어와의 거리 계산
        float distanceToPlayer = Vector3.Distance(transform.position,
_player.position);

        // 트리거 범위 내에 플레이어가 들어오면 활성화
        if(!_isActive && distanceToPlayer <= triggerRadius)
        {
            _isActive = true;
            _agent.isStopped = false;
            Debug.Log(gameObject.name + ": 몬스터가 활성화되었습니다!");
        }

        // 활성화된 상태일 때만 플레이어 추적
        if(_isActive)
        {
            _agent.SetDestination(_player.position);
        }
    }

    private void OnDrawGizmosSelected()
    {
        Gizmos.color = Color.red;
        Gizmos.DrawWireSphere(transform.position, triggerRadius);
    }
}
```

이 수정된 Monster 스크립트에는 다음과 같은 기능이 추가되었습니다.

```csharp
// 몬스터 상태
private bool _isActive = false;

// 트리거 영역 설정
public float triggerRadius = 6.0f;  // 감지 범위
```

- _isActive 변수를 추가하여 몬스터의 활성화 상태를 추적합니다.
- triggerRadius 변수를 추가하여 몬스터가 플레이어를 감지하는 범위를 설정합니다.

```csharp
private void Start()
{
    // ...(코드 생략)

    // 시작 시 추적 비활성화
    _agent.isStopped = true;
}
```

- Start() 메서드에서 _agent.isStopped = true를 설정하여 시작 시 몬스터가 움직이지 않도록 합니다.

```csharp
private void Update()
{
    // 플레이어와의 거리 계산
    float distanceToPlayer = Vector3.Distance(transform.position,
_player.position);

    // 트리거 범위 내에 플레이어가 들어오면 활성화
    if(!_isActive && distanceToPlayer <= triggerRadius)
    {
        _isActive = true;
        _agent.isStopped = false;
        Debug.Log(gameObject.name + ": 몬스터가 활성화되었습니다!");
    }

    // 활성화된 상태일 때만 플레이어 추적
    if(_isActive)
    {
        _agent.SetDestination(_player.position);
    }
}
```

- Update() 메서드에서 플레이어와의 거리를 계산하고 트리거 범위 내에 들어오면 몬스터를 활성화 합니다.

```csharp
private void OnDrawGizmosSelected()
{
    Gizmos.color = Color.red;
```

```
        Gizmos.DrawWireSphere(transform.position, triggerRadius);
    }
```

- OnDrawGizmosSelected()는 오브젝트가 선택되어 있을 때 씬 뷰에 기즈모를 그립니다.
- 빨간색의 와이어 프레임 구체를 triggerRadius 크기만큼 씬 뷰에 그립니다.

이 방식을 사용하면 별도의 트리거 오브젝트를 만들지 않아도 몬스터가 스스로 주변을 감지하여 플레이어가 일정 범위 안에 들어왔을 때 자동으로 활성화됩니다. 또한 Monster 오브젝트의 Monster 스크립트에서 Trigger Radius 값을 조절하면 몬스터의 감지 범위를 쉽게 변경할 수 있습니다.

이제 게임을 실행하면 몬스터는 둥둥 떠다니는 애니메이션으로 시각적 흥미를 더하고 플레이어가 감지 범위에 들어왔을 때만 추적을 시작합니다. 이렇게 하면 몬스터가 더욱 지능적으로 행동하는 적 캐릭터처럼 느껴지며 게임 플레이에 긴장감과 전략적인 재미가 더해집니다.

3 몬스터-플레이어 충돌 처리 구현하기

이제 몬스터와 플레이어가 충돌할 때 플레이어를 밀어내는 간단한 기능을 구현해 보겠습니다. 이를 통해 몬스터와의 접촉이 위험하다는 느낌을 플레이어에게 전달할 수 있습니다.

❶ Monster 스크립트에 충돌 처리 기능을 직접 추가하겠습니다. 기존 Monster 스크립트를 열고 다음과 같이 수정합니다.

```
using UnityEngine;
using UnityEngine.AI;
public class Monster : MonoBehaviour
{
    // ...(코드 생략)

    // 넉백 관련 변수 추가
    public float knockbackForce = 10f;   // 튕겨 내는 힘

    private void Start()
    {
```

```csharp
        // ...(코드 생략)
    }


    private void Update()
    {
        // ...(코드 생략)
    }


    // 충돌 처리 함수 추가
    private void OnCollisionEnter(Collision collision)
    {
        // Player 태그를 가진 오브젝트와 충돌 시
        if(collision.gameObject.CompareTag("Player"))
        {
            Rigidbody playerRb = collision.gameObject.GetComponent<Rigidbody>();

            if(playerRb != null)
            {
                // 충돌 방향 계산(몬스터에서 플레이어 방향)
                Vector3 direction =(collision.transform.position -
transform.position).normalized;

                // 약간의 위쪽 방향 추가
                direction += Vector3.up * 0.5f;

                // 플레이어에게 힘 가하기
                playerRb.AddForce(direction * knockbackForce,
ForceMode.Impulse);

                Debug.Log("플레이어가 몬스터와 충돌했습니다!");
            }
        }
    }


    private void OnDrawGizmosSelected()
    {
        // ...(코드 생략)
    }
}
```

이 간단한 접근 방식으로도 몬스터와 충돌 시 플레이어가 튕겨 나가는 효과를 구현할 수 있습니다. 추가 스크립트 없이 기존 Monster 클래스에 충돌 처리 코드를 통합하여 코드 구조를 단순화했습니다.

[**그림 3.4-12**] 충돌 처리 구현 결과 화면

충돌이 감지되면 플레이어에게 몬스터로부터 멀어지는 방향으로 힘을 가하며 약간의 위쪽 방향 성분을 더해 플레이어가 자연스럽게 점프하듯 튕겨 나가게 됩니다. ForceMode.Impulse를 사용하여 순간적인 힘을 적용함으로써 확실한 충돌 효과를 만들어 냅니다.

이렇게 해서 NinjaWorld 게임에 자연스럽게 움직이고 상호작용하는 몬스터를 성공적으로 추가했습니다. 둥둥 떠다니는 애니메이션과 트리거 기반 추적 시스템 그리고 충돌 시 플레이어를 튕겨 내는 기능이 게임에 긴장감과 도전 요소를 더해 주었습니다. 다음 단계에서는 게임의 완성도를 높이기 위한 승리/실패 UI와 시각적 효과(파티클, 조명, 포스트 프로세싱)에 대해 알아보겠습니다. 이러한 요소들을 통해 게임의 시각적 품질과 사용자 경험을 한층 더 향상시킬 수 있을 것입니다

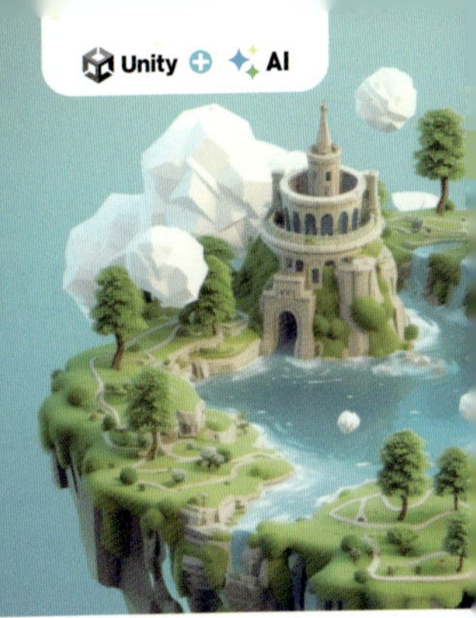

Chapter 5

꾸미기와 완성도 높이기

지금까지 우리는 닌자 월드 게임의 핵심 시스템들을 구현했습니다. 플레이어는 자유롭게 이동하고 점프할 수 있으며 별을 수집하고 장애물을 피하면서 몬스터와 상호작용할 수 있습니다. 이제 게임의 완성도를 한층 더 높이기 위해 시각적 효과와 조명, 포스트 프로세싱 효과를 추가해 보겠습니다.

5.1 몰입감을 높이는 파티클 효과

파티클 시스템은 게임에서 먼지, 불꽃, 폭발, 마법 효과 등을 표현하는 데 사용되는 핵심 도구입니다. 닌자 월드에서는 플레이어가 장애물과 충돌하거나 몬스터와 접촉할 때 그리고 수집 아이템을 획득할 때 시각적 피드백을 제공하여 게임의 임팩트를 강화하고자 합니다. 이번에는 에셋 스토어에서 고품질 파티클 효과를 다운로드하여 게임에 적용하는 방법을 배워 보겠습니다.

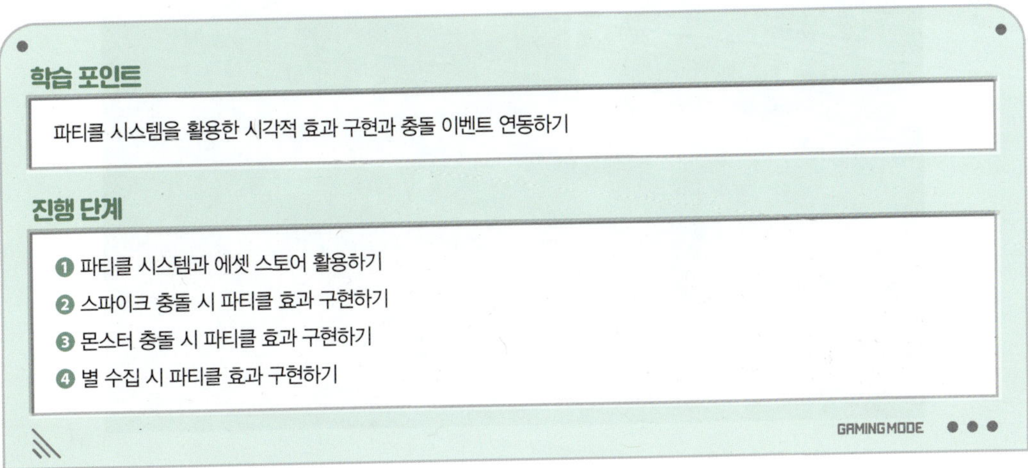

학습 포인트

파티클 시스템을 활용한 시각적 효과 구현과 충돌 이벤트 연동하기

진행 단계

❶ 파티클 시스템과 에셋 스토어 활용하기

❷ 스파이크 충돌 시 파티클 효과 구현하기

❸ 몬스터 충돌 시 파티클 효과 구현하기

❹ 별 수집 시 파티클 효과 구현하기

① 파티클 시스템과 에셋 스토어 활용하기

파티클 시스템이란?

파티클 시스템은 유니티에서 작은 개별 요소들(파티클)을 대량으로 생성하고 제어하여 복잡한 시각적 효과를 만드는 시스템입니다. 마치 수많은 작은 점들이 모여 구름을 만들거나 불꽃이 튀는 효과를 연출하는 것과 같습니다.

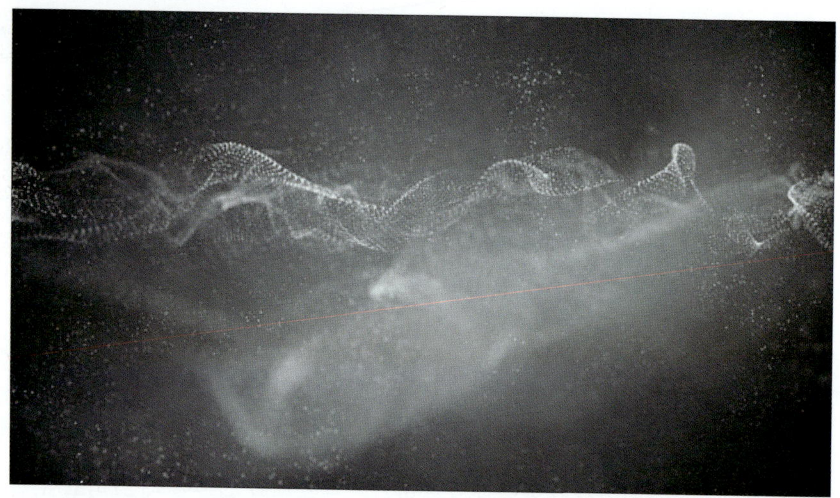

[그림 3.5-1] 구름 효과(출처: pixabay)

[그림 3.5-2] 불꽃 효과(출처: pixabay)

그러나 처음부터 파티클을 만드는 것은 시간이 많이 걸리고 복잡할 수 있습니다. 따라서 에셋 스토어에서 미리 만들어진 고품질 파티클 효과를 활용하는 것이 효율적입니다.

파티클 시스템의 기본 개념과 구성 요소, 사용 예제 등이 궁금하다면 챗GPT에게 "유니티 파티클 시스템에 대해 설명해 줘."
라고 질문해 볼 수 있습니다.
파티클 시스템의 원리부터 실제 프로젝트에서의 활용 방법까지 상세하고 친절한 설명을 참고할 수 있습니다.

1 파티클 효과 패키지 다운로드

❶ 에셋 스토어 검색 창에서 'Cartoon FX Remaster Free'를 검색하여 찾습니다. 해당 파티클 에셋을
다운로드한 후 내 프로젝트에 임포트합니다.

Cartoon FX Remaster Free는 게임 개발자들 사이에서 매우 인기 있는 무료 파티클 효과 패키지입
니다. 이 에셋은 폭발, 충돌, 마법 효과 등 다양한 카툰 스타일 파티클 효과를 제공합니다.

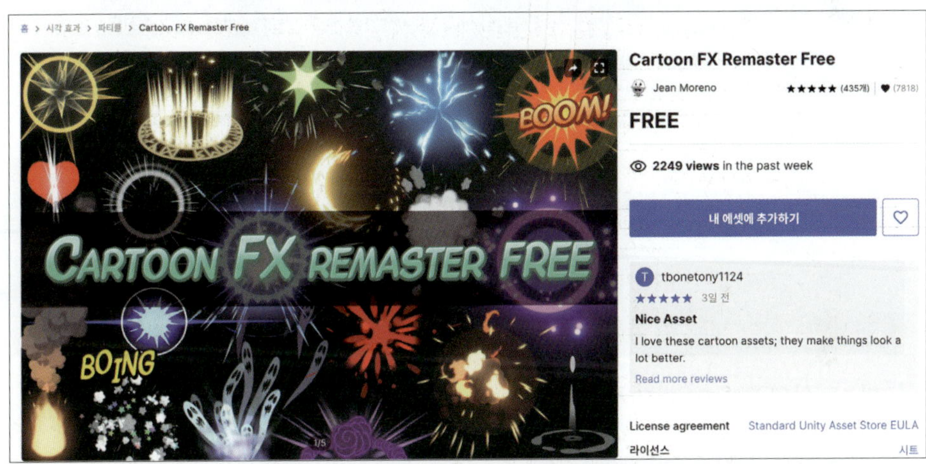

[그림 3.5-3] Cartoon FX Remaster Free(출처: 에셋 스토어)

❷ 프로젝트 뷰에서 임포트된 JMO Assets > Cartoon FX Remaster > CFXR Prefabs를 탐색합
니다.

❸ 다양한 카테고리별로 정리된 폴더들을 확인할 수 있습니다.

- Impacts: 충돌 효과용 파티클 모음

- Explosions: 폭발 효과용 파티클 모음

- Fire: 불 효과용 파티클 모음

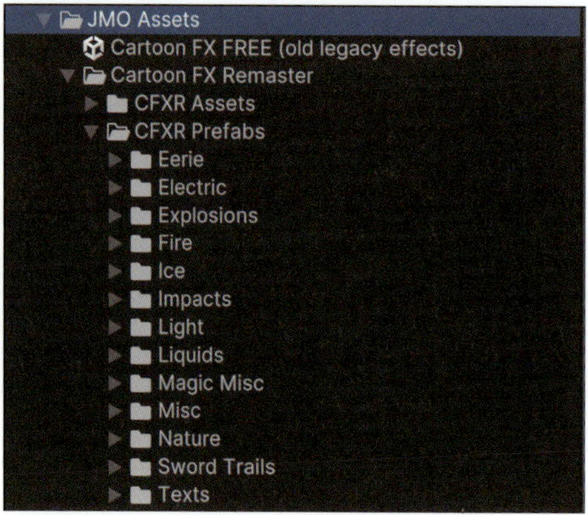

[그림 3.5-4] [JMO Assets] 폴더

④ 각 프리팹을 씬 뷰로 드래그해 보면서 어떤 효과들이 있는지 확인해 봅니다.

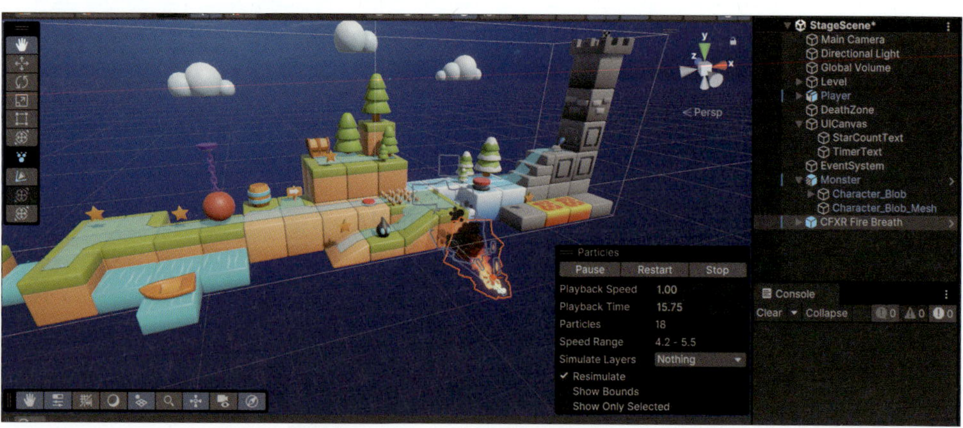

[그림 3.5-5] CFXR Fire Breath 파티클

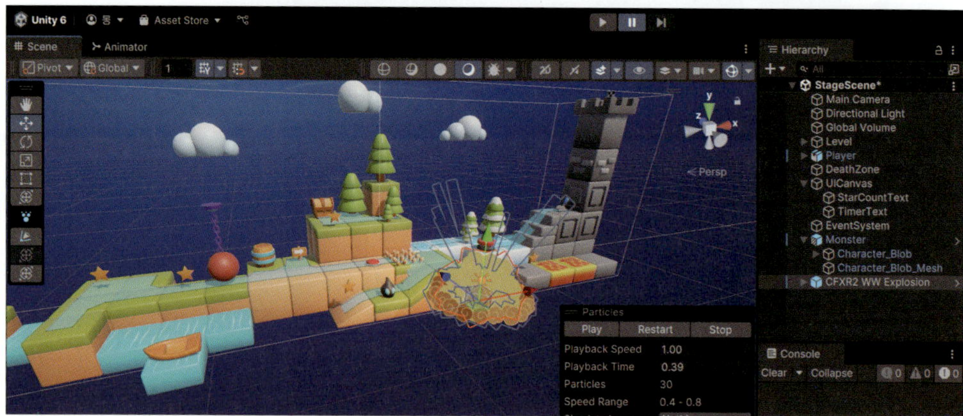

[그림 3.5-6] CFXR2 WW Explosion 파티클

이렇게 닌자 월드 게임의 스타일과 잘 어울리며 충돌 효과에 필요한 다양한 파티클들을 다운로드
한 후 테스트해 보았습니다.

2 스파이크 충돌 시 파티클 효과 구현하기

이제 플레이어가 스파이크와 충돌할 때 파티클 효과가 나타나도록 DamageSpike 스크립트를 수
정해 보겠습니다.

DamageSpike 스크립트 수정

❶ 프로젝트 뷰에서 [01. Scripts] 폴더의 DamageSpike 스크립트를 더블 클릭하여 편집기에서 엽니다.

❷ 코드를 다음과 같이 수정합니다.

```csharp
using UnityEngine;

public class DamageSpike : MonoBehaviour
{
    // ...(코드 생략)

    [Header("파티클 효과")]
    public GameObject HitParticle; // 충돌 시 생성할 파티클 프리팹

    private void OnCollisionEnter(Collision collision)
    {
        // Player 태그를 가진 오브젝트만 처리
        if(collision.gameObject.CompareTag("Player"))
        {
            // 플레이어의 Rigidbody 컴포넌트 가져오기
            Rigidbody playerRb = collision.gameObject.GetComponent<Rigidbody>();

            if(playerRb != null)
            {
                // ...(이전 코드 생략)

                // 플레이어에게 힘 가하기
                playerRb.AddForce(direction * KnockbackForce,
ForceMode.Impulse);
```

```csharp
            // 파티클 효과 생성
            if(HitParticle != null)
            {
                // 충돌 지점에 파티클 생성
                Vector3 contactPoint = collision.contacts[0].point;
                GameObject particle = Instantiate(HitParticle,
    contactPoint, Quaternion.identity);

                // 파티클이 자동으로 제거되도록 설정
                Destroy(particle, 3f);
            }

            Debug.Log("플레이어가 스파이크에 부딪혔습니다!");
        }
    }
}
```

위 코드에서 파티클을 생성하는 핵심 부분을 자세히 살펴보겠습니다.

```csharp
// 파티클 효과 생성
if(HitParticle != null)
{
    // 충돌 지점에 파티클 생성
    Vector3 contactPoint = collision.contacts[0].point;
    Instantiate(HitParticle, contactPoint, Quaternion.identity);
}
```

이 코드는 다음과 같은 과정으로 작동합니다.

❶ 충돌 지점 계산: collision.contacts[0].point를 사용하여 정확한 충돌 지점을 가져옵니다.
contacts[0]는 첫 번째 충돌 접촉점을 의미하며 대부분의 경우 이것 만으로도 충분합니다.

❷ **파티클 인스턴스화**: Instantiate(HitParticle, contactPoint, Quaternion.identity)를 호출하여 지정된 위치에 파티클을 생성합니다.
  - **첫 번째 매개변수(HitParticle)**: 생성할 파티클 프리팹
  - **두 번째 매개변수(contactPoint)**: 파티클이 생성될 위치
  - **세 번째 매개변수(Quaternion.identity)**: 회전 값(기본 회전 사용)

이 방식의 장점은 파티클이 정확히 충돌이 발생한 지점에서 나타난다는 것입니다. 이는 시각적으로 매우 자연스러우며 플레이어에게 명확한 피드백을 제공합니다.

파티클 효과 연결하기

❶ 하이어라키 뷰에서 Obstacle_Wooden_Spike_01 오브젝트를 선택합니다.

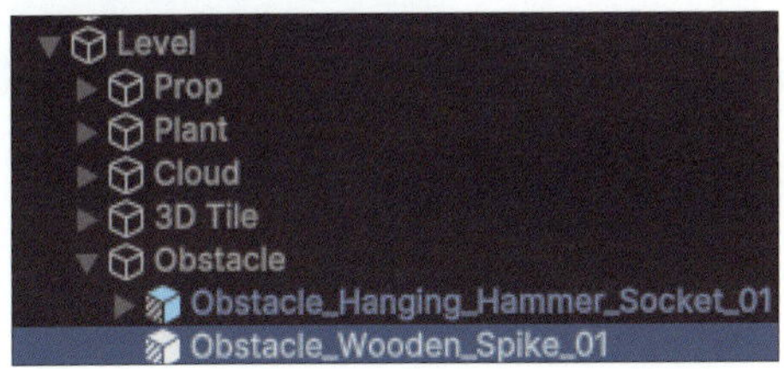

[그림 3.5-7] 오브젝트 선택

❷ 인스펙터 뷰의 DamageSpike 컴포넌트에서 Hit Particle 필드를 찾습니다.

❸ 프로젝트 뷰에서 Cartoon FX Remaster > CFXR Prefabs > Impacts를 연 후 적절한 파티클 프리팹을 선택합니다. 예를 들어, 나무 스파이크에 적합한 충돌 효과인 'CFXR Hit D 3D(Yellow)'를 찾아 Hit Particle 필드에 드래그 앤 드롭합니다.

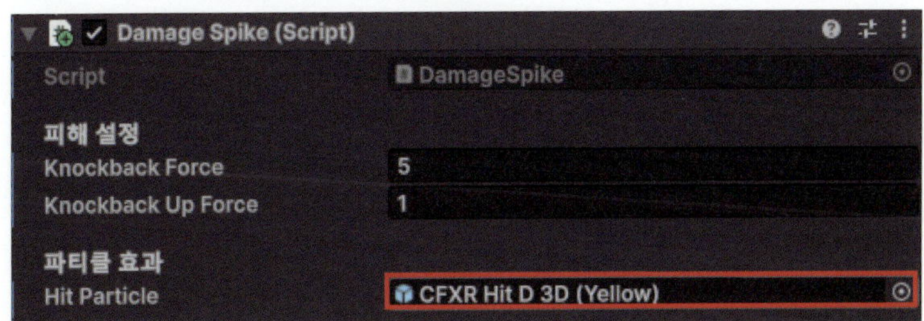

[그림 3.5-8] 파티클 프리팹-필드 연결

이제 플레이어가 스파이크와 충돌하면 충돌 지점에서 역동적인 파티클 효과가 나타납니다.

[그림 3.5-9] 적용 결과

③ 몬스터 충돌 시 파티클 효과 구현하기

몬스터와 플레이어가 충돌할 때도 파티클 효과를 추가하여 충돌의 임팩트를 강화해 보겠습니다.

Monster 스크립트 수정

❶ 프로젝트 뷰에서 [01. Scripts] 폴더의 Monster 스크립트를 더블 클릭하여 편집기에서 엽니다.

❷ 코드를 다음과 같이 수정합니다.

```csharp
using UnityEngine;
using UnityEngine.AI;

public class Monster : MonoBehaviour
{
    // ...(코드 생략)

    // 파티클 효과 추가
    [Header("파티클 효과")]
    public GameObject CollisionParticle; // 충돌 시 생성할 파티클 프리팹
```

```csharp
// ...(코드 생략)

private void OnCollisionEnter(Collision collision)
{
    if(collision.gameObject.CompareTag("Player"))
    {
        Rigidbody playerRb = collision.gameObject.GetComponent<Rigidbody>();

        if(playerRb != null)
        {
            // 충돌 방향 계산(몬스터에서 플레이어 방향)
            Vector3 direction =(collision.transform.position -
transform.position).normalized;
            // 약간의 위쪽 방향 추가
            direction += Vector3.up * 0.5f;

            // 플레이어에게 힘 가하기
            playerRb.AddForce(direction * knockbackForce,
ForceMode.Impulse);

            // 파티클 효과 생성
            if(CollisionParticle != null)
            {
                // 몬스터와 플레이어 사이 지점에 파티클 생성
                Vector3 particlePosition = Vector3.Lerp(transform.positi
on, collision.transform.position, 0.5f);
                Instantiate(CollisionParticle, particlePosition,
Quaternion.identity);
            }

            Debug.Log("플레이어가 몬스터와 충돌했습니다!");
        }
    }
}

    // ...(코드 생략)
}
```

몬스터 충돌에서 사용하는 파티클 생성 코드는 스파이크와 약간 다릅니다.

```csharp
// 파티클 효과 생성
if(CollisionParticle != null)
{
    // 몬스터와 플레이어 사이 지점에 파티클 생성
    Vector3 particlePosition = Vector3.Lerp(transform.position,
collision.transform.position, 0.5f);
    Instantiate(CollisionParticle, particlePosition, Quaternion.identity);
}
```

이 코드의 핵심은 Vector3.Lerp( ) 함수를 사용한 것입니다.

- Vector3.Lerp(): 두 점 사이의 선형 보간(Linear Interpolation)을 수행합니다.
- transform.position: 몬스터의 위치
- collision.transform.position: 플레이어의 위치
- 0.5f: 보간 비율(0.5는 정확히 중간점을 의미)

이 방식을 사용하는 이유는 몬스터와 플레이어 간의 충돌이 면 대 면으로 일어나기 때문에 정확한 충돌점보다는 두 오브젝트 사이의 중점에서 파티클이 나타나는 것이 시각적으로 좀 더 자연스럽기 때문입니다.

🔺 몬스터 파티클 효과 연결하기

❶ 하이어라키 뷰에서 Monster 오브젝트를 선택합니다.

❷ 인스펙터 뷰의 Monster 컴포넌트에서 Collision Particle 필드를 찾습니다.

❸ 프로젝트 뷰에서 Cartoon FX Remaster > CFXR Prefabs > Impacts를 연 후 슬라임 유령 몬스터와의 충돌에 적합한 효과인 CFXR Impact Glowing HDR(Blue)를 선택해 Collision Particle 필드에 드래그 앤 드롭합니다.

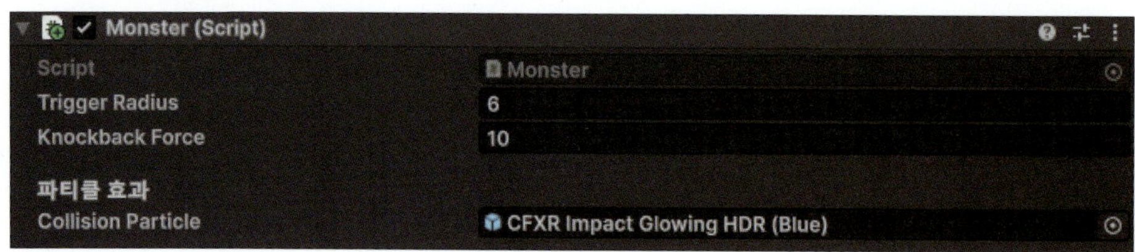

[그림 3.5-10] 파티클 프리랩-Collect Particle 필드 연결

이제 플레이어가 몬스터와 충돌하면 두 오브젝트 사이의 중점에서 신비로운 충돌 효과가 나타납니다.

[그림 3.5-11] 적용 결과

>  **Tip** _ □ ×
>
> 게임에서 파티클의 생성 위치를 동적으로 계산하는 다양한 방법이 궁금하다면 챗GPT에게 "게임에서 파티클의 생성 위치를 동적으로 계산하는 다양한 방법을 알려줘."라고 질문해 볼 수 있습니다.
> 충돌 방향을 고려한 오프셋, 랜덤 위치 생성, 법선 벡터를 활용한 위치 조정 등 다양한 고급 기법에 대한 설명을 참고할 수 있습니다.

4 별 수집 시 파티클 효과 구현하기

별을 수집할 때도 아름다운 파티클 효과를 추가하여 수집의 만족감을 높여 보겠습니다.

StarItem 스크립트 수정

① 프로젝트 뷰에서 [01. Scripts] 폴더의 StarItem 스크립트를 더블 클릭하여 편집기에서 엽니다.

② 코드를 다음과 같이 수정합니다.

```
using UnityEngine;
```

```csharp
public class StarItem : MonoBehaviour
{
    // ...(코드 생략)

    [Header("파티클 효과")]
    public GameObject CollectParticle; // 수집 시 생성할 파티클 프리팹

    private void Update()
    {
        // ...(코드 생략)
    }

    private void OnTriggerEnter(Collider other)
    {
        if(other.CompareTag("Player"))
        {
            // 게임 매니저에 별 수집
            GameManager.Instance.AddStar();

            // 파티클 효과 생성
            if(CollectParticle != null)
            {
                // 별의 위치에 파티클 생성
                Instantiate(CollectParticle, transform.position,
Quaternion.identity);
            }

            // 별 오브젝트 비활성화
            gameObject.SetActive(false);
        }
    }
}
```

이 코드는 간단하지만 효과적입니다.

```csharp
// 파티클 효과 생성
if(CollectParticle != null)
{
```

```
// 별의 위치에 파티클 생성

Instantiate(CollectParticle, transform.position, Quaternion.identity);
}
```

- **별의 위치에 생성**: transform.position을 사용하여 별이 있던 위치에 파티클을 생성합니다.
- **타이밍**: 별이 비활성화되기 직전에 파티클이 생성되므로 마치 별이 파티클로 변하면서 사라지는 것처럼 보입니다.
- **시각적 만족감**: 별을 수집했다는 명확한 시각적 피드백을 제공합니다.

별 수집 파티클 효과 연결하기

❶ 프로젝트 뷰에서 별 프리팹(Collectible_Star_01)을 더블 클릭하여 프리팹 편집 모드로 들어갑니다.

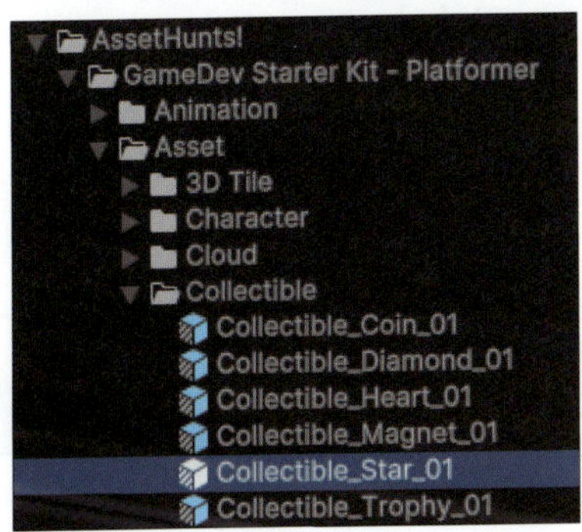

[그림 3.5-12] 별 프리팹 선택

❷ 인스펙터 뷰의 StarItem 컴포넌트에서 Collect Particle 필드를 찾습니다.

❸ 프로젝트 뷰에서 Cartoon FX Remaster > CFXR Prefabs > Light를 열고 별 수집에 적합한 화교(CFXR3 Hit Light B(Air))를 선택해 Collect Particle 필드에 드래그 앤 드롭합니다.

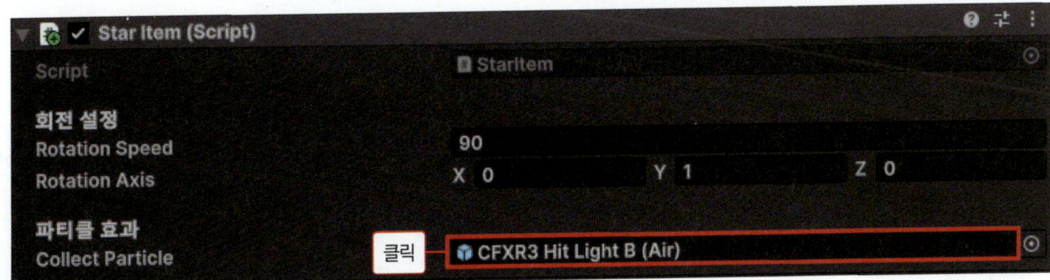

[그림 3.5-13] 파티클 프리팹-Collect Particle 필드 연결

❹ 프리팹 편집 모드 상단의 [Save] 버튼을 클릭하여 변경 사항을 저장한 후 [Back] 버튼을 클릭하여 메인 씬으로 돌아갑니다.

이제 플레이어가 별을 수집하면 아름다운 빛의 파티클 효과가 나타나며 수집의 성취감을 크게 높여 줍니다.

[그림 3.5-14] 적용 결과

> **💎 Tip** — □ ×
>
> 수집 아이템의 시각적 피드백을 극대화하는 방법이 궁금하다면 챗GPT에게 "게임에서 수집 아이템의 시각적 피드백을 극대화하는 방법을 알려 줘."라고 질문해 볼 수 있습니다.
> 파티클 효과 외에도 사운드, 화면 효과, UI 애니메이션 등 다양한 연출 기법을 조합하여 더욱 만족스러운 수집 경험을 만드는 방법에 대한 설명을 참고할 수 있습니다.

이로써 닌자 월드 게임에 전문적인 파티클 효과를 성공적으로 추가했습니다. Cartoon FX Remaster Free 에셋을 활용하여 게임의 시각적 품질이 크게 향상되었으며 플레이어의 모든 주요 액션(충돌, 수집)에 대한 명확하고 만족스러운 시각적 피드백을 제공하게 되었습니다. 다음에는 조명 효과를 추가하여 게임의 분위기를 더욱 풍부하게 만들어 보겠습니다.

지금까지 우리가 만든 닌자 월드는 기능적으로는 완벽하지만, 모든 곳이 똑같이 밝아서 평면적으로 느껴질 수 있습니다. 조명은 게임에서 단순히 화면을 밝게 만드는 것을 넘어 플레이어의 시선을 유도하고 중요한 요소를 강조하며 게임의 분위기를 결정하는 중요한 역할을 합니다.

이번에는 게임 전체를 어둡게 만들어 닌자 테마에 맞는 은밀한 분위기를 조성하고 별과 몬스터 같은 핵심 요소들을 조명으로 강조하여 플레이어가 쉽게 인식할 수 있도록 만들어 보겠습니다.

학습 포인트

조명을 활용한 게임 분위기 연출과 플레이어 유도 시스템 구현하기

진행 단계

❶ 어두운 분위기를 위한 기본 조명 설정하기
❷ 별 프리팹에 포인트 라이트 추가하기
❸ 목적지에 스포트라이트 설정하기
❹ 조명 최적화와 성능 관리하기

GAMING MODE ● ● ●

1 어두운 분위기를 위한 기본 조명 설정하기

조명의 종류와 역할

유니티에서 사용하는 주요 조명의 종류는 다음과 같습니다.

[그림 3.5-15] Directional Light

[그림 3.5-16] Point Light

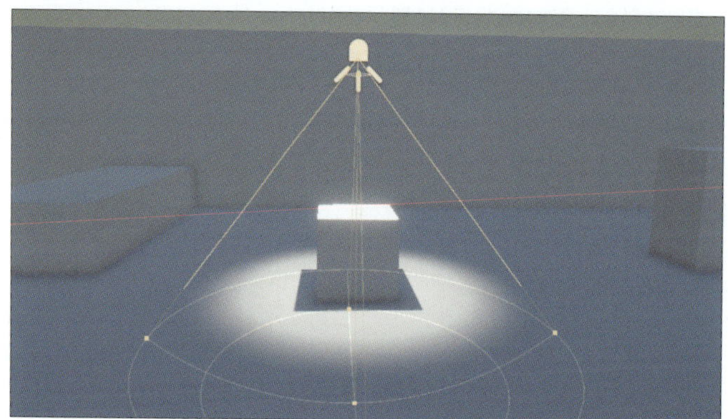

[그림 3.5-17] Spot Light

조명의 종류	특징	사용 예시
Directional Light	태양처럼 모든 방향에서 평행하게 비치는 빛	야외 환경의 주 조명
Point Light	전구처럼 한 점에서 사방으로 퍼지는 빛	실내 조명, 아이템 강조
Spot Light	손전등처럼 원뿔 모양으로 퍼지는 빛	특정 영역 강조, 경로 안내

기본 Directional Light 조정하기

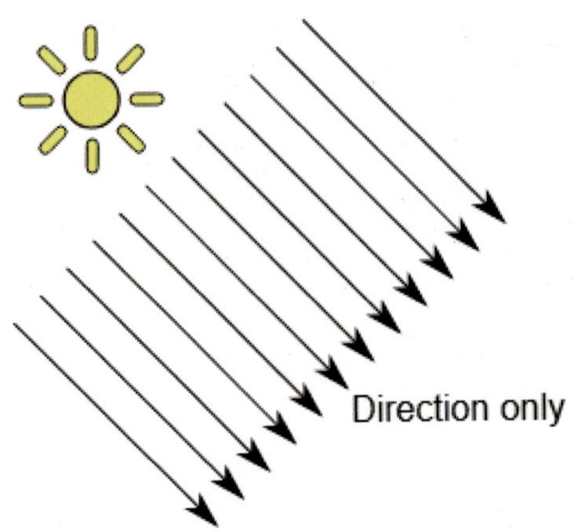

[그림 3.5-18] Directional Light(출처: 유니티 공식 문서)

Directional Light는 태양과 같이 무한히 먼 곳에서 한 방향으로 비치는 조명입니다. 마치 모든 광선이 평행하게 내려오는 것처럼 작동하여 씬 전체를 균등하게 비춥니다. 게임에서는 주로 야외 환경의 기본 조명으로 사용되며 낮과 밤의 분위기를 결정하는 핵심 요소입니다. 현재 분위기를 어둡고 신비로운 달빛 분위기로 바꿔 보겠습니다.

❶ 하이어라키 뷰에서 Directional Light 오브젝트를 선택합니다.

❷ 인스펙터 뷰에서 Light 컴포넌트의 주요 속성을 살펴보겠습니다.

- Emission 섹션에서는 빛의 색상과 강도를 조절할 수 있습니다.
- Mode는 Filter로 유지하고 Filter 색상을 연한 푸른색(184, 198, 219 #B8C6DB)으로 변경하여 달빛 같은 차가운 느낌을 만들어 봅니다.
- Intensity는 '0.5'로 줄여 조명을 어둡게 만듭니다.
- Shadows 섹션에서는 그림자 생성 방식을 설정합니다. Shadow Type의 Soft Shadows는 부드러운 그림자를 만들고 Strength는 1은 그림자의 진함을 의미합니다.

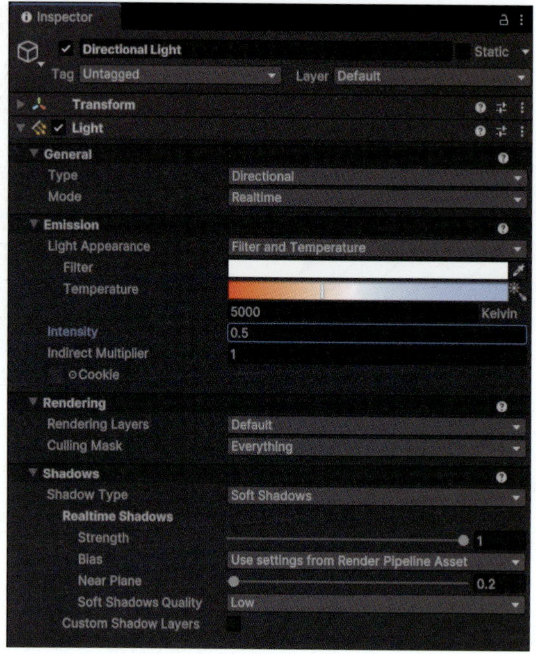

[그림 3.5-19] Light 컴포넌트 주요 속성

❸ Transform 컴포넌트에서 Rotation을 (30, −45, 0)으로 설정하여 달빛이 비스듬히 내려오는 자연스러운 각도를 만듭니다.

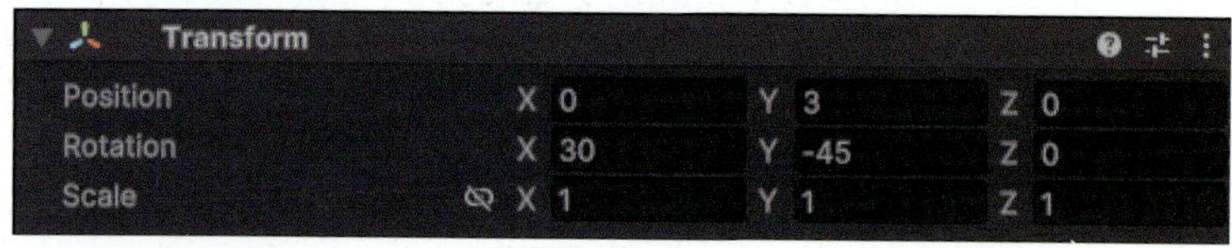

[그림 3.5-20] Light Transform 컴포넌트 설정

[그림 3.5-21] 적용 결과

스카이박스로 간접광 조정하기

간접광(Ambient Light)은 직접적인 조명원에서 나오지 않는 빛으로, 주변 환경에서 반사되어 오는 부드러운 배경 조명을 말합니다. 현실에서는 하늘이나 주변 표면에서 반사된 빛이 그림자진 부분까지 은은하게 비춰 주는 역할을 합니다. 게임에서는 이 간접광이 전체적인 분위기를 결정하는 중요한 요소가 됩니다.

이전에 설정한 FS002_Night 스카이박스는 간접광의 주요 소스 역할을 합니다. 스카이박스의 밝기를 조절하여 전체적인 어둠의 정도를 세밀하게 조정할 수 있습니다.

❶ 프로젝트 뷰에서 Fantasy Skybox FREE > Panoramics로 이동합니다.

❷ FS002_Night 머티리얼을 선택합니다.

❸ 인스펙터 뷰에서 Exposure 값을 찾습니다. 현재 '1'로 설정되어 있는 이 값을 '0.5'로 줄입니다. Exposure는 스카이박스의 전체적인 밝기를 조절하는 속성으로, 값이 낮을수록 더 어두워집니다.

❹ 변경 후 씬 뷰를 확인하면 전체적으로 더 어두운 밤하늘이 연출되는 것을 볼 수 있습니다.

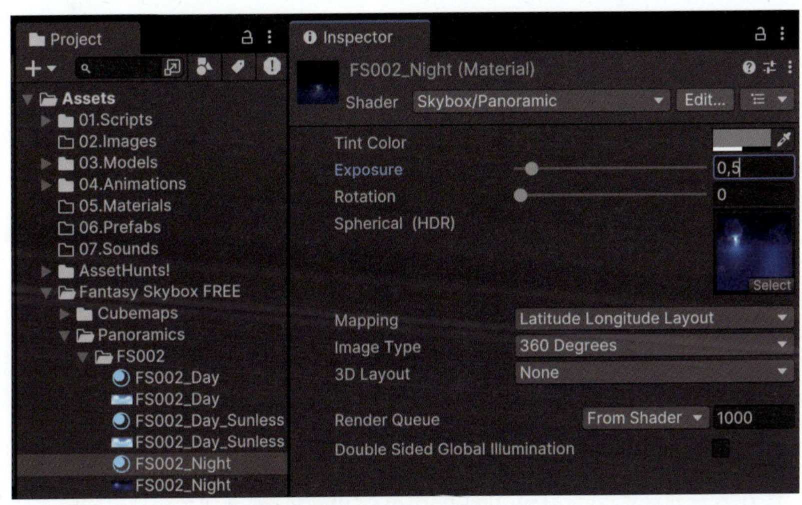

[그림 3.5-22] FS002_Night 머티리얼 Exposure 값 변경

이렇게 스카이박스의 Exposure를 줄이면 간접광도 함께 어두워져서 직접적인 조명이 닿지 않는 부분들이 더욱 어둡게 표현됩니다. 이는 닌자의 은밀한 활동을 표현하는 환경을 조성해 줍니다.

[그림 3.5-23] 적용 결과

 **Tip**

두 조명의 적절한 비율이 게임의 가독성과 분위기에 어떤 영향을 미치는지 궁금하다면 챗GPT에게 **"게임에서 간접 광과 직접 광의 균형 맞추기에 대해 알려 줘."**라고 질문해 볼 수 있습니다.

2 별 프리팹에 포인트 라이트 추가하기

어두운 환경에서 플레이어가 중요한 요소들을 쉽게 찾을 수 있도록 포인트 라이트를 전략적으로 배치해 보겠습니다. 포인트 라이트는 전구나 촛불처럼 한 점에서 모든 방향으로 균등하게 빛을 발산하는 조명으로, 특정 오브젝트를 강조하거나 작은 영역을 밝히는 데 효과적입니다.

별은 플레이어가 수집해야 하는 중요한 요소이므로 어두운 환경에서도 쉽게 찾을 수 있도록 조명을 추가하겠습니다.

❶ 프로젝트 뷰에서 Collectible_Star_01 프리팹을 더블 클릭하여 프리팹 편집 모드로 들어갑니다.

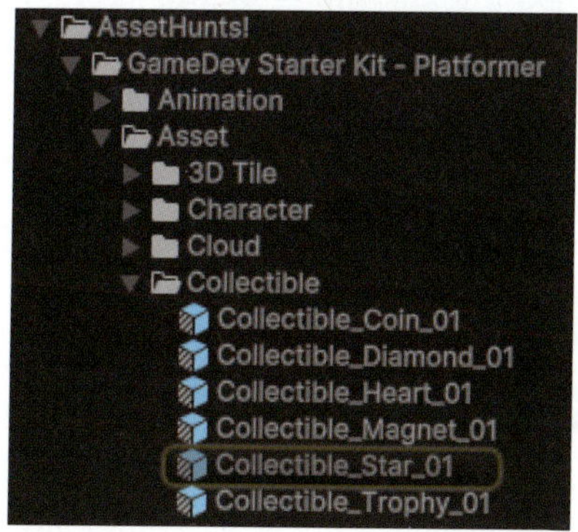

[그림 3.5-24] Collectible_Star_01 선택

❷ 하이어라키 뷰 상단의 [+] 버튼을 누른 후 Light > Point Light를 선택합니다.

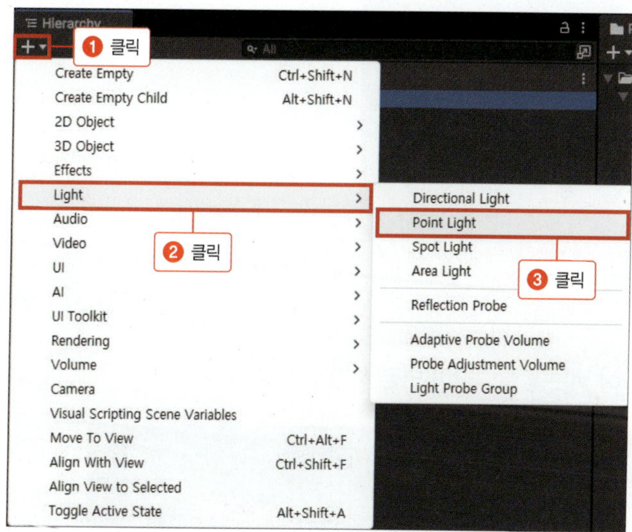

[그림 3.5-25] Light-Point Light 선택

❸ 생성된 Point Light의 Transform을 다음과 같이 설정합니다.

• Position: (0, 0, 0)(별과 정확히 같은 위치에 배치)

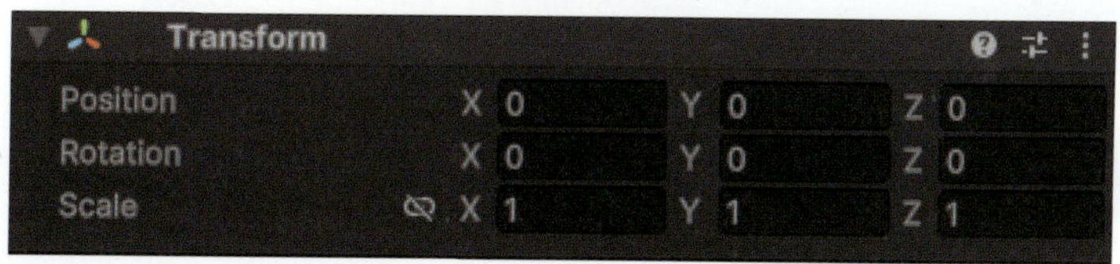

[그림 3.5-26] Point Light-Transform-Position 값 조정

❹ Point Light 컴포넌트의 설정을 조정합니다.

- Color: 밝은 노란색(255, 235, 59, #FFEB3B)(별의 색상과 조화를 이루는 황금빛)

- Intensity: 10

- Range: 5.0(별 주변을 적당히 밝혀 수집 가능함을 알려 줌.)

- Shadow Type: No Shadows(성능 최적화를 위해 그림자 비활성화)

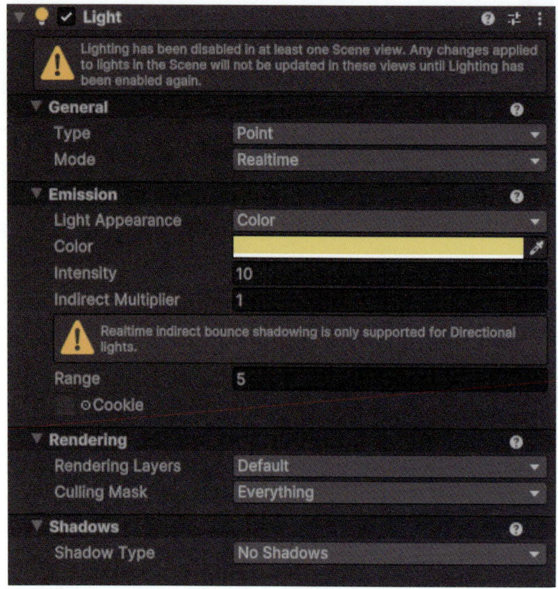

[그림 3.5-27] Point Light 컴포넌트 설정 조정

❺ 프리팹 편집 모드 상단의 [Save] 버튼을 클릭하여 변경 사항을 저장합니다.

[그림 3.5-28] 적용 결과

이제 씬으로 돌아가면 모든 별들이 자동으로 주변을 밝히는 조명을 갖게 되어 어두운 환경에서도 플레이어가 쉽게 발견할 수 있습니다. 별들이 마치 진짜 보석처럼 반짝이며 플레이어를 유혹하는 효과를 얻을 수 있습니다.

③ 목적지에 스포트라이트 설정하기

스포트라이트는 특정 방향으로 원뿔 모양의 빛을 발산하는 조명으로, 게임의 최종 목적지를 강조하고 플레이어에게 명확한 목표를 제시하는 데 매우 효과적입니다. 이번에는 게임의 도착지인 깃발에 스포트라이트를 설치하여 승리의 상징처럼 빛나도록 만들어 보겠습니다.

목적지 깃발 재배치하기

현재 깃발이 맵의 위쪽 높은 곳에 있어 플레이어가 도달하기 어려운 위치에 있습니다. 게임의 편의성을 위해 깃발을 좀 더 접근하기 쉬운 레버 위치로 옮겨 보겠습니다.

❶ 하이어라키 뷰에서 Level > Prop 하위의 Prop_Lever_01 오브젝트를 찾아 선택한 후 Delete를 눌러 삭제합니다.

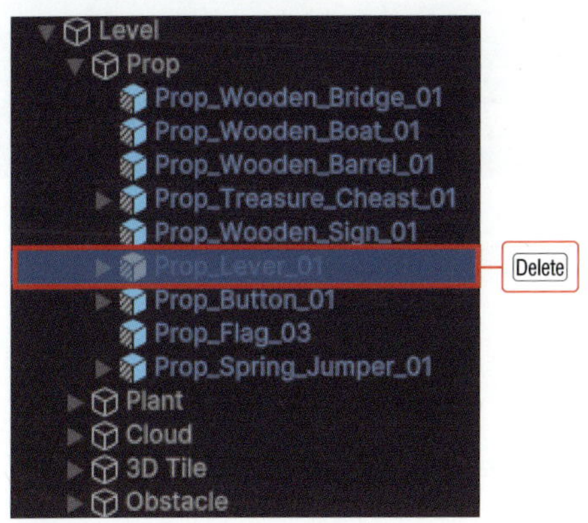

[그림 3.5-29] Prop_Lever_01 삭제

❷ 같은 Prop 폴더에서 Prop_Flag_03 오브젝트를 선택합니다.

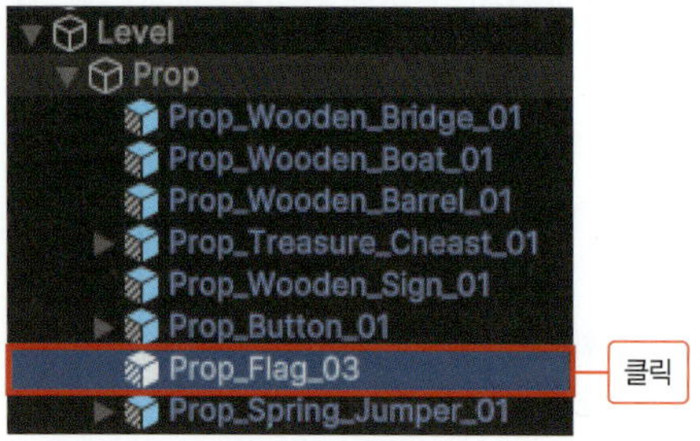

[그림 3.5-30] Prop_Flag_03 선택

❸ 인스펙터 뷰에서 Transform 컴포넌트의 Position 값을 조정하여 깃발을 레버가 있던 위치로 이동시
킵니다. 이렇게 하면 플레이어가 쉽게 도달할 수 있는 최종 목적지가 됩니다.

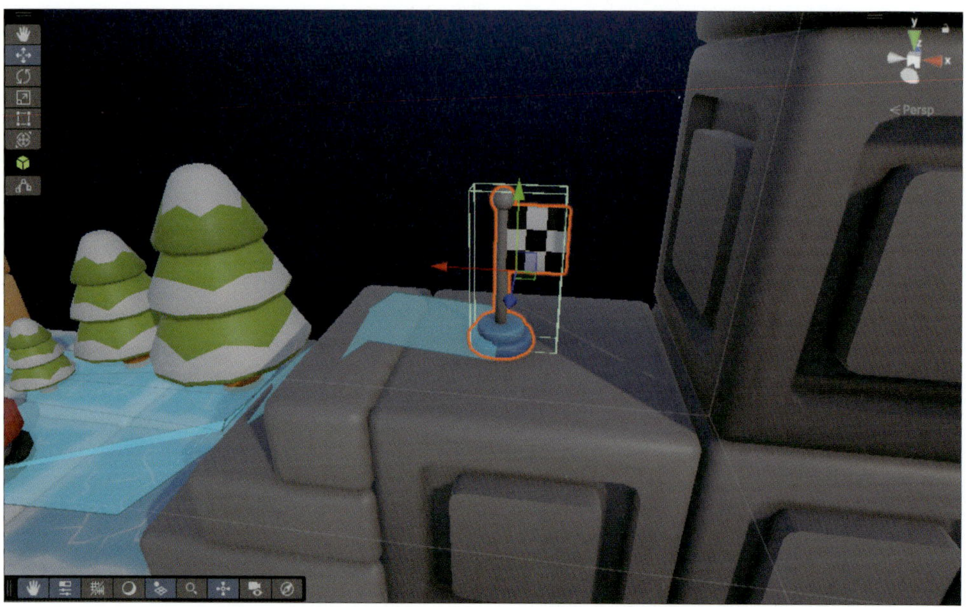

[그림 3.5-31] Prop_Flag_0 오브젝트 위치 조정

목적지 스포트라이트 설치하기

이제 깃발 위에 황금빛 스포트라이트를 설치하여 최종 목적지임을 강조해 보겠습니다.

❶ 하이어라키 뷰에서 Prop_Flag_03 근처에 빈 오브젝트를 생성한 후 이름을 'GoalFlagSpotlight'로
변경합니다.

❷ GoalFlagSpotlight를 깃발 위쪽 적절한 위치로 이동시킵니다.

❸ GoalFlagSpotlight에 Spot Light 컴포넌트를 추가한 후 다음과 같이 설정합니다

- Transform 설정
  - Position: (12.8, 8, −2.2)(깃발을 충분히 비출 수 있는 높이)
  - Rotation: (90, 0, 0)(아래를 비추게 기울어진 각도)
- Spot Light 설정
  - Color: 따뜻한 금색(255, 215, 0, #FFD700)(목표 달성의 기쁨과 승리를 상징하는 색상)
  - Intensity:100(목적지이므로 가장 밝게 설정하여 멀리서도 잘 보이게)
  - Range: 25.0(넓은 범위로 설정하여 멀리서도 깃발을 발견할 수 있게)
  - Spot Angle: 40(깃발과 그 주변을 집중적으로 비춤.)
  - Shadow Type: Soft Shadows(그림자를 생성하여 더욱 드라마틱한 효과 연출)

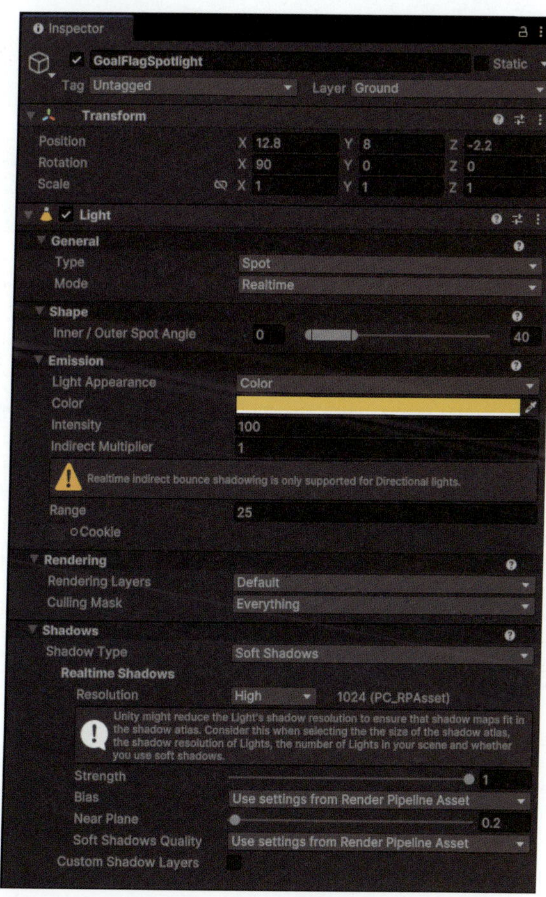

[그림 3.5−32] GoalFlagSpotlight−Spot Light 컴포넌트 속성 값 설정

설정이 완료되면 씬 뷰에서 효과를 확인해 보겠습니다. 어두운 환경에서 깃발이 황금빛 스포트라이트를 받아 마치 승리의 상징처럼 빛나는 모습을 볼 수 있을 것입니다.

게임을 실행하여 어둠 속에서 금색으로 빛나는 깃발이 얼마나 인상적인지 확인해 보세요. 플레이어는 이 빛을 보고 자연스럽게 그곳이 최종 목적지임을 직감할 것입니다.

[그림 3.5-33] 적용 결과

 **Tip** _ □ ×

플레이어의 목표 의식을 강화하고 게임 완료율을 높이는 다양한 목적지 디자인 기법에 대해 알고 싶다면 챗GPT에게 **"게임 디자인에서 목적지의 시각적 중요성에 대해 알려 줘."**라고 질문해 볼 수 있습니다.

게임에 많은 조명을 추가했으므로 성능을 유지하면서도 시각적 품질을 보장하는 최적화가 필요할 수 있습니다. 좀 더 나은 성능을 위해서는 정적인 오브젝트들에 대해 라이트베이킹 기법을 사용할 수 있습니다. 하지만 우리 닌자 월드는 실시간 조명만으로도 충분한 성능을 보여 주므로 여기서는 다루지 않겠습니다.

 **Tip** _ □ ×

정적인 환경에서 성능을 크게 향 상시킬 수 있는 라이트베이킹 기법과 언제 사용해야 하는지 그리고 설정 방법에 대한 상세한 가이드를 얻고 싶다면 챗GPT에게 **"유니티 라이트베이킹과 실시간 조명의 차이점 및 활용법에 대해 알려 줘."**라고 질문해 볼 수 있습니다.

이로써 닌자 월드 게임에 전략적이고 효과적인 조명 시스템을 성공적으로 구축했습니다. 어두운 분위기 속에서도 플레이어가 게임을 직관적으로 플레이할 수 있으면서 닌자라는 테마에 완벽하게 어울리는 은밀하고 신비로운 분위기를 연출할 수 있게 되었습니다. 다음 섹션에서는 포스트 프로세싱 효과를 추가하여 게임의 시각적 완성도를 한층 더 높여 보겠습니다.

5.3 포스트 프로세싱으로 완성도 높이기

지금까지 우리는 조명을 활용하여 닌자 월드의 분위기를 만들었지만, 아직 좀 더 특별함이 필요합니다. 포스트 프로세싱(Post Processing)은 게임 화면에 최종적으로 적용되는 시각적 효과로, 마치 영화의 필터나 인스타그램의 효과처럼 화면 전체의 색감, 분위기, 품질을 한 단계 끌어올려 주는 마법과 같은 기능입니다.

포스트 프로세싱을 활용하면 게임의 시각적 완성도를 크게 향상시킬 수 있으며 플레이어에게 더욱 몰입감 있는 경험을 제공할 수 있습니다. 이번에는 유니티의 강력한 포스트 프로세싱 시스템을 활용하여 닌자 월드만의 독특한 시각적 스타일을 만들어 보겠습니다.

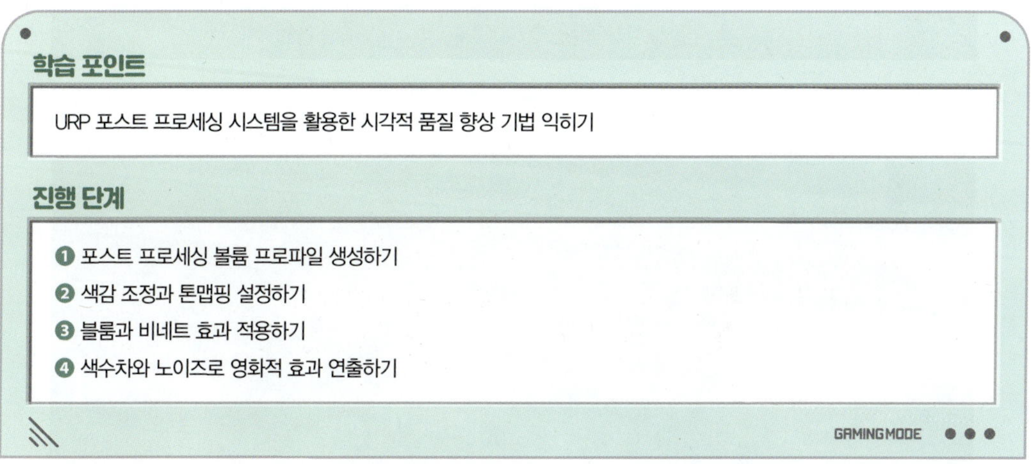

1 포스트 프로세싱 볼륨 프로파일 생성하기

포스트 프로세싱이란?

포스트 프로세싱은 게임 엔진이 3D 장면을 모두 렌더링한 후 최종 화면에 출력하기 전에 추가로 적용하는 시각적 효과들을 말합니다. 마치 사진을 찍은 후 포토샵으로 보정하는 것과 비슷한 개념입니다.

[그림 3.5-34] 포스트 프로세싱이 적용되지 않은 씬(출처: 유니티 공식 문서)

[그림 3.5-35] 포스트 프로세싱이 적용된 씬(출처: 유니티 공식 문서), 사진 출처: 유니티 공식 문서-https://docs.
unity3d.com/kr/2023.2/Manual/PostProcessingOverview.html

포스트 프로세싱에서 주로 사용되는 효과는 다음과 같습니다.

- **색감 조정**: 게임의 전체적인 색조와 분위기 설정
- **블룸**: 밝은 부분이 번지는 효과로 환상적인 분위기 연출
- **비네트**: 화면 가장자리를 어둡게 하여 중앙에 시선 집중
- **색수차**: 카메라 렌즈의 불완전함을 모사하여 현실감 증가

Global Volume 설정 확인하기

포스트 프로세싱을 적용하기 전에 Volume이 무엇인지 이해해야 합니다. Volume은 3D 공간에서 특정 영역을 정의하고 그 영역 안에서 포스트 프로세싱 효과를 적용하는 시스템입니다. 마치 보이지 않는 상자나 구체를 만들어 '이 안에 들어오면 이런 시각적 효과를 적용하라.'라고 명령하는 것과 같습니다.

Volume은 2가지 모드를 설정할 수 있습니다.

- **Global Volume**: 씬 전체에 효과를 적용하는 볼륨(경계가 없음.)
- **Local Volume**: 특정 영역에만 효과를 적용하는 볼륨(Box, Sphere 등의 경계가 있음.)

NinjaWorld에는 이미 Global Volume이 설정되어 있습니다. 이는 URP 템플릿으로 프로젝트를 생성할 때 자동으로 포함된 것입니다.

❶ 하이어라키 뷰에서 Global Volume 오브젝트를 찾아 선택합니다.
❷ 인스펙터 뷰에서 Volume 컴포넌트를 확인합니다.
- **Mode**: Global(전체 씬에 효과 적용)
- **Wight**: 1(다른 Volume과 중첩 시 중요도 설정)
- **Priority**: 0(다른 Volume과 중첩 시 우선순위 설정)
- **Profile**: SampleSceneProfile(기본 씬 프로파일)

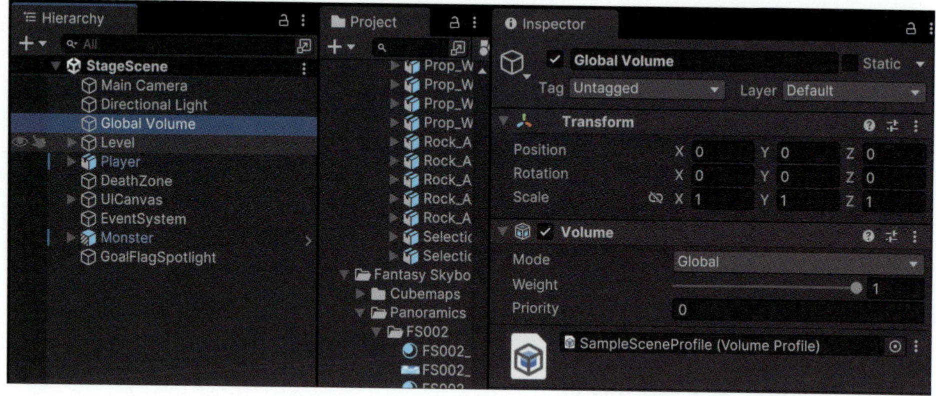

[그림 3.5-36] Global Volume-Volume 컴포넌트 속성

새로운 볼륨 프로파일 생성하기

볼륨 프로파일(Volume Profile)은 포스트 프로세싱 효과들의 설정 값을 묶어서 저장하는 파일입니다. 쉽게 말해 '포스트 프로세싱 설정의 레시피'라고 생각할 수 있습니다.

기본 프로파일을 그대로 사용하는 것보다는 우리만의 커스텀 프로파일을 만들어 보겠습니다.

❶ 프로젝트 뷰에서 [Settings] 폴더를 찾아 주세요.

❷ [Settings] 폴더를 마우스 오른쪽 버튼을 클릭한 후 Create > Rendering > Volume Profile을 선택합니다.

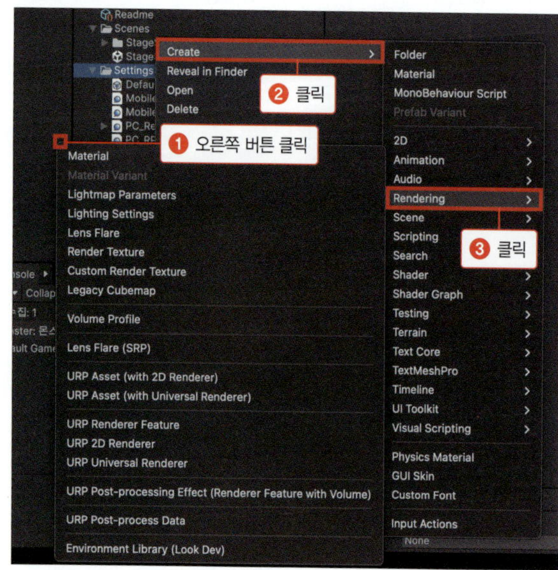

[그림 3.5-37] Volume Profile 생성

❸ 생성된 프로파일의 이름을 'NinjaWorld_PostProcessing'으로 변경합니다.

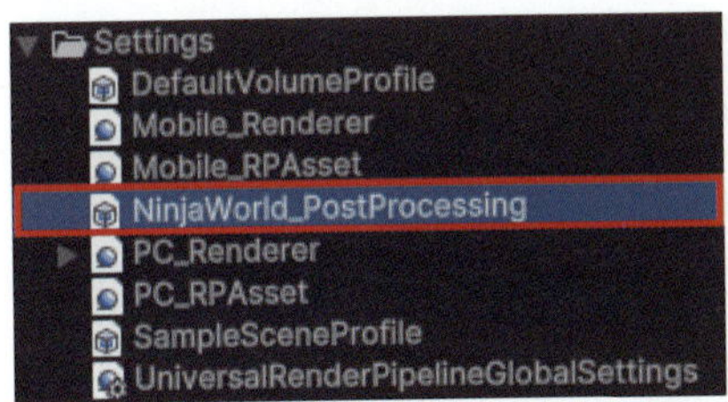

[그림 3.5-38] 프로파일 이름 변경

❹ 하이어라키 뷰에서 Global Volume 오브젝트를 선택한 후 인스펙터 뷰의 Volume 컴포넌트에서 Profile 필드를 새로 만든 'NinjaWorld_PostProcessing' 프로파일로 변경합니다.

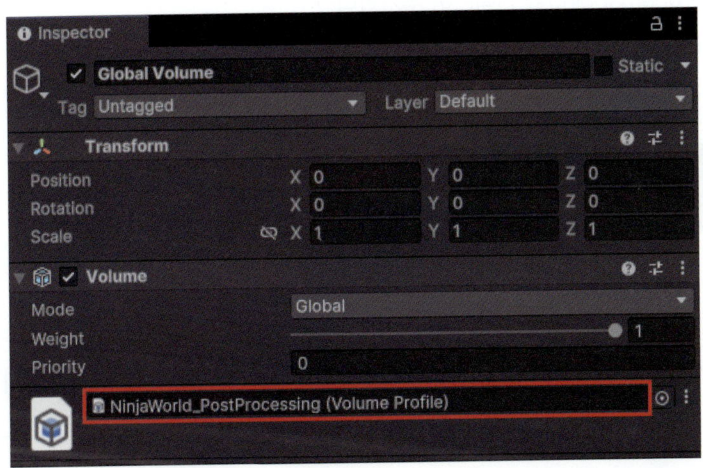

[그림 3.5-39] Profile 필드 프로파일 교체

2 색감 조정과 톤맵핑 설정하기

포스트 프로세싱에서 색감 조정은 게임의 전체적인 분위기와 톤을 결정하는 가장 기본적이면서도 중요한 요소입니다. 마치 사진 편집에서 필터를 적용하는 것처럼 게임 화면의 색상, 밝기, 대비 등을 조절하여 원하는 분위기를 연출할 수 있습니다.

톤맵핑(Tone mapping) 추가하기

톤맵핑은 게임에서 계산된 광범위한 밝기 값을 모니터에서 표현할 수 있는 제한된 범위로 변환하는 기술입니다. 영화적인 색감을 연출하고 사실적인 조명 환경을 만들 때 필수적입니다.

❶ Global Volume을 선택한 후 인스펙터 뷰에서 [Add Override] 버튼을 클릭합니다.

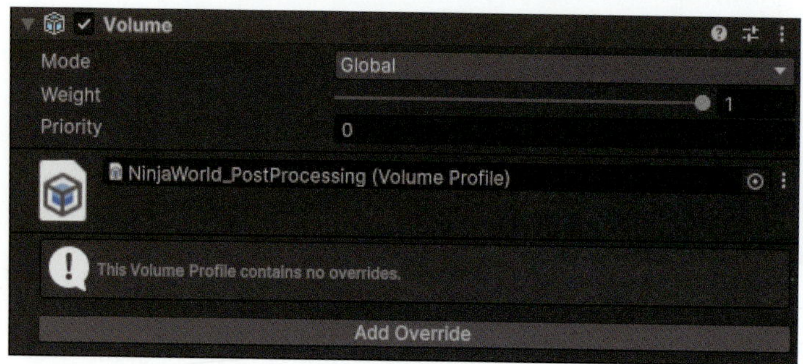

[그림 3.5-40] Global Volume 인스펙터 뷰-Add Override

❷ Post-processing > Tonemapping을 선택하여 추가합니다.

❸ Tonemapping 설정을 다음과 같이 조정합니다.

　• Mode: ACES(영화 산업 표준, None은 효과 없음, Neutral은 게임 최적화, ACES는 영화적 색감)

[그림 3.5-41] Tonemapping 설정

　ACES 톤맵핑은 자연스럽고 영화적인 색감을 제공하며 Exposure를 '-0.2'로 설정하여 닌자의 은
밀한 분위기를 강조합니다.

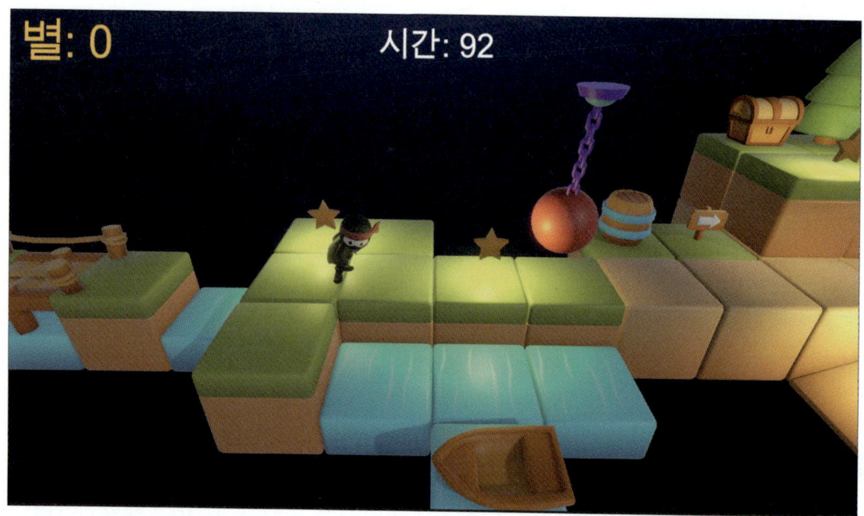

[그림 3.5-42] 톤맵핑 전

[그림 3.5-43] 톤맵핑 후

색상 조정(Color Adjustments) 설정하기

색상 조정은 게임 화면의 노출, 대비, 색조, 채도 등을 종합적으로 조절할 수 있는 기능입니다. 게임의 전체적인 분위기를 미세 조정하거나 플레이어의 시각적 피로를 줄이고 싶을 때 주로 사용됩니다.

❶ 프로젝트 뷰에서 NinjaWorld_PostProcessing 프로파일을 클릭합니다.

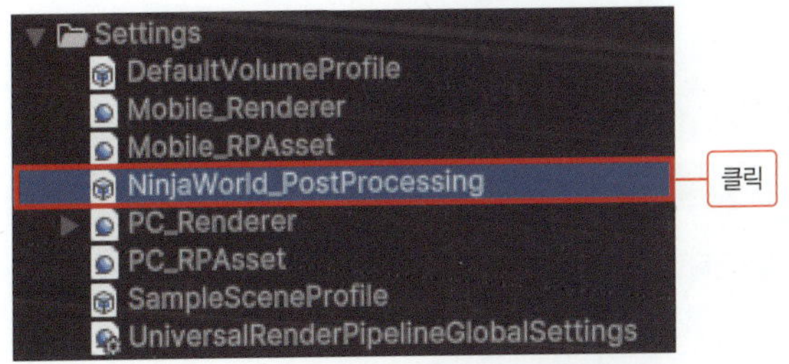

[그림 3.5-44] NinjaWorld_PostProcessing 선택

❷ 인스펙터 뷰에서 [Add Override] 버튼을 클릭합니다.

❸ Post-processing > Color Adjustments를 선택하여 추가합니다.

❹ Color Adjustments 설정을 다음과 같이 조정합니다.

- **Post Exposure**: 0(Tonemapping 이후 추가 밝기 조정, 0은 변화 없음)
- **Contrast**: 15(밝은 부분과 어두운 부분의 차이, 높을수록 선명함)

- Color Filter: 기본 흰색 유지(화면 전체에 색상 오버레이)

- Hue Shift: 0(모든 색상을 색상환에서 회전, 0은 변화 없음)

- Saturation: −10(색상의 진함 정도, 음수는 탈색 효과)

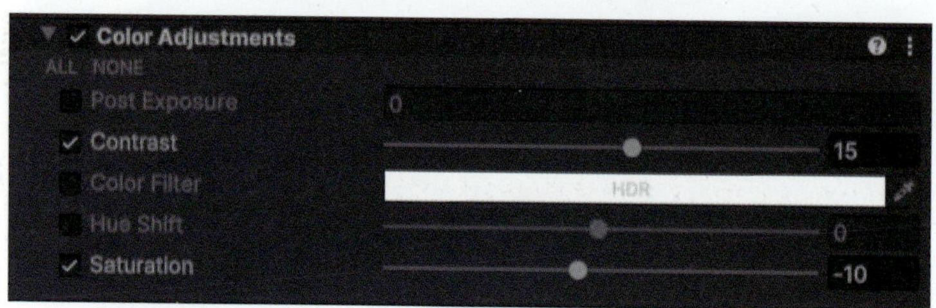

[그림 3.5-45] Color Adjustments 속성 값 설정

    채도를 약간 낮추고 대비를 높여 현실감 있으면서도 스타일리시한 느낌을 만들어 냅니다. 이는 많은 액션 게임에서 사용하는 기법으로, 게임에 대한 집중도를 높여 줍니다.

[그림 3.5-46] 색조 변경 전

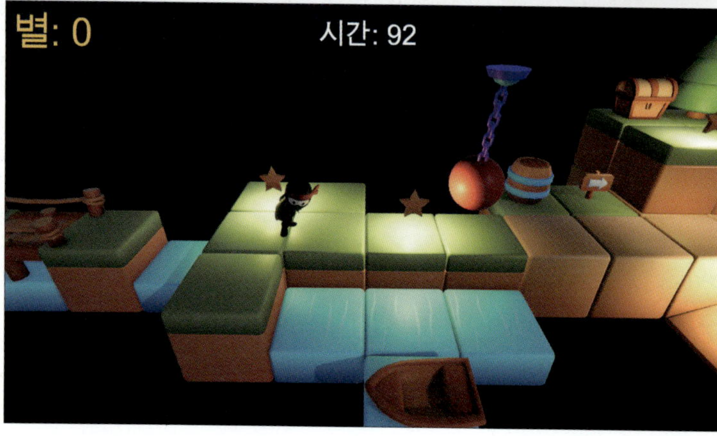

[그림 3.5-47] 색조 변경 후

액션 게임, RPG, 호러 게임 등 각 장르마다 선호되는 색감과 그 이유에 대한 인사이트를 얻고 싶다면 챗GPT에게 "게임 장르별 포스트 프로세싱 색감 트렌드에 대해 알려 줘."라고 질문해 볼 수 있습니다.

3 블룸과 비네트 효과 적용하기

블룸 효과 추가하기

블룸(Bloom)은 밝은 부분이 주변으로 번지는 효과로, 별이나 조명 등을 더욱 환상적으로 보이게 만들어 줍니다. 우리가 설치한 포인트 라이트와 스포트라이트가 더욱 매력적으로 표현되도록 블룸을 설정해 보겠습니다. 게임에서 마법적인 효과나 광원을 강조하고 싶을 때나 판타지적인 분위기를 연출하고 싶을 때 주로 사용됩니다.

❶ [Add Override] 버튼을 클릭한 후 Post-processing > Bloom을 선택합니다.

❷ Bloom 설정을 다음과 같이 조정합니다.

- Threshold: 1.0(블룸이 시작되는 밝기 기준 값. 높을수록 더 밝은 부분에만 적용)
- Intensity: 1.0(블룸 효과의 강도, 높을수록 더 강한 번짐 효과)
- Scatter: 0.5(블룸이 퍼지는 범위, 높을수록 더 넓게 번짐)
- Clamp: 65472(블룸 최댓값 제한, 너무 밝은 블룸 방지)

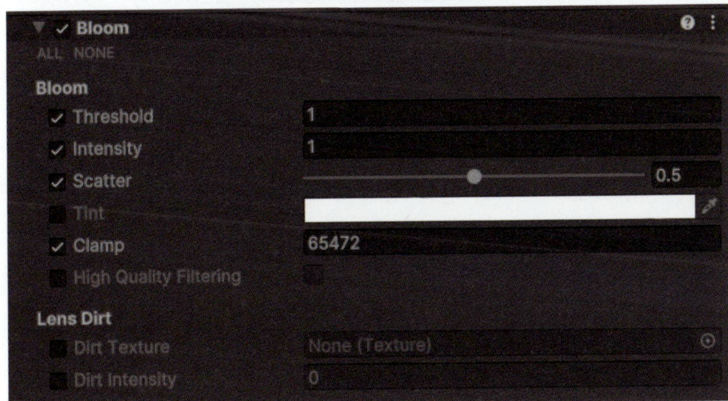

[그림 3.5-48] Bloom 속성 값 설정

이 설정으로 별들의 포인트 라이트와 목적지의 스포트라이트가 아름답게 번지면서 마치 진짜 보석이나 천상의 빛처럼 보이게 됩니다.

[그림 3.5-49] Bloom 적용 전

[그림 3.5-50] Bloom 적용 후

비네트 효과 추가하기

비네트(Vignette)는 화면의 가장자리를 어둡게 하여 중앙에 시선을 집중시키는 효과입니다. 영화에서 자주 사용되는 기법으로, 몰입감을 크게 높여 줍니다. 중요한 요소에 시선을 집중시키고 싶을 때, 영화적인 느낌을 연출하고 싶을 때, 화면의 산만함을 줄이고 싶을 때 사용됩니다.

❶ [Add Override] 버튼을 클릭한 후 Post-processing > Vignette를 선택합니다.

❷ Vignette 설정을 다음과 같이 조정합니다.

- Color: 검은색(000000)(비네트 효과의 색상, 보통 검은색 사용)
- Center: (0.5, 0.5)(비네트 중심점, 0.5는 화면 정중앙)
- Intensity: 0.3(비네트 효과의 강도, 높을수록 가장자리가 더 어두워짐)
- Smoothness: 0.2(비네트 경계의 부드러움, 높을수록 자연스러운 그러데이션)

[그림 3.5-51] 비네트 효과 적용 결과

약한 비네트 효과를 적용하여 화면 중앙의 게임 플레이 영역에 자연스럽게 시선이 집중되도록 합니다. 너무 강하게 설정하면 시야가 답답해질 수 있으므로 적당한 강도로 설정하는 것이 중요합니다.

 **Tip**   _ □ ×

각 효과가 어떤 상황에서 효과적인지 그리고 과도 하게 사용했을 때의 부작용에 대해 알고 싶다면 챗GPT에게 "블룸과 비네트 효과의 게임 장르별 활용 사례에 대해 알려 줘."라고 질문해 볼 수 있습니다.

이제 닌자 월드 게임의 시각적 완성도가 크게 향상되었습니다. 포스트 프로세싱 효과를 통해 게임은 단순한 플랫포머에서 시각적으로 완성도 높은 작품으로 탈바꿈했습니다. 어두운 밤하늘 아래에서 빛나는 별들을 모으며 황금빛으로 빛나는 목적지를 향해 나아가는 닌자의 모험이 더욱 몰입감 있고 아름답게 표현됩니다.

다음 단계에서는 게임의 승리 조건과 UI를 구현하여 완전한 게임으로 완성해 보겠습니다. 게이머들에게 명확한 목표와 성취감을 제공하는 것은 성공적인 게임의 핵심 요소 중 하나입니다.

Chapter 6

최종 마무리와 빌드

6.1 게임 오버 UI와 게임 클리어 시스템

현재 우리의 닌자 월드 게임은 플레이어가 데스존에 빠지거나 시간이 다 되면 자동으로 씬이 재시작됩니다. 하지만 플레이어에게 명확한 피드백 없이 갑자기 게임이 재시작되는 것은 사용자 경험 측면에서 바람직하지 않습니다. 플레이어에게 명확한 목표와 성취감을 제공하는 승리 조건과 UI가 필요합니다. 이번 단계에서는 플레이어가 목적지에 도달했을 때의 게임 클리어 조건과 게임 오버 되었을 때의 UI를 구현해 보겠습니다.

학습 포인트

생성형 AI를 활용한 UI 이미지 제작과 클리어/오버 UI 구현

진행 단계

❶ 게임 클리어 조건 구현하기
❷ 챗GPT로 UI 이미지 생성하기
❸ 승리 UI와 게임 오버 UI 제작하기
❹ 재시작 및 종료 버튼 기능 구현하기

GAMING MODE ● ● ●

1 게임 클리어 조건 구현하기

플레이어가 목적지 깃발에 도달했을 때 게임 클리어가 되도록 하는 조건을 구현해 보겠습니다.

목적지 깃발에 트리거 설정하기

❶ 하이어라키 뷰에서 Prop_Flag_03 오브젝트를 선택합니다.

[그림 3.6-1] 깃발 오브젝트 선택

❷ [Add Component]를 클릭한 후 Box Collider를 추가합니다.(앞서 추가한 분들은 건너뜁니다.)

❸ Box Collider 설정을 다음과 같이 조정합니다.

- Is Trigger: 체크 표시
- Center: (0, 1, 0)
- Size: (3, 4, 3)(플레이어가 깃발 근처에 접근하면 감지)

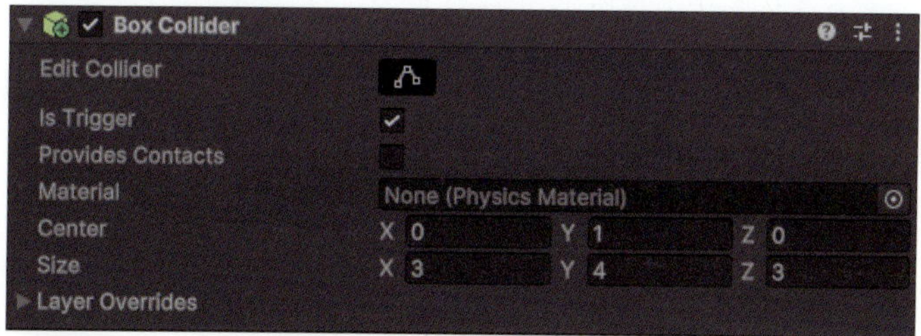

[그림 3.6-2] 깃발 오브젝트 충돌 감지 설정

[그림 3.6-3] Box Collide 적용 결과

목적지 스크립트 작성하기

❶ 프로젝트 뷰에서 [01. Scripts] 폴더를 선택합니다.

❷ 마우스 오른쪽 버튼을 클릭한 후 Create > MonoBehaviour Script를 선택합니다.

❸ 스크립트 이름을 'GoalFlag'로 지정합니다.

❹ 생성된 스크립트를 더블 클릭하여 편집기에서 열고 다음 코드를 작성합니다.

```csharp
using UnityEngine;

public class GoalFlag : MonoBehaviour
{
    private void OnTriggerEnter(Collider other)
    {
        // Player 태그를 가진 오브젝트만 처리
        if(other.CompareTag("Player"))
        {
            Debug.Log("플레이어가 목적지에 도달했습니다!");

            // 게임 매니저에 게임 클리어 알림
            GameManager.Instance.GameClear();
        }
    }
}
```

이 스크립트는 플레이어가 깃발에 접근했을 때 게임 클리어를 처리하는 간단한 역할을 합니다. OnTriggerEnter 함수가 플레이어의 접근을 감지하면 GameManager에 게임 클리어 신호를 보내는 구조입니다.

❺ Prop_Flag_03 게임 오브젝트에 방금 만든 GoalFlag 스크립트를 연결합니다.

GameManager에 게임 클리어 기능 추가하기

❶ 프로젝트 뷰에서 GameManager 스크립트를 더블 클릭하여 편집기를 실행합니다.

❷ 다음과 같이 GameClear() 메서드를 추가합니다.

```csharp
public class GameManager : MonoBehaviour
{
```

```
        // ... 기존 코드 생략

        // 게임 클리어 처리
        public void GameClear( )
        {
            Debug.Log("게임 클리어!");
        }
}
```

GameManager에는 간단한 게임 클리어 메서드가 추가되었습니다. 현재는 콘솔에 클리어 메시지만 출력하지만, 이후 섹션에서 UI와 함께 더 완성된 게임 클리어 시스템을 구현할 예정입니다.

2 챗GPT로 게임 UI 이미지 생성하기

유저 인터페이스(UI)는 단순히 정보를 전달하는 기능을 넘어 게임의 분위기와 완성도를 좌우하는 중요한 요소입니다. 특히 게임 오버와 게임 클리어 화면은 플레이어가 게임을 끝낸 후 마지막으로 보게 되는 화면이므로 강렬한 인상을 남기는 것이 중요합니다. 전문 디자이너가 만든 것처럼 보이는 고품질 UI 배경을 위해 챗GPT의 DALL·E 기능을 활용해 보겠습니다. 생성형 AI를 사용하면 게임의 테마와 분위기에 완벽하게 맞는 맞춤형 이미지를 빠르게 제작할 수 있습니다.

게임 오버 이미지 생성하기

❶ 챗GPT에 접속하여 다음과 같은 프롬프트를 입력합니다.

> 닌자 테마의 3D 플랫포머 게임용 '게임 오버' UI 배경 이미지를 만들어 줘. 다음 조건을 만족해야 해.:
> - 어둡고 신비로운 밤 분위기
> - 빨간색과 검은색을 주요 색상으로 사용
> - 패배하지만 다시 도전할 의지를 보여 주는 분위기
> - 게임 UI에 적합한 가로 형태(16:9 비율)
> - 텍스트가 들어갈 수 있는 여백 공간
> - 닌자가 다시 일어설 의지를 담은 느낌
> - 은은한 불꽃이나 연기 효과

❷ 생성된 이미지를 다운로드한 후 'GameOverBackground.png'라는 이름으로 저장합니다.

게임 클리어 이미지 생성하기

❶ 챗GPT에 다음과 같은 프롬프트를 입력합니다.

> 닌자 테마의 3D 플랫포머 게임용 '게임 클리어' UI 배경 이미지를 만들어 줘. 다음 조건을 만족해야
> 해.:
> – 밤하늘과 달이 보이는 배경
> – 황금색과 파란색을 주요 색상으로 사용
> – 승리와 성취감을 나타내는 화려한 효과
> – 게임 UI에 적합한 가로 형태(16:9 비율)
> – 텍스트가 들어갈 수 있는 여백 공간
> – 닌자의 은밀하면서도 승리한 느낌
> – 별이나 빛 효과로 장식

❷ 생성된 이미지를 다운로드한 후 'GameClear_Background.png'로 저장합니다.

이미지를 유니티 프로젝트에 임포트하기

❶ 다운로드한 이미지 파일들을 유니티 프로젝트의 [02. Images] 폴더로 드래그 앤 드롭합니다.

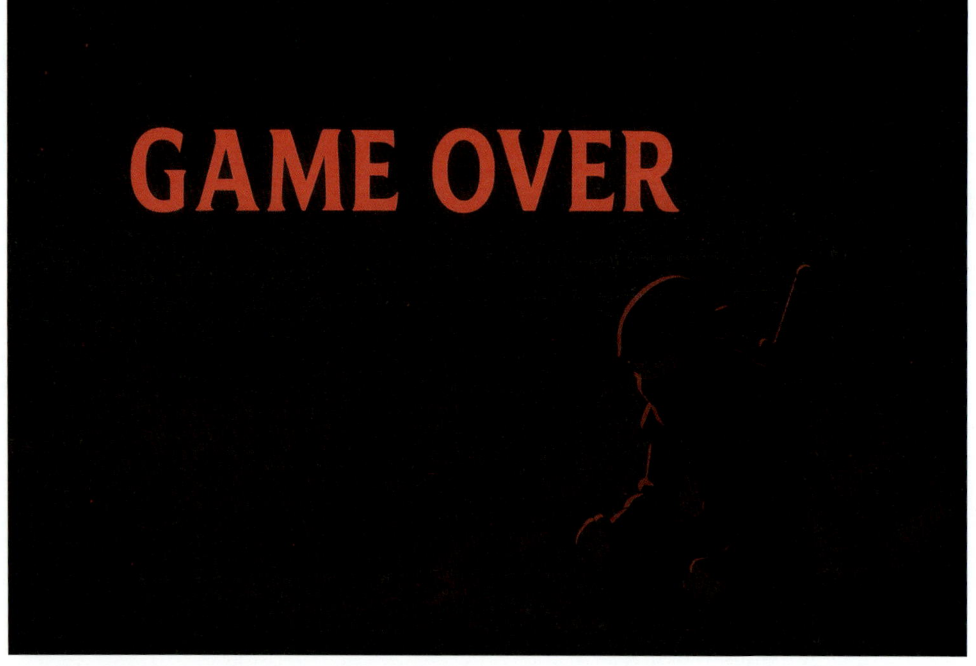

[그림 3.6-4] 게임 오버 이미지

[그림 3.6-5] 게임 클리어 이미지

❷ 각 이미지를 선택한 후 인스펙터 뷰에서
다음과 같이 설정합니다.

- **Texture Type**: Sprite(2D and UI)
- **Sprite Mode**: Single
- [Apply] 버튼 클릭

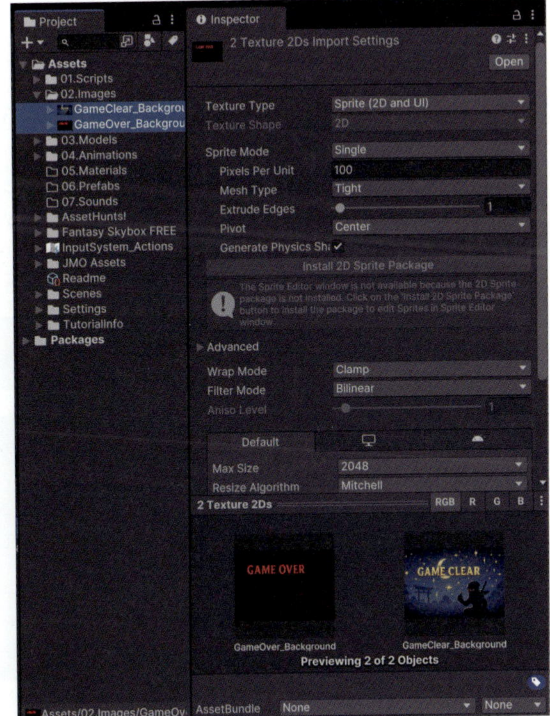

[그림 3.6-6] 게임 클리어/오버 이미지 설정 값 조정

이제 우리만의 독특한 UI 배경 이미지가 준비되었습니다. 다음 단계에서는 이 이미지들을 활용하여 실제 게임에서 사용할 UI를 구성해 보겠습니다.

3 승리 UI와 게임 오버 UI 제작하기

생성형 AI로 제작한 배경 이미지를 활용하여 실제 게임에서 사용할 UI 패널을 만들어 보겠습니다. 이 UI들은 플레이어에게 게임 결과를 명확하게 전달하고 다음 행동을 유도하는 역할을 합니다. 또한 UI가 단순히 정보만 표시하는 것이 아닌, 플레이어가 실제로 상호작용할 수 있도록 버튼을 추가해 보겠습니다.

게임 오버 UI 제작하기

❶ 하이어라키 뷰에서 UICanvas를 마우스 오른쪽 버튼으로 클릭한 후 UI > Panel을 선택합니다.

❷ 생성된 Panel의 이름을 'GameOverUI'로 변경합니다.

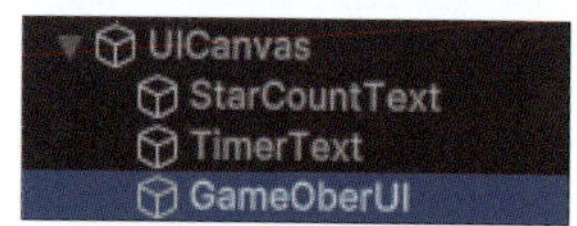

[그림 3.6-7] Panel 이름 변경

❸ GameOverUI를 선택한 후 인스펙터 뷰에서 다음과 같이 설정합니다.

- Image 컴포넌트 설정
  - **Source Image**: GameOver_Background(앞서 임포트한 게임 오버 배경 이미지)
  - **Color**: (255, 255, 255, 255)(완전 불투명)

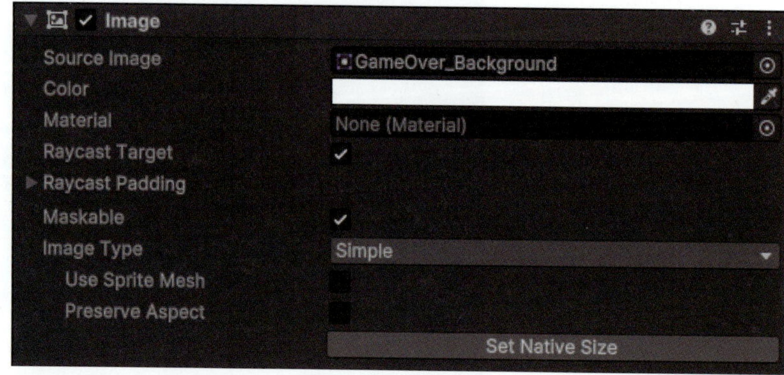

[그림 3.6-8] 게임 오버 UI Image 컴포넌트 설정

- Rect Transform 설정

  · **Anchor:** Stretch, Stretch(화면 전체를 덮도록)

  · **Left, Top, Right, Bottom:** 모두 0

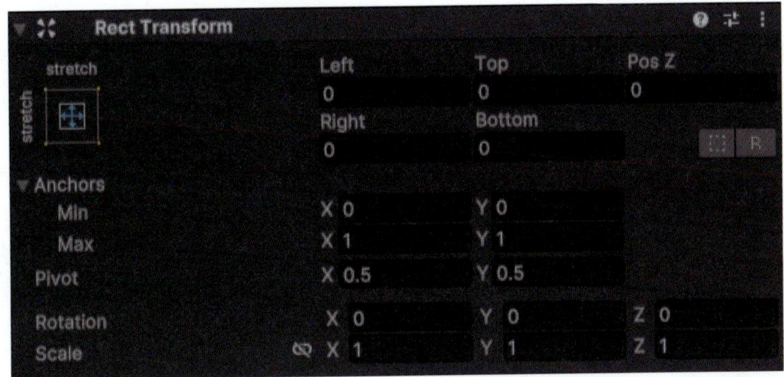

[그림 3.6-9] 게임 오버 UI Rect Transform 컴포넌트 설정

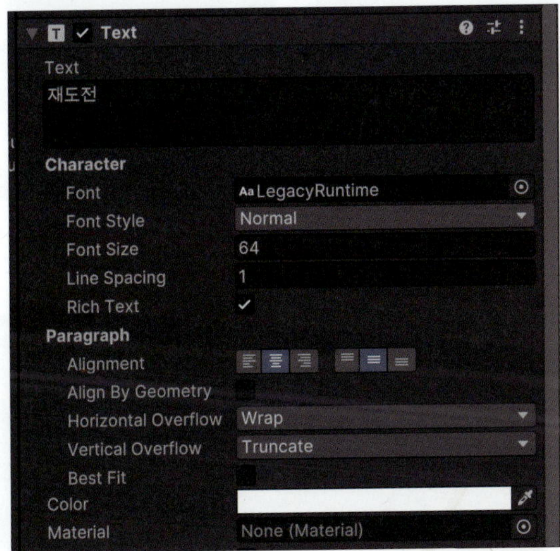

[그림 3.6-10] 게임 오버 UI Text 컴포넌트 설정

❶ 이제 게임 오버 UI의 [RestartButton] 버튼을 추가합니다. GameOverUI를 마우스 오른쪽 버튼으로 클릭한 후 UI > Legacy > Button을 클릭합니다.

❷ 생성된 오브젝트 이름을 'RestartButton'으로 변경합니다.

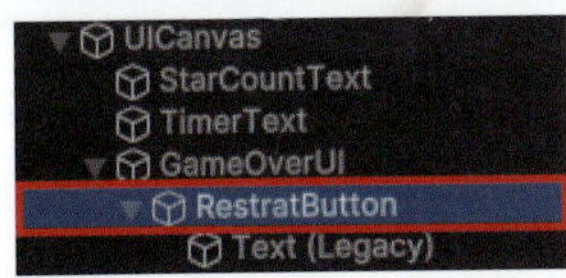

[그림 3.6-11] 버튼 오브젝트 이름 변경

❸ RestartButton의 컴포넌트를 다음과 같이 설정합니다.

- Rect Transform 설정
  - Anchor: 왼쪽 하단
  - Pivot: 0, 0
  - Position: 200, 300
  - Width: 600, Height: 140
- Image 컴포넌트 설정
  - Colors: 0, 0, 0, 200

[그림 3.6-12] 재도전 버튼 Rect Transform 컴포넌트 설정

[그림 3.6-13] 재도전 버튼 색상 설정

❹ RestartButton의 자식인 Text (Legacy) 오브젝트의 Text 컴포넌트도 다음과 같이 설정합니다.

- Text: 재도전
- Font Size: 64
- Color: 흰색

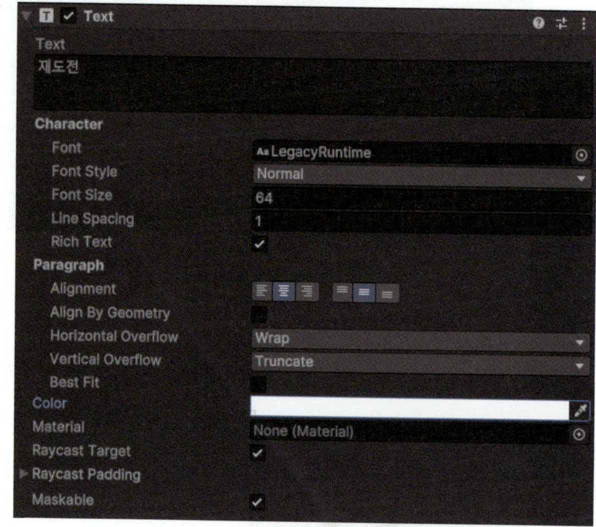

[그림 3.6-14] 재도전 버튼 Rect Transform 컴포넌트 설정

❺ 게임 종료를 위한 종료 버튼도 추가합니다. RestartButton을 클릭한 후 Ctrl+D를 눌러 복제합니다.

❻ 이름을 'QuitButton'으로 변경한 후 컴포넌트를 다음과 같이 설정합니다.

• Rect Transform 설정

· Position: 200, 120, 0

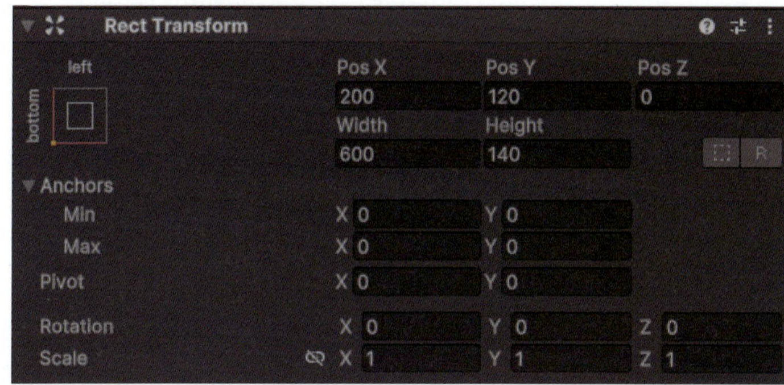

[그림 3.6-15] 게임 종료 버튼 Rect Transform 컴포넌트 설정

❼ QuitButton의 자식인 Text(Legacy) 오브젝트의 Text 컴포넌트도 다음과 같이 설정합니다.

• Text: 게임 종료

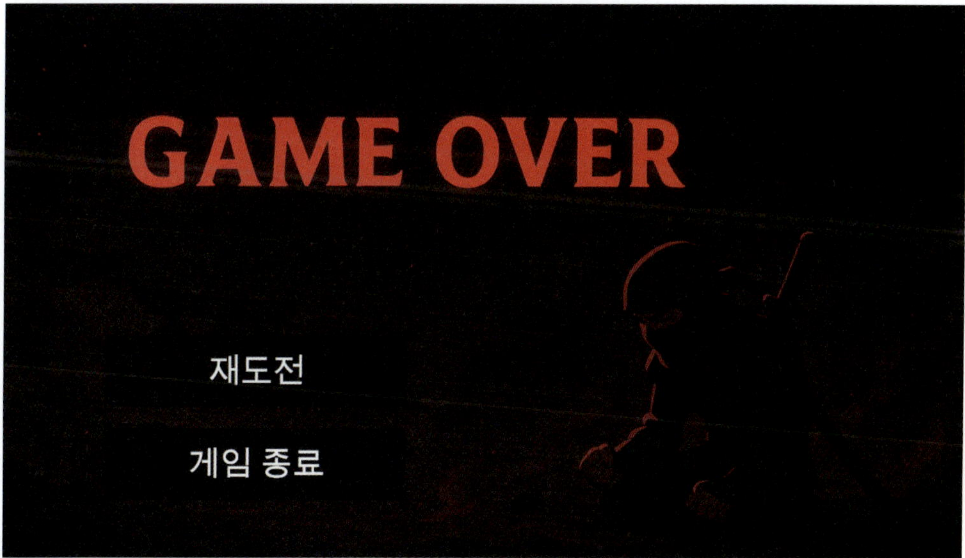

[그림 3.6-16] 결과 화면

🔷 게임 클리어 UI 제작하기

❶ 하이어라키 뷰에서 UICanvas를 마우스 오른쪽 버튼으로 클릭한 후 UI > Panel을 선택합니다.

❷ 생성된 Panel의 이름을 'GameClearUI'로 변경합니다.

❸ GameClearUI를 선택한 후 인스펙터 뷰에서 다음과 같이 설정합니다.

- Image 컴포넌트 설정

  · **Source Image**: GameClear_Background(앞서 임포트한 게임 오버 배경 이미지)

  · **Color**: (255, 255, 255, 255)(완전 불투명)

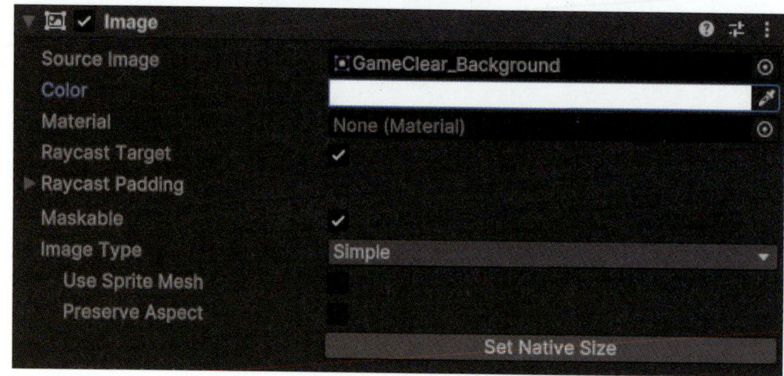

[그림 3.6-17] 게임 클리어 UI Image 컴포넌트 설정

- Rect Transform 설정

  · **Anchor**: Stretch, Stretch(화면 전체를 덮도록)

  · **Left, Top, Right, Bottom**: 모두 0

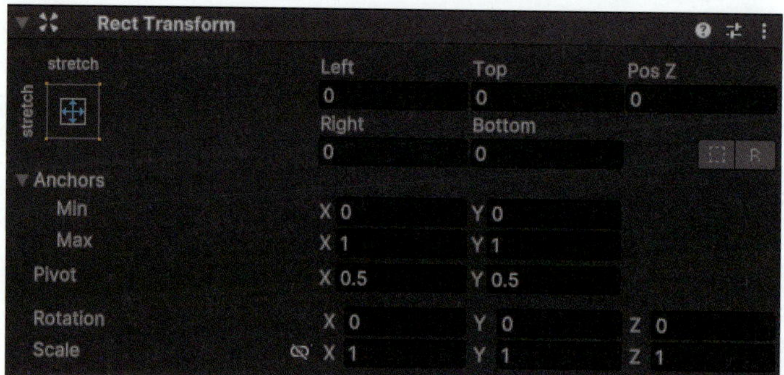

[그림 3.6-18] 게임 클리어 UI Rect Transform 컴포넌트 설정

❹ 게임 종료를 위한 종료 버튼도 추가합니다. QuitButton을 복사한 후 GameClearUI의 자식으로 할당합니다.

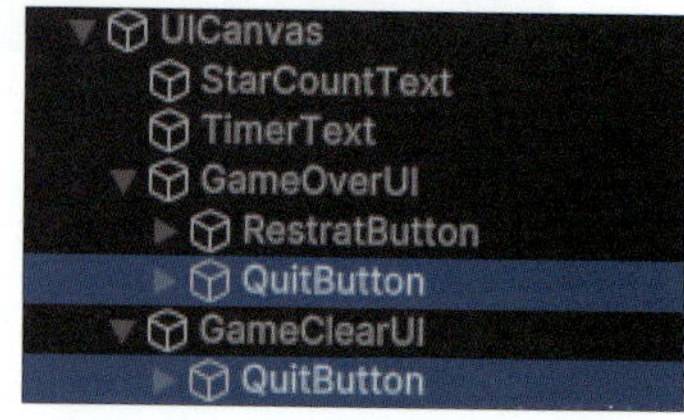

[그림 3.6-19] 게임 종료 버튼 추가

❺ 최종 별 수집 개수를 표시할 텍스를 추가합니다. GameClearUI 오브젝트를 마우스 오른쪽 버튼으로 클릭한 후 UI > Legacy > Text를 선택합니다.

❻ 이름을 'ClearStarText'로 변경합니다.

❼ 다음과 같이 컴포넌트를 설정합니다.

- Rect Transform 컴포넌트 설정

  · Anchor: 왼쪽 하단

  · Position: 200, 200, 0

  · Width: 500, Height: 200

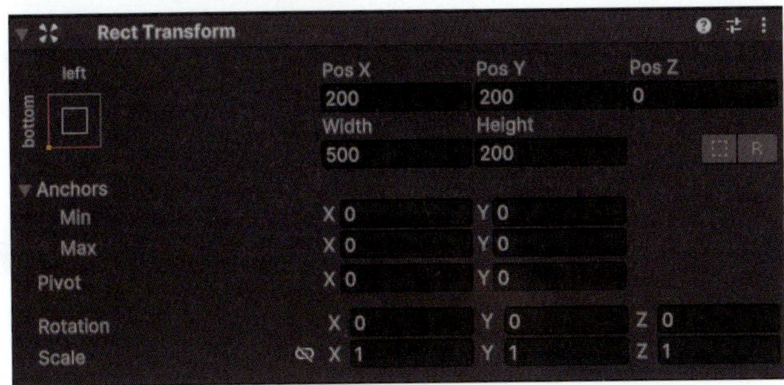

[그림 3.6-20] 최종 스코어 Rect Transform 컴포넌트 설정

- Text 컴포넌트 설정

  · Text: 수집한 별: 0개   · Font Style: Italic

  · Font Size: 72   · Color: 노란색(251, 207, 58)

  · Alignment: 중앙 정렬

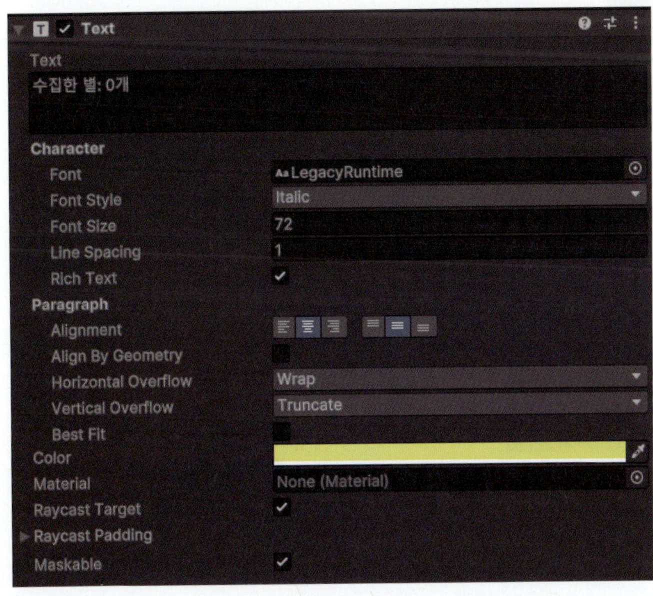

[그림 3.6-21] 최종 스코어 Text 컴포넌트 설정

[그림 3.6-22] 결과 화면

UI 상태 초기화

❶ GameOverUI를 선택한 후 인스펙터 뷰 상단의 체크 표시를 해제하여 비활성 상태로 만듭니다.

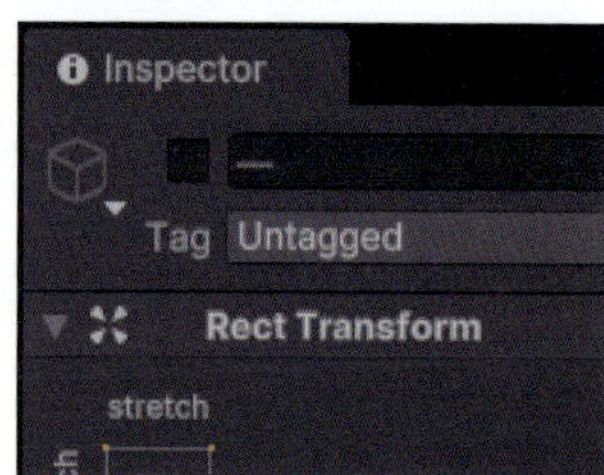

[그림 3.6-23] 게임 오버 화면 비활성화

❷ GameClearUI도 동일하게 비활성 상태로 만듭니다.

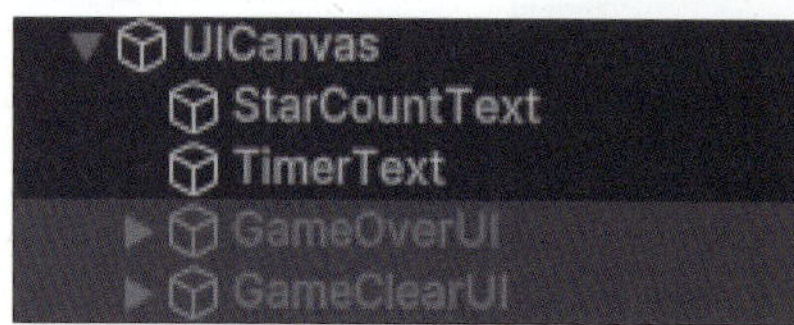

[그림 3.6-24] 게임 클리어 화면 비활성화

이제 멋있는 UI 패널들이 준비되었지만, 아직 게임 로직과 연결되지 않은 상태입니다. 다음 단계에서는 이 UI들을 게임 시스템과 연결하고 상호작용 기능을 추가해 보겠습니다.

> 💎 **Tip**
>
> 제목, 본문, 버튼 등의 UI 요소들을 시각적으 로 구분하여 플레이어가 정보를 쉽게 파악할 수 있도록 하는 디자인 원칙을 배우고 싶다면 챗GPT에게 "게임 UI에서 시각적 계층 구조를 만드는 방법에 대해 알려 줘."라고 질문해 볼 수 있습니다.

4 재시작 및 종료 버튼 기능 구현하기

이제 UI 패널과 버튼이 설계되었으므로 GameManager 스크립트를 수정하여 UI와 연결하고 버튼의 기능을 활성화해 보겠습니다. 기존 코드에 맞춰 단계별로 수정해 나가겠습니다.

 IsGameClear 플래그 추가하기

먼저 게임 클리어 상태를 추적할 수 있는 플래그 변수를 추가합니다. 기존의 IsGameOver 변수 아래에 다음과 같이 코드를 추가합니다.

```csharp
public class GameManager : MonoBehaviour
{
    // ...(코드 생략)

        // 게임 상태
        public bool IsGameOver;
        public bool IsGameClear; // 게임 클리어 상태 추가

    // ...(코드 생략)
}
```

IsGameClear 변수는 플레이어가 목적지에 도달하여 게임을 클리어했는지 여부를 추적합니다. 이 플래그를 통해 게임 클리어와 게임 오버 상태를 구분할 수 있습니다.

UI 참조 변수 추가하기

다음으로 게임 오버 및 클리어 UI 패널을 참조할 변수를 추가합니다.

```csharp
public class GameManager : MonoBehaviour
{
    // ...(코드 생략)

    // UI 참조
    public GameObject GameOverUI;
    public GameObject GameClearUI;
    public Text ClearStarCountText;

    // ...(코드 생략)
}
```

이 변수들을 통해 게임 상태에 따라 적절한 UI 패널을 보여 줄 수 있습니다.

Update 메서드 수정하기

```csharp
private void Update()
{
    // 게임 오버나 클리어 상태가 아닐 때만 타이머 업데이트
    if(!IsGameOver && !IsGameClear)
    {
        UpdateTimer();
    }
}
```

이제 게임이 클리어된 상태에서도 타이머가 멈추게 됩니다.

GameClear 메서드 구현하기

GoalFlag 스크립트에서 호출할 게임 클리어 메서드를 추가합니다.

```csharp
// 게임 클리어 처리
public void GameClear()
{
    if(!IsGameClear && !IsGameOver)
    {
        IsGameClear = true;
```

```csharp
        Debug.Log("게임 클리어!");

        // 게임 클리어 UI 표시
        GameClearUI.SetActive(true);

        // 최종 점수 표시
        ClearStarCountText.text = "수집한 별: " + StarCount + "개";
    }
}
```

이 메서드는 다음과 같은 작업을 수행합니다.

🔺🟦 게임 오버 메서드들 수정하기

PlayerDied와 TimeOver 메서드를 수정하여 Invoke를 통한 자동 재시작 대신 게임 오버 UI를 표시하도록 변경합니다.

```csharp
private void TimeOver()
{
    if(!IsGameOver && !IsGameClear)
    {
        IsGameOver = true;
        Debug.Log("시간 초과! 게임 오버!");

        // 게임 오버 UI 표시(자동 재시작 제거)
        GameOverUI.SetActive(true);
    }
}


public void PlayerDied()
{
```

```csharp
    if(!IsGameOver && !IsGameClear)
    {
        IsGameOver = true;
        Debug.Log("게임 오버!");

        // 게임 오버 UI 표시(자동 재시작 제거)
        GameOverUI.SetActive(true);
    }
}
```

두 메서드 모두 IsGameClear 플래그에도 체크 표시를 하고 Invoke를 사용한 자동 재시작 대신
게임 오버 UI를 표시합니다.

📊 ResetGame 메서드 수정하기

ResetGame 메서드를 수정하여 IsGameClear 플래그와 UI 패널 상태를 초기화합니다.

```csharp
// 게임 상태 초기화
private void ResetGame()
{
    IsGameOver = false;
    IsGameClear = false;
    StarCount = 0;
    currentTime = TimeLimit;

    // UI 상태 초기화
    GameClearUI.SetActive(false);
    GameOverUI.SetActive(false);

    // 기존 UI 초기화
    UpdateStarCountUI();
    if(TimerText != null)
    {
        TimerText.text = "시간: " + Mathf.Floor(currentTime);
    }
}
```

이제 ResetGame 메서드가 IsGameClear 플래그도 초기화하고 UI 패널들을 비활성화합니다.

🔶 버튼 기능 메서드 추가하기

마지막으로 게임 종료 UI 버튼에 연결할 `QuitGame` 메서드를 추가합니다.

```csharp
public void QuitGame()
{
    // 에디터에서는 플레이 모드 종료, 빌드에서는 애플리케이션 종료
    #if UNITY_EDITOR
        UnityEditor.EditorApplication.isPlaying = false;
    #else
        Application.Quit();
    #endif


    Debug.Log("게임을 종료합니다.");
}
```

`QuitGame` 메서드는 게임 종료 버튼을 클릭했을 때 호출되는 함수입니다. 유니티 에디터에서 테스트할 때는 플레이 모드만 종료하고 빌드된 게임에서는 애플리케이션을 완전히 종료시킵니다. 전처리기 지시문(#if, #else)을 사용해 실행 환경에 따라 다른 코드가 실행되도록 구현했습니다.

또한 기존 `RestartGame` 메서드의 접근 제한자를 private에서 public으로 변경했습니다.

```csharp
// 변경 후
public void RestartGame()
{
    // 게임 초기화
    ResetGame();
    // 현재 씬 재시작
    Scene currentScene = SceneManager.GetActiveScene();
    SceneManager.LoadScene(currentScene.name);
}
```

`RestartGame` 메서드를 private에서 public으로 변경한 이유는 다음과 같습니다.

❶ **외부 접근성**: private 메서드는 같은 클래스 내에서만 호출할 수 있습니다. 우리는 이 메서드를 UI 버튼의 OnClick 이벤트에 연결해야 하는데, 유니티의 UI 시스템은 public 메서드만 인스펙터를 통해 연결할 수 있습니다. 따라서 버튼에서 호출할 수 있도록 public으로 변경했습니다.

버튼 이벤트 연결하기

이제 모든 메서드들이 구현되었습니다. UI 버튼들을 이 메서드들과 연결해 보겠습니다.

❶ GameOverUI의 RestartButton을 선택합니다.

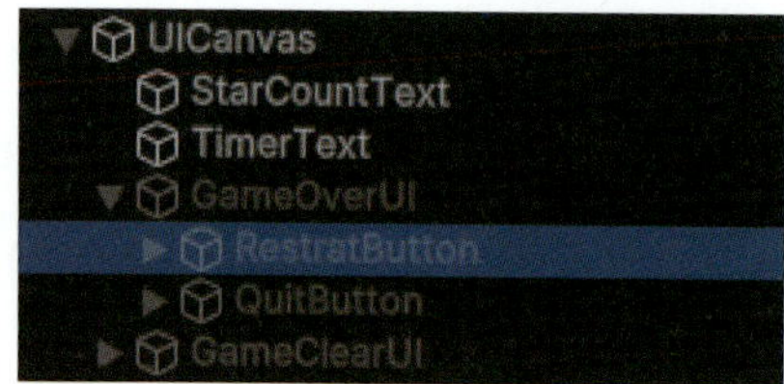

[그림 3.6-25] 게임 오버 버튼 UI 선택

❷ 인스펙터 뷰의 Button 컴포넌트에서 On Click() 섹션을 찾습니다.

❸ [+] 버튼을 클릭하여 새 이벤트를 추가합니다.

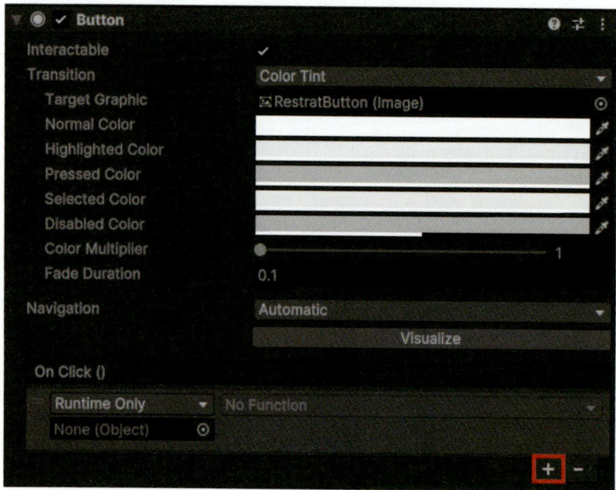

[그림 3.6-26] 게임 오버 버튼 UI에 클릭 이벤트 추가

❹ None(Object) 필드에 GameManager 오브젝트를 드래그 앤 드롭합니다.

❺ 오른쪽 드롭다운 메뉴에서 GameManager > RestartGame() 함수를 선택합니다.

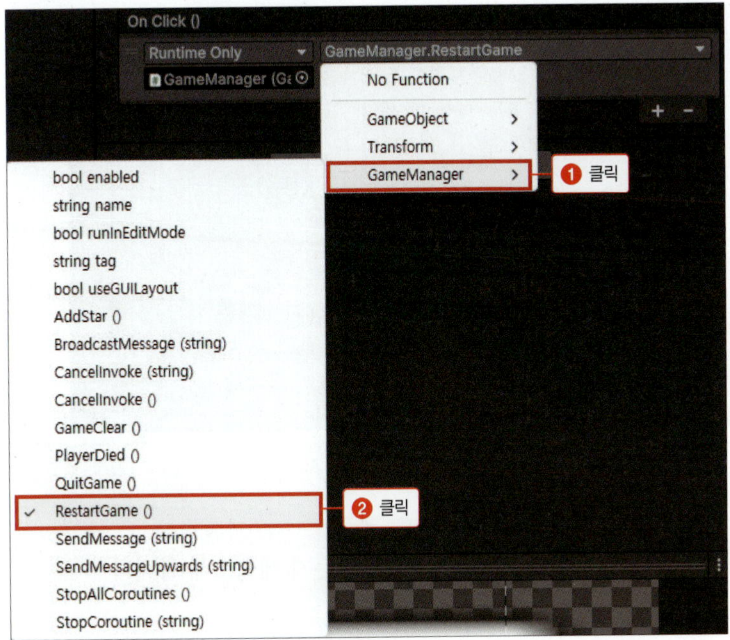

[그림 3.6-27] 클릭 이벤트에 함수 연결

같은 방식으로 나머지 버튼들도 연결합니다.

- GameOverUI의 QuitButton → GameManager > QuitGame()
- GameClearUI의 QuitButton → GameManager > QuitGame()

> 💎 **Tip**
>
> 인스펙터에서 직접 메서드를 연결하는 방법 외에 코드에서 버튼 이벤트를 처리하는 방법과 각 방식의 장단점에 대해 알고 싶다면 챗GPT에게 "유니티에서 UI 버튼 이벤트 처리 방법의 다양한 방식에 대해 알려 줘."라고 질문해 볼 수 있습니다.

 GameManager 컴포넌트 연결하기

마지막으로 UI 요소들을 GameManager 컴포넌트와 연결합니다.

❶ 하이어라키 뷰에서 GameManager 오브젝트를 선택합니다.

❷ 인스펙터 뷰에서 GameManager 컴포넌트의 다음 필드와 연결합니다.

- **Game Over UI**: GameOverUI 오브젝트 드래그 앤 드롭

- Game Clear UI: GameClearUI 오브젝트 드래그 앤 드롭

- Clear Star Count Text: GameClearUI 하위의 ClearScoreText 오브젝트 드래그 앤 드롭

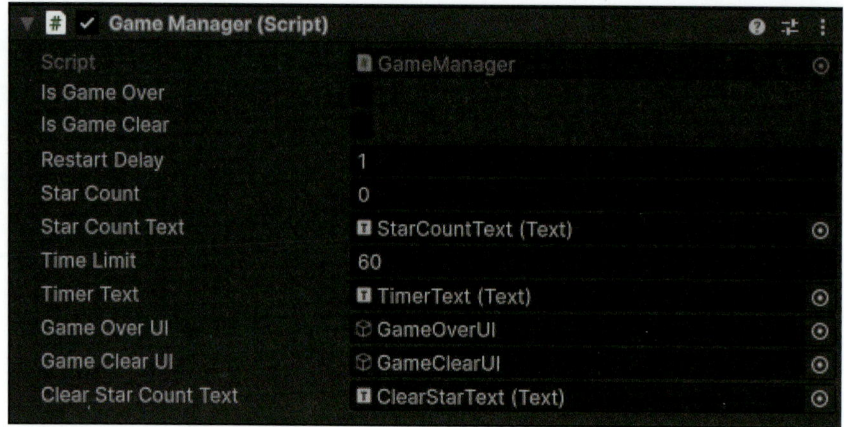

[그림 3.6-28] GameManager 컴포넌트 필드-UI 요소 연결

이제 게임을 실행하여 다음의 기능이 모두 올바르게 작동하는지 테스트해 봅니다.

- 데스존에 떨어지면 게임 오버 화면이 표시됩니다.

- 시간이 초과되면 게임 오버 화면이 표시됩니다.

- 목적지에 도달하면 게임 클리어 화면과 수집한 별 개수가 표시됩니다.

- 각 화면의 [재도전] 버튼으로 게임을 다시 시작할 수 있습니다.

- 각 화면의 [종료] 버튼으로 게임을 종료할 수 있습니다.

이로써 게임 오버와 클리어 UI 시스템이 완성되었습니다. 생성형 AI로 제작한 멋진 이미지와 함께 게임의 결과를 명확하게 전달하고 플레이어가 다음 액션을 선택할 수 있는 직관적인 인터페이스를 구현했습니다.

게임 개발에서 사운드는 플레이어의 몰입감을 크게 향상시키는 중요한 요소입니다. 훌륭한 시각적 요소와 게임 플레이를 갖춘 게임도 적절한 사운드가 없다면 그 경험이 불완전할 수 있습니다. 이번에는 앞에서 소개했던 생성형 AI 음성 생성 도구인 ElevenLabs와 MusicFX를 활용하여 닌자월드 게임에 효과음과 배경 음악을 추가해 보겠습니다.

학습 포인트

- 생성형 AI 도구인 ElevenLabs와 MusicFX를 활용한 게임 사운드 제작
- 유니티에서 사운드 시스템 구현하기

진행 단계

❶ MusicFX로 배경 음악 생성하기
❷ ElevenLabs로 게임 효과음 생성하기
❸ 유니티에 사운드 임포트 및 폴더 구조 설정하기
❹ 사운드 매니저 스크립트 구현하기
❺ 게임 요소에 사운드 연결하기

GAMING MODE ● ● ●

1 MusicFX로 배경 음악 생성하기

❶ 웹 브라우저에서 MusicFX 웹사이트(https://labs.google/fx/ko/tools/music-fx)에 접속합니다.

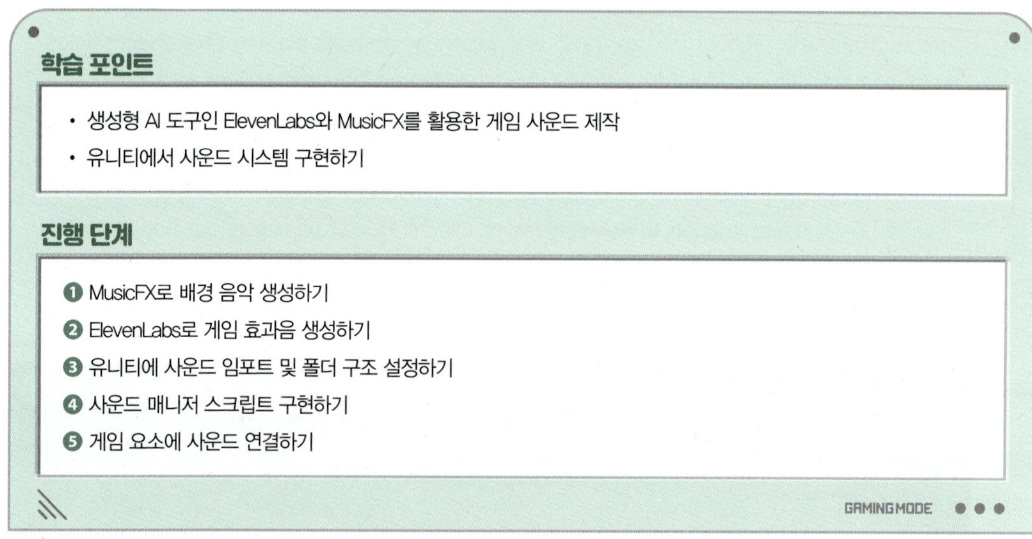

[그림 3.6-29] MusicFX 웹 사이트

로그인한 후 프롬프트 입력 창에 다음과 같은 상세한 프롬프트를 작성합니다.

Create a mysterious and atmospheric ninja-themed background music for a 3D platformer game. The music should feature traditional Japanese instruments like shakuhachi flutes, koto, and taiko drums. Maintain a steady, moderate tempo that feels adventurous but not too intense. Include subtle ambient elements that create a sense of ancient Japanese temples and forests. The overall mood should be stealthy and focused, with occasional moments of tension. Make it suitable for looping and keep it around 2 minutes in length. The music should be engaging enough to maintain player interest during gameplay but not distracting from the platforming challenges.

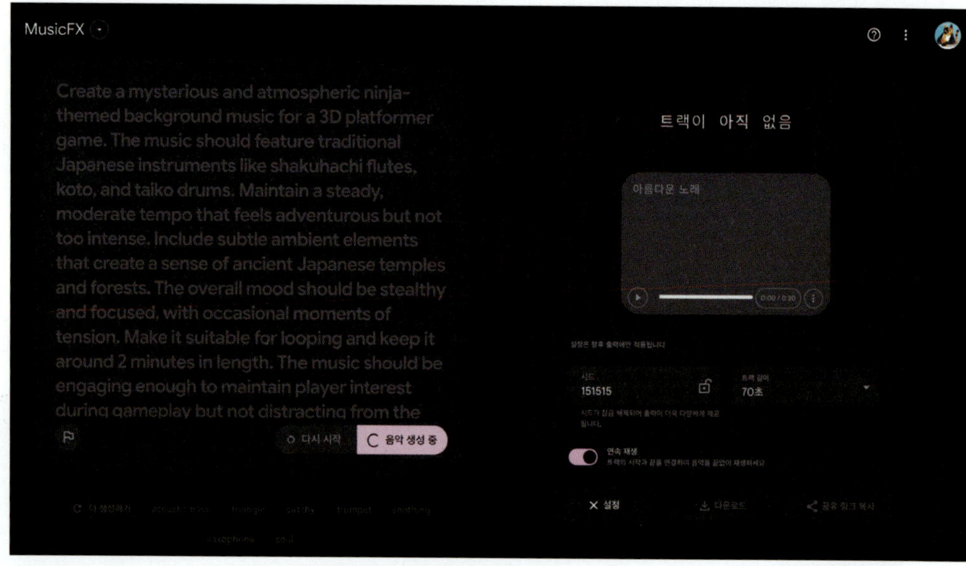

[그림 3.6-30] MusicFX 프롬프트 입력 창

❷ 음악의 길이는 70초로 설정합니다. 이 길이는 게임 배경 음악으로 적당하며 너무 짧으면 반복이 자주 일어나 지루해질 수 있고 너무 길면 파일의 크기가 너무 커질 수 있습니다.

❸ 반복되는 음악의 끝과 시작이 자연스럽게 이어질 수 있도록 연속 재생 토글을 킵니다.

❹ [생성] 버튼을 클릭한 후 MusicFX가 음악을 생성할 때까지 기다립니다.

❺ 생성된 음악이 마음에 들면 [Download] 버튼을 클릭하여 'NinjaBGM.mp3'라는 이름으로 저장합니다. 마음에 들지 않으면 프롬프트를 수정하거나 새로운 변형을 생성할 수 있습니다.

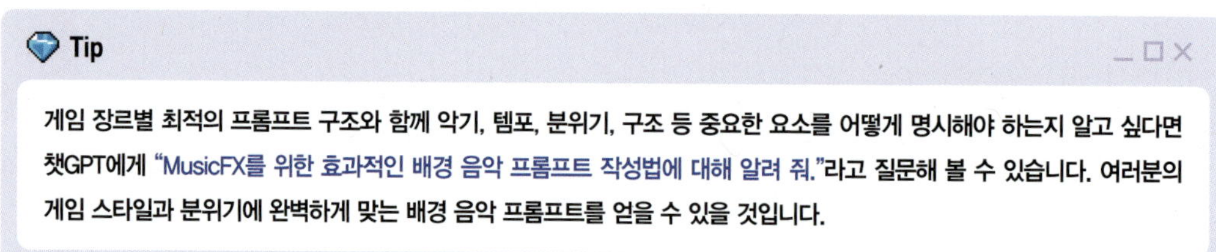

💎 **Tip** _ □ ×

게임 장르별 최적의 프롬프트 구조와 함께 악기, 템포, 분위기, 구조 등 중요한 요소를 어떻게 명시해야 하는지 알고 싶다면 챗GPT에게 "MusicFX를 위한 효과적인 배경 음악 프롬프트 작성법에 대해 알려 줘."라고 질문해 볼 수 있습니다. 여러분의 게임 스타일과 분위기에 완벽하게 맞는 배경 음악 프롬프트를 얻을 수 있을 것입니다.

② ElevenLabs로 게임 효과음 생성하기

닌자 월드 게임에 추가할 MusicFX 프롬프트 입력 창과 같습니다.

- 닌자 점프 효과음
- 스파이크 충돌 효과음
- 몬스터 충돌 효과음
- 별 수집 효과음
- 게임 오버 효과음
- 게임 클리어(승리) 효과음

❶ 먼저 ElevenLabs 웹사이트(https://elevenlabs.io/)에 접속하여 계정에 로그인합니다.

❷ ElevenLabs에 로그인한 후 Sound Effects로 이동합니다.

❸ 생성할 효과음의 길이와 프롬프트를 얼마나 충실하게 따를 것인지를 설정하는 옵션을 적절히 설정합니다.

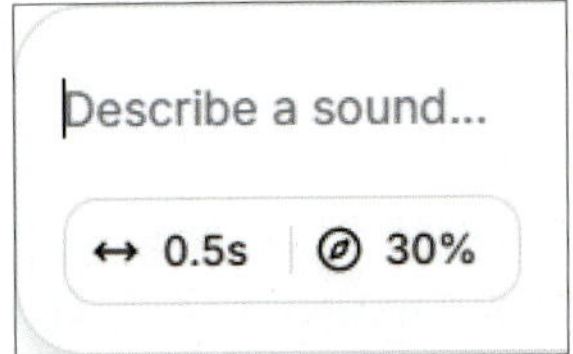

[그림 3.6-31] 옵션 설정

❹ 생성할 각 효과음에 대한 프롬프트를 작성합니다.

다음은 각 효과음에 대한 프롬프트 예시입니다.

1. 닌자 점프 효과음(Jump.mp3)

A swift, light whooshing sound of a ninja jumping, followed by a subtle 'whoop' effect. The sound should be quick and agile, lasting about 0.5 seconds, perfect for a platformer game with a ninja character.

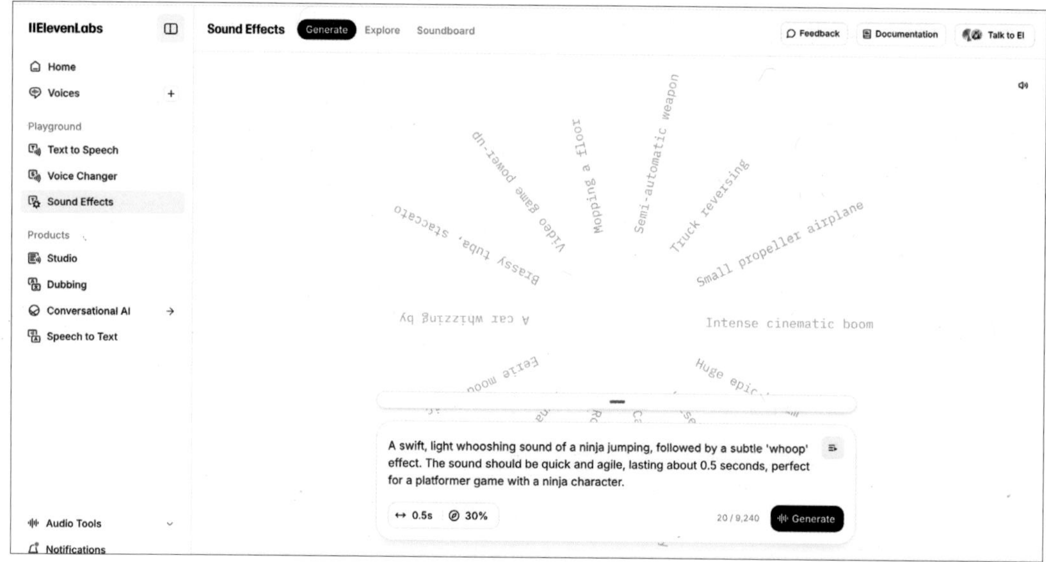

[그림 3.6-32] 닌자 점프 효과음 프롬프트 이미지

2. 스파이크 충돌 효과음(SpikeHit.mp3)

> A sharp, wooden impact sound with a character's painful grunt. The sound should be abrupt and indicate danger, like hitting wooden spikes in a platformer game. Duration around 0.7 seconds with a punchy start.

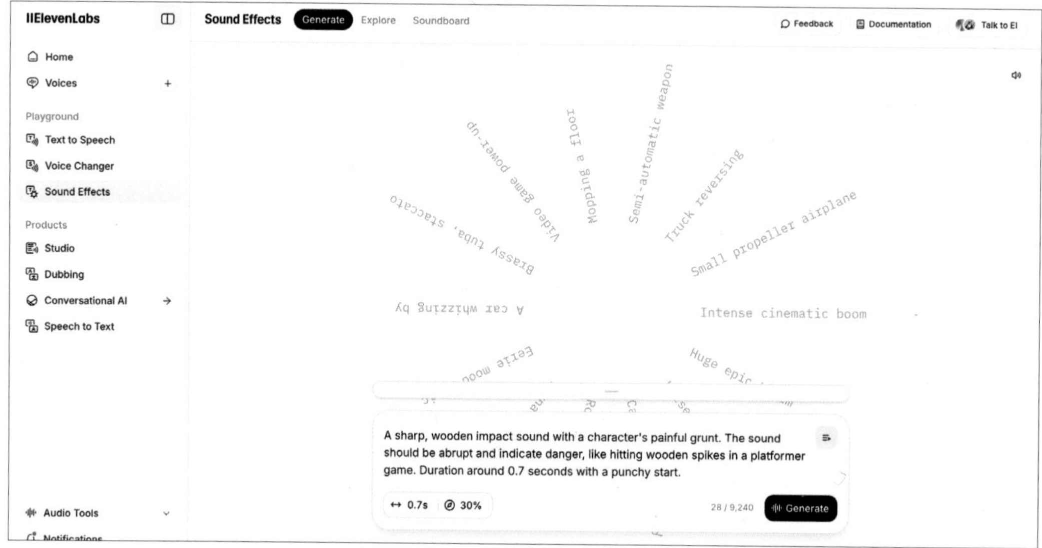

[그림 3.6-33] 스파이크 충돌 효과음 프롬프트 이미지

3. 몬스터 충돌 효과음(MonsterHit.mp3)

A ghostly, slimy impact with a ninja character. The sound should have an eerie, otherworldly quality with a 'splat' element, indicating collision with a ghost—like slime monster. Duration about 0.7 second with a spooky echo.

4. 별 수집 효과음(StarCollect.mp3)

A bright, magical twinkling sound with an uplifting chime when collecting a star. The sound should feel rewarding and positive, similar to classic platformer item collection sounds but with a mystical quality. Duration around 0.8 seconds.

5. 게임 오버 효과음(GameOver.mp3)

A dramatic, descending musical phrase indicating failure, with a ninja—themed eastern instrument sound. The effect should convey disappointment but not be too negative, lasting about 2 seconds and ending with a gentle fade out.

6. 게임 클리어 효과음(GameClear.mp3)

A triumphant, celebratory fanfare with traditional Japanese instruments. The sound should convey victory and accomplishment, starting with ascending notes and ending with a satisfying resolution. Duration around 3 seconds, perfect for completing a ninja—themed platformer level.

프롬프트를 작성한 후 [Generate] 버튼을 클릭하면 ElevenLabs가 AI로 효과음을 생성합니다. 마음에 드는 결과가 나올 때까지 필요한 경우 프롬프트를 수정하고 다시 생성할 수 있습니다.

 **Tip** _ □ ×

챗GPT에게 "내 게임에 필요한 효과음 프롬프트 생성해 줘."라고 질문한 후 게임의 장르, 스타일과 효과음이 필요한 상황(점프, 충돌, 수집 등)을 설명하면 챗GPT가 ElevenLabs에 바로 사용할 수 있는 맞춤형 프롬프트를 생성해 줍니다.

3 유니티에 사운드 임포트 및 설정하기

사운드 파일 임포트하기

❶ MusicFX에서 다운로드한 배경 음악 MP3 파일(NinjaBGM.
mp3)을 윈도우 탐색기에서 Unity의 [07. Sounds] 폴더로
드래그 앤 드롭합니다.

❷ ElevenLabs에서 다운로드한 효과음 MP3 파일들(Jump.
mp3, SpikeHit.mp3, MonsterHit.mp3, StarCollect.mp3,
GameOver.mp3, GameClear.mp3)을 Windows 탐색기
에서 Unity의 [07. Sounds] 폴더로 드래그 앤 드롭합니다.

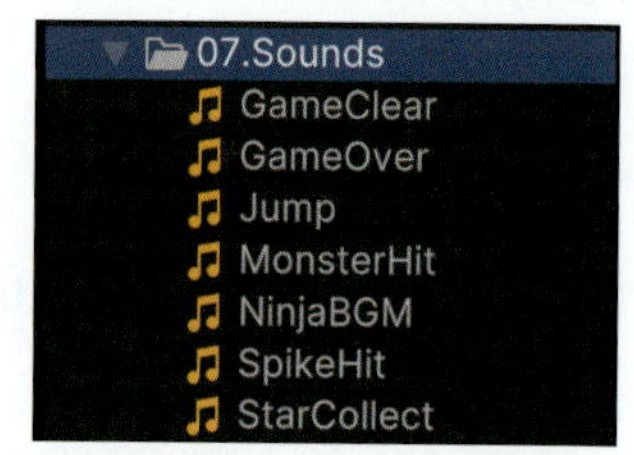

[그림 3.6-34] 임포트된 사운드 파일 목록

오디오 파일 설정 최적화하기

유니티에서 사운드 파일의 설정을 최적화하면 게임 성능과 메모리 사용을 개선할 수 있습니다.

❶ 배경 음악(BGM) 설정

- 프로젝트 뷰에서 [07. Sounds] 폴더의 NinjaBGM.mp3 파일을 선택합니다.
- 인스펙터 뷰에서 다음 설정을 조정합니다.
  · Force To Mono: 체크 표시 해제(스테레오 음질 유지)
  · Load In Background: 체크 표시(백그라운드에서 로딩하여 성능 저하 방지)
  · Load Type: Streaming(길이가 긴 배경 음악에 적합, 메모리 사용 최적화)

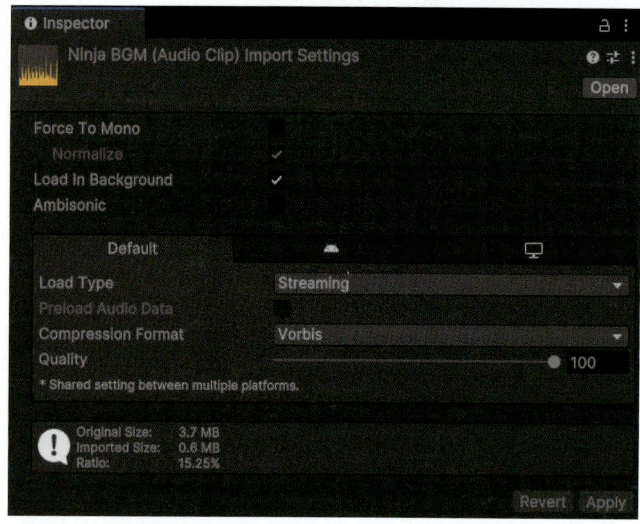

[그림 3.6-35] 배경 음악 설정 값 조정

- [Apply] 버튼을 클릭하여 설정을 적용합니다.

❷ 효과음(SFX) 설정

- 모든 효과음 파일(Jump.mp3, SpikeHit.mp3, MonsterHit.mp3, StarCollect.mp3, GameOver. mp3, GameClear.mp3)을 선택합니다(Shift를 누른 상태에서 여러 파일 선택).
- 인스펙터 뷰에서 설정을 다음과 같이 조정합니다.
  - **Force To Mono**: 체크 표시(모노로 변환하여 용량 최적화)
  - **Load Type**: Decompress On Load(빠른 재생을 위해)
  - **Compression Format**: PCM(고음질, 무압축)

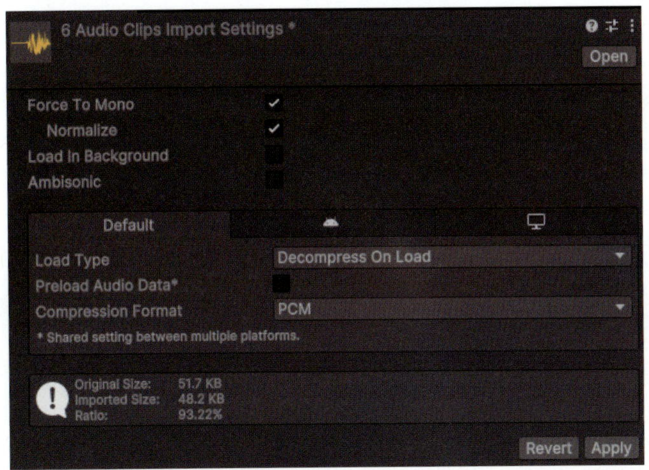

[그림 3.6-36] 효과음 설정 값 조정

- [Apply] 버튼을 클릭하여 설정을 적용합니다.

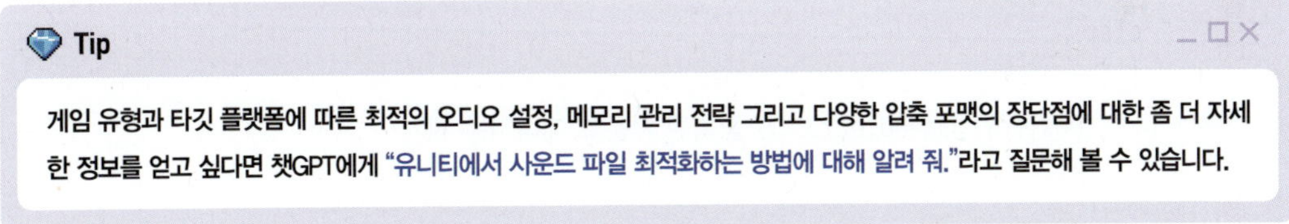

💎 **Tip** _ □ ×

게임 유형과 타깃 플랫폼에 따른 최적의 오디오 설정, 메모리 관리 전략 그리고 다양한 압축 포맷의 장단점에 대한 좀 더 자세한 정보를 얻고 싶다면 챗GPT에게 "유니티에서 사운드 파일 최적화하는 방법에 대해 알려 줘."라고 질문해 볼 수 있습니다.

4 사운드 매니저 스크립트 구현하기

게임 내 모든 사운드를 효율적으로 관리하기 위해 싱글톤 패턴을 사용한 사운드 매니저 스크립트를 구현해 보겠습니다. 이 스크립트는 게임 내 어디서든 접근할 수 있고 배경 음악과 효과음을 간편하게 재생할 수 있게 해 줍니다.

❶ 프로젝트 뷰에서 [01. Scripts] 폴더를 선택한 후 마우스 오른쪽 버튼을 클릭하면 나타나는 단축 메뉴 중에서 Create > MonoBehaviour Script를 선택합니다.

❷ 스크립트의 이름을 'SoundManager'로 지정한 후 다음 코드를 작성합니다.

단계 1 기본 구조 작성하기

먼저 기본적인 싱글톤 패턴 구조를 작성합니다. 싱글톤은 게임 내에서 하나의 객체만 존재하도록 보장하는 디자인 패턴입니다.

```csharp
using UnityEngine;

public class SoundManager : MonoBehaviour
{
    // 싱글톤 인스턴스-게임 내 어디서든 접근 가능한 단일 객체
    public static SoundManager Instance;

    private void Awake()
    {
        // 싱글톤 패턴 구현-단 하나의 사운드 매니저만 존재하도록 함.
        if(Instance == null)
        {
            Instance = this;
            DontDestroyOnLoad(gameObject); // 씬 전환 시에도 유지
        }
        else
        {
            Destroy(gameObject); // 중복된 사운드 매니저는 제거
        }
    }
}
```

단계 2 오디오 소스 컴포넌트 추가하기

배경 음악과 효과음을 별도로 관리하기 위해 두 개의 오디오 소스 컴포넌트를 추가합니다.

```csharp
using UnityEngine;
```

```csharp
public class SoundManager : MonoBehaviour
{
    // 싱글톤 인스턴스
    public static SoundManager Instance;

    // 오디오 소스 컴포넌트
    public AudioSource MusicSource;   // 배경 음악용
    public AudioSource SfxSource;       // 효과음용

    // 볼륨 설정
    [Range(0f, 1f)]
    public float MusicVolume = 0.3f; // 배경 음악 볼륨(0~1 사이)
    [Range(0f, 1f)]
    public float SfxVolume = 0.5f;    // 효과음 볼륨(0~1 사이)

    private void Awake()
    {
        // ... 생략

        // 오디오 소스 컴포넌트 설정
        MusicSource = gameObject.AddComponent<AudioSource>();
        MusicSource.loop = true;           // 배경 음악은 반복 재생
        MusicSource.volume = MusicVolume;

        SfxSource = gameObject.AddComponent<AudioSource>();
        SfxSource.loop = false;            // 효과음은 한 번만 재생
        SfxSource.volume = SfxVolume;
    }
}
```

여기서 gameObject.AddComponent<AudioSource>()는 현재 게임 오브젝트에 AudioSource 컴포넌트를 코드로 추가하는 함수입니다. 유니티에서는 인스펙터 뷰에서 [Add Component] 버튼을 클릭하여 컴포넌트를 추가할 수도 있지만, 코드로도 이렇게 컴포넌트를 동적으로 추가할 수 있습니다. 이 함수는 추가된 컴포넌트를 반환하므로 그 결과를 변수에 저장하여 바로 사용할 수 있습니다.

 오디오 클립 변수 추가하기

게임에서 사용할 모든 사운드 파일을 참조할 변수를 선언합니다.

```csharp
using UnityEngine;

public class SoundManager : MonoBehaviour
{
    // ... 생략

    // 오디오 클립 참조
    [Header("배경 음악")]
    public AudioClip BgmClip;           // NinjaBGM.mp3

    [Header("효과음")]
    public AudioClip JumpSfx;           // Jump.mp3
    public AudioClip SpikeHitSfx;       // SpikeHit.mp3
    public AudioClip MonsterHitSfx;     // MonsterHit.mp3
    public AudioClip StarCollectSfx;    // StarCollect.mp3
    public AudioClip GameOverSfx;       // GameOver.mp3
    public AudioClip GameClearSfx;      // GameClear.mp3

    // ... 생략
}
```

단계 4 사운드 재생 메서드 추가하기

이제 각 사운드를 재생할 수 있는 메서드를 추가합니다.

```csharp
using UnityEngine;

public class SoundManager : MonoBehaviour
{
    // ... 생략

    // 배경 음악 재생
    public void PlayMusic()
    {
```

```csharp
        MusicSource.clip = BgmClip;
        MusicSource.Play();
    }


    // 효과음 재생 메서드들
    public void PlayJumpSfx()
    {
        SfxSource.PlayOneShot(JumpSfx, SfxVolume);
    }

    public void PlaySpikeHitSfx()
    {
        SfxSource.PlayOneShot(SpikeHitSfx, SfxVolume);
    }

    public void PlayMonsterHitSfx()
    {
        SfxSource.PlayOneShot(MonsterHitSfx, SfxVolume);
    }

    public void PlayStarCollectSfx()
    {
        SfxSource.PlayOneShot(StarCollectSfx, SfxVolume);
    }

    public void PlayGameOverSfx()
    {
        SfxSource.PlayOneShot(GameOverSfx, SfxVolume);
    }

    public void PlayGameClearSfx()
    {
        SfxSource.PlayOneShot(GameClearSfx, SfxVolume);
    }
}
```

여기서 PlayOneShot(AudioClip clip, float volumeScale) 메서드는 AudioSource가 현재 재생 중인 상태와 상관없이 지정된 오디오 클립을 한 번 재생하는 함수입니다. 일반적인 Play() 메서드와 다른 점은 다음과 같습니다.

- Play(): AudioSource의 현재 clip을 재생합니다. 이미 재생 중이라면 처음부터 다시 재생합니다.
- PlayOneShot(): 현재 재생 중인 소리에 영향을 미치지 않고 추가로 소리를 재생합니다. 여러 효과음을 동시에 재생할 수 있습니다.

따라서 PlayOneShot( )은 효과음처럼 여러 소리가 겹쳐 재생될 수 있는 경우에 적합합니다.

단계 5 사운드 매니저 게임 오브젝트 생성하기

이제 사운드 매니저 스크립트를 게임 오브젝트에 연결합니다.

- 하이어라키 뷰에서 마우스 오른쪽 버튼을 클릭하면 나타나는 단축 메뉴 중에서 [Create Empty]를 선택합니다.
- 생성된 빈 게임 오브젝트의 이름을 'SoundManager'로 변경합니다.
- 작성한 SoundManager.cs 스크립트 파일을 SoundManager 오브젝트에 드래그 앤 드롭하여 추가합니다.

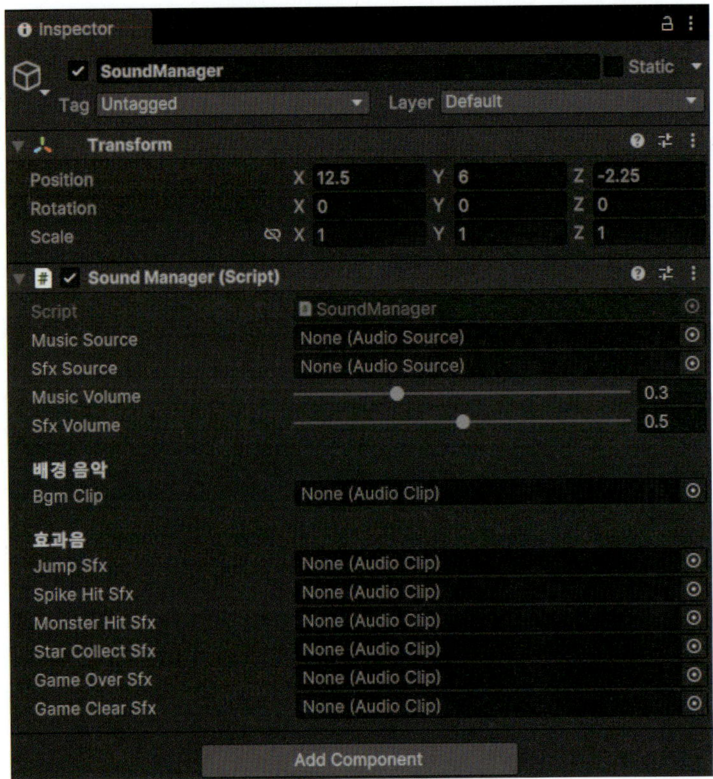

[그림 3.6-37] 스크립트-오브젝트 필드 연결

마지막으로 각 오디오 클립을 사운드 매니저에 연결합니다.

- 하이어라키 뷰에서 SoundManager 오브젝트를 선택합니다.
- 인스펙터 뷰에서 각 오디오 클립 필드에 해당하는 사운드 파일을 드래그 앤 드롭합니다.

  · BGM Clip: [BGM] 폴더의 NinjaBGM.mp3 파일

  · Jump Sfx: [SFX] 폴더의 Jump.mp3 파일

  · Spike Hit Sfx: [SFX] 폴더의 SpikeHit.mp3 파일

  · Monster Hit Sfx: [SFX] 폴더의 MonsterHit.mp3 파일

  · Star Collect Sfx: [SFX] 폴더의 StarCollect.mp3 파일

  · Game Over Sfx: [SFX] 폴더의 GameOver.mp3 파일

  · Game Clear Sfx: [SFX] 폴더의 GameClear.mp3 파일

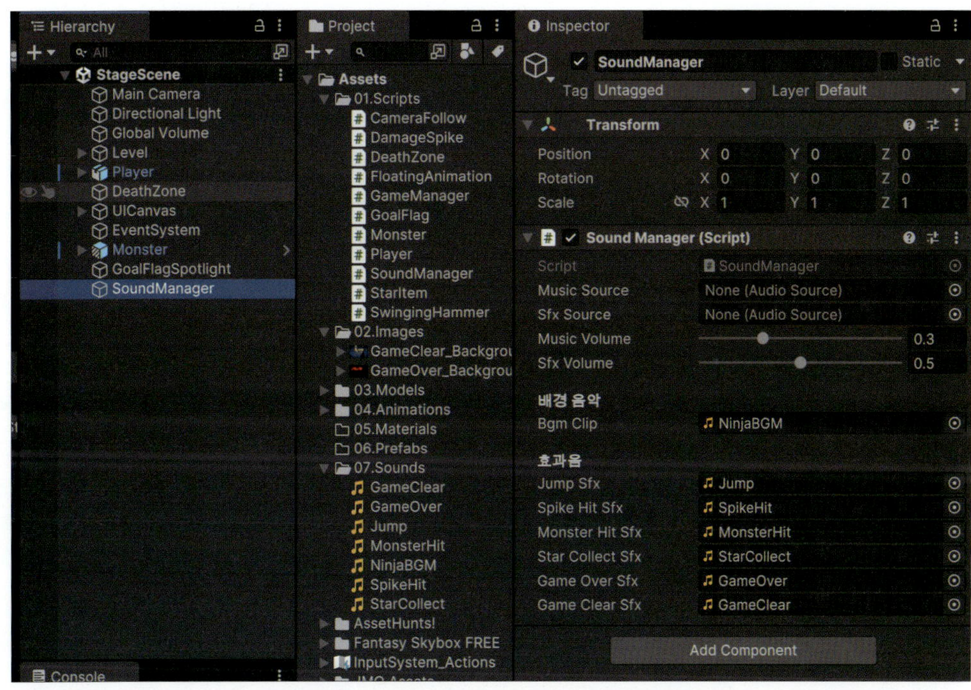

[그림 3.6-38] 오디오 클립 필드-사운드 파일 연결

5 게임 요소에 사운드 연결하기

이제 게임의 주요 요소들에 사운드를 연결하여 적절한 순간에 효과음이 재생되도록 구현해 보겠습니다.

GameManager 스크립트 수정

먼저 게임 시작 시 배경 음악을 재생하고 별 수집, 게임 오버나 클리어 시 해당 효과음을 재생하도록 GameManager 스크립트를 수정합니다.

GameManager.cs 수정 부분

```csharp
using UnityEngine;
using UnityEngine.SceneManagement;
using UnityEngine.UI;

public class GameManager : MonoBehaviour
{
    // ... 생략

    private void Start()
    {
        // 게임 초기화
        ResetGame();

        // 배경 음악 재생
        SoundManager.Instance.PlayMusic();
    }

    // ... 생략

    // 별 수집 시 호출되는 메서드
    public void AddStar()
    {
        StarCount++;
        UpdateStarCountUI();

        // 별 수집 효과음 재생
        SoundManager.Instance.PlayStarCollectSfx();

        Debug.Log("별 수집: " + StarCount);
    }

    // 게임 클리어 처리
```

```csharp
public void GameClear()
{
    if(!IsGameClear && !IsGameOver)
    {
        IsGameClear = true;
        Debug.Log("게임 클리어!");

        // 게임 클리어 UI 표시
        GameClearUI.SetActive(true);

        // 게임 클리어 효과음 재생
        SoundManager.Instance.PlayGameClearSfx();

        // 최종 점수 표시
        ClearStarCountText.text = "수집한 별: " + StarCount + "개";
    }
}

// 시간 초과로 인한 게임 오버
private void TimeOver()
{
    if(!IsGameOver)
    {
        IsGameOver = true;
        Debug.Log("시간 초과! 게임 오버!");

        // 게임 오버 효과음 재생
        SoundManager.Instance.PlayGameOverSfx();

        // 게임 오버 UI 표시(자동 재시작 제거)
        GameOverUI.SetActive(true);
    }
}

// ... 생략

// 플레이어 사망 처리
public void PlayerDied()
{
    if(!IsGameOver)
```

```csharp
    {
        IsGameOver = true;
        Debug.Log("게임 오버! " + RestartDelay+ "초 후 재시작합니다.");

        // 게임 오버 효과음 재생
        SoundManager.Instance.PlayGameOverSfx();

        // 게임 오버 UI 표시(자동 재시작 제거)
        GameOverUI.SetActive(true);
    }
}
```

Player 스크립트 수정

플레이어 점프 시 효과음이 재생되도록 Player 스크립트를 수정합니다.

```csharp
using UnityEngine;

public class Player : MonoBehaviour
{
    // ... 생략

    private void Jump()
    {
        // 점프 힘 적용
        _rigidbody.AddForce(Vector3.up * JumpForce, ForceMode.Impulse);
        _isGrounded = false;   // 점프 직후 지면에서 떨어졌다고 표시

        // 점프 효과음 재생
        SoundManager.Instance.PlayJumpSfx();
    }

    // ... 생략
}
```

DamageSpike 스크립트 수정

스파이크 충돌 시 효과음이 재생되도록 DamageSpike 스크립트를 수정합니다.

```csharp
using UnityEngine;

public class DamageSpike : MonoBehaviour
{
        // ... 생략

    private void OnCollisionEnter(Collision collision)
    {
        // Player 태그를 가진 오브젝트만 처리
        if(collision.gameObject.CompareTag("Player"))
        {
                // ... 생략

                // 스파이크 충돌 효과음 재생
            SoundManager.Instance.PlaySpikeHitSfx();

            Debug.Log("플레이어가 스파이크에 부딪혔습니다!");
        }
    }
  }
}
```

Monster 스크립트 수정

몬스터 충돌 시 효과음이 재생되도록 Monster 스크립트를 수정합니다.

```csharp
using UnityEngine;
using UnityEngine.AI;

public class Monster : MonoBehaviour
{
    // ... 생략

    private void OnCollisionEnter(Collision collision)
    {
        // Player 태그를 가진 오브젝트와 충돌 시
        if(collision.gameObject.CompareTag("Player"))
```

```
        {
            // ... 생략

            // 몬스터 충돌 효과음 재생
                SoundManager.Instance.PlayMonsterHitSfx();

                    Debug.Log("플레이어가 몬스터와 충돌했습니다!");
        }
    }
}
```

이로써 생성형 AI 도구인 ElevenLabs와 MusicFX를 활용하여 닌자 월드 게임에 사운드를 성공적으로 추가했습니다. 이제 게임은 시각적인 요소뿐만 아니라 청각적인 피드백도 제공하여 플레이어에게 더욱 풍부하고 몰입감 있는 게임 경험을 선사합니다.

6.3 게임 아이콘 생성과 빌드하기

지금까지 우리는 닌자 월드 게임의 모든 핵심 기능을 완성했습니다. 플레이어는 3D 환경에서 자유롭게 움직이며 별을 수집하고 장애물과 몬스터를 피해 목적지에 도달할 수 있습니다. 또한 생성형 AI로 제작한 시각적 효과와 사운드가 게임의 완성도를 크게 높였습니다. 이제 마지막 단계로 게임을 실제로 플레이할 수 있는 실행 파일로 빌드하고 전문적인 게임 아이콘을 추가하여 완전한 게임으로 완성해 보겠습니다.

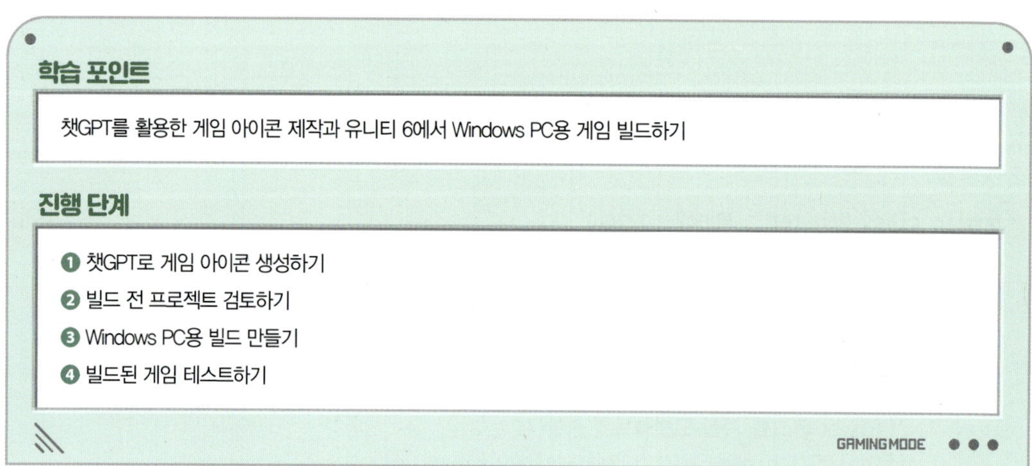

1 챗GPT로 게임 아이콘 생성하기

게임 아이콘은 플레이어가 게임을 처음 접하게 되는 시각적 요소로, 게임의 정체성과 분위기를 한눈에 전달하는 중요한 역할을 합니다. 전문적이고 매력적인 게임 아이콘을 위해 챗GPT의 DALL·E 기능을 활용해 보겠습니다.

게임 아이콘 이미지 생성하기

❶ 챗GPT에 접속하여 다음과 같은 프롬프트를 입력합니다.

> 닌자 테마의 3D 플랫포머 게임 '닌자 월드'용 게임 아이콘을 만들어 줘. 다음 조건을 만족해야 해.:
> – 정사각형 비율(1:1)로 제작
> – 어둡고 신비로운 밤하늘 배경
> – 중앙에 역동적인 포즈의 닌자 실루엣
> – 검은색 닌자복과 빨간색 두건이 특징적으로 보이도록
> – 황금빛 별들이 배경에 반짝이는 효과
> – 게임 아이콘으로 사용하기 적합한 선명하고 단순한 디자인
> – 작은 크기에서도 알아볼 수 있는 명확한 형태
> – 닌자의 민첩함과 모험심을 표현하는 분위기

[그림 3.6-39] 생성 결과 이미지

❷ 생성된 이미지를 다운로드하여 'NinjaWorld_Icon.png'라는 이름으로 저장합니다.

❸ 상단 메뉴에서 Edit > Project Settings를 선택합니다.

❹ [Player] 탭을 선택합니다.

❺ Default Icon 필드에 방금 임포트한 NinjaWorld_Icon.png 파일을 드래그 앤 드롭합니다.

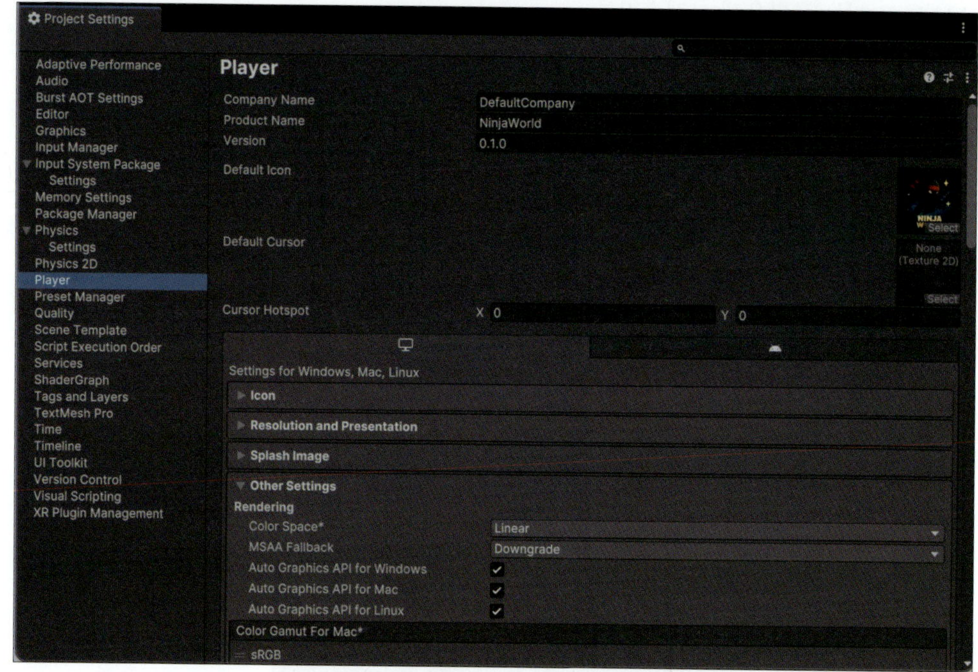

[그림 3.6-40] 게임 실행 파일에 커스텀 아이콘 적용

이제 빌드된 게임 실행 파일에 우리가 만든 커스텀 아이콘이 적용됩니다.

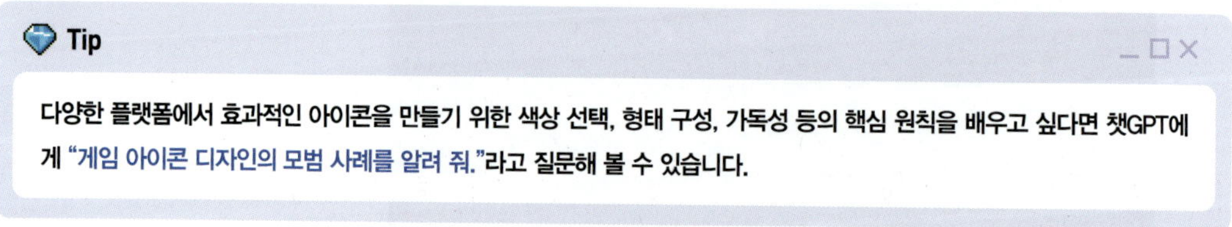

💎 **Tip** _ □ ×

다양한 플랫폼에서 효과적인 아이콘을 만들기 위한 색상 선택, 형태 구성, 가독성 등의 핵심 원칙을 배우고 싶다면 챗GPT에게 "게임 아이콘 디자인의 모범 사례를 알려 줘."라고 질문해 볼 수 있습니다.

② 빌드 전 프로젝트 검토하기

게임을 빌드하기 전에 프로젝트의 전반적인 상태를 점검하고 최적화하는 것이 중요합니다. 이 과정을 통해 빌드 오류를 미리 방지하고 게임 성능을 향상시킬 수 있습니다.

🔺🔵 게임 기능 동작 테스트

게임을 빌드하기 전에 모든 요소가 정상적으로 작동하는지 꼼꼼하게 확인하는 과정이 필요합니다. 다음 체크리스트를 따라 프로젝트를 점검해 봅시다.

❶ 게임 내 주요 기능이 에디터에서 정상적으로 동작하는지 확인합니다.
- 플레이어 이동(Ⓦ, Ⓐ, Ⓢ, Ⓓ 입력 및 점프)
- 몬스터 생성 및 플레이어 추적
- 충돌 시스템(스파이크, 몬스터와의 충돌 반응)
- 별 수집 시스템 및 점수 증가
- 시간 제한 시스템과 타이머 UI
- 배경 음악 및 효과음(점프, 충돌, 수집 사운드)
- 게임 오버 및 게임 클리어 화면
- 목적지 도달 시 승리 조건

❷ 불필요한 디버그 메시지나 테스트 코드를 정리합니다.
- Debug.Log 문이 남아 있다면 꼭 필요한 경우만 남기고 모두 제거합니다.
- 테스트용으로 추가한 임시 기능이 있다면 삭제합니다.

이 과정을 통해 빌드 전에 발생할 수 있는 문제를 미리 예방하고 보다 완성도 높은 게임을 제작할 수 있습니다.

🔺🔵 씬 설정 확인하기

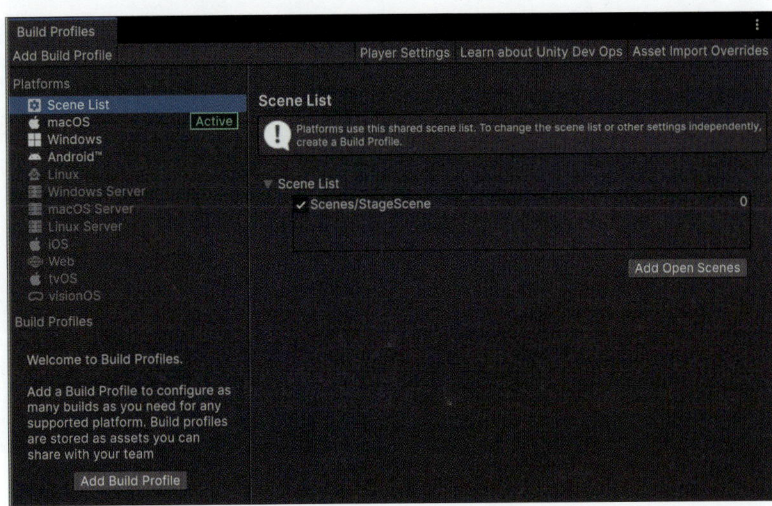

[그림 3.6-41] 게임 내 씬 목록 확인

❶ 상단 메뉴에서 File > Build Profiles를 선택합니다.

❷ 현재 활성화된 빌드 프로파일에서 Scene List 섹션을 확인합니다.

❸ 현재 게임 씬(StageScene)이 포함되어 있는지 확인합니다.

❹ 만약 씬이 목록에 없다면 [Add Open Scenes] 버튼을 클릭하여 현재 열린 씬을 추가합니다.

- StageScene이 목록의 0번(첫 번째)에 위치해야 합니다. 0번 씬은 게임 시작 시 자동으로 로드되는 씬이기 때문입니다.

- StageScene이 0번이 아닌 다른 위치에 있다면 해당 씬을 클릭한 상태에서 드래그하여 목록의 맨 위(0번 위치)로 이동시킵니다.

- 씬의 순서가 올바르게 설정되지 않으면 게임이 시작될 때 잘못된 씬이 로드되거나 빈 화면이 나타날 수 있으므로 이 단계를 꼭 확인해야 합니다.

프로젝트 설정 최적화

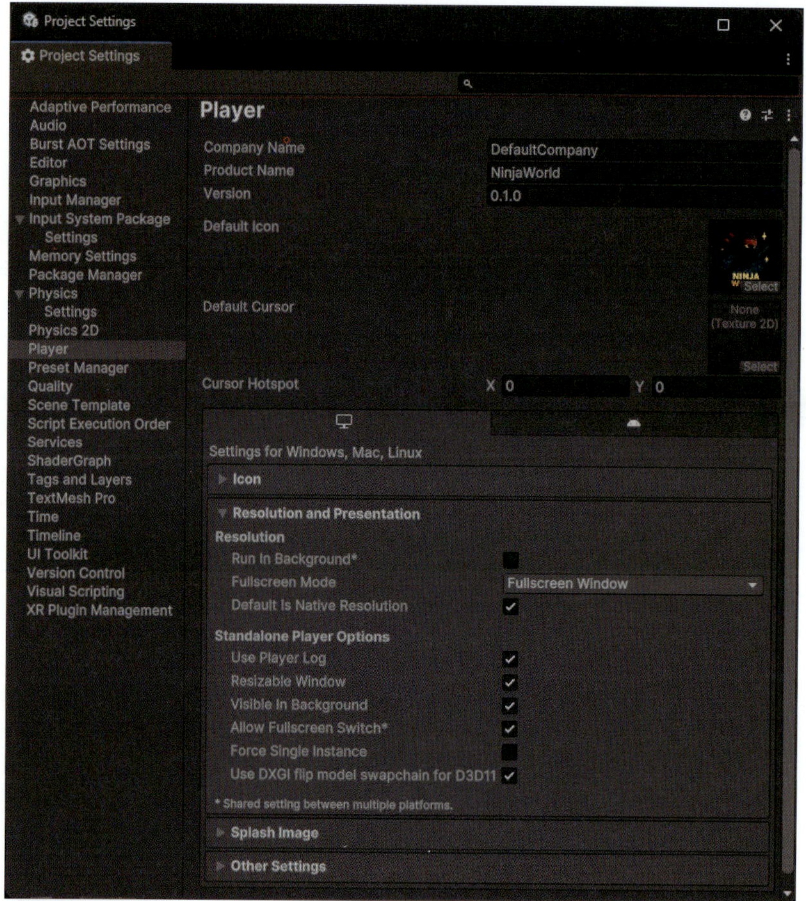

[그림 3.6-42] 게임 정보 설정

❶ Edit > Project Settings > Player를 선택합니다.

❷ Resolution and Presentation 섹션에서 다음 설정을 확인합니다.

- **Fullscreen Mode**: Fullscreen Window(전체 화면 모드)
- **Resizable Window**: 체크(플레이어가 창 크기 조절 가능)

게임 정보 설정하기

❶ Player Settings에서 다음 정보를 입력합니다.

- **Product Name**: Ninja World
- **Company Name**: 여러분의 이름 또는 팀 이름
- **Version**: 1.0

이러한 정보는 빌드된 게임의 속성에 표시되며 플레이어가 게임 파일을 볼 때 확인할 수 있습니다.

3 Windows PC용 빌드 만들기

❶ 유니티 에디터의 상단 메뉴에서 File > Build Profiles를 선택합니다.

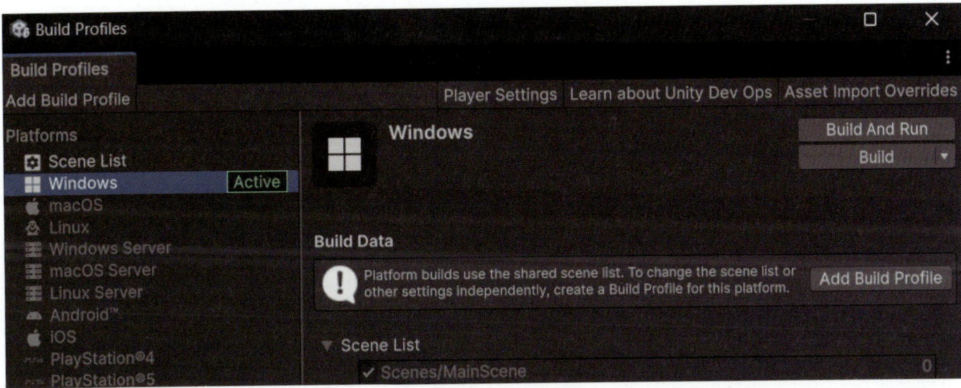

[그림 3.6-43] Windows에서 Build 선택

❷ [Build Profiles] 창에서 [Build] 버튼을 클릭합니다.

❸ 빌드 파일을 저장할 폴더를 선택합니다.

- [Build]라는 새 폴더를 만들어 게임 파일을 정리해 두는 것이 좋습니다(예 C:\UnityProjects\NinjaWorld\Build)

- 폴더를 선택한 후 [폴더 선택] 버튼을 클릭합니다.

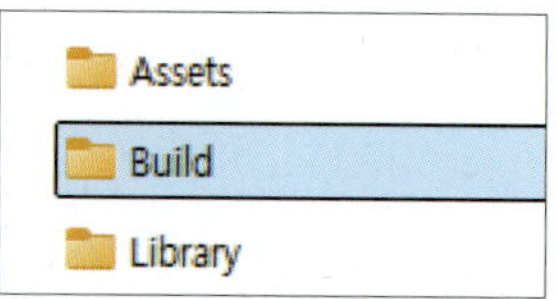

[그림 3.6-44] [Build] 폴더

❹ 유니티가 게임을 빌드하는 동안 잠시 기다립니다.

- 빌드 과정은 프로젝트의 크기와 PC의 성능에 따라 몇 분 정도 소요될 수 있습니다.

❺ 빌드가 완료되면 선택한 폴더에 다음과 같은 파일들이 생성됩니다.

- NinjaWorld.exe: 게임 실행 파일

- [NinjaWorld_Data] 폴더: 게임 에셋과 데이터 파일

- UnityCrashHandler64.exe: 크래시 리포트 처리 프로그램

- UnityPlayer.dll: 유니티 플레이어 라이브러리

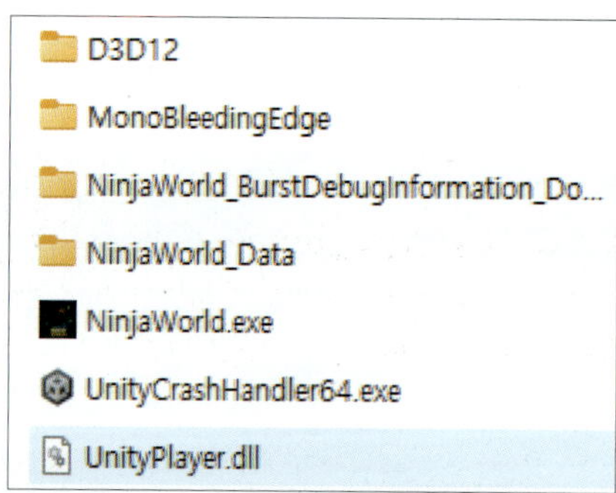

[그림 3.6-45] 생성된 파일

완성된 NinjaWorld.exe 파일을 더블 클릭하면 유니티 에디터 없이도 게임을 바로 실행할 수 있습니다.

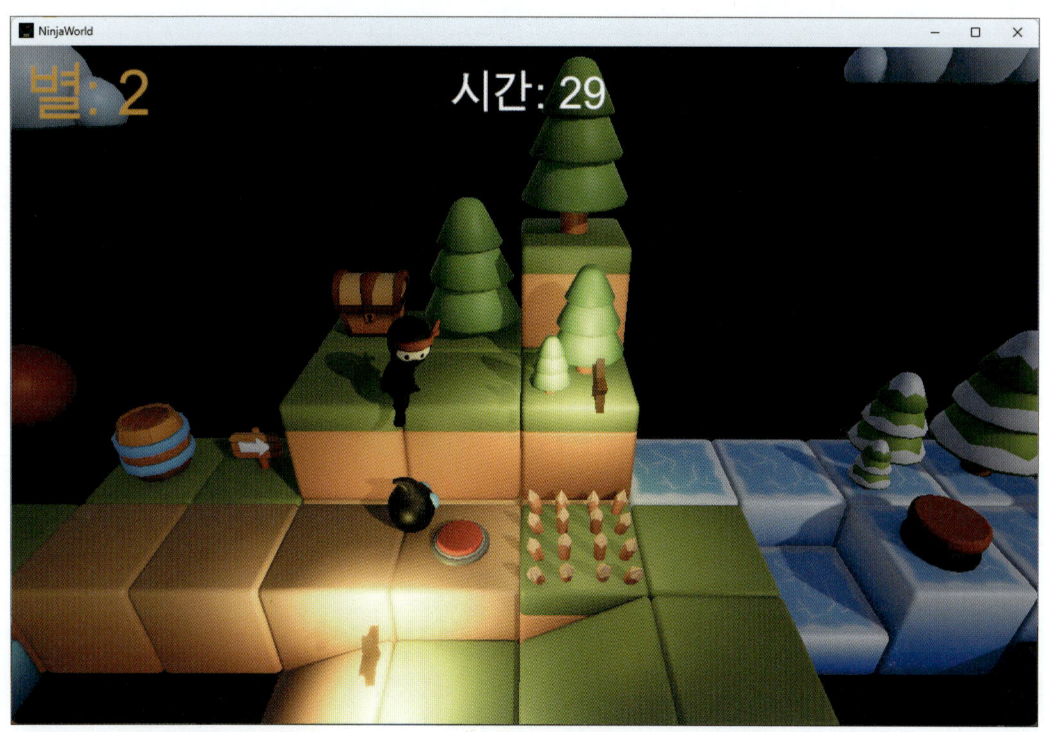

[그림 3.6-46] NinjaWorld.exe 실행

이로써 생성형 AI를 활용한 3D 플랫포머 게임 '닌자 월드' 개발이 완전히 완료되었습니다. 이 과정을 통해 여러분은 현대적인 게임 개발 도구들을 활용하여 전문적인 수준의 게임을 제작하는 능력을 길렀습니다. 앞으로도 챗GPT와 다른 생성형 AI 도구들을 활용하여 더욱 창의적이고 혁신적인 게임들을 만들어 나가기 바랍니다.

UNIT_947

4

생성형 인공지능 고급 기법

지난해 GPT-4o가 실시간 멀티모달 상호작용의 가능성을 보여 주었다면, 2025년 4월 공개된 GPT-4.1은 한층 길어진 문맥(최대 100만 토큰)과 향상된 코딩·지시이해 능력으로 'AI를 활용한 제작 공정' 자체를 끌어올렸습니다. 업계 보고서에 따르면 GPT-4.1은 전작 대비 코드 생성 정확도가 높아지고 운영 비용이 26% 가량 절감되어 소규모 팀도 대규모 콘텐츠 실험에 나설 수 있는 현실적인 기반을 마련했습니다.

유니티6는 이러한 생성형 AI를 자연스럽게 통합할 수 있는 제작 환경입니다. Part 4에서는 ChatGPT API를 이용해 고정된 대사집을 벗어난 대화형 NPC를 구현하는 과정을 중심으로 다룹니다. 아울러 Sentis로 학습된 모델을 런타임에서 바로 추론하는 방법, 유니티 뮤즈(Unity Muse)로 에디터 안에서 콘셉트 아트와 애니메이션 초안을 빠르게 생성하는 과정 그리고 Cursor로 반복적 코드를 자동화해 개발 속도를 높이는 흐름을 간단히 짚어 봅니다.

챗GPT API를 활용한 NPC 대화 시스템

1.1 NuGet을 활용한 OpenAI 라이브러리 설치

1 NuGet이란?

NuGet은 C#과 같은 닷넷(.NET) 기반 프로그래밍에서 다양한 기능을 쉽게 추가할 수 있도록 도와주는 패키지 관리자입니다. 쉽게 말해, 앱이나 게임을 만들 때 필요한 기능들을 하나하나 직접 개발하지 않고 이미 만들어진 라이브러리를 가져다 쓸 수 있도록 도와주는 도구입니다.

[그림 4.1-1] Nuget(출처: Learn Microsoft)

예를 들어, 게임에서 대화 기능을 만들고 싶다면 OpenAI의 API를 사용해야 합니다. 이때 NuGet을 사용하면 OpenAI API와 관련된 모든 파일을 한 번에 설치할 수 있습니다. 또 다른 예로 JSON 데이터를 다루거나 데이터베이스와 연결하는 기능을 구현할 때도 NuGet을 사용하면 복잡한 작업 없이 필요한 기능을 가져올 수 있습니다.

하지만 유니티는 기본적으로 NuGet을 직접 지원하지 않기 때문에 별도의 도구가 필요합니다. 이 문제를 해결하기 위해 NuGetForUnity라는 플러그인을 사용하면 유니티에서도 쉽게 NuGet 패키지를 설치하고 관리할 수 있습니다. NuGetForUnity를 사용하면 OpenAI API 같은 다양한 닷넷 라이브러리를 유니티 프로젝트에 추가하여 활용할 수 있습니다.

2 NuGetForUnity란?

NuGetForUnity는 유니티에서도 쉽게 NuGet 패키지를 설치하고 관리할 수 있도록 만들어진 도구입니다. NuGet이 C# 개발 환경에서 널리 사용되지만, 유니티에서는 기본적으로 지원되지 않기 때문에 이 플러그인을 활용하면 유니티에서도 NuGet 패키지를 간편하게 다룰 수 있습니다.

NuGetForUnity를 사용하면 다음과 같은 작업을 할 수 있습니다.

- **필요한 기능을 손쉽게 추가**: NuGet 저장소에서 원하는 기능(예 OpenAI API)을 검색하고 클릭 몇 번으로 설치할 수 있습니다.
- **자동으로 필요한 추가 파일 설치**: 어떤 기능을 사용하려면 다른 파일이 필요할 수도 있습니다. NuGetForUnity는 이런 추가 파일을 자동으로 찾아서 함께 설치해 줍니다.
- **버전 관리 가능**: 특정 버전의 라이브러리를 선택해서 설치할 수 있고 최신 버전으로 업데이트하는 것 역시 가능합니다.

이 도구를 사용하면 OpenAI API 같은 .NET 라이브러리를 유니티 프로젝트에 쉽게 추가할 수 있고 복잡한 코드 없이도 AI 기능을 게임에 적용할 수 있습니다.

3 NuGetForUnity 설치 방법

NuGetForUnity를 설치하는 방법은 다음과 같습니다.

01 깃허브(GitHub)에서 최신 NuGetForUnity 다운로드

- 구글에 NuGetForUnity를 검색하여 GlitchEnzo/NuGetForUnity를 찾아 접속합니다.

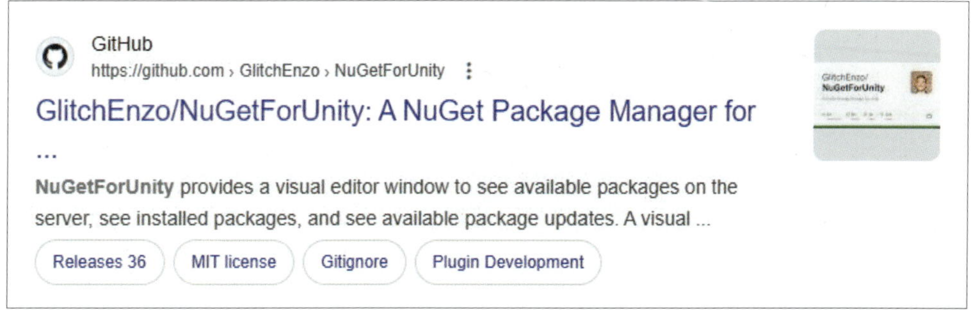

[그림 4.1-2] 깃허브의 NuGetForUnity

- 우측의 [Releases]를 클릭합니다.

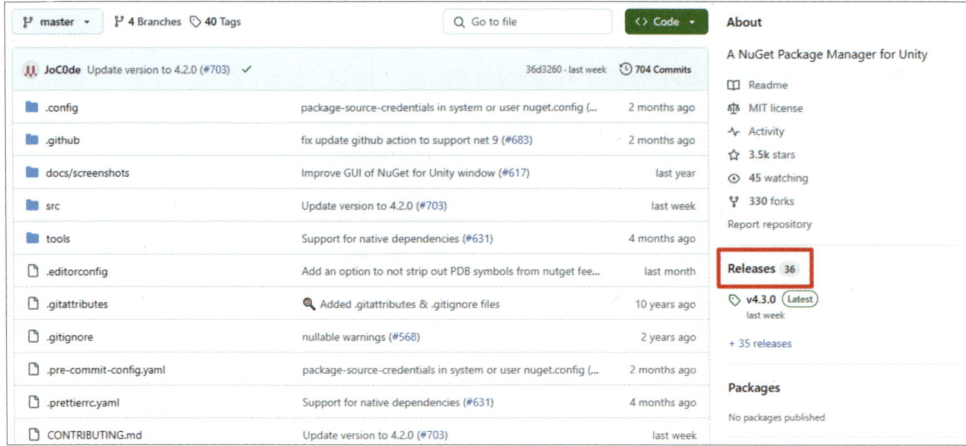

[그림 4.1-3] NuGetForUnity 릴리즈

- 최신 릴리즈 버전의 .unitypackage 파일을 다운로드합니다.

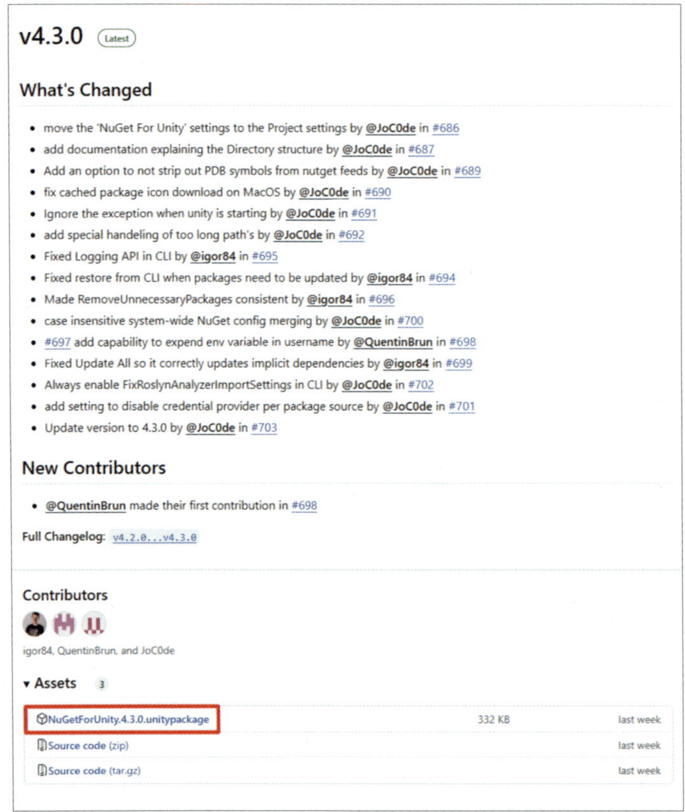

[그림 4.1-4] NuGetForUnity 다운로드

02 유니티 프로젝트에 패키지 임포트

- 유니티를 실행한 후 Assets > Import Package > Custom Package...를 선택합니다.

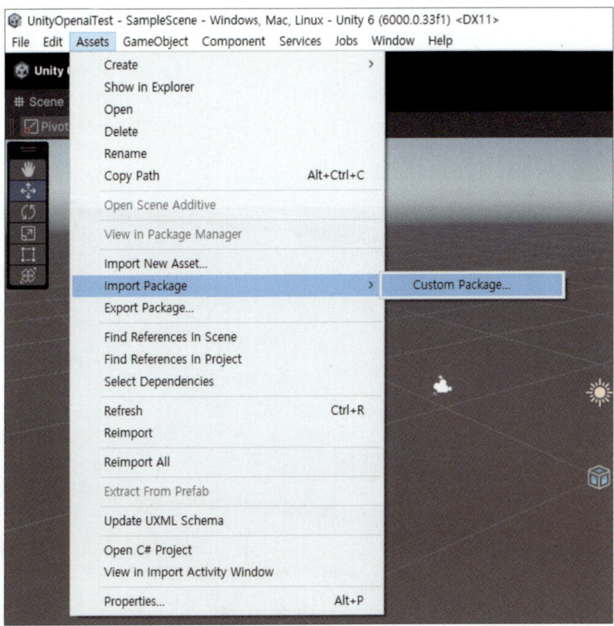

[그림 4.1-5] 패키지 임포트 방법

- 다운로드한 .unitypackage 파일을 선택하고 임포트합니다.

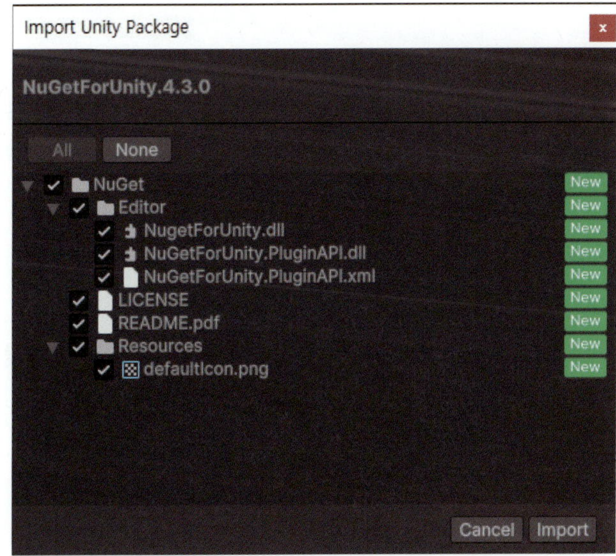

[그림 4.1-6] 패키지 임포트

- Edit > Project Settings... > NuGet For Unity에서 NuGet For Unity가 보인다면 정상적으로 설치된 것입니다.

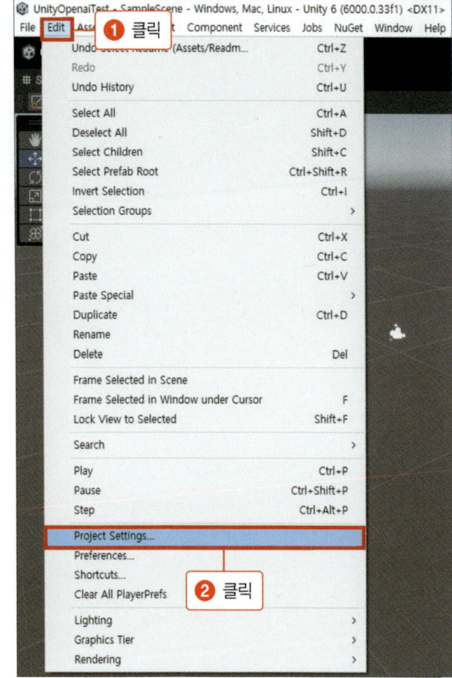

[그림 4.1-7] NuGet For Unity 설치 확인 1

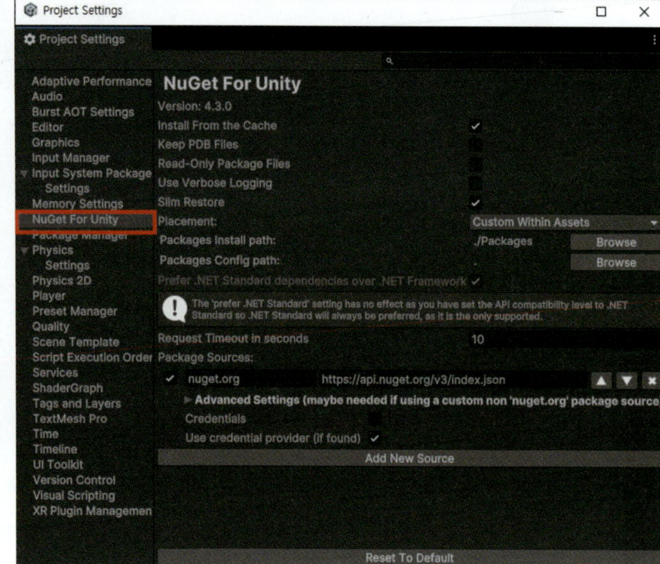

[그림 4.1-8] NuGet For Unity 설치 확인 2

이제 NuGet For Unity를 활용할 준비가 완료되었습니다. 다음 단계에서는 OpenAI 라이브러리를 검색하고 설치하는 과정을 설명합니다.

4 OpenAI 패키지 설치

OpenAI는 공식적으로 닷넷용 C# SDK를 제공하고 있으며 이를 활용하면 OpenAI API를 보다 쉽게 사용할 수 있습니다. 유니티 환경에서는 NuGetForUnity를 통해 OpenAI 패키지를 설치할 수 있습니다. 공식 패키지를 설치하려면 다음 단계를 따릅니다.

01 NuGet 창 열기

- Unity 메뉴에서 NuGet > Manage NuGet Packages 선택

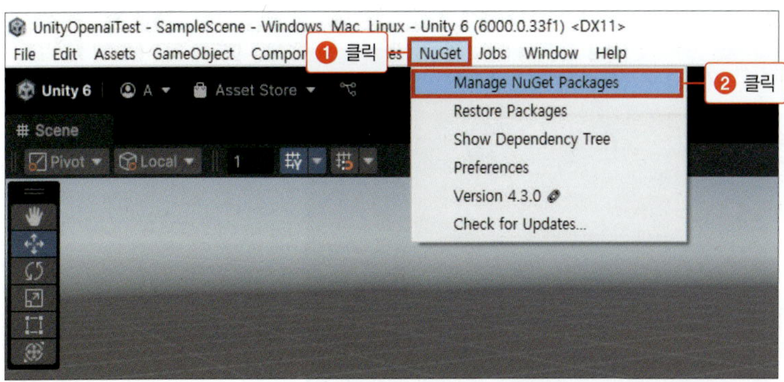

[그림 4.1-9] NuGet 패키지 열기

02 OpenAI 공식 패키지 검색 및 설치

- Browse 탭에서 OpenAI를 검색합니다.
- 최신 버전을 선택한 후 [Install]을 클릭합니다.

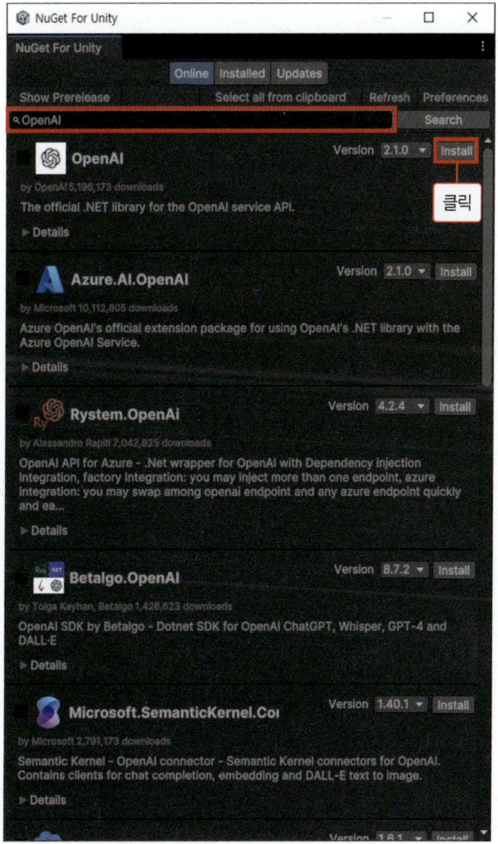

[그림 4.1-10] NuGet 패키지 검색

- [Installed] 탭에서 OpenAI 패키지가 정상적으로 추가되었는지 확인할 수 있습니다.

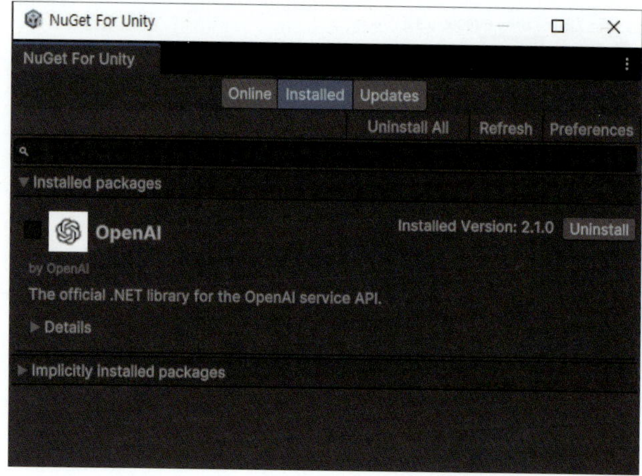

[그림 4.1-11] OpenAI 패키지 설치

Nuget For Unity와 OpenAI 패키지 설치를 마쳤으면 이제 OpenAI 공식 패키지를 활용하여 OpenAI API와 상호작용할 수 있습니다.

1 OpenAI란?

OpenAI는 인공지능 연구 및 개발을 선도하는 기업으로, 2015년 일론 머스크, 샘 올트먼, 그렉 브록먼 등을 포함한 여러 기업가와 연구자에 의해 설립되었습니다. 초기에는 비영리 연구소로 출발했지만, 이후 인공지능 연구의 지속적인 발전과 투자 유치를 위해 영리 기업(OpenAI LP)으로 전환되었습니다.

OpenAI는 생성형 인공지능의 선두주자로, 텍스트 생성, 이미지 생성, 코드 작성 등의 다양한 기능을 제공하는 인공지능을 연구하고 있습니다. 현재는 마이크로소프트 사와 협력하여 상용화를 진행하고 있으며 연구뿐만 아니라 상업적 서비스도 활발히 운영하고 있습니다.

② OpenAI의 역사와 주요 행보

- **2015년**: OpenAI 설립, 비영리 연구소로 시작
- **2019년**: 영리 기업(OpenAI LP)으로 전환, 마이크로소프트 사로부터 대규모 투자 유치
- **2020년**: GPT-3 공개, 자연어 처리(NLP) 기술의 획기적 발전
- **2022년**: 챗GPT 출시, 대중적인 AI 챗봇 서비스로 급부상
- **2023년**: GPT-4 발표, 멀티모달 AI 지원(텍스트뿐만 아니라 이미지 분석도 가능)

③ OpenAI의 주요 이슈

- **AI 안전성 논란**: 인공지능의 영향력 확대에 따른 윤리적 문제와 규제 필요성 논의
- **데이터 프라이버시**: AI가 사용자 데이터를 학습하면서 발생할 수 있는 개인정보 보호 문제
- **기업화와 독점 논란**: 마이크로소프트 사와의 협업을 통해 AI 기술을 상업적으로 활용하면서 비판을 받기도 함.

④ OpenAI API

API(Application Programming Interface)는 응용 프로그램 간의 데이터 및 기능을 주고받기 위한 인터페이스를 의미합니다. 쉽게 말해, 한 프로그램이 다른 프로그램과 소통할 수 있도록 도와주는 다리 역할을 합니다.

예를 들어, 게임 개발자가 OpenAI의 인공지능 기능을 활용하고 싶다면 OpenAI API를 사용하면 됩니다. 이를 통해 직접 AI 모델을 구축하지 않고도 간단한 코드만으로 AI 기능을 게임에 추가할 수 있습니다.

특히 OpenAI API를 활용하면 NPC의 대화를 더욱 자연스럽고 동적인 방식으로 구현할 수 있습니다. 이는 게임 내 캐릭터가 플레이어와 보다 현실감 있는 상호작용을 할 수 있도록 돕습니다.

OpenAI API는 다양한 기능을 제공하며 그중에서도 다음과 같은 핵심 기술들이 포함됩니다.

- **GPT(Generative Pre-trained Transformer)**: 자연스러운 문장 생성을 지원하는 AI 모델입니다. 게임 속 NPC의 대사 생성뿐만 아니라 플레이어의 질문에 대해 의미 있는 응답을 제공하는 등 다양한 방식으로 활용할 수 있습니다.
- **DALL·E**: 텍스트 설명을 기반으로 이미지를 생성하는 AI입니다. 예를 들어 게임 속에서 특정한 아이템이나 배경을 설명하는 문장을 입력하면 해당 설명에 맞는 이미지를 생성할 수 있습니다. 이를

통해 아트 자산을 자동으로 생성하거나 빠르게 프로토타이핑할 수 있습니다.
- **Whisper**: 음성을 텍스트로 변환하는 음성 인식 모델입니다. 플레이어의 음성을 인식해 NPC와 음성 기반의 대화를 구현하거나 게임 내 음성 명령 시스템을 개발하는 데 활용할 수 있습니다.
- **Codex**: 코드 자동 완성을 지원하는 AI로, 깃허브 코파일럿(GitHub Copilot)의 기반 기술이기도 합니다. 게임 개발 중 스크립트 작성 시 자동 코드 추천 기능을 제공하여 개발자의 생산성을 향상시킬 수 있습니다.
- **Embeddings**: 텍스트 데이터를 벡터로 변환하여 검색 및 추천 시스템에 활용할 수 있습니다. 예를 들어, 플레이어가 특정 질문을 하면 NPC가 미리 정의된 여러 개의 답변 중 가장 적절한 응답을 선택하도록 구현할 수 있습니다.

이러한 기능들은 단순한 챗봇을 넘어 게임 속에서 동적이고 몰입감 있는 경험을 제공하는 데 중요한 역할을 합니다. OpenAI API를 활용하면 기존 방식으로는 구현하기 어려웠던 인터랙티브한 대화 시스템과 AI 기반 콘텐츠를 손쉽게 개발할 수 있습니다.

1.3 OpenAI API 요청 및 응답 처리

1 OpenAI API 사용 준비

OpenAI API를 사용하기 위해서는 몇 가지 준비 과정을 거쳐야 합니다. 이 책에서는 회원 가입이나 결제 방법이 계속 바뀔 수 있으므로 이와 관련된 구체적인 안내는 다루지 않습니다. 최신 정보가 필요하다면 OpenAI 공식 웹 사이트를 참고하기 바랍니다.

게임 개발에 활용하기 위해서는 다음 단계를 진행하면 됩니다. 우선 OpenAI 공식 웹 사이트에 방문하여 계정을 생성합니다. OpenAI API를 사용하기 위해서는 카드 등록 후 일정 금액을 충전하거나 사용량에 따라 자동 청구되는 종량제 방식을 이용하므로 사용량과 결제 정책을 확인하는 것이 좋습니다. 처음에는 가장 적은 금액만 충전하여 테스트하는 것을 권장드리며 필요할 경우 추후에 충전 금액을 늘리면 됩니다.

계정을 생성했다면 OpenAI의 API 대시보드에서 API 키를 발급받습니다. 이 API 키는 일종의 '식별 번호'로 OpenAI 서버에 요청을 보낼 때 내가 누구인지 확인해 주는 역할을 합니다. 쉽게 말해 요청을 보낼 때마다 이 키를 함께 전달하면 OpenAI 측에서 해당 요청이 누구의 것인지 인식하고 요금을 계산할 수 있습니다. 보안에 주의가 필요한 중요 정보이므로 절대 공개 저장소(GitHub 등)에 업로드되지 않도록 환경 변수나 보안 관리 시스템을 활용하여 안전하게 보관하기 바랍니다.

2 API 호출을 위한 기본 설정

이제 OpenAI의 챗GPT API를 유니티에서 활용하는 방법을 알아보겠습니다. API를 호출하려면 모델 선택, API 키 입력, 메시지 설정 등의 기본적인 준비가 필요합니다. 다음 코드는 OpenAI의 ChatClient를 사용하여 간단한 채팅 요청을 보내고 AI의 응답을 출력하는 예제입니다. 이를 통해 기본적인 API 호출의 흐름을 이해할 수 있습니다.

코드 예제

```csharp
using UnityEngine;
using OpenAI.Chat;

public class SimpleChat : MonoBehaviour
{
    void Start()
    {
        // ChatClient 인스턴스를 생성합니다.
        ChatClient client = new ChatClient(model: "gpt-4o", apiKey: "Your OpenAI Key");

        // AI 응답을 요청합니다.
        ChatCompletion completion = client.CompleteChat("안녕하세요!");

        // AI 응답을 출력합니다.
        Debug.Log(completion.Content[0].Text);
    }
}
```

코드 분석

```csharp
using OpenAI.Chat;
```

- OpenAI의 Chat API를 사용하기 위해 필요한 네임 스페이스를 포함합니다.
- ChatClient, ChatCompletion 등 OpenAI API 관련 클래스를 사용하기 위해 반드시 필요합니다.

```csharp
ChatClient client = new ChatClient(model: "gpt-4o", apiKey: "Your OpenAI Key");
```

- OpenAI API와 통신하기 위한 ChatClient 객체를 생성합니다.
- 'gpt-4o'는 사용할 AI 모델을 지정하는 부분입니다.
- 'Your OpenAI Key'에는 OpenAI에서 발급받은 API 키를 입력해야 합니다.

```csharp
ChatCompletion completion = client.CompleteChat("안녕하세요!");
```

- '안녕하세요!'라는 메시지를 AI에게 보내고 응답을 요청합니다.
- CompleteChat 메서드는 AI가 처리한 결과를 ChatCompletion 객체로 반환합니다.

```csharp
Debug.Log(completion.Content[0].Text);
```

- AI가 생성한 응답을 유니티의 [Console] 창에 출력합니다.
- completion.Content[0].Text는 AI가 반환한 텍스트를 가져오는 코드입니다.

실행 결과

이 코드를 실행하면 AI가 '안녕하세요!'라는 메시지에 대한 응답을 반환하며 유니티의 [Console] 창에서 이를 확인할 수 있습니다.

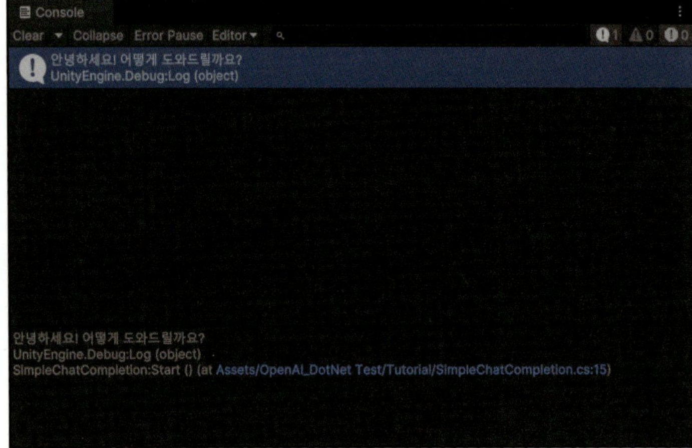

[그림 4.1-12] 실행 결과

OpenAI API를 활용하여 챗봇을 구현할 때 API 요청을 올바르게 구성하는 것은 매우 중요합니다.

챗봇의 응답을 좀 더 자연스럽고 원하는 방식으로 조정하려면 모델 선택, 시스템 메시지, 메시지 설정, 정밀 조정, 스트리밍과 같은 기능을 활용해야 합니다.

이번 단계에서는 이러한 기능이 왜 필요한지, 어떤 상황에서 사용할 수 있는지에 대해 설명하고 유니티에서 OpenAI API를 활용할 수 있도록 실제 코드 예제와 함께 실습해 보겠습니다.

1 모델 선택 - 어떤 모델을 사용할 것인가?

OpenAI는 여러 가지 모델을 제공하며 각 모델마다 성능과 비용이 다릅니다. 어떤 모델을 선택하는지에 따라 응답 속도, 정확도, 창의성, 비용이 달라지므로 게임에서 챗봇을 구현할 때 신중하게 선택해야 합니다.

또한 모델에 따라 사용 요금이 다르게 책정됩니다. 최신 모델일수록 일반적으로 성능이 뛰어나지만 비용이 더 많이 들 수 있으며 오래된 모델이나 경량화된 모델은 비용이 저렴하지만 기능이 제한될 수 있습니다. 따라서 챗봇이 요구하는 성능과 예산을 고려하여 적절한 모델을 선택하는 것이 중요합니다.

이 책이 출간될 시점에는 OpenAI의 요금 정책이 변경되었을 가능성이 있습니다. 따라서 최신 요금을 확인할 시 구글에서 'OpenAI API pricing'을 검색하여 공식 웹 사이트에서 최신 정보를 직접 확인하는 것이 좋습니다.

모델별 특징

모델명	출시 시기	주요 특징
GPT-4o	2024년 5월	텍스트, 이미지, 오디오를 처리하고 생성할 수 있는 멀티모달 모델로, GPT-4 대비 2배 빠르고 비용이 절반으로 감소되었습니다.
GPT-4o-mini	2024년 7월	GPT-4o의 경량화 버전으로, 챗GPT 인터페이스에서 GPT-3.5 Turbo를 대체하였으며 비용 효율성이 높아 기업 및 개발자들에게 적합합니다.
o1	2024년 12월	강화 학습을 통해 복잡한 문제를 단계별로 해결하는 능력을 갖춘 모델로, 수학 및 과학 분야에서 우수한 성능을 보입니다.
o3-mini	2025년 1월	o1-mini의 후속 모델로, 향상된 성능과 빠른 응답 속도를 제공합니다.
GPT-4.5	2025년 2월	향상된 패턴 인식, 창의성, 사용자 상호작용을 특징으로 하는 대형 모델로, 이전 모델 대비 환각 현상이 감소되었습니다.

🔹 코드 예제

```csharp
public string Model = "gpt-4o";

ChatClient client = new ChatClient(model: Model, apiKey: "YOUR_API_KEY");
```

🔹 완성 코드 예제

```csharp
using UnityEngine;
using OpenAI.Chat;

public class Example01_ModelSelect : MonoBehaviour
{
    public string Model = "gpt-4o";  // OpenAI 모델 선택

    void Start()
    {
        // ChatClient 인스턴스를 생성합니다.
        ChatClient client = new ChatClient(model: Model, apiKey: "Your OpenAI Key");

        // AI 응답을 요청합니다.
        ChatCompletion completion = client.CompleteChat("안녕하세요!");

        // AI 응답을 출력합니다.
        Debug.Log(completion.Content[0].Text);
    }
}
```

🔹 코드 분석

```csharp
public string Model = "gpt-4o";  // OpenAI 모델 선택
```

- Model 변수를 추가하여 사용할 AI 모델을 동적으로 설정할 수 있도록 했습니다.
- 'GPT-4o'가 기본값으로 설정되어 있으며 필요에 따라 다른 모델로 변경할 수 있습니다.

```csharp
ChatClient client = new ChatClient(model: Model, apiKey: "Your OpenAI Key");
```

- 기존 코드에서는 모델을 'gpt-4o'로 직접 지정했지만, 이제 Model 변수를 사용하여 유연하게 모델을 변경할 수 있습니다.
- API 키는 'Your OpenAI Key' 부분에 입력해야 합니다.

이제 챗봇이 사용할 모델이 정해졌다면, AI가 어떤 역할을 수행할지 결정해야 합니다.

2 시스템 메시지 - AI의 성격과 역할을 지정하기

게임 속 챗봇이 단순히 대답만 하는 것이 아니라 NPC나 특정 캐릭터처럼 특정한 역할을 수행하도록 설정하려면 시스템 메시지를 활용해야 합니다. 시스템 메시지를 사용하면 AI가 특정한 말투, 성격, 규칙을 따르도록 할 수 있습니다.

사용 예시

- **게임 내 NPC 연기**

  "당신은 플레이어의 친한 친구입니다. 친근하고 장난기 있게 대답하세요."

- **게임 가이드 제공**

  "당신은 게임의 튜토리얼 가이드입니다. 플레이어에게 조작법을 설명하세요."

- **응답 포맷 강제**

  "답변을 JSON 형식으로 제공하세요."

코드 예제

```csharp
using System.Collections.Generic;

List<ChatMessage> messages = new List<ChatMessage>( )
{
    new SystemChatMessage("당신은 플레이어의 친구입니다. 친근하고 장난스럽게 대화하세요."),
    new UserChatMessage("오늘 뭐 하고 놀까?")
};
```

완성 코드 예제

```csharp
using OpenAI.Chat;
using System.Collections.Generic;
using UnityEngine;

public class Example02_SystemMessage : MonoBehaviour
{
    public string Model = "gpt-4o";  // OpenAI 모델 선택

    void Start()
    {
        // ChatClient 인스턴스를 생성합니다.
        ChatClient client = new ChatClient(model: Model, apiKey: "Your OpenAI
Key");

        // 대화 메시지 리스트를 생성합니다.
        List<ChatMessage> messages = new List<ChatMessage>()
        {
            new SystemChatMessage("당신은 플레이어의 친구입니다. 친근하고
장난스럽게 대화하세요."),  // AI의 역할을 정의
            new UserChatMessage("오늘 뭐 하고 놀까?")  // 사용자 입력 예시
        };

        // AI 응답을 요청합니다.
        ChatCompletion completion = client.CompleteChat(messages);

        // AI 응답을 출력합니다.
        Debug.Log(completion.Content[0].Text);
    }
}
```

코드 분석

```csharp
using System.Collections.Generic;
```

- 제네릭 컬렉션을 사용하기 위해 필요한 네임 스페이스입니다.
- List<ChatMessage > 와 같은 리스트(Collection)를 활용할 때 필요합니다.

- System.Collections.Generic이 없으면 List〈T〉를 사용할 수 없습니다.

```
List<ChatMessage> messages = new List<ChatMessage>( )
```

- AI와의 대화를 구성하기 위해 ChatMessage 객체 리스트를 생성합니다.
- ChatMessage는 AI와 사용자가 주고받는 메시지를 나타냅니다.

```
new SystemChatMessage("당신은 플레이어의 친구입니다. 친근하고 장난스럽게
대화하세요.")
```

- SystemChatMessage를 사용하여 AI의 성격과 역할을 설정합니다.
- AI가 친근하고 장난기 있는 말투를 유지하도록 유도하는 역할을 합니다.

```
new UserChatMessage("오늘 뭐 하고 놀까?")
```

- UserChatMessage를 사용하여 플레이어가 AI에게 보내는 메시지를 설정합니다.
- 이 예제에서는 "오늘 뭐 하고 놀까?"라는 질문을 AI에게 전달합니다.

```
ChatCompletion completion = client.CompleteChat(messages);
```

- messages 리스트를 AI에게 전달하여 응답을 요청합니다.
- AI는 시스템 메시지의 지침을 따르며 사용자 메시지에 맞춰 응답을 생성합니다.

▲● 실행 결과

　이 코드를 실행하면 AI가 친한 친구처럼 대화를 이어 나가며 유니티의 [Console] 창에 응답이 출력됩니다.

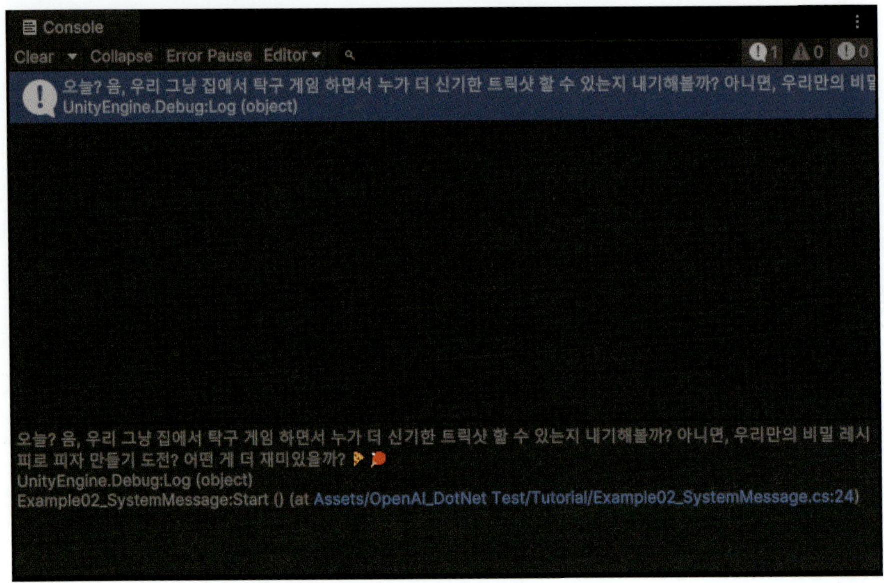

[그림 4.1-13] 출력 결과

③ 메시지 설정 - 맥락을 유지하는 대화 구성하기

챗봇과의 대화는 단순히 한 문장씩 주고받는 것이 아닙니다. 대화의 흐름을 유지하려면 이전 대화 내용을 포함하여 요청해야 합니다. 이렇게 하면 AI가 '기억'을 유지하면서 대화를 이어 나갈 수 있습니다.

메시지 유형

OpenAI API에서는 AI와의 대화를 구성할 때 3가지 주요 메시지 유형을 사용합니다.

❶ SystemChatMessage(시스템 메시지)

- AI의 역할과 성격을 지정하는 메시지입니다.
- AI가 어떤 방식으로 대답해야 하는지 지시하는 역할을 합니다(예 "당신은 사용자의 친한 친구입니다. 재미있고 편하게 대화하세요.").

❷ UserChatMessage(사용자 메시지)

- 사용자가 입력한 메시지입니다.
- AI가 답변해야 하는 질문이나 요청이 포함됩니다(예 "오늘 뭐 하고 놀까?").

❸ AssistantChatMessage(AI 응답 메시지)

- AI가 생성한 응답입니다.

- AI가 사용자의 질문에 대해 답변할 때 사용됩니다(예 "영화 보러 가는 건 어때? 새로운 영화 개봉했대!").

코드 예제

```
List<ChatMessage> messages = new List<ChatMessage>()
{
    new SystemChatMessage("당신은 플레이어의 친구입니다. 친근하고 장난스럽게
대화하세요."),
    new UserChatMessage("오늘 뭐 하고 놀까?"),
    new AssistantChatMessage("영화 보러 가는 건 어때? 새로운 영화 개봉했대!"),
    new UserChatMessage("오, 괜찮은데! 또 다른 추천 있어?")
};
```

완성 코드 예제

```
using OpenAI.Chat;
using System.Collections.Generic;
using UnityEngine;

public class Example03_ConversationMemory : MonoBehaviour
{
    public string Model = "gpt-4o";  // OpenAI 모델 선택

    void Start()
    {
        // ChatClient 인스턴스를 생성합니다.
        ChatClient client = new ChatClient(model: Model, apiKey: "Your OpenAI
Key");

        // 대화 메시지 리스트를 생성합니다.
        List<ChatMessage> messages = new List<ChatMessage>()
        {
            new SystemChatMessage("당신은 플레이어의 친구입니다. 친근하고
장난스럽게 대화하세요."),  // AI의 역할을 정의
            new UserChatMessage("오늘 뭐 하고 놀까?"),  // 사용자 입력 예시
            new AssistantChatMessage("영화 보러 가는 건 어때? 새로운 영화
개봉했대!"),  // AI의 응답 예시
            new UserChatMessage("오, 괜찮은데! 또 다른 추천 있어?")  // 사용자 추가
```

질문
```
    };

    // AI 응답을 요청합니다.
    ChatCompletion completion = client.CompleteChat(messages);


    // AI 응답을 출력합니다.
    Debug.Log(completion.Content[0].Text);
    }
}
```

▲● 코드 분석

```
new AssistantChatMessage("영화 보러 가는 건 어때? 새로운 영화 개봉했대!")
```

- AssistantChatMessage는 AI의 이전 응답을 저장하는 역할을 합니다.
- AI가 대화의 흐름을 이해할 수 있도록 이전 메시지를 포함하여 맥락을 제공합니다.
- "영화 보러 가는 건 어때? 새로운 영화 개봉했대!"는 AI가 생성한 응답을 의미합니다.

```
new UserChatMessage("오, 괜찮은데! 또 다른 추천 있어?")
```

- 사용자 입력(UserChatMessage)이 추가되어 대화가 자연스럽게 이어집니다.
- AI는 이전 응답을 참고하여 새로운 대화를 진행할 수 있습니다.

```
ChatCompletion completion = client.CompleteChat(messages);
```

- messages 리스트 전체를 AI에게 전달하여 맥락을 유지한 응답을 생성합니다.
- AI는 모든 이전 대화를 참고하여 좀 더 자연스러운 답변을 제공합니다.

▲● 실행 결과

이 코드를 실행하면 AI가 이전 대화를 참고하며 맥락을 유지한 채 응답을 생성합니다.

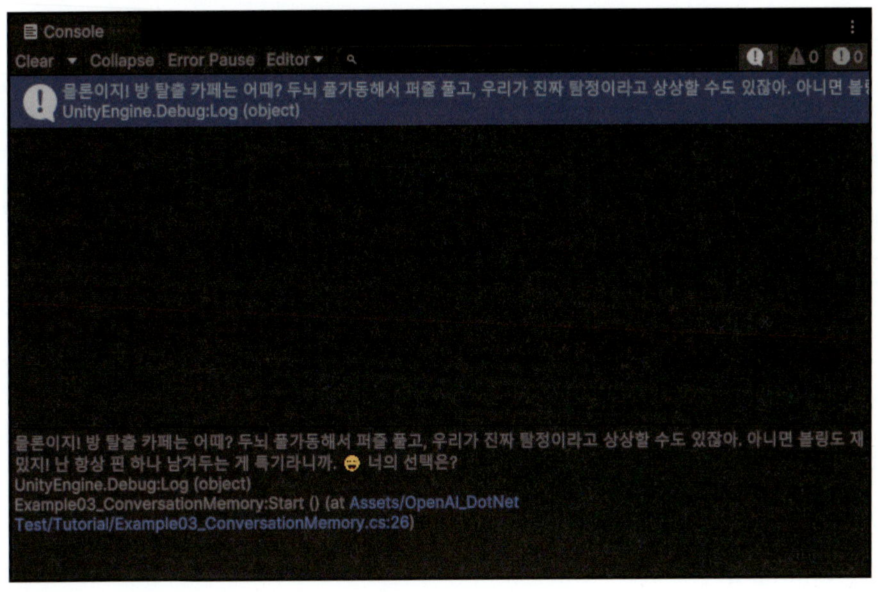

[그림 4.1-14] 출력 결과

4 정밀 조정-AI의 응답 스타일 조절하기

AI의 응답 스타일을 조정하면 더욱 자연스러운 게임 경험을 만들 수 있습니다.

이를 위해 온도(Temperature), 확률 필터링(TopP), 반복 억제(FrequencyPenalty) 등의 옵션을 조정할 수 있습니다.

주요 조정 옵션 및 활용 예시

파라미터	기능	설정 값 범위	활용 예시
Temperature	AI의 답변을 얼마나 창의적으로 만들지 조절	0.0 ~ 2.0 (기본값: 1.0)	• **0.2**: AI가 단답형으로 사실만 전달(오늘 날씨 흐려요.) 1.2: AI가 감성적으로 답변(비가 와서 분위기 좋네요! 따뜻한 차 한잔 어때요?)
TopP	AI가 응답을 생성할 때 얼마나 다양한 단어를 선택할지 조절	0.0 ~ 1.0 (기본값: 1.0)	• **0.3**: AI가 정해진 공식적인 말투 사용(안녕하세요. 무엇을 도와드릴까요?) • **0.9**: 다양한 표현 활용(안녕! 도와줄까? 궁금한 거 있어?)
FrequencyPenalty	AI가 같은 단어나 문장을 반복하는 정도를 조절	−2.0 ~ 2.0 (기본값: 0.0)	• **0.5**: AI가 같은 말을 반복하지 않음(정말 좋아! 좋아! 좋아! 방지).

파라미터	기능	설정 값 범위	활용 예시
PresencePenalty	AI가 새로운 주제를 적극적으로 추가하도록 유도	−2.0 ~ 2.0 (기본값: 0.0)	• **0.5**: AI가 대화를 확장("커피 좋아하세요?" → "그럼 좋아하는 카페 있으세요?")
MaxOutputTokenCount	AI의 응답 길이를 제한	1 ~ 16384 (모델에 따라 다름)	• **50**: 짧은 응답(네, 가능합니다.) • **200**: 긴 응답(그건 좋은 생각이에요! 예를 들어, A와 B 중 하나를 선택할 수도 있어요.)
StopSequences	AI가 특정 단어나 문장에서 응답을 멈추도록 설정	최대 4개까지 설정 가능	• **"END"**: 응답을 짧게 종료("네, 가능합니다. END") "선택지:": 대화 선택지를 제시한 후 추가 텍스트 방지

StopSequences는 AI의 답변 패턴을 먼저 유도한 후 적절한 지점에서 자르는 방식이 가장 효과적입니다. 즉, AI가 원하는 방식으로 답변하도록 유도한 후 특정 단어나 문장에서 응답을 멈추도록 설정하는 것이 핵심입니다.

코드 예제

```csharp
ChatCompletionOptions options = new ChatCompletionOptions()
{
    Temperature = 0.7f,
    TopP = 0.9f,
    FrequencyPenalty = 0.3f
};
options.MaxOutputTokenCount = 4098;
options.StopSequences.AddRange(new List<string> { "걸?", "어때?", "END" });
```

완성 코드 예제

```csharp
using OpenAI.Chat;
using System.Collections.Generic;
using UnityEngine;

public class Example04_Options : MonoBehaviour
{
    public string Model = "gpt-4o";  // OpenAI 모델 선택

    void Start()
```

```csharp
    {
        // ChatClient 인스턴스를 생성합니다.
        ChatClient client = new ChatClient(model: Model, apiKey: "Your OpenAI Key");

        // 대화 메시지 리스트를 생성합니다.
        List<ChatMessage> messages = new List<ChatMessage>()
        {
            new SystemChatMessage("당신은 플레이어의 친구입니다. 친근하고 장난스럽게 대화하세요."),   // AI의 역할을 정의
            new UserChatMessage("오늘 뭐 하고 놀까?"),   // 사용자 입력 예시
            new AssistantChatMessage("영화 보러 가는 건 어때? 새로운 영화 개봉했대!"),   // AI의 응답 예시
            new UserChatMessage("오, 괜찮은데! 또 다른 추천 있어?")   // 사용자 추가 질문
        };

        // AI의 응답 스타일을 조정하는 옵션을 설정합니다.
        ChatCompletionOptions options = new ChatCompletionOptions()
        {
            Temperature = 1.0f,        // 창의성을 적당히 유지
            TopP = 1.0f,               // 확률 기반 필터링
            FrequencyPenalty = 0.0f,   // 같은 말을 반복하지 않도록 조정
            PresencePenalty = 0.0f,    // 새로운 주제를 더 자주 추가하도록 설정
        };
        options.MaxOutputTokenCount = 4098;   // AI 응답의 최대 길이를 설정
        options.StopSequences.Add("걸?");        // 특정 문구가 나오면 응답을 중단
        options.StopSequences.Add("어때?");
        options.StopSequences.Add("END");

        // AI 응답을 요청합니다.
        ChatCompletion completion = client.CompleteChat(messages, options);

        // AI 응답을 출력합니다.
        Debug.Log(completion.Content[0].Text);
    }
}
```

🔺 코드 분석

```
ChatCompletionOptions options = new ChatCompletionOptions()
```

- AI의 응답 스타일을 조정하는 여러 설정을 담는 객체입니다.
- 온도(Temperature), 확률 필터링(TopP), 반복 억제(FrequencyPenalty) 등의 옵션을 설정할 수 있습니다.

```
Temperature = 1.0f
```

- AI의 창의성을 조절하는 값입니다.
- 0.0에 가까울수록 보수적이고 일관된 답변을 생성하며 2.0에 가까울수록 창의적이고 예측하기 어려운 답변을 생성합니다.
- 이 코드에서는 1.0f로 설정하여 창의성과 일관성 간의 균형을 맞추고 있습니다.

```
TopP = 1.0f
```

- AI가 답변을 생성할 때 얼마나 다양한 표현을 사용할지 결정합니다.
- 0.0에 가까울수록 가장 확률이 높은 단어만 선택하여 공식적인 말투를 유지하고 1.0에 가까울수록 다양한 단어를 활용한 자연스러운 표현을 생성합니다.
- 이 코드에서는 1.0f로 설정하여 표현의 자유도를 높였습니다.

```
FrequencyPenalty = 0.0f
```

- AI가 동일한 단어나 문장을 반복하는 정도를 조절합니다.
- 값이 0.0이면 기본적으로 반복을 허용하며 2.0에 가까울수록 같은 표현을 반복하지 않도록 강하게 제한합니다.
- 여기서는 0.0f로 설정하여 기본적인 반복 억제 기능을 사용하지 않았습니다.

```
PresencePenalty = 0.0f
```

- AI가 새로운 주제를 얼마나 적극적으로 추가할지를 결정합니다.
- 2.0에 가까울수록 기존 대화 내용을 유지하려 하고 2.0에 가까울수록 새로운 주제를 추가하려 합니다.

- 이 코드에서는 0.0f로 설정하여 기본적인 대화 흐름을 유지하도록 했습니다.

```
options.MaxOutputTokenCount = 4098;
```

- AI가 생성할 응답의 최대 길이를 토큰(token) 단위로 설정합니다.
- 토큰(Token)이란? 영어 단어 하나는 일반적으로 1~2개의 토큰으로 계산되며 한국어나 일본어 같은 언어는 한 글자당 약 1개의 토큰으로 간주됩니다.
- 이 코드에서는 4098로 설정하여 비교적 긴 응답을 생성할 수 있도록 했습니다.
- 만약 짧은 응답을 원한다면 50~200 정도로 설정하여 제한할 수 있습니다.

```
options.StopSequences.Add("걸?");
options.StopSequences.Add("어때?");
options.StopSequences.Add("END");
```

- AI의 응답이 특정 단어나 문장에서 멈추도록 설정합니다.
- "걸?", "어때?", "END"가 나오면 AI가 추가 응답을 하지 않도록 제한합니다.

```
ChatCompletion completion = client.CompleteChat(messages, options);
```

- options를 함께 전달하여 AI가 정해진 스타일에 맞춰 응답하도록 설정합니다.

실행 결과

이 코드를 실행하면 AI가 정해진 스타일을 유지하면서 응답을 생성합니다.

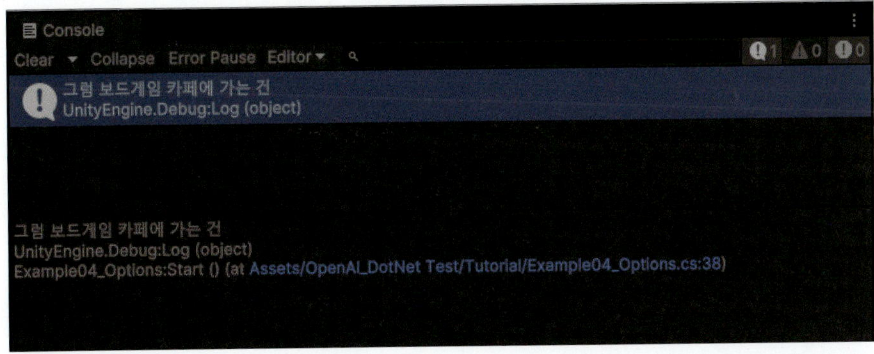

[그림 4.1-15] 출력 결과

5 비동기 스트리밍 - 실시간으로 응답받기

기본적으로 AI의 응답은 완료된 후 한 번에 전달됩니다. 하지만 긴 응답을 기다리는 동안 아무런 출력이 없으면 사용자의 입장에서는 응답이 지연되는 것처럼 느껴질 수 있습니다. 이를 개선하기 위해 비동기 스트리밍 방식을 도입할 수 있습니다. 이 방식은 AI가 문장을 완성하는 즉시 순차적으로 출력하여 사용자에게 좀 더 빠르고 자연스러운 대화 경험을 제공합니다.

> 💎 **Tip**   _ □ ×
>
> - 비동기(Asynchronous)란?
>   어떤 작업을 기다리지 않고 다른 작업을 동시에 진행하는 방식입니다.
> - 동기(Synchronous) 방식
>   - AI가 응답을 생성할 때까지 기다린 후 한꺼번에 출력함.
>   - 사용자는 결과가 나올 때까지 아무런 변화 없이 대기해야 함.
>   - 마치 식당에서 음식을 주문한 후 요리가 완전히 끝날 때까지 아무 일도 하지 않고 기다리는 것과 같음.
> - 비동기(Asynchronous) 방식
>   - AI가 문장을 생성하는 즉시 순차적으로 출력함.
>   - 사용자는 결과를 점진적으로 확인할 수 있음.
>   - 음식을 주문한 후 기다리는 동안 다른 일을 하다가 음식이 나오는 즉시 한입씩 먹을 수 있는 것과 같음.

비동기 스트리밍이 왜 필요할까요?

❶ 사용자 경험 향상

- 일반적인 API 호출 방식에서는 응답이 완전히 생성된 후에야 결과를 받을 수 있음.
- 하지만 비동기 스트리밍을 사용하면 AI가 문장을 생성하는 즉시 출력할 수 있음.
- 즉, 실제 사람이 말하는 것처럼 한 글자씩 또는 한 단어씩 점진적으로 표시 가능

❷ 긴 응답 대기 시간 감소

- 예를 들어, AI가 긴 문장을 생성하는 데 5초가 걸린다고 가정
- **일반 방식**: 5초 후에 한 번에 출력
- **비동기 스트리밍 방식**: 1초 후부터 AI가 생성한 부분을 실시간으로 보여 주기 시작
- 결과적으로 사용자는 더 빠르게 응답을 확인할 수 있음.

❸ 몰입감 있는 대화 가능

- 게임 내 NPC가 실시간으로 말하는 것처럼 보이게 할 수 있음.
- AI의 응답이 한 번에 튀어나오는 것이 아니라 실제 사람이 타이핑하는 것처럼 서서히 출력
- 실시간 채팅 시스템에서도 활용 가능

❹ **UI 및 애니메이션과 자연스럽게 연동 가능**

- 일반적인 응답 방식에서는 AI의 답변을 받을 때까지 아무런 움직임이 없음.
- 비동기 스트리밍을 사용하면 텍스트가 실시간으로 생성됨과 동시에 UI 애니메이션을 추가할 수 있음(**에** 채팅 입력 창에서 "입력 중…" 같은 효과 추가 가능).

코드 예제

```
AsyncCollectionResult<StreamingChatCompletionUpdate> completionUpdates = client.Com
pleteChatStreamingAsync("안녕하세요!");

await foreach(StreamingChatCompletionUpdate completionUpdate in completionUpdates)
{
    if(completionUpdate.ContentUpdate.Count>0)
    {
        Debug.Log(completionUpdate.ContentUpdate[0].Text);
    }
}
```

완성 코드 예제

```
using OpenAI.Chat;
using System.ClientModel;
using UnityEngine;

public class Example05_StreamingAsync : MonoBehaviour
{
    async void Start()
    {
        // ChatClient 인스턴스를 생성합니다.
        ChatClient client = new ChatClient(model: "gpt-4o", apiKey: "Your OpenAI
Key");

        // AI 응답을 스트리밍 방식으로 요청합니다.
        AsyncCollectionResult<StreamingChatCompletionUpdate> completionUpdates = cl
ient.CompleteChatStreamingAsync("안녕하세요!");

        // 스트리밍 응답을 하나씩 받아 처리합니다.
        await foreach(StreamingChatCompletionUpdate completionUpdate in
```

```
completionUpdates)
    {
        // AI가 새로운 텍스트를 생성했는지 확인합니다.
        if(completionUpdate.ContentUpdate.Count>0)
        {
            // 생성된 텍스트를 Unity 콘솔에 출력합니다.
            Debug.Log(completionUpdate.ContentUpdate[0].Text);
        }
    }
}
```

코드 분석

```
async void Start()
```

- Start 메서드를 async로 선언하여 비동기(Asynchronous) 함수로 만듭니다.
- 이를 통해 AI 응답을 기다리는 동안 유니티의 메인 스레드가 멈추지 않고 다른 작업을 수행할 수
  있도록 합니다.

```
AsyncCollectionResult<StreamingChatCompletionUpdate> completionUpdates = client.Com
pleteChatStreamingAsync("안녕하세요!");
```

- AI의 응답을 스트리밍 방식으로 요청하는 메서드입니다.
- 기존의 CompleteChat과 달리, AI가 응답을 생성하는 즉시 데이터를 순차적으로 받을 수 있습
  니다.

```
await foreach(StreamingChatCompletionUpdate completionUpdate in completionUpdates)
```

- await foreach를 사용하여 AI의 응답을 한 번에 받는 것이 아니라 생성되는 대로 순차적으로 처
  리합니다.
- 기존 방식(CompleteChat)에서는 모든 응답이 완성된 후 한꺼번에 받았지만, 비동기 스트리밍을
  사용하면 AI가 한 단어씩 생성할 때마다 바로 받을 수 있습니다.

```csharp
if(completionUpdate.ContentUpdate.Count>0)
```

- AI가 생성한 새로운 텍스트가 있는지 확인하는 코드입니다.
- 일부 업데이트에서는 새로운 텍스트가 포함되지 않을 수도 있기 때문에 이를 방지하기 위해 조건을 추가합니다.

```csharp
Debug.Log(completionUpdate.ContentUpdate[0].Text);
```

- AI가 생성한 텍스트를 유니티 콘솔에 출력합니다.
- 기존 방식과 달리, AI의 응답이 한꺼번에 출력되는 것이 아니라 실시간으로 점진적으로 표시됩니다.

실행 결과 이 코드를 실행하면 AI의 응답이 한 번에 출력되는 것이 아니라 조금씩 순차적으로 표시됩니다.

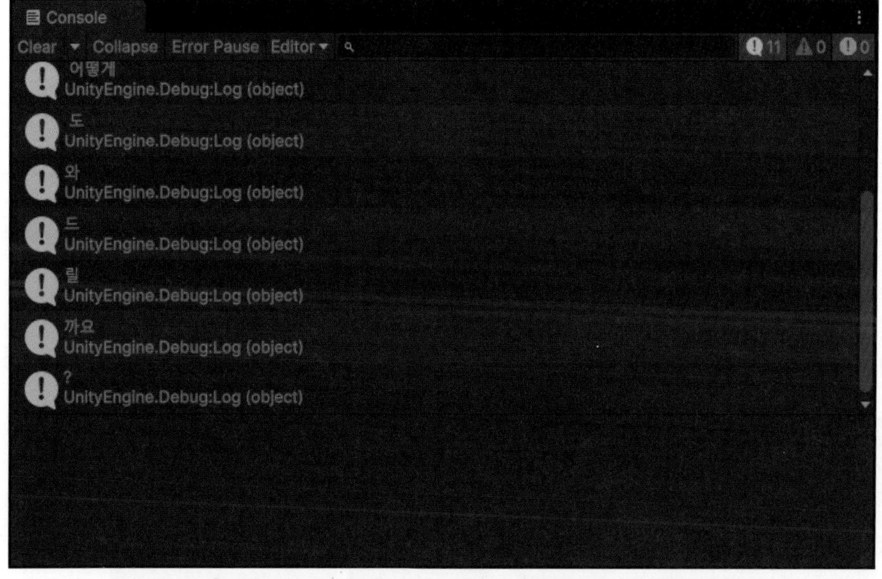

[그림 4.1-16] 출력 결과

이제 AI의 응답을 실시간으로 받아 좀 더 자연스럽고 몰입감 있는 다이얼로그를 구현할 수 있습니다.

1 필요 에셋과 패키지 가져오기

NPC와 플레이어가 자연스럽게 상호작용할 수 있는 대화 시스템을 구현하려면 다음과 같은 에셋이 필요합니다. 각각의 에셋은 게임의 몰입감과 사용성을 높이는 데 중요한 역할을 합니다.

01 Sparrow-Quirky Series

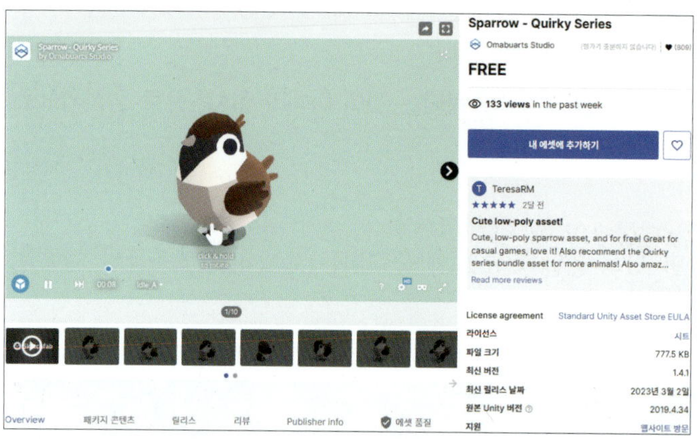

[그림 4.1-17] Sparrow 에셋

이 에셋은 참새 캐릭터 모델과 다양한 애니메이션이 포함된 패키지입니다. 참새 NPC가 걷거나 날아다니는 동작을 통해 플레이어와 상호작용할 수 있도록 하며 감정 표현을 위한 애니메이션을 활용해 더욱 생동감 있는 대화를 연출할 수 있습니다.

02 Hyper casual mobile GUI

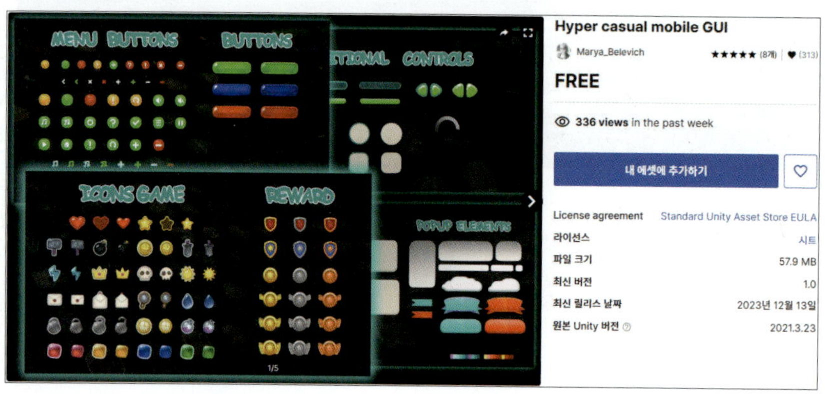

[그림 4.1-18] casual mobile 에셋

이 에셋은 NPC와의 대화를 위한 사용자 인터페이스(UI)를 제공합니다. 직관적인 대화 창을 제공하여 플레이어가 NPC와 원활하게 상호작용할 수 있도록 돕습니다.

Unity Asset Store에서 필요한 에셋을 검색한 후 [내 에셋에 추가하기]를 클릭하고 유니티의 패키지 매니저에서 다운로드 및 임포트합니다. 이후 씬에 NPC 캐릭터를 배치하고 애니메이션이 정상적으로 작동하는지 확인합니다. 또한 배경 환경이 적절하게 로드되었는지, UI 요소들이 원활하게 표시되는지를 점검한 후 씬 구성을 진행합니다.

 **Tip**

Sparrow-Quirky Series 에셋을 URP 환경에서 불러오면 핑크색으로 표시될 수 있습니다. 이는 머티리얼(Material)의 참조가 풀리거나 세이더(Shader)를 찾지 못할 때 발생하는 문제입니다.

해결 방법은 여러 가지가 있지만, Sparrow-Quirky Series의 경우 다음과 같이 설정하면 됩니다.

❶ Quirky Series-Birds Bundle > _Shader > URP(Unity 2019.3.0f3 and above)로 이동합니다.

❷ SoftSurfaceGraph 파일을 찾습니다.

❸ Quirky Series Ultimate > FREE > Materials로 이동합니다.

❹ Quirky Series Ultimate > FREE > Materials > M_Sparrow 머티리얼에 SoftSurfaceGraph를 할당합니다.

이 과정을 따라 하면 정상적으로 렌더링됩니다.

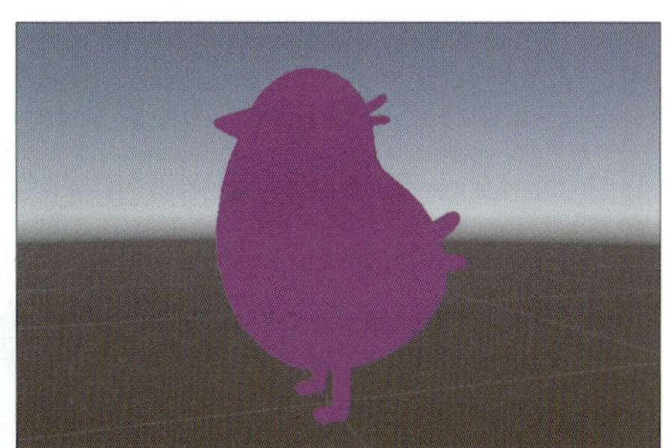

[그림 4.1-19] 머티리얼 참조 에러

03 2D Sprite 패키지 설치

유니티의 Canvas에서 2D 이미지를 활용하려면 2D Sprite 패키지를 설치해야 합니다. 이 패키지는 UI 요소로 스프라이트를 표시하고 조작하는 기능을 제공하며 버튼, 아이콘, 패널 등의 그래픽을 관리하는 데 필수적입니다.

❶ 유니티 메뉴에서 Window > Package Manager를 엽니다.

❷ [Unity Registry] 탭에서 검색 창에 '2D Sprite'를 입력합니다.

❸ '2D Sprite' 패키지를 찾은 후 [Install] 버튼을 클릭하여 설치합니다.

Canvas에서 UI 그래픽을 활용할 때 2D Sprite 패키지가 필수적인 이유는 다음과 같습니다.

• **스프라이트 기반 UI 요소 활용**: 버튼, 아이콘, 패널 등을 스프라이트 이미지로 구성할 수 있습니다.

• **Sprite Editor 사용 가능**:

· 스프라이트를 자르는 기능(UI용 아틀라스 제작)

· 9-Slice 설정(버튼, 패널 등의 크기를 변형해도 품질 유지)

· 스프라이트 개별 조정 기능 제공

- **UI 최적화 및 애니메이션 지원**: Canvas에서 UI 애니메이션을 적용할 때 2D Sprite가 필요합니다.

2D Sprite 패키지를 설치하면 Canvas 기반 UI 디자인을 보다 효율적으로 제작할 수 있으며 스프라이트를 활용한 다양한 UI 기능을 구현할 수 있습니다.

04 9-Slice 적용

9-Slice를 적용하려면 Sprite Editor를 사용해야 합니다.

❶ 스프라이트 이미지 선택

- 프로젝트 뷰에서 9-Slice를 적용할 스프라이트로 Belevich > Hyper casual mobile GUI > Sprites > popups를 선택합니다.

- 인스펙터 뷰에서 Texture Type을 Sprite(2D and UI)로 설정합니다.

- Sprite Mode를 Multiple로 변경합니다.

- [Apply] 버튼을 클릭해 설정을 적용합니다.

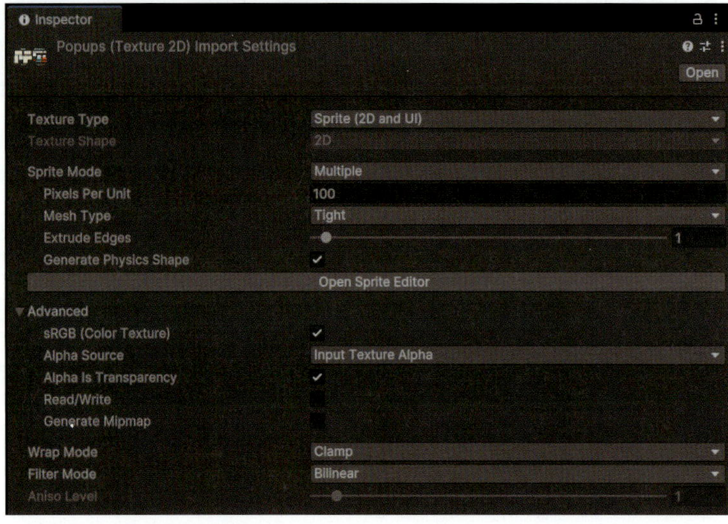

[그림 4.1-20] 텍스처 설정

❷ Sprite Editor 열기

- 인스펙터 뷰에서 [Open Sprite Editor] 버튼을 클릭합니다.

- [Sprite Editor] 창이 열리면 좌측 상단에서 Slice 툴을 선택합니다.

❸ 'Border' 값을 조정

- Sprite Editor에서 해당 스프라이트를 선택하면 인스펙터 뷰에 'Border' 설정이 나타납니다.

- 상하좌우 4개의 Border 값을 조절하여 모서리와 늘어날 영역을 분리합니다.

- 모서리는 유지되고 중앙 부분만 확장되도록 값을 설정합니다.

❹ 미리 보기 확인 후 적용

- 설정을 완료한 후 [Apply] 버튼을 클릭해 변경 사항을 저장합니다.

- 유니티에서 해당 스프라이트를 UI Image로 추가하고 크기를 변경하면 모서리는 유지되면서 가운데 부분만 확장되는 것을 확인할 수 있습니다.

9-Slice를 활용하면 버튼, 패널 등의 UI 요소가 다양한 크기로 변경될 때도 그래픽의 품질을 유지할 수 있습니다.

2 씬 구성하기

01 해상도 설정

- 게임 뷰에서 가장 일반적인 모니터 해상도인 1920×1080픽셀로 설정합니다.

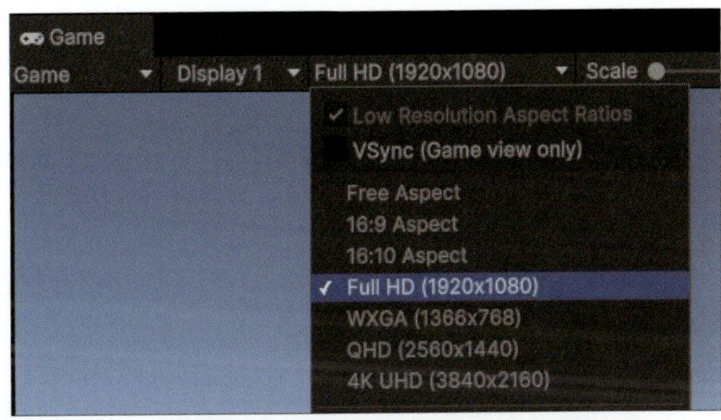

[그림 4.1-21] 해상도 설정

02 씬 생성

- 폴더 관리를 위해 [Assets] 폴더 하위에 [AI NPC]라는 폴더를 생성합니다.

- [AI NPC] 폴더 하위에 새로운 Scene을 하나 생성해 줍니다. 'Scene'의 이름은 'AI NPC Scene'으로 설정합니다.

- AI NPC Scene을 열어 줍니다.

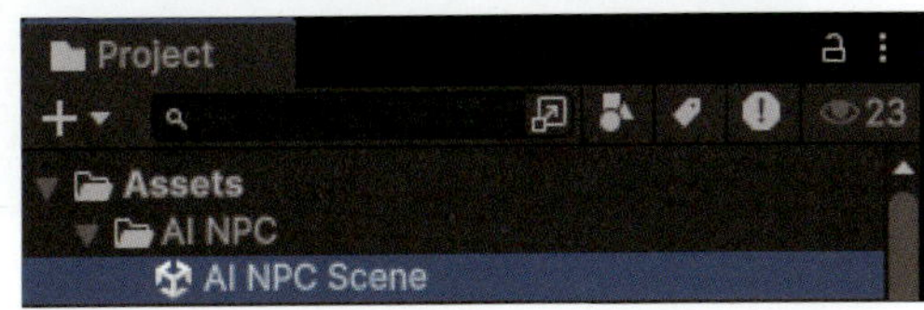

[그림 4.1-22] 씬 생성

03 바닥 배치하기

- + > GameObject > 3D > Plane을 생성한 후 Transform 컴포넌트의 값을 초기화합니다.
- Quirky Series Ultimate > FREE > Demo > M_DemoPlane을 씬 뷰의 Plane 오브젝트에 할당합니다.

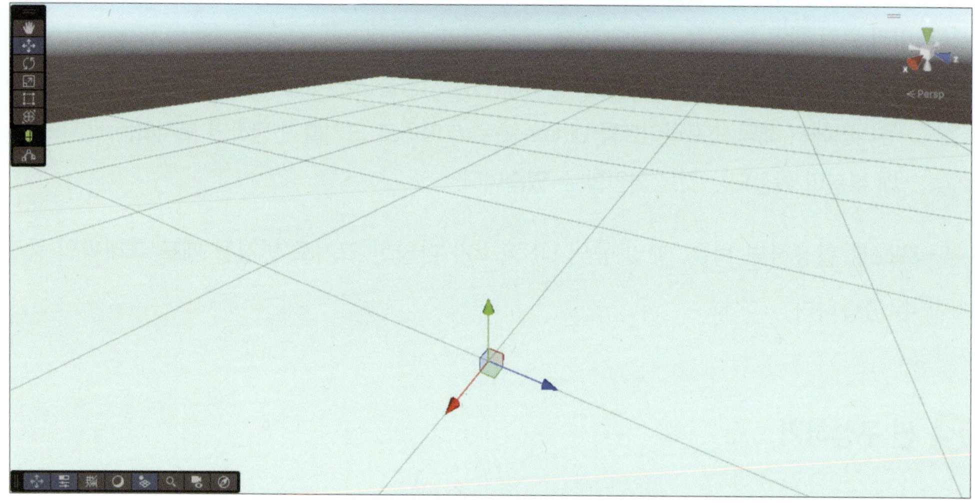

[그림 4.1-23] 바닥 생성

04 NPC 배치하기

- Quirky Series Ultimate > FREE > Prefabs > Sparrow를 Hierarchy 뷰에 추가합니다.
- Transform 컴포넌트의 값을 초기화합니다.
- Quirky Series Ultimate > FREE > Materials > M_Sparrow의 Color를 흰색으로 변경합니다.
- 같은 머티리얼의 Emission 값을 '1'로 조절합니다.

[그림 4.1-24] 셰이더 설정

[그림 4.1-25] 결과 화면

05 카메라 설정

- Hierarchy 뷰에서 Mian Camera를 선택합니다.
- Transform 컴포넌트 값을 다음과 같이 설정합니다.
  - **Position**: 1, 0.95, 1.5
  - **Rotation**: 20, 235, 0
- Camera 컴포넌트 설정을 변경합니다.
  - [Projection]을 [Orthographic]으로 변경합니다.
  - Size를 '0.6'으로 설정합니다.

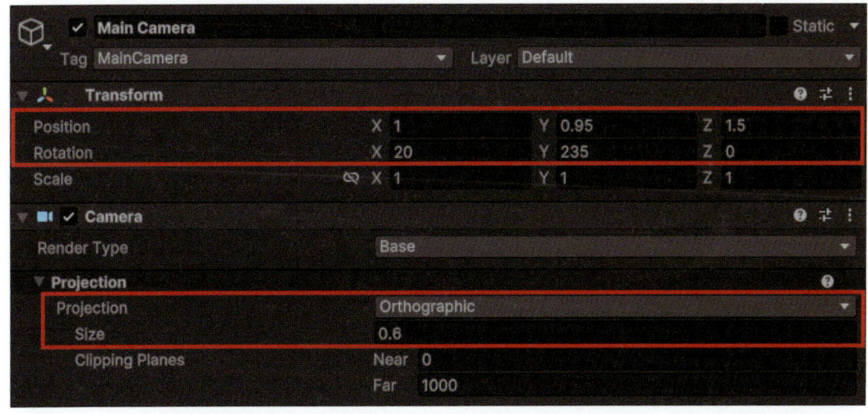

[그림 4.1-26] 카메라 설정

[그림 4.1-27] 결과 화면

06 Light 설정

- 하이어라키 뷰에서 Directional Light를 선택합니다.
- Transform 컴포넌트 값을 다음과 같이 설정합니다.
  - **Position**: 0, 3, 0
  - **Rotation**: 120, 15, 0

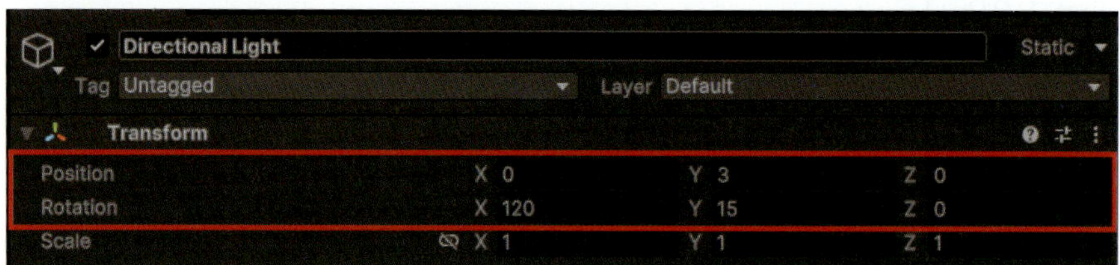

[그림 4.1-28] Light 설정

[그림 4.1-29] 결과 화면

3️⃣ UI 설정 - 입력 창, 버튼, 채팅 로그 UI

🔷 입력창

❶ InputField(Legacy) 설정

- Canvas를 생성한 후 InputField(Legacy)를 자식 요소로 추가합니다.

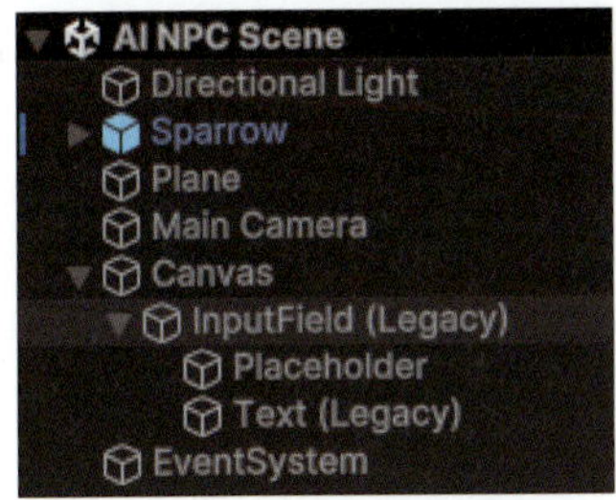

[그림 4.1-30] InputField 추가

- InputField 오브젝트의 Rect Transform 컴포넌트를 다음과 같이 설정합니다.
  · **Anchored Position:** (X: 300, Y: −350, Z: 0)
  · **Width:** 1200, Height: 150

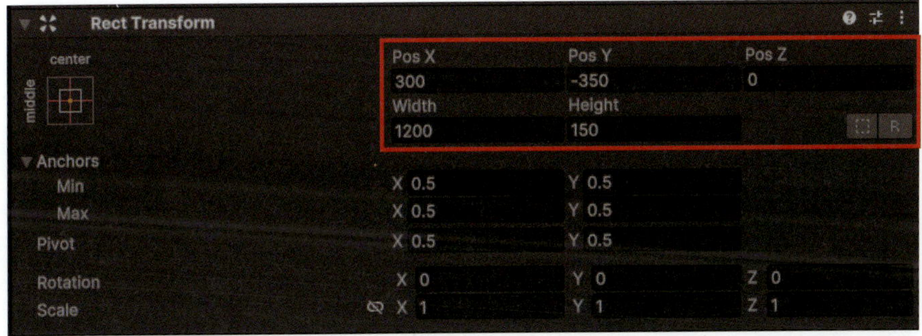

[그림 4.1-31] RectTransform 설정

- Image 컴포넌트를 다음과 같이 설정합니다.
  · **Source Image:** additional controls_15
  · **Image Type:** Sliced
  · **Pixels Per Unit Multiplier:** 2

❷ InputField(Legacy) 자식 요소 공통 설정

- Placeholder와 Text(Legacy)를 모두 선택합니다.
- Rect Transform 컴포넌트의 Anchor Presets를 다음과 같이 설정합니다.

- $\boxed{\text{Alt}}$ + $\boxed{\text{Shift}}$ 를 누른 상태에서 strectch(가로 방향), strectch(세로 방향) 옵션을 클릭합니다.

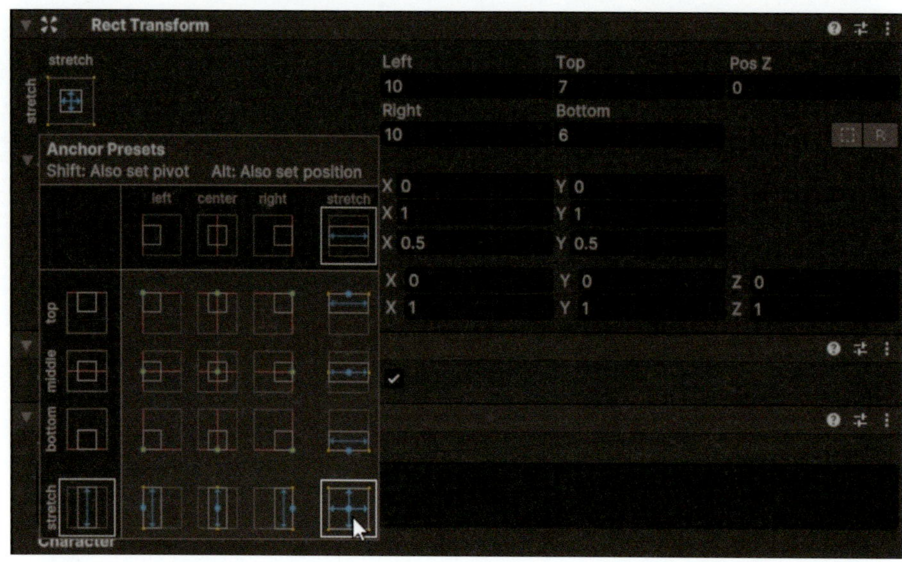

[그림 4.1-32] Anchor 설정

- Rect Transform 컴포넌트의 Left와 Right 값을 각각 '35'로 설정합니다.

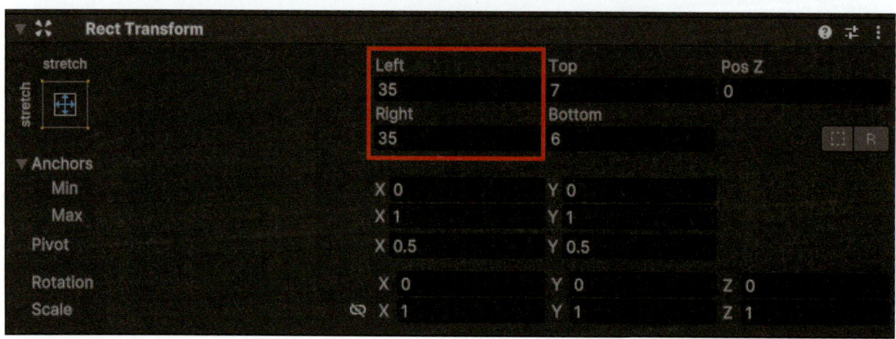

[그림 4.1-33] Rect Transform 설정

❸ InputField(Legacy) > Placeholder 설정

- Placeholder의 Text 컴포넌트를 다음과 같이 설정합니다.

  · Text: 메시지 입력

  · Font Size: 52

  · Alignment(가로 정렬): Left(좌측)

  · Alignment(세로 정렬): Middle(중앙)

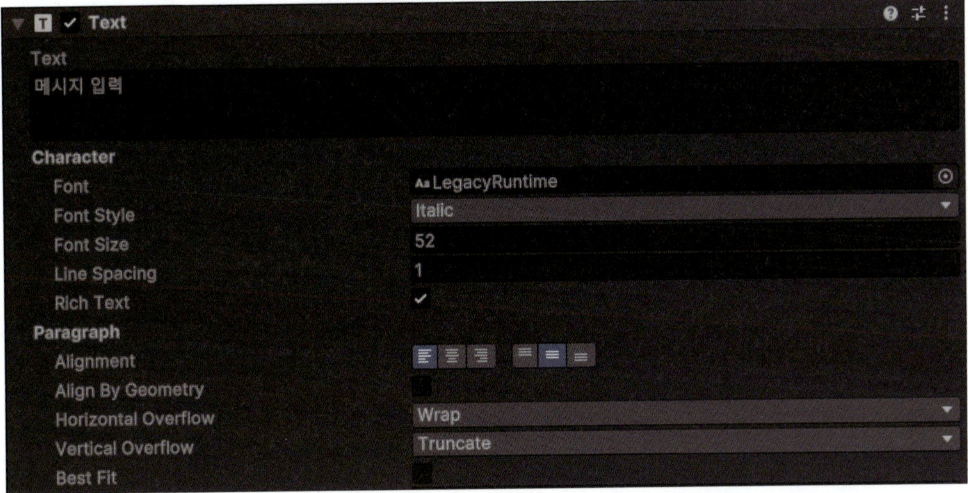

[그림 4.1-34] Text 설정

❹ InputField(Legacy) > Text(Legacy) 설정

- Text(Legacy)의 Text 컴포넌트를 다음과 같이 설정합니다.

  · Text: 비움

  · Font Size: 52

  · **Alignment(가로 정렬)**: Left(좌측)

  · **Alignment(세로 정렬)**: Middle(중앙)

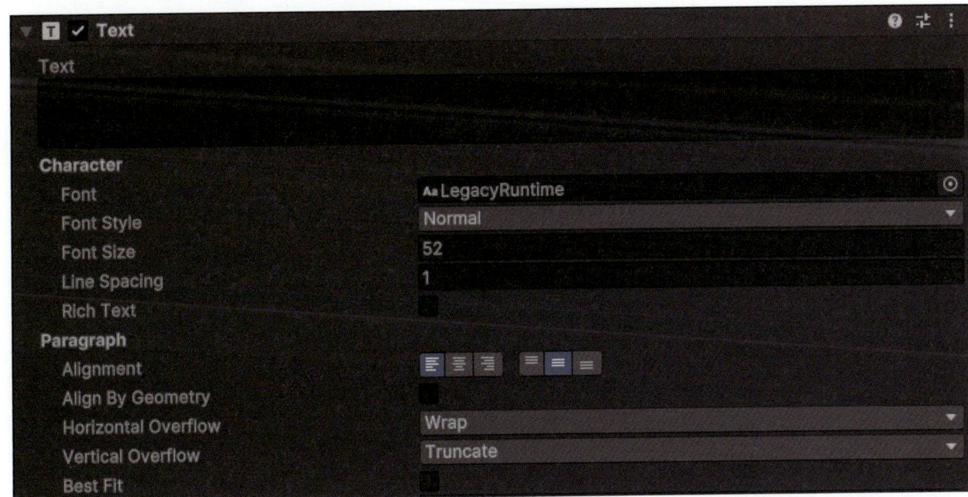

[그림 4.1-35] Text 설정

[그림 4.1-36] 결과 화면

버튼

❶ Button(Legacy) 설정

- Button(Legacy)를 Canvas 오브젝트의 자식 요소로 추가합니다.
- Button(Legacy)의 자식 오브젝트인 Text(Legacy)를 삭제합니다.
- Image 컴포넌트를 다음과 같이 설정합니다.
  - **Source Image**: buttons_40
- Rect Transform을 조작하여 다음의 이미지처럼 적절히 배치합니다.

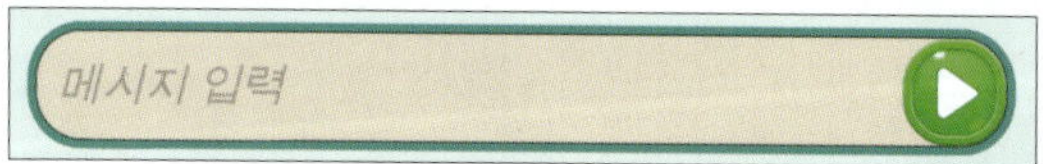

[그림 4.1-37] 버튼 추가

채팅 로그

❶ Scroll View 설정

- + > GameObject > UI > Scroll view를 Canvas 오브젝트의 자식 요소로 추가합니다.

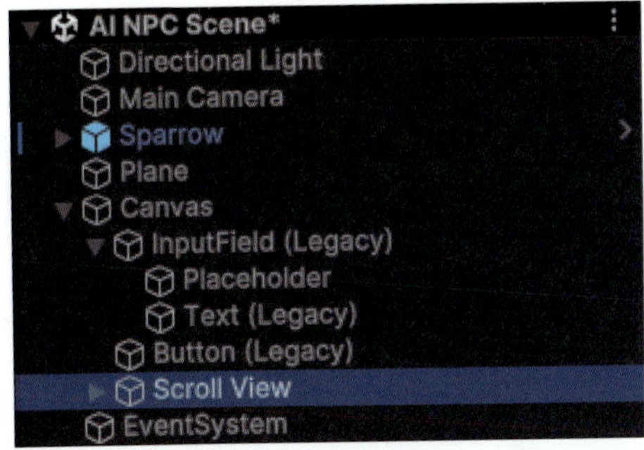

[그림 4.1-38] Scroll View 오브젝트 추가

- Rect Transform 컴포넌트를 다음과 같이 설정합니다.
  - **Anchored Position:** (X: 300, Y: 100, Z: 0)
  - **Width:** 1200, Height: 720

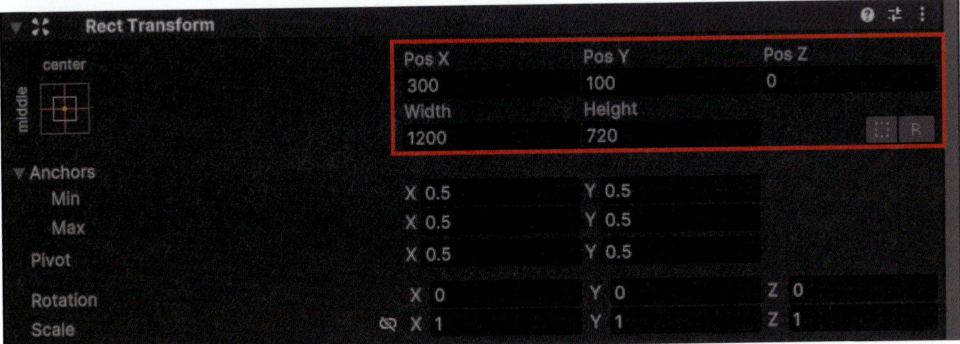

[그림 4.1-39] RectTransform 설정

- Image 컴포넌트를 다음과 같이 설정합니다.
  - **Source Image:** additional controls_16
  - **Image Type:** Sliced
  - **Pixels Per Unit Multiplier:** 2

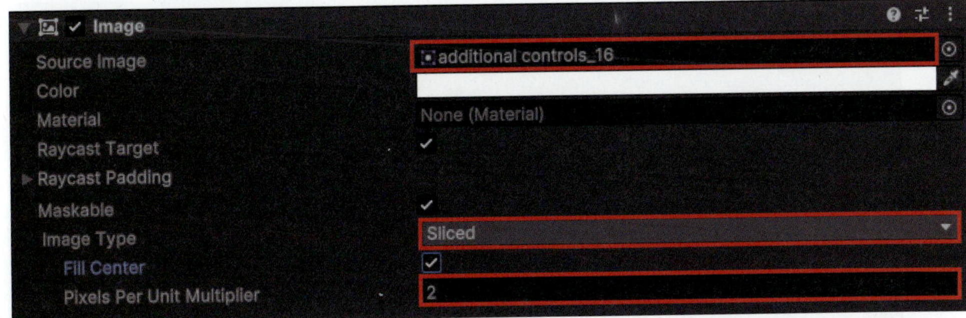

[그림 4.1-40] Image 설정

- Scroll Rect 컴포넌트를 다음과 같이 설정합니다.

  · Vertical: false

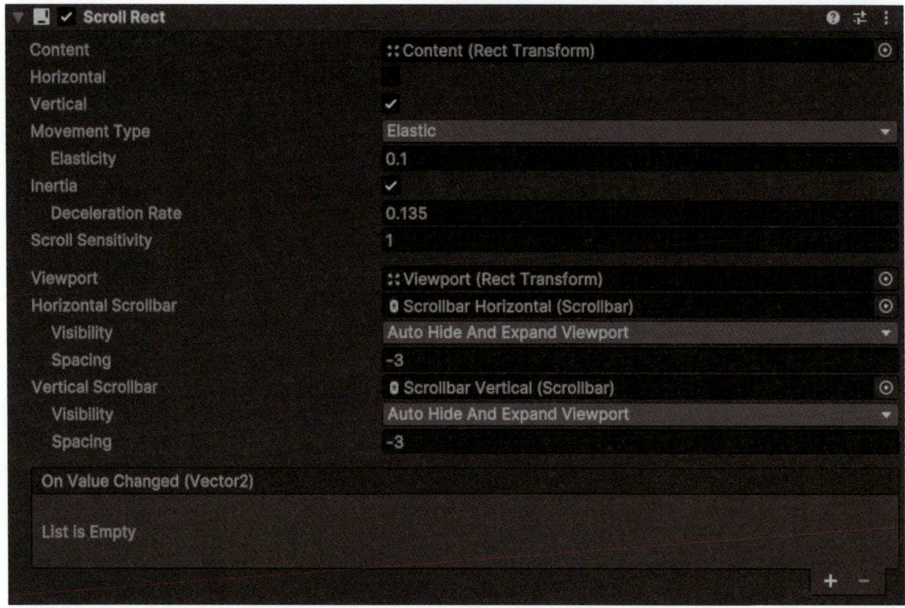

[그림 4.1-41] Scroll Rect 설정

❷ Scroll View > Viewport > Content 설정

- Vertical Layout Group 컴포넌트를 추가한 후 다음과 같이 설정합니다.

  · Padding > Left: 50   · Padding > Right: 50

  · Padding > Top: 50   · Padding > Bottom: 50

  · Spacing: 20   · Child Alignment: Lower Left

  · Control Child Size(Width, Height): true, false

  · Child Force Expand(Width, Height): true, false

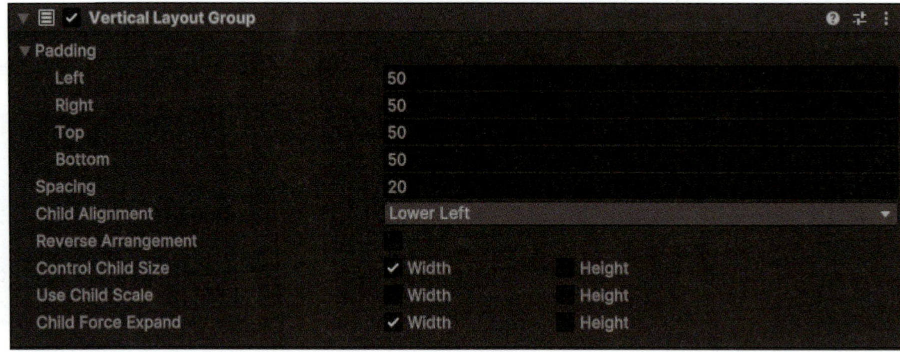

[그림 4.1-42] Vertical layout Group 설정

- Content Size Fitter 컴포넌트를 추가한 후 다음과 같이 설정합니다.

  · **Vertical Fit**: Preferred Size

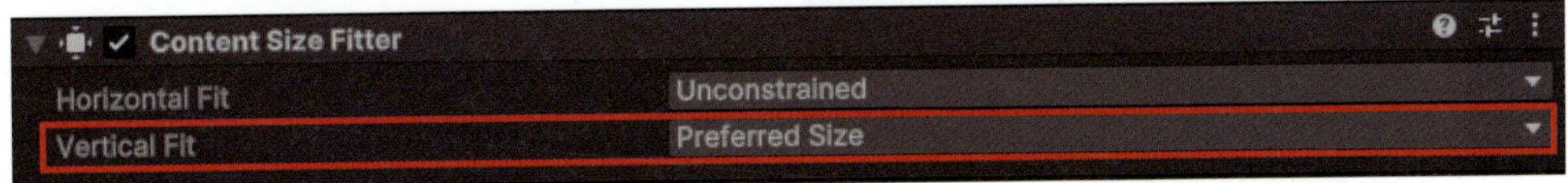

[그림 4.1-43] Content Size Fitter 설정

- Content 오브젝트 하위에 빈 오브젝트를 생성한 후 이름을 'Chat Bubble Container Left'로 바꿉니다.

[그림 4.1-44] 오브젝트 추가

❸ **Scroll View** > **Viewport** > **Content** > **Chat Bubble Container Left** 설정

- Vertical Layout Group 컴포넌트를 추가한 후 다음과 같이 설정합니다.

  · **Child Alignment**: Upper Left

  · **Control Child Size(Width, Height)**: false, true

  · **Control Force Expand(Width, Height)**: false, false

- Content Size Fitter 컴포넌트를 추가한 후 다음과 같이 설정합니다.

  · **Vertical Fit**: Preferred Size

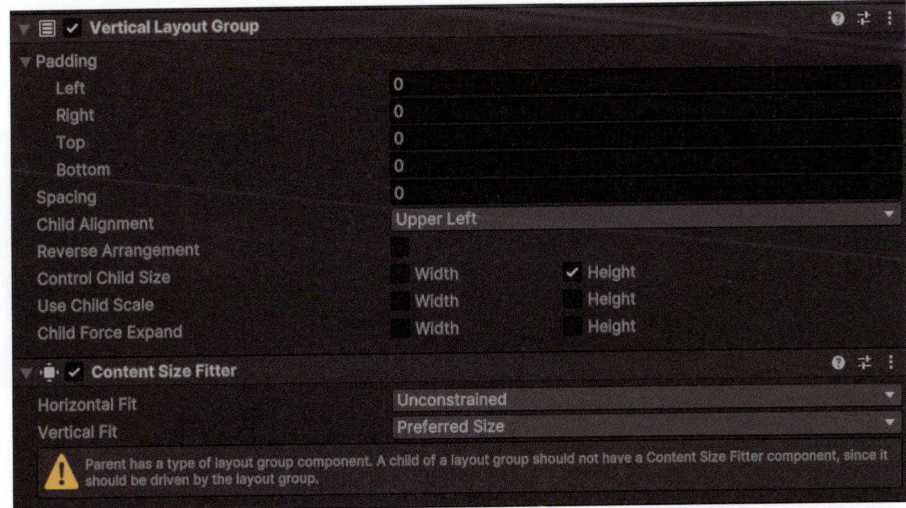

[그림 4.1-45] Chat Bubble Container Left 컴포넌트 설정

- 하위에 빈 오브젝트를 생성한 후 이름을 'Horizontal Layout'으로 변경합니다.

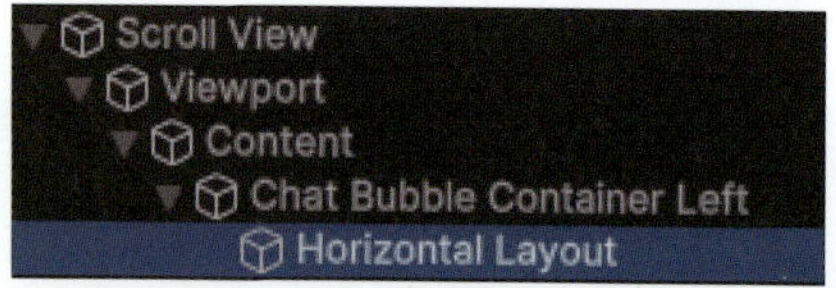

[그림 4.1-46] 오브젝트 추가

❹ Scroll View > Viewport > Content > Chat Bubble Container Left > Horizontal Layout 설정

- Rect Transform 컴포넌트의 Width를 다음과 같이 설정합니다.

  · Width: 500

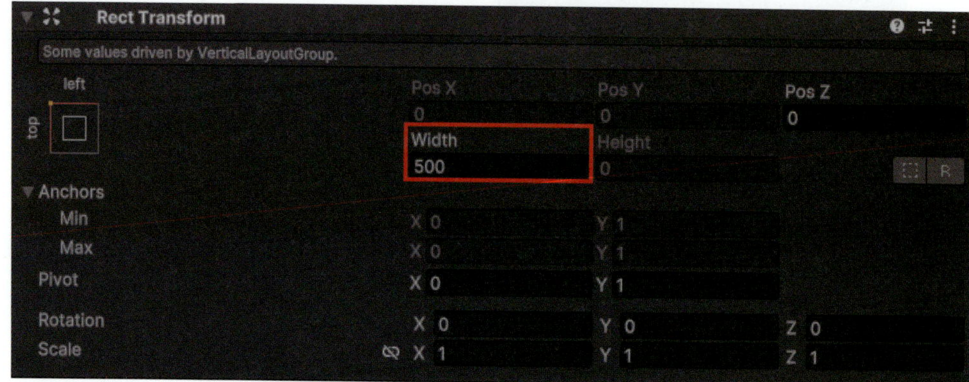

[그림 4.1-47] RectTransform 설정

- Horizontal Layout Group 컴포넌트를 추가한 후 다음과 같이 설정합니다.

  · Child Alignment: Upper Left

  · Control Child Size(Width, Height): true, true

  · Control Force Expand(Width, Height): false, false

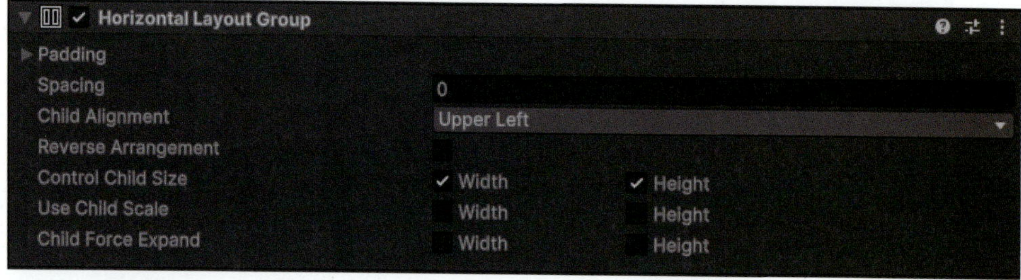

[그림 4.1-48] Layout Group 설정

- 하위에 빈 오브젝트를 생성한 후 이름을 'Vertical Layout'으로 변경합니다.

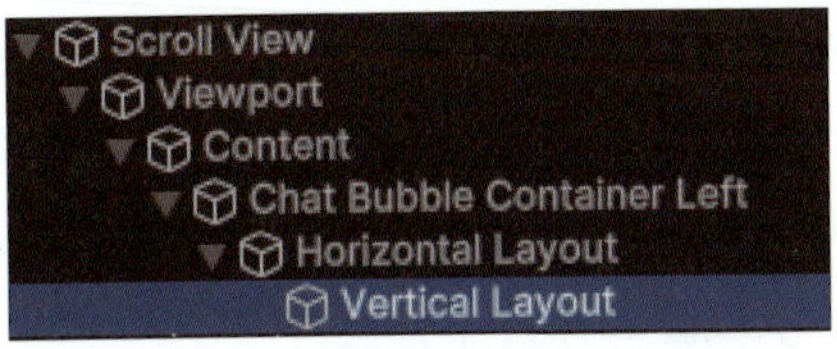

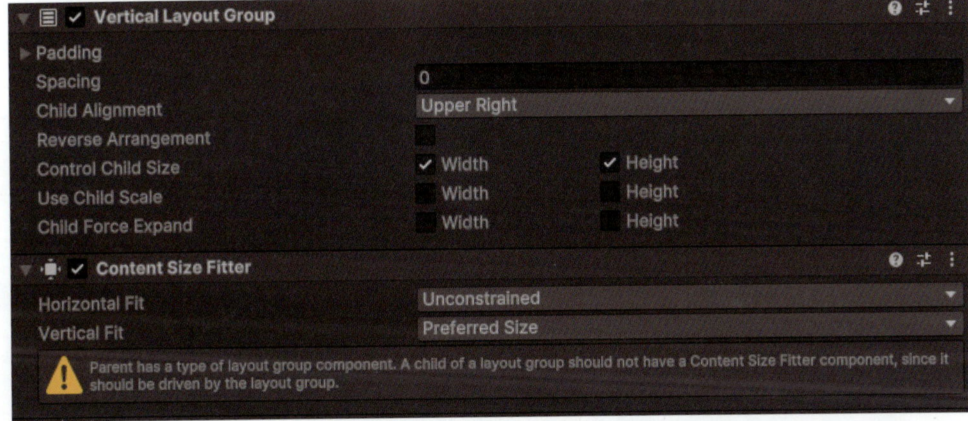

[그림 4.1-49] 오브젝트 추가

❺ Scroll View > Viewport > Content > Chat Bubble Container Left > Horizontal Layout > Vertical Layout 설정

- Vertical Layout Group 컴포넌트를 추가한 후 다음과 같이 설정합니다.

  · **Child Alignment:** Upper Left

  · **Control Child Size(Width, Height):** true, true

  · **Control Force Expand(Width, Height):** false, false

- Content Size Fitter 컴포넌트를 추가한 후 다음과 같이 설정합니다.

  · **Vertical Fit:** Preferred Size

[그림 4.1-50] Vertical Layout 컴포넌트 설정

- 하위에 Image 오브젝트를 생성합니다.

- 하위에 Text(Legacy) 오브젝트를 생성합니다.

[그림 4.1-51] 오브젝트 추가

❻ Scroll View > Viewport > Content > Chat Bubble Container Left > Horizontal Layout > Vertical Layout > Image 설정

- Image 컴포넌트의 Source Image에 popups_10 스프라이트를 할당합니다.
- Layout Element 컴포넌트를 추가한 후 Ignore Layout을 false합니다.

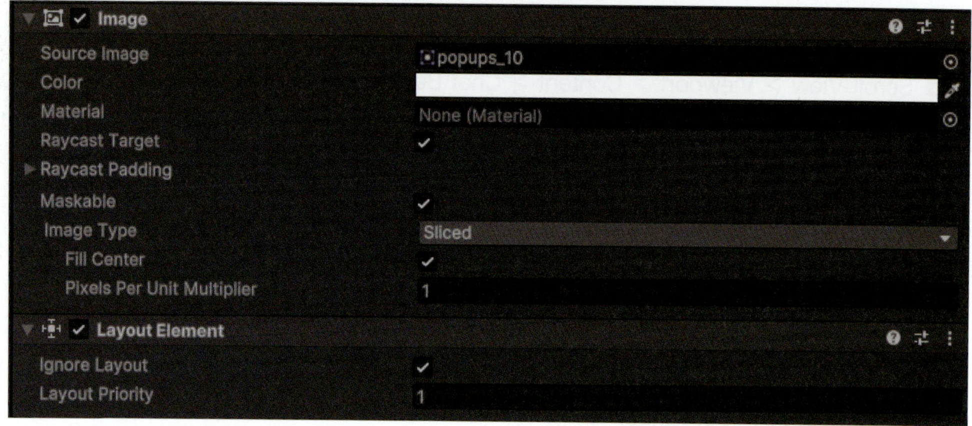

[그림 4.1-52] 컴포넌트 설정

- Rect Transform 컴포넌트의 값을 다음과 같이 설정합니다.

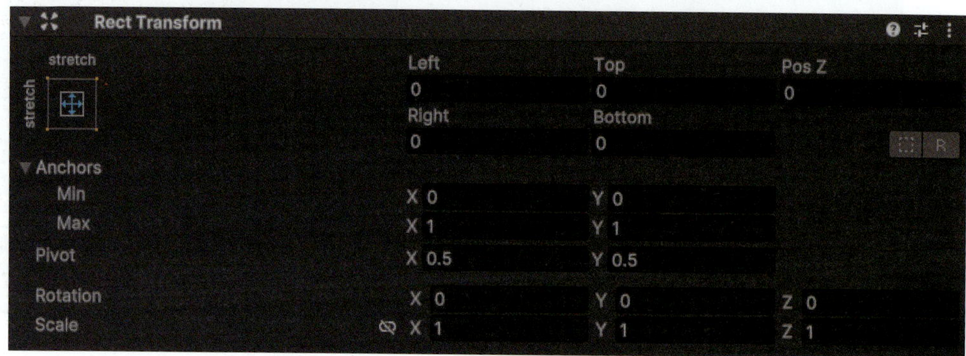

[그림 4.1-53] RectTransform 설정

❼ Scroll View > Viewport > Content > Chat Bubble Container Left > Horizontal Layout > Vertical Layout > Text(Legacy) 설정

- Content Size Fitter 컴포넌트를 추가한 후 다음과 같이 설정합니다.
  - **Horizontal Fit:** Preferred Size
  - **Vertical Fit:** Preferred Size
- Text 컴포넌트의 Font Size나 Alignment를 적절히 설정합니다.

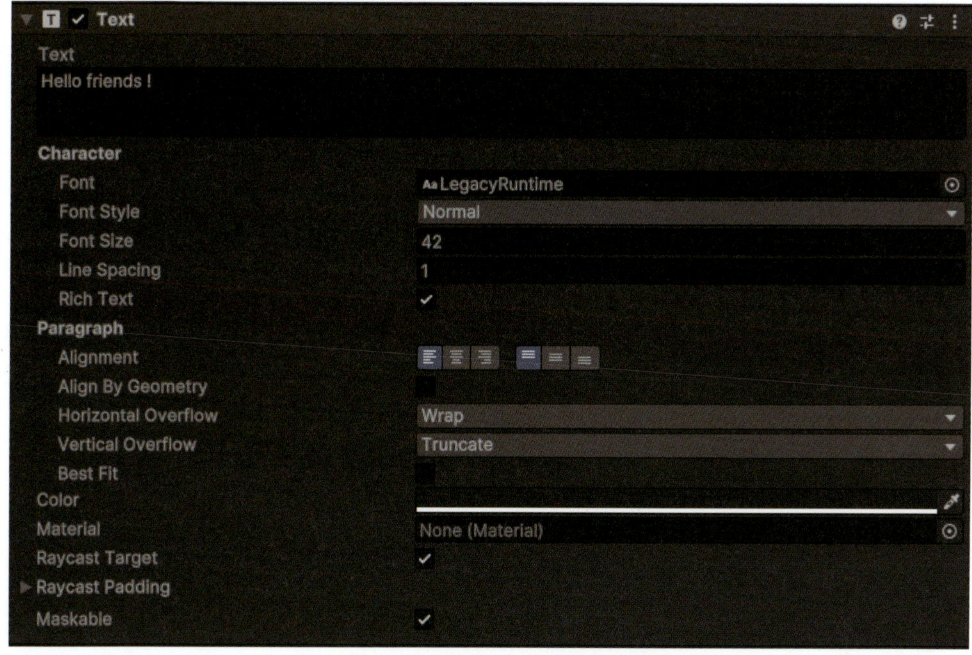

[그림 4.1-54] Text 설정

⑧ Scroll View > Viewport > Content > Chat Bubble Container Right 설정

- Chat Bubble Container Left 오브젝트를 복사한 후 이름을 'Chat Bubble Container Right'로 변경합니다.

- Chat Bubble Container Right 오브젝트의 Vertical Layout Group 컴포넌트를 다음과 같이 설정합니다.
  · **Child Alignment:** Upper Right

- Chat Bubble Container Right > Horizontal Layout 오브젝트의 Horizontal Layout Group 컴포넌트를 다음과 같이 설정합니다.
  · **Child Alignment:** Upper Right

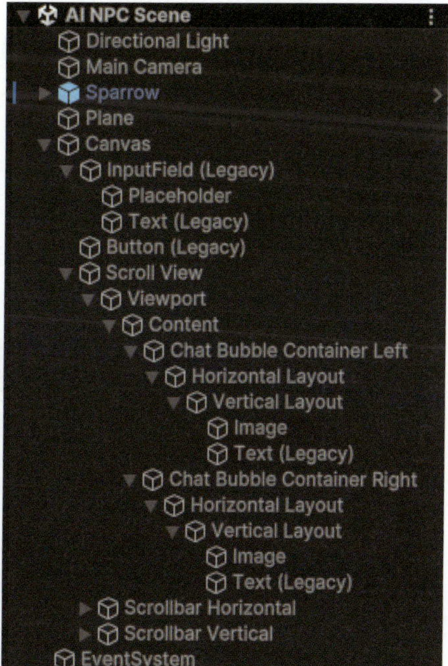

[그림 4.1-55] 계층 구조

최종적인 오브젝트의 계층 구조와 모습은 다음과 같습니다.

[그림 4.1-56] 결과 화면

4 말풍선 기능 정의 - 텍스트 길이에 따라 크기 조절하고 최대 너비 제한하기

이번 실습에서는 말풍선 UI가 텍스트 길이에 따라 자동으로 크기 조절되도록 만들고 너무 길어지면 가로 최대 길이를 제한하여 UI가 깨지지 않게 하는 기능을 구현합니다. 이 기능은 대사창이나 채팅 UI처럼 텍스트 양이 유동적인 상황에서 매우 자주 사용됩니다.

프리팹 생성

❶ 프로젝트 뷰에서 Assets > AI NPC 경로의 하위에 'Prefabs'라는 이름의 폴더를 생성합니다.

❷ [Prefabs] 폴더로 Chat Bubble Container Left와 Chat Bubble Container Right 오브젝트를 마우스로 끌어다 옮깁니다.

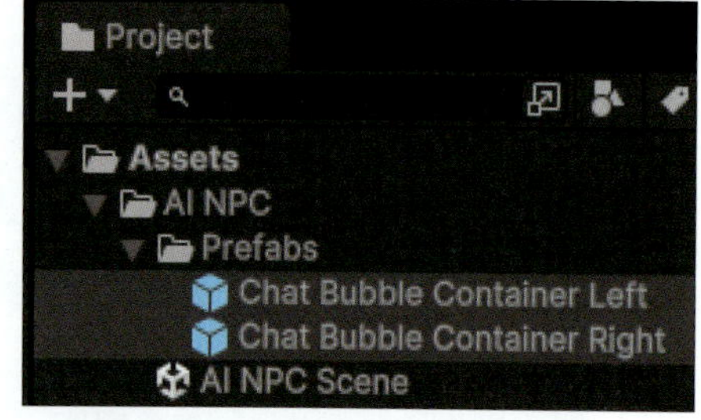

[그림 4.1-57] 프리팹 만들기

스크립트 작성

❶ Assets > AI NPC 경로의 하위에 'Scripts'라는 이름의 폴더를 생성합니다.

❷ [Scripts] 폴더의 하위에 'ChatBubbleContainerController.cs'라는 이름의 스크립트를 생성합니다.

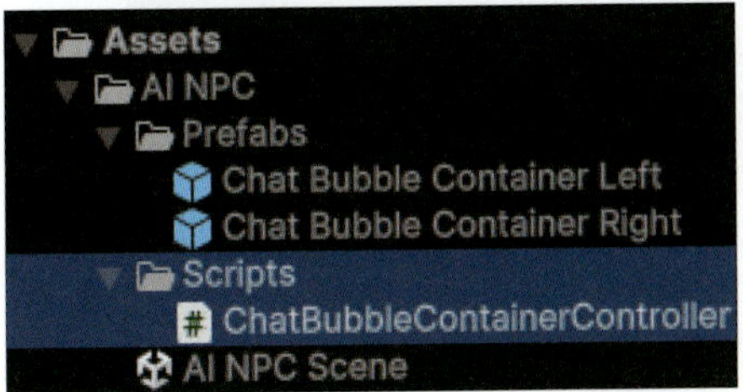

[그림 4.1-58] 스크립트 생성

❸ ChatBubbleContainerController.cs 스크립트를 열고 다음과 같이 코드를 작성합니다.

```csharp
using UnityEngine;
using UnityEngine.UI;

public class ChatBubbleContainerController : MonoBehaviour
{
    // 말풍선에 들어갈 텍스트 오브젝트
    public Text targetText;

    // 텍스트를 변경하고 크기를 다시 조절
    public void UpdateText(string t)
    {
        targetText.text = t;
    }
}
```

컴포넌트 연결

❶ Chat Bubble Container Left 프리팹을 더블 클릭해 편집 모드로 들어갑니다.

❷ Chat Bubble Container Left 오브젝트에 ChatBubbleContainerController.cs 스크립트를 컴포넌트로 추가합니다.

[그림 4.1-59] 스크립트 연결

❸ ChatBubbleContainerController 컴포넌트의 Target Text에 Text(Legacy)를 연결합니다.

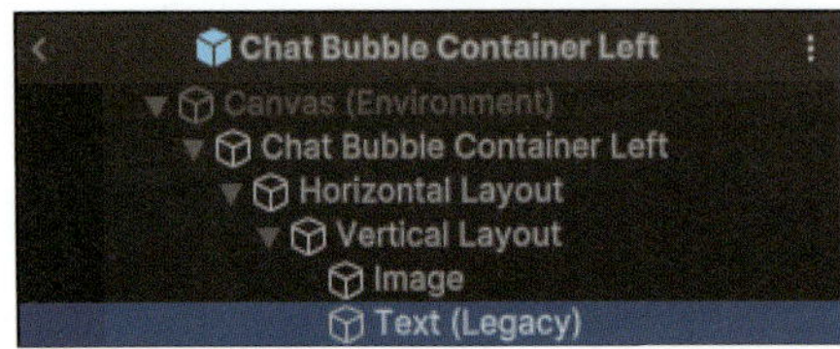

[그림 4.1-60] Target Text 오브젝트의 위치

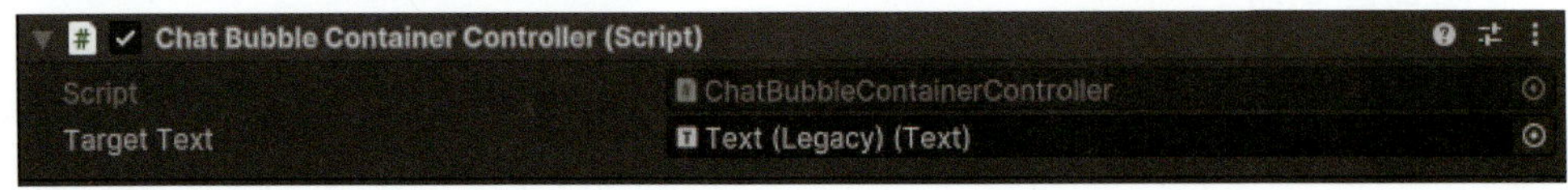

[그림 4.1-61] 연결 화면

❹ Chat Bubble Container Right 프리팹도 위와 같이 컴포넌트를 추가하고 항목을 연결합니다.

❶ Chat Bubble Container Right > Horizontal Layout > Vertical Layout > Text(Legacy) 오브젝트의 Text 컴포넌트에 긴 문장을 입력해 봅니다.

❷ 입력된 문장이 길어지면 말풍선도 같이 세로로 길어지는 것을 확인할 수 있습니다.

[그림 4.1-62] 결과 화면

> **Tip**   _ □ ×
>
> 유니티의 GUI에는 위치와 크기를 자동으로 정리해 주는 최적화 기능이 있습니다. 하지만 같은 부모 자식 관계의 오브젝트 내에 여러 Content Size Fitter가 존재하면 내부적인 최적화 처리 순서에 문제가 생길 수 있습니다. 자동으로 정리해 주던 GUI의 위치와 크기 변경이 늦어지거나 멈추는 것이 가장 흔한 문제입니다. 이럴 때는 Canvas.ForceUpdateCanvases()나 LayoutRebuilder.ForceRebuildLayoutImmediate() 같은 명령어를 코드로 실행하면 대부분 해결됩니다.

5 채팅 시스템 구현하기

최근에는 생성형 인공지능을 활용해 NPC와 자연스러운 대화가 가능한 게임이 늘어나고 있습니다. 채팅 시스템을 추가하여 플레이어와 NPC가 메시지를 주고받으며 상호작용할 수 있도록 기능을 추가합니다.

스크립트 생성

채팅 시스템은 UI, NPC 제어, AI 연결 세 가지 스크립트로 구성합니다. 각 스크립트는 역할에 따라 분리하여 관리합니다. 다음과 같이 3가지 채팅을 관리하기 위한 ChatUIManager, AI를 연결하기 위한 OpenaiClient, NPC를 제어하기 위한 NpcController 스크립트를 생성합니다.

```csharp
ChatUIManager.cs
using UnityEngine;
using UnityEngine.UI;

// 채팅 UI를 관리합니다.
public class ChatUIManager : MonoBehaviour
{
    public InputField InputField;      // 사용자가 텍스트를 입력하는 창
    public Button SendButton;          // 전송 버튼
    public RectTransform Content;      // 말풍선이 배치될 부모 영역
    public GameObject ChatBubbleContainerLeftPrefab;    // AI 말풍선 프리팹
    public GameObject ChatBubbleContainerRightPrefab;   // 사용자 말풍선 프리팹

    // 사용자 말풍선을 화면에 표시합니다.
    public void AddUserBubble()
    {
        GameObject bubbleObject = Instantiate(ChatBubbleContainerRightPrefab,
Content); // 말풍선 생성
        ChatBubbleContainerController controller = bubbleObject.GetComponent<ChatBu
bbleContainerController>(); // 컨트롤러 가져오기
        controller.UpdateText(InputField.text); // 텍스트 업데이트
    }

    // AI(NPC) 말풍선을 화면에 표시합니다.
    public void AddNpcBubble(string text)
    {
        GameObject bubbleObject = Instantiate(ChatBubbleContainerLeftPrefab,
Content); // 말풍선 생성
        ChatBubbleContainerController controller = bubbleObject.GetComponent<ChatBu
bbleContainerController>(); // 컨트롤러 가져오기
        controller.UpdateText(text); // 텍스트 업데이트
    }

    // 버튼 활성화/비활성화를 제어합니다.
    public void SetButtonInteractable(bool enable)
    {
        SendButton.interactable = enable; // 버튼 활성화/비활성화
```

```csharp
    }

    // 사용자가 입력한 텍스트를 반환합니다.
    public string GetUserText()
    {
        return InputField.text;
    }


    // 입력 창을 초기화합니다.
    public void ClearUserText()
    {
        InputField.text = string.Empty; // 입력 창 비우기
    }
}
```

NpcController.cs

```csharp
using OpenAI.Chat;
using UnityEngine;

// NPC의 채팅 응답을 관리합니다.
public class NpcController : MonoBehaviour
{
    private OpenaiClient _openaiClient;  // AI 호출
    public ChatUIManager UIManager;      // UI 관리 매니저

    void Awake()
    {
        _openaiClient = GetComponent<OpenaiClient>();// OpenaiClient 컴포넌트 가져오기
    }

    // 사용자의 메시지를 전송하고 AI 응답을 받아 처리합니다.
    public async void SubmitChatMessage()
    {
        UIManager.SetButtonInteractable(false);      // 중복 입력 방지
        UIManager.AddUserBubble();                   // 사용자 말풍선 표시
        string message = UIManager.GetUserText();    // 사용자 메시지받기

        // AI 응답 요청 및 NPC 말풍선 생성
        ChatCompletion completion = await _openaiClient.Client.CompleteChatAsync(message); // AI 응답 요청
```

```csharp
        UIManager.AddNpcBubble(completion.Content[0].Text); // NPC 말풍선 생성

        UIManager.ClearUserText(); // 입력 창 초기화
        UIManager.SetButtonInteractable(true); // 버튼 활성화
    }
}
```

```csharp
OpenaiClient.cs
using OpenAI.Chat;
using UnityEngine;

// OpenAI API와의 연결을 관리합니다.
public class OpenaiClient : MonoBehaviour
{
    public string Model;        // 사용할 AI 모델 이름
    public string ApiKey;       // OpenAI API 키
    public ChatClient Client; // 생성된 ChatClient 객체

    void Awake()
    {
        Client = new ChatClient(model: Model, apiKey: ApiKey); // ChatClient 생성
    }
}
```

스크립트 할당

스크립트를 실행하기 위한 Chat UI Manager와 NPC Controller 오브젝트를 생성하고 다음의 절차에 맞춰 필요한 요소를 할당합니다.

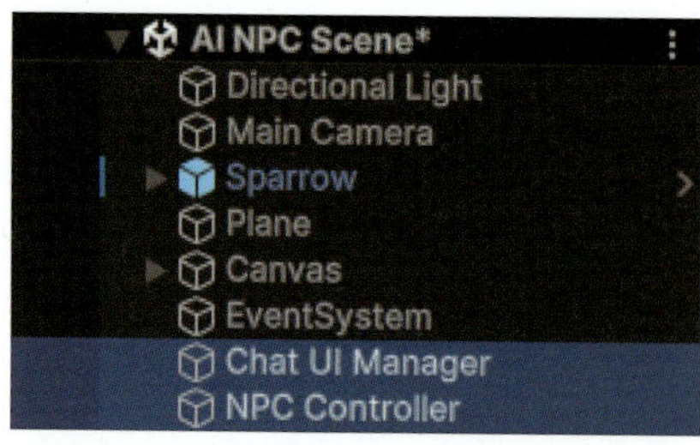

[그림 4.1-63] 오브젝트 추가

❶ Chat UI Manager 오브젝트를 생성하고 다음과 같이 ChatUIManager 스크립트를 연결합니다.

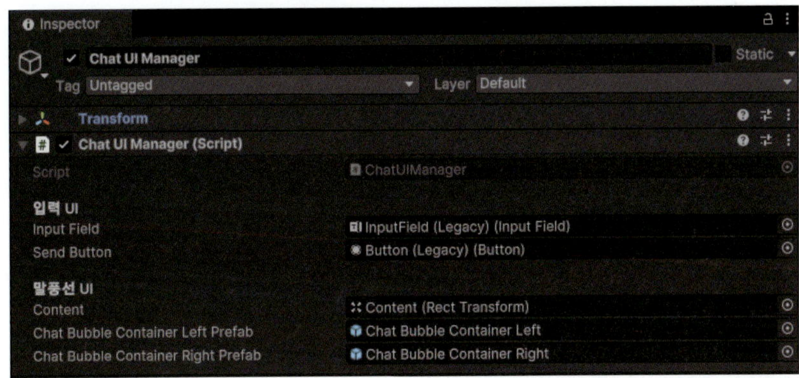

[그림 4.1-64] 스크립트 연결

❷ 다음의 위치에서 오브젝트와 프리팹을 찾아 연결합니다.

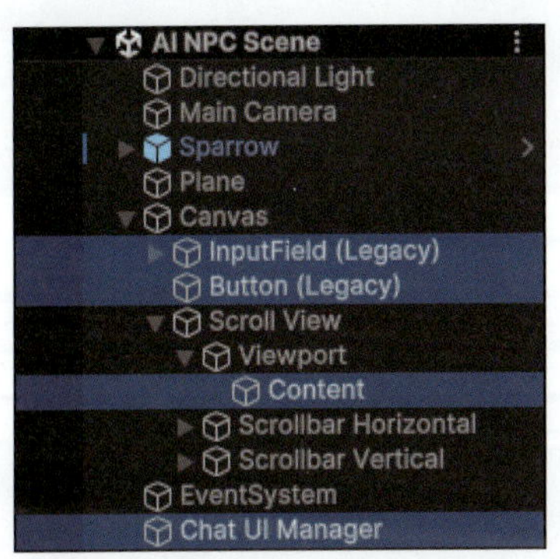

[그림 4.1-65] 참조 오브젝트 위치

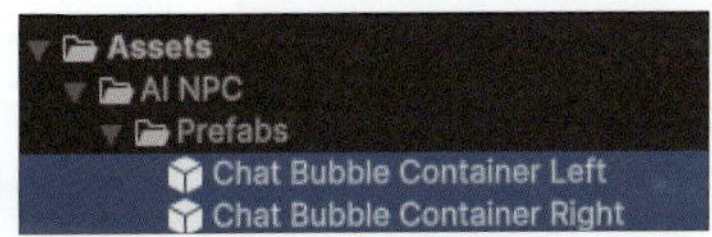

[그림 4.1-66] 참조 프리팹 위치

❸ NPC Controller라는 이름의 오브젝트를 생성하고 OpenaiClient 스크립트와 NpcController 스크립트를 컴포넌트로 추가합니다.

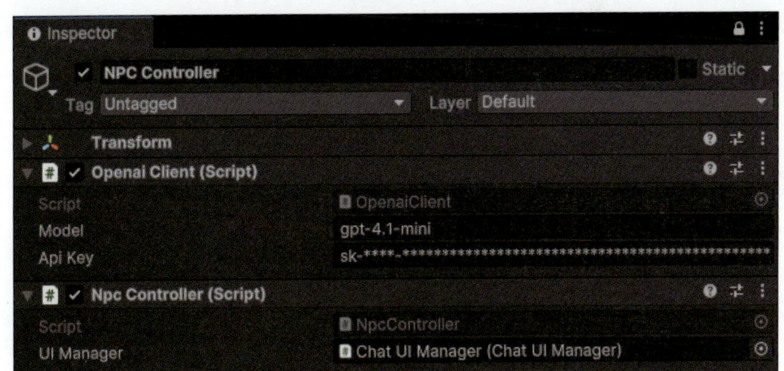

[그림 4.1-67] 스크립트 연결

❹ 마찬가지로 다음의 위치에서 오브젝트를 찾아 연결합니다

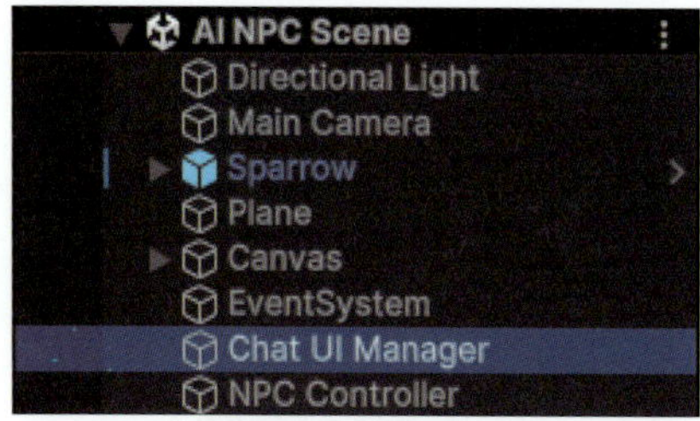

[그림 4.1-68] 오브젝트 위치

❺ Canvas > Button(Legacy) 오브젝트의 Button 컴포넌트에 다음과 같이 아래에 있는 On Click()에
이벤트를 추가합니다. 이 이벤트는 NPC가 사용자의 메시지를 전송하고 AI응답을 받아 처리하도록
합니다.

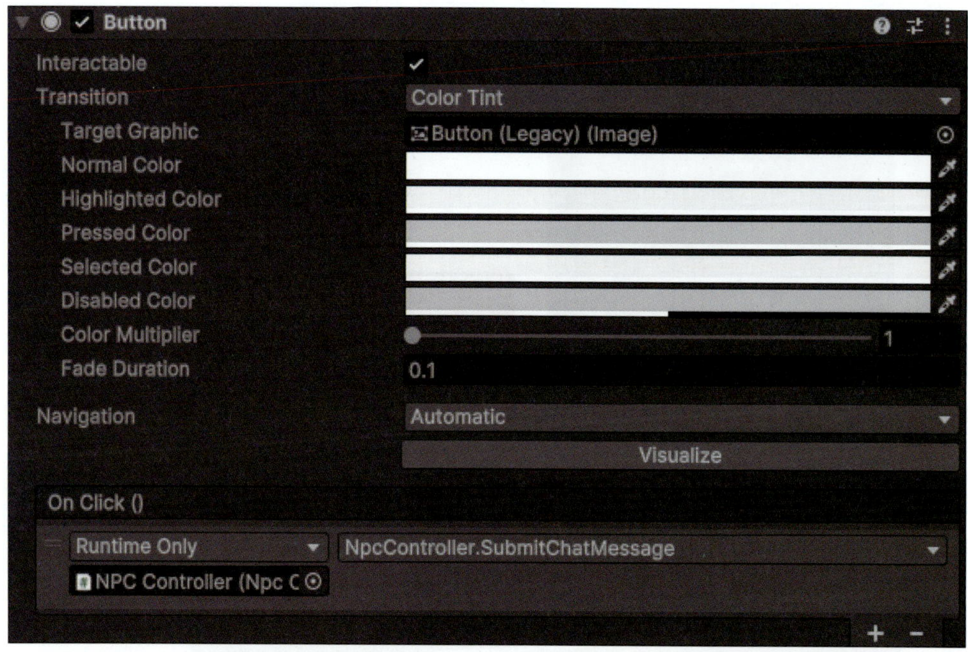

[그림 4.1-69] OnClick 이벤트 연결

이렇게 세 가지 스크립트를 조합하면, 사용자와 NPC가 자연스럽게 대화하는 기본 채팅 시스템
을 완성할 수 있습니다. 게임을 실행하고 직접 메시지를 입력 후 버튼을 눌러보면 다음과 같이 자
연스럽게 말풍선이 올라오는 것을 확인할 수 있습니다.

[그림 4.1-70] 말풍선 시스템 완성

6 NPC 구현하기

최근에는 생성형 인공지능을 활용해 NPC에 개성, 맥락 기억, 감정 표현 등의 특성을 부여함으로써, 보다 자연스럽고 몰입감 있는 상호작용을 구현하는 것이 하나의 트렌드로 자리 잡고 있습니다. 이번에는 '5 채팅 시스템 구현하기'에서 만든 채팅 시스템을 발전시켜, AI가 답변과 감정을 반드시 JSON으로 반환하도록 강제하고, 감정 분류 코드를 함수로 분리하여 NPC가 더욱 자연스럽고 몰입감 있게 대화할 수 있도록 만드는 방법을 만들어 보겠습니다.

NPC에 개성 부여하기

❶ 먼저, 기존의 NpcController에 NPC의 개성 정보를 담는 클래스를 추가합니다. 이렇게 하면 각 NPC가 고유한 성격, 말투, 관심사를 가질 수 있습니다. 다음 단계에서는 이 개성 정보를 바탕으로 감정 표현을 구현합니다.

```csharp
[System.Serializable]
// NPC의 개성 정보를 저장합니다.
public class NpcProfile
```

```
    {
        public string Personality; // 성격
        public string Tone;        // 말투
        public string Interests;    // 관심사
    }
NpcController에 NpcProfile 변수를 추가합니다.
public class NpcController : MonoBehaviour
{
    private OpenaiClient _openaiClient;  // AI 호출
    public ChatUIManager UIManager;       // UI 관리 매니저
    public NpcProfile Profile;            // NPC 개성 정보
    // ... 기존 코드 ...
}
```

감정 enum 및 감정 분류 함수 정의하기

이제 감정 표현을 enum으로 정의하고, AI의 JSON 응답에서 감정과 답변을 추출하는 함수를 만듭니다. 이렇게 하면 감정이 항상 정해진 목록 중 하나로 분류되고, 코드가 명확해집니다. 이후 이 기능을 실제 대화 흐름에 적용해 보겠습니다.

```
public enum NpcEmotion
{
    기쁨,
    슬픔,
    화남,
    놀람,
    중립
}


[System.Serializable]
public class NpcReplyJson
{
    public string reply;
    public string emotion;
}


// 감정 및 답변 파싱 함수
private(string reply, NpcEmotion emotion) ParseNpcReplyJson(string jsonText)
```

```csharp
    {
        string npcReply = "";
        NpcEmotion emotion = NpcEmotion.중립;

        try
        {
            var json = JsonUtility.FromJson<NpcReplyJson>(jsonText);
            npcReply = json.reply;
            if(!System.Enum.TryParse(json.emotion, out emotion))
                emotion = NpcEmotion.중립;
        }
        catch
        {
            npcReply = jsonText; // 파싱 실패 시 원문 출력
            emotion = NpcEmotion.중립;
        }

        return(npcReply, emotion);
    }
```

대화 맥락 메시지 관리 및 감정 분류 적용하기

NPC가 대화의 맥락을 기억할 수 있도록 List<ChatMessage>를 사용하고 SubmitChatMessage 에서 감정 분류 함수를 활용합니다. 이렇게 하면 AI가 항상 답변과 감정을 명확하게 반환하며 감정 분류 함수로 안전하게 감정 상태를 관리할 수 있습니다.

```csharp
public class NpcController : MonoBehaviour
{
    // ... 기존 변수 ...
    public List<ChatMessage> Messages = new List<ChatMessage>(); // 대화 맥락 메시지
리스트
    public NpcEmotion Emotion = NpcEmotion.중립; // NPC 감정 상태
    // ... 기존 코드 ...

    void Awake()
    {
        _openaiClient = GetComponent<OpenaiClient>(); // OpenaiClient 컴포넌트 가져오기
        Messages.Add(new SystemChatMessage($"[{Profile.Personality},
```

```csharp
        {Profile.Tone}, {Profile.Interests}]") ); // 시스템 메시지 추가
        // 감정 표현 강제 시스템 메시지 추가
        Messages.Add(new SystemChatMessage(
            "NPC의 답변(reply)과 감정(emotion)을 반드시 아래 JSON 형식으로 반환하세요. " +
            "emotion은 반드시 [기쁨, 슬픔, 화남, 놀람, 중립] 중 하나만 사용하세요.\n" +
            "{\"reply\": \"<NPC의 대사>\", \"emotion\": \"기쁨/슬픔/화남/놀람/중립\"}"
        ));
    }


    // 감정 및 답변 파싱 함수
    private(string reply, NpcEmotion emotion) ParseNpcReplyJson(string jsonText)
    {
        string npcReply = "";
        NpcEmotion emotion = NpcEmotion.중립;

        try
        {
            var json = JsonUtility.FromJson<NpcReplyJson>(jsonText);
            npcReply = json.reply;
            if(!System.Enum.TryParse(json.emotion, out emotion))
                emotion = NpcEmotion.중립;
        }
        Catch
        {
            npcReply = jsonText; // 파싱 실패 시 원문 출력
            emotion = NpcEmotion.중립;
        }

        return(npcReply, emotion);
    }

    // 사용자의 메시지를 전송하고 AI 응답을 받아 처리합니다.
    public async void SubmitChatMessage( )
    {
        UIManager.SetButtonInteractable(false);         // 중복 입력 방지
        string message = UIManager.GetUserText( );      // 사용자 메시지 받기
        UIManager.AddUserBubble( );                     // 사용자 말풍선 표시

        Messages.Add(new UserChatMessage(message));     // 사용자 메시지 추가
```

```csharp
        ChatCompletion completion = await _openaiClient.Client.CompleteChatAsync(Me
ssages);
        string jsonText = completion.Content[0].Text.Trim();

        // 감정 및 답변 파싱 함수 사용
        var(npcReply, emotion) = ParseNpcReplyJson(jsonText);
        Emotion = emotion;

        Messages.Add(new AssistantChatMessage(npcReply)); // AI 응답 메시지 추가
        UIManager.AddNpcBubble(npcReply); // NPC 말풍선 생성

        UIManager.ClearUserText(); // 입력 창 초기화
        UIManager.SetButtonInteractable(true); // 버튼 활성화
    }
}
```

감정에 따라 애니메이터 트리거 실행하기

NPC의 감정에 따라 애니메이터(Animator) 트리거를 실행하면 대화 중 감정 변화가 자연스럽게 애니메이션으로 표현됩니다.

01 Sparrow 오브젝트의 Animator 컴포넌트에 있는 AC_Sparrow 컨트롤러를 클릭합니다.

02 프로젝트 뷰에서 탐색된 AC_Sparrow를 더블 클릭하여 Animator뷰를 활성화합니다.

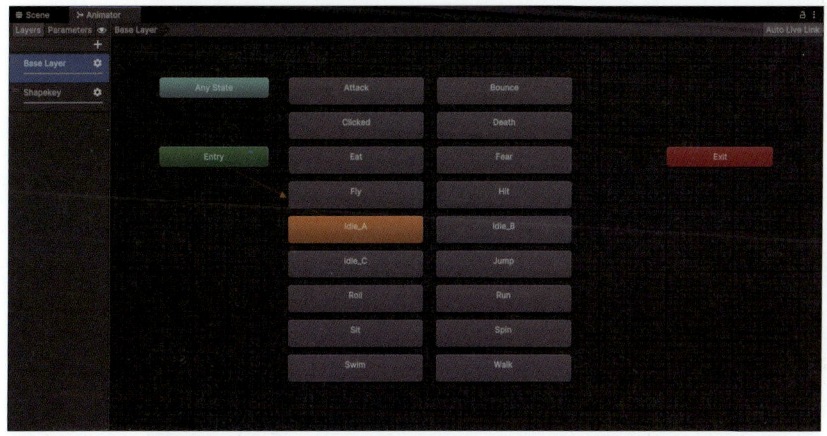

[그림 4.1-71] 애니메이터 설정

03 각 감정에 해당하는 트리거 파라미터(예) "Joy", "Sad", "Angry", "Surprised", "Neutral")를 만듭니다.

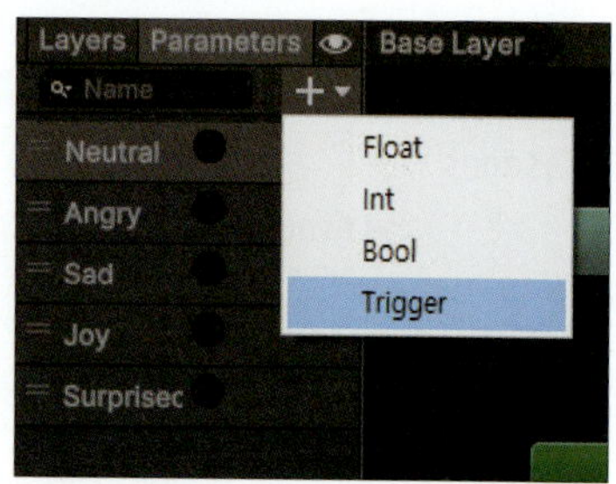

[그림 4.1-72] 트리거 파라미터

04 각 트리거에 맞는 애니메이션 상태와 전이를 설정합니다.

❶ Any State를 마우스 오른쪽 버튼으로 클릭하면 나타나는 단축 메뉴 중에서 [Make Transition]을 선택하면 다른 상태 노드로 연결할 수 있습니다.

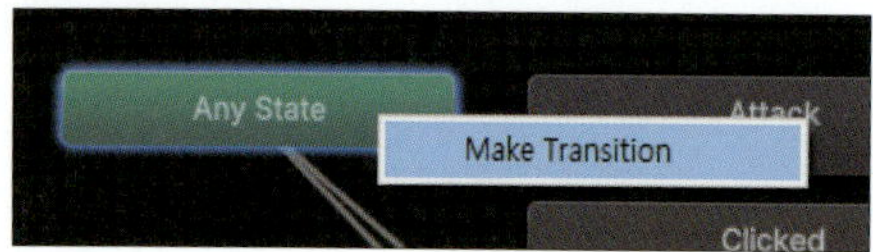

[그림 4.1-73] Any State

❷ Any State 노드에서 Attack 노드로 연결합니다.

❸ Any State → Attack 트랜지션(Transition; 연결 선)을 선택한 후 Conditions의 파라미터에 Angry를 추가합니다.

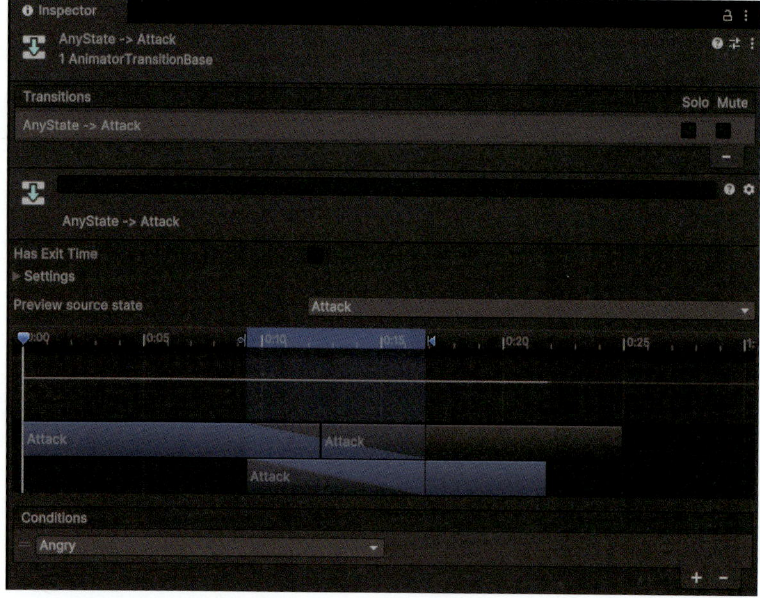

[그림 4.1-74] Transitions

❹ Any State 노드에서 Spin 노드로 연결합니다.

❺ Any State→Spin트랜지션을 선택한 후 Conditions에는 Surprised를 추가합니다.

❻ Any State 노드에서 Idle_A 노드 연결 Make Transition을 이용해 세 번 반복합니다. Neutral, Sad, Joy 상태의 경우를 모두 처리하기 위한 것입니다.

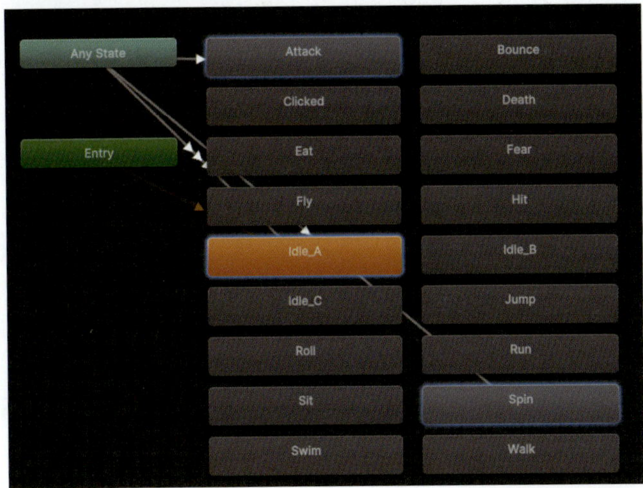

[그림 4.1-75] 노드 연결 구조

❼ Any State → Idle_A 트랜지션을 선택합니다.

❽ 인스펙터 뷰 상단의 Transitions 목록에서 3개의 트랜지션을 확인할 수 있습니다. 각각의 트랜지션을 선택한 후 하단의 Conditions에 순서대로 Neutral, Sad, Joy를 하나씩 추가합니다.

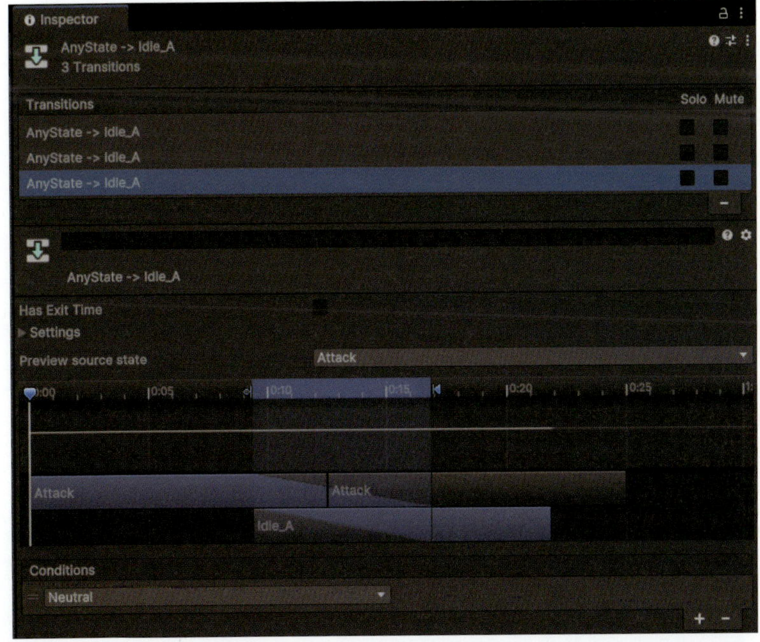

[그림 4.1-76] 다중 트랜지션

❾ 필요에 따라 Animator 뷰에서 Shapekey 레이어를 선택한 후 Sparrow의 눈에 대한 애니메이션도
연결할 수 있습니다.

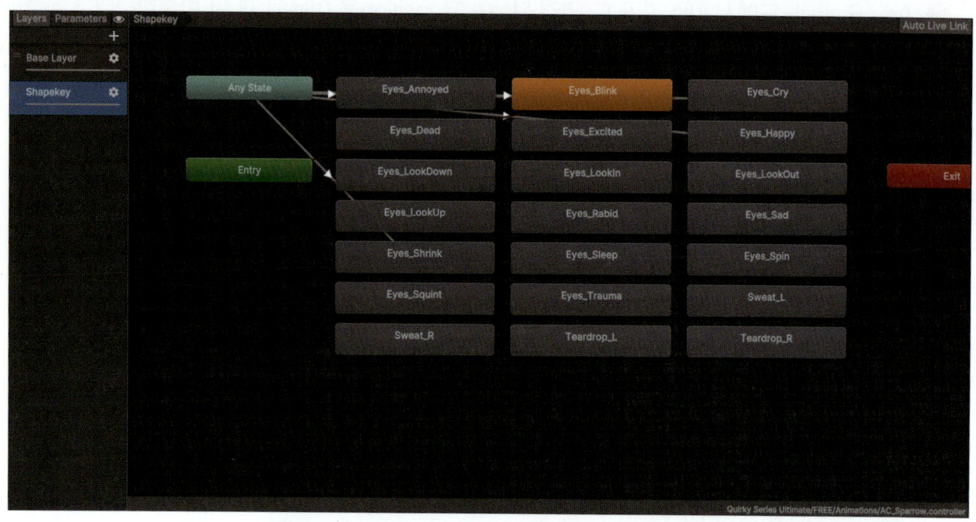

[그림 4.1-77] 눈 레이어 구조

05 NpcController에 Animator 변수를 추가한 후 감정에 따라 트리거를 실행하는 함수를 구현합니다.

```csharp
public class NpcController : MonoBehaviour
{
    // ... 기존 변수 ...
    public Animator Animator; // Animator 컴포넌트 참조
    // ... 기존 코드 ...

    // 감정에 따라 애니메이터 트리거 실행
    private void SetEmotionTrigger(NpcEmotion emotion)
    {
        if(Animator == null) return;
        switch(emotion)
        {
            case NpcEmotion.기쁨: Animator.SetTrigger("Joy"); break;
            case NpcEmotion.슬픔: Animator.SetTrigger("Sad"); break;
            case NpcEmotion.화남: Animator.SetTrigger("Angry"); break;
            case NpcEmotion.놀람: Animator.SetTrigger("Surprised"); break;
            case NpcEmotion.중립: Animator.SetTrigger("Neutral"); break;
        }
```

```
    }
}
```

SubmitChatMessage에서 감정 파싱 후 SetEmotionTrigger 함수를 호출하면 됩니다.

```
public async void SubmitChatMessage()
{
    // ... 기존 코드 ...
    var(npcReply, emotion) = ParseNpcReplyJson(jsonText);
    Emotion = emotion;
    SetEmotionTrigger(emotion); // 감정에 따라 애니메이터 트리거 실행
    // ... 기존 코드 ...
}
```

06 인스펙터 뷰에서 Anim 변수에 Sparrow 오브젝트를 할당해 줍니다.

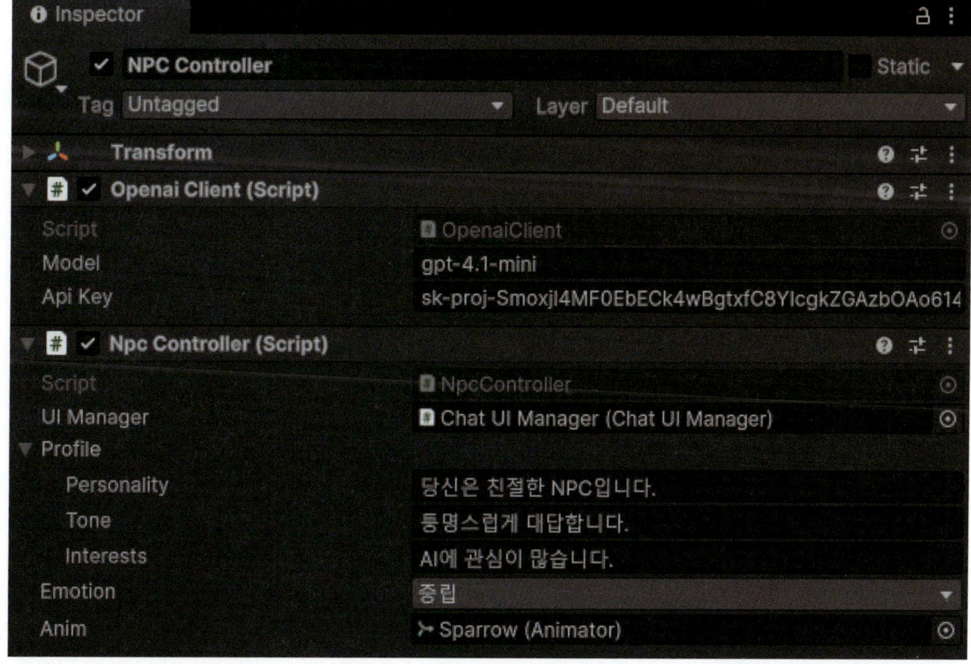

[그림 4.1-78] 오브젝트 할당

```csharp
using OpenAI.Chat;
using UnityEngine;
using System.Collections.Generic;

// 감정 표현 enum
public enum NpcEmotion
{
    기쁨,
    슬픔,
    화남,
    놀람,
    중립
}


[System.Serializable]
// NPC의 개성 정보를 저장합니다.
public class NpcProfile
{
    public string Personality; // 성격
    public string Tone;        // 말투
    public string Interests;   // 관심사
}


[System.Serializable]
public class NpcReplyJson
{
    public string reply;
    public string emotion;
}


public class NpcController : MonoBehaviour
{
    private OpenaiClient _openaiClient;   // AI 호출
    public ChatUIManager UIManager;       // UI 관리 매니저
    public NpcProfile Profile;            // NPC 개성 정보
    public List<ChatMessage> Messages = new List<ChatMessage>(); // 대화 맥락 메시지
리스트
    public NpcEmotion Emotion = NpcEmotion.중립; // NPC 감정 상태
```

```csharp
public Animator Animator; // Animator 컴포넌트 참조

void Awake()
{
    _openaiClient = GetComponent<OpenaiClient>(); // OpenaiClient 컴포넌트 가져오기
    Messages.Add(new SystemChatMessage($"[{Profile.Personality},
{Profile.Tone}, {Profile.Interests}]") ); // 시스템 메시지 추가
    // 감정 표현 강제 시스템 메시지 추가
    Messages.Add(new SystemChatMessage(
        "NPC의 답변(reply)과 감정(emotion)을 반드시 아래 JSON 형식으로 반환하세요. " +
        "emotion은 반드시 [기쁨, 슬픔, 화남, 놀람, 중립] 중 하나만 사용하세요.\n" +
        "{\"reply\": \"<NPC의 대사>\", \"emotion\": \"기쁨/슬픔/화남/놀람/중립\"}"
    ));
}


// 감정 및 답변 파싱 함수
private(string reply, NpcEmotion emotion) ParseNpcReplyJson(string jsonText)
{
    string npcReply = "";
    NpcEmotion emotion = NpcEmotion.중립;

    try
    {
        var json = JsonUtility.FromJson<NpcReplyJson>(jsonText);
        npcReply = json.reply;
        if(!System.Enum.TryParse(json.emotion, out emotion))
            emotion = NpcEmotion.중립;
    }
    catch
    {
        npcReply = jsonText; // 파싱 실패 시 원문 출력
        emotion = NpcEmotion.중립;
    }

    return(npcReply, emotion);
}


// 감정에 따라 애니메이터 트리거 실행
private void SetEmotionTrigger(NpcEmotion emotion)
{
```

```csharp
        if(Animator == null) return;
        switch(emotion)
        {
            case NpcEmotion.기쁨: Animator.SetTrigger("Joy"); break;
            case NpcEmotion.슬픔: Animator.SetTrigger("Sad"); break;
            case NpcEmotion.화남: Animator.SetTrigger("Angry"); break;
            case NpcEmotion.놀람: Animator.SetTrigger("Surprised"); break;
            case NpcEmotion.중립: Animator.SetTrigger("Neutral"); break;
        }
    }


    // 사용자의 메시지를 전송하고 AI 응답을 받아 처리합니다.
    public async void SubmitChatMessage()
    {
        UIManager.SetButtonInteractable(false); // 중복 입력 방지
        string message = UIManager.GetUserText(); // 사용자 메시지 받기
        UIManager.AddUserBubble();                      // 사용자 말풍선 표시

        Messages.Add(new UserChatMessage(message)); // 사용자 메시지 추가

        ChatCompletion completion = await _openaiClient.Client.CompleteChatAsync(Me
ssages);
        string jsonText = completion.Content[0].Text.Trim();

        // 감정 및 답변 파싱 함수 사용
        var(npcReply, emotion) = ParseNpcReplyJson(jsonText);
        Emotion = emotion;
        SetEmotionTrigger(emotion); // 감정에 따라 애니메이터 트리거 실행

        Messages.Add(new AssistantChatMessage(npcReply)); // AI 응답 메시지 추가
        UIManager.AddNpcBubble(npcReply); // NPC 말풍선 생성

        UIManager.ClearUserText(); // 입력 창 초기화
        UIManager.SetButtonInteractable(true); // 버튼 활성화
    }
}
```

　　지금까지 NPC에게 감정을 분류하는 코드와 Animation을 연결시켜 적극적으로 감정을 표현하는 NPC를 구현해봤습니다. 이와 같은 생동감있고 다양한 방식으로 감정을 표현하는 NPC를 구현하

여 여러분들의 게임의 재미를 한층 더 끌어올려 보시기 바랍니다.

[그림 4.1-79] NPC 감정 연결 완성

Chapter 2

센티스 활용하기

최근 인공지능(AI) 기술은 매우 빠르게 발전하고 있습니다. 특히, 그림을 그리거나 글을 쓰는 등 창작을 하는 '생성형 AI'는 다양한 산업에서 주목받고 있습니다. 게임 개발 분야에서도 AI를 활용하려는 움직임이 활발한데, 유니티는 이에 발맞춰 '유니티 센티스(Unity Sentis)'라는 새로운 도구를 선보였습니다.

유니티 센티스는 복잡한 AI 기술을 게임이나 앱 안에 쉽게 넣을 수 있도록 도와주는 기술입니다. 덕분에 게임 속 캐릭터가 더 똑똑해지거나 현실 세계를 인식하는 새로운 기능을 게임에 쉽게 추가할 수 있게 되었습니다.

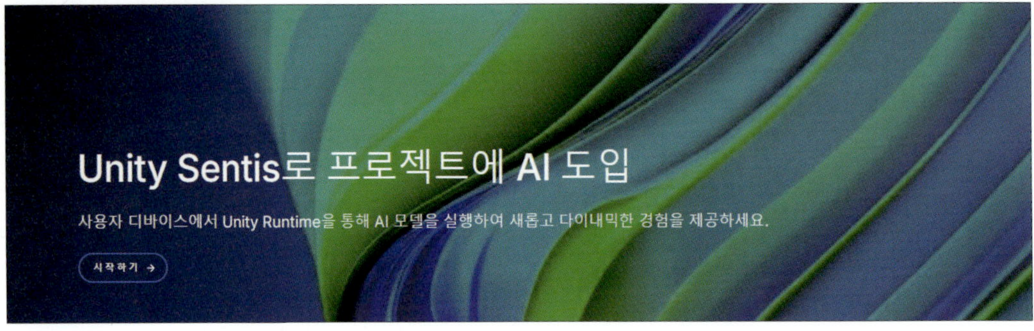

[그림 4.2-1] 유니티 센티스(출처: 유니티)

유니티 센티스란?

❶ 유니티 센티스는 AI 모델을 기기 안에서 실행하는 기술

센티스를 사용하면 AI 기능을 인터넷에 연결하지 않고도 스마트폰이나 컴퓨터 같은 기기 안에서 바로 실행할 수 있습니다. 이렇게 하면 속도가 빠르고 인터넷이 필요 없어서 안전하고 비용도 줄일 수 있습니다.

❷ **다양한 AI 기능을 게임에 추가 가능**

유니티 센티스를 이용하면 게임이나 앱에 다음과 같은 기능을 쉽게 추가할 수 있습니다.

- 이미지를 보고 무엇인지 구분하는 기능
- 사람의 말을 알아듣는 기능
- 똑똑하게 움직이는 게임 캐릭터
- 손 글씨를 읽는 기능
- 카메라로 거리나 깊이를 파악하는 기능

❸ **최신 버전에서 성능 개선**

2025년 기준, 유니티 센티스는 2.1 버전까지 나왔습니다. 최신 버전은 속도가 더 빨라지고 메모리 사용량도 줄었으며 좀 더 다양한 AI 모델을 지원합니다. 특히, AI 연구에서 많이 사용하는 '파이토치(PyTorch)'라는 도구로 만든 모델도 쉽게 유니티에 넣을 수 있게 되었습니다.

❹ **허깅 페이스와 연동**

유니티는 '허깅 페이스(Hugging Face)'라는 AI 모델 공유 사이트와 협력하고 있습니다. 그 덕분에 개발자는 검증된 다양한 AI 모델을 손쉽게 찾아서 게임이나 앱에 넣을 수 있습니다.

2.1 Sentis 설치 및 기본 설정

Sentis를 활용하기 위해서는 유니티 프로젝트를 생성해야 합니다. 이 문서를 작성할 당시에는 유니티 버전 6000.0.33f1을 사용하여 진행했으며 설치된 Sentis 버전은 2.1.2였습니다. 하지만 최신 기능을 안정적으로 사용하려면 유니티의 공식 웹 사이트에서 Sentis가 지원되는 최신 권장 버전을 확인하는 것이 좋습니다.

1 Sentis 패키지 다운로드 및 설치

Sentis를 설치하려면 유니티 패키지 매니저를 사용해야 합니다. 다음 단계를 따라 진행합니다.

❶ 유니티 패키지 매니저 열기
- [Unity Editor]를 실행한 후 상단 메뉴에서 Window > Package Manager를 선택합니다.

❷ Sentis 패키지 찾기
- 패키지 매니저에서 [Unity Registry]를 선택한 후 검색 창에 'Sentis'를 입력합니다.

- 검색 결과에서 Sentis 패키지를 찾아 선택합니다.

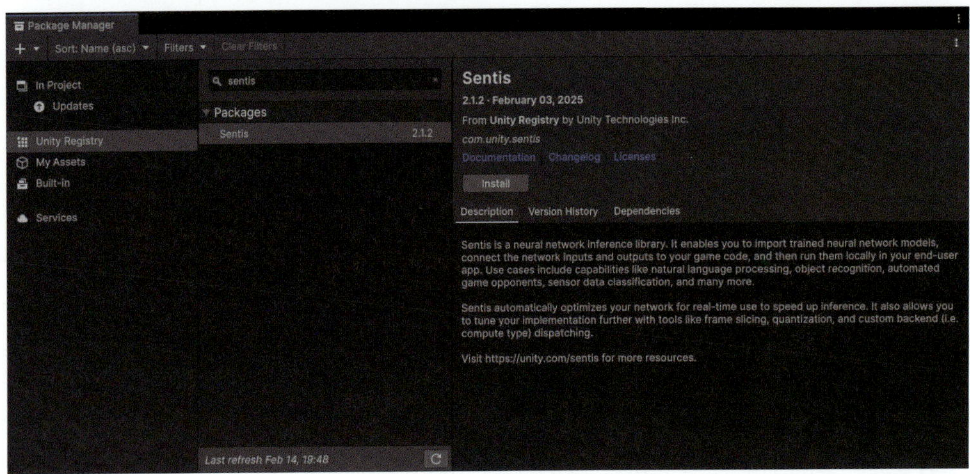

[그림 4.2-2] 패키지 매니저

❸ 패키지 설치 및 버전 선택

- 상단의 [Install] 버튼을 클릭하여 패키지를 설치합니다.
- 특정 버전(예 2.1.2)을 설치하려면 Version History에서 원하는 버전을 선택한 후 설치를 진행합니다.(집필 당시 유니티 6에서는 단 하나의 Sentis 버전만을 제공하고 있습니다.)

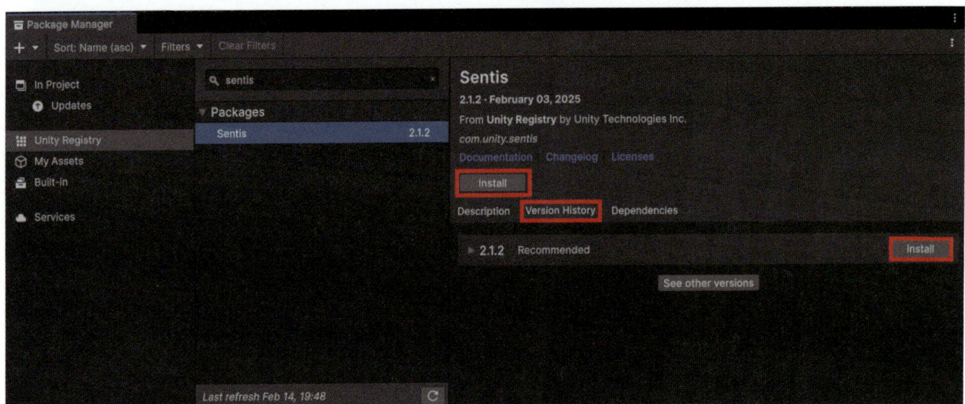

[그림 4.2-3] 센티스 설치

❹ Sentis 패키지 수동 추가

- 만약 Sentis가 보이지 않는다면, 유니티 패키지 매니저에서 직접 'com.unity.sentis'를 입력하여 설치할 수 있습니다.
- [+] 버튼을 클릭한 후 [Add package by name...]을 선택합니다.

- 입력란에 'com.unity.sentis'를 입력한 후 [Add]를 클릭합니다.

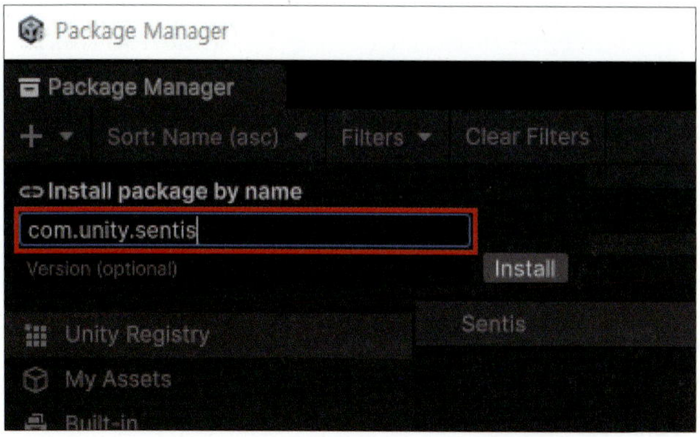

[그림 4.2-4] 센티스 직접 설치

2 간단한 숫자 분류 예제

이제 Sentis를 실제로 써 보는 예제를 만들어 보겠습니다. '손 글씨 숫자 이미지를 보고 어떤 숫자인지 예측'하는 아주 기본적인 흐름을 따라가면서 Sentis 워크플로의 핵심 단계를 익혀 봅니다.

01 스크립트 파일 생성

❶ 프로젝트 뷰의 [Assets] 폴더에서 'EasyDigitClassifier'라는 이름의 스크립트를 생성합니다.

02 코드 작성

다음 코드를 EasyDigitClassifier.cs에 그대로 붙여 넣습니다.

```csharp
using UnityEngine;
using Unity.Sentis;

public class EasyDigitClassifier : MonoBehaviour
{
    public Texture2D inputTexture;   // ONNX 모델
    public ModelAsset modelAsset;     // 28×28 흑백 이미지

    Worker worker; // 추론 엔진
    public float[] results;   // 예측 확률
```

```csharp
    void Start()
    {
        // 1) 모델 불러오기
        Model runtimeModel = ModelLoader.Load(modelAsset);

        // 2) 워커 만들기(GPU 사용)
        worker = new Worker(runtimeModel, BackendType.GPUCompute);

        // 3) 이미지 → 텐서 변환 후 추론
        using(Tensor inputTensor = TextureConverter.ToTensor(inputTexture,
width: 28, height: 28, channels: 1))
        {
            worker.Schedule(inputTensor);
        }

        // 4) 출력 꺼내기 및 배열로 변환
        Tensor<float> outputTensor = worker.PeekOutput() as Tensor<float>;
        results = outputTensor.DownloadToArray();
    }

    void OnDisable()
    {
        // 5) 메모리 해제
        worker.Dispose();
    }
}
```

03 씬 구성

❶ 하이어라키 뷰에서 빈 게임 오브젝트를 하나 생성합니다.

❷ 생성된 오브젝트의 이름을 'DigitClassifier'로 변경합니다.

❸ DigitClassifier 오브젝트에 EasyDigitClassifier 스크립트를 컴포넌트로 추가합니다.

04 예제 모델 다운로드

❶ 예제 모델과 이미지는 유니티 깃허브 주소인 sentis-sample에서 다운로드할 수 있습니다(https://
github.com/Unity-Technologies/sentis-samples).

❷ 해당 주소에서 README에 적힌 Digit Recognition을 클릭하여 이동합니다.

❸ 좌측 파일 목록에서 DigitRecognitionSample\Assets\Models\MNIST\mnist-12.onnx를 클릭합니다.

❹ 우측 상단의 [다운로드] 버튼을 클릭해 파일을 다운로드합니다.

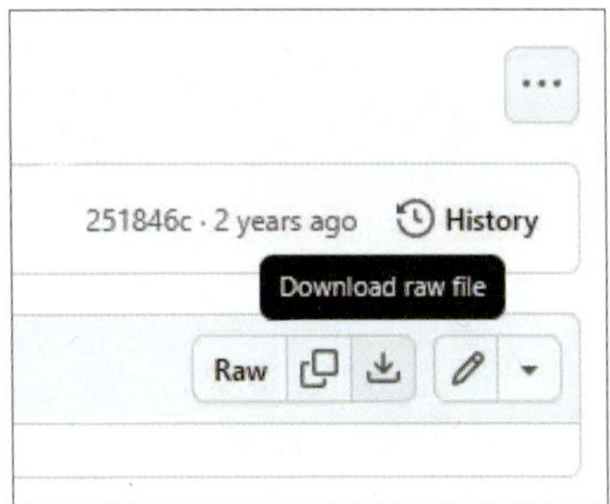

[그림 4.2-5] 예제 모델 다운로드

❺ 다운로드한 mnist-12.onnx 파일을 유니티 에디터로 가져옵니다.

05 예제 이미지 다운로드

❶ 같은 깃허브 주소의 좌측 파일 목록에서 DigitRecognitionSample\Assets\Images\Digits의 이미지를 몇 개 다운로드합니다.

❷ 마찬가지로 유니티 에디터로 가져옵니다.

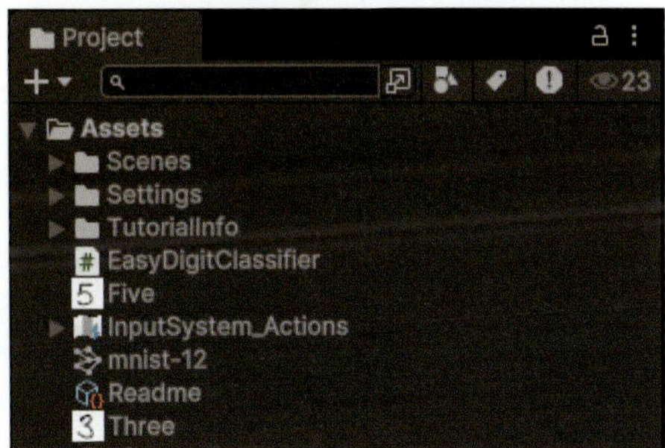

[그림 4.2-6] 숫자 이미지 가져오기

06 인스펙터 설정

❶ EasyDigitClassifier 컴포넌트의 Model Asset 칸에 ONNX 모델 파일(.onnx)을 드래그하여 넣습니다.

❷ Input Texture 칸에는 다운로드한 예제 이미지를 드래그하여 넣습니다.

❶ 상단 [Play] 버튼을 클릭해 씬을 실행합니다.

❷ 가장 큰 숫자를 가진 인덱스 번호의 숫자가 모델이 추론한 결괏값입니다.

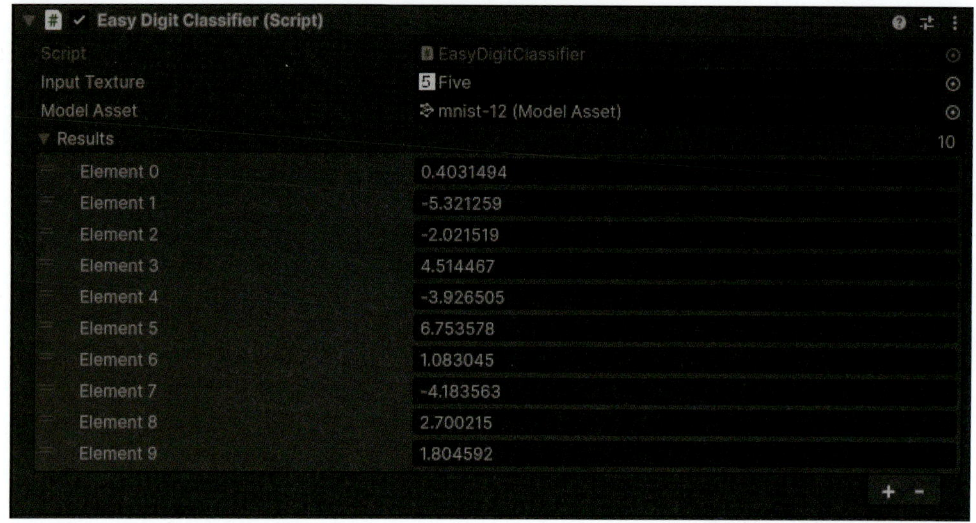

[그림 4.2-7] 추론 결과

2.2 AI 모델과 ONNX란?

1 AI 모델의 개념과 활용 방식

❶ AI 모델이란 무엇인가?

AI 모델은 데이터에서 규칙을 스스로 찾아내 새로운 입력에 대해 판단·예측을 수행하는 소프트 웨어 구성 요소입니다. 학습(Training) 단계에서 수백만 개의 숫자(가중치)를 조정하며 지식을 축적하고 실행(Inference) 단계에서 그 지식을 바탕으로 결과를 생성합니다. 이미지-분류 모델, 자연어-이해 모델, 음성-합성 모델 등 용도에 따라 다양한 형태가 존재합니다.

❷ AI 모델이 게임 개발에서 사용되는 방식

게임 개발에서 AI 모델은 크게 2가지 방식으로 쓰입니다.

- **콘텐츠 자동 생성**: 레벨 구조, NPC 대사, 배경 음악처럼 반복 작업이 많은 자산을 모델이 대신 만들어 개발 시간을 크게 줄여 줍니다.

- **실시간 판단·제어**: 레이어 행동을 분석해 적 NPC의 전술을 바꾸거나 난이도를 자동 조절해 몰입도를 높입니다.
- **데이터 후처리·효율화**: 스크린샷에서 노이즈를 제거하거나 리플레이 장면을 요약해 하이라 이트 클립을 자동 제작하는 등 품질 개선에도 활용됩니다.

2 ONNX(Open Neural Network Exchange) 개요

❶ ONNX란 무엇인가?

ONNX는 텐서플로(TensorFlow), 파이토치(PyTorch) 등 서로 다른 머신러닝 프레임워크에서 만든 모델을 하나의 공통된 형식으로 교환하기 위해 만들어진 표준 파일 포맷입니다. 모델 구조 와 가중치가 .onnx 파일에 담기므로 개발 환경이 무엇이었는지와 상관없이 동일한 모델을 다양 한 곳에서 실행할 수 있습니다.

❷ ONNX가 AI 모델 개발에서의 역할

1. **호환성 확보**: 개발자는 파이토치로 학습한 모델을 ONNX로 변환해 Unity나 C++ 애플리케 이션에서 그대로 활용할 수 있습니다.
2. **배포·운영 간소화**: 모델을 ONNX로만 제공하면 운영 환경(클라우드·모바일·게임 엔진)에 맞춰 별도 재구축 없이 바로 배포할 수 있습니다.
3. **최적화 및 가속 지원**: ONNX 런타임이나 유니티 센티스와 같은 도구는 ONNX 모델에 특화 된 최적화 기능을 제공하므로 게임에서 실시간으로 빠르게 추론할 수 있도록 돕습니다.

2.3 허깅 페이스에서 샘플 모델 가져오기

게임에 AI 기능을 도입하려 할 때 가장 먼저 부딪히는 문제는 '쓸 만한 모델을 어디서 구할까?'입 니다. 허깅 페이스는 바로 그 해답을 제시하는 거대한 오픈 플랫폼입니다. 이번에는 허깅 페이스란 무엇인지, ONNX 모델을 어떻게 찾고 다운로드하는지 등을 비롯해 유니티 센티스에서 모델을 실 행해 보는 전체 흐름을 차근차근 살펴보겠습니다.

1 허깅 페이스 플랫폼 소개

허깅 페이스는 2016년에 작은 챗봇 스타트업으로 출발했지만, 지금은 AI 생태계의 '깃허브'라고 불릴 정도로 방대한 허브로 성장했습니다. 플랫폼에는 모델(Model), 데이터셋(Dataset) 그리고 웹 데모(Space)가 각각 수십만 개씩 올라와 있어 연구자·기업·개인 개발자 누구나 자유롭게 업로드 또는 다운로드할 수 있습니다.

모델 허브

텍스트, 이미지, 음성, 멀티 모달 등 거의 모든 분야의 사전 학습 모델이 등록돼 있습니다. 각 모델 페이지에는 라이선스, 사용 예시, 한계점이 정리된 모델 카드가 함께 제공돼 처음 접하는 사용자도 안심하고 실험할 수 있습니다.

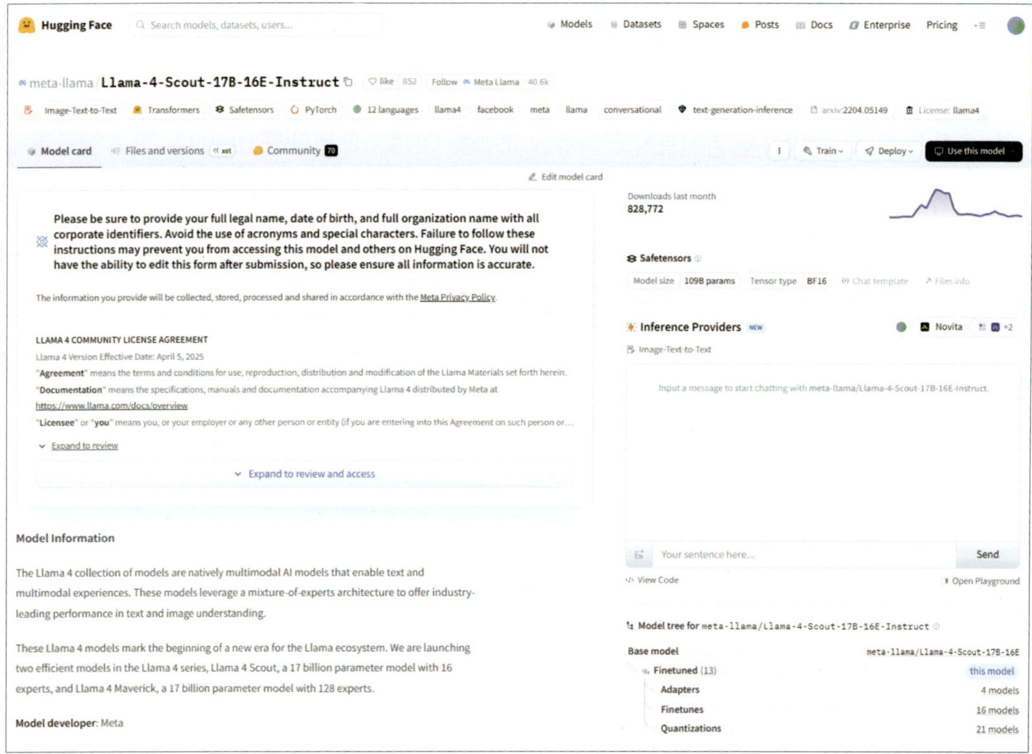

[그림 4.2-8] 허깅 페이스 모델 허브

🔷 커뮤니티 중심 구조

모델을 업로드하면 곧바로 '좋아요', '포크', '토론' 기능이 열립니다. 버전 관리가 자동으로 이뤄져 최신 연구 결과가 실시간으로 공유되는 점도 깃허브와 닮았습니다.

🔷 ONNX 지원

최근 사용자들이 실무·배포 환경에서 바로 쓰기를 원하면서 많은 모델이 미리 ONNX 형태로 변환돼 올라옵니다. 사이트 검색 창에 키워드를 입력한 후 Library → ONNX 필터만 켜면 손쉽게 찾아볼 수 있습니다.

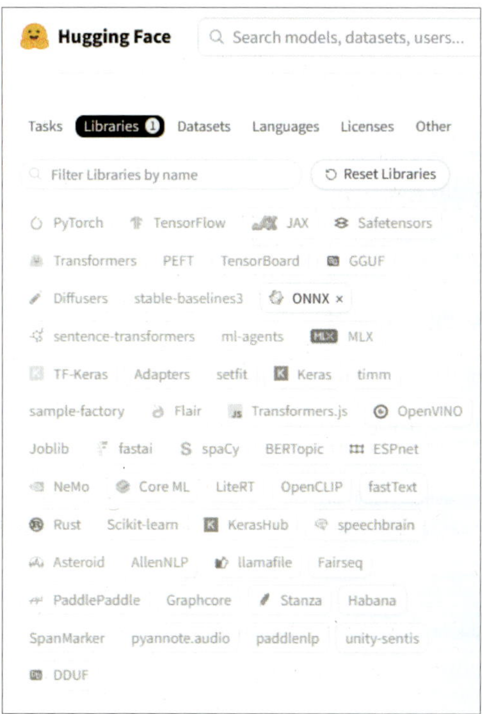

[그림 4.2-9] 허깅 페이스 모델 허브 필터

2 샘플 AI 모델 활용하기

허깅 페이스에는 유니티 센티스 튜토리얼에서 사용한 예제 모델이 있습니다. 허깅 페이스의 Model 허브로 이동한 후 'unity-sentis'를 검색합니다. 다음과 같이 유니티에서 바로 사용 가능한 모델의 정보가 검색되어 나타납니다.

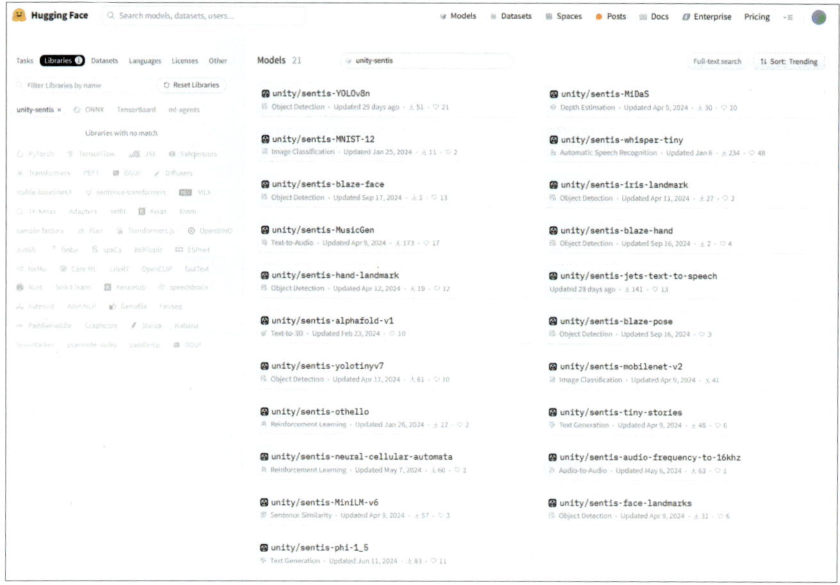

[그림 4.2-10] 유니티 모델 검색

다운로드와 Unity 프로젝트에 넣기

❶ Hugging Face 모델 페이지에서 unity/sentis-YOLOv8n을 선택합니다.

❷ 먼저 간단히 사용법을 숙지합니다.

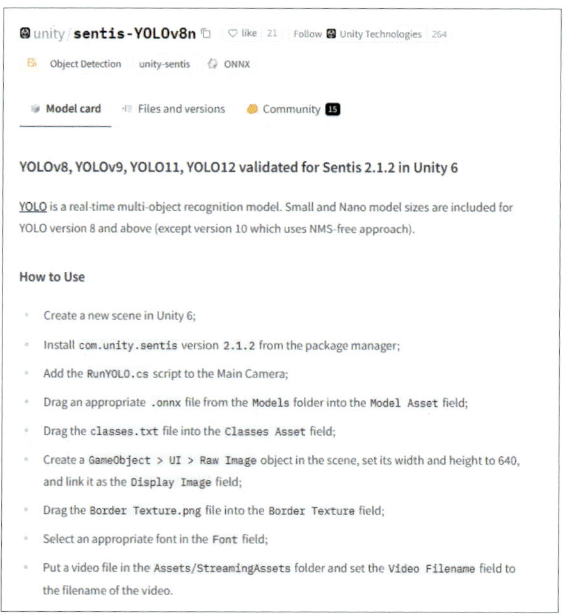

[그림 4.2-11] 모델 카드

❸ [Files and versions] 탭을 연 후 [Models] 폴더 안의 yolov8n.onnx 파일을 클릭합니다.

❹ [Download] 버튼으로 파일을 저장한 후 Unity의 [Assets] 폴더에 드래그합니다.

❺ Unity가 파일을 자동으로 ModelAsset 형태로 인식하므로 별도 임포트 설정은 거의 필요하지 않습니다.

❻ 이외에도 필요한 Border Texture.png 파일을 다운로드한 후 [Assets] 폴더에 드래그합니다.

❼ RunYOLO.cs와 classes.txt는 코드를 복사해 유니티에서 직접 생성합니다.

❽ 픽사베이와 같은 이미지 또는 동영상 공유 사이트에 접속해 기린이 나오는 아무 영상이나 다운로드합니다. 단, mp4 확장자의 영상을 다운로드해야 합니다.

❾ [Assets] 폴더 하위에 [StreamingAssets]라는 폴더를 만들고 그곳에 다운로드한 영상을 넣습니다.

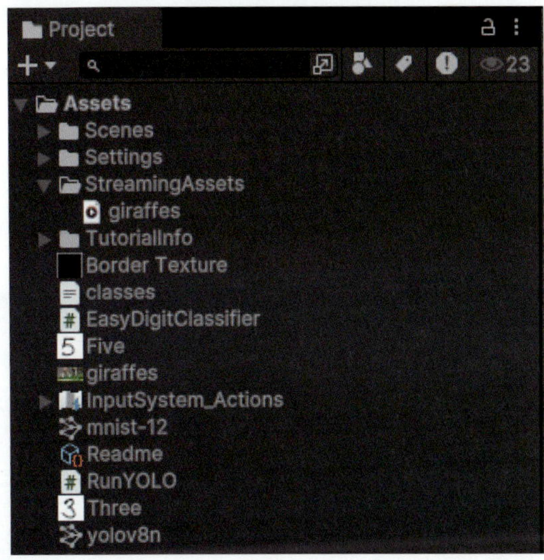

[그림 4.2-12] 영상 가져오기

❸ Unity와 Hugging Face 모델 연결하기

unity/sentis-YOLOv8n의 모델 카드에 나온 가이드대로 설정을 진행합니다.

❶ Main Camera에서 RunYOLO.cs를 할당합니다.

❷ RunYOLO 컴포넌트의 Model Assets 필드에 yolov8n.onnx 파일을 끌어다 놓습니다.

❸ RunYOLO 컴포넌트의 Classes Asset 필드에 classes.txt 파일을 끌어다 놓습니다.

❹ 씬에 GameObject > UI > Raw Image 객체를 만든 후 Raw Image의 width와 height를 '640'으로 설정합니다.

❺ RunYOLO 컴포넌트의 Display Image 필드에 Raw Image를 끌어다 놓습니다.

❻ RunYOLO 컴포넌트의 Border Texture 필드에 Border Texture.png를 끌어다 놓습니다.

❼ RunYOLO 컴포넌트의 Font 필드에 적절한 폰트를 할당합니다.

❽ RunYOLO 컴포넌트의 Video Filename 필드에 다운로드한 영상 파일의 이름을 확장자 포함하여
작성합니다.

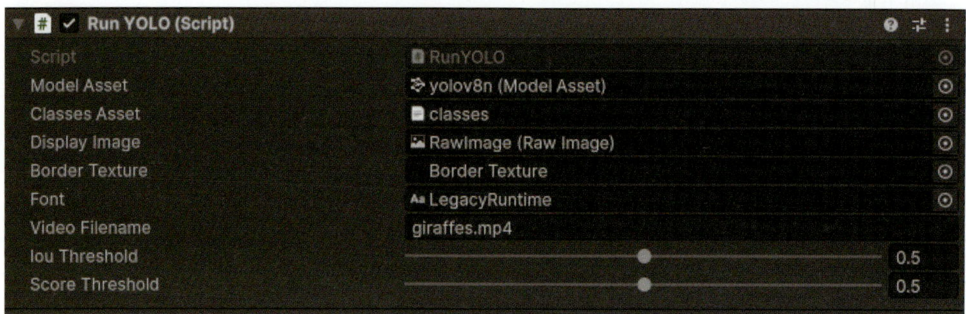

[그림 4.2-13] RunYOLO.cs 설정

이제 모든 준비가 끝났습니다. [Play] 버튼을 누르면 영상 속 기린(또는 다른 객체)에 노란색 테두
리가 실시간으로 그려지며 RunYOLO 스크립트가 정상적으로 동작하는 것을 확인할 수 있습니다.

[그림 4.2-14] 동작 화면

4 마무리 및 다음 단계

[Play] 버튼을 클릭해 영상을 재생한 후 화면 위에 노란색 테두리와 라벨이 제대로 그려지는지 확
인해 보기 바랍니다. 위치와 클래스명이 실제 객체와 일치한다면 모델이 정상적으로 동작하는 것

입니다. 박스가 너무 많거나 놓치는 부분이 있다면, 앞서 설명한 scoreThreshold(신뢰도 임곗값)와 iouThreshold(교집합 비율 임곗값) 값을 조정할 수 있습니다. 예를 들어, scoreThreshold를 높이면 확실도가 높은 예측만 남기고 iouThreshold를 낮추면 겹침이 심한 박스를 좀 더 엄격히 제거할 수 있습니다. 다양한 설정을 시도하며 최적의 감지 조건을 찾아보기 바랍니다.

> **💎 Tip**　　　　　　　　　　　　　　　　　　　　　　　　　　　　　　　_ □ ×
>
> - scoreThreshold(신뢰도 임곗값)
>   모델이 '이 박스가 객체일 확률이 얼마 이상일 때만 보여 주겠다.'는 기준입니다. 예를 들어 0.5로 설정하면, 50% 이상의 확률을 가진 바운딩 박스만 화면에 표시됩니다.
> - iouThreshold(교집합 비율 임곗값)
>   바운딩 박스끼리 얼마나 겹쳤는지를 보는 기준입니다. 두 박스의 겹친 영역을 합친 영역으로 나눈 값을 IoU(Intersection over Union)라고 하고 이 값이 iouThreshold 이상이면 중복으로 판단해 하나만 남깁니다. 이 과정을 'Non-Maximum Suppression(NMS)'이라고 합니다.

🔺🔵 확장 아이디어

이번 예제를 바탕으로 다음과 같은 확장 작업을 해 볼 수 있습니다.

- **실시간 카메라 스트림**: VideoPlayer 대신 WebCamTexture를 사용해 내장 카메라 영상으로 객체 감지를 실행해 보세요.
- **게임 인터랙션 연동**: 화면에 감지된 특정 클래스(**예** "person" 또는 "apple")를 바탕으로 NPC 대사나 게임 이벤트를 트리거하도록 연결해 보면 간단한 인터랙티브 시나리오를 구현할 수 있습니다.
- **다른 ONNX 모델 테스트**: yolov8n-int8 같은 경량화 버전이나 fast-neural-style 스타일 변환 모델을 다운로드해 적용해 보면 모델마다 속도와 정확도가 어떻게 달라지는지 직접 비교해 볼 수 있습니다.

Chapter 3

뮤즈 사용하기

1 뮤즈란?

뮤즈(Muse)는 유니티 엔진에 통합된 생성형 인공지능 도구 모음입니다. 최신 인공지능 기술을 기반으로, 개발자가 텍스트, 코드, 이미지, 애니메이션 등 다양한 자산을 손쉽게 생성하거나 추천받을 수 있도록 해 줍니다. 이를 통해 반복적이고 시간이 많이 드는 작업을 크게 줄일 수 있으며 빠른 프로토타이핑과 창의적인 아이디어 실현이 가능해집니다.

뮤즈는 2023년에 베타 버전이 공개된 후 꾸준한 업데이트를 통해 더욱 강력해지고 있습니다. 2025년 현재는 Muse Chat, Muse Sprite, Muse Texture, Muse Animate, Muse Behavior의 5가지 핵심 모듈이 중심이 되어 발전하고 있습니다. 각 모듈은 서로 다른 개발 영역에 AI를 접목시켜 프로그래머, 아티스트, 기획자 모두에게 유용한 도구들을 제공합니다.

[그림 4.3-1] 뮤즈 메인 페이지

2 뮤즈를 사용하는 이유

게임 개발에는 반복적이고 시간이 소요되는 작업이 많습니다. 뮤즈는 이러한 작업을 AI가 대신 수행함으로써 개발자들이 보다 본질적이고 창의적인 문제 해결에 집중하는 데 도움을 줍니다. 예를 들어 프로토타입 제작에 필요한 간단한 코드, 스프라이트, 머티리얼 등 다양한 에셋을 일일이 찾거나 제작할 필요 없이 뮤즈를 활용하여 즉시 생성할 수 있습니다.

또한, 뮤즈는 팀원들 간의 소통을 효율적으로 만들어 주는 역할도 합니다. 자연어 명령을 사용하여 필요한 코드를 생산하고 기획자와 아티스트, 프로그래머 간의 소통 장벽을 낮춰 개발 속도를 높입니다. 뮤즈는 별도의 복잡한 툴 없이 유니티 에디터 내에서 바로 사용할 수 있으므로 쉽게 익히고 사용할 수 있습니다.

3 뮤즈의 구성 요소와 역할

뮤즈는 5개의 주요 모듈로 구성되어 있으며 각 모듈은 개발 과정의 특정 단계를 보다 효율적으로 만들어 줍니다. 다음 표는 각 모듈의 핵심 기능을 정리한 것입니다.

모듈	핵심 기능
Muse Chat	자연어 질문으로 코드 스니펫, 매뉴얼 검색, 버그 해결 등을 지원합니다. 앞으로는 명령 실행을 통해 프로젝트 설정과 스크립트 작업도 자동화될 예정입니다.
Muse Sprite	텍스트 프롬프트를 바탕으로 2D 스프라이트를 생성하거나 원하는 스타일로 변환할 수 있습니다.
Muse Texture	2D 및 3D 텍스처를 생성하며 PBR 재질도 지원합니다. 2025년 현재, 생성 품질이 더욱 향상되었습니다.
Muse Animate	비디오 영상을 기반으로 모션 캡처 데이터를 자동 생성하여 애니메이션 제작을 간소화합니다(프리뷰 기능).
Muse Behavior	노드 그래프 기반 인터페이스로, 캐릭터의 상호작용 로직과 NPC 대화 흐름을 시각적으로 설계할 수 있도록 돕습니다.

각 모듈은 다양한 상황에서 활용될 수 있습니다. 예를 들어, Muse Chat에 "적 캐릭터가 플레이어를 따라오게 만드는 코드 알려 줘."라고 질문하면 AI가 즉시 필요한 코드 스니펫을 제공합니다. Muse Sprite는 '고블린 스타일 2D 몬스터'라는 프롬프트만으로 캐릭터 이미지를 생성합니다. Muse Texture는 소품의 텍스처를 '낡은 금속'처럼 변환할 수 있으며 Muse Animate에서는 동영상을 입력해 캐릭터의 걷기 애니메이션을 만들 수 있습니다. Muse Behavior는 복잡한 NPC 대화 흐름을 손

쉽게 노드로 구현할 수 있게 해 줍니다.

지원 버전 및 요구 사항

뮤즈를 활용하려면 몇 가지 조건을 갖추어야 합니다. 우선, Unity 2022.3 LTS 이상의 버전이 필요하며 일부 모듈은 반드시 인터넷이 연결 상태여야 합니다. 또한 뮤즈는 아직 베타 단계인 기능이 포함되어 있으므로 향후 업데이트나 기능 제한이 발생할 수 있습니다. 항상 공식 문서를 참고하여 최신 개발 환경을 유지하는 것이 중요합니다.

한계 및 주의 사항

뮤즈는 개발 과정을 훨씬 더 효율적으로 만들어 주지만, 실제 활용할 때는 몇 가지 한계와 주의해야 할 점이 있습니다.

우선, 뮤즈가 만들어 주는 결과물이 항상 정확하거나 완벽하지는 않습니다. 예를 들어, AI가 생성한 코드에는 오류가 있을 수 있고 아트나 대사 역시 프로젝트에 바로 적용하기에는 어색한 부분이 있을 수 있습니다. 그래서 AI가 제공하는 결과물은 반드시 사람이 직접 검토하고 필요하다면 수정하거나 보완하는 과정이 필요합니다.

뮤즈는 복잡한 게임 로직이나 세밀한 아트 스타일처럼 사람이 직접 고민하고 만들어야 하는 영역에서는 한계가 있습니다. AI가 단순하거나 일반적인 작업에는 비교적 잘 동작하지만, 매우 세밀한 요구사항이나 고유한 스타일을 반영하기는 어렵기 때문입니다. 그리고 뮤즈는 영어로 입력할 때 가장 좋은 결과를 내는 경우가 많으므로 한글 등 다른 언어로 사용할 때는 결과가 부정확할 수 있다는 점도 고려해야 합니다.

이처럼 유니티 뮤즈는 개발자의 생산성을 크게 높여 주는 도구이지만, AI의 한계를 충분히 이해하고 주의 사항을 지키며 현명하게 활용하는 것이 중요합니다.

3.2 뮤즈 설치와 주요 기능 활용법

1 뮤즈 설치 절차

뮤즈를 사용하기 위해서는 먼저 Unity 2022.3 LTS 이상 버전의 에디터 환경의 프로젝트를 생성해야 합니다. 이번 단계에서는 'MuseTutorial'이라는 이름의 프로젝트를 생성해 진행하겠습니다.

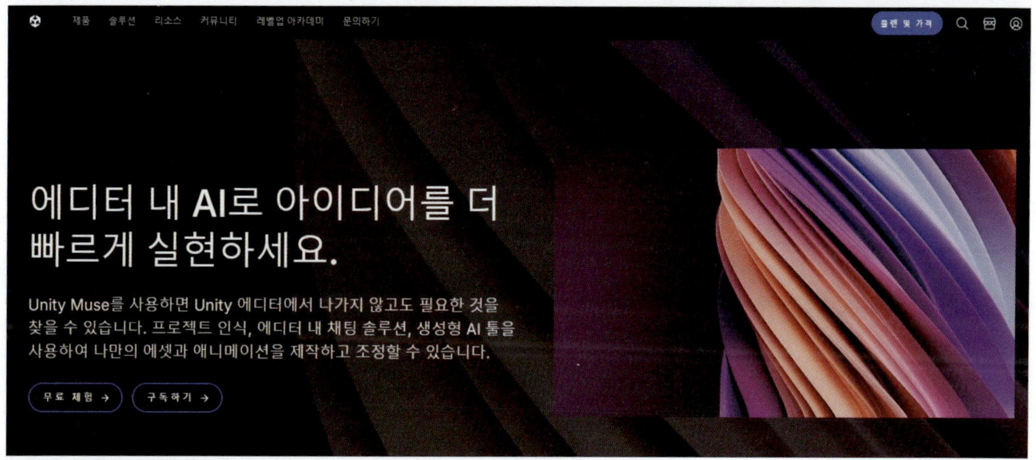

[그림 4.3-2] 프로젝트 생성

뮤즈를 사용하기 위해서는 https://unity.com/kr/products/muse 주소를 통해 페이지에 접속해야 합니다. 또는 구글에 '유니티 뮤즈'를 검색하여 다음과 같은 페이지에 접속합니다.

[그림 4.3-3] 뮤즈 무료 체험 신청

접속 후 좌측의 [무료 체험] 버튼을 클릭해 페이지를 이동합니다. 유니티 뮤즈는 30일 동안 무료로 체험할 수 있습니다.

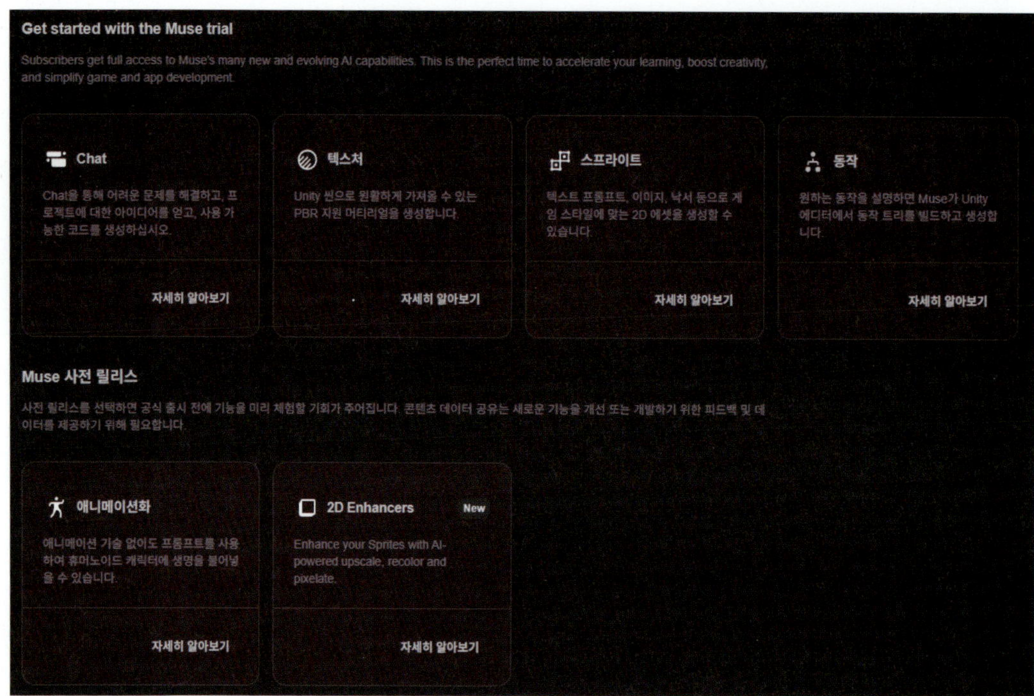

[그림 4.3-4] 다양한 생성형 AI 기능

뮤즈의 주요 모듈은 전부 이곳에서 손쉽게 설치할 수 있습니다. Chat, Texture, Sprite, Behavior 등의 생성형 AI 기능과 Animate, 2D Enhancers 등 출시 전에 기능을 미리 체험할 수 있도록 준비되어 있습니다.

가장 먼저 Chat 모듈을 설치해 봅니다. [Chat] 항목의 [자세히 알아보기]를 클릭하면 위와 같은 팝업 창이 표시됩니다. 이곳에 Chat 모듈 설치에 필요한 유니티 버전과 설치 절차 등이 간략히 작성되어 있습니다.

Chat 모듈 설치를 위해 [install the Muse Chat package]를 클릭합니다.

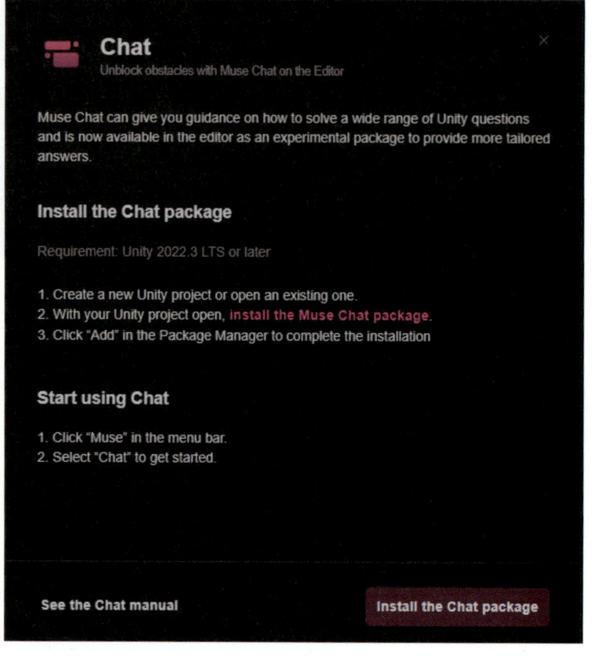

[그림 4.3-5] Chat 모듈 설치

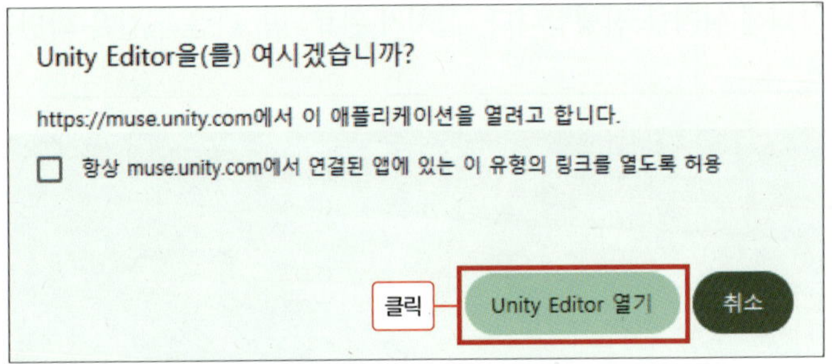

[그림 4.3-6] Editor에서 열기

웹 브라우저의 알람 창이 활성화되면 [Unity Editor 열기] 버튼을 클릭합니다. 그러면 유니티 패키지 매니저가 실행되고 다음과 같이 자동으로 Chat 모듈 설치를 위한 준비가 완료됩니다.

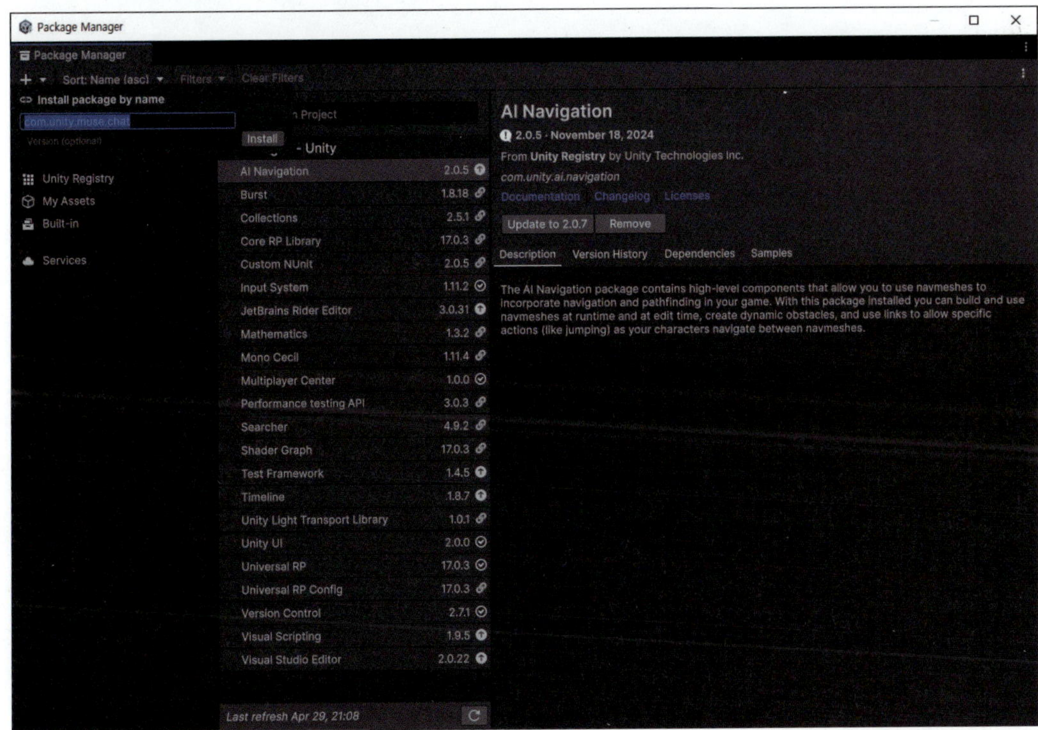

[그림 4.3-7] 패키지 설치

[Install] 버튼을 클릭해 설치를 진행합니다. 설치가 완료되면 다음과 같은 화면을 볼 수 있습니다.

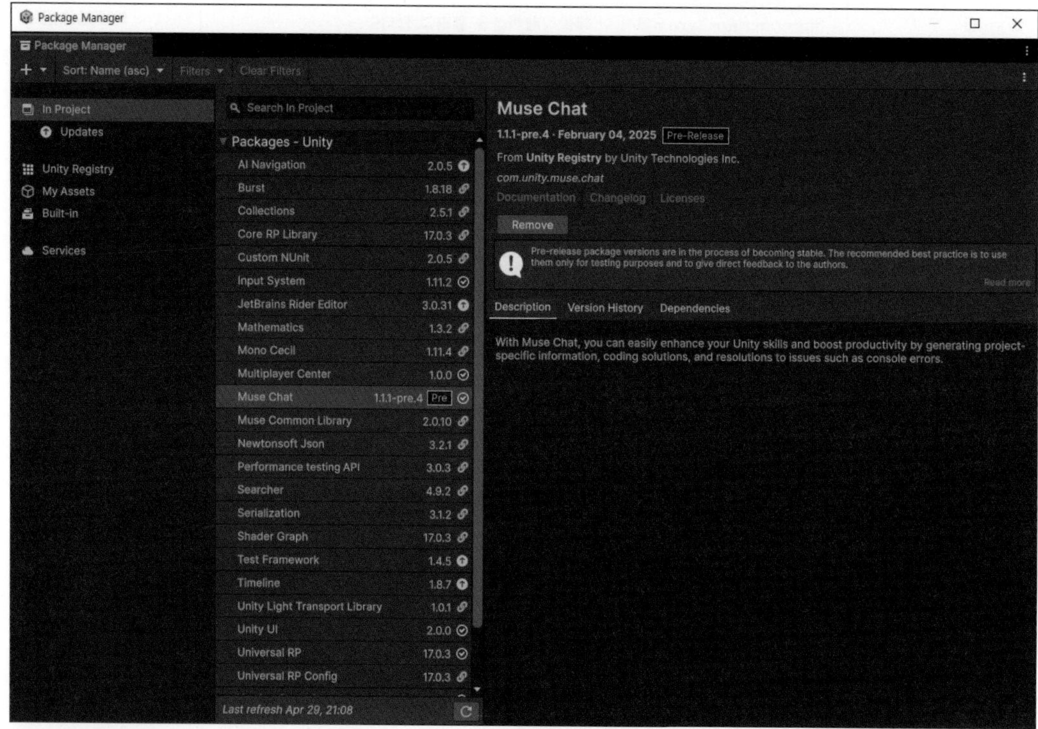

[그림 4.3-8] 패키지 설치 확인

유니티 Muse는 아직 개발 단계이기 때문에 'Pre-Release'라는 태그가 붙어 있습니다. 다른 Muse 모듈도 마찬가지로 Pre-Release 태그를 확인할 수 있습니다.

Muse의 각 모듈은 이러한 방법으로 설치할 수 있습니다. 다른 모듈 또한 같은 방식으로 명시되어 있기 때문에 한 번만 따라 하면 그 후에는 혼자서도 쉽게 설치할 수 있습니다.

각각의 모듈에 대한 공식 문서는 Package Manager의 [Documentation] 항목을 클릭하거나 Muse trial 페이지에서 [자세히 알아보기]를 클릭한 후 등장하는 팝업 창 하단의 [See the Chat manual] 버튼을 클릭하면 좀 더 자세히 확인할 수 있습니다.

유니티 공식 뮤즈 튜토리얼을 진행하고 싶은 분은 에디터 상단의 메뉴 바에 생성된 Muse>Explore Muse 버튼을 클릭해 [Unity Learn]을 실행하면 됩니다.

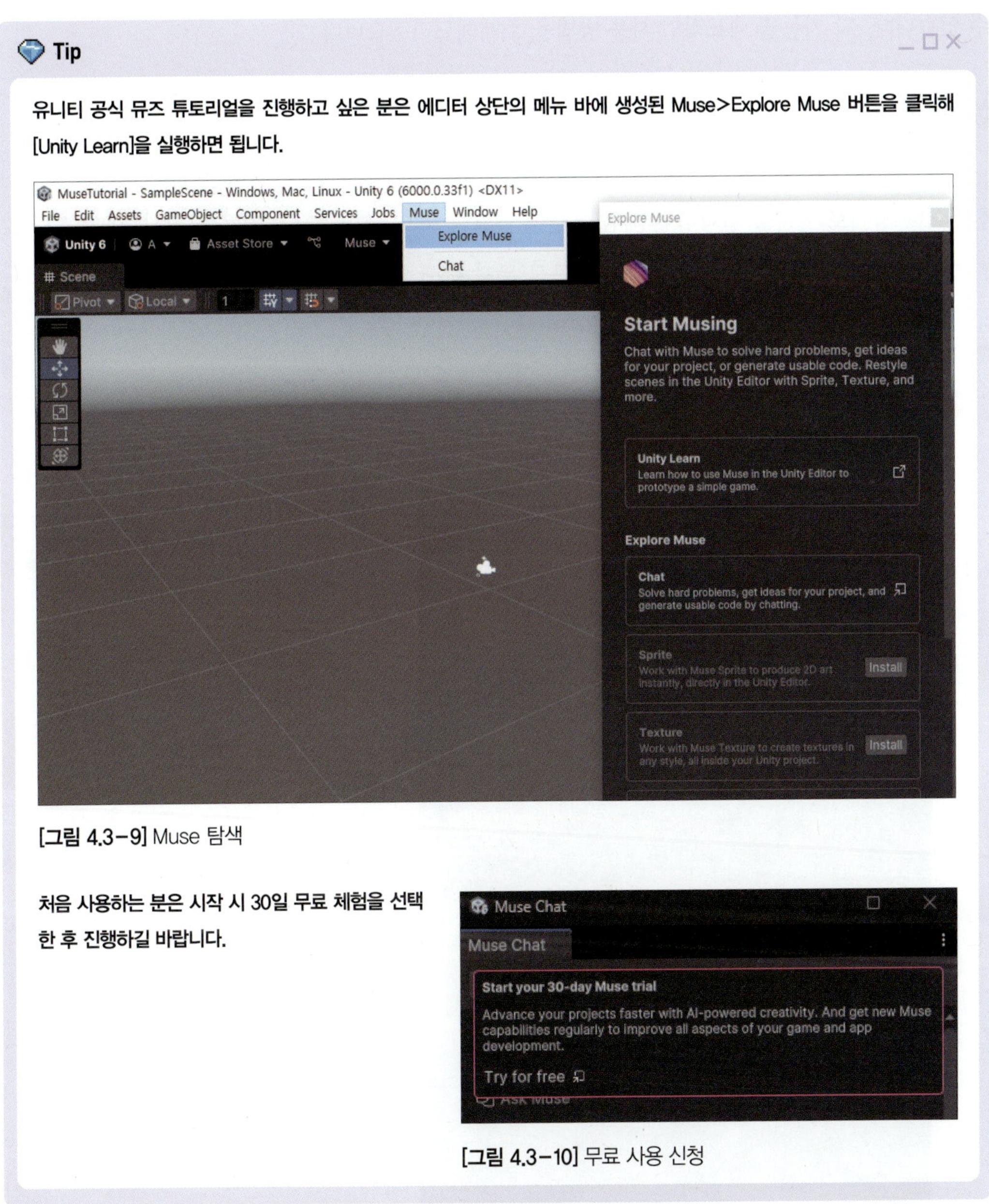

[그림 4.3-9] Muse 탐색

처음 사용하는 분은 시작 시 30일 무료 체험을 선택한 후 진행하길 바랍니다.

[그림 4.3-10] 무료 사용 신청

2 뮤즈 주요 기능별 사용법

뮤즈는 뮤즈 챗(Muse Chat), 뮤즈 스프라이트(Muse Sprite), 뮤즈 텍스처(Muse Texture), 뮤즈 애니메이트(Muse Animate), 뮤즈 비헤이비어(Muse Behavior) 등 각각의 기능을 가진 모듈로 나뉩니다. 모든 모듈은 에디터 내부 도구 창 형식으로 작동하며 별도의 복잡한 설정 없이 바로 활용할 수 있습니다. 각 기능별 대표적인 사용 방법을 소개해드리겠습니다.

Muse Chat

뮤즈 챗(Muse Chat)은 유니티 에디터 안에서 채팅창처럼 사용할 수 있는 도구입니다. 사용자가 한국어나 영어로 질문을 입력하면 게임 구현에 필요한 코드, 설명, 참고 자료를 실시간으로 다운로드할 수 있습니다. 복잡한 코드 검색이나 공식 문서 탐색 없이도 필요한 답을 쉽게 얻을 수 있다는 장점이 있습니다.

❶ 뮤즈 챗 열기

- 상단 메뉴에서 Muse > Chat을 클릭합니다.

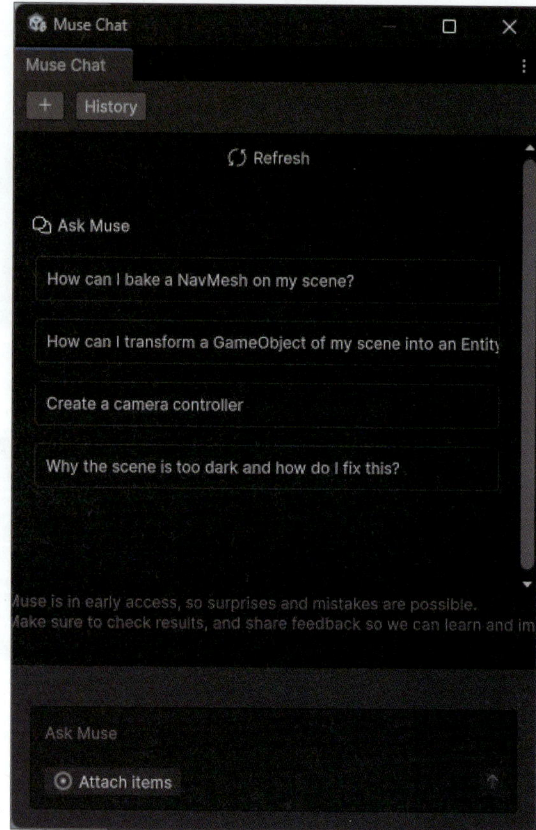

[그림 4.3-11] 채팅 화면

❷ 질문 입력

- Ask Muse가 쓰여 있는 하단의 텍스트 필드에 질문을 입력합니다.

- 예시로 "플레이어가 걷고 뛰고 점프하는 기능을 만드려면 어떻게 해야 하나요?"와 같은 프롬프트를 입력합니다.

```csharp
// 2025-04-30 AI-Tag
// This was created with assistance from Muse, a Unity Artificial
Intelligence product

using UnityEngine;

public class PlayerMovement : MonoBehaviour
{
    public float speed = 5f;
    public float jumpForce = 5f;
    private Rigidbody rb;
    private bool isGrounded;

    void Start()
    {
        rb = GetComponent<Rigidbody>();
    }

    void Update()
    {
        // 걷고 뛰기
        float moveHorizontal = Input.GetAxis("Horizontal");
        float moveVertical = Input.GetAxis("Vertical");

        Vector3 movement = new Vector3(moveHorizontal, 0.0f,
moveVertical);
        rb.MovePosition(transform.position + movement * speed *
Time.deltaTime);
```

[그림 4.3-12] 답변 생성

- 뮤즈 챗이 참조한 웹 사이트, 기사 또는 데이터 세트를 답변의 맨 밑에서 확인할 수 있습니다.

❸ 항목 첨부

- 질문할 때 [Attach items]를 클릭하면 하이어라키 뷰의 오브젝트나 컴포넌트, 프로젝트뷰의 스크립트, 이미지, 오브젝트 등을 첨부할 수 있습니다.
- 직접 마우스로 드래그하여 첨부할 수도 있습니다.
- 자료를 첨부하면 뮤즈 챗이 자료를 참고하여 답변을 생성합니다.

❹ 대화 관리

- 질문의 답변이 만족스럽지 못하다면 다시 질문할 수 있습니다.
- 자신의 말풍선 위에 마우스 커서를 올려 놓으면 다음과 같이 우측에 나타나는 펜 아이콘을 클릭합니다.

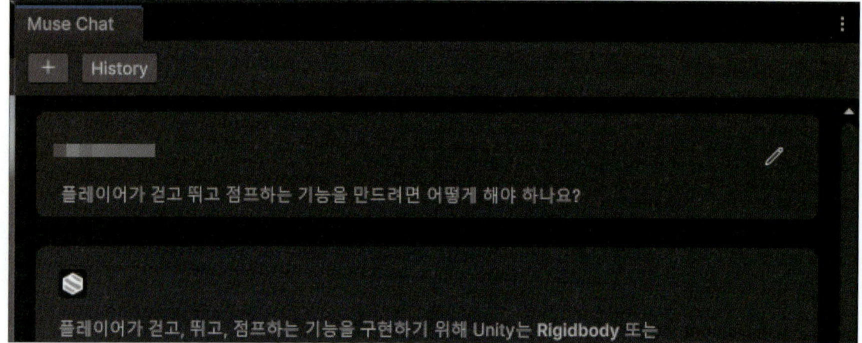

[그림 4.3-13] 말풍선 수정 방법

- 클릭하면 활성화되는 텍스트 필드에 새로운 질문을 입력하면 이곳에서 대화를 이어 나갈 수 있습니다.

[그림 4.3-14] 말풍선 수정

- 기존의 대화 주제를 버리고 새로운 대화를 하고싶다면 상단의 [+] 버튼을 클릭합니다.
- 이전 대화 기록을 불러오고 싶으면 [History] 버튼을 클릭합니다.

⑤ 프롬프트 엔지니어링

뮤즈의 채팅 기능은 대규모 언어 모델(LLM, Large Language Model)을 기반으로 작동합니다. 사용자는 자연스러운 말투로 질문할 수 있고 입력한 문맥과 지시에 따라 알맞은 답변을 받을 수 있습니다. 이때 자연어를 적극적으로 사용하는 것이 좋습니다.

> **프롬프트 엔지니어링이란?**
> 프롬프트 엔지니어링이란, 원하는 답변을 얻을 가능성을 높이기 위해 프롬프트(질문 방식)를 조정하는 다양한 기법을 말합니다.(**예** **"이 개념을 쉽게 설명해 줘."**)

표를 통해 프롬프트 엔지니어링 시 필요한 팁을 확인할 수 있습니다.

구분	요약 내용	예시	실습 팁
간결하게 작성	문법보다 핵심 문맥을 명확히 전달합니다.	**"포스트 프로세싱 배우는 튜토리얼 추천해 줘."**	불필요한 수식어를 빼고 핵심 키워드를 중심으로 작성합니다.
원하는 정보 출처 요청	필요한 문서나 자료를 구체적으로 요청합니다.	**"2D 애니메이션 리깅 패키지 문서 찾아 줘."**	**"추천", "문서", "튜토리얼"** 등 요청 유형을 명확히 기재합니다.
알고 있는 정보 공유	자신의 지식 수준을 알려야 적절한 답변을 받을 수 있습니다.	**"고급 조명 사용자: 야외 씬 조명 고려사항 알려 줘."**	**"초급", "중급", "고급"**처럼 수준을 간단히 표현하세요.
이미 시도한 내용 공유	시도한 방법과 결과를 알려야 정확한 도움을 받을 수 있습니다.	**"트러블슈팅: (내 코드 붙여 넣기)"**	에러 메시지나 예상했던 결과와 실제 결과를 함께 적어 보세요.
개인 튜터처럼 활용	학습 계획을 요청하여 체계적으로 학습합니다.	**"10일 안에 쿼터니언 학습하는 계획 세워 줘."**	학습 목표(이론, 실습 위주 등)를 함께 제시하면 더 좋습니다.
코딩 파트너로 활용	필요한 기능을 스크립트 형태로 요청합니다.	**"마우스 드래그 앤 드롭 기능 스크립트 작성해 줘."**	원하는 언어(C# 등)나 환경(Unity용 등)을 함께 명시하세요.
단계별로 작업 진행	복잡한 요청은 나누어 하나씩 해결합니다.	**"5번 답변에 대해, 구체적으로 어떻게 시작할까?"**	**"1단계: 준비, 2단계: 실행"**처럼 구조를 미리 잡아 요청하세요.

🔺 뮤즈 스프라이트 사용법

뮤즈 스프라이트(Muse Sprite)는 텍스트로 프롬프트만 입력하면 AI가 2D 스프라이트 이미지를 만들어 주는 기능입니다. 별도의 그림 프로그램이 없어도 원하는 스타일의 스프라이트나 오브젝트 이미지를 빠르게 생성할 수 있습니다.

실습을 통해 스프라이트를 생성해 보겠습니다.

❶ 뮤즈 챗 열기

- 상단 메뉴에서 Muse > New Sprite Generator를 클릭합니다.

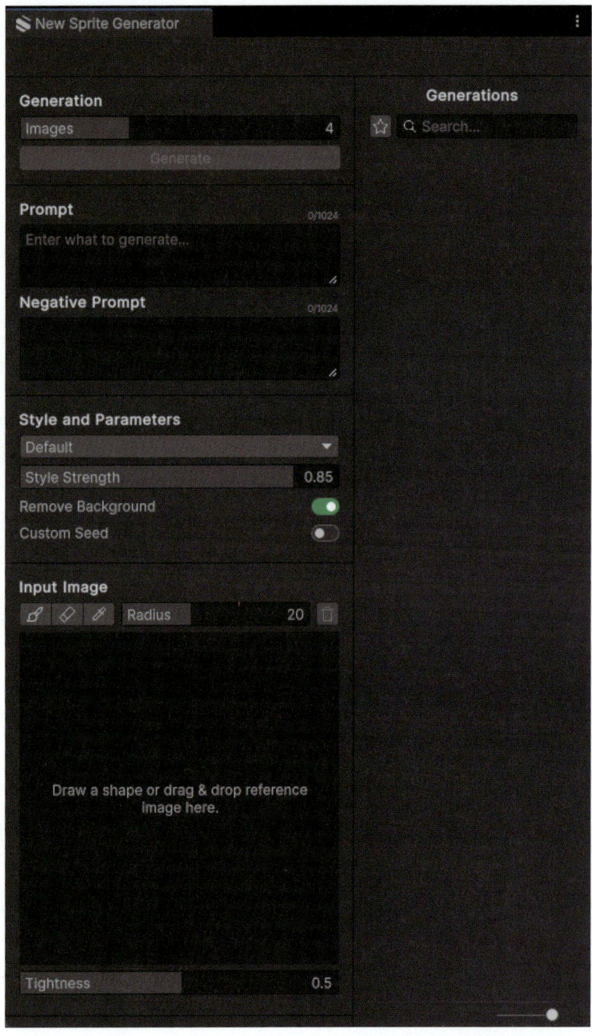

[그림 4.3-15] 스프라이트 생성

❷ 이미지 생성 준비

- 생성하고 싶은 이미지의 개수를 조정합니다. 유니티 뮤즈에선 기본적으로 4장으로 설정되어 있으며 네모 칸 안의 값을 수정해 장 수를 바꿀 수 있습니다.

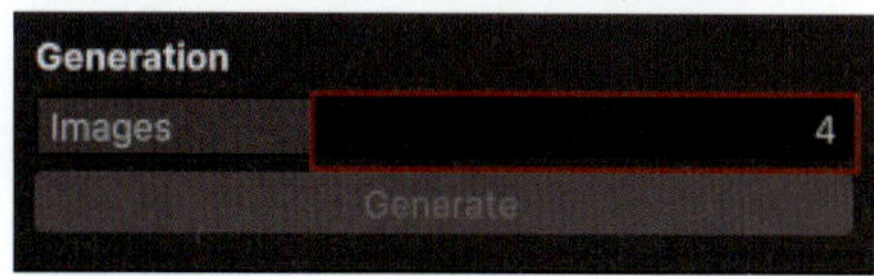

[그림 4.3-16] 이미지 생성 개수

- Prompt 란에 생성하고 싶은 텍스처 이미지를 묘사하되, 간결하게 적습니다. 네거티브 프롬프트 (Negative Prompt)는 생성될 이미지에 표현되거나 포함되는 것을 원하지 않는 특징들을 적는 란 입니다.
- 한글 프롬프트를 이해하지 못하기 때문에 영어로 작성해야 합니다.

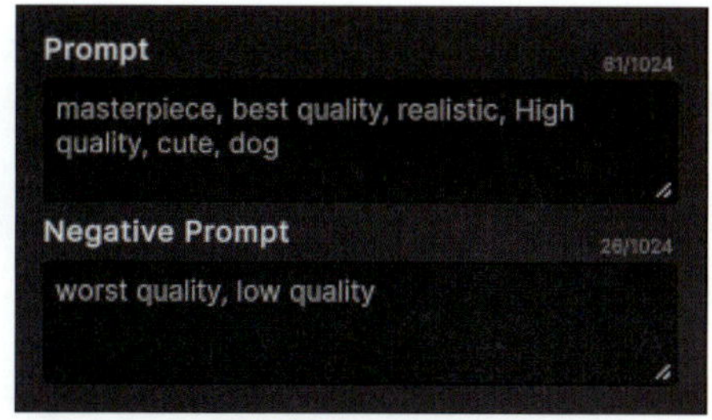

[그림 4.3-17] 프롬프트 입력

- 스타일을 조정할 수 있는 파라미터들이 있습니다.
- [Remove Background] 옵션을 'ON'으로 설정해야 생성된 이미지의 공백 영역이 투명하게 처리 됩니다.
- [Custom Seed]를 설정하면 seed 값을 참조하여 일관된 이미지를 생성할 수 있습니다.

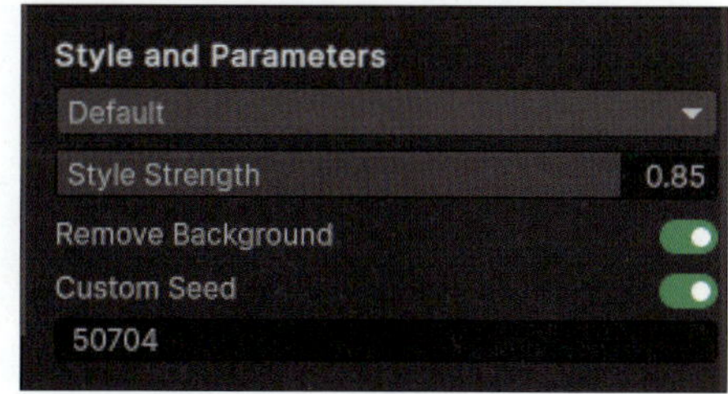

[그림 4.3-18] 세부 설정

- 생성할 이미지의 기반이 되는 이미지를 추가하고 싶다면, [Input Image]란에 기반이 될 이미지를 드래그하거나 그리기 툴을 이용해 원하는 이미지를 간단히 스케치할 수 있습니다.

- 스프라이트 피커 툴을 이용해 씬 뷰 또는 프로젝
  트 뷰에 있는 스프라이트 이미지를 추출해 가져올
  수도 있습니다.

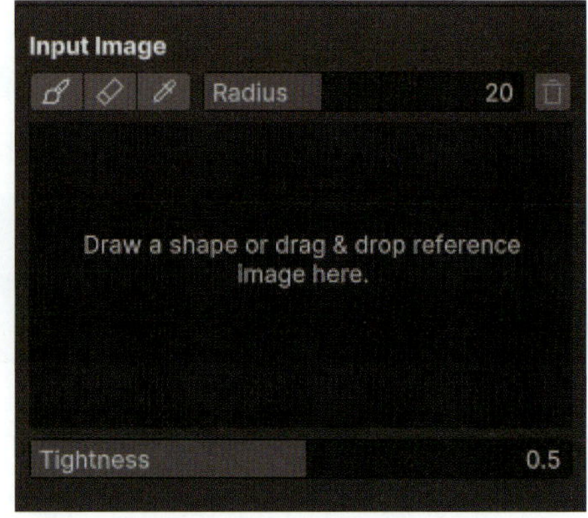

[그림 4.3-19] 가이드 이미지 설정

❸ 실습

- Prompt에 'collection of the stars'를 입력한 후
  Negative prompt로 'no sky'를 넣어 주도록 합
  니다.

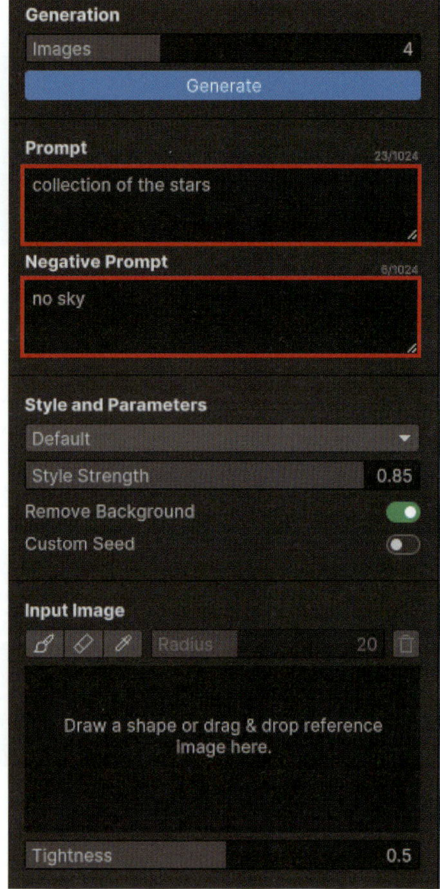

[그림 4.3-20] 실습

• 결과로 스프라이트가 생성된 것을 확인할 수 있습니다.

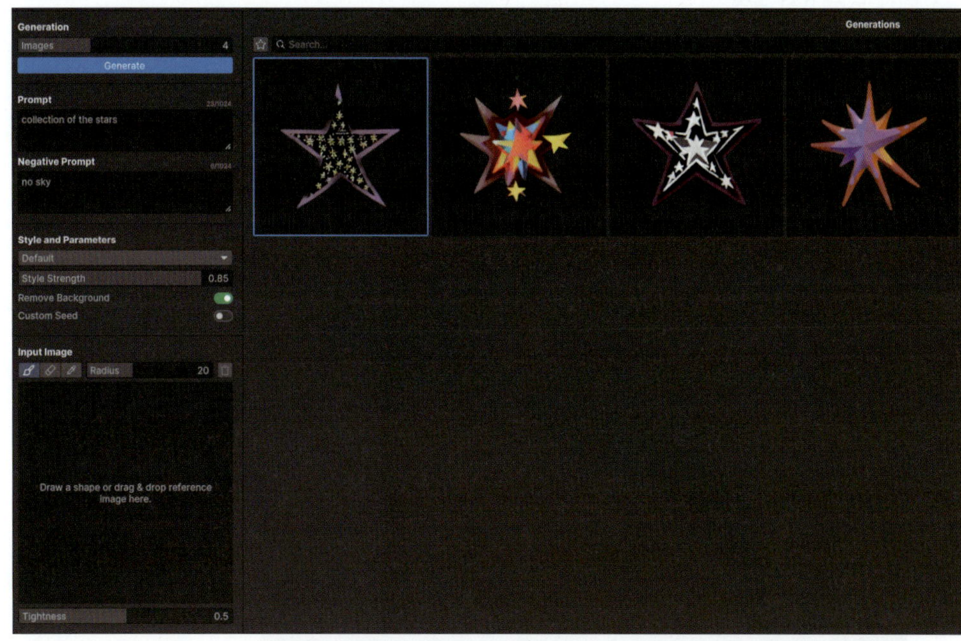

[그림 4.3-21] 결과

🔶 뮤즈 텍스처 사용법

뮤즈 텍스처(Muse Texture)는 게임 오브젝트에 적용할 다양한 질감(텍스처) 이미지를 자동으로 생성하는 기능입니다. 한글이나 영어로 원하는 느낌을 입력하면 해당 이미지가 바로 만들어집니다.

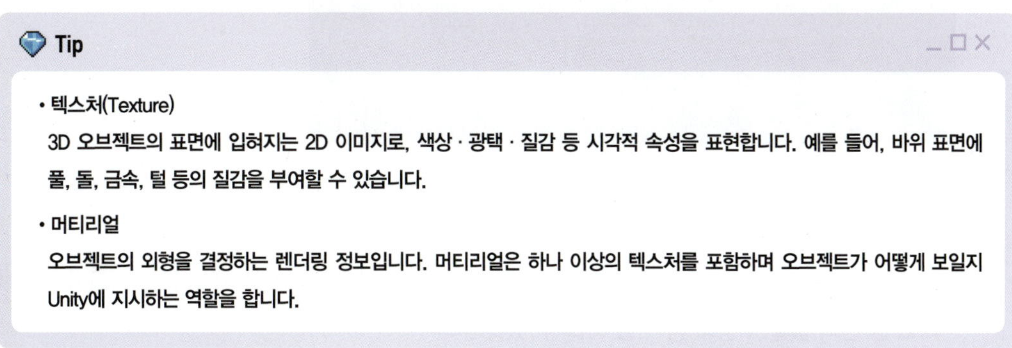

이번에는 다음 내용을 학습합니다.

❶ 이미지 생성하기

- 메뉴 바에서 Muse > New Texture Generator를 선택해 창을 엽니다.

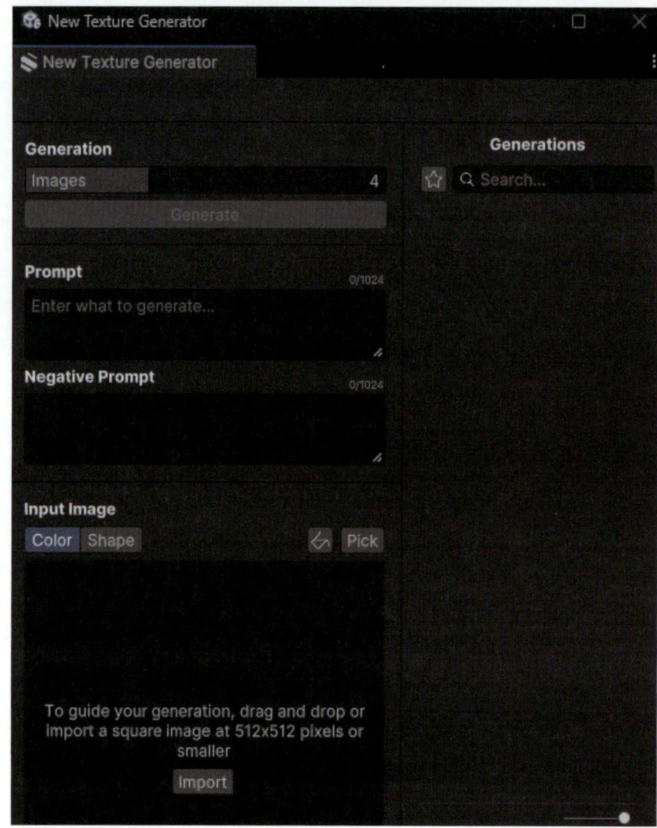

[그림 4.3-22] 텍스처 생성 창

- 생성하고 싶은 이미지의 개수를 조정합니다. 유니티 뮤즈에선 기본적으로 4장으로 설정되어 있으며 네모 칸 안의 값을 수정해 장 수를 바꿀 수 있습니다.

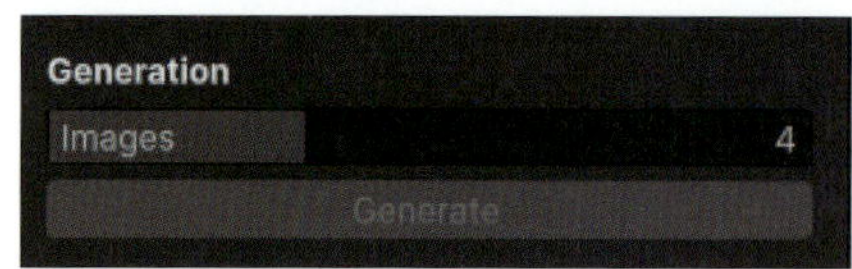

[그림 4.3-23] 생성 개수 설정

- Prompt 란에 생성하고 싶은 텍스처 이미지를 묘사하되, 간결하게 적습니다.

- 네거티브 프롬프트는 생성될 이미지에 표현되거나 포함되는 것을 원하지 않는 특징들을 적는 란입니다. 마찬가지로 영어로 작성해야 합니다(예 no brown color).

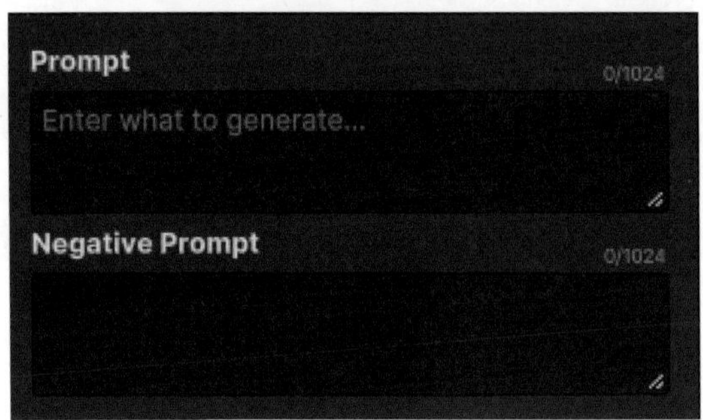

[그림 4.3-24] 프롬프트 입력

- 만일 생성할 이미지의 기반이 되는 이미지를 추가하고 싶다면, [Input Image]란에 베이스 이미지를 드래그 앤 드롭하거나 [Import] 버튼을 눌러 추가할 수 있습니다. 단, 이때 이미지 사이즈 최대 크기는 512×512px입니다.

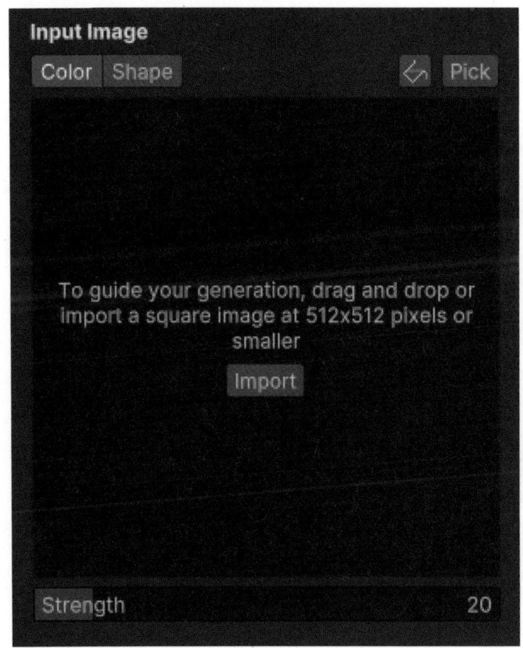

[그림 4.3-25] 가이드 이미지 설정

- 예시로 'Diamond'를 Prompt 란에 입력해 생성해 보겠습니다.
- 확인 결과 설정한 장 수와 프롬프트 내용이 잘 반영된 것을 확인할 수 있습니다.

[그림 4.3-26] 생성된 텍스처

❷ 머티리얼 미리 보기와 매개변수 조정하기

뮤즈에서는 텍스처를 생성한 후 해당 텍스처를 기반으로 머티리얼을 만들어 줍니다.

머티리얼은 3D 오브젝트가 게임 안에서 어떻게 보이는지를 결정하는 데이터로, 빛 반사, 표면 질감, 광택 등을 설정할 수 있습니다.

뮤즈는 머티리얼을 만들 때 다양한 속성을 표현하는 여러 개의 이미지를 함께 생성합니다. 이 이미지들은 게임 속 조명에 따라 빛을 반사하거나 흡수하는 역할을 합니다.

- 생성된 이미지들 중 한 장을 골라 그 위에 마우스 커서를 올려 놓습니다. 오른쪽 상단에 연필 모양의 아이콘을 클릭하여 [Refinement View]로 들어갑니다.

[그림 4.3-27] 텍스처 선택

- [Refinements View]로 전환했다면 좌측 상단 메뉴 바(빨간색 박스)에서 2개의 아이콘을 확인할 수 있습니다.

[그림 4.3-28] 메뉴 바

- 격자 이미지의 아이콘은 [Artifact Preview]이고 구 이미지의 아이콘은 [Material Preview]입니다. 구 이미지의 아이콘을 클릭하여 Material Preview로 전환합니다.
- [Material Preview] 전환 시 조명(Lighting)이 적용된 구형(Sphere) 을 미리 볼 수 있습니다. 마우스 커서를 클릭, 드래그하여 머티리얼을 회전시키면서 여러 맵이 합쳐져 만들어 내는 3D 효과를 확인할 수 있습니다.

맵이란?

맵은 3D 게임에서 맵(Map)은 오브젝트 표면의 외형을 좀 더 사실적으로 표현하기 위해 사용하는 특수한 이미지입니다. 빛 반사 방식, 표면의 굴곡, 질감 등의 정보를 담고 있어 게임 속 물체를 좀 더 생생하고 입체적으로 보이게 합니다. 즉, 맵은 '표면의 다양한 성질'을 이미지로 저장한 것이라고 할 수 있습니다.

[그림 4.3-29] 머티리얼에 적용된 텍스처

그럼, [Material Preview] 화면에서는 머티리얼을 구성하는 각각의 맵들을 확인해 보겠습니다.

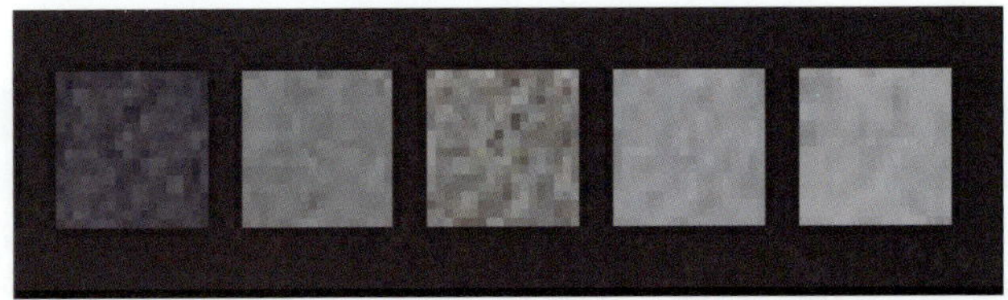

[그림 4.3-30] 캡션 없음

- 주요 맵 종류
  - Diffuse Map: 빨강(R), 초록(G), 파랑(B) 색상 정보
  - Height Map: 표면에서 튀어나온 돌출 부분 표현
  - Metallic Map: 금속성 광택 표현
  - Smoothness: 반사된 빛의 퍼짐(거칠기) 또는 집중(매끄러움) 정도
  - Ambient Occlusion: 주변광을 차단하여 추가 그림자 생성
- 최종적으로 머티리얼을 생성하기 전에 몇 가지 속성 값을 조정할 수도 있습니다.

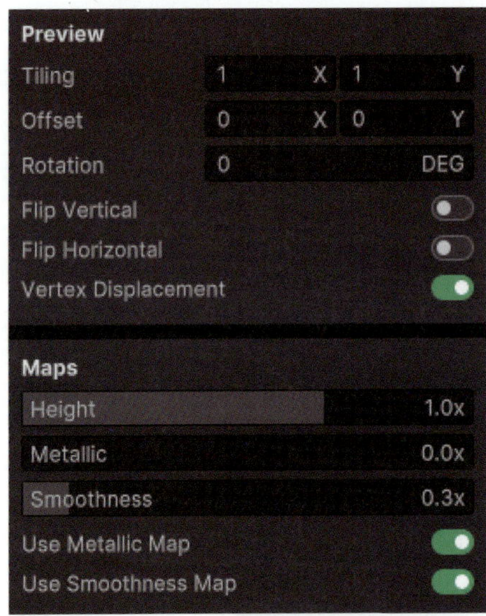

[그림 4.3-31] 속성

- 속성
  - Tiling: 머티리얼이 반복되는 크기 조정
  - Offset: 위치 이동
  - Rotation: 회전

· Flip Vertical: 세로 방향으로 뒤집기

· Flip Horizontal: 가로 방향으로 뒤집기

· Vertex Displacement: 높이 맵(Height Map)에 따라 표면 기하 구조를 실제로 변형할지 여부 설정

이제 생성된 머티리얼을 게임 오브젝트에 적용해 보겠습니다.

❸ 생성된 머티리얼 적용하기

· [Material Preview]인 상태에서 [Refinements] 창의 머티리얼 판넬을 프로젝트 뷰의 [Asset] 폴더로 드래그하거나 해당 패널 위를 마우스 오른쪽 버튼으로 누른 상태에서 export하여 '.mat' 형식의 파일을 저장하고 생성한 머티리얼을 프로젝트로 가져옵니다.

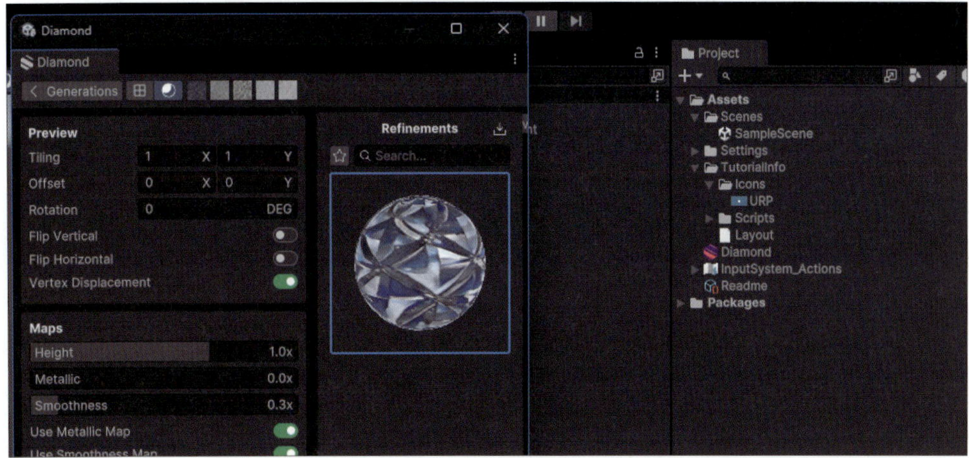

[그림 4.3-32] Export 머티리얼 1

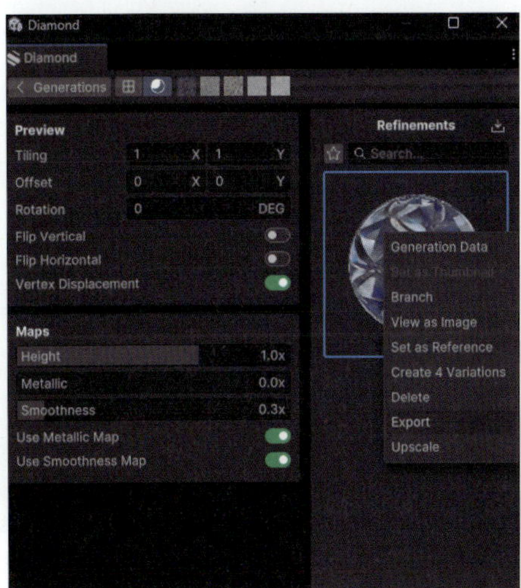

[그림 4.3-33] Export 머티리얼 2

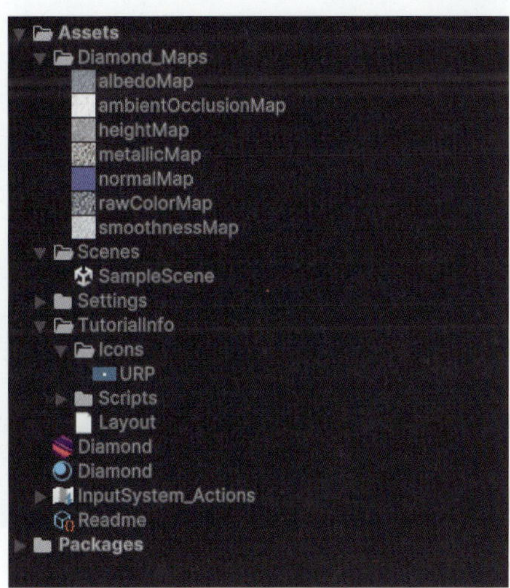

[그림 4.3-34] 생성된 머티리얼 확인

- 하이어라키 뷰에 마우스 오른쪽 버튼을 누른 상태에서 우클릭 > 3D Object > Sphere를 클릭하여 구를 생성합니다.

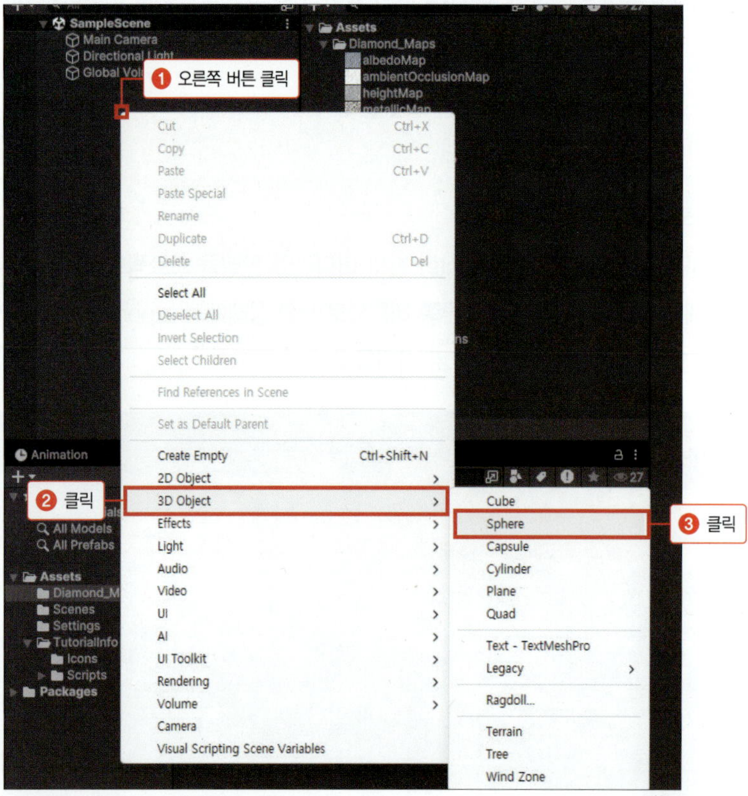

[그림 4.3-35] Sphere 오브젝트 생성

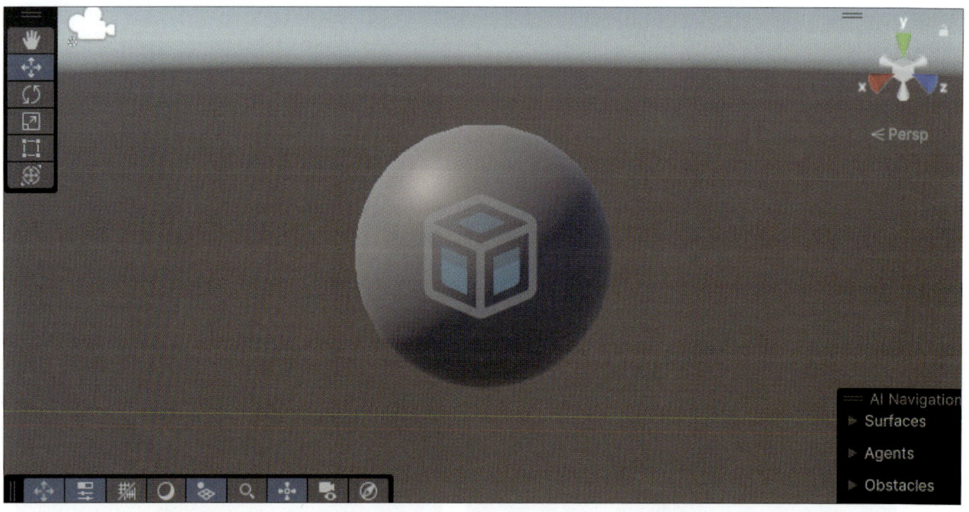

[그림 4.3-36] 머티리얼 적용 전

- 머티리얼 파일을 드래그 앤 드롭하여 적용합니다.

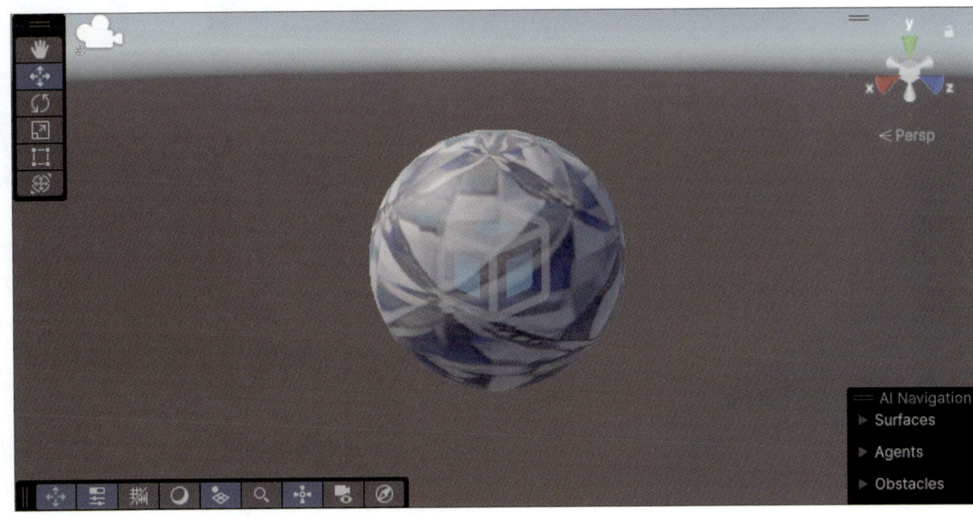

[그림 4.3-37] 머티리얼 적용 후

❹ **더 알아보기** : Canny 이미지 및 패턴을 활용한 텍스처 생성

뮤즈(Texture Generator)는 기본 프롬프트 외에 Canny 이미지나 패턴을 이용하여 텍스처를 생성할 수 있는 옵션을 제공합니다. 이 방법을 사용하면 뮤즈는 해당 패턴을 템플릿처럼 활용하여 텍스처를 만듭니다.

Canny 이미지란?

물체의 경계를 강조하여 처리된 흑백 이미지를 의미합니다. 실습을 통해 확인해 보겠습니다.

- Muse > New Texture Generator로 창을 열고 [Input Image] 창에서 [Shape] 버튼을 클릭합니다.

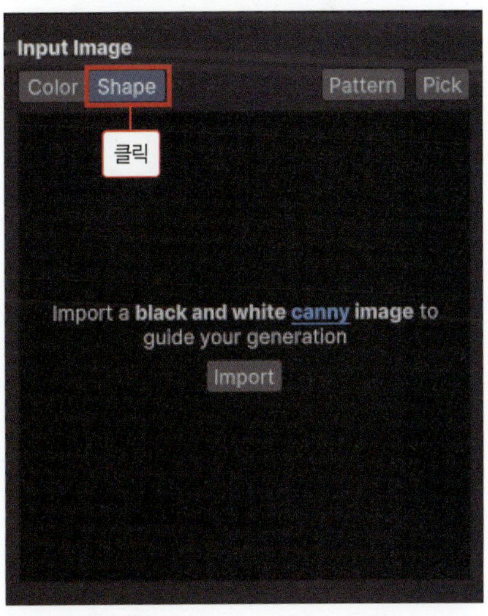

[그림 4.3-38] Shape 기능 활성화

- [Pattern] 버튼을 클릭해 원하는 패턴을 선택합니다.

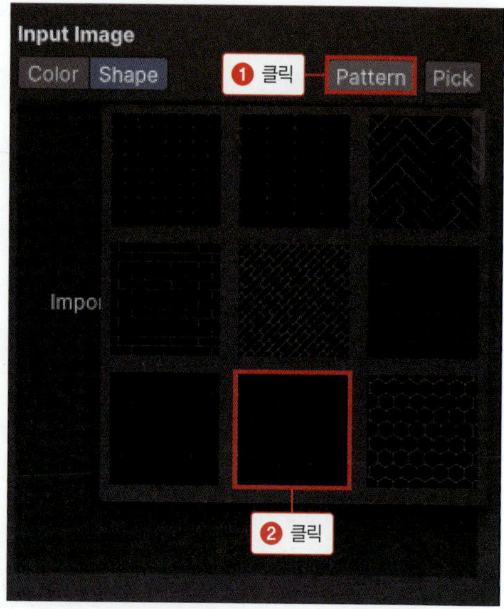

[**그림 4.3-39**] 패턴 선택

- 생성 이미지 수, 프롬프트 등의 값을 작성해 이미지를 생성합니다.

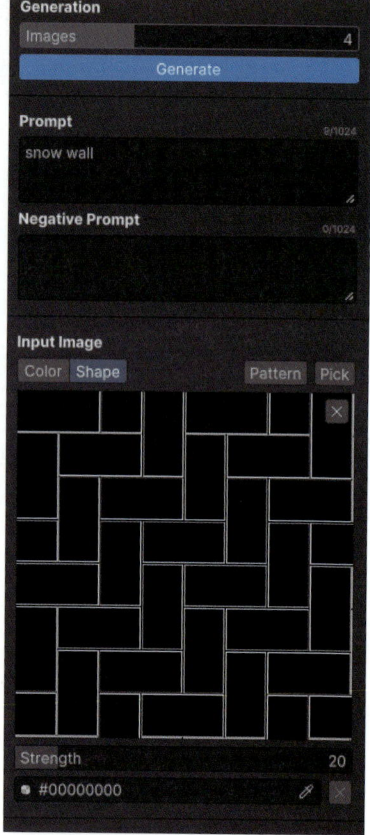

[**그림 4.3-40**] 이미지 생성

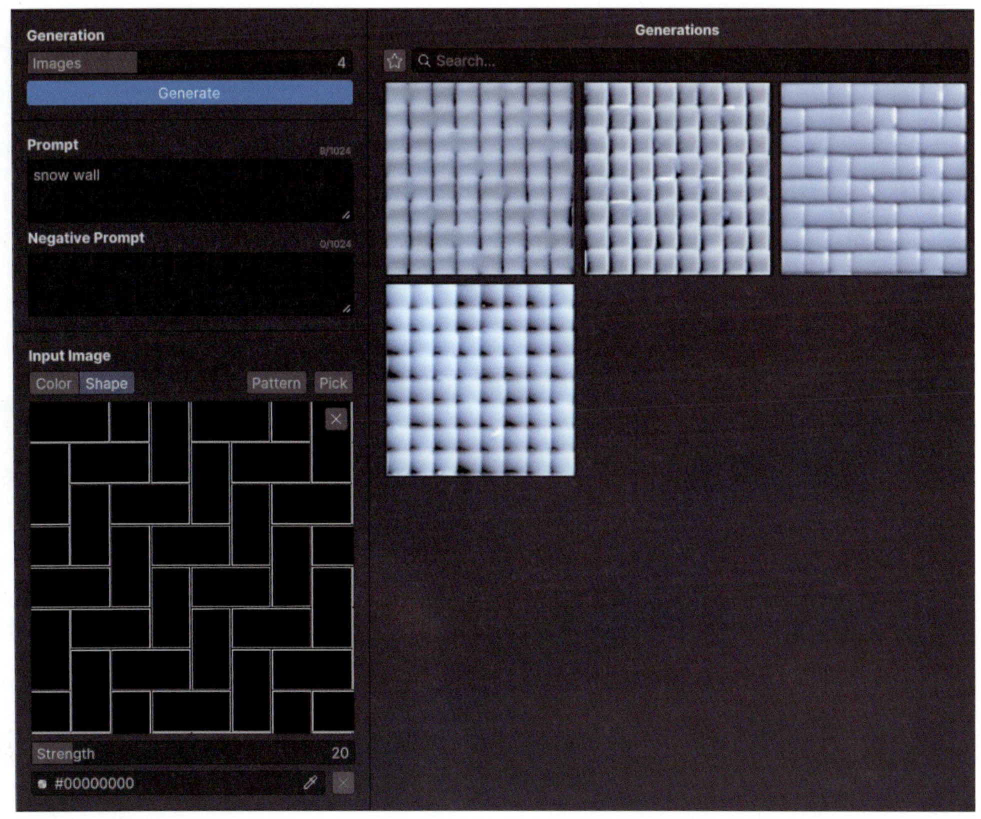

[그림 4.3-41] 생성된 패턴

뮤즈 애니메이트 사용법

뮤즈 애니메이트(Muse Animate)는 사용자가 직접 촬영한 짧은 캐릭터 동영상을 분석해 자동으로 3D 애니메이션 데이터를 생성합니다. 모션 캡처 장비 없이도 캐릭터 움직임을 손쉽게 만들 수 있습니다.

간단한 예제를 통해 확인해 보겠습니다.

❶ 애니메이트 생성하기

- Muse > New Animate Generator를 선택해 창을 엽니다.

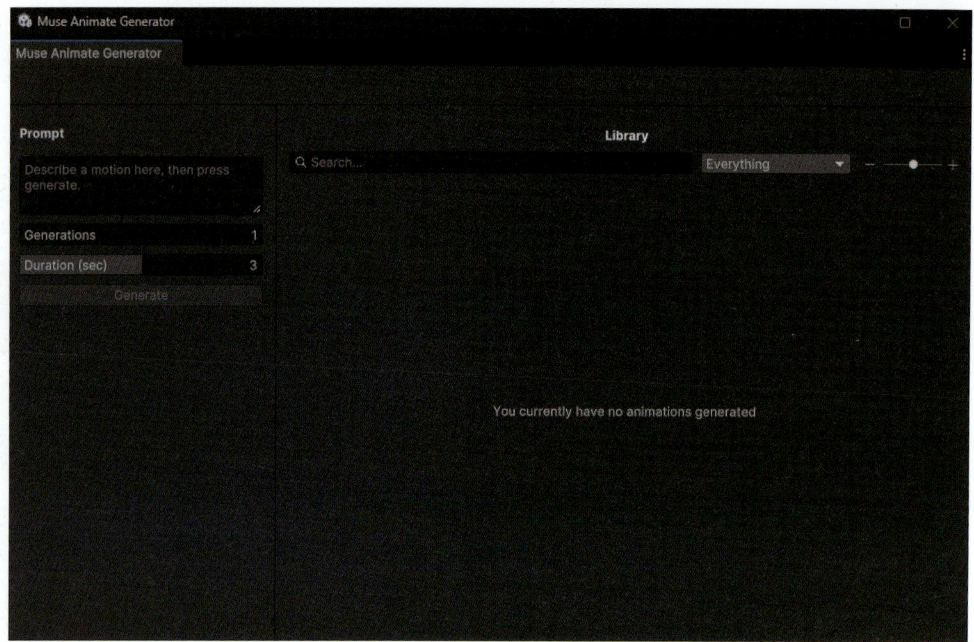

[그림 4.3-42] 애니메이션 생성 화면

- Prompt 란에 생성하고 싶은 동작을 작성합니다. 이번 실습에선 구르기(rolling) 동작을 생성하겠습니다.

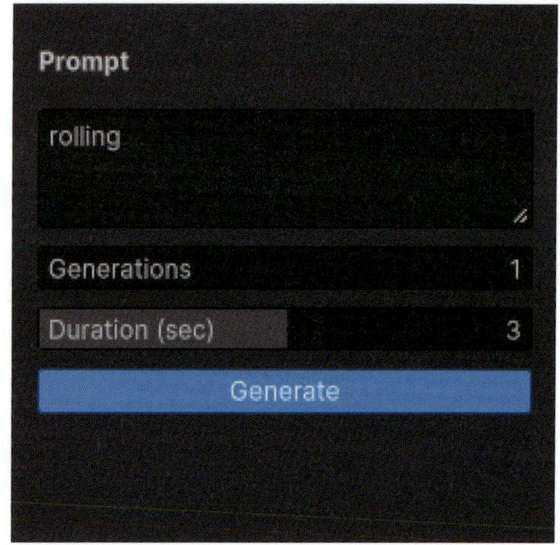

[그림 4.3-43] 프롬프트 입력 및 생성

- Prompt 하단의 파라미터 값을 조정할 수 있습니다.
- Generations의 값을 조정하여 생성할 애니메이션 개수를 정할 수 있습니다.

- Duration(sec)의 값을 조정하여 한 애니메이션 클립당 길이를 정할 수 있습니다. 시간 단위는 '초'입니다.

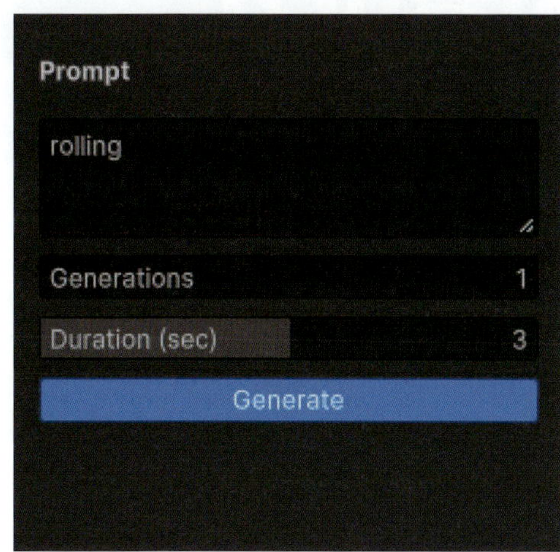

[그림 4.3-44] 클립 길이 조절

- 우측란을 보면 잘 생성된 것을 확인할 수 있습니다. 생성된 애니메이션 판넬에 마우스 커서를 올려 놓으면 해당 애니메이션이 움직입니다.

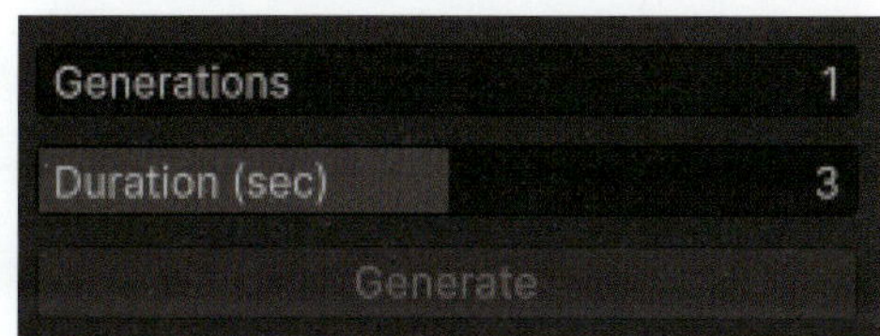

[그림 4.3-45] 애니메이션 확인

뮤즈 비헤이비어 사용법

뮤즈 비헤이비어(Muse Behavior)는 게임 속 캐릭터 대화, 행동 흐름, NPC(Non-Player Character, 비플레이어 캐릭터) 반응 등을 드래그 & 드롭 노드 환경으로 쉽게 설계할 수 있습니다. 복잡한 스크립트를 몰라도 노드만 연결하면 대화와 행동 패턴이 만들어집니다.

Chapter 4

Cursor 사용하기

4.1 Cursor AI란?

Cursor AI는 인공지능 기반의 고급 코드 에디터로, AI 코드 어시스턴트 기능을 통해 개발자들이 좀 더 빠르고 효율적으로 작업하는 데 도움을 줍니다.

Cursor AI는 Visual Studio Code를 기반으로 개발되었으며 인공지능 기술을 활용해 개발자의 코드를 이해하고 그에 맞는 다양한 제안을 제공합니다. 또한 코드를 직접 작성해 주는 기능도 갖추고 있어 프로그래밍을 처음 접하는 입문자에게도 적합한 에디터입니다.

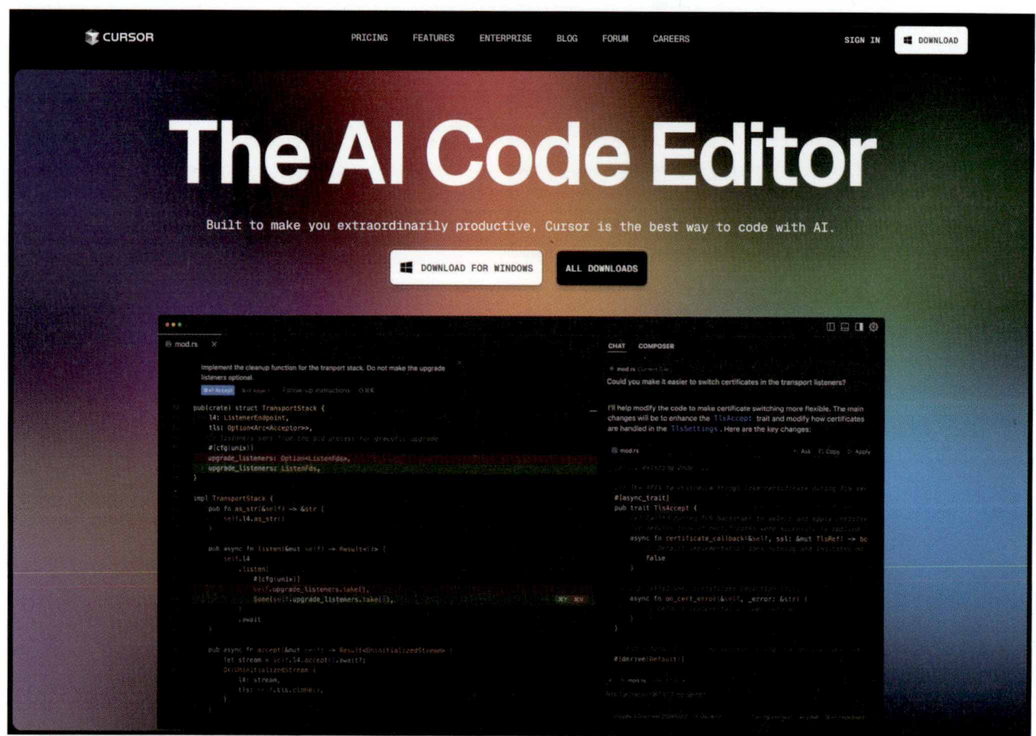

[그림 4.4-1] Cursor AI 메인 화면

1 Cursor AI의 주요 기능과 장점

Cursor AI는 개발자가 코드를 좀 더 빠르고 쉽게 작성하는 데 도움을 주는 인공지능 도구입니다. 예를 들어, 코드를 자동으로 완성해 주어 시간을 절약하고 실수를 줄여 주며 복잡하거나 불필요한 부분은 좀 더 간단하고 효율적으로 바꿔 줍니다. 또 사용자가 하고 싶은 일을 자연어(일상적인 문장)로 설명하면 그에 맞는 코드를 직접 만들어 주고 코드에 실수가 있으면 자동으로 찾아내 고쳐 줍니다. 이런 다양한 기능 덕분에 초보자도 쉽게 코딩을 시작할 수 있고 경험자도 좀 더 빠르고 정확하게 개발할 수 있습니다.

2 유니티 개발에서의 활용 포인트

- Cursor AI를 사용하면 유니티에서 필요한 스크립트를 빠르게 자동으로 만들어 주고 기존 코드를 쉽게 수정할 수 있습니다.
- 코드에 실수가 있거나 오류가 발생하면 AI가 이를 자동으로 찾아내고 어떻게 고치면 좋을지 제안해 줍니다.
- 반복적으로 작성해야 하는 코드도 AI가 대신 작성해 주기 때문에 개발 시간을 크게 줄일 수 있습니다.
- 프로젝트 내에서 필요한 문서화 작업도 자동으로 처리해 주어 협업이나 코드 관리가 훨씬 편리해집니다.

3 비전공자도 쉽게 시작할 수 있는 이유

- Visual Studio Code와 비슷한 친숙한 화면을 제공해 처음 사용하는 사람도 쉽게 적응할 수 있습니다.
- 하고 싶은 작업을 자연어(일상적인 문장)로 입력하면 AI가 알아서 코드를 만들어 주기 때문에 복잡한 프로그래밍 지식이 없어도 시작할 수 있습니다.
- 공식 문서(https://docs.cursor.com/welcome)와 커뮤니티 포럼(https://forum.cursor.com/)을 참고해 단계별로 따라 하며 배울 수 있습니다.
- 비공식 디스코드 커뮤니티 등에서 궁금한 점을 쉽게 질문하고 도움을 받을 수 있습니다.

4 다른 AI 코딩 도구와의 차별점

[표 4.4-1] Cursor AI와 다른 도구의 기능 비교

항목	Cursor AI	GitHub Copilot
통합 방식	VS Code를 기반으로 한 독립 실행형 IDE로, AI 기능이 깊이 통합되어 있습니다.	VS Code, Visual Studio, JetBrains 등 다양한 IDE에 플러그인 형태로 통합됩니다.
코드 완성	프로젝트 전체를 분석하여 다중 라인 완성 및 자동 임포트 기능을 제공합니다.	인라인 코드 제안을 통해 빠른 코드 작성을 지원합니다.
코드 생성	'Composer' 기능을 통해 자연어로 전체 애플리케이션 생성이 가능합니다.	주로 인라인 제안에 중점을 두며 코파일럿 챗을 통해 더 큰 코드 블록 생성도 지원합니다.
터미널 지원	내장 터미널에서 자연어 명령어 실행이 가능하며 AI가 명령어를 생성하고 실행할 수 있습니다.	터미널에서 명령어 제안을 받을 수 있으며 Command + I 로 실행 가능합니다.
개인화된 개발 환경 구성	사용자가 선호하는 개발 스타일이나 프로젝트의 특성에 맞게 환경을 구성할 수 있도록 지원합니다. 예를 들어, 특정 코드 스타일이나 명명 규칙을 설정하여 일관된 코드 작성을 유도할 수 있습니다.	사용자 정의 지침을 통해 코파일럿 챗과 코드 리뷰 기능에서 개인화된 개발 환경 구성이 가능하지만, 인라인 자동완성 등 일부 기능에서는 제한이 있습니다.
가격 정책	무료 플랜과 유료 플랜이 있으며 유료 플랜은 더 많은 기능과 빠른 응답을 제공합니다.	월 10달러의 유료 플랜이 있으며 학생은 무료로 이용 가능합니다.

4.2 Cursor AI 설치 및 시작하기

이미지: Cursor 공식 웹 사이트 다운로드 페이지

Cursor AI는 공식 웹 사이트에서 손쉽게 설치할 수 있습니다. 최근에는 다양한 운영 체제 (Windows, macOS 등)를 지원하며 설치 과정이 간단해 초보자도 쉽게 시작할 수 있습니다.

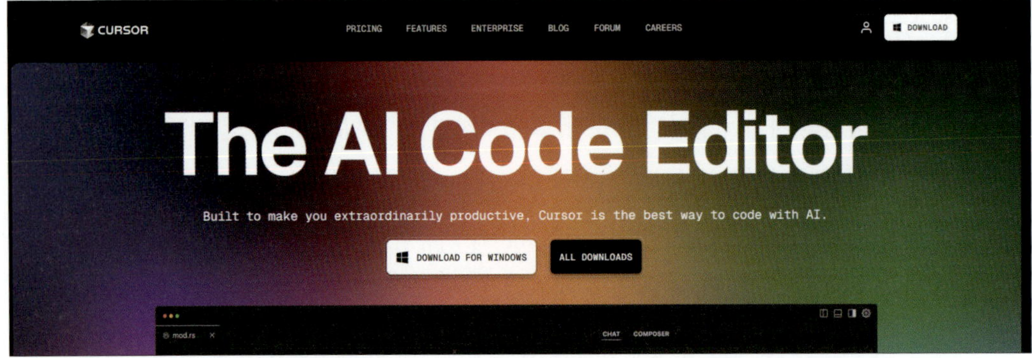

[그림 4.4-2] Cursor AI 다운로드 화면

1 공식 웹 사이트에서 설치 단계별 안내

- Cursor 공식 웹 사이트에 접속합니다.
- [DOWNLOAD FOR WINDOWS] 버튼 또는 상단의 [DOWNLOAD] 버튼을 클릭해 설치 파일을 다운로드합니다.
- 설치 파일을 실행하여 안내에 따라 설치를 완료합니다.

2 무료 플랜과 유료 플랜 비교

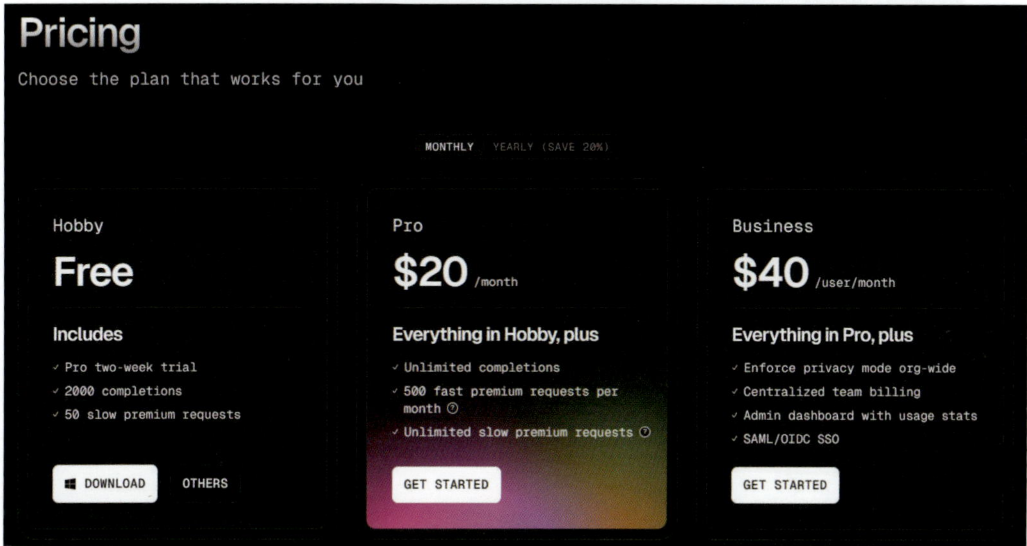

[그림 4.4-3] 플랜 비교

이미지: 무료/유료 플랜 기능 비교 표

- **무료 플랜**: 기본적인 코드 자동 완성, 리뷰 기능 제공
- **유료 플랜**: 고급 AI 기능, 우선 지원, 추가 기능 제공
- 개인 개발자에게는 무료 플랜으로도 충분한 기능 제공

3 처음 시작하는 분들을 위한 기본 설정

❶ 기본값 설정 화면입니다.

- Language for AI와 Codebase-wide를 다음과 같이 설정합니다.

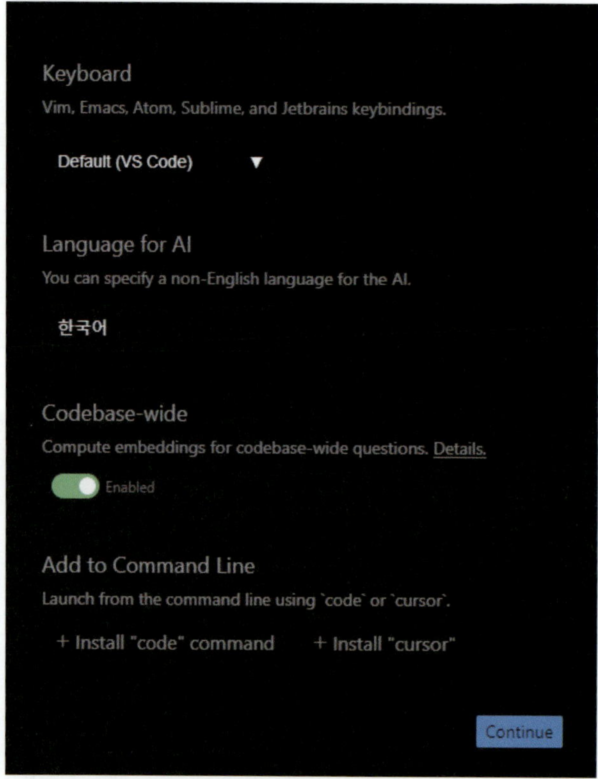

[그림 4.4-4] 기본값 설정 화면

❷ VS Code Extensions 설정 화면 입니다.

- VS Code를 사용했던 분들은 [Use Extensions] 버튼을 선택해 이전에 사용했던 개발 환경을 그대로 가져올 수 있습니다.
- 처음 사용하는 분들은 [Start from Scratch] 를 클릭하여 진행합니다.

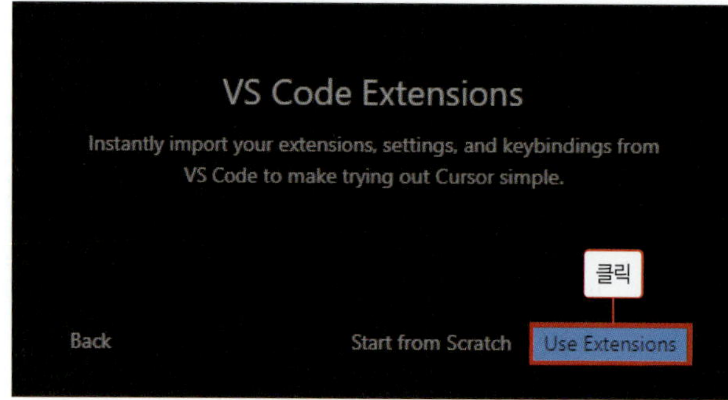

[그림 4.4-5] VS Code 설정 가져오기

❸ 데이터 설정 화면입니다.

- Cursor 에디터의 공식 문서에 따르면, [Privacy Mode]를 활성화하면 사용자의 코드가 Cursor 또는 제3자에게 저장되지 않습니다. 그러나 [Privacy Mode]를 사용할 경우 코드베이스 인덱싱 기능이 비활성화되어 AI가 제공하는 결과의 품질이 저하될 수 있습니다.

코드베이스 인덱싱이란?
쉽게 말해 '코드를 빠르게 찾고 똑똑하게 다루기 위해 미리 정리해 놓는 과정'입니다. 책을 읽을 때 필요한 내용을 바로 찾으려고 맨 마지막에 있는 '찾아보기(색인)'를 보는 것과 비슷합니다. 컴퓨터도 이와 마찬가지로 내 코드들을 한 줄 한 줄 다 살펴보고 "어디에 어떤 함수가 있다.", "어디에 어떤 클래스가 있다."와 같은 정보를 정리해 놓습니다.

이렇게 인덱싱해 두면,

· 함수나 변수 이름을 검색할 때 훨씬 빠르게 찾을 수 있습니다.
· 코드를 이해하거나 추천해 줄 때 정확도가 올라갑니다.
· 리팩토링(코드 수정)할 때 전체 파일을 효율적으로 수정할 수 있습니다.
· 만약 인덱싱이 없다면, 매번 코드를 처음부터 끝까지 읽어야 해서 시간이 훨씬 오래 걸립니다.

- 코드나 데이터 보안이 필요한 분들은 [Help Improve Cursor]를 선택하여 진행합니다. 그렇지 않은 분들은 [Privacy Mode]를 선택하여 진행합니다.

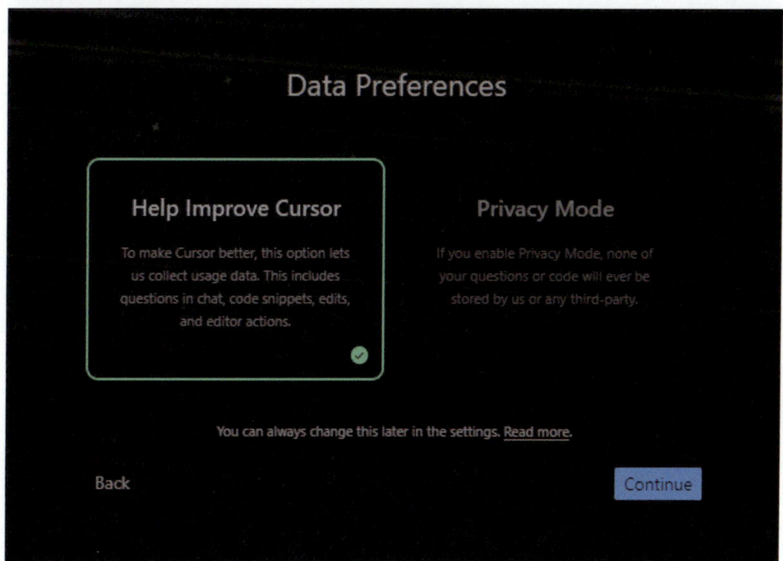

[그림 4.4-6] 보안 설정

Cursor AI는 유니티 에디터와 연동하여 사용할 수 있습니다. 유니티용 확장 설치와 활성화 과정을 통해 AI 기능을 프로젝트에 바로 적용할 수 있습니다.

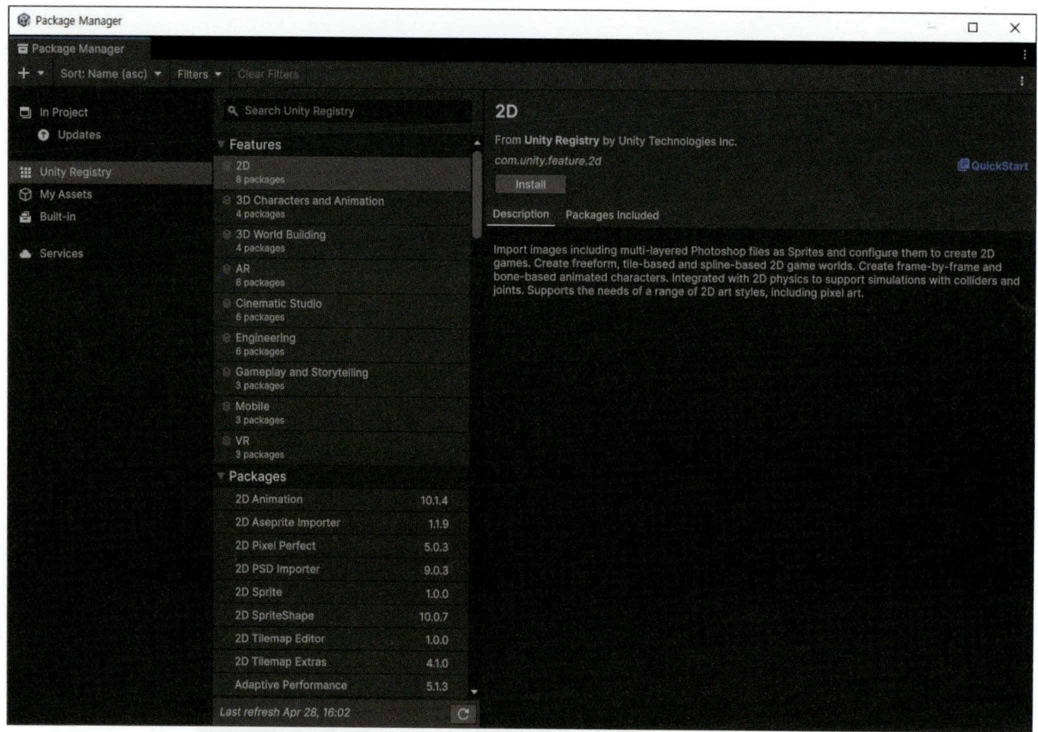

[그림 4.4-7] Unity Package Manger 화면

1 유니티 에디터 확장 설치 - Cursor

- 먼저 Cursor에서 필요한 확장 프로그램을 설치해야 합니다.
- File > Preferences > Extensions를 선택합니다. 또는 단축 키인 Ctrl+Shift+X를 눌러 마켓 플레이스를 실행합니다.
- C#을 검색한 후 C#과 C# Dev Kit를 설치합니다.

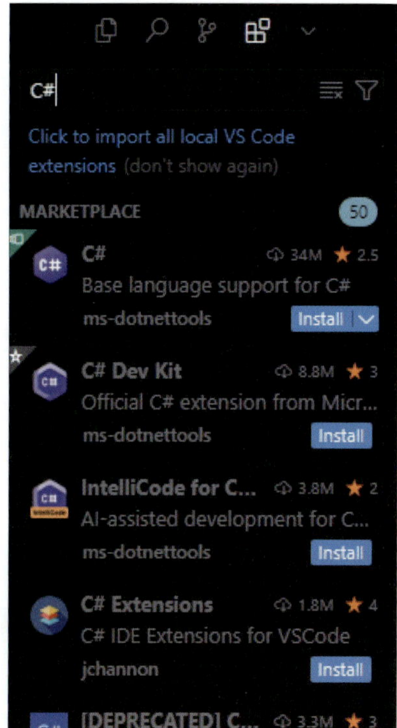

[그림 4.4-8] 확장 프로그램 검색

- 위와 같은 방식으로 유니티도 검색 후 설치합니다.

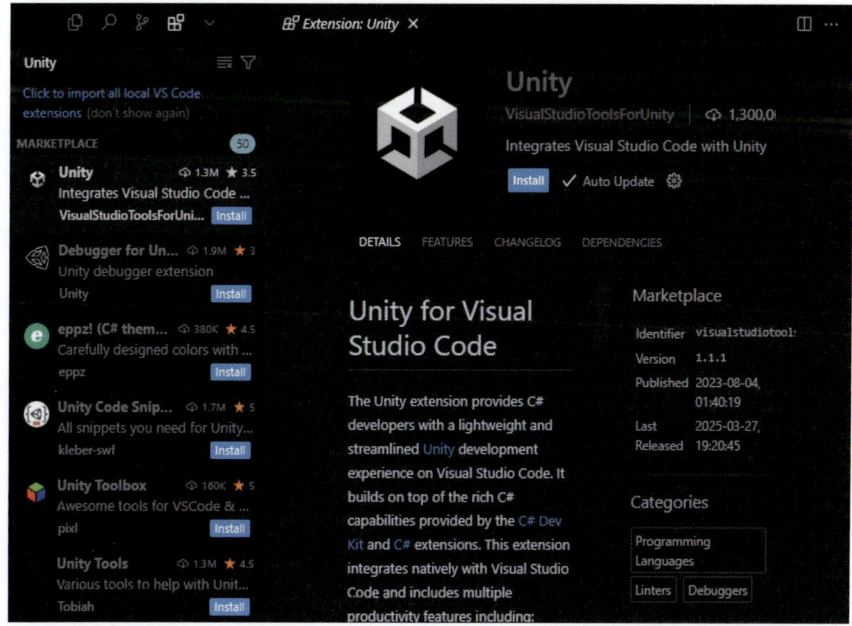

[그림 4.4-9] 유니티 확장 프로그램 설치

2 유니티 에디터 확장 설치 - 유니티

- **크롬 웹 브라우저를 연 후 주소 창에 'https**://github.com/boxqkrtm/com.unity.ide.cursor'를 입력합니다. 또는 검색 창에 'unity ide cursor'를 입력하여 다음과 같이 생긴 깃허브 저장소를 찾습니다.

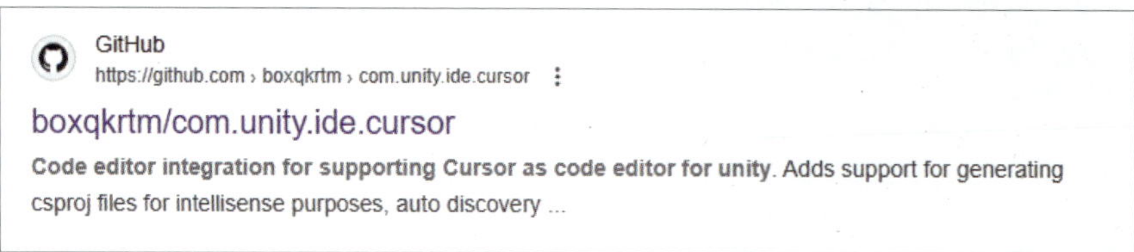

[그림 4.4-10] unity cursor 연동 저장소

- Code > Local > Download ZIP을 선택해 다운로드합니다.

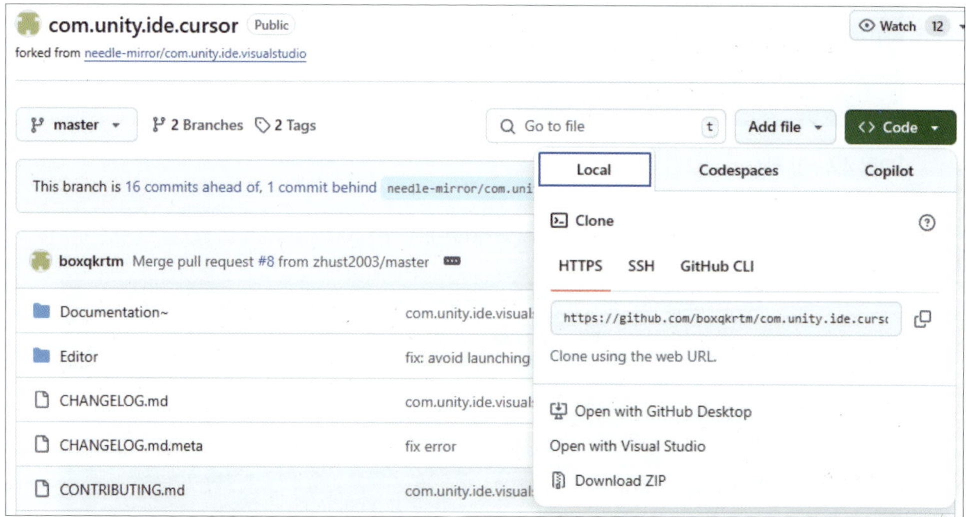

[그림 4.4-11] 저장소 복제

- 다운로드한 압축 파일을 푼 후 유니티를 실행합니다.
- 메뉴에서 Window > Package Manager를 선택합니다.
- [+] 버튼을 누른 후 [Install Package from disk…]를 선택합니다.
- 다운로드한 폴더 경로를 탐색해 package.json 파일을 선택한 후 [열기] 버튼을 누릅니다.

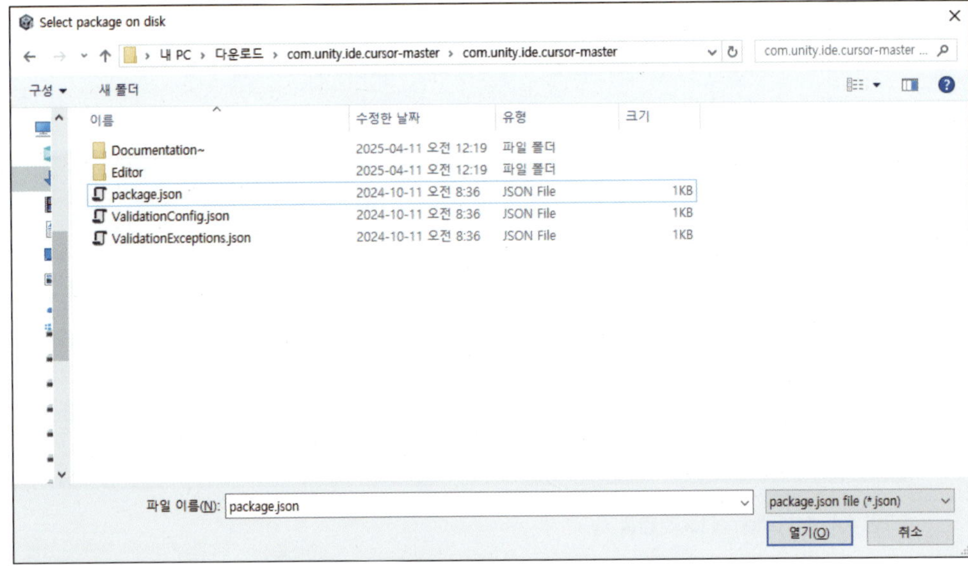

[그림 4.4-12] unity cursor 연동 프로그램 설치

- 다음과 같이 In Project의 Packages-Other에 Cursor Editor가 보여야 합니다.

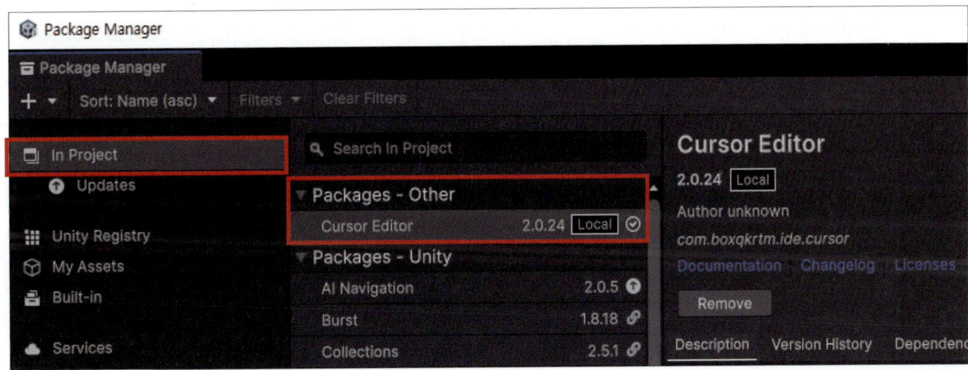

[그림 4.4-13] 설치된 화면

③ 설치 후 활성화 및 확인 방법

이미지: Tools/Window 메뉴의 Cursor 항목

- 상단 메뉴에서 Edit > Preferences…을 선택합니다.
- 좌측 내비게이션 바에서 [External Tools]를 선택합니다.
- External Tools의 External Script Editor에서 Cursor를 선택합니다. 뒤에 보이는 버전은 다를 수 있습니다.

- 필요에 따라 비주얼 스튜디오 또는 Cursor로 바꿔 사용하면 됩니다.
- Assets > Open C# Project를 선택해 Cursor가 실행되면 성공입니다.

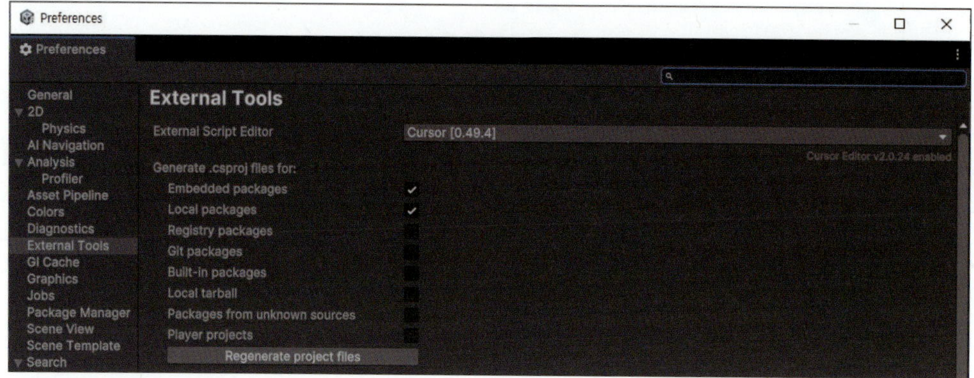

[그림 4.4-14] External tools 연결

4 연동 시 자주 발생하는 문제와 해결 팁

- 유니티의 External Script Editor에서 Cursor가 보이지 않을 경우 Cursor의 마켓 플레이스에서 C#과 C# Dev Kit, 유니티를 설치했는지 확인한 후 유니티 재시작합니다.
- **유니티에** https://github.com/boxqkrtm/com.unity.ide.cursor를 설치했는지 확인합니다.

5 유니티와 Cursor AI 연동의 이점

- 유니티 에디터 내에 사용될 스크립트를 직접 생성할 수 있습니다.
- 프로젝트의 구조를 이해하여 더 정확한 코드를 제안해 줍니다.
- 유니티에 직접적으로 개입할 수 있어 개발 효율이 향상됩니다.

1 인터페이스

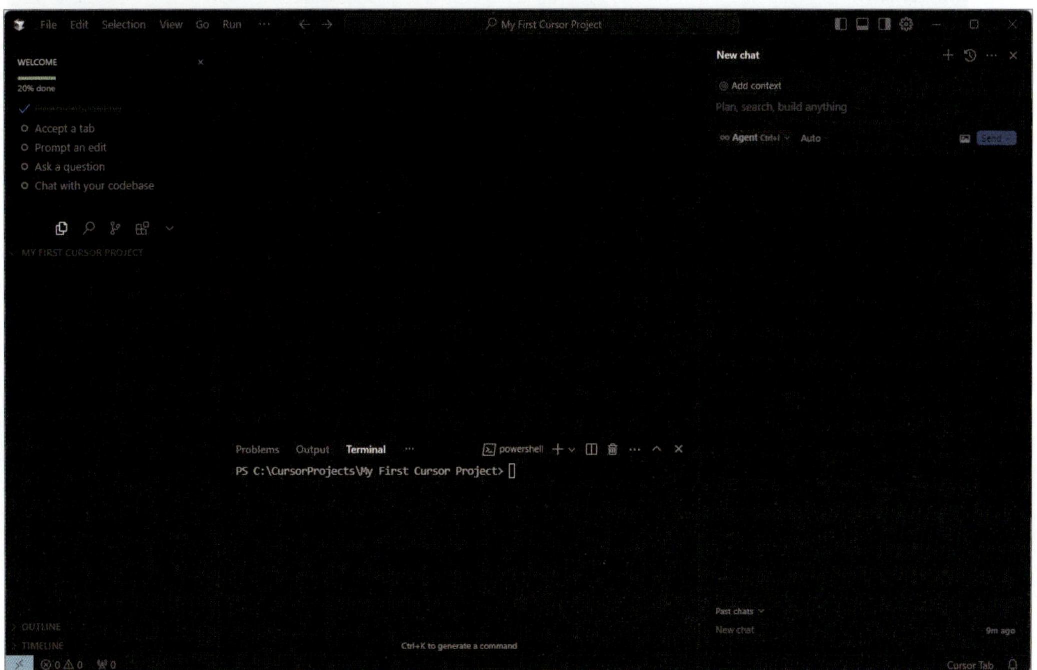

[그림 4.4-15] curosr 인터페이스

❶ **상단 메뉴 바**: Cursor 에디터에서 사용 가능한 모든 기능들을 모아 두었습니다.

❷ **사이드바(좌측)**: 파일 탐색기, 깃(Git) 변경 사항, 확장 프로그램, 설정 등의 메뉴가 배치되어 있으며 필요에 따라 토글할 수 있습니다.

❸ **AI 챗 패널(우측)**: 자연어로 질문을 입력하면 AI가 코드 제안, 리팩터링, 설명 등을 실시간으로 제공합니다. 이 패널은 작업 흐름을 방해하지 않도록 위치와 크기를 조절할 수 있습니다.

❹ **에디터 창(중앙)**: 코드를 작성하고 수정하는 주요 작업 공간입니다. 여러 개의 탭을 동시에 열어 다양한 파일을 편집할 수 있으며 AI의 코드 자동 완성 및 생성 기능이 이 영역에서 작동합니다.

❺ **바텀 패널(하단)**: [Problems], [Output], [Terminal], [Debug Console] 등 여러 탭이 포함되어 있으며 프로젝트 실행 중 발생하는 다양한 정보들을 확인할 수 있는 공간입니다. 필요에 따라 터미널 명령을 실행하거나 코드 오류를 확인하고 출력 로그를 모니터링할 수 있습니다.

2 기본 사용법

01 채팅 창에 필요한 질문을 한 후 [Send] 버튼을 클릭합니다.

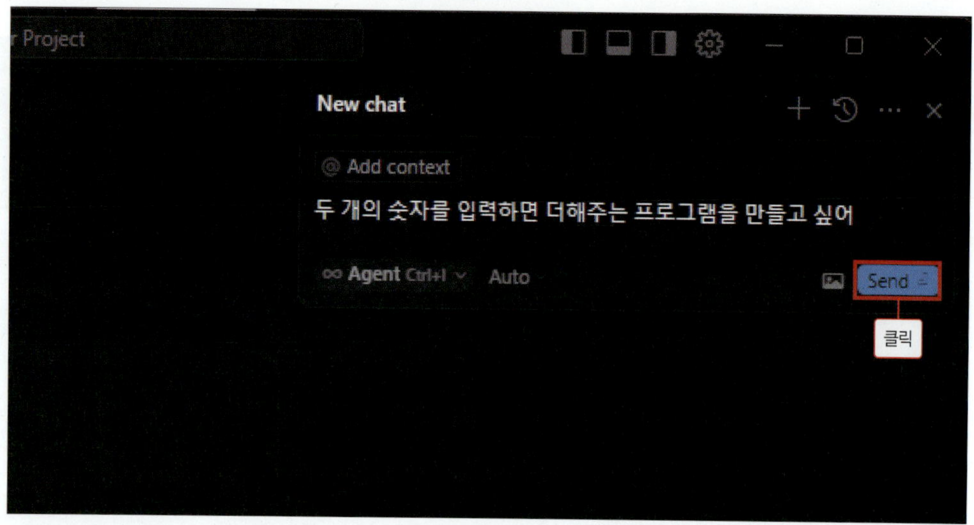

[그림 4.4-16] 채팅

02 별다른 설정을 하지 않았다면 AI가 현재 프로젝트의 구조를 파악해 문제를 해결합니다.

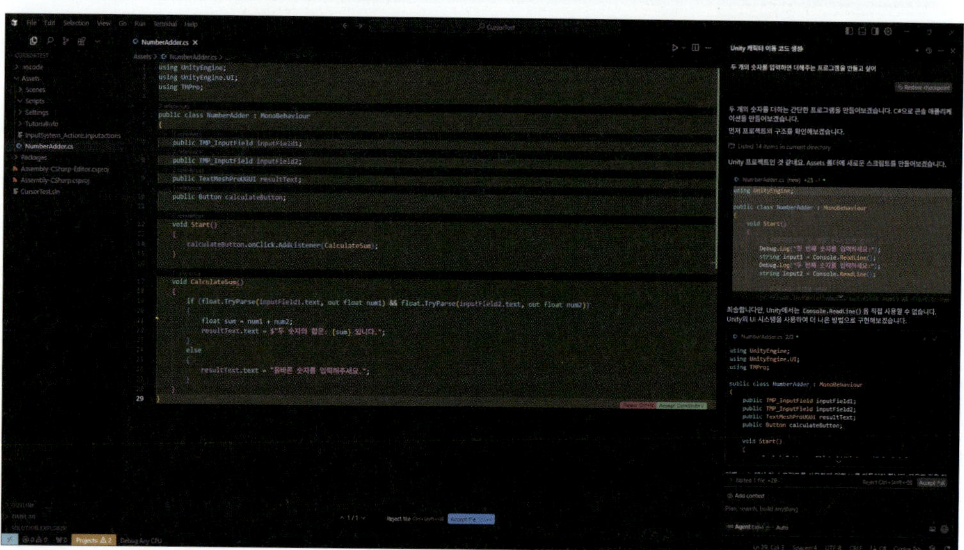

[그림 4.4-17] 채팅 후 전체 화면

03 채팅 창 아래에 AI의 답변이 생성됩니다.

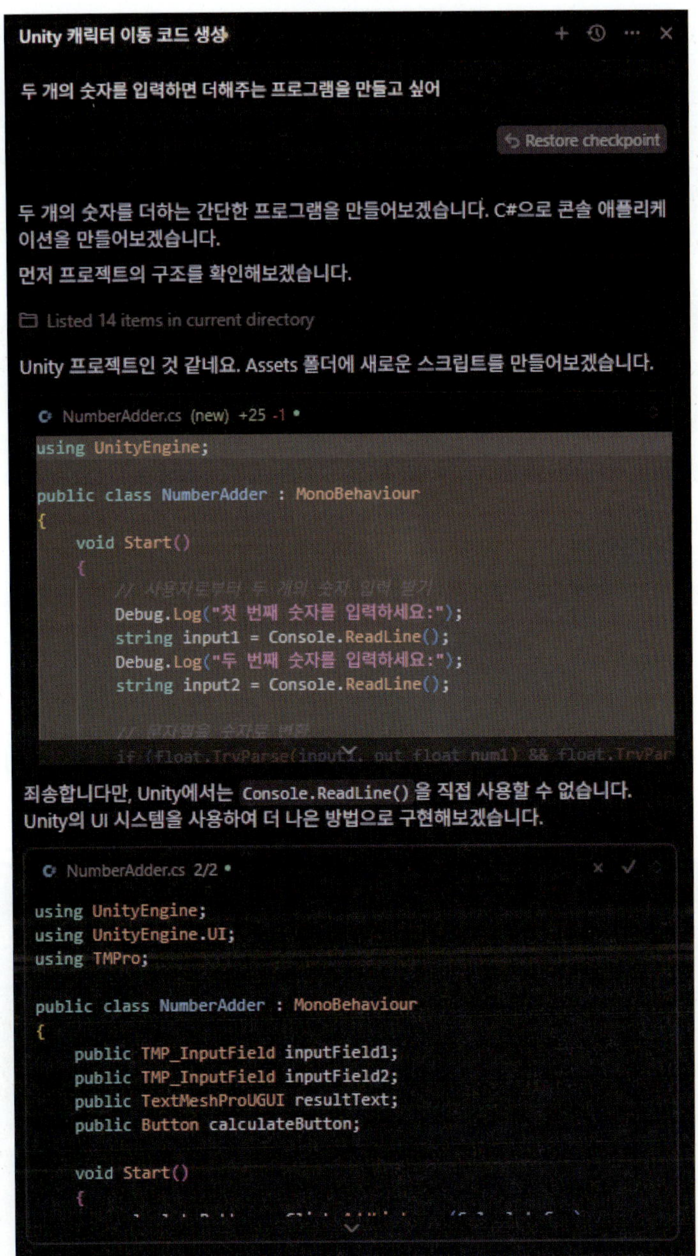

[그림 4.4-18] AI 답변 확인

04 AI 답변을 생성하며 필요한 C# 스크립트 파일을 좌측 사이드 바에서 생성합니다. 이와 동시에 중앙의 에디터 화면에서 답변의 내용을 기반으로 코드를 작성합니다.

05 초록색 영역은 AI가 추가한 부분입니다. 현재는 보이지 않지만 붉은 영역은 AI가 삭제한 부분입니다.

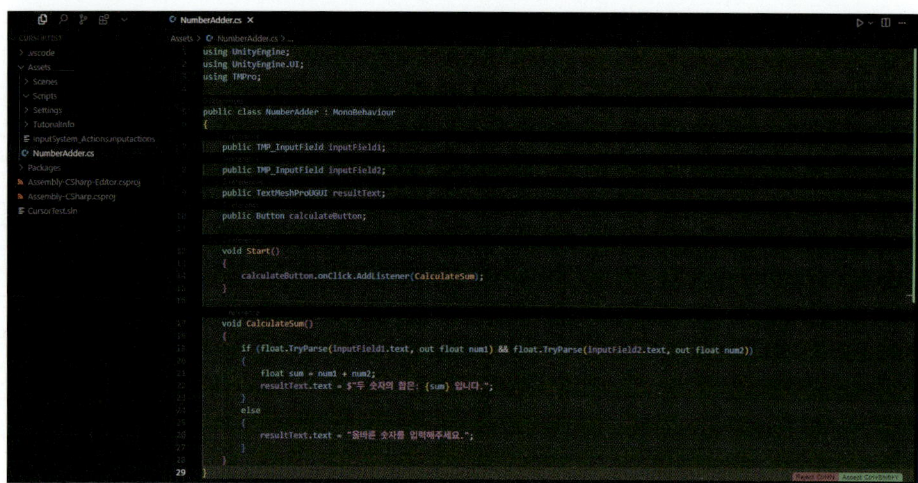

[그림 4.4-19] AI 코드 작성 부분

06 작성된 코드가 마음에 들면 하단의 [Accept all] 버튼을 클릭해 초록색 영역에 대해 모든 변경 사항을 확정할 수 있습니다.

07 작성된 코드가 마음에 들지 않으면 그 옆의 [Reject all] 버튼을 클릭해 모든 변경 사항을 되돌릴 수 있습니다.

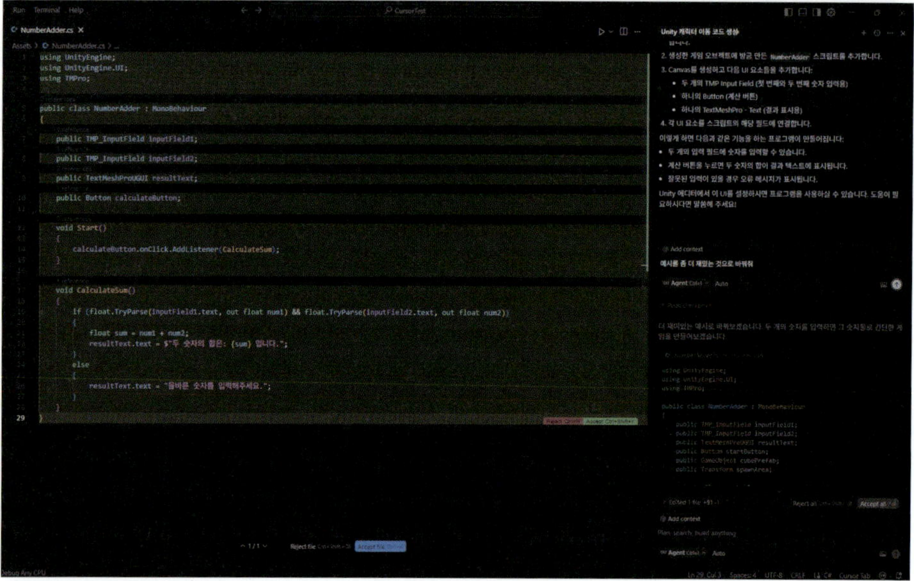

[그림 4.4-20] 되돌리기

08 초록색 영역 우측 하단의 [Reject / Accept] 버튼을 이용해 부분적으로 변경 사항을 확정하는 방법도 있습니다. 현재는 빈 스크립트에 코드를 작성한 것이기 때문에 모든 변경 사항이 하나로 묶여 있습니다.

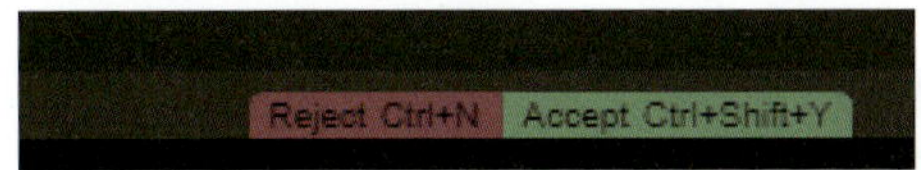

[그림 4.4-21] 부분 되돌리기

09 다음 설명을 위해 [Accept all]하여 모든 변경 사항을 적용합니다.

10 우측 하단의 입력 창에서 AI에게 질문이나 명령을 이어서 할 수 있습니다.

[그림 4.4-22] 채팅 이어하기

11 이제 변경 사항이 적용된 영역에 마우스 커서를 올려 놓으면 부분적으로 수정을 허용할지 또는 되돌릴지를 선택할 수 있습니다.

```csharp
using UnityEngine;
using UnityEngine.UI;
using TMPro;

public class NumberAdder : MonoBehaviour
{
    public TMP_InputField inputField1;
    public TMP_InputField inputField2;
    public TextMeshProUGUI resultText;
    public Button calculateButton;

    void Start()
    {
        calculateButton.onClick.AddListener(CalculateSum);
    }

    void CalculateSum()
    {
        if (float.TryParse(inputField1.text, out float num1) && float.TryParse(inputField2.text, out float num2))
        {
            float sum = num1 + num2;
            resultText.text = $"두 숫자의 합은: {sum} 입니다.";
        }
        else
        {
            resultText.text = "올바른 숫자를 입력해주세요.";
        }

        // 예시 숫자들
        int num1 = 5;
        int num2 = 3;

        // 두 숫자를 더하고 결과 출력
        int sum = num1 + num2;
        Debug.Log($"{num1} + {num2} = {sum}");
    }
}
```

[그림 4.4-23] AI가 수정한 영역

12 다음 설명을 위해 [Accept all] 하여 모든 변경 사항을 적용합니다.

13 변경 사항을 적용한 후 수정을 원하는 영역을 드래그합니다.

[그림 4.4-24] 부분 변경 기능 활성화

14 [Edit]를 클릭하면 그 자리에서 채팅 창이 생성되며 요구 사항을 입력하면 AI가 코드를 변경해 줍니다.

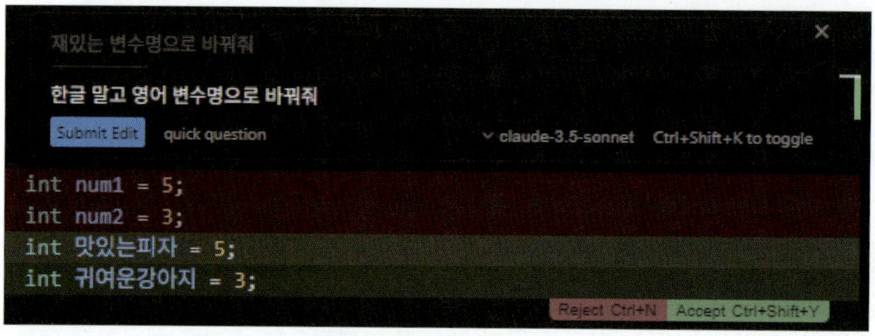

[그림 4.4-25] 이어서 부분 변경

15 채팅 창에 원하는 결과가 나올 때까지 계속 질문할 수 있습니다. 하지만 프로그래밍의 경우 이러한 수정 방법은 권장하지 않습니다. 같은 변수명을 일괄적으로 바꿔 주지 않을 때가 많기 때문입니다.

16 다음 설명을 위해 수정된 영역의 [Reject]를 눌러 변경 사항을 되돌립니다.

17 위와 같은 경우에는 [Edit] 대신 [Add to Chat]을 선택해 우측 하단의 채팅 창에 컨텍스트를 추가합니다.

[그림 4.4-26] 컨텍스트 추가

18 Cursor는 AI와의 대화 내용과 변경 사항을 모두 기억하고 있습니다. 반복된 수정 사항이 마음에 들지 않을 경우 대화 내역을 위로 스크롤하여 되돌릴 수 있습니다.

19 질문 내역에서 [Resotre checkpoint]를 클릭하여 되돌립니다.

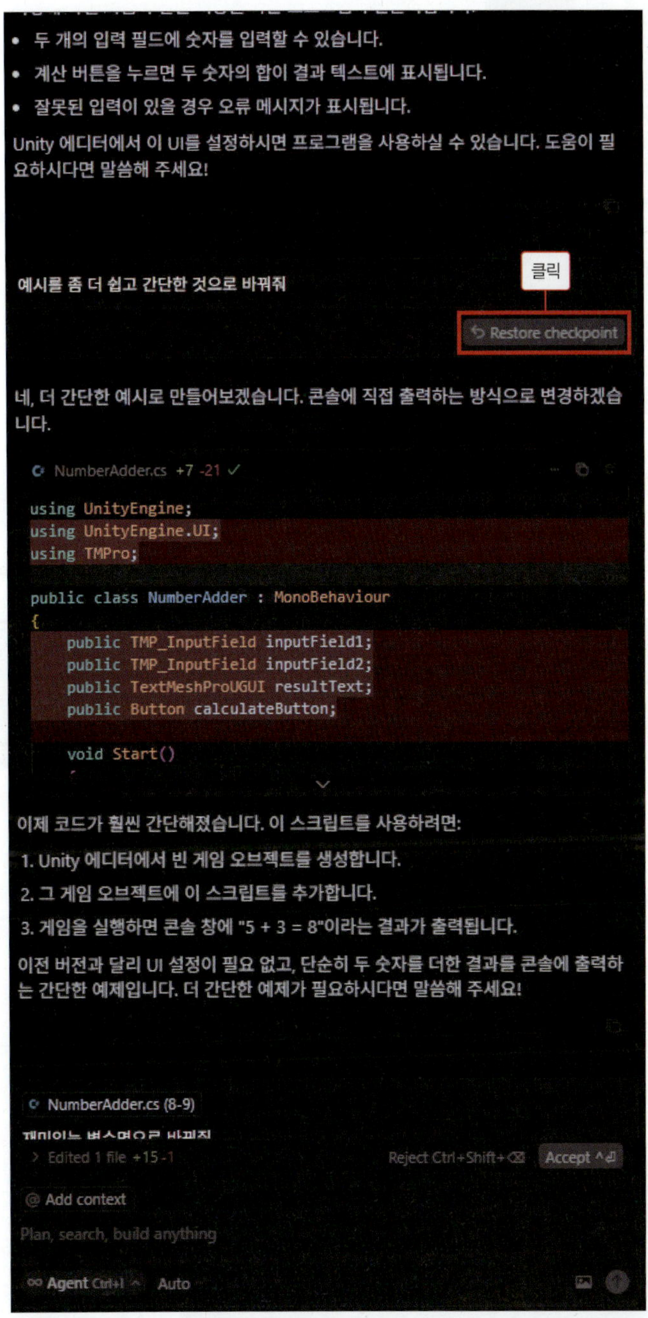

[그림 4.4-27] 질문 되돌리기

20 하나의 대화 세션에서 여러 주제를 오가며 대화 내역이 길어질수록 AI가 혼란스러워할 가능성이 높습니다. 이때는 채팅 내역 상단의 [+] 버튼을 클릭해 새로운 세션을 생성합니다.

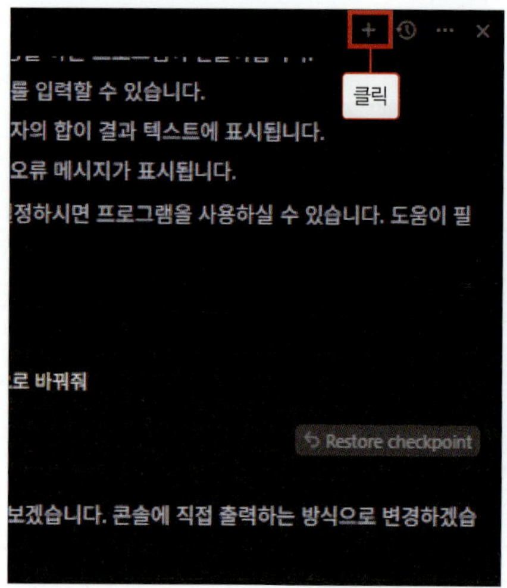

[그림 4.4-28] 새 세션 생성

21 이전 세션으로 돌아가고 싶다면 그 옆의 [Chat History] 버튼을 클릭하여 선택할 수 있습니다.

[그림 4.4-29] 이전 채팅 세션

22 Cursor는 기본적으로 Agent 기능을 활용할 때 스스로 사용할 LLM 모델을 선택하여 작업을 진행합니다.

23 이 모델을 사용자가 직접적으로 바꿔 줄 수 있습니다. 채팅 창에서 [Auto]를 클릭한 후 Auto-select 토글을 비활성화합니다.

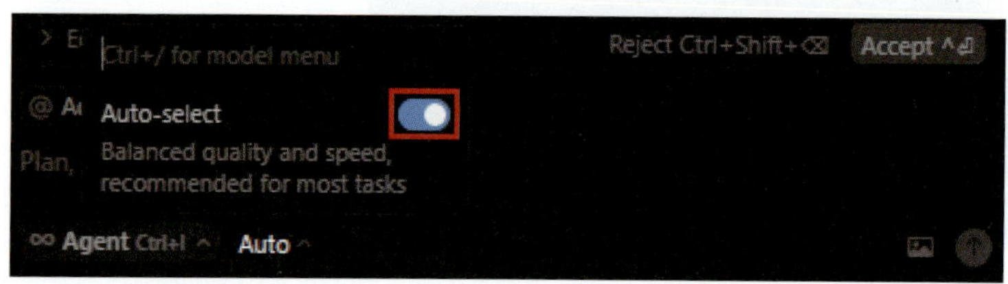

[그림 4.4-30] 모델 직접 변경 기능 활성화

24 비활성화하면 Cursor에서 제공해 주는 여러 모델을 선택할 수 있습니다.

25 각각의 모델마다 좀 더 특화된 기능들이 있습니다. 어떤 모델이 좋은지는 Cursor에서 질문하여 여러분들이 상황에 맞게 선택하면 됩니다.

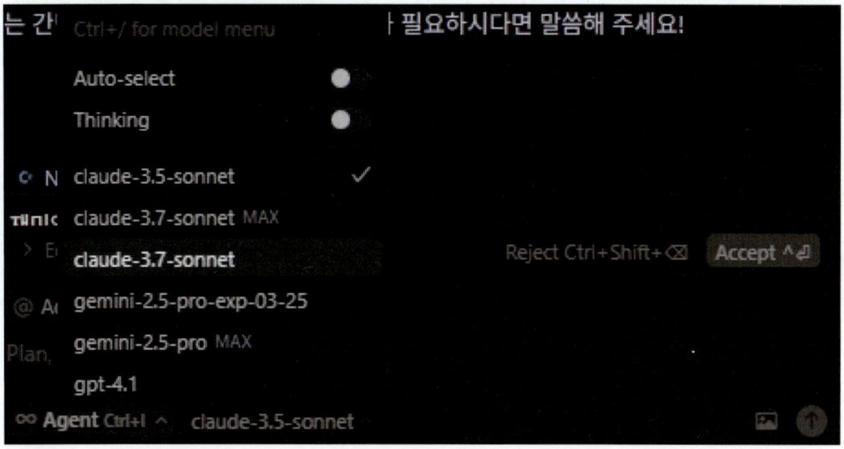

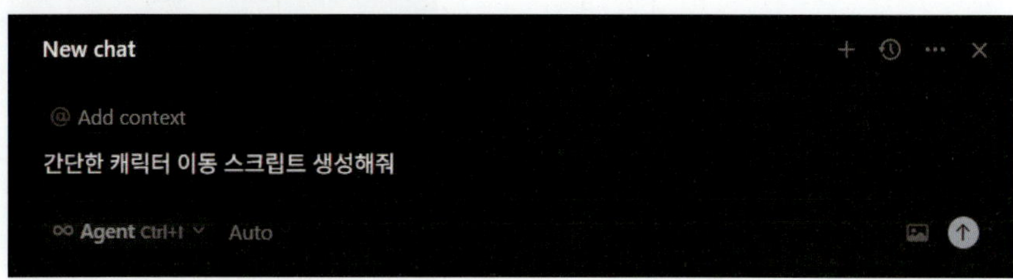

[그림 4.4-31] 모델 선택

4.5 실전 예제: 캐릭터 이동 스크립트 만들기

Cursor AI를 활용하여 실제로 캐릭터 이동 스크립트를 만들어 보는 실습입니다. 단계별로 따라 하면 초보자도 쉽게 구현할 수 있습니다.

[그림 4.4-32] Cursor AI 명령어 입력 화면

1 Cursor AI로 스크립트 생성 실습

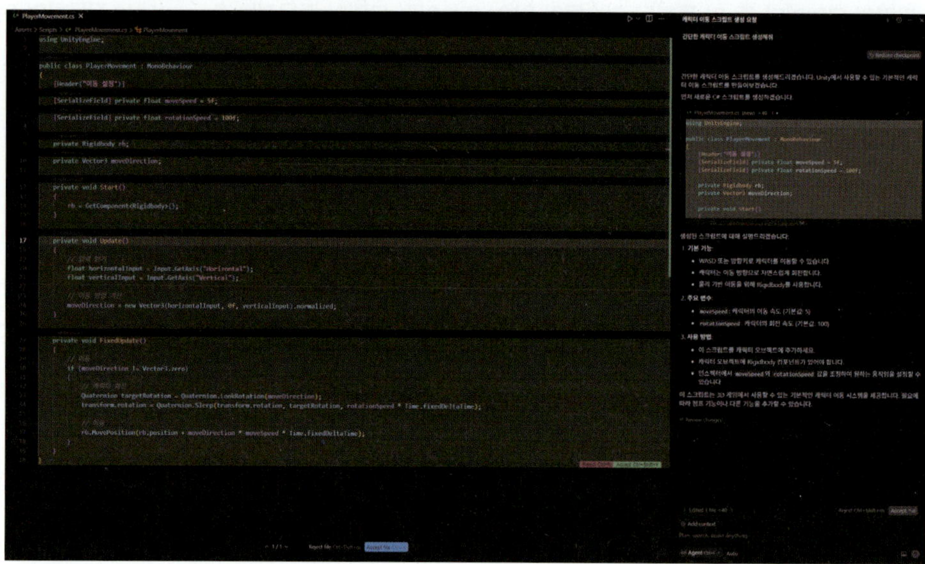

[**그림 4.4-33**] 생성된 스크립트 코드

- '캐릭터 이동 스크립트 생성'과 같이 명령어를 입력합니다.
- Cursor AI가 자동으로 C# 스크립트를 생성합니다.

2 유니티에 적용 및 동작 테스트 단계별 안내

- 유니티 에디터로 이동합니다.
- 하이어라키 뷰에서 큐브를 생성합니다.
- Plane도 생성하여 큐브 아래에 위치시킵니다.
- [그림 4.4-34]의 사용 방법을 따라 필요한 컴포넌트를 추가합니다.
- 유니티에서 [Play] 버튼을 클릭해 캐릭터가 정상적으로 이동하는지 확인합니다.

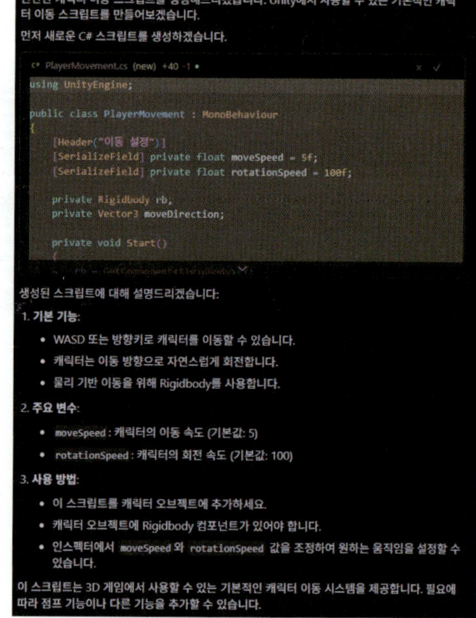

[**그림 4.4-34**] 스크립트 적용 과정

[그림 4.4-35] 캐릭터 이동 테스트 화면

강력한 Cursor AI의 자동 완성 기능으로 손쉽게 유니티 프로젝트에 적용할 수 있는 캐릭터 이동 스크립트를 완성할 수 있습니다.

직접 실습해 보면서 AI 도구와 유니티의 연동 과정을 익혀 보기 바랍니다. 이제 여러분도 더욱 빠르고 효율적으로 게임 개발을 시작할 수 있습니다.

생성형 AI와 함께하는 게임 개발

유니티 6 독학노트

2025. 8. 6. 1판 1쇄 인쇄
2025. 8. 13. 1판 1쇄 발행

지은이 | 김한호, 최태온, 김홍일
펴낸이 | 이종춘
펴낸곳 | **BM** ㈜도서출판 **성안당**
주소 | 04032 서울시 마포구 양화로 127 첨단빌딩 3층(출판기획 R&D 센터)
　　　 10881 경기도 파주시 문발로 112 파주 출판 문화도시(제작 및 물류)
전화 | 02) 3142-0036
　　　 031) 950-6300
팩스 | 031) 955-0510
등록 | 1973. 2. 1. 제406-2005-000046호
출판사 홈페이지 | www.cyber.co.kr
ISBN | 978-89-315-7273-5 (93000)
정가 | 39,000원

이 책을 만든 사람들
책임 | 최옥현
기획 · 진행 | 조혜란
교정 · 교열 | 안종군
본문 · 표지 디자인 | 앤미디어, 박원석
홍보 | 김계향, 임진성, 김주승, 최정민, 이해솜
국제부 | 이선민, 조혜란
마케팅 | 구본철, 차정욱, 오영일, 나진호, 강호묵
마케팅 지원 | 장상범
제작 | 김유석

■ **도서 A/S 안내**

성안당에서 발행하는 모든 도서는 저자와 출판사, 그리고 독자가 함께 만들어 나갑니다.
좋은 책을 펴내기 위해 많은 노력을 기울이고 있습니다. 혹시라도 내용상의 오류나 오탈자 등이 발견되면 **"좋은 책은 나라의 보배"**로서 우리 모두가 함께 만들어 간다는 마음으로 연락주시기 바랍니다. 수정 보완하여 더 나은 책이 되도록 최선을 다하겠습니다.
성안당은 늘 독자 여러분들의 소중한 의견을 기다리고 있습니다. 좋은 의견을 보내주시는 분께는 성안당 쇼핑몰의 포인트(3,000포인트)를 적립해 드립니다.

잘못 만들어진 책이나 부록 등이 파손된 경우에는 교환해 드립니다.